i

想象另一种可能

理想国
imaginist

鄢秀　郑培凯　主编

史景迁作品

追寻现代中國

The Search for Modern China

[美] 史景迁 著　温洽溢 译

Jonathan D. Spence

四川人民出版社

The Search for Modern China
by Jonathan D. Spence
Copyright © 1999,1990 by Jonathan D. Spence
Simplified Chinese copyright © Beijing Imaginist Time Culture Co., Ltd. 2019
All rights reserved

本书中文简体字译本由台湾时报文化出版企业股份有限公司授权出版
四川省版权局著作权合同登记号：图[进]字21—2018—391
地图审图号：GS（2018）6488号

图书在版编目(CIP)数据

追寻现代中国 /（美）史景迁著；温洽溢译. —— 成都：四川人民出版社，2019.5（2022.10重印）

ISBN 978-7-220-10973-7

Ⅰ.①追… Ⅱ.①史…②温… Ⅲ.①中国历史－研究 Ⅳ.①K207

中国版本图书馆CIP数据核字(2018)第202211号

ZHUIXUN XIANDAI ZHONGGUO
追寻现代中国
史景迁 著；温洽溢 译

出版发行：四川人民出版社
地　　址：成都槐树街2号
网　　址：http://www.scpph.com

责任编辑：唐　婧
特邀编辑：莫嘉靖、黄旭东
特约校译：胡质楠、马瑾辰
装帧设计：陆智昌
内文制作：李丹华
责任印制：祝　健
全国新华书店经销
山东韵杰文化科技有限公司　印刷

开本：880mm×1230mm　1/32
印张：22.75　字数：461千字　图片：106幅
2019年5月第1版　2022年10月第4次印刷
定价：128.00元

如发现印装质量问题，影响阅读，请与印刷厂联系调换。

总　序

妙笔生花史景迁

郑培凯　鄢　秀

一

　　近半个世纪以来，西方列强对中国虽已停止了侵略殖民，但西方一般民众对中国的认识，仍然带有殖民心态与说不清道不明的迷思，三分猎奇、三分轻蔑、三分怜悯，还有一分"非我族类"的敌意。想到中国的山河广袤、人口众多、历史悠久，心目中浮现的图景就似真似幻，好像乘坐荒野打猎的越野吉普，手持望远镜，驰骋过山林丛莽，观看熊罴虎豹、狮子大象、猿猴猩猩、斑马羚羊，倏忽群兽遍野，狼奔豕突，倏忽蒿草无垠，万籁俱寂。中国像万花筒，什么都有，什么花样组合都变得出来；中国历史像变魔术，可以把一切想象变成真实，又可以把一切真实变成幻象；中国文化传统玄之又玄，阴阳变化，万象归一，天下万物生于有，有生于无，变是不变，不变是变。不要说听的人越听越糊涂，讲的人也是越讲越糊涂，于是，中国也就"假作真时真亦假"，神龙见首不见尾了。

其实，在欧美真想了解中国历史文化，也有不少西文学术书可供阅读，从孔子到毛泽东，都有所论述，而且大体上都提供了史实正确的知识。读者对中国近代有兴趣，也可以从各类学术专著与教材，知道些翻云覆雨的历史大人物，得知鸦片战争肇启列强对中国领土资源的觊觎与蚕食，得知中国从几千年的帝制转为民国政体，得知军阀混战与日本侵略，得知国共内战与共产党的胜利。耐下心来读点思想史与社会经济史，还能知道耶稣会传教给中国带来一些科学新知、早期中西文化接触给西方启蒙运动提供滋养、清代思想统治影响学术变化、明清以来人口流动与增长的情况、美洲白银与农作物传入改变了中国经济结构。甚至会发现，原来有这么许多学术专著讨论中国近代历史事件与特定人物，探讨传统社会生产与伦理关系的解体，研究政体改变与城乡结构的变化，以及西潮如何冲击文化传统、思维逻辑与教育制度，等等。但是，对一般读者而言，学术专著太深奥，教科书又太枯燥，陌生的人名、地名、事端、争论，令人越看越纷乱，满脑都是糨糊。实在不懂为什么中华帝国会反对通商、反对自由贸易、反对门户开放，不懂为什么一向讲究礼义和平的老百姓会突然变成革命群众，不懂中国人民到底在想什么。好像愈知道许多人物与事件，却愈加糊涂，有如雾里看花。

这几十年来欧美出了一位研究中国史的奇才史景迁（Jonathan D. Spence），他最大的贡献就是以优美流畅的文笔，把中国近代错综复杂的人物与史事，通过严谨的历史考证，参照专家的钻研成果，以"说故事"的传统历史方法，娓娓道来，让西方读者"拨开云雾见青天"，对中国的历史经历有了"感觉"。

二

"史景迁"这个华文名字，是他在耶鲁大学研读历史学博士学位期间，一位中国史学前辈房兆楹给他取的，寓意明显，期望也高，学历史就要景仰司马迁，以司马迁为楷模。司马迁的《史记》，材料丰富，考辨严谨，叙事清楚，条理分明，文笔生动，"究天人之际，通古今之变，成一家之言"。史景迁是现代史家，不像司马迁出身"史卜巫祝"传统，有着"究天人之际"的使命，但是，他研究晚明以迄当代的中国历史，叙事的方法与文体却循着《史记》的精神，的确当得起"通古今之变，成一家之言"的赞誉。从他第一部《曹寅与康熙》(*Ts'ao Yin and the K'ang-hsi Emperor: Bondservant and Master*)开始，他就结合档案史料与研究曹雪芹先世的各类文史资料，写了康熙皇帝的治术，同时也勾勒了清朝天子的内心世界。这种对原始资料的扎实研究基础，让他在第三部著作《康熙》(*Emperor of China: Self-Portrait of K'ang-hsi*)中，得以化身康熙，以第一人称的叙事方法，发挥历史想象，充分展现康熙大帝的喜怒哀乐，让西方读者看到一个有血有肉的中国皇帝。书写康熙，把一切客观历史材料转为自传文体，必须从天子的角度看天下，涉及各种各样的天下大小事，以宏观的视野，高屋建瓴，为大清帝国的长治久安着想。如此，表面是书写假托的康熙自传，实际上却必须考虑中华帝国的方方面面，从统治天下的全相角度呈现中华帝国的全貌。

史景迁第二部书《改变中国》(*To Change China: Western Advisers in China,1620-1960*)，探讨近代西方人士如何参与及推动

中国的历史变化，从早期的传教士汤若望、南怀仁，清末的戈登、赫德、丁韪良、傅兰雅，一直写到民国时期的鲍罗廷、白求恩、陈纳德、史迪威，开启了他对中西文化接触与交流的研究兴趣，撰写了后来一系列相关著作。他的兴趣，从西方人在华活动扩展到中西文化接触所引发的思维刺激与调适，探讨不同文化碰撞时相互理解与误解的困境。具体的人物在特定的历史环境中，都有独特的引人入胜的故事发生，不但是西方人在明末的中华帝国会有各种奇特遭遇，中国人在 18 世纪初欧洲的异国遭遇更令人难以想象。史景迁就像福尔摩斯一样，利用他掌握多种欧洲语言的优势，进入中外历史材料的迷宫之中，追索隐藏在历史帷幕后面的蛛丝马迹，想象中外历史文化接触的夹缝中，远赴异乡的人物是如何生活的，而其遭遇又如何存留成历史的记忆。他混合运用中外史料，披沙拣金，追索明末利玛窦远渡重洋，自西徂东，来华传教的经历，也写了广东天主教徒胡若望流落法国的一桩公案，更整合了蒙古西征之后，西方对中国的想象与描绘。

《利玛窦的记忆宫殿》(*The Memory Palace of Matteo Ricci*)，上溯到明末耶稣会士来华传教，如何适应中国的文化环境，如何利用欧洲流行的记忆术作为敲门砖，打入热衷科举考试、重视背诵诗书的士大夫群体。《胡若望的疑问》(*The Question of Hu*)，写一个中国天主教徒胡若望因傅圣泽神父（Jean-François Foucquet）的提携，远赴法国，却因举止乖张，流落异乡，甚至被关进疯人院里，三年后才得以返回广东家乡。史景迁利用了梵蒂冈的教廷档案、大英图书馆档案及巴黎的国家外事档案，拼成一幅匪夷所思的雍正初年广东华人流落法兰西的故事图景。《大汗之国》(*The Chan's Great Continent: China in Western Minds*)则综观西方人如何想象中国的历史历程,从蒙元时期的鲁不鲁乞修士、马可·波罗,一直到当代的尼克松、基辛格,不但写来华西方人所记的中国经历,也写没来过中国的文人作家如何想象中国,影响了一般民众的中国印象。对于中国读者而言,这些经由仔细爬梳欧西档案与文史群籍得来的历史资料,经过天孙巧手缝缀成一个个动听的故事,就像一面面精美的缂丝挂毯,不但引人入胜,也开拓了我们的眼界,了解不同文化的相遇、碰撞与互动是多么的错综复杂,时常还惊心动魄,比小说虚构还要离奇。

《康熙》在1974年出版之后,引起出版界的轰动效应,深受读者欢迎,成为畅销书,甚至被白修德(Theodore H. White)誉为"经典之作:把学术提升到美的范畴"。西方史学界也开始注意史景迁书写历史的修辞策略,称赞他文体自成一格,剪裁史料别具慧心,从不大张旗鼓宣扬新的理论架构,却在不经意处,以生动的故事叙述,展现了历史人物与事件所能带给我们的历史文化思考。他继之在1978年,写了第四部著作《王氏之死》(*The Death of Woman Wang*),以山东郯城的地方志、黄六鸿的《福惠全书》、蒲松龄的《聊斋志异》为史料基础,探讨清初小老百姓的生活环境与想象空间,从宏观的天下全相与中西文化观照,推移镜头至偏僻乡间农民与农妇的生活,把蒲松龄的文学想象穿插到梦境之中,以不同角度的现实与虚构特写,重组了17世纪山东农村的生存处境。这部书最引起史学界议论的,就是剪裁蒲松龄如梦如幻的优美文字,用以虚构妇人王氏临死之前的梦境。史景迁运用文学材料书写历史，当然不是要呈现实际发生的史实，不是妇人王氏的"信史"，却可以引发读者想象清朝初年的山东，在历史意识上触及当时历史环境的"可能情况"。

书写历史，最重要的是要依靠文献证据，假若文献未曾明确提供材料，可不可以运用想象去重新构筑历史场景？这就是现代历史书写最蹊跷暧昧的领域，也是后现代史学不断质疑与解构的关键。他们不但质疑史料经常不足，或是一批"断烂朝报"，缺失的比留存的材料可能要多，不足以反映历史实况，令人更加质疑所有历史材料的可靠性。像海登·怀特（Hayden White）这样的历史哲学论者，就在他的《元史学》（*Metahistory*）中提出，所有的史料，包括第一手材料与档案，都是具体的个人记录下来的，一牵涉到具体的人，就有主观的思想感情倾向，就不可避免有"人"的历史局限，就不可能完全科学客观，做到巨细靡遗地记录牵扯到人与事的复杂情况，而不掺入运用修辞逻辑的历史想象。他甚至进而指出，历史写作与文学写作无大差别，都是运用文字，通过想象修辞的手段，与不同倾向的书写策略，虚构出一个文本。这种推衍到极端的主观书写论，有其立论的根据与辩难的目标，很难斥为无稽，但却故意扭曲了文学创作与历史求真求实的基本意图有所不同。值得在此提出的是，史景迁的著作不能归入"后现代"的主观虚构历史书写之中，因为他写每一本书，都恪遵传统史学的规律，尽量使用存世的史料，上穷碧落下黄泉，从中国史书方志档案到西方史志档案，几乎做到"无一字无来历"。他在连接史料罅隙，推理可能历史情况时，也明白告诉读者，文献材料是什么，作者解读的历史"可能"是什么，从不混淆视听。

三

史景迁的史学著作，经常是雅俗共赏，兼顾学术研究与通俗阅读，一方面让专家学者思考史学探索的意义与方向，另一方面又让一般读者深入理解中国近代的历史，特别是中国人生存的时代环境与生命意义的追寻。他写的《天安门：知识分子与中国革命，1895—1980》(*The Gate of Heavenly Peace: The Chinese and Their Revolution, 1895-1980*)与《追寻现代中国》(*The Search for Modern China*)，最能显示他史识的通达与文笔之流畅，能够不偏不倚，就事论事，却又充满了历史的同情与了解，让西方读者理解，中国是一个实实在在的地方，即使难以认同中国历史的发展，却也看到生活与奋斗其中的历史人物，都是有血有肉有感情的人，在特定的黯淡历史环境中，奋勇追寻茫茫前途的一丝光明。《天安门：知识分子与中国革命，1895—1980》着眼于中国近百年文化人与文学家的处境，环绕着康有为、鲁迅、丁玲以及他们的师生亲友，旁及所处的历史环境与文化空间，写他们的追求、挫折、困境与期盼；《追寻现代中国》则以教科书撰述通史的形式，历述明末以迄当代的政治经济变化，从晚明的繁华到清兵入关，从康乾盛世到晚清颓败，从鸦片战争到康梁变法，从五四运动到共产党执政，同时没忘记论及曹雪芹与《红楼梦》，"五四"时期的蔡元培、陈独秀、胡适、鲁迅等，指出文化变迁的长远影响。这两本历史著作的书写方式，都是传统史学呈现历史全相的主流写法，出版后，都在欧美图书市场成了历史畅销书，并且自 1990 年以来，成为西方大学中国史课程的通用教科书，影响了好几代大学生与文化人。他接着出版的《太平天国》（*God's Chinese Son: The Taiping Heavenly Kingdom of Hong Xiuquan*）、《雍正王朝之大义觉迷》（*Treason by the Book*）等，一直到近年的《前朝梦忆》（*Return to Dragon Mountain: Memories of a Late Ming Man*），每一本书问世，都能生动活泼地呈现中国的历史经验，掀起畅销热潮，使西方读者对中国近代历史变化的认识更加深入，加深对中国历史文化的同情。

史景迁的历史著作如此畅销，受到广大读者的喜爱，也就遭到一些传统学究型历史学家的讽刺，说他是"说故事的"史学家，不曾皓首穷经、在故纸堆中考据出前人未见的史实，而且视野过度宽广，未曾穷毕生之力，专注某一桩历史事件，成为特定历史题材的"权威专家"。也有些以社会科学方法自诩的社会经济史学者，认为史景迁著述虽多，但提不出一套理论架构，对历史研究的科学性毫无贡献，又不以社会科学"放之四海而皆准"的普世性为依归，不曾努力把中国历史文化研究纳入普世性社会科学，充其量只是引起西方对中国历史文化的兴趣。这些批评其实都是皮相之论，以狭隘的学术观点、本位主义的专业立场，排斥历史学的基本人文精神与开发多元的普世关怀。

从政治大事的角度书写历史全相，是中国传统史学的主流写法，《春秋》纪事罗列重要事迹，《史记》叙事以"本纪"为经，"列传"

为纬,辅以表记志书,成为中国正史的写作通例。司马光的《资治通鉴》与后来的各种"纪事本末",虽在传统史学体例之中另列一格,其实还是全相式的政治事件书写。不仅中国史学传统如此,西方史学从古希腊开始,也是以叙述"故事"为主。希罗多德(Herodotus)的《历史》,糅合各种资料与传闻,删汰芜杂,以"说书"的叙述方式呈现。古希腊文 historein,本义是"问询",意即司马迁在《史记·太史公自序》所说的,"罔(网)罗天下放失旧闻,王迹所兴,原始察终,见盛观衰"。太史公作《五帝本纪》,记述上古传闻资料,也面临类似的问题,自己还做了检讨:"百家言黄帝,其文不雅驯,荐绅先生难言之。……余尝西至空桐,北过涿鹿,东渐于海,南浮江淮矣,至长老皆各往往称黄帝、尧、舜之处,风教固殊焉,总之,不离古文者近是。"希罗多德之后的修昔底德(Thucydides),对记述往古的传闻颇不以为然,认为可靠的历史只有当代的记录,因此撰写当代的战争大事为《伯罗奔尼撒战争史》,在资料的"问询"上有亲身的经历,还可以采访许多身历其境的当事人,得以对勘论辩。虽说著史风格有所不同,更加强调资料源的可靠性,但其呈现战事发生的前因后果,仍是政治事件的全相叙述。不论是司马迁、希罗多德,还是修昔底德,叙述历史的修辞手法,都是去芜存菁,运用明畅的文字,讲一个动听的故事。到了欧洲启蒙时代,吉本(Edward Gibbon)写《罗马帝国衰亡史》,还是遵守这个写历史"说故事"的基本原则。

倒是近代的历史学家,先受到 19 世纪兰克学派的影响,在历史研究领域强调科学实证,以考辨史实为历史研究主要任务,长篇累牍进行饾饤考证，以显示历史研究的专业化。学术机构的建立、文史哲的专业分科、学术专业职场化、学术职业升迁的专业评核，把文化学术的理想转为薪酬饭碗的优渥，加剧了历史研究钻牛角尖的倾向，迫使严肃而有才华的历史学家随波逐流，把全副精神放在历史学科制度的规范要求上面，使得全相性叙事的历史著作遭到学院的排斥，沦为毫无史观与史识的历史教科书与通俗历史演义的领域。到了20世纪后半叶，历史研究的科学客观性遭到挑战，许多史学家又从一个极端摆荡到另一个极端，转向以"观点"与"问题意识"为主导的探讨，充满了政治正确与社会意识的信念，强调阶级、种族、性别、弱势群体，从各种文化批判角度，进行"把历史颠倒的重新颠倒过来"的工作，化历史研究为意识形态斗争的场域。

总而言之，以新角度新观点来书写历史，拓展我们对历史的认识，或者指出传统历史书写的局限与歧视，固然有其价值，但全相叙述的历史书写传统，还是不该断绝的。不仅如此，历史研究虽然已经成为学术专业领域，却也不能放弃学术研究的基本人文关怀，不能排斥学术通俗化的努力，不能把一般人有兴趣的历史题材当作没有价值的老生常谈，更不能把自己文字能力的艰涩鲁钝作为学殖深厚的借口。由此看来，史景迁既能著述宏观全相的中国历史，又能在历史叙述的实践上探索新的历史研究领域，以生动的笔触揭示新的观点与问题意识，难怪可以雅俗共赏，也为中国历史研究提供了值得深思的启示。

中国史学传统要求史家具备"才、学、识"（刘知几），章学诚又加了"德"。在《文史通义》中，章学诚是这么解释的："义理存乎识，辞章存乎才，征实存乎学。"他强调的是，要有文化传统的认识与关怀，要有书写叙述的文采，要有辨伪存真的学殖。对于他自己提出的"史德"，章学诚在《文史通义》立有专章，做了详细的疏解，关键在于："能具史识者，必知史德。德者何？谓著书者之心术也。"余英时在《论戴震与章学诚》一书中指出，章学诚的史学思想承袭了中国儒家传统，太注重政治伦理，所强调的"史德"偏于传统道德的臧否，而不同于现代史学强调的客观性："其主旨虽在说明历史学家于善恶是非之际必须力求公正，毋使一己偏私之见（人）损害历史的'大道之公'（天）！但是这种天人之辨仍与西方近代史学界所常讨论的历史的客观性和主观性有不同处。"我们若把章学诚对"史德"的要求与余英时的评论放在一起，借来观测史景迁的历史著作，就会发现，史景迁的现代西方史学训练，使他不可能陷入儒家道德臧否性的中国传统"史德"误区。反倒是因为他身为西方学者，远离中国政治，与中国近代的政治伦理没有切身的关联，没有族群兴衰的认同，没有利益的瓜葛，不会以一己偏私之见损害历史之大公。从这一点来说，史景迁书写中国历史的实践，配合了余英时的现代史学反思，为中国史学传统的"才、学、识、德"，提供了颇饶兴味的现代诠释。

四

这套丛书两位主编之一的郑培凯，与史景迁先生有师生之谊，是史先生在耶鲁大学历史系任教时正式招收的第一个博士研究生。

自1972年开始，他就在史先生指导之下，浸润历史学的研读与思考，并且从一个学生的角度，反复阅读老师的历史著作，以期学习历史研究与书写的诀窍。从《康熙》的写作时期开始，郑培凯就不时与老师切磋问学，还会唐突地询问老师写作进度与历史书写的策略。史先生写《王氏之死》、写《天安门：知识分子与中国革命，1895—1980》、写《利玛窦的记忆宫殿》、写《追寻现代中国》，从开题到完书出版，郑培凯都有幸过从，亲聆教诲，还时而效法"有事弟子服其劳"的古训，提供一些不轻易经眼的文献资料。老师对这个学生倒也施以青眼，采取自由放任态度，提供了最优渥的奖学金，有酒馔则师生同食，老师埋单付账。在耶鲁大学学习期间，郑培凯自己说，从老师习得的最大收获，就是如何平衡历史书写的客观材料与剪辑材料的主观想象，运用之妙，存乎一心。而那个"一心"，则类乎章学诚说的"著书者之心术"。

《天安门：知识分子与中国革命，1895—1980》一书在1981年出版之后，郑培凯立即以之作为讲授中国近代史的辅助教材，并深深佩服史景迁驾驭纷繁史料的本领。此书不但资料剪裁得当，文笔也在流畅之中流露深厚的历史同情，使得历史人物跃跃欲出。郑培凯曾自动请缨，向史景迁建议申请一笔译书经费，翻译成中文出版。他当时也大感兴趣，认为由这个亲自指导的学生迻译成中文，应当可以掌握他的文气与风格，忠实呈现他的史笔。然而，后来因为经费没有着落，郑培凯又教研两忙，杂事纷沓，抽不出时间进行这项工作，只好放弃了一件学术功德，让它变成"姑妄言之，姑妄听之"的逸事，回想起来，不禁感到有愧师门。这本书翻译未成，倒是触动了史景迁编写一部中国近代史教科书，同时辅以一本中国近代社会文化史料选译集的想法，商之于郑培凯与李文玺（Michael Lestz）。这两位学生遵从师教，花费了五六年的时间，终于完成了这项史料翻译选辑工作，出版了《寻找近代中国之史料选辑》(*The Search for Modern China: A Documentary Collection*)。

近年来，出现了不少史景迁著作的中文译本，几乎包括了他所有的专书，质量则良莠不齐，有好有坏。有鉴于此，出版人刘瑞琳女士想出一个方案，策划集中所有中文译本，邀请郑培凯做主编，选择优秀可靠的译本为底本，重新校订出版。郑培凯与史景迁商议此事，立即获得他的首肯。理想国经过一番努力，终于取得史景迁全部著作的中文翻译版权，也让郑培凯感到可以借此得赎前愆，完成二十年前未遂的心愿，可以亲自监督校订工作，参与翻译大计。然而兹事体大，怕自己精力有限，不能逐字逐句校读所有的篇章，无法照顾得面面俱到，便特别延请了研究翻译学的鄢秀，共同担任主编，同心协力，校阅选出的译本。

在校阅的过程中，我们发现，即使是优秀的译本，也难免鲁鱼亥豕之误。若是笔误或排印的问题，便直接在校阅之中——更正。还有一些个别的小错，是译者误读了原文，我们便效法古人校雠之意，经过彼此核对原文之后，尽量保持译文语句，稍作改译，以符合原文之意。

我们在校读的过程中，发现最难处理的，是译文如何忠实表现史景迁原书的风貌。史景迁文笔流畅，如行云流水，优美秀丽，时有隽永笔触，如画龙点睛，衬托出历史人物的特质或历史事件的关键,使读者会心,印象深刻,感到有余不尽。我们看到的各种译本,虽然有的难以摆脱欧化语法,大体上都还能忠于原作,在"信"与"达"方面,差强人意。但若说到文辞的"雅",即使是最优秀的译本,也因为过于堆砌辞藻,而显得文句华丽繁复,叠床架屋,是与原著风格有一定差距的。由于译本出于众手,每位译者都有自己的文字表达风格,因此,我们校读不同的译本,只能改正一些排版的错误与翻译的误读,无法另起炉灶,进行全面的文体风格校订。

翻译实在是难事,连严复都说,"一名之立,旬月踟蹰",真要挑剔起来也是没有止境的。我们作为史景迁系列作品的主编,当然要向原作者、译者及读者负责,尽心尽力,精益求精,作为学术功德,完成这项计划,为中国读者提供一套最为精审的译本。我们也希望,读这套译本的中国读者,要体谅翻译的限制,能够从字里行间,感到原作的神韵,体会原作的惨淡经营,它以行云流水的笔调,向我们诉说中国近代历史与人物。故事原来都是我们的,听史景迁说起来,却是如此动听,如此精彩,如此引人入胜。

致 我的学生们

目录

001　第一版序

005　第二版序

009　第一版致谢

012　第二版致谢

第一部　征服与巩固

021　第一章　晚明

043　第二章　清朝的绥服

069　第三章　康熙政权的巩固

099　第四章　雍正的权威

125　第五章　中国社会与乾隆政权

147　第六章　中国与18世纪的世界

第二部　分裂与改革

207　第七章　与西方世界的初次冲突

235　第八章　内部危机

265　第九章　改革的中兴之治

293　第十章　晚清的新动乱

327　第十一章　清朝的倾覆

第三部　国家与社会的展望

369　第十二章　共和国的肇建

393　第十三章　"便成了路"

425　第十四章　国共合作的破裂

461　第十五章　国民党当权

503　第十六章　共产党挺过困境

第四部　战争与革命

563　第十七章　第二次世界大战

611　第十八章　国民党的崩解

659　注释

677　延伸阅读书目

第一版序

几个世纪以来，没有一个国家可以幸免于动荡与悲剧。仿佛在人心深处的躁动和施暴的能力永无餍足之日，是故没有任何社会能达致完美的静谧。然而，在每一个国度，人又往往表现出对美的爱好、对知识探究的炽热之情、某种温文尔雅、强盛的欲求，以及对正义的渴望，凡此皆照见幽暗，让世界充满光华。人须常宵旰勉行，以期认识这个世界，免受此世摧残，更有效率地去构筑这个世界，使子孙免于饥饿和恐惧。

中国历史的丰饶与神奇与其他国家无异，而中国在与其他国家竞逐稀有资源、进行贸易往来、扩展知识之时，其命运也与其他国家休戚相关。长久以来，西方人莫不对中国感到茫然，即便时至今日，中西之间仍因语言、习惯与态度的隔阂而产生嫌隙龃龉。现今，中国人口逾十亿，所承受的内在压力我们仅能揣度，诸多因素往往让我们如坠五里雾中，而不察中国的真实本质。

了解中国并无终南捷径，一如并无方便之门去认识其他异质的文化，甚至了解我们自身。但这样的企图总是值得去尝试，因为中国的故事总是令人心驰神往，且足堪我们借鉴。欲认识今日中国，就必须了解其过去，本书用意就在于此。然就某种意义而言，我们应将追索的时间纵轴回溯至何时仍值得深究。中国历史源远流长，没有一个社会能像中国般纵贯历史近四千年而活力依旧绵延不绝，并且不惮其烦地记录下所作所为的每个细节。因此，我们可以从任一切入点钻进这个历史记录之中，找到种种事件、典范人物和文化氛围，并以萦绕脑海、挥之不去的方式与现今呼应。

我的叙事起自 1600 年，因为我认为唯有从这个时间点起始，才能认清中国当前问题的缘由，以及中国人该凭恃何种知识、经济、情感来解决这些问题。借由把这一故事命名为《追寻现代中国》，我个人衷心盼望能够彰显以下几点旨趣。

一、不管是统治者或是臧否统治者的中国批判者，他们在漫漫的历史长河里各自依循不同的取径，试图建构行之有效的方针来强化边境的防务，理顺官僚机制的运行，为免于外人干预而善用自身的天然禀赋，淬炼必要而严谨的知识工具用以权衡政治行动的效率和道德性。

二、尽管中国不一定会走发展中的西方强权或日本的类似"道路"，且在这个过程中仍要奋力维系若干恒定的价值观，但却一直在以重要的方式适应并改变着自己。在此，我所剖析的泰半历史，无不充塞着为了追求进步而展开的瓦解与巩固、革命与演化、征服与运动的交叠循环。

三、本书叙述的是探索过程，而非结果。我能理解，一个"现代的"（modern）国家既可融汇一体，又能兼容并蓄，既有明确的自我认同，也能以平等的地位竞逐新市场、新技术、新观念。倘若我们能以这种开放的胸襟来使用"现代"这个概念，就不难察觉这个概念的含义是随着人类生活的开展而时时刻刻处在递嬗之中的，因此我们不能就此把"现代"的底蕴归于我们所处的当代世界，而将过去托付给"传统"（traditional），把未来寄望于"后现代"（postmodern）。我个人倾向认为，到公元 1600 年或更早些（正如此后几个世纪中的任意时段），已存在具上述意义的现代国家。然而在这段时间里，中国都算不上是现代国家。

四、我希望，将对现代中国的"追寻"作为一以贯之的着眼点，可以揭示中国历史能在多大程度上帮助我们洞悉当前的状况。17 世纪，政府就已影响着人民的各个生活领域。在与外界关系方面，中国宣称在开创自己的路，它试图援引外国先进技术解决自身的迫切问题，又想避免人民受到腐化流风的濡染。这个问题在 19 世纪就已谨小慎微地勘测过。由一个政治体来管辖十多亿公民，这无疑是史无前例的。但从 18 世纪开始，中国人口已成为紧迫问题，人口增长对土地、经济、民间社会治理所形成的压力自那时就可看得一清二楚。

当然，过去还可以从其他不同的侧面来呈现。借以维持女性卑微社会、经济地位的风俗习惯，给子女灌输某些辈分顺从模式与义务观念的教育方法，家庭作为一种组织单位所蕴含的力量，地方社群里若干人士得以撷取和滥用权力的能力。1600 年之后，上述中国社会与文化的这些面向皆可以不同的形式看到。在艺术与文学领域中的美学志趣和语言创新，行政结构和流程的巨细靡遗，均深刻改变了中国的面貌，至今犹存。

　　借着以 16 世纪末作为叙述的起点，也可达至另一个目标。我们可以看到，中国寻常百姓在恶劣甚至濒临绝望的环境中，往往仍掌握自己的命运，投身对抗国家力量。我们可以认识到，1644 年、1911 年，还有 1949 年，对现况的绝望和缅怀夙昔的情愫，是如何与展望未来的热切之心彼此融汇，进而粉碎既存的秩序，开启了一条通往新时代的不确定道路。倚仗有关中国过去斗争的历史知识，我们便能更深切体会中国内部彼此扞格不入的力量，以及这个历经动乱、最后想方设法跻身于现代世界的国家，又遭遇了哪些机会和挑战。

第二版序

1989年《追寻现代中国》第一版完工之际,中国正处于风波之中。九年后,当本书第二版告成时,中国乃至世界的形势都大不一样了。邓小平于1997年辞世,李鹏也于1998年初从总理一职退了下来。苏联解体后,许多加盟共和国纷纷独立,此前附属于苏联的东欧成员国,也走上了各不相同的道路。

从1990年代开始,整个国家开始沉浸在机遇、奖赏、对国内经济增长模棱两可的解读中,汲汲于参与国际金融事件。随着香港在1997年夏天和平回归中国,台湾愈发受到瞩目:对台湾而言,大陆的政策仿佛是晴雨表,预测着未来经济重新整合的可能模式。

就在这九年时间内,我们对中国历史的认识也大大拓展了。中国境内丰富的考古发现改变了我们对中国早期社会的看法,关于统治学说的早期文献也得另眼相看。至于离我们更近的历史时段,更有中外学者于数不胜数的领域里潜心研究,这些研究成果深刻地改变了我们一度自诩的见解。

在把这些新发现融入第二版的过程中,我不得不改变许多旧有的观点,同时引入不少新观念。在清朝这一部分里,比较突出的问题就有:18世纪满清皇帝如何扮演中亚的统治者这一角色;自18世纪晚期以来,中国的秘密结社是如何一步步在挑战国家权威方面发挥重大作用的;清朝女性识字和女性教育的本质,以及当时忠君政治对女性意象的利用;晚清发展起来的民族主义有哪几类,新的印刷媒介对广泛传播这些思潮又起了怎样的推动作用。

至于中华民国时期(1912—1949),需要重新思考的议题也同样多:中国共产主义的先驱,尤其是它和无政府主义、唯意志论思潮之间的关联;许多持有不同意见的共产主义活跃分子,他们的事业轨迹和生存策略是怎样的;中国城市里商业和社会生活的性质,对现代性进行解读和表达的模式的转换;1937年抗日战争爆发前后,共产党人和国民党民族主义者之间展开的地下斗争。

我尽可能把这些新发现纳入第二版里。为了让这本书不至于太笨重,我删减了上百处,还对一些地方做了概要,有整整几页甚至几个章节我认为没有必要保留。这样一来,书的内容不仅更新了,连篇幅也比第一版少。为了让内容思路更加清晰,我还做了几个结构上的调整,包括提前介绍一些经济和地理方面的情况,在有关民族主义和共产主义政党的部分里修改了这几章的组织方式,用另一种形式来呈现外交政策的问题。

第一版的部分读者和书评人反映,希望这本书更多是以主题或概念作为行文的线索,而不是按照时间顺序发展,他们还说,书的内容更加关注社会的大趋势,所看重的人物经历,都是来自那些完全从各种政治中心脱离出来的人。他们希望我能对林林总总的现代西方理论多加留意，例如后现代主义、底层研究或其他各种贴上后马克思主义标签的流派。在上述诸方面，我还是保持"食古不化"吧。无论是历史专业的老师还是学生，首先都需要知道事情是在什么时候发生，进而才去了解它为什么会发生。当然，在中国社会内部积聚起来的力量，会对领袖或潜在领袖的想法和生活产生影响，一如国外势力施加的威力或传播的思想对中国所产生的影响一样。不过我仍然觉得，要想理解这些变化多端的推力，最妥当的做法是从中心出发往外看。至于在内容选择或组织方面采用更有力的理论框架，这样做可能会符合部分读者的需要，但对于其他人来说，反而会造成疑惑，甚至令人生畏。再者，就当下西方文化世界的本性而言，无论我选择什么理论，它都会迅速被淘汰掉。

因此，在本书的框架里，这个"中心"会为读者提供一副"眼镜"，中国人的经验浩瀚如宇宙，但透过镜片，我们可以把一般的焦点聚集在从这个宇宙放射出来的数个光点上。若读者想要对某个材料有更确切的了解，可以参考本书附录的延伸阅读书目。1998年，中国跻身世界之林的探索之旅仍在继续。我所希望的是，当新读者翻开《追寻》的新版时，能怀着同情之心去跟随这趟旅程，同时对于那些中国人自己最感紧迫的问题，也能予以一定的理解。

第一版致谢

在撰写《追寻现代中国》的数年里，我欠下了数不清的人情债。我最为感激的，是诺顿出版社的编辑 Steven Forman，在整个学术生涯里他始终是我的好伙伴，对我好言相劝，给我忠告，为我打气，在必要时还婉言"胁迫"。他不只在每个阶段都细细阅读了我的草稿，其速度之快、阅读之彻底让人难以置信，他还在图片挑选及其文字说明、地图、授权事宜，以及版面布局和设计诸多细节活儿上花了工夫。对于每一个帮助过自己的人，Steven 总是不忘言谢，在此我也一样，向他们一一表示感激：布置插图的 Rachel Lee，认真负责艺术设计的 Robberta Flechner，艰苦审稿的 Carol Flechner，帮助我处理中文手稿信笺的王连武（音译），制作了漂亮简洁的地图的 David Lindroth，设计感堪称完美的 Antonina Krass 和 Hugh O'Neil，还有高效整合所有工作的 Roy Tedoff。

在图像、插图方面，我得到了一些人的热情帮助，包括纽约大都会博物馆的 Caron Smith、Maxwell Hearn、James C.Y. Watt，收藏家安思远（Robert Ellsworth），摄影师 Shin Hada，杭州潘天寿博物馆的潘公凯，国际艺术协会的 Charles Moyer，华美协进社的 Nancy Jervis。画家梁民伟（音译）为扉页、护封和印章设计了各式各样的书法形式。记者石志民提供了自己拍摄的照片。金安平帮助我处理一些文本问题，包括儒家文献等。罗芙芸（Ruth Rogaski）为书后的术语表耗费了不少心血，郑培凯和李文玺（Michael Lestz）则提供了一些珍贵的材料（他们当时正在编写另一本配套的史料选辑）。还有联合国开发计划署北京代表处的 Herbert Behrstock，联合国非洲经济复苏和发展行动计划纽约代表处的 Leon Segal，两位都提供了有用的材料和信息。还有四位富有耐心和身姿优雅的打字员，Karin Weng、Elna Godburn、Ethel Himberg 和 Florence Thomas，她们常常得对付我潦草费解的手稿，特别是 Florence，在过去的日子里，对于我反复出现的个人危机，她总是引以为己事，热心帮助。

那些阅读我草稿的评审委员（outside readers）对我的帮助也弥足珍贵，没有他们的批评和建议，本书会薄弱许多。在此，我要真心谢谢柯博文（Parks Coble，内布拉斯加州大学）、邓尔麟（Jerry Dennerline，阿默斯特学院）、周锡瑞（Joseph Esherick，俄勒冈州大学）、高慕柯（Michael Gasster，罗格斯大学）、盖博坚（Kent Guy，华盛顿大学）、黄宗智（加州大学洛杉矶分校）、柯伟林（William Kirby，华盛顿大学）、李侃如（Kenneth Lieberthal，密歇根大学）、黎安友（Andrew Nathan）、Lucia Pierce（弗利尔美术馆）、舒衡哲（Vera Schwarcz，卫斯理大学）、John Bryan Starr（耶鲁大学）、魏斐德（Frederic Wakeman，加州大学伯克利分校）、卫思韩（John Wills，南加州大学）。还有一些精明而谨慎的评审委员，尽管他们保持匿名,我对他们也一并表示感激。不过,由于上述学者仅读了我部分草稿,而我不总是同意他们的评价(或许有时是我误读了),因此我得声明一下,我对本书的错漏负有全部责任。其他几个朋友,还有以前的学生也抽空通读了我的草稿,跟我交流了想法,他们是白彬菊(Beatrice Bartlett)及其四位学生〔郭碧兰(Victoria Caplan)、Patrick Cheng、Gabrielle Shek、Anna Wyman〕、高家龙(Sherman Cochran)、韩书瑞(Susan Naquin)、欧中坦(Jonathan Ocko)、彭慕兰(Kenneth Pomeranz)和卫周安(Joanna Waley-Cohen)。再说开一点,我还得感激研究中国现代史的所有学者,他们给予我的惠泽之多,他们的工作对改变我们关于中国史的认识所起作用之大,希望书后的延伸阅读书目能显示出来。

本书是在两个不同的地方写成,一是耶鲁大学的跨校园图书馆,一是在纽黑文华尔街的那不勒斯比萨店。我要谢谢这两家出色的机构或企业,正是在这两个"互补"的世界里,我反复求索,尔后执笔书写,记录下中国过去四百年的历史。

史景迁
那不勒斯比萨店、跨校园图书馆
1989年10月30日

第二版致谢

在准备《追寻现代中国》第二版的过程中，让我获益最多的是第一版的评论者，以及那些写信告诉我他们的评价或批评的人。尽管我并不总是接受他们的建议，但日积月累下来，我的思考变得更加敏锐，他们也促使我做了许多改动和校订。其中，对我帮助特别大的，有张光直、秦家骢、周婉窈、柯饶富（Ralph Covell）、Justus Doenecke、Jaap Engelsman、已故的费正清（John King Fairbank）、Dolores Filandro、Erwin Fuchs、李静（音译）、罗静（音译）、Angus McDonald、M. Scott Morton、邵东方、司美茵（Jan Stuart）、陶普义（Britt Towery）、林蔚（Arthur Waldron）、于仁秋、周立农。我也要感谢耶鲁的学生，包括本科生和研究生，我和他们一起详细讨论过本书的内容，特别是在删补的问题上，我们共同斟酌过。我希望第二版能充分回答他们提出的尖锐问题。自第一版起，诺顿出版社的编辑 Steven Forman 就一直鼓励我，同时也提醒我注意时间。还有安平、梅、亚尔和马德达克斯，他们尽己所能地帮助我，让这场"持久战"变得无比欢快。

史景迁

1997 年 8 月 1 日

第一部 征服与巩固

16世纪末,明朝似乎正是国力鼎盛之时,其文化与艺术成就璀璨夺目,城市与商业生活繁荣富庶,中国人在印刷技艺与丝绸、瓷器的制造能力,令当时欧洲人望尘莫及。不过,即便人们习惯性地把这一时期视为"现代欧洲"崛起的年代,却不太能说现代中国也发轫于此。正当西方世界竞相纵横大海、拓展世界的知识视野之际,明朝统治者不仅严令禁止海外探险,阻绝了可能因此获得的知识,还采取一连串自毁长城的行政措施,结果不到五十年,明朝即在战火中覆亡了。

晚明国家与经济结构组织的涣散,业已开始在各个层面浮现。财政收入锐减,朝廷无法如期发出军饷;士兵的逃逸使虎视眈眈的北方部族得以乘机进犯;欧洲白银的流入对中国造成超乎预料的经济压力;官仓监管不善,天灾四起,导致农村人口普遍营养不良,疫疠丛生;叛民蜂起,聚而为寇,只为了苟活于乱世。到了1644年,所有这些不利因素纷纷汇聚成流,明思宗在四面楚歌中自缢身亡。

在动荡之中重建社会秩序者,既不是揭竿而起的农民,亦非已经对明朝离心离德的士绅官吏，而是突破北方边防，自称"满洲人"的女真部落。满人的胜利得力于其组织结构，早在伺机入主中原之前，他们就已成功地打造出一套军事与行政建制，官僚机器的核心也告形成。随着这些制度的建立，以及大批归降、被俘的明朝人权充满人的谋士、士兵、匠人及农人，满人遂于1644年乘机进犯中原。

成千上万军队的转战运动，一如满人当时所感受到的，让我们见识到中国江山的百般风貌。四处叛乱的农民，以及明朝的残余势力，各自据地以抵抗满人的扫掠。满人自北南下、由东向西的征服模式，主要是依循中国山川的地理形貌，同时将各区域的政治与经济地缘中心融入新的国家结构之中。

意欲征服像中国这般幅员广阔的国家，满人势必要把成千上万的汉人支持者纳入其官僚体系，倚赖汉族的管理人才，使其听从满人的号令来统理国家。少数明室的后裔犹作困兽顽斗之时，大部分的汉人已能够接纳新的统治者，因为满人大致承诺维护中国传统观念与社会结构。清军的入关就算掀起社会的沸腾动荡，也是为期甚短，满人所建立的清王朝屹立不摇，统治中国迄至1912年。

不仅清朝，对历代各朝或后继者而言，统一中国需要各种相应的军事战略，以及政治、经济手段的配套。清朝皇图霸业奠于康熙皇帝之手。康熙一朝从1661至1722年，在位期间依次完成了中国南、东、北、西北疆域的防御工事，同时进一步强化入关前满人所施行的统治机制。康熙特别着力维护科考制度，凭仗着可靠又秘密的驿递讯息，疏通了朝廷的耳目渠道，同时又以朝廷之力，笼络那些可能心怀二志的知识分子。康熙皇帝还设法化解了潜隐在官僚体系甚至广大社会之中的满汉族群的紧张关系。不过，康熙在经济方面的建树就略显逊色。康熙一朝虽然商业兴盛、农业富饶，但未有效课税，终大清王朝，此一弊端始终相随。

康熙之子敏于修补康熙遗留的积弊，特别致力于改革税制、组织文化生活、消弭社会的不平等，以及强化中央官僚体系。然而中国总人口数在18世纪后半叶急遽膨胀，土地分配压力随之而来，造成严重的社会混乱，庙堂风尚开始隳坏堕落。官吏颟顸昏聩，贪污腐化成风，削弱了朝廷的反应能力，致使清廷对国内问题避之不及，遑论解决。在对外政策方面亦然，气势汹汹的西方商人远渡重洋抵达中国沿海口岸，不断挑战清廷加诸他们身上的种种束缚，清廷的涉外机构面临新挑战，清廷在这方面也是迟钝无方。在灵活适应方面的无能，为日后19世纪的一连串浩劫埋下了祸因。18世纪曾经一度迷恋中国文明的西方作家、政治哲学家，现在开始细察中国的积弱，认为中国人若无法适应世界丛林的生活，则有朝一日，中国必定覆亡。

第一章　晚明

明朝的光辉

公元 1600 年，中国是当时世界上幅员最辽阔、制度最发达的统一政权。其疆域之广，世界各国均难望其项背，当时俄国才开始形成统一的国家，奥斯曼帝国过度扩张于分散的疆域，印度分别由蒙古人及印度人统治，墨西哥、秘鲁等古文明帝国则毁于疫疾肆虐与西班牙征服者。此时中国人口已逾一亿二千万，远超过欧洲诸国人口的总和。

从京都到布拉格，从德里到巴黎，各国都城都不乏奢华的排场和庄严的仪式，却无一拥有可与北京媲美的宫殿建筑。环以高垣厚墙的紫禁城中，金碧辉煌的琉璃屋瓦和铺着大理石的雄伟庭院，象征了皇帝至高无上的权力。鳞次栉比的宫殿和宝殿皆有雄伟的阶梯与殿门，按几何规则井然排列，与向南延伸出北京的道道拱门分毫不差地排开对齐，向所有朝拜者昭示着万物之通联都体现在了这位被中国人誉为"天子"的人身上。

欧洲各国、印度、日本、俄国以及奥斯曼帝国的统治者，此刻无不致力于建构有系统的官僚组织，以便扩张税基，有效统治领土臣民，吸纳农业和贸易资源。然而当时中国已经具备庞大的官僚体系，既受千年文化传统所浸润，也受律令所约束，至少在理论上，这套官僚架构连市井小民的日常生活问题也能处理。

一部分官僚组织位于北京城内，隶属于皇帝之下，依国家事务性质被区分为"六部"：分掌财政、人事、礼仪祭祀、刑名律法、军机要务以及公共工程。在北京城内还有一批遍览群经的博学硕儒，襄赞皇帝奉行仪典，撰写官方历史，教育皇族子嗣。在戒备森严的深宫大院里，还有为数庞大的内廷人员服侍皇帝个人的需要：宫女与太监、帝王子嗣与照顾他们的嬷嬷、禁卫军、御膳房，还有养马、扫地和挑水的宫人。

明朝将地方行政组织划分为十五个行省（即南、北直隶与十三个承宣布政使司），这是中国官僚机器另一个组成部分。大小官职各有所司，其最上层为"省"的三司，下设有"府"的知府及"县"的知县，并在各地设有军站、急递铺、递运所，以及定期向农民征税的粮长。在京城之中与各省，各有一批名为"监察御史"的官吏，负责督察官员的品行。

中国大部分城镇建筑不似文艺复兴时期之后的欧洲以砖石所建。除了少数名刹宝塔之外，中国也没有宏伟的基督教教堂或是伊斯兰教清真寺高耸入云的尖塔。然而这种低伏的建筑形貌并不意味着财力或宗教信仰的阙如。在中国各地都有香火旺盛的佛寺与道观，体察天地生生不息之力，还有祭拜祖先的祠堂与奉拜孔子的孔庙。

孔子出生于公元前 5 世纪，是中国伦理体系的奠基者。伊斯兰教清真寺零星分布在华东地区以及西北一带，这些地方是中国回民聚落的区域。中国各地还有若干犹太教会堂，犹太人的后裔在此聚会做礼拜。由基督教衍生的"景教"（Nestorian）抵达中土已历千年，此时还有少数信徒。中国的城市建筑与宗教中心不以气象巍峨为务，并不代表中国人没有民族尊荣感或对宗教抱持冷漠态度，它反映了一个政治事实：中国中央集权的程度甚于各国，宗教也受到皇权的有效节制，朝廷无法容许国有二主，也就不可能出现自主独立的城市。

明朝自公元 1368 年起一统天下，于今观之，明朝的太平盛世到了 17 世纪初就已结束，不过 1600 年前后的文化生活依然斐然耀眼，举世难有其匹。假若我们胪列 16 世纪末欧洲的非凡之士，也可以轻易在同时期的中国找到足堪比拟的俊彦翘楚。论题材的丰富，中国没有一位作家能与莎士比亚相比，但是在 1590 年代，汤显祖正在写作隽永慧黠的青年爱情故事，以及刻画家族亲情、社会冲突的戏曲，其内容之细腻、情节布局之复杂，足以与《仲夏夜之梦》或《罗密欧与朱丽叶》相媲美。像塞万提斯的《堂吉诃德》已是西方文化里的经典，中国虽然没有出现可与之相提并论的作品，不过在 1590 年代却出现一部以宗教探寻、神怪冒险为题材的小说《西游记》，深受中国人喜爱。孙悟空是一只通灵的泼猴，帮助唐三藏远赴天竺求取佛经，时至今日，《西游记》仍是民间文化的源泉。即使不做进一步的对比，同一时期中国的随笔作家、思想家、自然主义诗人、山水画家、宗教理论家、历史学家、医学家，也都创造了无数的传世名作，有许多至今仍被视为人类文明的瑰宝。

在这些丰盛的文化遗产之中,或许要属短篇故事作者、通俗小说家的作品最能彰显明代中国社会的活力,因为这类故事小说往往表明新的读者群在市镇地区兴起,民间的读写能力进一步提升,日常生活细节成为人们新的关注点。在一个由男性宰制的社会里,这些故事小说也说明识字的女性越来越多。中国女性读写能力不断提升的深远影响则在晚明学者的著述当中有所提及,这些学者认为教化女性能提振道德伦常,提升教子之方、持家之道,进而净化社会风气。其他学者则反驳道,女性太过独立是有害的,社会和家庭纲常伦理随时会被腐蚀。

另一部经典小说《金瓶梅》便处理了这些议题。这部小说以化名的方式于17世纪初刊刻印行。这部小说叙事细腻,性描写露骨,作者通过描绘故事主角与五房妻妾之间的互动关系,提点出主人公的性格特质(主角的财产一部分得自经商,另外则得自与官府勾结),而他这五位妻妾迥异的个性各自代表不同的人性面向。《金瓶梅》可以当成寓言体的小说来解读,也可以是警世教化,阐释人性的贪婪自私如何摧毁那些原握有幸福良机的人。《金瓶梅》也有写实的一面,勾勒出隐伏在富贵人家里的暗潮汹涌,这在其他作品中并不多见。

小说、绘画、戏剧,再加上记录宫廷生活与官僚运作的官方典籍,在在说明了晚明——对富庶人家来说——的光彩华丽。有钱人家住在热闹的商业城镇,而非乡下,豪门以父系传承为基础,形成盘根错节的氏族或血缘组织。这些血缘组织坐拥庞大土地,所积累的财富足以兴办自己的学堂,在困顿的时候赈济乡民,以及修葺家庭成员祭祖的祠堂。豪宅大院外有高墙环绕,内则陈设艺术名匠的珍奇古玩，这些艺术名匠有时受雇于国家，不过通常是群聚在由行会控制的工坊。彰显女性身姿的刺绣绸缎令富豪巨贾趋之若鹜，能给当时盛行的豪华宴席增辉添彩的幽雅青瓷和白瓷，亦甚受富人青睐。亮可鉴人的漆器、玉饰、细致的窗棂、精巧的象牙雕刻、景泰蓝以及熠熠生辉的紫檀木家具，令这些富豪巨贾的宅邸满室光华。鬼斧神工的木制或石制笔架、价格高昂的纸张、可磨出质佳色黑的墨汁的墨块和砚台，使得文人还未振笔挥毫，书桌就已被营造成了一个充满仪式感和美感的世界。在晚明时期，一个繁富的品鉴制度也环绕艺术精品而出现，富豪新贵觅求品味高尚的艺术商人为他们装点雅致的家居。毫不奇怪，这也滋生了赝品造假的地下系统，瞒骗不知情的人。

除了奢华的室内陈设之外，富贵人家的饮食也十分美味可口：虾仁豆腐、菱角脆皮鸭、蜜饯、清茶、温润的果酒、新鲜的蔬果良品。杯盘之间，谈文论艺，吟诗作对。饭饱之后，酒还未足，这时主人就会从藏品中拿出珍贵卷轴画，宾客之中的骚人墨客，在酒过三巡、酒酣耳热之际当众挥毫泼墨，试图再现古代名家的神韵。

社会与经济品第中的上层是一个饱读诗书的社会群体，在思想上靠一组典籍文字维系在一起，这些典籍早在孔子之前就已出现，可远溯至公元前2世纪中国北方出现统一国家时的早期。教育对女性的裨益尚在学者间争论不休，富家子弟从小就要接受严格的教育，六岁左右就要学习诵念古文。然后他们每天会被送到私塾或在自家先生的指导下读书，背诵、解读、钻研古文，到了二三十岁或许能参加科举考试，从地方上的乡试一直到在北京举行、据称由皇帝亲自监考的殿试，这些考试难度层级递增，一旦登科及第，则可仕途通达，获取丰厚的功名利禄。女性不准参加科举考试，不过出身书香门第的女子往往能随父母或兄长学习吟诗作乐，而青楼歌妓也大多通文墨，能解音律，对于读过书的狎客而言，这样的歌妓更具风情魅力。来自精英家庭的女性还可以挑选自己的闺塾师，和其他女性通信、赋诗、互相拜访（通常是远距离的），参加各式各样的文化活动。中国在10世纪的宋代即已发展出活字印刷术，私人藏书蔚为风尚，哲学、诗歌、历史、道德训诫作品俯拾即是，不足为奇。

纵使部分卫道之士不齿，娱乐大众的通俗作品在16世纪末的中国民间依旧十分盛行，达致一种丰富精妙的文化融合。城市居民玩赏着迥异于市井喧哗的静谧自然新风光，并在诠释人世的艺术作品之中找到一种秩序感。这种怡然自得的情愫，在戏曲家汤显祖于1598年的作品《牡丹亭》中表达得淋漓尽致。汤显祖借着剧中学者兼太守的杜宝之口说出他心中的话。杜宝因地方政务顺利推展而心喜：

> 山色好，
> 讼庭稀，
> 朝看飞鸟暮飞回，
> 印床花落帘垂地。

一旦卸下缠身的政务，忘却案牍之劳形，自然世界纯粹就只是令人心旷神怡的感知对象，而这种平和有序之感反过来又激起一种呼应天地万物的美感：

红杏深花，

菖蒲浅芽，

春时渐暖年华，

竹篱茅舍酒旗儿叉，

雨过炊烟一缕斜。[1]

如此良辰好景，对许多人而言，也的确是一个光辉时代。只要国家的边防平靖，只要政务能顺利推动，只要农民辛勤耕耘，百工各尽其分，明朝的太平盛世或许便可万代不绝。

城镇与农村

明朝的集镇与城市，洋溢着喧嚣兴旺的气息，尤以人口稠密的东部为然。有些城镇是繁忙的行政中心，地方官吏在衙署中推动政务，征集税收。有些则是纯粹的商业中心，门庭若市的贸易与地方市场活动，主宰着市井小民的日常生活样态。大部分的城镇外有城墙环抱，入夜即关上城门，并实行夜禁。

一如世界其他地区的城镇，中国的城镇也可依据其功能角色与专业分化加以鉴别。例如，地方上的"集镇"是棺材师傅、铁匠、裁缝、面条师傅聚集的地方。在小店铺里，贩卖一些较为特别的商品，像是工具、酒、首饰以及香烛、纸钱等宗教祭祀器品。这类集镇都有酒馆供往来客官歇息。大型的集镇吸引了各地川流不息的贸易商和买主，成为染布坊、鞋店、打铁铺以及销售竹器、上等布匹、茶叶的商店的主要客源。客旅者可在集镇里找到歇脚的客栈，召妓狎玩。在集镇之上的行政层级是协调统合数个集镇贸易的城市。在城市的店铺里，人们可以买到昂贵的文房四宝、皮革制品、装饰用的灯笼、神坛供桌上的雕刻、面粉，也找得到锡匠、刻印师傅、兜售漆器的商人。往来客商可以在城市里的当铺与"票号"（银行）处理汇兑业务，租顶轿子，到舒适且陈设华丽的青楼去狎妓。[2] 随着城市逐渐扩展，顾客越来越富，城市里出现了更独特的奢华商品与服务项目，而与此同时，财富也开始或明或暗地陷入堕落、势利和盘剥风气之中。

在这个城市等级系统的底层，也就是在集镇之下，一些乡村草市由于人口贫穷、稀少，无力维系商店和工匠，大多数商品只能由流动商贩在定期赶集时售卖。这样的镇子既无财力亦无衙署，于是简单的茶舍、路边摊或者定期的庙会就成了人们唯一的消遣之地。尽管如此，这样的小镇却发挥着一系列重要的功能，是消息传言、说媒拉纤、简单教育、地方宗教庆典、戏班子、官府税收与赈济灾荒的基本据点。

若以明代的集镇与城市来代表当时商品与服务、建筑风格、成熟发达程度以及官僚行政运作的全部情况，难免犯下化约过度的毛病，同样，形色风貌各不相同的农村也不具有代表性。在中国，城镇乡之间的分界是十分模糊的，农耕密集的郊区可能就在城墙之外，有时甚至在城墙以内，而工匠有可能在农忙季节参与农耕，在粮食歉收时，农夫也会到集镇里打零工。

淮河将中国分为黄河流域与长江流域两大区块，淮河以南的乡村气候宜人，土壤肥沃，可进行集约性的稻米耕作，是最富庶的地区。

这里河流水道交错、灌溉沟渠纵横，滋养了稻穗累累的水田，也流入一望无际的湖泊和养鸭养鱼的池塘。季节性的洪涝提供水田所需的养分。在江南，农民植桑养蚕，遍植茶树，经营农副业，使得当地的农业经济更加多样化。远在华南地区，除了粮食作物之外，还有蔗糖与柑橘；在西南山区，竹林与价值不菲的硬木木材，为农民带来了额外收入。华南的水路运输既廉价又便捷。当地绵密的宗族组织，更使农村社群团结一致。

尽管淮河以北也有为数不少的富庶村庄，但这一地区的生活较为艰苦。冬季异常寒冷，刺骨寒风由蒙古南吹，侵蚀了地貌，造成河流淤积，风沙很容易吹进那些住不起房子的人的眼鼻。淮河以北的主要农作物是小麦和小米，要靠农民的辛苦劳作才能在过度耕种的土壤长出来，而在零星分布的农村，这些土壤又需要人们妥善回收人畜排泄物来补充肥力。淮河以北所种植的苹果、梨子果肉甜美多汁，大豆、棉花质地绝佳。不过到了16世纪末，大部分森林已被砍伐殆尽，蜿蜒流经平原的黄河因夹带大量泥沙而成为一股难以预料的力量。没有南方的堤防、阡陌、沟渠可资屏障，盗匪于是轻易纵横北方的农村地带，所使骑兵既可以为先导，又能返回侧翼，通知行军较慢的步兵是否有危险，以避免遭到集镇民团武力的反击或偷袭。淮河以北的宗族组织势力较南方薄弱，村庄通常位处孤悬，社会生活网络也较为零落。坚忍的自耕农，仅能勉强自活，与富裕的地主与佃农相比，这类农民的数量要更多。

在中国，形貌分殊的农村景象，意味着我们很难明确区分"地主"与"农民"的社会位阶。例如，富裕的地主可能离乡而栖居大市镇里，但那是少数，更多的是住在耕地所在农村里的小地主，他们或许仰赖田租过活，或许雇用临时工来耕种。更有数百万的自耕农，他们拥有多一点的土地，不用为生计所困之余，有时也会在农忙时雇请临时工来助耕。耕地产量不足以糊口的农民，可能另外再去承租耕地，或在农忙时节把自己租给别人做劳力。大部分的农家或多或少都会从事手工业，将农村家庭与商业网络串联在一起。

社会结构复因民间社会种种土地买卖和租佃契约而益形复杂。国家对每一笔土地交易都会课税，缴税之后官府就在官式契约盖上红色官印。可想而知，许多农民为了逃避官府课税，大都采用非官方的契约。再者，土地买卖的定义也是模棱两可。在大部分的土地交易中，双方大致同意卖方将来可以用初始的卖价向买家赎回土地，或者买方在这块土地上耕种的一段时期内，卖方仍然享有所谓的"田底权"。倘若土地涨价，或无法耕种，或被洪水淹没，或是地上已有建筑物，所引起的法律与金钱纠纷，往往会导致亲族反目，甚至闹出人命。

几个世纪以来，无分天地南北，中国的农民都展现了刻苦耐劳的特质，即使遭逢天灾也能绝处逢生。在旱涝肆虐之时，也往往透过各类互助、借贷、粮食赈济等形式，帮助他们和家族渡过难关。从事脚夫、灌溉工人、纤夫这类零工或许能有些许保障。幼童在签下短期或长期的卖身契之后，到有钱人家担任仆役。女孩子则可能被卖到城里，纵使最后沦落烟花柳巷，操持贱业，至少一息尚存，她们的家庭也可以省下一口饭。不过，倘若在其他种种灾祸之外，法律机制、秩序结构也开始崩解，这时黎民百姓就真是呼天不应、叫地不灵了。假如市镇紧闭城门,而让绝望的百姓落草为寇,在农村地区四处流窜、打家劫舍,强占农民预备过冬的谷仓,或者抢夺农民准备来春播种的种子,这时候陷入困境的农民已别无选择,唯有放弃土地——无论这些土地是租来还是私有的——加入飘忽不定、居无定所的流寇行列。

17世纪初,虽然上流精英阶层一派繁荣景象,但是危兆却已浮现。城镇居民得不到官府赈济,就算深锁城门阻绝乡间饥民拥入,祸患仍会起于萧墙之内。苛捐杂税使得民不聊生,前途茫茫,1601年,在长江三角洲上的苏州,几千名丝织工群情激愤,火烧民宅,并对素招民怨的苛吏施以私刑。同年,在苏州南边盛产瓷器的江西景德镇,因为薪资微薄,加上朝廷下诏提高御用瓷器的产量,数千名窑工集体暴动。为了凸显工友们的艰难处境,一名窑工竟跳入砖窑的熊熊火焰中自尽。其他不少城市、集镇亦在同期发生了类似的社会与经济动乱。

城镇纷扰不安,农村也处在多事之秋。就如早期一样,明末各地的农村动乱中,有些事件从某种角度看,是存在一些固有的阶级斗争因子。这些经常酿成流血暴力的抗争事件,大抵可以归类为两种形式:契约工或"卖身为奴者"反抗主子,以期恢复农民的自由身;佃农拒绝向地主缴纳他们认为不合理的地租。

纵使民间动乱并非常态,但也足以警惕富人。在《牡丹亭》中,汤显祖在述及官宦生活的愉悦时,也揶揄了农村的庄稼汉,以鄙俗歌谣唱出乡下人草率工作的情景:

泥滑喇,

脚支沙,

短耙长犁滑律的拿。

夜雨撒菰麻,

天晴出粪渣,

香风腌鲊。[3]

这首歌乍听之下人忍不住发噱。但是听曲的人可能还没想过,在这种条件下的劳动者若试图推翻他们的主子,会有什么样的深远影响。

堕落与苦境

在晚明文化与经济生活的金玉外表之下,社会结构的衰败已经出现了危险的苗头。部分祸端起于庙堂之上。自1572年至1620年长期在位的明神宗万历皇帝,即位之初在一群贤能大臣辅佐下,是一个勤于政事的年轻统治者。但自1580年代以后,神宗开始越来越多地深居紫禁城内。神宗为了立储一事而与朝中大臣争论不休,又因朝廷过度保护,无法巡幸四方和亲校大军,深感受挫,对于老臣在庙堂之上不休的口舌之辩也渐渐不耐,于是连续多年不上朝,也不再研习儒家经史,不批奏章,甚至连朝中要员出缺也不增补。

神宗不闻朝政,结果大权旁落到本是负责监管皇宫日常事务的宦官们手中。中国内廷启用宦官的历史超过两千年,但是明代任用宦官之多，却是历朝仅见，至万历时，京城里的宦官已逾万名。因为皇帝一直躲在除了皇族和随从外无人能进出的紫禁城里，所以宦官就成为官场与皇宫内院的重要联系渠道。朝中大臣若有政事要奏，就得说服宦官代为传递讯息。宦官自然会向大臣索求回报，于是没过多久，一些权势大的宦官就成了野心勃勃的大臣百般奉承和贿赂的对象。

到了1590年代，许多宦官结为阉党，开始在国家的政治生活中扮演起主角，其权势随着神宗派遣他们分赴各省收税而渐次高涨。宦官行事专横乖张，经常恐吓勒索地方的豪门巨富，并指挥精锐厂卫贯彻其意志，搜捕刑拷或杀害政敌。其中最为突出的例子是宦官魏忠贤，此人因负责照料神宗皇子之嫔妃的饮食而乘机崛起，后来到了1620年代神宗长孙即位时，魏忠贤已是独揽大权，权倾朝野。魏忠贤在权力顶峰时，还曾命人修史（《三朝要典》），诋毁政敌，还下令全国各地修建生祠为他歌功颂德。

尽管批评皇帝、针砭权臣的行为十分危险，但还是有不少忠臣硕儒对朝纲的隳堕感到忧心。学者开始从理论方面来探索朝政败坏的根由：许多学者认为，朝纲不振源自道德沦丧、教育制度的缺陷以及恣意妄为的个人主义。在许多批评者看来，明初思想家王阳明是这一切的罪魁祸首，王阳明在其学说中揭示，伦理认知的关键深植在道德本性之中，因此，通过"良知"，任何人都有能力理解存在的意义。诚如王阳明在与友人信中所言：

夫良知即是道。良知之在人心，不但圣贤，虽常人亦无不如此。

若无有物欲牵蔽，但循着良知发用流行将去，即无不是道。[4]

他还说："谓之知学，只是知得专在学循良知。"王阳明也主张知行合一，但他某些较为极端的弟子在传授与践履其思想时，把他的学说发展成违逆世俗的行径，拒斥常规的教育形式，呼吁新的平等主义。

为了抗拒这股思潮，一些恪守儒家道德思想的学者在16世纪末结成党社。他们准备科举考试，听取道德讲学，随后他们的激辩不可避免地从伦理的范畴旁及政治，而这些政治讨论让他们兴起了政治改革之念。其中最著名的东林党于1604年成立，活跃于江苏无锡，到了1611年，已是一股重要政治力量。东林党人动用了所有力量，除掉在京城居高位的腐败官员。1620年，神宗驾崩，东林党人地位骤升，应诏入朝，辅佐神宗的儿子和孙子。他们被委以重任，实践儒家的道德教化，巩固国家边防，整饬国内经济。不过，东林党人无休止的道德训诫，却也令新皇帝不胜其烦：一位东林党人的领袖批驳臭名昭著的宦官魏忠贤，为了报复，魏当朝命人将一名重臣杖毙，但并未遭到皇帝的斥责。

魏忠贤因皇帝默许而更加有恃无恐，于1624年至1627年间，与朝中阉党以恐怖手段剪除东林党人，许多人因此丧命或被逼自尽。魏忠贤最后虽被放逐，并于1627年自尽，但朝廷威信已被严重挫伤，埋下无法挽回的祸害。一位东林党人的领袖（高攀龙），听闻将受缇骑缉拿，自知在劫难逃，便给友人写了一封诀别信："臣虽削籍，旧属大臣，大臣不可辱。辱大臣则辱国矣。"[5]

晚明的外来威胁

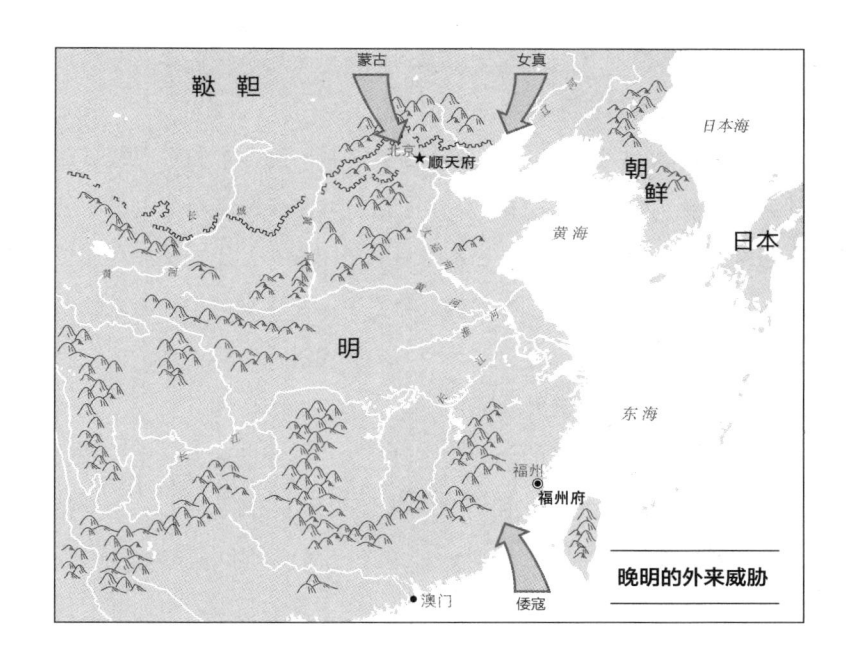

学术与政治上的沸沸扬扬，使外交与经济的沉疴更加恶化。中国在16世纪面临数次外在威胁，尤其是蒙古游牧民族的威胁，蒙古人把马群、羊群驱赶至北京北边与西北边的草原放牧；东南沿海则有倭寇侵扰。明朝开国之初，朝廷曾以互市和外交手段成功安抚蒙古部落，现在蒙古的武力频繁侵扰边境。有一次，他们曾俘虏了一位御驾亲征的皇帝；在另一次战役中，蒙古铁骑又几乎兵临北京城下。16世纪末，朝廷勤修长城要塞，加强北境驻军的防卫力量，不过似乎唯有定期"封贡"才能节制蒙古人。东南沿海的城镇饱受倭寇骚扰，人数有时达百人之多，既有日本人，也有中国的亡命之徒，甚至还夹杂一些从葡萄牙控制的澳门逃脱的黑奴。这群海寇肆意掠夺沿海，劫持百姓勒索赎金。

沿海倭寇的势力到1570年代已被遏制，但日本的军力却日益壮盛，及至1590年代，日本举兵进犯朝鲜，战况惨烈。由于明朝视朝鲜为忠诚可靠的同盟，应不计后果予以保护，于是便派兵支援焦头烂额的朝鲜。若非日本内部局势生变，复以朝鲜水师有效切断日军的供输线，逼使日本军队于1598年从朝鲜半岛退兵，三方均可能会在这场战争中付出惨痛的代价。

澳门也是中国面对的新问题。澳门位于广州西南方一个半岛的末端，1550年代在中国的默许下，被葡萄牙人占领。到了1600年代，朝廷下令严禁商人与敌对的日本进行贸易，葡萄牙乘虚而入，成为中日两国贸易的媒介。葡萄牙人收购中国的丝绸，将之装船运往日本，交换日本开采的白银。白银的价值在中国要比日本高，于是葡萄牙人又将白银运回中国，再购买更多的丝绸。葡萄牙人将白银源源不断地带入中国，只是16世纪整个白银流通网络的一个部分，而这场大流通对世界各地的经济造成了重大影响。

墨西哥与秘鲁银矿储量极丰，是全球白银流通网络的主要来源，而墨西哥、秘鲁的采矿权须得西班牙特许。西班牙人在菲律宾的马尼拉建立新据点之后，美洲的白银在1570年代始源源流入中国。由于迫切想在这股白银供给中获利，几千名中国商人开始聚集到马尼拉，贩卖中国的布匹、丝绸，加速白银流入中国。随着白银的流通范围扩大，商业活动也随之迅速拓展，越来越多的西方人加入这场利润丰厚的对华贸易中，万历皇帝国库中的白银存量激增。然而，白银大量流入中国，也带来新的问题，包括通货膨胀，以及若干城市畸形的经济增长，破坏了传统的经济模式。晚明曾试图稳定货币，但并不成功。

1620年，万历皇帝的统治随着他的驾崩结束了，但在此之前，中国的经济荣景就已开始凋零。过去明朝昌盛的商业，曾经促成奢华商品在全国各地流通，催生了一种银行系统的雏形，它以银票汇兑为基础，颇有成效，如今由于朝廷军事挫败，这种银行系统备受牵累。朝廷以农立国，但其商业活动却从未得到有效征税，极易被各省的腐败宦官及其党羽勒索敲诈、横征暴敛。朝廷治理洪水无方，赈济灾荒无能，进一步加重了地方上的危机，反过来又使得朝廷无法征收到足够的税赋。

万历皇帝与几位后继者在位期间，农民的处境更是艰困。信奉新教的荷兰、英国劫掠者打击信奉天主教的西班牙、葡萄牙商贾，扩展了荷、英的贸易版图，国际贸易模式因之丕变，导致流入中国的白银大幅滑落，民间因而开始囤积白银，铜银的兑换比例陡然下降。1630年代，一千枚铜钱约可兑换一盎司白银，到1640年，一千枚铜钱仅能兑换到半盎司白银，而到了1643年，一千枚铜钱仅能换得三分之一盎司白银。这对农民是一大噩耗，因为地方交易是以铜钱计价，但却须以白银向官府缴纳税赋。[6]

饥荒遂成常态，尤以华北为最，罕见的干旱与低温天气，致使农作物生长季节缩短两周（此段时间又被称为17世纪的"小冰河时期"，世界各国的农耕地带在此时都受到气候异常的影响）。天灾频繁，赋税加重，再加上兵丁征补与逃兵的恶性循环，慈善救济机制的迟滞，大型水利灌溉设施年久失修，防洪计划付之阙如，朝廷所承受的压力以及接踵而至的紧张局势可想而知。情势很快便不言自明，无论是朝廷还是京城、外省的官员，似乎既无能力，也无资源和意愿去力挽狂澜。

明朝的覆亡

17世纪初期，朝廷已逐渐无法有效控制农村官僚体系的运作和相应的税收结构。此时，女真部落势力日增，占领满洲大片区域，朝廷需要更多的资金来供给军队，以抵御女真的进攻，于是向仍在其控制下的人口稠密地区加重课税，又裁减大量西北人员，因为对朝廷而言，西北的局势不若辽东孔急。出身农民家庭的李自成正是这项经济措施中被裁减的驿卒之一。

李自成早年曾在酒馆做事，亦当过铁匠学徒，是当时漂泊不定、个性火爆的陕西人的典型代表。陕西是西北的贫穷省份，黄河蜿蜒的河道包覆整个陕西，穿越其北部荒凉萧瑟的山岭郊外可抵长城。陕西到北京的距离与芝加哥到华盛顿的距离差不多远，但陕西多面环山，出入不便，素为反贼的天然营垒，他们在此积蓄力量，为侵扰繁荣富庶、人口稠密的华东与华南地区做准备。

1630年，李自成在陕西西部从军，但朝廷再度令他失望。李自成与同袍无军饷可领，于是揭竿而起，不到数年便成为起义军领袖，随众数以万计，这足以证明他是一个天资过人的战术家。1643年，李自成在近陕南边界被一位明朝悍将俘虏，义军被困于峡谷之中。

晚明起义势力的分布

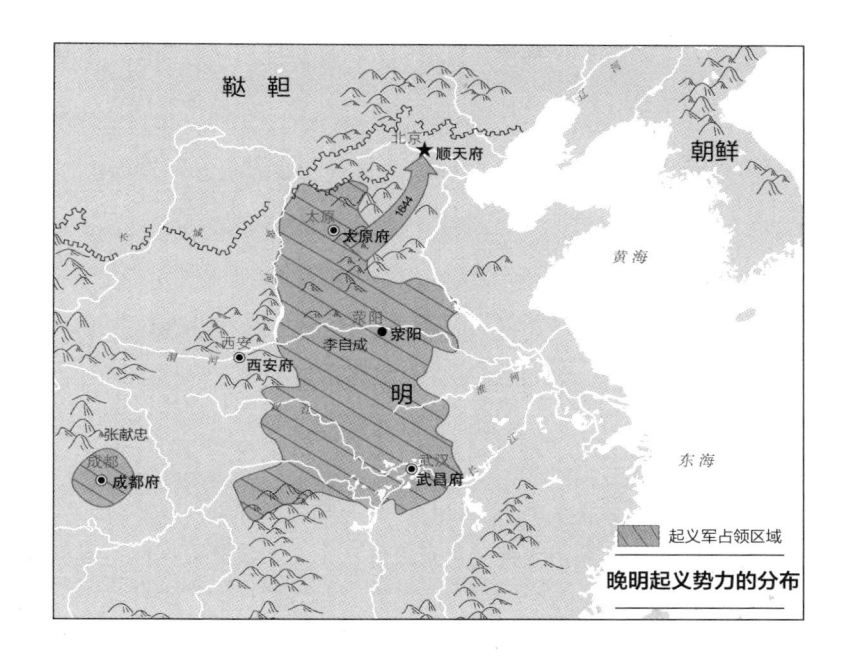

在承诺率部退回陕北的不毛之地后，李自成获释，但双方协议却因一个地方官处决了三十六名投降义军士兵而最终破裂。李自成率部杀死几名地方官吏以示报复，随后再次逃入山中。1635年，各方义军首领于今河南省中部、黄河南岸的荥阳举行秘密会议，势力已空前强大的李自成便是与会首领之一。

在这次秘密会议中，部分势力强大的义军领袖在华北划分势力范围，并试图协调攻击北京的军事行动。但对于这群缺乏纪律、背景复杂的士兵而言，协调这类军事行动并非易事。是年年底，就在攻下京畿外的明皇陵（凤阳）、监禁守陵的随崑之后，起义军便告四分五裂。万历的孙子崇祯在位期间，听闻皇陵被义军烧毁，素服哀哭，遭官告庙，将数名官僚下狱治罪，处决守护皇陵的宦官。李自成与张献忠之间的激烈龃龉，说明了起义势力间兵戎相见之速、分崩离析之易。占据皇陵之后，李自成旋即要求拥有在"陵监所"演奏礼乐的宦官，而掳获这些宦官的张献忠虽勉强从之，却将乐器捣毁。李自成后来亦处决了这群时运不济的宦官。

往后数年，李自成、张献忠率众游移于华北、华中一带，飘忽不定，偶有合作，但大多数时间，则为了争夺明朝和其他义军的地盘和兵力而积怨颇深。迄1640年代初期，二人已各自建立据点：与李自成一样在起义之前加入过官军的张献忠，拥兵深入长江上游的天府之国四川，攻陷成都；李自成则在今湖北建立根据地，但势力兼及今陕西、河南两省。

李自成、张献忠的军队四处征战，千疮百孔的神州大地复因疫病流行而更加恶化。根据时人的观察，疫病流行蔓延致令农村居民死亡过半。一位学者描述1642年的浙江，瘟疫肆虐，十室九空。严重者，十口、二十口之家竟无一人不染病。起先尸体还入棺殓葬，继之弃尸荒野，最后则停尸床上。有人记述1643年夏河南一处城镇时说道，街上杳无人迹，仅闻苍蝇嗡嗡作响。[7]

疫病肆虐成灾，神州哀鸿遍野，学者开始重新思索传统的医疗方法。虽然当时并未找出新的诊疗技术，不过此时医书开始提出有关流行病的新理论。一位江南的医师（吴有性）于1642年写道，中国不仅受到异常气候侵袭，同时更因为"戾气"的散播而改变了天地的均衡之势。"气"是充塞天地之间浑然天成的力量。这位医师指陈,此类邪气通常是出现在"兵荒之岁"。无形可见、无声可闻的邪气肆意横扫,无人能奈之何。"众人有触之者,各随其气而为诸病焉。其为病也,或时众人发颐;或时众人头面浮肿……或时众人瘄痢;或为痹气,或为痘疮,或为斑疹,或为疮疥疔。"[8] 这段描述和分析暗示 1640 年代中国受到某种疫病的侵袭,虽然无法判别其具体性质。或许是满人(女真部落)在早期入侵时带入了病菌,而中原人体内没有天然抗体,因而伤亡惨重,一如欧洲人把麻疹或天花等疾病传给墨西哥、北美的印第安原住民。

处于风雨飘摇的明朝也并非只能坐以待毙。晚明仍有一批忠贞将领率军镇压起义的农民,有时还重挫义军,或令其撤退,暂时投降。此外还有若干半独立的水师和将领,以山东或沿海岛屿为据点,屡败据守辽东的满人。各地的缙绅纷纷招募武勇,自组武装力量抵抗起义军的攻势,保护身家性命,捍卫乡梓。崇祯也力图重振朝纲,裁抑猖獗的阉党势力。同时,崇祯亦不似祖父万历,而是定期与朝臣议政。但崇祯皇帝的心力大部分都放在满洲地区,努尔哈赤与其诸子正从那里稳步向外扩张。1625 年,清军占领沈阳,1632 年攻克大半内蒙古地区,1638 年绥服朝鲜。这段时期,明朝涌现出不少能征善战的武将,英勇抗击清军,尤其是在 1620 年代中叶,他们重创清军并收复数座城池。但朝中官僚树朋结党,国家财政匮乏,这两个因素阻碍了明朝的复兴。

在明朝诸多将领之中,袁崇焕的威名最为远播,其一生见证了晚明种种危局。袁崇焕原系南方一介文人,年轻时即任职北京。1622年,袁崇焕前往辽东勘察形势,自信能戍卫关外通往北京的战略要道。

身为兵部主事时，袁崇焕从熟识洋人的厨子处获悉欧洲火炮的知识，凭仗着"红夷火炮"固守辽河，逐退兴兵来犯的努尔哈赤。1628年，袁崇焕被拔擢为蓟辽督师，后因猜忌而处决了手下一员猛将。1630年，当满洲人进逼京师附近，袁崇焕被诬陷与满洲人勾结，以谋反之罪而遭问讯。但当年遭处决的部将在朝中的友人与反袁的宦官联手把持朝政，令袁崇焕无从辩白。袁崇焕反而被施以最屈辱、最痛苦的极刑——在北京闹市中被凌迟处死。日后学者推崇袁崇焕是中国有史以来最伟大的军事将领之一，其雄才大略无人能及。袁死后，虽仍有若干戍守边关的将领效忠朝廷，但更多是率部投附满人。构陷袁崇焕的指控最终也应验在这些降将身上。

最终，瓦解明朝江山的不是满人，而是李自成。李自成率数十万大军席卷华北，洗劫胆敢抵抗的城镇，招降收编官军，并于1644年大举进犯北京。李自成发动一场高明的宣传战，细数朝廷的失德与残暴，并向百姓许诺和平繁荣的新时代。1644年4月，北京城门大开，李自成的军队兵不血刃地进入北京城。根据记载，崇祯皇帝听到叛军入城的消息后，摇铃召集臣僚商议对策。在无人应诏之后，崇祯步行至紫禁城墙外的御花园。花园中有一座小山丘，昔日皇帝与嫔妃常在丘顶上展望京城全景。但这次，皇帝并未登上丘顶，而是在山脚的一棵树下系了根绳子，自缢而亡。明朝自1368年起即统治中国，其间容有兴衰，而最后的统治者却落得了如此下场。

第二章　清朝的绥服

清朝的崛起

明朝土崩瓦解之际，其后继者正崛起于今中国东北。现今所谓的"满族人"，原是世居在今日黑龙江、吉林两省的女真部族。远在公元1122—1234年间，女真即已征服中国北方，一统于"金"的国号之下。1234年，女真人被蒙古人打败后，向北撤迁至松花江流域，到了晚明，女真再度侵临中原与朝鲜边界。明朝采用羁縻政策，通过承认女真领地是明朝边防体系的一部分，赐予女真部族领主封号，给予互市贸易的特权，以控制女真部族。

到了16世纪末，女真部族内部分成几个群体，各自走上了不同的发展道路。有些女真人依然留在松花江流域，仰赖渔猎为生；部分女真人沿着与朝鲜交界的长白山区建立了牢固据点，发展出农耕与狩猎混合的经济形态；其他的女真部族则迁徙至辽河以东肥沃、开阔的区域，这批女真人与汉人杂处，或开垦荒地，或买卖毛皮、马匹、奢侈商品。生活在第三种经济形态之下的女真部落组织基本

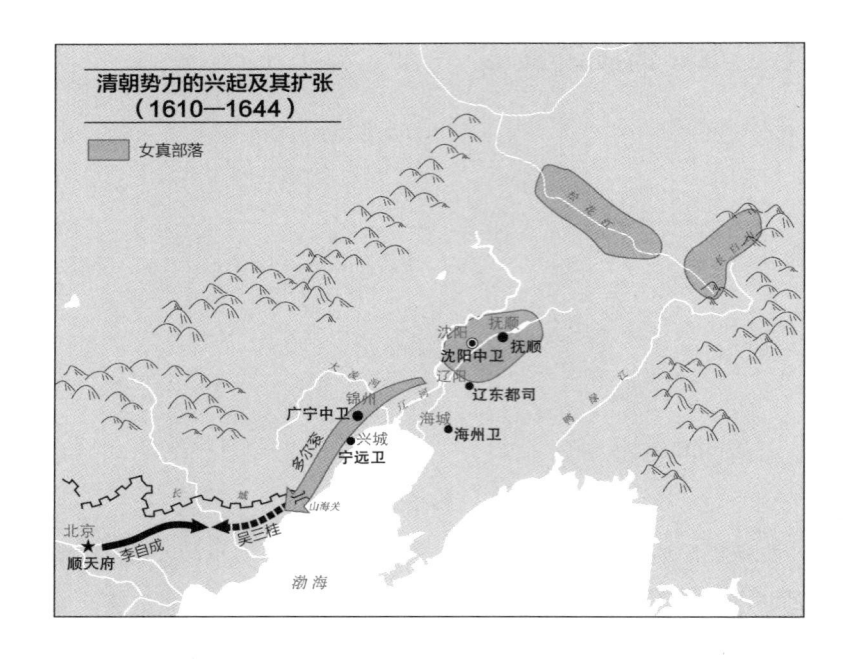

上已经解体：虽然他们在昔日金国心脏地带的城镇如抚顺、沈阳蓬勃发展，但在很大程度上已经采纳了汉人的生活方式。

奠定满人灭明宏图根基的努尔哈赤，于1559年出生在长白山区女真部落的贵族家庭。努尔哈赤年轻时曾出使京城，向明朝的皇帝朝贡，互市贸易，明朝则授予努尔哈赤尊衔，以酬答他援助明朝对抗入侵朝鲜的日本人。不过约在1610年，努尔哈赤以明朝打击、羞辱其家族成员，意图瓦解其经济基础为由，与明朝反目成仇。

这一时期出访努尔哈赤大本营的一位朝鲜外交使节不仅注意到女真族武器和防御工事的原始和简陋，还记录下了努尔哈赤个人直率的举止和强壮的体格,以及他的一些将军的独特发型、穿着和巨大的银制耳饰。对这位来访者来说,努尔哈赤起初显得有些粗野,但没多久就展示出了他的才干。在1610—1620年间,努尔哈赤以武力征服和联姻的方式,与邻近的女真和蒙古部落结盟,其势力日渐增强。努尔哈赤将部队与族人分为"八旗",以颜色相区别(正黄、正红、正蓝、正白、镶黄、镶红、镶蓝、镶白)。"八旗"既可在征战时用来识别身份,平时也可作为人口登记的依据。努尔哈赤征集大批工匠,制造武器盔甲,还创制女真语书面文字。1616年,努尔哈赤迈出了具有重要象征意义的一步,自称"可汗",建立"后金",借此勾起女真人过去的光荣历史,对明朝公然挑衅。两年后,努尔哈赤向汉人和"已摆脱部落形态的"女真人位于辽河以东地区(即辽东)的混居区,发动了一连串毁灭性的军事打击。

明朝皇帝向来就视辽东地区为本朝疆域,派将领统率重兵戍守。但努尔哈赤威逼利诱,劝服驻军将领投降,向这些将领送去汉人顾问替他拟写的信件。譬如,在努尔哈赤致抚顺明将的信中,他说:"量尔抚顺游击战亦不胜……若不战而降,必不扰尔所属军民,仍以原礼优之……若战,则吾兵所发之矢,岂有目能识汝乎?"[1]努尔哈赤摆出了锐意改革、能为汉人带来更好生活的统治者姿态,意图削弱明朝在辽东地区的影响力,他还鼓动辽西的汉人加入他建立的新王国。"勿虑尔田宅,将非我有,尽入主人之家,"努尔哈赤在另一封向民间散布的书信中这样说,"众皆一汗之民,皆得平等居住、耕种。"[2]在其他场合,努尔哈赤还宣称,他有生之年会以万历晚年的行止为鉴,法仁君,行仁政,他还说,永远不会让"富人粮谷烂于仓中",

而要使"行乞者富足"。

努尔哈赤严格整肃军队纪律，明令禁止掳掠或伤害辽东百姓，公开严惩违纪作乱的士兵。对于投降的汉族文士，努尔哈赤将之纳入日益庞大的女真官僚体系中；至于归顺的汉族大臣，努尔哈赤则令家族女子与之通婚，授予高官厚爵。1621年，努尔哈赤领军攻陷沈阳、辽阳，1625年，努尔哈赤定都沈阳（旧称"奉天"）。整个辽东及辽西的部分地区，不久便落入努尔哈赤手中。

努尔哈赤下令，凡男性归顺者都须随女真习俗，剃发结辫。虽然各地对剃发令的接受程度不一，不过最初公然反抗者寥寥。有些汉人敲锣打鼓地欢迎女真人，另一些人则孤注一掷，在水井里投毒，意图毒死努尔哈赤的部队。努尔哈赤治下的汉人与部落组织解体后的女真人，两者的命运亦难被归类。他们有些人得到应许的赏赐，有些人离乡背井，为女真人做工，有些人则沦为奴隶或是依契劳动，其他人——尤其是具备火炮知识的人——则被纳入新编的汉军旗营内。虽然这些火炮营队在当时仍属草创阶段，但在日后满人的连战连捷中，他们将扮演关键角色。

山海关扼长城与渤海之交，自古为战略天险，努尔哈赤早在1622年就有挥师越过此地攻打明朝之心。若非辽东汉人爆发反努尔哈赤的叛乱，或许努尔哈赤在1623年就已经统兵南下了。引发这场暴动的确切缘由不明，可能有多种原因。大批女真军队行抵辽东，对当地可用耕地产生极大压力。粮食与盐的匮乏已经到了引发危机的地步，饥荒时有所闻。满人采取粮食配给，治下的汉人必须提供无偿劳役，三人一组在特别划分的五亩田里耕种。在辽东的许多地区，因为住房短缺，同时处于控制目的，女真人还迁入汉户与之同吃同住。结果，汉人焚烧房舍，再次往水井投毒，杀害女真妇孺，藏匿粮食，逃入山中。有些汉人杀死边界的哨卒，意图南逃，那些被捕的，则遭女真人杀害。

不过明朝并未把握冲突的良机，而努尔哈赤亦迅速敉平骚乱。尔后，女真人被警示必须"日夜严加防范，勿与村中之汉人同在一处"。[3] 他们被安顿到单独的生活区，甚至不准进入汉人群聚的街上，或至汉人家中做客。女真人受命随身携带武器，而汉人携械则属违法。对于作奸犯科者，努尔哈赤对女真人格外开恩，对汉人则毫不宽宥，汉人若有偷窃行为，便处以极刑，同时株连家人。1625年汉人第二次反叛，结果被更加野蛮地镇压了下去。

明朝将领并未响应汉人的这两次暴乱，但在1625年末，他们发动了一连串猛烈反击，于1626年首度重挫努尔哈赤，同年晚些时候，努尔哈赤去世。依照源自中亚蒙古的女真习俗，他并未将自己的疆土和"汗"的称号传给任何人，而是将它们分封给了最有能力的子侄们。

可想而知，旷日持久的权力争夺紧随其后。努尔哈赤的第八子，曾统领正黄旗和镶黄旗的皇太极，成为胜利者。皇太极是依靠汉族谋臣的辅助掌握权力的，因此他比努尔哈赤更愿意从正面角度看待汉人与汉人传统的典章制度。皇太极登基后，仿效明朝建制，设立"六部"，拔擢汉人入朝为官。形式上，六部皆以女真权贵居首任，但是他们往往不理军务政事，将之委由汉人下属执行。

皇太极舍弃了努尔哈赤惩罚汉人所采取的编庄制度；他还循汉

人传统，开科取士，甄拔辽东的官僚；下令改革满文，以便更适应新时代簿记、户口调查与税赋征集的需要。背叛明朝的文臣武将纷纷依附这位新任的大汗，当中有许多将领是带兵投靠，皇太极对这批归顺的汉人也礼遇有加——有些大臣甚至认为过于"大方"，抱怨粗鄙的汉人充斥宫廷之中。

无论粗鄙与否，奉旨卫戍鸭绿江口与鲁北的诸将领叛明而归顺女真，确实使皇太极如虎添翼。1637年，皇太极延续努尔哈赤的旧制，设置两个完全由汉人组成的"旗"营，1639年增至四个，1642年扩编至八个。1635年，皇太极将反明归顺的蒙古人也组成八个全由蒙古人组成的"旗"营。所以到了1640年代初，女真的首领已经建立起完整的军事和行政架构，为连绵的战事提供兵源，轮番服役，士兵的妻儿则被登记入籍并施以保护，同时田间的耕作也得以监管。

其实在此之前，皇太极便于1636年迈出了远比努尔哈赤在1616年建立后金时更具象征意义的一步：他决意切断他那羽翼未丰的王朝与带有昔日部落印记的女真名号间的关系，并抹灭由此名号所唤起的奴从明朝的屈辱记忆。皇太极宣布新王朝的国号为"清"，此后统理满洲与比邻各族，比"金"拥有更大势力和更广疆域。"清"意指"纯洁"或"澄明"，自1636年起，至1912年满族最后一个皇帝退位，"清"一直被历代满洲统治者用作其治下中国的国号。皇太极治下的人民也改称"满洲人"，而不是"女真人"。"满洲"

是一个新名词，其确切意义不详*，可能沿自佛经用语"妙吉祥"，意味着清王朝已经承续新的"普遍性"。

皇太极现在准备好征服更多疆土了。1638年，他占领朝鲜，逼迫朝鲜国王宣布放弃效忠明朝，并挟朝鲜王储为人质。在关内，随着李自成、张献忠控制西部、北部大半江山，明朝气数衰败，一目了然。清兵越过北京北边的长城，洗劫了京师附近和山东大片地区，强抢民女幼子，掳掠牲畜、丝绸、白银，留下一座座烧焦损毁的城市。

但与此同时，一些令人不安的迹象出现，尽管新改的国号显示出满人的踌躇满志，但他们本身已渐显疲态。部分满人开始厌倦战争，安于辽东城市生活的逸乐。此前不曾听闻的奢侈之物如今满目皆是，士卒勇猛不若往昔，又不愿尽心耕作，致使农作物收成不佳。年轻满人甚至不再重视骑射之术，令皇太极感叹，他们"怠玩于市集"。倘若欲征赴沙场，"兵卒滞留于营帐之内，令奴仆上阵杀敌"。[4]

满人十年间曾多次围攻位于大凌河南岸的战略重镇锦州，但屡被明朝守将逐退，终于在1642年满军攻克锦州，满人士气大振。明

---

* 译注："满洲"一词的原意众说纷纭。根据乾隆的说法，满洲实为女真国旧称"满珠"的汉语讹误。另一种说法，认为满洲一语的发音与佛教用语"曼珠"近似，意指"妙吉祥"，而此一词汇就出现在女真部落的藏教经文中。又有一说，满洲语出于梵文"文殊"（Manjusri），同指"妙吉祥"。另一种较富神秘色彩的解释则是，满洲二字分别取自努尔哈赤的敬称"满柱"以及"建州"，且在"州"字加上水字旁而为"洲"。根据阴阳五行，"明"（光明）与明朝国姓"朱"（红）皆属"火"德，而火能克"金"，女真人才改国号。至于"满洲""清"三字的部首皆为水，故有制明之用。有关满洲一语的缘起，参见徐中约（Immanuuel C. Y. Hsu），《现代中国的兴起》（第五版）（*The Rise of Modern China*, New York: Oxford University Press, 1995），49页。

朝治军有方的将帅屈指可数，锦州一役之后又有两名大将归降清朝，并得到皇太极重赏。锦州陷落后，通往京师要道的山海关天险，仍有骁勇善战的吴三桂率重兵把守。1643年，皇太极突然驾崩，作为折中的选择，年仅五岁的九皇子继承王位，由皇太极之弟多尔衮摄政。

尽管清朝进一步扩张势力的机会似乎仍不可期，但是1644年春天，李自成率军从刚刚占领的北京向东越过平原，准备讨伐他眼中明朝最后一道防线——吴三桂。吴三桂自山海关调回部队，向西迎击李自成。摄政王多尔衮见机不可失，重整清朝幼帝的军队，率领满洲、蒙古、汉军各旗的兵力迅速南下，兵不血刃，长驱直入。努尔哈赤的梦想忽然间就实现了。

征服明朝

在满洲铁骑与李自成部队的东西夹击之下，吴三桂进退维谷。他的唯一生机是与对手中的一方结盟。赞成与李自成结盟的一方给出的理由是李自成是汉人，看起来得到了天下百姓的拥戴，而且承诺清除明朝滥权的积弊，况且吴三桂的父亲在李攻破北京城时已被扣为人质。反对者则主张，李自成行事捉摸不定，个性暴烈，粗鲁不文，而且1644年4月李自成占领北京之后，其部下的行径令吴三桂这样出身豪门世家、饱读诗书的将领难以接受。李自成的军队劫掠屠戮北京城，抢夺官宦贵族的家产，掳绑其亲属，强索赎款或是要求巨额"保护费"。李自成虽已自立新朝，却无法约束他在京城内的部将，因此，吴三桂对李自成统一天下的能力不无怀疑。

与满人合作也有难处，他们不是汉族，而传统中国原本就蔑视女真这类半开化的边疆民族，况且满人在崛起之初多次蹂躏华北，几乎将占领的数座城池夷为平地。不过满人也有好的地方，他们在建立清政权之初的发展，就给人们带来了重树秩序的希望：满人设置六部，开科取士，成立"汉军"旗营，众多汉人策士也位居要津，这种种发展取向都令吴三桂怦然心动。况且，满人在善待归降的明朝重臣方面也做得很好。

基于以上原因，民间传说李自成强掳了吴三桂的爱妾后，将她据为己有，吴三桂一怒之下，率精兵与满洲八旗会合，击退来犯的李自成部队，并恳请多尔衮助他夺回北京。李自成杀了吴三桂之父，并将其首级高悬北京城墙之上以泄心头怨气。不过李自成部队的士气却迅速低落，即使他在1644年6月3日登基称帝，也无力回天。翌日，李自成满载掠得的财物，率部仓促西逃。6月6日，清军与吴三桂部队进入京城，清朝幼帝在紫禁城即位，建号"顺治"，意为"顺从统治"。幼帝选此颇具中国传统含义的年号，显示满人现在已承继天命，一统神州。

虽然明思宗在4月自缢，清顺治皇帝业已登基，但这并不意味着明朝国祚已尽。在李自成进入京师时，许多皇族逃离北京，此外，尚有数百名皇室旁系散居各地，坐拥庞大家产。明朝的国号自1368年延续至今，所象征的神圣尊严不容轻忽。吴三桂在危急之际或可与满人结盟，但是对数以万计的汉族文士和官员而言，"明"这个国号仍值得为之奋斗献身。

满人花了十七年的时间追捕各地勤王的明室苗裔，但是因为满人曾宣称，进入北京城是要为明思宗的殉难报仇，故此，满人还必须追剿各路反明的军队。李自成是头号目标，他率军仓皇西逃至陕西西安，二十年前他在此地举兵起义。清军攻陷并巩固了对山西的控制后，于1645年春天巧妙采取钳形攻势，合围李自成。李自成只得率锐减的随众，逃出西安，沿着汉水朝东南方进入武昌，渡过长江，最后被清军逼入赣北山区。1645年夏天，李自成去世，一种说法是自杀，另一种则说他是在偷食物时被农民打死的。

正当清军追捕李自成之际，第二号起义军首领张献忠趁机离开华中根据地西走，溯长江而上，穿过险峻的峡谷进入四川。短暂占领江城重庆之后，张献忠定都富庶且守卫良好的成都。1644年12月，张献忠在成都改王称帝，建立"大西"。虽然张献忠亦曾招纳贤良，建立文官体系（其中有许多是被迫上任），另一方面开科取士，铸造通宝，不过他的政权寿命并不比李自成久长。最初流窜各地的南明诸王对张献忠的威胁程度远大于满洲八旗，为了保卫领地，张献忠建立了一支一百二十营的武装力量。

而后数年间，张献忠的个人行为越来越怪诞，他变得浮夸不实、凶残暴虐。他定下长远"计划"，不但准备攻克华南、华东，也想降服蒙古、朝鲜、菲律宾、安南（即今日越南）。张献忠严厉惩处在他看来可能背叛自己的蜀中人士，将地方上数百名文人及其族人斩首或肢解，甚至还诛杀大批手下将士。1646年底，张献忠弃守成都，尽焚宫殿瓦舍，将之夷为平地，并在西进过程中，采取骇人听闻的焦土政策。1647年1月，张献忠被清军所杀。

剪除李自成与张献忠二人的力量，对满人的长远征服计划至为

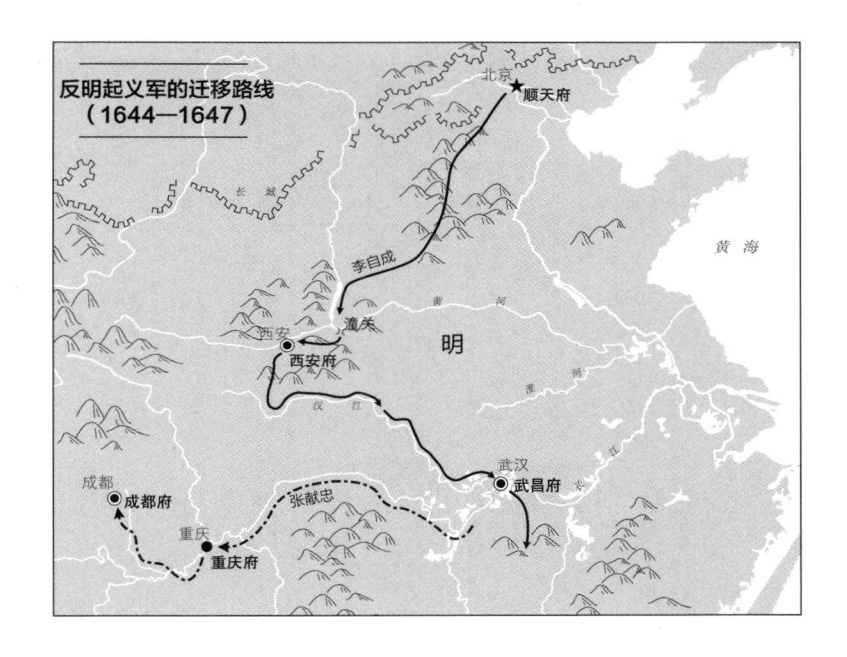

反明起义军的迁移路线
（1644—1647）

重要，但是满人不得不把大部分精力用来镇压明室藩王，因为这些藩王可能集结串联，互通声气，阻挠满人问鼎中原。儒士向来被教导要尽忠于统治王朝，而且他们自然倾向于挺身护卫祖产基业，不受异族侵凌，如此一来，一个有能力的明室皇族可号召上百万的拥护者。首先登高一呼的是万历的孙子福王。福王尝试与摄政王多尔衮做交易，假使满人退回长城以北的辽东，明朝愿意岁岁向满人进贡。多尔衮回复道，若福王愿意放弃称帝，便容许福王保留其独立小王国。在忠心耿耿的武将劝诫之下，福王拒绝了多尔衮的建议。

随后数月，正当福王本该尽心构筑南京城的防御工事时，朝中却再度掀起类似万历时代的激烈党争，群臣彼此相讥，毫无建树，像东林党与宦官魏忠贤之间那种亲、反阉党两败俱伤的斗争再次出现。就在朝中群臣相互倾轧之际，1645年5月，一支清军顺着中国最伟大的人工河道——大运河南下，将富庶的扬州城团团围住。明军在扬州城内配置数门大炮守护，坚守了七日，最终清军凭借高昂的士气和加农大炮的威力打败了明军，为杀一儆百，扬州遭到清兵屠城十日。形成鲜明对比的是，南京城驻军几乎未做抵抗，清军不费一兵一卒便在6月初轻取南京。福王被俘后，被押解到北京，次年亡故。

福王死后，明室诸藩王纷纷声称要即位，使得局势更为复杂。明朝开国皇帝朱元璋的后代中有两兄弟，分别于东南沿海的福州与南方的贸易口岸广州，持续率军抗清。福州的统治者（唐王朱聿键）于1646年底被俘身亡；他的胞弟（亦称唐王，名为朱聿鐭）在清军攻破广州后被杀。朱元璋的另一位后裔（鲁王朱以海）辗转于东部沿海，曾在厦门、舟山岛，甚至一度在一艘小船上建朝，领导了一系列以失败告终的反清活动。1653年，他取消监国的名号，自此之后，东部沿海地带抗清的重任就落到另一位明室后裔——桂王的肩上。

在长江流域与沿岸的抗清政权相继失败之后，桂王就成为复兴明室的最后希望。他是已知最后一个幸存下来的万历之孙。在北京城陷落时，他仍是个骄纵的二十一岁青年，毫无政事与军务经验。张献忠进占湖南时，桂王被迫离开封地，向西逃往广州西边的肇庆。一群出逃的朝臣不顾桂王母亲的反对——她认为桂王太年轻，性格

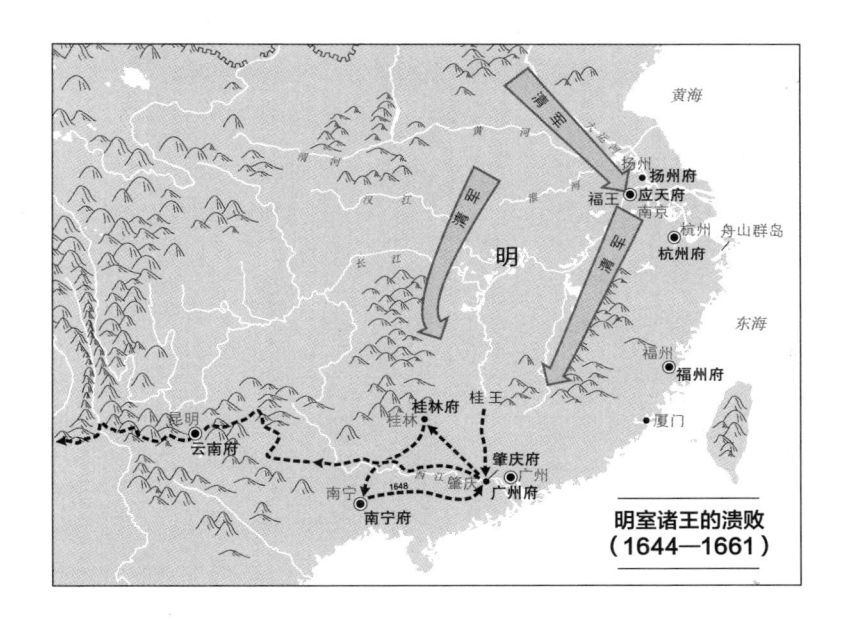

过于柔顺——于1646年底拥立桂王称帝。被赶出广州之后,桂王及其朝廷被清兵穷追不舍,有一年半的时间在广西境内四处流亡,时常在桂林、南宁(近越南边界)两地逗留。

清兵势如破竹,成功征服北京至广州绵延两千四百多公里的土地,但在这片庞大土地上,这种征服势必只是局部的,而憎恨满人入关和朱明受辱的爱国志士也有时间聚集兵力。1648年,一群与满人合作的前明官员突然倒戈相向,投身匡复明室。在清军于广州重挫时,被描述为"槟榔客、盐布客及土乐户皆列驾班"[5]的桂王政权,被大批热诚的支持者簇拥着迎回肇庆。一如先前的南明诸王,这位

"皇帝"也试图重建一套可运作的官僚体制,开科取士,成立军事指挥系统,建立某种地方行政组织,以便控制农村地区和征集税收。但是桂王的朝廷依然无法摆脱先前诸王的命运,朝中文官、武将、太监各自树立朋党,相互攻讦,而无法众志成城,对抗满人。

到了1650年代初,清军对声称拥立桂王的中原地区或团结拉拢或武力压制,并派兵以掎角之势夹击桂王位于南方的根据地。这次南征委由1633年归顺皇太极的几名明朝降将(孔有德、耿仲明、尚可喜)领军。1650年5月,桂王仓皇出走广东,沿西江进入广西。此后十年,中原已经没有朝廷建制可与清朝分庭抗礼,仅有一小群不愿受异族统治的流亡人士渐次朝西退却,由广西进入贵州,再退入崇山峻岭的云南,最后越边界入缅甸。

缅甸国王最初还为桂王提供庇护,但后来改变初衷,屠杀了桂王的随从,并拘禁了这位"皇帝"及其家人。曾驻守山海关的吴三桂在1661年率清军攻入缅甸。缅甸国王尽缚南明朝廷众官交付吴三桂,吴将之押回中土。1662年,明朝末代"皇帝"与独子在云南被处以绞刑。至此,清廷再也无须挂虑明室正朔的威胁。

顺应华夏

满人不费吹灰之力就在1644年占领北京,在1662年诛除南明诸王,不过军事胜利并不意味满人已经解决了如何统治中国的问题。多尔衮身为幼帝顺治的摄政王,承袭了满人在辽东时所发展出的混合体制,将汉制六部与满人军政一体化的八旗组织结合起来。此时,他得让这套架构挑起控制莽莽神州的重责大任。

不过至少在服装与发型方面，多尔衮坚持汉随满俗，而不是满随汉俗。多尔衮在进入北京城的隔日即下令，汉人皆须依满人的发式剃去前额头发，余发则编成满式的长辫，就像努尔哈赤在辽东下的命令一样。汉人的强烈反抗迫使多尔衮撤回成命。但是次年6月一道汉军必须剃发的命令又被颁布，以便满人在战场上易于辨识敌我，确保归降者会继续效忠。但是多尔衮手下大臣认为此举犹不足。1645年7月，多尔衮再次颁布剃发令，规定在十日内每个汉人都要削前额发，留长辫，不服从者处斩。汉人面临了痛苦抉择：诚如一般俗语的讲法，"留发不留头，留头不留发"。[6]

明代男子留长发，并细心梳理，将之视为男子气概与优雅形象的象征，对多尔衮的剃发令自然是深恶痛绝。在许多地方，即便已正式降清，汉人仍在颁布剃发令后群起反抗。但这次，多尔衮岿然不动。他还进一步下令汉人要穿着满服——高领的紧身短上衣，右肩上有衣扣，一改明朝的宽松袍子。另一项不同于汉俗的是，严禁满洲妇女缠足。汉族妇女缠足的习俗已历数世纪，即使缠足令人痛楚难耐，不过上至士绅之家，下至贩夫走卒，无不奉行此俗，小脚成为汉人衡量女性美的标准，几百万妇女只能强忍皮肉之痛。满人排斥汉人这种风俗，力求文化独立，而汉人则因满族女子的天足引不起他们的性趣，形成满汉通婚的障碍。

在紫禁城内，满人裁退上千名太监，这些人曾充斥明朝宫廷，结党营私，密谋私通，对明政权造成极大的伤害。虽然到了清代，宦官仍被留着服侍宫内女眷，不过满人已把其余宫廷事务和专项财务，移交由17世纪二三十年代在辽东俘虏的包衣掌理。明朝太监负责护卫宫殿的准军职身份也被剥夺，卫戍宫廷的任务转交给了由旗人精锐组成的御林军，这些人很多是辅佐过努尔哈赤建立女真王国的将门之后。

满洲八旗悉数驻守在北京城外，皇帝与皇室家族由忠贞军士保护。北京城内的汉族居民被强制迁至城南。虽然刚开始这种迁移造成诸多不便，不过城南很快就众商云集，人口稠密。除此之外，满人还强制没收华北的数万亩良田，以供养驻军或酬庸将士。这些土地大部分属于明室所有，不过前明高官的封地也在没收之列。据估计，四万满族旗人，平均每人约莫分得三十六亩土地，满族的高官权贵获赐的封地则要比这多得多。

为了进一步隔离满人和汉人，多尔衮下令迁移华北的汉族农民。狡诈的汉人地主趁着改朝换代，强占无主土地，结果百姓怨声载道，土地荒芜，成千上万的农民或沦为流民，或落草为寇，甚至集体迁离。然而许多满人本身无力耕作，便与汉人订定各式各样的契约，让汉人承租土地。有些契约使汉人与奴隶无异，需仰主子鼻息，倘若没有耕畜，这些佃农只得被迫自己拉犁。清朝入关不到二十五年，北京城方圆五百里内约三千多万亩土地便悉数为满人所占。不过，无论是成熟的封建制度，还是任何形式的奴工制度，都未能稳定发展起来，传统的农耕、租佃制度，乃至于独立所有权制开始慢慢复活。

在政府体制与教育制度方面，满人大抵承袭了汉人旧制。六部的行政架构原封不动，分管封勋考课、户口田赋、礼仪祭祀、军机要务、刑名律令，以及百工业务；不同的是，每部均设尚书二人，由一名满人与一名汉族武将或文官担任。每一部之内各设侍郎四名，同样采取"多族共治"，满、汉各占二人。作为六部与皇帝内廷之间的联络人，"大学士"职衔也被保留了下来。顺治统治之初，共有七位大学士：其中两名是满人，两名是汉人，三名则是由归顺清廷的前明官员充任。

愿意效忠清廷的优秀汉族文士被拔擢至六部供职或出任大学士。为了进一步充实官僚体系，1646年主考经典经义的科举考试被重新启用，殿试有三百七十三人及第，其中多数是北京及晋鲁两省的生员。不过为了平衡官僚体系的省籍，1647年又录取二百九十八人，大部分来自被再次攻克的江苏与安徽两省。从挑选主考官也可看出多尔衮对汉人敏感心理的觉察：虽然有两名汉旗人、一名满人文士，但另一名则是由1644年方才归附清廷的汉儒担任。

满人唯有摧毁明朝残余势力，才能巩固他们在地方各省的统治，但满人任用官员的体制却逐渐与明朝的行政体系相类似。清廷先将明朝的十五个行省建制划分为二十二个行政单位，后来又恢复十五个行省，但将最大的三个行省各自一分为二，而成为十八行省，以利管理。清代每省设巡抚一名，清初各省巡抚多由汉军膺任。显然，多尔衮相信这批人忠心昭著，况且他们是汉人，使用汉文，更能够被全国的同胞接受。在巡抚之下设道员与按察使，分管省内经济与司法，此外还有一批监察御史。省下有设在较大城市中的州府官员，监管县级官吏，县官相当于西方社会的"地方官"（magistrate），管理乡镇、农村的日常行政业务和税赋工作。

满人的势力在广袤的中国显得势单力薄，尽管在重要省城均驻有官军，不过新王朝能延续下来基本上是靠国家三个组成要素间的微妙权力平衡。首先是曾为女真族的满人本身，他们有自己的语言，同时依据早期女真族的血缘关系或努尔哈赤的苗裔身份，还获得贵族等级。满人以狩猎骑射之术，维持军事武力上的优势；以满语满文凸显文化的独特性。虽然基于现实的考虑，他们不得不让汉族官员用汉字起草公文文书，但重要文件都要译成满文。满人有属于自己的宗教仪式，由萨满教的男女祭司来执事，寺庙院落严禁汉人进入。

其次是蒙古八旗与汉军八旗，他们大多来自在1644年清军灭明之前就已归降的家庭。由于蒙古八旗主要被派驻到北方与西北边境，因此在清廷统治中国的过程扮演重要角色的，反倒是汉军八旗。他们自成层级，其爵位部分得自努尔哈赤与皇太极的册封，部分则是基于他们降清的日期——较早归顺者通常地位更尊崇。许多汉军通满、汉两种语言，既保有自己的社会规范，也吸取了满人崇尚武勇的文化。对满人而言，他们的支持难能可贵，倘若没有他们，满人可能无法逐鹿中原，更无法巩固江山。

第三个要素是完全在中原长大的汉人。基本上汉人有四种选择：可以积极或消极合作，也可以当个反抗者，同样分为积极、消极两种。像吴三桂之辈便积极与满人合作（纵使吴三桂从未入籍为旗人）；也有人选择积极抵抗而牺牲；我们在后面也会看到，有人选择消极抵抗。不过大部分的汉人都是见风使舵，被动地与新秩序合作。

出身豪门者努力保有先人遗留的土地家产，若是顺利，进而会让子嗣参加科考，在新政权中谋得一官半职的肥差。然而，满人从1648年广州数千名降清汉人的倒戈事件中习得教训，有理由对这类人士的忠诚度有所保留。闻名遐迩的明将郑成功（西方人一般根据其赐名的罗马字母拼写称之为Koxinga，即"国姓爷"）于1650年代末出兵攻打南方重镇南京时，江南富庶地区的数百万人士纷纷放弃效忠清朝。虽然反抗旋即被镇压，但那一刻确实岌岌可危。满人起初无意在华南建立强大的驻军。在南明诸王尽除之后，清廷将广大的华南委由吴三桂和其他两位早已降清的汉将治理，其地位与独立王国无异。

满人洞察到，明朝覆亡部分肇端于朋党相争、群臣倾轧，不过自己也无法免于其害。例如，两名系出贵族的将领在击败张献忠、李自成时战功彪炳，却以领导无方与叛国这些莫须有罪名被逮捕，神秘地死在北京城内的满人监狱里。摄政王多尔衮更是飞扬跋扈，桀骜不驯，甚至以帝王自居，控制数个旗营，放逐其将领，还强纳政敌的遗孀为妃，并要求朝鲜公主为妾，计划在京城北方的热河建造宫殿和城池。1650年，多尔衮于狩猎途中谢世，满洲贵族竞相角逐多尔衮的权柄，清政权遂有分裂之虞。

但是，通过巧施手段，年仅十三岁的幼帝顺治得以巩固了自己的帝位。顺治虽长于庙堂，按照满族习俗抚育，不过比起身边的满族要员，更能适应汉人的生活方式。顺治生性足够机敏，未被多尔衮之后的满洲贵族操纵；在军事上也非常精明，将打击南明拥护者的战斗一推到底，大获全胜。顺治还认真研习汉文，雅好汉人的小说与戏剧，并在宫中与汉人高僧同学佛法，深受其影响。在统治后期，顺治疯狂迷恋上了一名年轻嫔妃，完全冷落了皇后。同时，他还把相当大的权力再度委诸宦官，并恢复了征服初期所废的"十三衙门"。

顺治这么做的缘由并不清楚，或许是因为他希望让内廷更具私密性，不愿御林军和包衣将他的一举一动密告给宫中的王公贵族。

顺治与"耶稣会"的传教士汤若望（Johann Adam Schall von Bell）神父成为知己，这也颇不寻常。晚明以降，来自欧洲的耶稣会传教士便在中国积极传教，发展信徒。有些耶稣会传教士遭张献忠擒获，随张献忠的部队抵达四川，有些则随南明诸王流窜。汤若望是少数于1644年甘冒危险仍留在北京城内的传教士之一。鉴于汤若望卓越的科学知识，多尔衮任命他担任钦天监监正。因为朝廷必须为黎民百姓制定历法，而历法计算的精准有助于强化顺治身为"天子"的威望。另一方面，汤若望的受宠或许是顺治表达自主性的一种方式，甚至是顺治因早年失怙而对父爱的一种孺慕之情。所以顺治以满语称六十岁的汤若望为"玛法"（mafa，即"爷爷"），定期传召汤若望参加宗教与政治会议，甚至允许汤若望在京城里建教堂。

顺治在宠幸的爱妃去世不久后，于1661年突然驾崩，死因可能是感染天花。大行未久，顺治幼子的四位顾命大臣便诋毁顺治。这四位辅臣声称手中握有顺治皇帝的临终遗诏，并将公布于全国。根据这四位摄政大臣的说辞，顺治责备自己背弃满人的军事传统，重用宦官，信任汉官胜于满臣。这份遗诏写道："明朝亡国，亦因委用宦寺。朕明知其弊，不以为戒。……以致臣工缄默，不肯进言。"[7]

居四位顾命大臣之首的鳌拜能征惯战，旋踵之间即独揽大权。这四位摄政大臣一改顺治皇帝的政策，处决了阉党的魁首，废除新设立的太监衙署，并建立一套由满人监控的皇室内务制度。他们在农村地区贯彻执行严苛的税赋政策。在江苏有个著名的案子，朝廷调查一万三千名汉族缙绅是否逃避税赋，结果至少有十八名缙绅遭公开处决，数千名缙绅被革除功名。

在其他方面，汤若望被捕入狱，满人位居要津，汉族的博学鸿儒则遭贬抑。为了逼使台湾岛上最后一股反清复明势力就范，切断华东沿海地区拥立明室者对它的支持，朝中摄政大臣断然强制沿海地区汉人迁移至三十多公里以外的内陆地区，而不顾这项命令带来的后果。以福建省为例，据记载，在1661年至1663年之间，就有八千五百名农民和渔民因迁海令而死亡。到了1660年代末，努尔哈赤、皇太极、多尔衮、顺治等人所树立的顺应华夏政策，在满洲保护主义的名义下似乎要逐渐被摒弃。

阶级与对抗

清王朝巩固政权之初，各经济与社会集团相互对峙的事件时有发生。前文曾概述李自成向世人宣称救民于涂炭，以及李自成与张献忠二人如何憎恨缙绅与官员而将之杀害。1644年明思宗自缢的消息传来，藏在汉人心中的深重敌意一下子演变为各种事端：农民杀害地主，劫掠或烧毁巨富之室，镇民反抗地方胥吏，或公开与乡村的农民团练作战。有些豪门巨室所雇用的契工集体暴动，杀害主人，抢夺主人的财产，鱼肉乡里。贫穷士兵也起兵叛乱。渔民则加入海寇的行列，侵扰沿海。李自成等义军将领兵败被杀之后，各处仍爆发零星的农民起义，终顺治一朝，社会的动荡与骚乱不断。其间还有女性率领士卒而名噪一时，也有下属不从上司号令，坚持采取抵抗政策，最后全镇遭劫。

然而，阶级战争的观点，预设了某一层次的经济凝聚力和个人对其社会角色的自觉意识，而这在当时的中国似乎并不存在。人们可以在某一事件中发现社会矛盾，也同样可以从中找出超出此范围之外的别的东西。李自成的大顺政权即有几名出身名门的儒生。在富有的地主与农民起义军的斗争之中，农民可能自己组成民团来保护地主。逃到山区的儒士，利用当地村民的力量来建构防卫网络，以阻挠清军的攻势。逃亡的明室诸王，受到邻近东部沿海地区崇山峻岭中贫困百姓的帮助。县民则会保护他们的县官。满人占据某些明室王孙贵胄的封地之后，会把土地授予在此耕种过的佃农，给予他们过去从来不敢奢望的经济前景。在女将这方面，情况同样复杂。有一位女将叫秦良玉，是西部的四川省某个土司的妻子，她在父亲的教导下能文能武，丈夫去世后，带领着川军一路打到北京，抗击满人，随后还与义军首领张献忠作战。她的儿媳也是一位女将，在河南血洒沙场。晚年时，秦良玉被流亡的桂王*封为"忠贞侯"。[8]

诚如所见，阶级界线在17世纪的中国是难以被明确划定的。西方人对"阶级"概念的历史意识，大都得自对封建主义社会到资本主义社会转变过程的研究，这种转变是城市资产阶级通过暴力与代议制度，逐渐从顽固的贵族手中夺取权力。但中国社会里，阶级界线却模糊难辨、纠缠不清，着实令人困惑。

在明清两代，也没有西方式的贵族。一旦王朝覆亡，即使贵

---

*　编注：作者此处有误，实为唐王朱聿键。

为帝王子孙，尊衔与地位也不复存在。所以在明朝，皇族皆享有尊衔，在封地上过着奢华的生活，如福王与桂王，而前朝元代（1271—1368）的皇族后裔就无法与之并存。同理，在1644年之后，曾经的明朝贵族也无法保留下来。满人自有贵族世系，或是努尔哈赤的后人，或是功勋显赫的武将，或是清朝龙兴之初即归顺的汉族将领。清朝的贵族系谱有其巧妙之处，贵族分为九级，拥有爵位者一死，家族品第即下降一等：据此，第三等贵族的后代可能降为第四等，下一代又降到第五等。除非有彪炳功绩，蒙圣眷擢升，否则贵族家庭最后也会沦为寻常百姓。

虽然无法从贵族的血缘或是明确的经济地位来界定，但中国还是存在一个"上层阶级"，而满人在征服中原之初也选择保留这个既成体系。上层阶级的形成要素有四：财产、家族、教育、官僚地位。最有价值的财产仍然是耕地，不过清代的上流家庭可能还拥有大量的银锭（银锭是官定的通货）、浩繁的藏书、古董字画、玉器、瓷器、绢帛、豪宅大院、田产，或者典当、药铺等商业企业的产权。

宗族制度有时也被称为氏族或同宗群体，它将宗族势力扩展成一种互为奥援的关系网络。一定数量的财产会被集中起来经营，以家族田产的形式传给后代，由此带来的收益将用来支付祠堂或祖坟的修葺以及家族私塾先生的酬劳。权贵家族之间的通婚更是要由双方父母细致协商。从现存巨细靡遗的族谱中，便可以窥知这套制度被维系、管理得多么认真。

教育的角色在中国举足轻重，肇因权力和功名与跻身仕途紧密关联，而通向官僚体系的大门，又基本上被竞争激烈的国考完全把持着。天下太平之时，没有几个人能凭战功出将入相，靠金钱流通或是攀附王公贵胄做上大官的就更少了。清朝延续明代的科考取士，不过想要考试及第却是困难重重，因为考生必须背诵、研读指定的孔子及其弟子的论述，以及被官方批准的经典注疏。这些科目都是以文言文应试，在语法和结构上都与日常用语迥异。所以如果某个家庭有财力让子弟追随科举及第的名师学习，或拥有私塾以延聘社会地位相当的私人教师，那么不言而喻，这家人的子嗣就更有机会通过考试，在官场平步青云。就算没能当上高官，科考及第也至少可以免除他们的徭役，在大堂上免受杖刑。

无论在朋党相争的朝廷，还是在饱受盗匪与兵燹威胁的农村，为官都有危险，但是，浮沉官场数年下来所获得的薪俸、津贴、特别规费，甚或不法贿赂，都抵得上进入官僚体系所花的成本，还有可观的余钱可以投资地产，教育子女。不唯如此，当这些官员致仕还乡、颐享天年时，先前的官场资历还可以让他们与遇到的地方官平起平坐，得到他们的保护。

这类上层阶级的财富大都得自土地，所以难免会与佃农发生摩擦。明朝的官员察觉到，如果地租过高，佃农就可能抗租，或是武装抗击地主。假若地主收回田地，佃农就可能沦为绿林盗匪或变成其他社会暴力团伙。不过在17世纪的中国，并没有单纯的地主—佃农的阶级斗争，因为在土地上耕作的人来自各种各样的社会阶层。在1640年代，每一次的"农民"武装反抗"士绅"的动乱的原因，均须根据当地的经济活动以及人际关系细致推敲。李自成、张献忠的起义，追根究底，是源于四处弥漫的挫折感以及对美好生活的渴求，而非无地者与地主之间的敌对。

然而，在这段过渡时期，社会与经济关系还是发生了一些深远的变迁。摄政大臣鳌拜或许能威吓胁迫江苏的地方士绅按时征纳赋税，但满人没能成功对汉族富室的田产进行及时有效的调查。本来，单凭这次调查就足以让满人建立一套公平的地税制度。这项工程异常艰巨，其矛盾之处在于，它必须仰仗熟知地方情况的当地汉人去执行。地主百般推诿，抱怨费钱耗时，硬是不让丈量田产的工作进行。地税制度的改革政策无法贯彻，那些有能力于乱世蓄积土地的家族，在承平时代积累了更为庞大的田产。

某些当代中国史学家论称，基本上，满洲征服者与汉族上层阶级结盟，导致农村地区的"封建关系"持续不坠，并抑制了城市中发展起来的潜在"资本主义萌芽"。这点很难证实。虽然满人的政策确实让某些家族更富有，不过仍有许多汉人士绅在思想上延续了晚明东林党人的改革主张，抗议满人的这类政策，试图在职权所辖的地方实行公平的税赋制度，甚至不惜牺牲自己的阶级利益。这些士绅最初之所以失败，究其缘由，是因为1644年之后的北京当局已无他们的友人，这些友人许多在1645年亡故。不过到了18世纪，有些建议已实行，只是功劳并没有记在他们身上。

抗清活动主要是出自意识形态。居长江下游，富庶丰饶、士大夫云集的江苏省尤其如此，抗清运动的领导者有时动员起地方上的农民、乡民做后盾。换言之，魅力无穷的上层阶级领袖以民族大义跨越了阶级的鸿沟。在许多事件中，剃发令是江南反清的一帖催化剂，同时部分文人仍不忘前明，即使以身相殉也在所不惜：服务和报效理想朝代的精神特质已根深蒂固,使他们能无视历代在位者的积弊陋习,并将贫民和富人团结在了一起——即便这种团结一闪即逝。甚至浪漫爱情的概念都被一些文人用来隐喻他们这种献身精神:对于被推翻的明朝的爱,就如出身高贵的青年才子对梦中情人的爱一样,在某些情况下,年轻眷侣甚至将比喻变为现实,或是拿起武器加入无望的排满运动,或是自杀殉国。假使满人意欲彻底巩固政权,就必须杜绝这类思潮,然而也正因为满人在1660年代实行强硬的排汉政策,再次激发了这类情感。

第三章　康熙政权的巩固

三藩之乱：1673—1618年

　　清朝之初，冲龄即位的皇帝们若要真正羽翼丰满，就得迅速成熟长大。顺治趁着多尔衮突然辞世而亲掌皇权时，只有十三岁。顺治之子康熙在第一次罢黜鳌拜时，也只有十三岁。1669年，康熙在太皇太后与一群满洲侍卫的帮助下，以跋扈与欺君罪名将鳌拜治罪下狱，当时康熙十五岁。鳌拜不久便死于狱中，康熙自此亲理朝政一直到1722年，成为中国历代最受推崇的统治者之一。

　　年轻的皇帝主政之后，问题纷来沓至，其中最重要的就是如何在满人治理之下一统中国。虽然吴三桂于1662年已敉平南明在西南的势力，但是该地区并未被彻底整合到北京的官僚架构中。对北京而言，西南各省地处偏远，位处亚热带山区，骑兵作战不易；当地边境数以百计的非汉人少数民族又为了保护家园而负隅抵抗；再者，朝廷在此也没有忠贞可靠的管理者。这诸多因素致使顺治与鳌拜不愿进一步把满洲军队投入此区域，反而将中国的西南与南方委

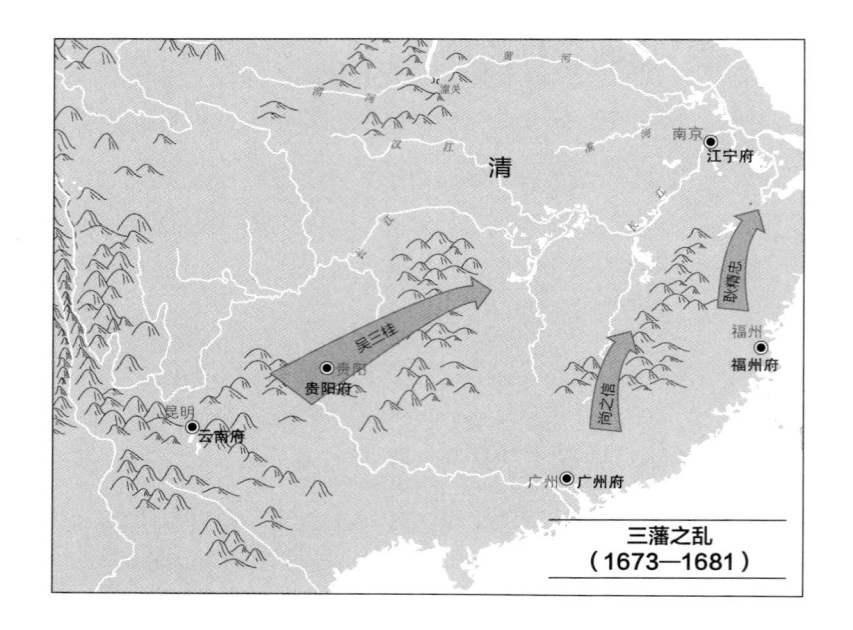

由 1650 年代率军平定此地的三位汉将治理。

这三位将领之中，尚可喜与耿继茂均系 1633 年归顺清朝的"汉军"，是清朝问鼎中原的同盟。尚、耿二人分别向清廷输诚，特别是在 1650 年，他们从明朝拥护者的手中夺回广州，并屠戮了城内守军。第三位将领是吴三桂。尚、耿、吴三人都受封为王，其子嗣皆蒙朝廷优宠，纳娶满洲贵族之女为妻。他们三人治下的领地犹如独立王国，被称为"三藩"。吴三桂据云贵两省以及湖南和四川的部分地区；尚可喜坐镇广州，下辖广东全境与部分广西；耿继茂以福州为根据地，统理福建。

三藩实际统治的面积约相当于西班牙加上法国，或是美国南部从佐治亚州到得克萨斯的各州总和。在三藩领地内，虽然名义上有朝廷派任的各级行政官僚，不过实际上，举凡军务、民政、兴办科举及与土著之间的关系往来、征收税赋等权力，却完全掌握在三藩手中。三藩王不仅保有地方税收，独占互市贸易的利润，还不时向朝廷索求巨额的财政补助，以换取他们对清廷继续效忠。到1660年代，三藩王每年接受朝廷的财政补助已超过一千万盎司的白银。

很快，一些迹象显示出三藩明显将爵位视为世袭的。1671年，尚可喜身患重症，便把广东的军务指挥权移交给儿子尚之信。同年，耿继茂过世，其子耿精忠接管福建。虽然现有的史料片段零碎，不过还是可以窥知，康熙皇帝亲政之初便开始思索如何处理三藩的问题，而他身旁的满汉群臣，对于这一问题却莫衷一是。康熙不像群臣那样过于谨慎，为了国家长治久安，他不惧以兵戎相见。所以，当已届垂暮之年且久病缠身的尚可喜奏请告老归返辽东故里时，康熙见机不可失，便欣然同意其请求。吴三桂与耿精忠亦上书提出类似撤藩请求时，康熙同表首肯。其实，上书请求只不过是用来试探康熙对于藩镇存废的观感，一俟康熙表态，双方的公开决裂就势所难免了。

尽管康熙的若干重臣试图劝诫吴三桂和平撤出根据地，吴还是于1673年12月抛弃对清朝的效忠，起兵叛变，建国号"周"，并率大批的兵力深入湖南。耿精忠于1674年举兵叛清，在巩固了对福建的控制之后，派兵进入浙江。尚之信软禁其父（尚可喜不改对清廷的效忠），于1676年加入反叛的行列，在广东部署重兵后，挥师北上江西。

三藩之乱让南方和西南方汉人的忠心所向遭到了痛苦考验。17世纪四五十年代的战乱幸存者,已经与清政权相安无事,现在他们却必须选择是继续效忠清廷,还是寄望于吴三桂的"周"政权。吴三桂下令恢复明代旧俗,剪辫蓄发,想借此撩逗起汉人的民族意识。吴三桂还对谁应为周朝开国之君留出余地,暗示假若能够寻访到朱明后裔,即拥立他登基。再者,"周"这个国号本身就容易让人想起中国最受人推崇的早期朝代之一——周朝,这个在公元前一千年统治过华北的王朝,在儒家经典中深受推崇。吴三桂上书康熙,倘若康熙能撤离华夏,在满洲与朝鲜建立王朝,便可被赦免一死。可想而知,康熙拒绝了吴三桂,为了泄愤,还把在北京当人质的吴三桂之子吴应熊处死了。

吴三桂的军队兵强马壮,又坐拥庞大的行政与经济资源,比起先前南明的福王、桂王,吴三桂及其拥护者更有胜算。更何况,整个南方与西部,忠于清朝政权的汉人已被包围,人数也居于劣势;虽有不少人不愿向三藩称臣——有的逃入山区,有的装病,还有人自残手足——但多数除屈从外别无选择。此番结果是三藩之乱几乎瓦解了清朝政权。至少表面看起来,满人可能会失去掉长江以南地区的控制权,王朝必然将永久分裂。

不过随着下列五大因素的发展,中国依然维持一统(这对后来世界历史的发展,亦具有同等重要的意义):第一,1674年吴三桂起兵叛清时,对于是否跨越湖南挥师北上举棋不定、踌躇不决;第二,康熙虽然年少,却有能力团结朝中各大势力以资后盾,擘画长期作战方针与防守战略;第三,许多满洲武将——其中一些还很年轻,未经战火洗礼——带头反击吴三桂,表现英勇顽强(康熙本人并未御驾亲征);第四,三藩王无力协调作战,而各自又都无法持续发动攻势打击清军;第五,三藩无法号召明室的拥护者,因为他们对三藩昔日曾积极与满人合作之事了然于胸。

况且,三藩本身的品行也无法扮演好匡复明室的新角色。吴三桂越来越沉溺于奢华生活,追求显赫地位;尚之信比起先前的反贼张献忠更加暴虐无道,甚至曾纵猎犬噬人;耿精忠则生性软弱无能,于1676年单方面向清朝俯首称臣,葬送了三藩协同行动的可能性。翌年,尚之信也向清朝乞降,这显然与吴三桂坚持向尚之信视为私人势力范围的广东派任官员有关。

最终,吴三桂在1678年称帝,但此一举动为时已晚,不具意义了。同年稍晚,吴三桂死于痢疾,结束了六十六载的风风雨雨。吴三桂的孙子以吴的名义继续作战三年,被清朝将领围困在云南省府昆明后自尽。尽管康熙接受了耿、尚二人的投降,并恢复了其藩王的头衔,但二人连同吴三桂的追随者,还是一起被处决了。康熙不敢让这类人继续活在世上。

1681年,三藩之乱敉平,曾经力主对三藩采取"强硬"路线的大臣成为康熙的近臣:虽然康熙君臣差点葬送大清基业,但他们最后的获胜意味着中国从此会更为强盛。对于支持叛乱的重臣要员,康熙毫不留情,但下令宽宥战争中身不由己的俘虏。诚如康熙所言,他们不过显露出"一时贪生畏死之恒情,若大兵所至,概行诛戮,非朕救民水火之意。百姓无由自新"。皇帝同样宽待了在战乱中遭"贼"(康熙通常称之为"贼")掳获的妇孺:"但贼营妇女,多系掳掠胁从。破贼之后,凡所掳难民子女,许民间认领。不得一概妄收。"[1]

随着藩王尽诛,三藩树倒猢狲散。新任的总督与巡抚——多数为绿旗营汉军——被分派到叛乱的各省就职,牢固地将之整合进康熙治下。这些地区的赋税开始再度流进北京,随着财政大权的收回,南方与西南的科举考试亦归由朝廷举办,人才也慢慢回流到中央。不过饱受兵燹之灾的生活却很难在短时间内恢复旧貌。三藩乱后的整个康熙年间,湖南、云南、广西、贵州等地全部徘徊于中国的主流生活之外,而康熙本人的疑虑感依然长驻心头。只有少数出身上述省份者被授予高官厚爵。康熙本人虽爱游幸,但足迹也不逾江南。康熙口中的"南方"是当时长江三角洲繁华富庶的南京与苏州,言下之意就是,真正的南方与西部省份并不在他巡幸的范围之内。康熙在此后人生中,时常回味三藩之乱带给他的震撼,并对那些因他决定让三藩"告老还乡"而殒命的百姓深感愧疚。不过,对这个决定本身,康熙却从未后悔。

台湾与海上中国

明朝末期,台湾依然鲜为人知*:海相危殆,台风频仍,沿海有浅滩拱卫;瘴气弥漫的西部平原连绵不绝,后有险恶的崇山屏障,与世孤绝。台湾本地不友善的原住民令外来的探险家或移民望之却

---

* 编注:此为作者观点,实际上早在三国时,台湾便已在史料中有所记载,到宋元两朝时,已被划归福建管辖。

步。不过还是有少数来自广东、福建各港口的商贾涉险渡海，与原住民交易鹿皮和捣碎的鹿角（被认为是一种强力壮阳药）来牟利，并在岛上的西南部形成小型聚落。中国与日本的海寇也在同一海岸线上找到了避难所。

1620年代，台湾登上国际政治的舞台。船只失事的海员与传教士一度是岛上唯一的欧洲人。当时，葡萄牙人曾一探台湾，称之为"美丽岛"（Ilha Formosa），但后来决定撤离，仅以澳门作为其在东亚活动的根据地。西班牙人没有效仿，而是在台湾北部的基隆建立了小型据点。信奉新教的荷兰人也一样，在1624年于台湾南部安平（今天的台南）小镇修葺"热兰遮城"（Zeelandia）。到了1640年代，荷兰人驱逐了岛上的西班牙人与残余的日本海盗，在台湾、东印度群岛（East Indies，今天的印度尼西亚）的荷兰帝国，以及中国东部沿海的商贾官员三者之间形成贸易网络。由于受到海岛贸易利益的吸引，有部分汉人移民先后聚集在西班牙人、荷兰人据点四周，其他则赴台湾西部平原拓荒垦殖。虽然荷兰人支持、鼓励汉人商贾的到来，但起初并没有多少在此定居；冬天时，这些商人便返回大陆沿海。荷兰人对岛上土著居民采取分而治之的策略，制定他们自己的经济和行政体系。

17世纪四五十年代，台湾岛上的荷兰人尽量避免介入残明势力的抗清活动，然而随着沿海战事的发展及其与明室拥护者的互动往来，荷兰人无法再置身事外。当时，权势富室的郑氏家族是游移于福建、台湾、日本南部海域的海盗兼贸易商，其家族首领（郑芝龙）最终被火烧眉毛的南明政权封爵，致使战事进一步升级。虽然郑芝龙已于1646年降清，但他的儿子郑成功性格刚烈，拒不随父。郑成功率领部队和战舰继续拥立四处流窜的南明政权，即便在南明被追逼到西南内陆后，郑成功仍然在名义和行动上一直奉朱明为正朔。

这位在历史上被称为"国姓爷"（明朝赐郑成功国姓，西方人按其闽南语发音"Kok-seng-ia"把国姓爷译成Koxinga）的杰出海将，出生于1624年，母亲是日本人，所以他的成长背景也反映了国际贸易与文化关系的多语系世界。郑成功父亲的贸易网络从长崎绵延至澳门，在其位于厦门附近的壁垒森严的府第中，还有奉基督教与佛教圣像的礼拜堂，以及从澳门的葡萄牙人手中逃脱的黑奴组成的卫队。直抵营垒内居住区的通道是由船只构造而成的。

整个1650年代，郑成功的船舰一直都在华东沿海地区与清朝作战，同时在他的控制之下，厦门成为一个国际转运港。郑成功甚至组织了十家贩卖丝绸、奢侈品以及糖等商品的商行，通过交易换取海军军需与火药来补给船舰。郑成功1659年正面攻击南京时，第一次遭逢军事重挫。清朝大军逼临厦门，郑成功做出攻击热兰遮城的大胆决定。或许是受到曾担任荷兰通译并熟悉热兰遮城防卫部署的汉人相助，郑成功顺利包围热兰遮城；他轻易占领了热兰遮城周围的田野，杀死驻守荷兰人并掳掠其女子，但令人吃惊的是，堡垒里的荷兰人居然抵抗了足足九个月。到了1662年2月，荷兰人才投降，并与郑成功达成协议，荷兰人全部撤至荷属东印度群岛的巴达维亚城（Batavia），而他们给郑成功留下的财货与资金估计价值逾一百万盎司白银。

但郑成功好景不长。由于他不归顺清朝（母亲早就被清军杀害），其父与兄弟在北京被处死。消息传来，让他本已不稳定的精神状况更为恶化，郑成功开始做出一系列消极行为，包括凌辱臣属，对子女大发雷霆，最后于1662年辞世。

虽然鳌拜等辅政大臣在1661年强迁沿海居民的粗暴命令颇有实效，但却无法令台湾归降。清朝曾与荷兰人短暂结盟，试图联手逼出仍在福建沿海的郑氏家族残余势力，不过1664年与1665年征讨台湾的计划都最终泡汤。满洲铁骑毕竟不善于海战，况且1673年之后，大批清军被三藩之乱所牵绊，使得台湾的郑家可以继续发展其繁荣的贸易和商业帝国：随着从大陆沿海移居或逃难的居民迁入，汉人人口在郑成功儿孙治下迅速膨胀，总数逾十万人，生产大量大米、甘蔗，并从事颇有规模的制盐、精糖、造船等商业活动。

即使三藩之乱结束后，康熙仍觉得难以集结所需兵力从郑家手中夺回台湾。他的最后一招是任命郑芝龙以前的水师将领施琅——他早在1650年代就归降——统帅军队远征台湾。康熙这步棋非常高明，施琅不仅能征善战，而且在降清之时，他的父兄及儿子皆遭郑成功报复杀害，施琅势必全力以赴。

施琅有条不紊地谋划战略，出征舰队共有三百艘战舰——从这个数字可以窥见，尽管当时中国海上力量还有待发展，但是潜力实不容轻忽。1683年7月初，施琅率舰从福建出发，在澎湖群岛附近大败郑氏余部。

三个月后，台湾投降，或许因为不愿再见到平三藩时血流成河的惨状，康熙对投降的郑氏家族与降将大施皇恩，授之以爵，允其定居北京。郑氏残部多被调离台湾，用以充实北方边防，以御俄人。关于如何处理台湾，朝廷百官曾激辩多时。有人建议应该完全放弃，不过施琅则力谏以台湾为屏障，使中国免受"强大无敌的"荷兰战舰侵扰。康熙最后决定将台湾纳进帝国疆域。台湾成为福建省的一个府，首府设于台南，府下设三县，每县设置县令一名。同时，康熙下令让一支八千人的清军永久驻岛，尊重岛上居民的部落领地与狩猎场域。此后汉人要移居台湾，将受到审慎限制。

康熙这种矛盾措施反映了清朝（之前的明朝亦然）海外贸易与殖民政策的模棱两可。中国的统治者对贸易有着根本上的不信任，认为贸易活动会带来暴乱和无序，担心贸易活动会将军情泄露给外国强权，造成贵重白银大量外流，滋生海寇和其他犯罪。因此，即使郑氏家族败亡之后，迁海令被废止，清廷仍通过厦门等沿海城市的政府，通过发放许可与限制船只吨位的措施，控制与台湾的往来。

要在华东沿海昌盛的商业世界里实施这些政策根本不切实际，徒让东部沿海地区职掌海上和沿岸贸易的要员坐享暴利。1680年代初，一个汉族包衣（吴兴祚）为了取得监管广州大部分对外贸易的两广总督职位，支付的贿款据称总计超过一万盎司白银。在将大批人口重新迁回沿海时，吴兴祚得到一干特派官员相助，将近三十万亩土地分配给三万多人。这位半商半官的总督所积累的家产可能超过四十万盎司白银。

国家从合法的对外贸易中可课征的税收十分庞大，历代也不乏统治者善加利用这一资源。但是除了设置四个海关衙署（分别位于广东、福建、浙江、江苏），试行对外国进口商品课征 20% 的关税外，清政权未能建构必要机制，而宁愿采取佣金制或专卖。随着 18 世纪更强势的西方贸易商抵达中国之后，这项决定造成致命的后果。

情形相似的还有，清廷限制移居台湾，却无法贯彻这项措施，结果使得台湾表面上受清朝行政管理机制羁縻，实际上则沦为难以驾驭的化外边陲、紊乱不堪的失序社会。从康熙一朝的记载可一窥当年开发台湾的有哪些人：一群来自福建省的兄弟以低价向当地居民承租土地，以汉人的灌溉方法大大改善土质；施琅的一位亲戚定居台湾北部，花钱从人口较为密集的台南雇用游民来开发荒地；一个来自广东的汉人娶了当地居民头目的女儿，并充当岳丈的通译，然后通过将部落的土地租给其他汉人移民牟利。凡此或许不能算是汉人的传统行为典范，不过却为传统中华帝国增加了一重要组成部分。

劝服儒士

南明诸王的顽强抵抗、郑氏家族所获得的拥护以及蔓延迅速且几近成功的三藩之乱，都说明清政权并不受汉人拥戴。康熙从即位之初始，便对这一问题折中处理，一面努力打消满洲贵族对其军事力度和与政治坚定性的疑虑，一面也设法让汉人相信他对汉人传统文化的推崇。

要博得满人的好感比较容易。身强体壮的康熙幼年罹患天花而无恙，是其得以被挑选继顺治位的原因之一。康熙早年就培养起对狩猎、射箭的浓厚兴趣，而其精湛的骑术，又意味着他能策马远行，深入满人的发源地。曾经与康熙并辔完成这趟旅程的精锐侍卫与满洲贵族，一直都对皇帝忠贞不二；虽然他们关于国家政策有过严重的分歧，不过在康熙早年遭逢的种种危机中，他们一直坚定拥护康熙。康熙的祖母（也就是皇太极的遗孀）十分宠爱康熙，她凭恃着家族的关系，是一个举足轻重的政治人物。康熙的皇后与众嫔妃（康熙十一岁初婚，娶的是一位摄政大臣的孙女，这位大臣也反鳌拜）的家族势力，给他带来了宝贵的权势网络。在北京城内满族萨满教寺庙里举行隆重典礼；重用满人与汉人；为抑制宦官的势力，让满洲贵族执掌内务府，任用汉人包衣而非太监负责宫中杂役——在这些事情上，康熙无不小心翼翼。

然而，要争取汉人人心就棘手得多了。满人声称，他们于1644年入关是要为明崇祯皇帝复仇，不过多数汉人无法接受这番托词。即便这些汉人相信他们的说法，根深蒂固的忠君思想，还是让不少汉人在听闻崇祯皇帝驾崩之后自裁殉国；虽然确信抵抗最终会让自己送命，很多人依旧拿起武器反抗满人；而更多的汉人干脆韬光晦迹，拒绝以任何形式为新朝效力。

这种拒绝报效朝廷的做法以儒家思想为自己的合法依据，于是康熙面对汉人的抵制行为，也以彼之道、还施彼身。孔子的训诲在中国社会里不容挑战，尽管17世纪中叶，人们对于孔子学说的看法已经有了相当大的差异。简而言之，在公元前5世纪的中国，孔子成为修身治国方面的道德及品格准则的代言人。他重视仁和义，主张通过克己复礼，以求达到人与宇宙和他人之间的和谐大同。孔子曾说过，有德者不应侍奉无道之君，假若有必要，有德者必须为捍卫理想原则而成仁。*他还进一步主张，人应当关注现实世界的问题，尊重已故先人，不应当试图去了解上天的力量和鬼神的领域。†

记录孔子与诸侯、弟子对话的《论语》，把他塑造成了一个思想敏锐、精力充沛的人，不断考察自己与周围人的个性缺陷，却从未对德行失去信心。他坚信道德榜样的力量和教育的核心地位，认为随着年龄增长，人也会收获更多智慧。此外，他还制定出自我认知的发展步骤。孔子逝世几个世纪后，传说由他编纂的五部作品被合在一起，成了儒家思想的"五经"。其中，一本关于礼数，两本关于历史，一本关于诗歌，还有一本《易经》则是讲宇宙和占卜。到了12世纪，《论语》和孔子的追随者孟子的语录（《孟子》），以及两本从《礼记》中摘出的关于人性和道德培养的作品（《大学》《中庸》），同样被合到了一起，成为"四书"。这九本书被认为涵盖了引领道德生活的基本准则，并可靠记录了两千年前中国历史上那个乌托邦时代——周朝之初，政通人和的完美理想就已被实现了。

随后的几个世纪，注疏、释义和解读"四书五经"的作品大量出现，并从5世纪之后传入中国的佛教思想和中国其他传统哲学中吸收要素，微妙地调整自己。同时，博采众家的儒家思想转而成为"经典"，"四书五经"成了及第登科的基础。儒家思想被解释成了纲常，

---

* 编注：此处应为作者引用多条孔子语录综合而成。在《论语》中，最接近这段话的表达是《宪问篇》中的"邦有道，谷；邦无道，谷，耻也"以及《卫灵公篇》中的"志士仁人，无求生以害仁，有杀身以成仁"。

† 编注：同样，这句话似乎也是作者将《论语》中的几处内容杂糅到了一起，具体可能为《学而篇》中的"慎终追远，民德归厚矣"和《先进篇》中的"未能事人，焉能事鬼"。

为父对子、夫对妇、君对臣的绝对权力提供支撑。这种等级关系通过只许男性参加科举而进一步加强，无论女子学养多高，都不允许入职为官。清朝盛行的儒家教育强调了世界中"理"（原则或理性）的力量，将其置放于"气"（生命之能）之上，引出了对人性以及中国社会形而上结构的二元论解释。

自从囚禁摄政大臣鳌拜之后，康熙表现出对儒家丰富遗产的崇慕之意。1670年，康熙颁布十六条箴言，意在总结儒家思想的道德价值。"圣谕十六条"强调社会关系的等级秩序，以及仁慈、服从、俭约、辛勤工作的美德。康熙又挑选一群满汉大学士，共同精研"四书五经"。从朝廷的官方记载中，人们可以逐章追踪康熙的进步，看到他遭遇疑难时与大学士们的讨论。皇帝研读儒家经典、勤练书法的消息"走漏"后，群臣盛赞康熙是"圣君"。满汉大学士还把"圣谕"改写成亲切易懂的口语，以利康熙的伦理观点向黎民百姓传播。

朝廷的权力之所以至高无上，部分在于科举考试受朝廷控制。顺治恢复了这套考试制度，康熙则每三年开科取士一次，即使三藩作乱期间，科考也并未中辍。不过令康熙感到不快的是，许多满腹经纶的博学之士不愿参加科考，理由是他们身为明朝遗民，科考出仕等同于背叛。1679年，康熙提出一个巧妙的解决办法，在三年的科举取士之外，他又下令各省荐举人才，参加朝廷的"博学鸿词科"，以网罗高才博学的贤良。虽然仍有些固执的学者坚持不赴北京参加考试，有人不允许自己被地方举荐，但是这项举措还是获得良好的成效。这次特科共录取五十名，大部分来自江南省份；同时，为了刻意表彰这群名儒硕彦对前朝的忠贞，高中特科者均奉命入馆佐修明史。

尽管康熙皇帝尽其所能地笼络前朝的山林遗老，许多汉人仍对新朝存观望态度。有不少文士私自搜集明史相关资料，以期不受朝廷监控，自撰历史。因此，那些英勇抗清的城镇，如扬州、江阴，虽功败垂成，不过其事迹却被载入史册，秘密流传给后代。有些曾经在家乡抗清的学者退出了官场，转而为晚明东林党和类似学社里提倡道德和改革的儒士仔细撰写事迹。

这期间，有三位学者以其作为、文章而负盛名。一位是湖南人王夫之，他在1650年返回故里之前，曾经有数年在西南桂王的流亡朝廷为官。王夫之倾力攻击王阳明信徒的个人主义式哲学，认为阳明学派陷溺在个人意识中寻求道德基础，结果摧残了当时的道德意识。王夫之同时还撰写了一部关于桂王小朝廷的历史，并对以前的"蛮夷"王朝细加品评，这些文字若是让清军发现的话，王夫之恐怕难逃杀身之祸。

第二位是浙江人黄宗羲——他父亲于1626年遭宦官魏忠贤杀害——是东林党与其他改革派积极拥护者。黄宗羲随南明藩王在东部沿海地区作战数年，并在山区内修筑防栅以拖延清军的前进。黄宗羲在1649年退隐，专心治学。他不仅悉心撰写明朝重要人物的传记，还试图分析政府的制度结构。他主张仿效远古的理想社会，由儒士担负社会的行政工作，并以道德教化的力量来管理，取代现在过分集中化的体制。大部分的中国政治思想家在探索改革之道时，倾向于思考如何改变宦官与官僚的行为——这些人正是横亘于皇帝与百姓之间的障碍,但黄宗羲本人却认为帝权应该受到制约。

这三人当中以顾炎武最为知名。1613年,顾炎武生于江苏,由守寡的继母抚养成人,顾母以严守澄德礼教而闻名于乡梓,决心让顾炎武恪遵儒家思想的伦理戒律。晚明时期,顾炎武曾通过乡试,但看到当时的政治、道德乱象后,他便开始潜心钻研传统的经世致用之学、政府体制与军事兵法。1644年,顾炎武短暂辅佐过福王抗清。顾炎武的母亲因不愿屈从新的征服者绝食而死,令他深为感动。她在给顾炎武的遗书中有言:"我虽妇人,身受国恩,与国俱亡,义也。汝无为异国臣子。"[2]

虽然顾炎武并未蹈继母亲,不过他确实将母亲遗言铭刻在心,余生(他死于1682年)都在游历、熟思、治学。他甚至离开林木苍翠的江南家乡,迁居陕西的不毛之地。一如同时代的王夫之,顾炎武著书立说,以抗衡儒家主流学派,后者强调形而上学二元论与直觉,最后导致道德的空洞化。顾炎武单骑走遍大半华北地区,考察耕作方法、开矿技术与商人的票号制度,将观察所得化成一系列的文章,试图开创一种严谨与实用兼具的新治学方式。

顾炎武在其卷帙浩繁的著作中,主要关注政府体制、伦理学、经济学、地理与社会关系这几个议题,并十分重视朴学的方法,他认为朴学的方法是考证中国古代学术遗产真谛的重要工具。顾炎武特别推崇汉代(公元前206年至公元220年)学术不事雕琢,法度严谨,且无虚玄矫饰。尽管顾炎武声名鹊起,但他依然拒绝参加清廷举办的所有科举考试(包括1679年的特科),也不参与由康熙推动的编修明史工作。顾炎武辞世后,被视为严谨通透的治学典范,受到许多学者景仰；顾炎武的著作对18世纪的中国思想产生了深远影响。

反抗清廷的不只有武夫和文士。许多清初的画家也以艺术作品表达心中的愤慨和对新政权的疏离，透过大胆的创新、古怪的画风以及留白的运用，呈现出一个萧瑟失衡的世界。以泼墨画法跃然于纸上的奇绝孤松、嶙峋山野、杂木茂叶以及孤鸟游鱼，都是此类艺术家常常取材的主题。其中几位出类拔萃的画家，如石涛或八大山人，均与明王室有血缘关系，在清朝入关后遁入深山僧院。八大山人以沉默来表达对清朝政权的抗议。他在自家门上写了一个"哑"字，从此默然不语，不过在大醉或沉浸于创作时依然会恣意狂笑或放声痛哭。石涛倒是渐渐重新融入社会，开始与其他侍奉清朝政权的学者、艺术家往来，偶尔也会受托于富裕雅士，为其设计园林，到头来还是成了朝廷的边缘人。

我们的确可以循着清廷笼络文人的脉络来写一部历史。那些并未出仕或参加科举考试的文人，仍有可能被良伴或金钱的承诺所引诱。编修书籍最能凝聚文人的精力。康熙延揽博学俊彦，请他们编写字典、百科全书，记录朝廷活动，搜罗古文、古诗。也有王公大臣赞助学者从事地理研究与地方志的编修，于是学者游历不辍，搜集写作材料，然后返回舒适宅邸提笔撰写。也有官员聘儒生任幕僚，职闲事少，这些儒生有更多闲暇各显其能，或为小说家，或为短篇故事作家，或为诗人、戏曲作家。其结果就是在异族的血腥统治下，中国文化依然能在17世纪末大放异彩。

透过孔尚任的艺术手法，明朝遗民抵抗与忠君的题材最终为康熙一朝所接纳。孔尚任是孔子第六十四代子孙，生于1648年，当时满人已入关。孔尚任的父亲是明代知名学者，孔尚任本人被明朝的覆亡和身陷其中的人们深深吸引。他在四十几岁谱成一出广为流行的戏曲《桃花扇》，情节描写了一位耿直的文士与其所爱的女子在南明福王朝廷的苦难经历。这位女中豪杰抗拒南明权奸的求欢，以扇子袭击奸邪，致使血洒扇面。*一位画家将扇面的血迹缀饰成桃花盛开的模样，这出戏便是以此得名。从桃花扇这个出色生动的隐喻可以看到晚明时代隐伏在道德与知性生活背后那种暴力与美感的交融。在《桃花扇》尾声，晚明的抗清行动徒劳无功，高风亮节的遗老纷纷遁避山林，不愿接受清廷招降入朝为官，这对恋人也遁入空门。在最后一段情节中，这对恋人与一位友人同叹：

> 千古南朝作话传，
> 伤心血泪洒山川，
> 仰天读罢招魂赋，
> 扬子江头乱暝烟。[3]

到了1690年代，《桃花扇》已经在康熙的朝廷之上传唱，孔尚任的戏曲深受宫廷中人喜爱。在一篇文章中，孔尚任再现了听众的情绪：

---

* 编注：漕抚田仰强娶李香君，香君不从，一头撞地，血溅了扇面。

> 名公巨卿，墨客骚人，骈集者座不容膝。张施则锦天绣地，胪列则珠海珍山……然笙歌靡丽之中，或有掩袂独坐者，则故臣遗老也。灯摇酒阑，唏嘘而散。[4]

这些人或许满腔念旧情怀，不过却已坦然接受现实。

廓清边疆

外国的影响（至少是外国技术的某些成分）在清初已愈加随处可见。即使对外国风土民情既不了解亦无兴趣的人，其生活也可能会急剧转变。例如，孔尚任早在写《桃花扇》之前，视力就已开始慢慢衰退。他曾以诗来描述他如何重拾文人生活，字里行间满溢欣喜之情：

> 西洋白玻璃，
> 市自香山墺。
> 制镜大如钱，
> 秋水涵双窍。
> 蔽目目转明，
> 能察毫末妙。
> 暗窗细读书，
> 犹如在年少。[5]

孔尚任重获良好视力，经澳门进口的欧洲技术功不可没，也多亏了朝廷并未下令摧毁这座葡萄牙人的基地。1660年代，作为压制台湾战略"迁海令"的一环，朝廷下旨命水师封锁澳门，所有居民悉数撤离，严禁葡萄牙船只进出，并威胁要将其建筑夷为平地。但是，鉴于自己的经济利益，地方官员并未贯彻朝廷的旨令。后来，外交使节多次觐见，加上京城耶稣会士（又重获偏爱）的支持，以及1678年呈献的一只非洲狮子——这让康熙龙颜大悦——葡萄牙人终于说服朝廷让他们继续保有澳门，作为其在东亚从事贸易活动的基地。

不过类似的宽待并没有惠及俄罗斯人。晚明官员与顺治皇帝的阁臣都注意到了俄国猎人与移民迁入东北边境地带的情况有所蔓延。一个俄国使团曾与朝廷交涉，希望允许俄国定期派遣贸易商队到中国，不过康熙虑及此举可能会让俄国影响到边境部落对朝廷的忠诚，曾一度试图将数个边境部落南移，迁离边界，建立一块无人缓冲地带以使中俄隔绝。这样的设想或许是模仿打击郑氏时所采取的迁海政策，不过终因耗费过巨且不切实际而作罢。

事实上，康熙已经筹备多年，准备对俄罗斯人在黑龙江流域的雅克萨城（Albazin）发动攻势。如前所述，台湾在1683年归降之后，部分残余的郑家军被送往北方，参与攻俄战事。郑家军的海战战术对康熙十分有价值，因为他需要利用水师巡弋北方河道。南方战事告捷后，康熙下令集中兵力攻击雅克萨城，经过一番激战，雅克萨在1685年被清军攻陷。康熙下令撤兵，放弃雅克萨城——实际上只是一个比较大点的围场——但不知何故，清军的指挥将领并未奉命焚毁俄国移民在此地种植的大批农作物。结果，在冬季来临之前，位于石勒喀河西岸的俄国第二大贸易基地尼布楚的驻军将领，派人抢收了这些农作物，重新占领了雅克萨城。

康熙闻讯大怒，遂于1686年二度下令攻击雅克萨城，但遭到俄人更加顽强的抵抗。不过，面对清军的坚决抗击，俄国的统治者担心自己没能力守住这片庞大的区域，于是决心求和。双方通过精通拉丁文与满文的耶稣会士居间翻译，于1689年在尼布楚会面，并敲定了一份协议。就其长远的效果来看，《尼布楚条约》是中国历史上最重要的条约之一，该条约所划定的疆界实质上与今日无异。在最富争议的区域，两国边界定在格尔必齐河与额尔古纳河*。俄国放弃雅克萨城并将之焚毁，整个黑龙江流域地区归大清所有，两国的逃亡者被各自遣回，双方互市贸易亦被允许，但是进行贸易的商人必须持有清廷核发的有效文件。

通过武力征战，台湾被划归为清朝疆域的一部分。澳门的葡萄牙人受到宽大对待，不受条约限制，可以维持原有的半独立状态。不过就俄国的例子而言，中俄双方却以一种主权对等国家的地位签订了条约。清廷这种做法虽然背离了传统中国一贯的对外模式，不过值得注意的是，自从清朝开国以来，朝廷对待俄国的事务并不是交由职司荷兰、西班牙、葡萄牙这类纳贡国关系的礼部负责，而是责成特别的衙署——理藩院——来处理。理藩院由皇太极所设立，

---

* 编注：此处作者有误。根据《尼布楚条约》，从黑龙江支流格尔必齐河到外兴安岭到海，岭南属清朝，岭北属俄罗斯。

本来是为了处理与蒙古人进行外交与商业往来时所滋生的问题。将涉俄事务委交理藩院，象征朝廷其实暗中承认了这是特殊个案，对于涉及远北边界的纠纷，必须以不同于对待东南沿海的方式来处理。

大清与俄国签订条约的动因，主要是考虑了西部准噶尔部落带来的威胁：清廷生怕俄国人会与这些强悍的游牧战士结盟。他们笃信西藏的达赖喇嘛（视达赖喇嘛为精神领袖）并形成很强的凝聚力，其领导者噶尔丹又为一代豪杰，率领准噶尔部落在今日蒙古国和青海人烟罕见的地区恣意徙牧，不受羁束。到了1670年代末，噶尔丹依次占领喀什噶尔、哈密、吐鲁番，统治了这些城市的广大回族居民，并控制了旅行商队往来中国与地中海之间的通衢。与噶尔丹交恶的当地部落被打败后纷纷东逃，逼近大清西部的甘肃省。这些兵士的大举迁徙令康熙惶惶不安，唯恐俄国与准噶尔部落结盟。

然而结盟一事并未成真，在《尼布楚条约》顺利签订之后，康熙派（他的兄弟率领）军队进攻噶尔丹。在与噶尔丹及一些其他东部的敌对部落长年征战无果之后，康熙决定御驾亲征，而他之所以敢冒这个险，可能是认为此前击败俄国归功于他亲自谋划，而非委以将领。清军粮食辎重补给得宜，约八万大军兵分三路向西挺进。康熙率领的部队横跨戈壁沙漠，将噶尔丹追逼到克鲁伦河北部，噶尔丹被围困，并在1696年的昭莫多一役中被打败。次年，在追随者纷纷弃他而去之后，噶尔丹去世。

成功平定准噶尔标志着康熙皇帝亲政以来的全盛阶段。此时已四十二岁的康熙，十分享受这场战争所带来的兴奋与濒临危险的刺激快感。战事结束后，康熙即刻修书给北京朝中的一位宠臣（敕事房总管顾问行），信中提及朗朗晴空、美味珍馐、瑰丽奇景，无不令康熙感到愉悦。"今噶尔丹已死，其下人等俱来归顺，"1697年春天，这位皇帝在信中写道，"朕之大事毕矣……蒙天地宗庙默佑成功，朕一生可谓乐矣，可谓致矣，可谓尽矣。朕不日到宫，另为口传，今笔墨难尽，书其大概而已。"[6]

但是在对外政策方面，每一次解决总是会带来新问题。该区域的权力斗争并未因噶尔丹的死而有所缓解。随着达赖喇嘛遭害、其继任人又被不当推选出，康熙发现自己牵扯进准噶尔各部大汗间的复杂斗争中。不过，这也让康熙得以以匡扶正义为名出兵西藏（犹如1644年清兵入关的借口）。他下旨兵分两路，分别取道青海湖和四川进入西藏。1720年秋天，这两支军队在西藏首府拉萨会合，忠于清廷的达赖喇嘛即位。从此以后，清朝开始对西藏政治进行军事干预。

约在同时，由于台湾岛上生活动荡，加上清廷治理无方，福建人朱一贵——他是个随官员抵达台湾的奴仆——与大约五十名歃血为盟的弟兄举旗造反。时代的动荡不安，再加上他的"朱"姓是明室国姓，朱一贵吸引了上百名追随者，并一度占领县治，在台湾自立为王。不过这个政权只维持了两个月，朱一贵最终被水师提督施琅的儿子掳获，而三十八年前率先攻占台湾的，正是施琅。

尽管清廷无法彻底解决造成地方骚乱的某些基本问题，但他们能迅速、高效地应对两次边境危机。1722年，康熙驾崩，而西藏、台湾两次战役也到达了清朝向西南和东方延展的极限。有了《尼布楚条约》的有力保障，其祖先故地满洲更为安全，此时清朝的势力之深之广，在古代中国的辉煌历史上，仅有少数统治者能与之相提并论。

一份混杂的遗产

康熙皇帝坚定追求国家统一，并采取积极主动的外交政策，这让他威名大震。康熙对自己的决断力颇为自豪，时常独排朝中满汉大臣之议。当捷报传来时，康熙便自居功绩。不过，有几件大事的结果不尽如他所愿，留给后继者一个治丝益棼的乱局。其中又以三方面为最：环绕在太子胤礽周遭的争议；与天主教传教士的关系；农村地区的行政管理。

康熙亲政之初，亟欲避免1640年代摄政大臣多尔衮和1660年代鳌拜把持朝纲的历史重演。因此，当康熙的皇后于1674年产下胤礽，康熙即册立他为储君。因为胤礽的生母难产而死，所以胤礽的出生便有了命定的意味，他与异母弟弟的关系也因此更为疏远。

胤礽所受的教育是要将他培养为天下表率，依循儒家道德戒律，兼修满人擅长的骑射之术。康熙挑选最博学的大学士任太子傅，详细查考功课，并重视太子品行操守和文史修养。胤礽渐渐接触政事，1696年至1697年，当康熙御驾远征噶尔丹时，胤礽便坐镇北京。康熙甚至一度表明有意退位，好让皇太子登基统理天下。

但是康熙班师回朝之后，开始听闻有关储君行止的种种让人不安的谣传：胤礽素行乖张，暴虐凶残。康熙携诸皇子巡幸西疆、满洲、大运河与长江沿岸的繁华都城，期间胤礽的任性妄为常让旁人难以自处。

康熙所面临的难题之一是无法取得有关情况的准确讯息。果不其然，因七位皇子在年龄、智慧方面足堪与胤礽角逐储位，各有所忠的朝中文武大臣开始分立成派，明争暗斗。置身于这种政治情境下，满朝文武不论满汉，少有人愿意吐露真言。于是康熙开始建立新的奏折制度，以穿透流言蜚语的层层迷雾。

京城与各省官员一般以奏折的方式向皇帝呈奏消息。这种仔细誊写的文书由驿丞进呈宫中，由内阁先行抄录、评议，附上票拟的意见，再转呈御览。这是比较公开的制度，所以康熙在1690年代开始建立密折制度，密折系由撰写官员的家奴送至宫中，由皇帝身边的宦官呈交，由皇帝私下审视、批阅、密封。然后再把这套程序反过来，经皇帝御笔朱批的密折转交给官员的奴仆携回。

这套系统最先是非正式的，康熙要求派赴各省的亲信包衣详列各地粮价，以便查核官员报告的真实性，及时发现未来可能引发骚乱的潜在因素。18世纪初，康熙开始扩展这套系统；1707年，康熙信任的一些大臣以密折上奏报告胤礽的行止，说胤礽如何志得意满，以未来的皇帝自居，又凌虐臣属奴仆，还命亲信远赴南方购买童男童女，带回宫里供他狎戏。康熙一直隐忍不发，但到了1708年，已经有太多对胤礽的不利证据，康熙不能再有迟疑，盛怒之下废黜了胤礽的太子之位，拘之于"上驷院"，并命四皇子胤禛监管。胤礽的党羽以及涉事朝臣一一遭逮捕、伏诛。

之后，皇帝陷入了犹豫、愧疚、自责的痛苦循环之中。康熙相信对胤礽的指控并非真有其事，而是受人镇魇，于是在1709年释放了胤礽。但是到了1712年，不利胤礽的新证据再次被发现，包括意图刺杀不愿提早退位的康熙，于是胤礽再度被捕。在其此后的十年统治期内，康熙都拒绝册立新储君，并严惩妄议再立太子的朝臣。庙堂之上流言充斥，康熙诸子各有其党，大清的未来被一层阴霾笼罩了起来。

天主教士的问题同样也涉及皇权和特权。自从鳌拜的摄政结束之后，康熙开始任用耶稣会士：令耶稣会士监管钦天监，向他们垂询地图绘制与工程建筑等事务，并允许他们在北京城内与各省传教。特别是在1692年后的十年间，康熙下旨允许自由信仰基督教，耶稣会士开始期盼他们在中国的传教能有转机。不过康熙坚持的一点是耶稣会必须同意，中国人祭祖祀孔是世俗典礼而非宗教仪式，因此改信基督教的中国人仍可继续祭祖祀孔。由于康熙这种说法袭自明末知名耶稣会传教士利玛窦的观点，所以在华的大多数耶稣会士均无从辩驳。

然而，不同修会的天主教神父与传教士，不管是在东亚或罗马，皆异议强烈。他们认为康熙是以无上的权威介入宗教教义，耶稣会士的态度会破坏基督信仰的完整。罗马教皇克雷芒十一世（Pope Clement XI）为了补救，指派一位深受信任的年轻主教铎罗（Maillard de Tournon）前来中国了解情形。1705年和1706年，这位罗马教皇的特使在北京多次觐见康熙，举行一连串的会议。可想而知，双方看法南辕北辙。于是铎罗主教以逐出教会的惩罚作威胁，禁止天主教士遵从康熙的谕旨,康熙以牙还牙,下令驱逐所有不愿"具结"脱离罗马教会、领取准许在华传教证明之"印票"*的神父。虽然大多数耶稣会士均具结并领取了印票,不过还是有超过十二名圣方济修会(Franciscan)、道明修会(Dominican)等的传教士因拒绝签署而被逐出中国。双方采取的强硬立场,中断了教会在中国的势力影响,阻碍了西方思想和科技在中国的传播。若双方立场都更有弹性,18世纪末那些已接受了伽利略科学发现的天主教教会和传教士或许能把新的天文学带到中国来,而中国人的思维模式与对待自然的态度也会因为这些新的知识和技术而发生重大改变。

在税制与乡村行政等重要领域,康熙最终也未能做出积极有效的改变。他似乎认为,在既存的社会环境下,不可能普查土地所有权;在税制方面,他也遵循晚明旧制,以丁役折换等值银两来纳税。税银仅有少部分留在地方,用以支付官吏与仆役的薪俸,或用作地方上的灾难救助和建设经费。所以,地方官吏必须另行征收大量的额外费用补充财政,不过大部分钱款都被官吏中饱私囊,给上级送礼,或孝敬京城官员,以期相关衙署对他们的行为进行考课时能宽松一点。这种松懈状态,刚好碰上经济的长期萧条,地价、粮价一落千丈。后

---

* 译注:印票系由内务府统一发给,用满汉两种文字书写的"千字文"印票上写着:"西洋某国人,年若干,在某会,来中国若干年,永不回复西洋,已经来京朝觐陛见。为此给票。"发票的顺序是按《千字文》的"天地玄黄,宇宙洪荒……"排列。票由内务府派发,暗示康熙将在华的传教士视为了家臣。据此,把天主教会纳入中国政治是康熙的一贯做法。所以,康熙时代的所谓"中国礼仪之争",不仅涉及中西文化思想的差异,同时亦是清朝皇帝皇权与罗马教廷教权之争。详见李天纲著,《中国礼仪之争:历史、文献和意义》(上海:上海古籍出版社,1998年),70—72页。

来，饱受通货紧缩和经济停滞之苦的中国人，回顾顺治一朝时，便觉得那是个经济繁荣的时代。[7]

结果，康熙虽然在统一政治、廓清边疆方面功绩显赫，不过在农村地区，成千上万中国人依然在痛苦的深渊中奋力挣扎。各地总有少数匪帮四处打家劫舍，但因为没有资金和武器组建可与之抗衡的民团，这些土匪几乎横行无阻。县里的贪官污吏对农户横征暴敛，需索无度，却又不开具相关收据。有关土地契约的法律诉讼往往会持续数十载，孤儿寡母若遭到族里男人欺凌，往往求诉无门。私仇常会引发暴力，闹出人命，但庶务缠身的地方官既无暇亦无配备人员来审查凶案。

或许是考虑到郑成功在1659年的战役中受到地方上汉人的大力支持，或者因为江苏与浙江是儒家文化的心脏地带，康熙皇帝并未过度追究这两个富庶省份拖欠国库的税钱。为了维持表面和谐，康熙经常宽大处理地方积欠国库的案例，有些地方虽然没有遭受天灾人祸，但康熙也下令削减其上交的钱粮。虽然康熙推行"回避制度"，明定官员不能在家乡任官（避免他们以权谋私），不过对那些举报宠臣的家族成员或退休京官贪赃徇私的密奏，康熙总是置若罔闻。

荒谬的是，康熙在位的最后十年，似乎由衷相信农村已是一片欣欣向荣，地方官员皆善用手中的资源来适切地处理政事。朝廷除了土地税之外，又独占盐、人参、玉等商品的专卖，加上富商的"自动"捐输，以及对商品转运的课税，因此国库充盈。康熙相信人口的多寡是衡量繁荣的标准，但是他也知道地方官吏往往隐匿虚报，唯恐如实呈报，户部也会如实课税，于是康熙决定采取断然的举措。

1712年，他根据现有耕地上的人丁数目，将税额固定下来，实行"滋生人丁，永不加赋"的政策。此后，地方官员才敢据实呈报真正的新增人口数，而不必担心未来税赋会增加。

由于康熙——一如他之前的顺治——不再试图清丈全国的土地，因此中国的地税系统在两方面被固定下来：各省入籍的地目是以1581年万历年间所做的普查为根据，而每一单位土地应纳的租税是以1712年的数据为基准。这让康熙的后继者几乎无法理顺财政，使之更加合理。纵使各地纷纷呈报的人口数有所增长，似乎有那么一点繁荣的意象，使得康熙深感安慰，但财政的根本弊端还是存在。

"今朕躬抱病，怔忡健忘，"康熙于1717年一份谕旨真情流露，告文武百官，"故深惧颠倒是非，万几错乱。心为天下尽其血，神为四海散其形。"[8] 写完这段悒悒不快的话语之后，康熙又活了五年，是截至当时中国历史上在位最久的统治者*。但是松鹤之寿，带给康熙的却是日薄西山的落寞。1722年12月，康熙驾崩于北京宫中，储君之位悬而未决。回望过去，实难想象康熙临终时究竟有多绝望，才会置国本问题于不顾。

---

* 编注：一般认为，康熙是中国历史上在位时间最长的皇帝，其孙乾隆在1778年（乾隆四十三年）下谕称"昔皇祖御政六十一年，予不敢相比……至六十年内禅"，但禅位后，乾隆仍以太上皇的身份执政三年，直到去世，所以实际掌权时间为六十三年，史景迁在本书第五章中，应是从这个角度出发，才说乾隆是中国历史上统治时间最长的皇帝。

第四章　雍正的权威

经济结构

康熙驾崩之后，雍正即位，他的统治时间虽然不长，却是腥风血雨，诡谲多变，十分关键。雍正践祚之初，就为争议所笼罩，雍正称康熙龙驭上宾前已将大位传给他。但当时除雍正外，诸皇子并未在侧，他的亲信又是九门提督（步军统领隆科多），所以没有人敢公开质疑雍正的说法。但是终雍正之世（1723—1735年），篡位的指控一直困扰着他。

不过，雍正谋篡皇位之说并无实据，而且有证据显示，康熙对雍正的信任程度胜过其他皇子。康熙与雍正（名为胤禛）经常一起讨论政务，一同出游。诚如前述，雍正还一度奉命看守皇兄胤礽，也就是那位被废黜的太子。在当时的政治环境下，这是一项极其棘手和危险的任务。

雍正登基之后，下了很大力气稳固地位，逮捕了他认定不满其即位的几位兄弟（雍正先是以升官加爵来堵他们之口）。废储胤礽与另外两位遭雍正下狱圈禁的皇子,不久之后殁于狱中(是否被杀害或遭恶意虐待致死则不得而知)。其他的皇子不是被软禁就是被严密监控。雍正只信任十三皇弟胤祥一人,委任他为总理事务大臣之一,并封为和硕怡亲王。*

无论把这些行为解释成"做贼心虚"的表现,还是出于防患于未然的实际考虑,我们都能从中都可看到雍正的帝王心术。雍正做事不厌其烦,每天都愿意花许多时间在政事之上,他通常于凌晨四时至七时读史书,早膳过后,与朝臣议政到下午,然后批阅奏折至深夜。雍正不似父皇康熙酷爱木兰秋狝,也不爱巡游江南,主要嗜好似乎只是研习佛教义理(是个虔诚而有造诣的信徒),或者去北京城西北的圆明园松弛身心。康熙大都用满文书写,写汉字时又慢又仔细。但雍正似乎偏好汉文,他的书法快速流畅,表达亦正确通顺。

雍正皇帝这种常规化的生活,不应该使我们忽视当时中国仍不是一个彻底整合或同质化的国家。中国的幅员广袤,各地区的经济变革、家族组织类型、交通运输效率、宗教礼俗、商业的发展以及土地使用和土地所有权的模式等,都因地而异。由是观之,欲全盘探究中国的历史,理想上必须以区域特性为基础,一一涵括所有变项的数据,才能呈现出精确变迁的模式,并分析它们与朝廷治策的因果关系。

这项工程尽管令人望而生畏,不过仍有多项研究显示,这条路

---

* 译注:鉴于诸位亲王、阿哥名字的第一个字"胤",与雍正御讳相同,所以雍正登基后,"胤"均译为"允"。但本书提及人名时,并未做出雍正登基前后的区隔。

清中叶九大宏观区域

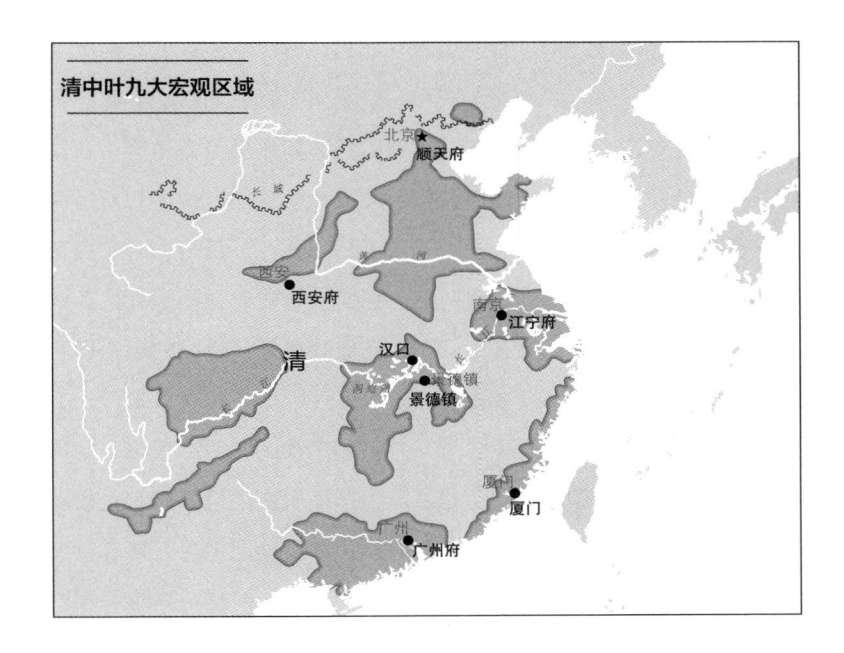

是可行的。特别是从经济体的单位出发,而非传统省县行政区的划分来分析晚期中华帝国,则我们所立足的资料是当时统治者与官僚阶层所没有的,而我们从中也对社会有了不同的观点。走这条研究途径的学者将中国区分为九个所谓的"宏观区域"(macroregion),而每一个宏观区域横跨数个省份,皆有一个"核心",由主要城市繁荣的经济活动、高稠的人口密度、相对成熟的粮食与商品运输网络而定。每个核心地带都被人口密度相对稀疏、较不发达的"边陲"地区环绕着,这些地区将不同宏观区域的核心地带区隔开来,但也为非法宗派或盗匪滋生提供了一个监管相对松散的区域。[1]

九大宏观区域之中，有一个在东北边，毗邻辽东地区。两个位于华北，分别是陕西的西安地区和北京至山东以西的区域。有三个宏观区域分布在长江流域，即以南京为核心的东部沿海地区、长江中游的汉口、长江上游的四川盆地。第七个宏观区域位于东南沿海的福建省。第八个是在岭南地带，以广州为核心。最后一个宏观区域地处西南，包括云南、贵州两省。我们不用在此详细研究这九大宏观区域，只消稍稍观察其中三个，便能晓得是什么样的因素影响了18世纪中国社会与经济发展的模式。

首先是位于华北的宏观区域——以北京和山东西部为中心，延伸至河南和江苏北部——这一地区虽为京畿所在，但是城市化程度却低于其他的宏观区域：经济运作的模式是以小地主独立持有土地为主。黄河夹带泥沙淤塞河道，导致水灾频繁，但是每当洪灾和饥荒发生，京畿一带的赈济效率也是其他地区难以望其项背的。随着纺纱、织布技术的改进，棉花成为本地区重要的经济作物，此地的棉纺织业大多以家庭为基本单位，因为家里地窖的空气湿度相对恒定，能防止脆弱的棉线绷断，因此纺织活动也主要在这里进行。烟草种植、玻璃制造、煤矿开采、酿造业也有所发展。但社会状况急剧变化，大运河出现一些在驳船上劳动的苦力和船工，土地过度耕作，占用的土地零碎分布，这些因素都使本地区犯罪滋生，区域动乱时有所闻。

与之相反的是，长江流域中游的宏观区域人口密度较低，未开垦的土地较多，促使大量人口从其他的区域移入，出现一批既怀念故土又热爱新居地的"客居"人口，还有一批被迫离开故土而心生不满的当地群体。长江沿岸繁荣的汉口市，是一座拥有复杂的票号、行会系统的商业城市，而非行政中心，并已逐渐成为跨区域的粮食集散地。地处东南的景德镇则发展成了工业重镇，为西方和中国精英阶层制造瓷器。不过，随着工商业的兴盛，为了保护小块耕地不受洪灾影响，农民在洞庭湖区域建立小型水坝，士绅也发起了大规模的土地开垦工程，结果河流的天然泄洪区却被人类的辛勤工作和奇思妙想破坏掉，最终导致河流的严重内涝。

第三个例子——以福建省为中心，涵盖浙南与广东东部的东南沿海宏观区域——则受一系列不同的因素影响。该宏观区域得临海之便，商人从与中国台湾及东南亚国家的贸易活动中获得庞大的利润，而发达的贸易往来使厦门港具有某种国际都市的风貌，信贷业务与银行系统高度发达。而丰富的茶叶产量，更增加了这一地区的繁荣。不过，由于历史渊源与地理因素的影响，该地区又被严重的地方主义分裂。有势力的家族控制整个村庄，不同家族之间的敌对事件时有所闻。巨室之家通常楼高墙厚。这一地带的佃租普遍较高，在满布梯田的山峦间，新移民或内陆贫穷农户之间关系紧张。而浓厚的地方口音与方言，又使得本地人与外界沟通不易。结果就是，这一地区进士及第的人数越来越少，本地士绅的威望在国内不断下滑。朝廷将这一区域视为潜在的动乱根源，派八旗军以及由地方上的汉人所组成的"绿营"驻扎于此。

每一宏观区域各有内在的经济逻辑，因此宏观区域之间的差异总是有升级为冲突之虞。假若中央集权的政府无法缓和或控制冲突的话，便会分崩离析或爆发内战。1630年代至1680年代之间就曾发生类似的事，当时叛乱的农民、明朝遗老、郑成功的势力以及三藩，都曾在不同的宏观区域核心建立暂时的据点。因此，政府的要务就是要透过意识形态与行政机制——若有必要还需辅之以军事力量——将各个宏观区域整合在一起。假使各宏观区域之间的贸易往来发达，那么这项整合的工作会比较容易，18世纪末的情形正是如此。经济关系的紧密强固了政治的纽带，最后也改变了清代国家与社会的本质。

另一项造成清代中叶社会与经济结构更形复杂的因素是人口急遽成长。虽然康熙意图通过1712年人丁税的改革，对人口进行翔实的统计，但所取得的数据还是不可靠，也难以与早前时代作精确比较。不过，可以肯定的是，明初的1390年前后，中国总人口约莫在六千五百万至八千万之间。然而到了1790年代的乾隆末年，总人口数已经突破三亿大关。明至清这一过渡阶段在人口统计学上的意义在于，它打断了任何稳定与渐进的人口增长模式。事实上，从1620年明万历皇帝驾崩后至康熙敉平三藩之乱（1681年）期间，中国人口因异族入侵、内战、盗匪滋扰、天灾、灌溉系统失灵以及疫病爆发而骤减。至于骤减到什么程度，我们无法确定。晚明的总人口可能已逾一亿五千万；到了1670年代，中国的总人口可能才过一亿。确切的数据并不可得。

不过可以明确的是，天灾人祸时期的人口骤减却为18世纪的经济复苏与人口的成长提供了条件，因为许多地区都有良田待租与待耕。在康熙一朝，曾经遭蹂躏的华北荒地，历经兵燹之灾的天府之国四川，皆陆续有新的人口迁入。雍正在位期间，垦荒者陆续向西南地区推进，到了乾隆时代，人们则开始无视朝廷禁令，大批迁徙至东北地区南部以及长江与汉水流域的丘陵高地。此外，还有一些人从华东出发，渡海抵达台湾，甚至远赴马尼拉或东南亚。

我们可以看到，18 世纪中国的人口在急速增长。假设康熙晚年的人口已恢复到晚明时的一亿五千万，那么到了乾隆末年，中国的总人口已经翻倍。下表中是河北与山东以及中国总人口的统计数字（四舍五入至千位）。

人口数字：河北、山东与全中国[2]

年份	河北	山东	全国
约 1573	4 625 000	5 644 000	150 000 000
约 1685	3 297 000	2 111 000	100 000 000
1749	13 933 000	24 012 000	177 495 000
1767	16 691 000	25 635 000	209 840 000
1776	20 291 000	26 019 000 [1]	268 238 000
1790	23 497 000	23 359 000	301 487 000

（1）这是 1773 年的人口统计数字。事实上，从 1776 年至 1790 年间，山东省出现异常的人口下降，可能是这段时期的天然灾害与地方叛乱所致。

这些数据所反映的人口增长，具有重要的社会与政治意义。虽然在此期间，荒废的耕地已重新垦殖，新的耕地也开发出来，但是自康熙中叶迄乾隆晚年，人口总数增长了两倍，而耕地面积却仅增长了一倍，因此个人所拥有的土地面积实际上缩水了。此外，由于中国人并不是把家产全数留给长子，而是采取所谓的"均分"制度，将家业平均分配给诸子，所以几乎没有家庭能占有大量土地。有可靠数据表明，在 18 世纪的华北—北京这块宏观区域，每个家庭所拥有的土地面积，平均只有十五亩左右；耕地面积超过一百二十亩者十分少见，四分之一或更多的农户本身没有土地。当时的中国仍然是一个以小农经济为主体的劳力密集型农业国家,缺乏重大技术创新的支持。

迁移至长江、汉水流域高地或东北地区南部森林地带的家庭,一仍家乡的做法,为了农耕而砍尽树木,未考虑到此举对生态环境所造成的负面效应。虽然这些处女地的产量十分可观,但是集约型农业却造成了土壤流失与林地滥伐。山腰地带受到河水冲刷,导致河道淤塞,而下游的耕种区域则有河水泛滥成灾之虞。再者,由于人类粪便仍是土地肥料的主要来源,偏僻山区的土壤在养分耗尽后不容易得到补给(而邻近人口稠密城镇的耕地就有可能),往往只好任其荒芜。

18世纪,中国人口因生态变化而急遽上升。这个变化就是来自"新大陆"的各种新品种农作物。例如在18世纪中期,中国沿海地区已广泛栽植甘薯,玉米与爱尔兰马铃薯则遍布北方和西南地区。花生种植在晚明的华南与西南地带大为盛行,至乾隆晚年,花生已经成为华北地区的重要作物。这些农作物都有助于提高农村劳动者的热量摄取;而且,这些农作物在贫瘠多山或沙质土壤中也能生长良好,那些本来食物匮乏且就业机会较少、产能较低地区的人口也因此迅速增长。

从今辽宁的道义屯(在沈阳北边)保存下来的文献中,我们可以进一步得到当地人口与年龄的统计概况,间接了解一些18世纪末期时农村家庭的生活节奏。道义屯地区的出生率每月都有记录,尤以2月和3月记载最多,就此我们可以推断出,女性大都在初夏受孕,亦即在春耕与秋收之间的农闲时期。新增男性人口中,有三分之一的男婴未满周岁即告夭折，一大半则无法活过二十岁。道义屯男性的"预期寿命"大约是三十二岁，仅有4%左右的人可以活过六十五岁。女性的年龄分布与男性大致相同。

道义屯统计数据特殊之处在于，它能让我们清楚知道女性产下男婴的年龄。令人诧异的是，这些统计数字显示女性最有可能在二十八九岁怀孕。这说明了由于粮食的短缺，女性承受了来自父母与经济的双重压力，所以在最容易受孕阶段的初期不得不推迟怀孕生子。随后出现的生育间隔期、男性出生率远高于女性的情况，都为中国农村家庭生育计划的系统模式进一步提供了证据。

女性生育的年龄：道义屯，1792年 [3]*

生育年龄	幼丁数
15—19	87
20—24	226
25—29	255
30—34	191
35—39	118
40—44	68
45—49	23

从这些数据中，我们还可以得出人口因素对社会与文化的最后一个影响。因为年幼多病、营养不良，甚至饥荒时期的杀婴行径——

---

* 这些数据仅统计了男婴的出生状况。依据清朝八旗制度，道义屯需要负担兵役，故其人口普查的重点在于可能的征兵人数。不过在其他地区，人口普查的重点同样是放在男性而非女性的人数上。

以及官宦之家的三妻四妾——道义屯（其他地区也是如此）的适婚女性要少于男性。这对家庭结构所造成的冲击不言而喻：在道义屯，几乎每一位逾三十岁的女性，不是已婚就是守寡，却有五分之一的男性从未婚娶。中国人的理想化家庭，双亲对子女无微不至的呵护，以及中国人对祖先慎终追远的美德——这种种难以磨灭的信念，对成千上万的独身男性而言却是永无止歇的心灵折磨。而对女性而言，任何避免婚嫁的努力却终是枉然。社会不满的根源一直都存在，这只是众多领域中的其中一方面而已，但主流社会价值观的盛行，却使这股潜在的怨怼很少能被宣泄出来。

税收问题

在其十二年（1723—1735 年）的短暂统治中，雍正集中精力处理了中央政府的一批关键问题，无论在当时和现在，这些问题都至关紧要，包括：中国农村的官僚和财政结构，有效情报系统的建设，国家核心决策机构的强化。这三项内容联系紧密（现在也一样），成功处理好这些问题，便能更有效地统治中国的广大疆域。

雍正自登基开始，似乎便对如何着手已有定见。雍正的父祖皆是冲龄即位，但他继承大统时已是四十有五，既无监国大臣在旁横加掣肘，又有丰富的政务经验，并目睹了康熙的统治开始衰颓崩溃。密折制度恰好迎合雍正的需要，于是他便扩大和整合了康熙朝初设的这一非正式制度。日常庶务仍按旧制，以奏折上呈六部和大学士，但是各省督抚报告地方的行政业务细节和同僚情况时，都要以密折递呈雍正。在开始了解到府库亏空的程度以及康熙一朝对财政危机的轻率处理后，雍正便敦促群臣提出改革财政结构的建议，并在户部之上另立一小型的财政稽核官署（会考府），由十三皇弟胤祥受命主掌。

财政危机千头万绪，即使在位者手握绝对大权，也无法靠一两则谕令解决。1713年的中央财政预算约为白银三千五百万两，其中约有六百万两来自各种商业税，两千九百万两取自"地丁"税，其中有15%至30%被留作各省地方事务之用，其余悉数上缴北京。不过留归地方的经费几乎都被分配到一些全国性的计划上，例如军费或朝廷驿站的支出。结果仅有不到总额六分之一的税钱真正被地方官用在地方政事上。或许有人会认为，只要提高"地丁"税，增加国家财政收入，就能纾解财政短绌的窘境。但是为了恪守孝道，雍正不想变更康熙在1712年所定的税额标准。况且，满人也承袭了中国的传统政治理论，认为轻徭薄赋才能造福天下苍生，才是皇帝爱民的表现。改革的另一阻力来自户部官员，他们有自己的行政程序与执行方案，并且已习惯于收受大量"礼品"，他们当然不希望有所改变。

现行的税制不仅固若磐石难以撼动，同时还充斥着形形色色的陋规恶习。上层阶级通常是富有的大地主，在康熙时代，这些人往往透过变造所有权人名、假借人头户、转让所有权、质押所有权等手段规避税赋，因此很难稽查他们到底拥有多少财富。况且，农村的经济权力大都掌握在鱼肉乡民的一小撮地主手中。这些地主为了逃税，往往勾结省城里的官吏，将税赋转嫁到贫农身上，让贫农替整个地区承担更大比例的税赋。面对如此恶劣的处境,农民几乎没有任何的申诉渠道,而实际上已被侵吞的钱两则被算作"拖欠款"——被算在了欠税农民的头上。

1725年至1729年间,雍正一改康熙的宽仁做法,极力改革地税,打破处于中间一环的地方官僚的权力。他决心将国家权力更有效地扩展至农村。诚如雍正在1725年的谕旨中所言:"以小民之膏血,为官府之补苴,地方安得不重困乎?此朕所断断不能姑容者。"[4]

雍正通过地方上呈的奏折,以及委派官吏——通常是较不可能受地方士绅影响的满族或汉军——分任各省巡抚和府库要职,慢慢累积了相关的准确信息。之后,雍正建立一套官员能接受的解决办法,亦即"火耗"*:按地丁税的一定比例征收固定的附加税,征集而来的耗羡银归入各省的藩库,其他滥征的规费和馈赠一律视同非法。一省藩库所征集的税银依固定比例在省内重新公平分配。一部分用于提高地方官员的薪俸,称之为"养廉银",一部分税银则拨给州县政府,用来兴建灌溉沟渠、造桥铺路、修建学校,或者其他值得或必要但不在户部预算范围之内的地方建设经费,包括补助在天灾中损失的牲畜、改善狱政、制作政府公报、修缮下水道、公共墓地、科举考棚以及购置寺庙的香烛。

我们若是评估一下这些改革的成效,便可概观当时各地实施新

---

* 译注:根据清史学者孟森的批注,所谓"火耗",指谓本色折银,畸零散碎,经火镕销熔成锭,不无折耗,故取于正额之外,以补折耗之数,重者每两数钱,轻者钱余。详见王元化主编,《孟森学术论著:清史讲义》(杭州:浙江人民出版社,1998年),206页。

政之后的变化。雍正的税制改革,在北方的大经济区省份如山西、河南、河北成效最为卓著。这些地区的农民多为独立的自耕农,土地登记也较为容易,地方官亦受到较严密的监视,不得不放弃那些传统的额外所得。除了充当中间人的腐败地主与部分贪赃受贿的胥吏之外,几乎每个人都从改革中受惠。比起过去盛行的横征暴敛之风,现在以地税为基准,固定课征15%至20%的耗羡银,对农民甚至大地主而言,税赋负担没有那么沉重了。此外,新制的实施也使官吏的固定俸禄比过去提高许多:现在州县地方官每年的薪俸为六百至一千两不等,而不同于改革之前的每年四十五两。所以,官府管理大为改善,办事速度更快,在处理某些特别工程时,地方官有了真正的自主权和主动权。

然而,在南方、西南的大经济区,改革进展得不那么顺畅了。这些地区因为新移民较多且人口稀疏,所以基本税额相当低;但官僚的数量却居高不下,导致耗羡银不足以支付与北方同级的高薪。新税制若要运行,就必须从矿业、盐业等商业机构的税收或在中国各地的道路、运河、河流设置关卡征收过境税中拨一部分给当地官员。不过即便如此,由于路途遥远,所费不赀,许多地方官员未能将耗羡银转交给省里监管财政的衙署,反而恳请上司允许他们先把薪俸与地方经费扣除,然后再上缴剩余的税银。可想而知,这又会导致地方性贪污死灰复燃,妨碍有司依据各地的真正需求全面而公平地分配税银。

不过新制实施真正寸步难行的,却是在长江流域的核心省份,特别是江苏、安徽、浙江与江西这几省。这些地区住着许多已经告老还乡但仍握有权势的官员及其亲族，他们持有的土地根本就没有如实登载，还仗着京城的人脉来恫吓地方官吏。过去，康熙对这些地方的缙绅特别宽容，如今中央加强控制，他们肯定不会轻易就范。由于改革阻力太大、太集中，雍正不得不特别指派一名满族要员，率领七十名经验丰富的京城稽核官吏，全面清查这些省份的财政，全面准确地登记土地。

他们查处出的渎职情况远远超出想象，错误登载或重复登载的案例极为复杂，恐怕永无厘清之日。稽核官员发现在某些个案里，地主将土地登记在数百个人头户名下，确信地方官吏不会细细追查每一位小地主所拖欠的丁点税钱。稽查官员想要赴现场查验，但地主却借故拖延，百般刁难，或封路，或断桥，甚至掀起骚乱，以暴力手段横加阻拦。在押待讯的人，也会被前来劫狱的人救出。从稽核官员没收的账册可看到，一代代地方财政官员为了索贿，几乎免除了豪门富室的纳税任务。不过，即使证据确凿，稽核官员仍然难以扳倒贪官污吏，要收回这些地区所欠的千万两税钱，更是难上加难。

这股抗拒改革的阻力正说明了税制改革的方向是正确的。因为这些改革表明，只要坚持继续推进，廉洁官员的戮力勉行，再加上雍正的激励支持，大清中央官僚体系的效能可臻至新的境界。如此，中国便有可能在1644年至1683年所奠下的统一宏图和之后外交政策的成功之上，建构一个真正长治久安、永续运行的政府体制。尤其是，朝廷假若能控制和利用好最繁华省份的资源，就能在整体上造福黎民，强固国本。

中央与权力网络

统治者很少能不受拘泥，一次只专注解决一个问题，雍正亦无法把全部心力放在中部省份的农村税务体制和行政管理的问题上。强化朝廷在边境上的军事力量又成了当务之急。1721 年朱一贵领导的台湾叛变虽然被很快镇压了下去，但如何有效维持台湾的安定却极为复杂。经过长时间的讨论，雍正决定将台湾的几个县进一步细分，以强化控制，同时为求社会稳定，还允许在台拓荒的移民与妻子儿女团聚。在为台湾的先住民划定若干保留区的同时，雍正还准许汉人向台湾先住民订约承租土地。

为防止《尼布楚条约》因边界部落、商队的争执和西伯利亚南部发现丰富金矿所引发的激烈冲突而破裂，清廷需要与俄国人进行新一轮的审慎谈判。1727 年，雍正派出了数名满人要员组成的高级谈判代表团，与理藩院的官员一起，在恰克图市与俄国人签订了一纸补充条约。根据《恰克图条约》，中俄双方以恰克图至额尔古纳河之间为界，划定属于大清的部落。恰克图将成为两大新兴边界贸易城镇之一，每三年允许一支俄国商队到北京从事买卖，另外俄国人也被准许在北京保留其东正教教堂。北京城内原有一些俄国人群居，但是早年战争中，这些人多被逮捕，纳入了旗民之中（条约特别规定了鼓励俄国人学习汉文）。雍正还加强控制了最后一个仍由满洲亲王贵族主掌的满洲旗，并开始正视西藏地区和西南苗疆少数民族的问题。

尽管准噶尔部在 1696 年被康熙平定，但现在又死灰复燃，成了雍正眼里最大的长期隐患之一。他深信，只有在西疆步步为营，构筑工事，才能镇压准噶尔部，但补给线绵延千里，清廷实难秘密进行军事部署。而且朝廷之中耳目众多，雍正主要的议政团体——议政王大臣会——又无法保守秘密。再加上北京城内四处都是蒙古的亲王和公主、旗人将领、流动商人以及忠于藏传佛教的喇嘛，其中任何人都可能泄漏清朝军机。所以，雍正在筹划用兵之初，密商的对象仅限于少数几位他最信任的"内中堂"（这一职衔将他们同一般外朝的官僚区隔开来）。

这一决策核心包括三位重要成员，即雍正所信任的皇弟胤祥（他也主持会考府），以及两位汉族的大学士张廷玉、蒋廷锡。张廷玉是康熙最信任的顾问（张英）的儿子，能说一口流利的满语，曾任户部尚书；蒋廷锡也曾任户部尚书，同时还是驰名全国的画家。张、蒋同为进士及第，皆因学识渊博而进入声望卓著的翰林院当差。两人均出身于富庶的江南，张廷玉是安徽人，蒋廷锡是江苏人。在清朝得天下逾八十年后，传统中国官场上那些才干出众的汉人高官，早已对行事举止与他们别无二致的满族皇帝忠心耿耿，张、蒋二人便是其中的代表。到了1729年，胤祥、张廷玉、蒋廷锡这三位大臣开始综理刚成立的机密衙署军需房*，并由一班有经验的满汉中级

---

* 译注：有关雍正时期"军机处"制度的研究，一般采取官方说法，认为雍正皇帝为强化君权，有目的地设立权力集中的"内廷"机制——军机处，且历经了三阶段嬗变："军需房"（雍正七年设）、"军机房"、"军机处"。不过据近人考证，揆诸雍正时期的文牍，未见军机房一词，且襄赞皇帝的内廷，亦即所谓的内中堂，其所秉承的业务亦非制度化，而是临时交付。有关军机处制度演化的历史以及军需房等名词的中英文对照，详见白彬菊（Beatrice S. Bartlett），《君与臣：1723—1820年清代中期的军机处》（*Monarchs and Ministers: The Grand Council in Mid-Ch'ing China*, 1723-1820, Berkeley: University of California Press, 1991）

官僚协理，这些人从各部（以户部为最多）调来，行事谨慎，十分可信。即便是其他的大学士，也不知道军需房的政务细节，直到雍正之子乾隆即位之后，军需房才以"军机处"之名为人所知，并凌驾各部之上。[5]

一如处理税制问题，雍正再次建构了一种非正式但行之有效的网络来强化个人权力，使某些信息和决策能够绕过六部及所属衙门。为什么要秘而不宣地越过例行渠道？部分原因可能在于，雍正和身边的臣僚担心西征后勤事宜不仅烦琐且耗资巨大，其中会出现可疑的金钱交易，而且他们也想向六部隐瞒他们的调查工作。还有可能就是，他们不想让人知道军事行动的规模。因此，我们可以发现军需房记载的内容极为详细，甚至会包括给一定数量的兵卒运送所需军备物资可能需要多少骡、骆驼和马车这样的内容。

如此安排的另一原因是，内中堂必须经常票拟密折。有时这些密折也需要归档，毕竟雍正无法把密折的细枝末节记得清清楚楚，能安全存放这些密折的也就只有受到严密护卫的特设衙门。此外，雍正亦能透过所谓的"廷寄"（又称"寄信上谕"）与前方的将帅互通信息，廷寄的内容经过讨论后，由内中堂起草，再加急秘密送到收信人手中。廷寄为皇帝省下不少时间，因为他每天还必须批阅大约五十到一百份密折。所以秘密起草的廷寄，让皇帝有更多时间写些体己话，向远方将领表示对他的信任。"鞍马风霜卿好么？"皇帝向驻守在西疆的岳钟琪将军询问道："官弁兵丁人马安泰否？"或者告诉他："军营出行吉期选择发来。"[6]

实行新措施是基于国家安全的考虑，到最后也是为了防范兵祸由内而生，危及皇帝。例如，雍正即位之初，他最不信任的一位皇弟在西藏战役之中担任大将军。雍正的亲信年羹尧当时正率军驻防在四川、甘肃等地，因被卷入雍正几个兄弟的谋反，而于1727年被敕令自裁。取代年羹尧的岳钟琪虽然深受宠信，不过他是12世纪抗金名将岳飞的后人，而岳飞尽管被宋朝统治者在狱中杀害，却曾经英勇抗击过女真族入侵者。为了防范身旁武将的潜在威胁，雍正的行事必须谨慎小心。

征讨准噶尔战事虽经长期筹划，但进行得并不顺遂。1732年，岳钟琪自前军总部所在的巴里坤出兵，虽然在乌鲁木齐大捷，却无法抵挡敌军反击驻防在哈密的部队。岳钟琪麾下将领轻敌冒进，致使一万大军在科布多附近中了埋伏。虽然岳钟琪逃过一死，但是却折损了近五分之四的兵力与众多部将。二人皆因这场败仗以及贪渎的指控被雍正下令处斩，不过雍正最后还是免其死罪。战事失利的结果就是，解决该地区的边界问题又花了三十年。

雍正同样以这种新的联络渠道来协调与西南地区苗族土著的作战。三藩之乱平定之后，许多汉人移居者不断拥入云南与贵州两省，将当地世居山谷的住民赶到了山上，而银矿、铜矿的开采更破坏了当地原有的社会组织形态。1726年，雍正任命鄂尔泰为云贵总督。鄂尔泰出身满洲镶蓝旗，拥有丰富的行政经验，汉语说得和满语一样流利，经常通过密折与雍正交换意见。从奏折中可看到，鄂尔泰欲瓦解苗疆土著部落首领的权力，没收其土地，将之登记管理，纳入州县的行政层级结构之中。抗拒者一律遭清军围剿；归顺朝廷者虽然失去了土地，但通常会被授以官衔，享有朝廷命官的俸禄。

1728年，雍正走出了极不寻常的一着棋，加任鄂尔泰为广西的总督，期使他能迅速扫荡当地各部落势力。从雍正对鄂尔泰密折的长篇朱批中可以看出，他经常激励鄂尔泰，讨论棘手的难题以及评断当地官员的表现。1732年，鄂尔泰大致敉平了西南后，即被召返北京，同时去军需房供职。鄂尔泰在西南时，胤祥与蒋廷锡二人先后殁故，于是他便接下遗缺，与张廷玉成了雍正在北京城中最倚重的股肱大臣。

综观雍正一朝的财政整饬、通信系统的建构、建军备战等事件始末，我们可以看到清朝在统一与专制方面是如何发展的。自清朝入关至雍正时已近百年，满洲摄政王或皇族贵胄——甚至他们所属的旗——统治国家的大权已经削弱。诸位皇兄弟对雍正仍构成威胁，但可以被摆布和镇压下去。日常官僚体系在许多方面都能发挥功能，但在要求效率高与保密性强时，却成了掣肘。不过雍正并没有像独裁者经常做的那样，新设官署，安插心腹，独占决策大权，而是选择了更迂回的方式，设置了一个毫不起眼又没什么特别头衔的衙门，任用同时还担任着其他职务的官员在此供职，因此这些人的俸禄、官衔等级也常得自更为常规的官僚职能部门。雍正是个非常优秀的谋略家，敏于操纵非正式的秘密机构。对这些结构的操控，于他而言，正是权力的精髓。

道德权威

雍正皇帝感兴趣的并不只是料理朝政，他还关心道德与文化的价值，许多重大决策也反映了他个人的道德信念。雍正似乎对自己的刚正不阿颇为自恃，从其谕旨也可看出，他关于权力的基本理解和皇权至上的看法之间是有关联的。我们从雍正对各项议题的决断便可看出端倪：天主教教案、吕留良案、增修康熙《圣谕》成《圣谕广训》、刊印百科全书《古今图书集成》、对佛教的兴趣、产业工人问题与鸦片问题，以及解放所谓"贱籍"等。从某种层面上看，雍正所扮演的正是儒家圣王的角色，但另一方面却又难掩满族征服者那种独断急躁的特性。

在处理天主教传教士问题上，雍正比晚年康熙更为严厉。这不仅因为"礼仪之争"使中国境内的天主教团体四分五裂，更因为有两位自信能令雍正改宗的耶稣会士，一直利用罗马字母表做密码，与雍正最不信任的一位皇弟（胤禟）有书信往来。当雍正获悉这件事情后，迁怒于认识这两位传教士的学者与整个天主教教会。除了少数在宫廷供职的传教士之外，其余各地的传教士均被驱逐至澳门或广州。有些地方的教堂被改作学堂或客栈。雍正本人三令五申，反对树立朋党，并不时公开抨击结党营私的歪风，因此对教会涉入党争自然是深恶痛绝。不过他还是忍住没有全面取缔天主教，而是占据了道德高地。他在1726年批示道："远夷慕化而来，惟宜示以恩德。"[7]虽然在这段时间内仅有一位传教士遭处决，但是整个教会团体的言行举止不得不变得格外谨慎。教会的影响力迅速没落，传教士在朝廷所担负的角色仅限于天文历法与绘画方面。

皇帝对吕留良案的反应也同样复杂，既有仇恨，也有悲悯。吕留良是一位激进的反清学者、郎中和僧人，死于1683年，曾在遗言中叮嘱，勿以满人的衣冠入殓安葬。吕留良鄙满轻夷的著述流行于华中一带。一位年轻天真的教席曾静读到这些著作后，濡染了吕留良强烈的排满情绪，也相信雍正篡谋皇位的传言。1728年，曾静意图策动在四川督导进攻准噶尔兵事的岳钟琪起义反叛雍正。岳钟琪先是佯装心有戚戚焉，弄清了计划的前后细节，接着把所获信息悉数奏报给了雍正。

在审理此案时，雍正才愤怒地发现吕留良的著作，得知自己篡取皇位的流言早已散布甚广。雍正从三方面处理了曾静案：将吕留良开棺戮尸，并将其后人发配为奴或流放边疆；写了一篇激愤而翔实的辩驳书，证明他是康熙亲手挑选的皇位继承人，并明令凡有功名者皆须阅读此书（即《大义觉迷录》。其中包括论述整个案件的上谕、曾静自己的口供，以及曾静所写的忏悔著作《归仁录》）；对曾静本人，则故作姿态，仅以其涉世未深、易受蛊惑之名，从轻发落。

雍正也刻意以其他方式将自己塑造成兼具儒家仁君与严父的形象，包括进一步阐释康熙颁布的十六条《圣谕》。对康熙来说，用十六条简略的道德观点来帮助子民过上忠孝和平静的生活，就够了。但雍正连篇累牍地重新演绎每一条圣谕，并准备讲词，令地方上的儒生每月下乡宣讲两次。雍正苦心编撰的道德训律特别强调要整合地方社群，以期"完钱粮以省催科""解仇忿以重身命""训子弟以禁非为""尚勤俭以惜财用""务本业以定民志""和乡党以息争讼""隆学校以端士习""黜异端以崇正学"。所有参加乡试的人均需熟读熟记这些经过阐释的道德律令，以及皇帝对这些律令的评述。雍正身边的一群臣僚还编写了这些道德律令的简化版，使得那些文化程度不高的人也能宣讲这些圣谕，并将其传播到不讲汉语的少数民族中。雍正以为，这些道德教化若能认真全面地深入各地，就能端正百姓的思想和行止，强化忠君爱国的信念。诸如此类的道德灌输政策在后来的中国历史中一再出现，无论是19世纪中叶的太平天国革命，还是后来的中国国民党，皆无例外。

雍正在出版《古今图书集成》一书时的作为，虽然流露出了这位皇帝气度狭小的一面，但是他推动此书编撰计划的严肃态度，显示了清代的政治观与文化观的关联性。《古今图书集成》是一部卷帙浩繁的百科全书，是儒士陈梦雷呕心沥血数十载的努力成果。陈梦雷在一众学者的协助下，先后受到康熙皇三子（胤祉）与康熙本人的支持，搜罗历来有关自然现象、地理、历史、文学、政府体制等方面最好的著作。《古今图书集成》是人类历史上亘古未有的巨著，总共有八十万页，字数逾一亿。刊印这部庞然巨著所需的印刷铜版，在康熙宾天时便已经制造完成。

雍正并不愿意让这项丰功伟业的光环落在自己痛恨的胤祉身上，便以陈梦雷曾经辅佐福建藩王耿精忠为由，安上叛国罪名，将其流放到东北。雍正彻底抹杀了陈梦雷的编辑功劳，也刻意擦除了胤祉曾参与《古今图书集成》编辑的事实。四年后，这部"重新修订"的百科全书以康熙的名义刊印发行；而雍正最信任的内中堂之一（蒋廷锡）则被列名为修订本的主编。

从雍正对佛教问题的处置上，人们也可以再次看到他的两面性格：他既是个虔诚的信徒，又是位专制的君王。最能吸引雍正的佛教宗派是禅宗，早在一千年前就已经流入中土。禅宗修行者通过一套严格的冥想与内省功夫，希望可以最终了悟人世实为虚幻缥缈。禅宗相信人人皆有佛性，只要意念坚定，集中心思，每个人均能达致明心见性的境界。雍正皇帝对禅宗的思想十分认同，定期在皇宫里与十四人修禅，当中包括雍正仍然信任的五位皇兄弟、俗家大臣若干人、道士一人、和尚五人。他还准许建立佛教印书坊，刊印佛教经文典籍。明末两位禅师对禅学义理所作的演绎，在雍正年间仍然深受禅宗信众的欢迎，不过雍正却直斥这两位禅师对佛教经典的阐释是邪魔外道，下令销毁其著作（汉月法藏的《五宗原》与潭吉弘忍的《五宗救》），逼迫其追随者不再信奉二人和研习其著作。

我们还可以看到，雍正的社会价值观念也渗入了劳动关系的领域。在18世纪，苏州周边与江南一带是闻名遐迩的丝绸棉纺集散中心。这些地区碾布作坊的劳工均是身强体壮的男工，能以重达千斤的滚筒碾压布匹。这群所谓的"踹匠"工作辛苦，工钱微薄，每人每天需碾压二十多米的布，但仅能收到十一文铜钱（约0.01两银子）。当时市面上一担米的基本价格约为一两银子，踹匠的工钱所得连勉强糊口都难。

康熙年间，踹匠曾经数度停踹罢工，不仅要求提高工资，还要拥有兴建医馆、育婴堂与会馆的权利。罢工者一无所获，带头的人还被施以笞杖之刑，但踹匠们还是于1723年、1729年两度发动罢工。由于苏州府周围加入停工行列的强悍且坚定的踹匠已逾八千人，雍正对此事极为重视，不过他所关切的并非是踹匠们恶劣的经济环境，而是唯恐他们与苏州府以外地区的乱党合流。雍正后来特别嘉许了逮捕和拷问二十二名踹匠的江苏巡抚。

翻看现存的雍正密折，我们可以通过那些朱批于字里行间的长篇评语里，发现雍正关注调查进展的细致程度。调查发现，一些罢工者和各色人等多有牵连，包括武术高人、算命先生、郎中、男女妓院的老鸨，甚至还有据称逃至菲律宾的明室苗裔（传说中逃至吕宋的"朱三太子"）。不过，直到1760年所有细节都已查明、阴谋者也都惩处后，雍正才御笔朱批，允许密报消息的大臣公开上奏。换句话说就是，直到此刻，雍正和几个亲信忧虑了近七年的罢工事件及其细节，才被全盘披露给北京各部的要员与大学士们。

但在吸食鸦片的问题上，雍正踏入的却是全新的未知领域。虽然鸦片在医疗和镇静方面的应用自11世纪以来便有所记载，但一直到17世纪抽旱烟开始在中国盛行，被遣往镇压1721年朱一贵之乱的兵丁自台湾带回抽鸦片的方法之后，鸦片的吸食才蔓延到整个中国大陆。在即位之初，雍正便极为重视鸦片烟问题的严重性，决心禁止吸食鸦片，不过因为历来律令之中并无前例，所以有多处禁烟条款不得不援引自其他法令。于是，贩卖鸦片者，如同贩卖违禁品的人，会被判戴枷一个月，然后流放边疆充军。引诱不知情者光顾鸦片馆的，刑同宣扬异教邪说惑众，应处以"绞监候"[*]（复审后可减刑）。根据大清律，吸食或种植鸦片者属违抗谕旨，将处以一百下杖刑。

然而在1729年，一封洋洋洒洒的奏折却传到了雍正手中，乞

---

[*] 译注：根据当时的中国律法，绞刑与斩刑各自又分为"立决"与"监候"两种。前者表示刑罚已确定，必须立即执行；后者表示该项刑罚暂缓执行。在每年早秋于北京执行的秋审时，再进一步考虑对原判的绞监候与斩监候刑，是立即执行还是改判其他较轻的刑罚。

请他三思鸦片问题。这一奏折述及一位陈姓（陈远）鸦片商在其鸦片被没入藩库后，被判戴枷充军。但是陈姓鸦片商喊冤，声称他所卖鸦片均为医用，并未制成鸦片烟供人吸食。复核证据之后，雍正认为确有区分药用与抽食用鸦片的必要，官吏应严加探查鸦片的用途。这位福建的陈姓商人，以橘饼与一位广东商人交换约四十磅鸦片，很可能是个守法的商人或药剂师，而不是恶棍。雍正明察道："若系犯法之物，即不应宽释，若不违禁，何故贮存藩库，此皆小民贸易血本，岂可将错就错，夺其生计。"[8]由此具体案例可以看出，这位当时世界上最大帝国的专制统治者仍能密切关注社会问题，推行某种程度上的经济公平，以至高无上的文化裁定者自居。

或许，雍正在社会民生问题方面最突出的作为，要属他决定解放中国的"贱籍"。贱籍包含多个被认为是社会弃儿的群体，包括陕西、山西那些在喜事和丧事上唱歌奏乐的"乐户"，浙江省境内的所谓"惰民"，徽州府的"伴当"和宁国府的"世仆"，江苏的丐户，东南沿海危险海域被称为"疍户"的船工和牡蛎、珍珠的采集者，在浙江、福建交界以采集大麻、靛蓝为生的卑微"棚民"，以及绅衿之家的奴仆。这些人被禁止在官府供职或参加科举考试。雍正改善贱民卑下社会地位，或许更多是想要建立一套系统的公共伦理秩序，而非源于真正的悲悯之情。不过雍正在1723年至1731年间颁布一系列令贱民削籍从良的谕旨，可以看出他在终结这类歧视上的一贯与坚定。

不过，雍正的谕令并未在短时间内取得预期的成果。许多贱民出于自愿，仍操旧业，而另一些人则已习惯了这种卑微的社会地位，纵使法律已经变化，也只能认命。而且，即便朝廷有旨，一般的平民百姓也并不愿意接纳和平等对待这些贱民。不过从长远来看，雍正废除贱民阶级的做法确实达到了预想的效果，这些被贱视的群体在大清社会中开始逐渐有了一席之地。

此时或是在他统治期内的其他时间，雍正不乏机会去认清人性执拗的一面，知晓他所颁布的道德谕令未必就能改变人们固有的本性。我们无从知道雍正是否真的接受了教训。雍正对自己循循善诱的能力信心依然不减，也不时训诫身旁臣僚，直至崩殂方休。雍正的这种实用的道德主义，显示了传统儒家的伦理纲常已深深内化到了清朝统治者的心中。

第五章 中国社会与乾隆政权

如日中天

在1736—1799年统治中国的乾隆，是这个国家有史以来在位时间最长的皇帝。如果我们将乾隆朝与时间差不多一样长的康熙朝加起来，再算上雍正朝，就可以看到，这三位皇帝统治中国的整个时间跨度是从1661年到1799年，大约相当于从英王查理二世复辟到英国工业革命那段时期。若拿这三朝发生的事件与北美同时期（大约从纽约被建立为英国殖民地到乔治·华盛顿逝世）的历史发展相对照，我们便不难理解为何在西方人眼里，中国总是一派稳定、绵延万世的景象。

乾隆皇帝以万丈豪情，开始了他的漫长统治。作为雍正帝的四皇子，乾隆在二十五岁时和平顺利地登上了皇位，并未遭逢令他父皇年轻时苦恼万分的党派之争。有先见之明的雍正，预先将储君名字密藏于匣内，放置在乾清宫中的"正大光明"匾额后，因此乾隆继承王位并无非议。一直被当作未来皇帝而受到精心栽培的乾隆，毫不怀疑自己治国理政的能力，对清王朝的恢宏盛世也深信不疑。不过，他不仅将自己视为中国的皇帝，还是文化多元的亚洲帝国的统治者，从而为清王朝的统治增加了新的维度。由此，他在政治统治的维度中又添加了宗教、语言、种族这些新的因素，因此须重新审视满人的传承与权力的本质。

乾隆最重要的成就便是征服西域，将这片后世称为"新疆"的辽阔区域纳入版图。通过此番作为，乾隆将清朝的领土面积增加了一倍，并最终结束了准噶尔部动乱，还与俄国人确定了西部的确切边境线，与《尼布楚条约》和《恰克图条约》所划下的北部边境线遥相呼应。实现这一伟业耗费了大量时间与金钱，而这些动作与川西和西藏东北的军事活动息息相关（如同康熙与雍正时代）。

对西疆的战事，乾隆把领导权相当信任地交给了兆惠。兆惠是满洲旗人，此前也只是籍籍无名之辈。1730年代，兆惠官升大学士，曾在对川战事中担任军需官，后被派往准噶尔部从事相同工作。到任后，兆惠主动要求上战场。1756—1759年，兆惠先后历经了关键盟友变节、密使在新疆被穆斯林杀害、粮草断绝以致兵丁相食、被迫在恶劣的地区行军数百里等危难，终于在1759年攻克喀什噶尔与叶尔羌二城。清军残忍屠戮了准噶尔的残余部众。此后，这块新的疆土便由驻守在伊犁的将军与乌鲁木齐的副将统辖治理，而蒙古各部对清廷也更为效忠。兆惠凯旋回京时，乾隆亲自出城门迎接，这种殊荣少有人臣得享。

准噶尔、蒙古诸部之间的事务几乎全委由理藩院的满人处置，西部回疆的行政事务也同样交付给满人和少数经验丰富的汉军旗人。这块地区并未开放给汉族拓垦移民,而是被留作了战略边防要地。约莫有一万五千至两万名的汉军、八旗以及十万名随扈驻扎在回疆,每年开销至少耗费朝廷三百万两白银。此地的回民仍保有自己的宗教领袖,严格遵奉饮食戒律,朝廷还准许他们不用剃发留辫。回民的民政官,即所谓的"伯克"(Beg,总督管之意),由朝廷授以官衔、薪俸。虽然铜、宝石、硝石、羊毛披肩以及奴隶贸易不断扩大,但朝廷实质上垄断了金、玉等该地贵重矿产的开采。乾隆的势力已经进军亚洲的又一例证是,他把一个来自新疆富裕穆斯林家庭的女性纳为妃子(即容妃,也就是后来民间传说的香妃),允许她严格遵守穆斯林的宗教和饮食戒律,并且让她多次伴圣驾巡游华北和华中。她在1780年代去世后,被安葬在特别修建的陵墓中,石棺上还刻有几段阿拉伯语的《古兰经》。[1]

乾隆时这场大战役的指挥机构已经不是雍正年间那个小小的秘密军需房了。虽然仍沿用雍正时代的旧称,但这个战事协调机构的职掌编制都已大幅扩充,在朝中的权力和名声也更加显赫。因此,自乾隆以降,英文中均把"军机处"译为 Grand Council,原因就是它的权柄已凌驾于六部之上,甚至超越了"内阁"。乾隆的首批军机大臣之中,还有雍正帝的股肱大臣鄂尔泰、张廷玉,由此保持了政务运作的持续性,之后,几位由皇帝亲自拔擢的官员也逐渐加进来。终乾隆之世,军机处的员额一直维持在六至七名。军机处的运作还靠两百五十名以上的文职人员,以轮班的方式日夜当差。

此时,军机处已经成为全国各地要员递送重要密折的呈递中心。这些奏折在抄录后,交由更多大臣票拟,并转发各部讨论,密折的象征意义与真正的功能——联系臣僚与统治者的特殊工具——随之开始淡化。乾隆似乎也意识到了这一点，所以他在奏折上的朱批，往往只有"知道了""阅""转呈相关部署"等寥寥数语，很少传递出康熙、雍正那些极富特色的朱批里所流露的温暖、亲昵，甚至是愤怒、关心之意。

不过这并不是说乾隆疏于政事，因为他确实很勤勉，会定期主持朝政，批示奏折，巡视江南与东北，筹谋军事战略，谕令重大政策。只是乾隆将更多的实际决策权赋予了军机大臣，因而冲淡了康熙、雍正两朝那种强有力的中央领导权威。

这种推动力的丧失从乾隆处理农村税赋改革的方式上便可看出，而这个革新正是雍正念念不忘的。虽然乾隆于1742年命令参加进士考试的贡生就省级财政分成制度撰文论述己见，还向大臣征询意见，但渐渐地——几乎不经意间——原有税赋策略的关键要素也消失不见了。富裕省份现在要将部分地方税收的盈余补贴给贫穷省份。结果，富裕的省份失去了实施重大举措强化地方政府的机会，而贫穷省份则丢掉了扩大税基或改革经济基础的动力。

更有甚者，一些县令往往截留地方税收剩余，不将其上缴省府的藩库。结果，过去巧立名目的杂赋、各式各样的摊派以及不法的"火耗"等弊端又故态复萌。于是户部又逐步建立了一套制度，规定地方上每一笔开销都必须经由北京有司核定后才能支出。这不仅造成了文牍往来繁杂，琐碎不得要领，而且重大政务根本就寸步难行。从当时河北省呈交户部的档案可以窥见，省级官员必须批准如支付桥上守卫四十八两、船员一百零五两的薪俸，以及给两名寡妇共十二两的抚恤金这类款项。

在文化方面，乾隆的做法和雍正差不多。乾隆公开展示自己的孝道，对待生母更是行礼如仪。乾隆纵容、取悦皇太后到令人匪夷所思的程度，多次携她南巡，极尽铺张。当她无法再南下游历时，乾隆甚至在北边的宫殿*里建造了许多南方风格的街道。他以向受辱的先皇尽孝道为由，收回雍正的宽仁谕示，下令将1728年宣扬吕留良思想的愚笨之人曾静在北京东市凌迟处死。乾隆还特别为在科举考试中落榜的饱学之士开设特科，让地方的官学宣扬儒家的价值理念与康熙的圣谕，在特殊的节日时敬老尊贤，并表彰贞节烈女。

在某些领域，乾隆自然也有创新之处。他大规模扩增名家墨宝字画这类皇家藏品，将千年来的佳作真品都搜集入宫。（后来的鉴赏家们嗔怪乾隆爱在众多珍贵画作上题诗作赋，他的书法虽然工整但平庸，破坏了原作的精妙细腻。）他赞助宫中多位耶稣会画家，尤其是意大利人郎世宁（Giuseppe Castiglione），这位才华横溢的画师独具一格地将西方的透视法和用色与中国画的技巧糅合在一起，无论是皇族肖像还是狩猎与行军这类大型全景画，他都绘得惟妙惟肖。乾隆还命耶稣会的建筑师、设计师在北京郊外的圆明园内新建一座欧式的避暑行宫。他更是下旨编撰宗谱、历史、仪礼典章这些重要书册，以期能将满洲遗产真正保存下来并奉为神圣。此外，为

---

* 编注：乾隆十五年（1750年），为庆祝崇德皇太后（孝圣宪皇后）六十大寿，乾隆皇帝在北京西北城郊建造清漪园，此园以杭州西湖为蓝本，大量仿建江南园林及山水名胜，在耗资四百八十万两白银、历时十四年后，最终建成。第二次鸦片战争时，清漪园被英法联军破坏，后来慈禧太后动用海军军费二千万白银修复此园，完成后，将其更名为颐和园。

了宣示大清的护教角色，乾隆又下令在热河的避暑行宫内仿西藏布达拉宫建造了一座喇嘛庙。

为了保存中华文化，乾隆下旨穷搜博采历代的文学与历史名著，将之编成巨帙。这部丛书因包括经、史、子、集四类而被命名为《四库全书》。《古今图书集成》按主题选编（康、雍两代编修完成），但《四库全书》则不同，它是一部完整的"文选"，所辑的著作都收录全文，并附有导论。《四库全书》著录书籍有三千四百五十种，存目书六千七百五十种，被装订成三万六千册，历时十年始告竣工，是中国目录学史上最伟大的成就之一。*

编修《四库全书》兼具文字狱的功能。朝廷下旨广搜私人藏书，凡私藏轻视满人的书籍者皆遭严厉惩处。地理、游记类的书籍若含危害国防的信息，也被悉数销毁。搜书行动非常彻底，已知有逾两千部书籍被乾隆的幕僚纳入焚毁之列，此后再也无法觅得。有一些参与编修《四库全书》的硕儒，还借着销毁意见与自己相左的著述或者在校勘中强调自己的观点，宣扬其心仪的思想派别。

我们从乾隆所颁布的谕令与决策，可追索当时一股潜滋暗藏的逆流。乾隆常被阿谀奉承，但自省的功夫却不够，他迎合流俗，务虚而不求实，即便是日常的政务也希望被臣下肯定支持，却没有能力做出艰难或不受欢迎的决策。在乾隆朝的繁荣景象之下，国力颓唐几近崩溃的征候已开始浮现。许多读书人知道，这种情况早已在

---

* 编注：史景迁所用数据并不准确，据统计，《四库全书》实际包含著录书三千四百六十一种，存目书六千七百九十三种，最后被装订成三万六千三百八十一册，历时十三年编成。

五经中的《易经》里预见过。《易经》第五十五卦"丰",意为"盛大"、"通亨",卦辞解释为:

> 丰、亨,王假之,勿忧,宜日中。[2]

根据古人的注疏:

> 日中则昃,月盈则食,天地盈虚,与时消息,而况于人乎?况于鬼神乎?

18世纪的儒学

若是有人质疑,想必乾隆会说他是以儒家之道来治理儒家的政府体制,且许多方面可以佐证他的说法。例如,皇帝与群臣视儒家典籍为伦理智慧的宝藏;儒家经典是学塾的基本课程,也是科举考试的中心内容;儒家的忠孝之道将臣与君、子与父紧紧联系在一起,地方学者、官员宣讲儒学,目的也在化育黎民,使其忠于国家。但是,随着后人对那些经典的增删注疏,"儒学"也一直有所变化。18世纪,随着社会与经济的变迁,儒学开始朝向新的方向发展。

17世纪后半叶,学者们一直在专心致志地探索明朝溃亡的原因。许多人找到一个令人满意的答案——明末盛行的那种极端个人主义与强调内在道德良知的学术思想。清初的顺治和康熙年间,许多博学鸿儒甚至皇帝本人,也开始借着肯定宋朝(960—1279)理学的核心价值，来颉颃他们眼中明朝的那些堕落倾向。他们之所以尊奉宋儒思想，主要是因为宋朝哲学家朱熹主张"理"既是宇宙万物的本源，也是行为的准绳。朱熹及其追随者相信，明理有助于安顿人欲，并在公共生活中证成天道。所以在国家的主导下，出现了一股倾向宋儒的潮流，尽管思想家个人在穷究天道时，需要多个层面的宇宙论来阐释这类信仰。此外，一些儒家思想家意识到，即便是有德君子也可能永远无法体察天道，因而难以善尽对社稷的责任，由此引发了他们不同程度的焦虑与愧疚。

清初居官的硕儒拒斥明代的思想，借着论释12世纪宋朝理学来找到安身之处，后来清代学人亦通过批驳宋朝理学，另寻立命之所。到了乾隆时朝，许多学者已经不从某些特定著作中找立足点，而更多是在方法论上觅基础。这套方法论名为"考证"，即以严格缜密的标准来甄别、校勘材料。考证派的学者意图摒弃抽象思辨，让学术研究根植在"实据"之上。他们穷究声韵之学、算术、天文历法、地理，相信如此才能厘清古圣先贤的真义与意图，并理解当下生活的真实底蕴。[3]

考证学派的先驱与最受推崇的学者均是康熙年间的人物。曾在家乡抗清的前明志士顾炎武，便是此学派的重要人物之一。诚如前述，顾炎武与清朝心照不宣，井水不犯河水，其后半生游历华北，探访各地的工艺技术、金石资料，仔细摹拓石碑刻文，以资朴学研究之用。与爱思辨的儒家学者满是道学或玄学的"日记"不同，顾炎武非常详细地记录所见所闻，到处都是对典籍、珍本的注疏以及地理知识与金石学的笔记。（值得注意的是，17世纪耶稣会士将西方的学术,特别是数学、天文历法传入中国,可能影响到考证学派的研究方法,让他们坚信,在个别哲学流派之上还有个"实在"的世界。)

顾炎武的朋友阎若璩运用了类似的方法整理《尚书》的历史纪年与语言结构。阎若璩的研究成果虽然在1740年代之前是以手稿的形式流传,但对当时的学者却有如天摇地动之撼。阎若璩仔细排比证据,证明《尚书》中的许多重要篇章(历来是国家抡才所依据的典籍)系后人伪造,不值得学者那么推崇。

到了1740年代,整个科举制度也开始受到批判,人们认为僵化的考试再也无法为国家甄举优秀人才,阎若璩的论述更是凸显出了儒家官学的这种缺陷。社会矛盾进一步动摇了学者们对这套制度的信心——到了18世纪中叶,朝廷并未随着人口增长而提高科举考试的录取比例,给学子带来更大压力。而且,即使通过科考,他们也难以谋事。这令许多饱读诗书的社会精英深感挫折。

18世纪的文人运用考证的眼光与方法,重新探索儒家的过去。许多学者皓首穷经,研究汉代(公元前206年—公元220年)的经文与注疏,因为比起官学所宗的宋朝典籍,汉代的这些作品更接近孔子的年代,所以也被认为更靠近圣人的真义。不过,两汉经文的研究者后来又因为对西汉和东汉经文的信任度不一,分出了不同的派别。这些争论可不只是深奥难解的诘辩,学者开始把经典当成历史研究的材料,并本着鲜明、锐利的怀疑主义来看待历史。考证派的著作对18世纪的政策也有重要的影响,因为学者孜孜不倦有如"蚁行"——一位考证派学者(王鸣盛)如此形容自己的研究工作——积累实证资料，为水利学、天文历法、制图学以及研究治国的古文带来了新的见解，使学者能以更敏锐的眼光来评判清代的现状。

到了乾隆中叶，考证学派蔚然成风，得到了书商、印书人、藏书家、图书楼以及钻研训诂的塾师等各环节的支持。学者与商业世界之间的分际也往往泯而不显——许多富商也赞助考证研究，建造大型藏书楼供学者参阅文献。更有考证学者本就出身商贾之家，反映了新兴城市中心不断发展，以往泾渭分明的职业分界早已不再。

乾隆的庞大工程即《四库全书》的编修过程中，文献甄别、版本校勘以及考据错误的综理过程即由考证派学者主导，他们运用新的研究结果，贬抑宋代理学（其中不乏科举中的"正统"理论），提高考证学者的声誉。乾隆对于考证派学者大力搜罗稀世珍本颇感欣慰，特别命人将《四库全书》中最珍稀的著作再传抄三套，存放于在考证学风鼎盛的扬州、镇江、杭州兴建的三座藏书楼（依次为文汇阁、文宗阁、文澜阁），以供学者参阅。

这些考据工作有时需要高度理性，甚至还要有些天赋。一来它的难度实在太大，所以考证学者对学术精英重燃起了向往之情，这种憧憬在18世纪时因无业的落第文人越来越多而岌岌可危。（这类精英的困境，以及许多自大学者的堕落与傲慢，在《儒林外史》中有细致入微且诙谐幽默的描述，这部小说写于1740—1750年，刊印于1768年。）再者，到了乾隆朝末期，纵使是考证传统的拥护者，都渐渐察觉到考据方法的局限性。赫赫有名的学者戴震，虽然仍然待在考证派的阵营中，也开始运用纯粹的哲学语言写作，回归到了那种探索人生目的、动机、欲望，与道德行为意义的时代。值得注意的是，虽然戴震本人认为探究这些问题对于他洞察自身至关重要，但他的知交好友却拒绝认可他这项工作的重要性。

18世纪时，学术又开始受人瞩目的另一个表现就是，许多男性学者——女性自己也在讨论之列——开始重新关注起女性教育。当然这些讨论也不乏争议。有些男性被指责出于淫欲才开办女学，并受到了恪守清规之人的严厉批评。更加敏锐的批评家则指出，女性的作品在社会价值结构的影响下，不再讨论道德、哲学和编史这些女性曾非常擅长的领域。现在，她们深居闺中，只能创作一些反映内心世界的文学作品，着重表现浪漫爱情和随之而来的困扰。在这些批评者看来，晚明对于女性觉醒来说，并不是一个有价值的时代。现在需要做的是开拓女性的思维，让她们成为知识分子当中的博学分析家。这些批评人士感到，当时出版的大量女性诗集内容过于狭隘，不值得称颂。[4]

但儒学并不只是哲学问题而已。中国绘画与书法也总是儒家价值体系重要补充。因此，在18世纪，绘画与书法的旨趣、风格同样发生重大改变。略通文墨的人可以通过1701年刊印的《芥子园》这类教人作画的画册，习得传统的绘画技巧。借助这样一本书，人们可以很快就学会画一枝差强人意的梅花、一顶茅舍，或是远方的层峦叠嶂，任何肚子里有点墨水的人都能画出一幅像模像样的画来。而文人画家的风格也愈趋古拙奇突，有意打破构图的规范与用色，看似业余，实则独具匠心。这种古拙奇突是17世纪明朝遗民的画风，曾被用来传达政治立场。然而到了18世纪，这种画风呈现出更强的阶级自觉。

书法方面的变化也十分瞩目。考证派学者挖掘、重刊许多前人抄本,而罕见的拓碑摹本也开始流传,使得复古非今蔚为风尚。有些画家甚至用有如刀刻的书法在画作上落款题字,表现出个人的创意与丰富的学养。到了乾隆晚年,随着读写能力在安详和乐、人文荟萃的盛世渐次普及,第一流的文人能创造出文化表达的新模式,其水平之高,堪称举世无双,倒也属意料之中。

红楼梦

中国最伟大的章回小说《红楼梦》,成书于乾隆朝中期,作者曹雪芹,其先祖是康熙的包衣奴才,有钱有势,备受宠信。但曾在江宁(南京)风光无限的曹家,最后因不忠和无能,遭雍正抄家禁产。曹雪芹本人自是深刻体认到贯穿于整个清代的满汉矛盾,到1763年去世时,他已尝尽琼浆玉液的奢华生活与家道中落的锥心之痛。

《红楼梦》又名《石头记》,刻画了贾府的生活百态。贾家是富甲一方的汉人大家族,在一座兼有南京与北京特点但并未具名的城市中,坐拥成片的府第豪宅。贾府发生的许多事,显然取材自康熙年间:贾府十分熟稔满人的文化与身段,因圣眷隆重被委以税务要职,他们与宫里关系密切,贾府的女儿甚至还是贵妃。但是这部小说并不满足于如实勾勒出清代的日常生活。这两个书名其实已点出结构的分殊复杂:由"红楼"所牵引出的幻"梦",精妙且神秘地预示了小说中与贾府有着千丝万缕联系的诸多女性的命运;而要"记"的"石头",是一块通灵宝玉,经过女娲点化后,拥有了神奇的生命，并被一僧一道携入红尘。

简单地说，《红楼梦》是一部爱情故事。主人公贾宝玉、林黛玉、薛宝钗三人的命运纠结在一起，而林、薛两人名字中各包含了"宝玉"中的一个字。三人在贾府中与一群年轻的同伴一起长大，虽然宝玉深爱黛玉，无奈双亲却骗他与比较富裕、健康的宝钗成亲，三人的美妙关系随之戛然而止。黛玉因此香消玉殒；宝玉虽然进士及第，但还是离开娇妻，抛弃功名家业，遁入空门。

曹雪芹写这部小说固然是自娱娱人，但也有严肃的宗旨。在其情节布局的背后，《红楼梦》实际上是在探究自我认同，了解人生意义。这部小说还探讨了交织在所谓成与败之中大大小小的真实与虚幻。诚如曹雪芹在第一回中所言："因空见色，由色生情，传情入色，自色悟空。"[5] 或者用同一回中的另一句话来说就是："假作真时真亦假。"

这说明曹雪芹意不在"写实"，不过小说情节丰富、结构复杂，共有一百二十回，除了主角之外，还有上百名刻画入微的人物，因此堪称清代中叶精英家族的生活缩影，涵盖了家庭结构、政治、经济、宗教、美学与性事。即便全书充满了作者自由的想象和丰富的讽喻，通过细看这六大层面，我们仍可以领略到18世纪中期清代社会的富丽堂皇，以及繁荣背后的阴暗面。

就家庭结构而言，曹雪芹点出了父亲之于子女的绝对权威，尤其是在他们的道德规范与学业养成方面。宝玉的父亲贾政，亲自挑选家塾的授课先生，严格督查宝玉的儒学功课进度，若宝玉有不检点或失德之处，就会对他严加惩处。贾政的脾气暴烈非常，甚至只要提一下这点，就足以让宝玉心惊胆战。宝玉的母亲，相比而言就没有父亲那么有威势。但是贾家的女性话事人——宝玉的祖母——兼具勤俭与睿智之能，以其年老和辈分而广受敬重，处理家务事很有一套。在比他小的兄弟姐妹前，宝玉的辈分也使他拥有了更高威望，但到了比他年长的人面前，宝玉却又不得不恭敬顺从。

就政治层次而论，贾府的权势并不只是因为元春贵为嫔妃，也不是因为据高官厚爵，负朝廷之重任。贾府真正的权力在地方，他们可以运用特权拉拢地方衙署以牟利。地方官吏绝不敢法办贾家的亲朋好友，拿自己的顶戴冒险，所以，贾府的权势蕴腐化于其中，使得贾家的年轻一辈以为作奸犯科也可以不受制裁，甚至贾府有人杀了人，也可以全身而退。由于朝中有王孙贵胄为友，加上进士及第的套路，家族里的男子自然年少得志，位居要津，女子则与权贵联姻亲上加亲，所以这种政治权力可以不动声色地延续下去。

在经济层面，贾府所能动用的资源超乎寻常人家所能想象。家有银锭丝绸堆积如山，名家书画卷轴不胜数。贾府园林台榭占地宽广，贾家是外居地主，在外地拥有土地田产，在城里也有租种地，忠实的收租人会定期为贾家收取佃租，充实府库。贾府肆无忌惮地在错综复杂的商业交易中赚取暴利，从朝廷的委差中获得额外收入，还向与洋人做买卖的商人购买舶来品。贾府里有成群签有身契的小厮、丫鬟操持府内的庶务，贾府若有人出门，则充当随侍。

在宗教信仰方面，贾府同清代社会一样，都是兼容并蓄。贾府因袭儒家思想的传统，将其地位与成就归因于祖宗的庇佑，所以慎终而追远。丧事如同婚礼一样，极尽铺张，讲究排场。不过，假如必要，贾府也会招来道士、和尚做法事，遵守这些宗教的规定仪式。他们甚至还在家附近养了一批年轻尼姑。遇到灾病时，则请举行佛教和道教的法事，请大师作法，驱除邪灵霉运。在小说中，贾宝玉曾一度遭恶人魇镇，连通灵宝玉都无法护佑他。贾府里有一位长者离家后，到了庙里去求开悟点化（他后来因服用太多长生不老仙丹而暴毙）。

从审美的角度来看，贾府生活是十分愉悦惬意的，其精致程度令人想到晚明上流精英的生活。贾府的青年男女皆能舞文弄墨，故可无止境地浸淫在诗趣当中，说笑话、打谜语，无不引经据典。书中的园林，主角的穿着、装扮，无不高雅精致；饮茶、喝酒、晚膳，则色、香、味俱全。音乐与戏曲更是贾府不可或缺的一环，府内备有戏班，随传随演各种经典剧目，其中就有明代戏剧家汤显祖的《牡丹亭》。

最后，在性事方面，贾家人的行为基本没什么限制。年轻人生活在青春的世界里，彼此间的狎戏容或有性暗喻，但基本上纯洁无邪，然而长辈却不乏登徒子之流，晚辈耳濡目染，长大后也会效法。贾府不论男女，皆倚仗辈分以逞性欲。私通滋生妒恨，爱欲导致情杀。奴仆往往沦为主子泄欲的工具，除了逃跑和自杀，别无反抗之法。春宫图能挑动欲望，从贾宝玉初试云雨一事中便可窥知二一。宝玉看罢唐伯虎的《海棠春睡图》后恍惚入睡，做了一个情节诡异、缱绻绮丽的春梦。梦醒之后，宝玉便与袭人领略了梦中情事。初入空门的尼姑或贾府内的男伶也卷入了情欲纠葛而无法自拔，即使在传授儒家道德训诫的家塾中，男性之间也存在断袖之爱。

1763年曹雪芹去世时，《红楼梦》尚未写完，往后数十年间，不同的手抄本在知交亲友之间流传，直到1792年，才出现由高鹗续补的《红楼梦》全本，并以活字刊刻印行，由此广为流传。有人认为，这本小说的读者广泛，可能包括清代中叶上流社会的男男女女、落魄的骚人墨客和略通文墨、往来穿梭于繁华城市的商贾。

《红楼梦》呼应了晚明小说戏曲与唐宋诗词的传统，我们也无法确定后四十回是否为作者的本意，不过这部小说所表现的原创性令人叹为观止，在细腻程度与叙事规模上也抢在了19世纪西方经典巨作前面。不过，曹雪芹对自己的文学成就倒颇有些挖苦自嘲，他借贾母之口道讲了一段话，猜测了为何在他之前的中国小说戏曲总是流于俗套、不可尽信：

> 贾母笑道："这有个原故：编这样书的，有一等妒人家富贵，或有求不遂心，所以编出来污秽人家。再一等，他自己看了这些书看魔了，他也想一个佳人，所以编了出来取乐。何尝他知道那世宦读书家的道理！别说他那书上那些世宦书礼大家，如今眼下真的，拿我们这中等人家说起，也没有这样的事，别说是那些大家子。可知是诌掉了下巴的话。"[6]

曹雪芹或许终身郁郁不得志，但他绝无妒恨豪门巨贾之意，亦未沾染旧小说的习气。他的成就归功于他自己。或许，唯一真正具有讽刺意味的是，这部传世巨著为乾隆盛世增添了不少光彩，但曹雪芹已敏锐地看出了昌盛繁荣之下的隐忧。

乾隆晚年

犹如应验了丰卦的警讯，乾隆末年爆发了一连串危机。这些骚乱并没有某种模式可循，而是朝廷一系列决策失误，外加轻忽民怨，才导致了总体情势紧张。边疆军情恶化，地方叛乱，官僚贪赃枉法，皇帝偏袒徇私，不过是其中数端而已。此时，传统的学术价值在思想界的地位动摇了，国家亦无力解决财政与行政管理的迫切需要，人口增长更对土地形成空前的严峻压力。

乾隆在圣谕里，对自己的远见卓识颇为得意，认为1750年代克复新疆——虽然运气成分居多——的确是一项丰功伟绩。然而1760年代，出兵缅甸的战斗却遭受严重的失误，与一个世纪前吴三桂在此地追捕南明藩王的锐势简直是天渊之别。1788和1789年，中国与越南两度兵戎相见，更是暴露出清廷决策的不足。

1788年，阮惠兴兵作乱，夺取东京（今河内），越南的黎氏王朝出走。黎朝王眷以广西为庇护之所，向清廷求援。乾隆迅速响应，饬兵三路夹击越南，一路由两广总督孙士毅带领，自广西南下，一路由滇省往东南进入安南，另一路自广东浮海西行。1788年12月，清军在孙士毅统领之下入东京，孙士毅向朝廷报捷，恢复黎氏王朝。乾隆闻讯大喜，赐孙士毅公爵。一个月之后，趁孙士毅大军在东京欢度春节之际，阮惠率兵反扑，屠戮孙士毅军队四千余人，孙士毅狼狈逃回广西。乾隆从实际出发，认为黎朝终将覆亡，于是承认阮惠继承黎氏，成为越南的合法统治者。从这里可以看出，此时中国虽仍有声威册封边境的统治者，但其军事领导地位却开始受到质疑。

（这次失败宣告中国以军事力量介入越南内政的办法结束。）

但是，一些满人将领于1790年与1791年两度成功击退了入侵西藏的尼泊尔廓尔喀族（Gurkhas），证明了他们仍拥有卓越的军事才干。1792年，清军入藏，在几次战役之中大败廓尔喀，逼使他们沿喜马拉雅山路退回尼泊尔。在世界上环境最严酷地域作战的清军，展现出了非凡的后勤补给与临阵退敌的能力。双方随即缔结和平条约，尼泊尔同意每五年遣使赴京具表进贡，一直延续到1908年。这场战争所费不赀，但如此庞大的军事开销却一直是一笔糊涂账，而负责管理账目的正是在越南战斗中失利的孙士毅。乾隆无视孙士毅的挫败，反而将他调往拉萨，说明了皇帝的个人好恶，胜过对孙士毅能力的真正评价。

外有战事经年，内有杌陧不安。18世纪后期，中国各地乱事频仍。不过有些所谓的暴乱其实是杯弓蛇影，更多反映出乾隆多疑的天性，而非对皇位的威胁。1768年发生的妖术恐慌就是其中一例。当时，民间流传一群"妖人"将毫不知情的受害者的辫子剪掉，用来制造能偷人灵魂、召唤鬼魂大军的妖剂，乾隆对此深信不疑。直到多人被捕并遭严刑拷打——很多无故流民因此丧命——之后，乾隆才意识到自己被人误导，根本没有什么针对他的阴谋。另一些事件就比较严重了，其中一起就发生在离北京不远的山东临清城附近。临清城是大运河畔南北粮食转运的集散地，此地靠近东北宏观区域的边陲地带，人口增长迅速，心怀不满的农民极易与在运河从事漕运、漂泊不定的纤夫和苦力合流。1744年，起义军在精于拳脚功夫、通晓草药医术的王伦带领下，祈灵于"无生老母"的庇佑，起事反叛。

由此观之，这次动乱与地下民间秘教"白莲教"有所牵连。白莲教同样敬拜"无生老母"，相信人世间在经历劫难之后会臻至千禧的太平盛世，这种想法至少已经流传了五百年。王伦的教众遍布各行各业，有许多是农民与劳工，也有街头卖艺者、车夫、鱼贩、豆腐商、道士、油商、放高利贷者。我们不能说王伦的起义有明确的政治诉求，他的教众图的并不是改善社会与经济生活的政治处方，而是源自一种对社会主流势力的敌意，而这种敌意又被单纯的精神慰藉进一步刺激、强化。

王伦的宣教让教众相信自己可以抵挡清军的攻击。正如他所言："求天天助，求地地灵，枪炮不过火，何人敢挡我？"[7]在早期一些战斗中，这些预言似乎应验了：王伦攻占数座村庄，甚至还占领了临清旧城，满汉官军闻风溃逃。但是朝廷调集来八旗兵与地方汉人组成的绿营军会剿逆民，而王伦与他的各式兵众手执长矛或大刀，难敌官军的猛攻。王伦的教众在纵横交错的街上英勇战斗，但终因寡不敌众，纷遭绑缚，与家属一同处斩。王伦在大营引火自焚，一个部众逃过一死，后遭清军掳获，他生动地向官军供述，王伦在赴死之际，身着紫袍，腕戴两只银镯，腰挂长短双剑，盘腿坐在屋角，衣服胡须已经着火，却仍纹风不动。

王伦举兵起事的重要性并不在于它当时产生了什么效应，而更多是预示了社会潜藏的各种不满，所以应该把王伦的起义同中国各地那些没有明确不满情绪或目标的乱事联系起来看。1780年代，天地会会众在台湾举事发难（史称林爽文事件），攻陷数座城池，改元建年号"顺天"。天地会拥有自己的宗教仪式，其下还有立誓效忠而结成的社会组织，但此次叛乱似乎不光是反抗清政府，还是一场福建移民团体为了抢夺台湾经济主导权的民变。1788年，清军平乱，首谋者遭到处决。

同样在1780年代，甘肃出现了两次回民起义，由反对朝廷指派清真寺教长的"新教"（new sect）教民所发动。（史称苏四十三、田五起事）经过激战，两次回民起义均被官军镇压，西南地区的苗疆动乱亦是如此。但朝廷也付出了沉重代价，而且其军事胜利并未能有效泯除宗教、经济与种族问题的乱源。1799年，乾隆驾崩，曾推动过王伦起义的白莲教再次率叛众于华中举事，在四川、湖北、陕西、湖南等地与官军奋战。

我们能把这些起义与造成民心离散的特定政策联系在一起吗？对此并无确证。不过可以肯定的是，到了18世纪末，朝廷的运作机制开始涣散迟钝：义仓十有九空，大运河多处淤塞，八旗武勇昏聩蛮横，制止生态恶化的土地改造计划半途而废，官僚结党谋私、凭权纳贿的弊端益形严重。朝廷不愿在新兴移民或人口稠密的地区设置新的县衙，极有可能给现任官员带来了更沉重的压力。而且，就业的压力与日俱增，求得一官半职者都想尽快弥补一下他们求官时的苦苦等待与煎熬，于是向乡里农民催逼钱粮，或征收各色的杂赋。例如，1790年代，白莲教众就直言不讳地说这是"官逼民反"[8]。无论在边境的战事中，还是在镇压地方叛乱时，官吏恃职钻营的现象司空见惯。文臣武将彼此串谋，向乾隆隐匿实情。而父皇雍正一手建立的密折制度在乾隆时已流于形式，失去了知晓官吏渎职行为的可靠来源和机密途径。

1775年，一位叫和珅的年轻满人侍卫受到了年迈乾隆的宠信，此后官僚贪赃枉法的行径更加恶化（虽然并不是每一件事皆归咎于和珅）。当时和珅二十五岁，乾隆六十五岁，这之后的数年间，乾隆多次拔擢和珅，让其先后担任满洲正蓝旗副都统、内务府大臣、户部侍郎、军机大臣。一个年轻人能在官僚体系中如此青云直上，各种尊衔集于一身，为大清开国以来所仅见。乾隆还将和珅升为户部尚书（一度还任吏部尚书）、协办大学士、《四库全书》馆正总裁、步军统领、崇文门税务总督，授一等男爵。1790年，和珅的儿子娶乾隆的皇十女。

自然而然地，皇帝与这位宠臣暧昧关系的流言蜚语也就不胫而走了。有人说，和珅与乾隆之间有同性私情，因为和珅长相酷似雍正的一名妃子，而乾隆当皇子时十分迷恋她。一名或许是受到这类传言影响的朝鲜使节到中国来访时，形容三十岁的和珅"眉目明秀，俊俏轻锐，而但少德器"。1793年，英王乔治三世（King George III）派往中国的特使马戛尔尼（George Macartney）勋爵，描述和珅"年约四十到四十五岁，相貌堂堂而体面，有捷才而健谈"。[9]

我们并没有确切的证据来证明二人的关系。只是乾隆有生之年的确都对和珅优宠有加。可能乾隆本来希望和珅"为朕耳目"，如同康熙、雍正的包衣奴才与封疆大吏以密折上奏一样。因此在1780年，乾隆派和珅前往云南调查云贵总督贪污一事，1781年又派他前往甘肃襄助镇压回民起义。但大多时候，和珅都因体弱多病，留在北京担任乾隆的首席大学士和心腹。大夫在为和珅诊断之后，表示症状归因于恶气灌入体内，并在体内游走，病根难除。和珅转而大胆向西医求助，传唤马戛尔尼勋爵的随行医生吉兰（Hugh Gillan）为他诊断。吉兰医生发现和珅染患严重的风湿病，自幼便为疝气所苦，于是吉兰医生为和珅制作合适的疝气带。[10]

从马戛尔尼与吉兰医生两人对和珅的评语来看，和珅大权在握，头脑灵活，但也闪烁其词。而从各种记载也可以窥见，和珅才智过人，好奇心强，机灵干练，又熟读经书。不过和珅确实利用职位为自己和友人牟取巨款。和珅俨然以帝王自居，骄横跋扈，贪污索贿。乾隆晚年每遇大小战役，和珅无不虚报军需钱粮，敛财过百万，其中又以镇压蔓延数省的白莲教起义期间最为嚣张。和珅的种种败行劣迹让当时既存的问题更加恶化，也使官僚与人民的道德操守日益败坏。

1796年后，和珅的权势更大。乾隆在这一年"内禅"，使其在位时间不超过祖父康熙六十一年，借以表明孝思。但乾隆并未放权让皇子治理朝政，即使在他日薄西山之际，甚至已经不再使用乾隆的年号时，其意志还是能通过把持朝纲的和珅贯彻伸张。当乾隆最终于1799年驾崩时，和珅的权力根基也旋即冰消瓦解。继位的嘉庆揭橥和珅贪污罪状，赐其自尽。从此，中国历史长河中最繁华的盛世就这样结束了。其结局虽然令人兴叹，却也不失其分，此时潜藏在大清王朝心脏的强处和弱点交杂在一起，正渐次浮现。

第六章　中国与18世纪的世界

管理异族

清朝没有"外交部",与非汉民族的往来一般委由不同的衙署办理。这些衙署保卫大清不受外族入侵的同时,还会以不同的方式,直接或间接地表示异族的文化低劣性与地理边缘性。

在北方与西北,和蒙古、准噶尔以及俄罗斯人的关系主要由皇太极于1638年设置的"理藩院"负责,理藩院的官吏悉数由满人、蒙古人出任,任务是让危险的西北新月地带保持安宁,这里曾屡遭入侵。为达到抚绥目的,理藩院设计了一套复杂的协议制度来管控来华贸易的中亚商队。清朝往往让皇室公主与蒙古亲王联婚,形成一种私人同盟的保护网络,并辅之以重兵驻守各战略据点。而回民——有些来自中亚地区,有些则是汉人——受到严密监控,但和平的宗教活动一般是允许的。雍正派军进驻拉萨,此后信奉藏传佛教的部落不再是朝廷的心腹之患。理藩院协调处理的外交任务多种多样,使他们对付"外交政策"问题时技巧娴熟、经验丰富,屏障北方边防的长城在大部分时间里也形同虚设。

欧洲传教士来华传教均由内务府——京城内的独立机构——负责统辖。举凡与皇帝相关的事务，如储备金银、供应膳食、修缮宫殿、制造珍贵丝绸和器皿，以及向一些特别项目如盐的专卖与国外贸易货品的转运征收特别税，都属于内务府的职掌。一般来讲，皇室的包衣奴才——通常有钱有势——直接经办与传教士、宗教使节团的往来事务。他们在处理传教事务过程中所扮演的角色，更强化了这样一种主流观点：这方面的对外事务其实是大清宣扬国威的一部分，而非事关国家的政策。耶稣会尤其觉得这种处理方式极大地束缚了他们角色，在写给欧洲同事的信里，都努力强调自己的独立性。若干耶稣会教士，以及其他传教士、中国籍神父，在信徒的庇护下，到处秘密传教，这种行为若被官府知悉，必遭严惩。

与朝鲜，或靠近东南沿海的国家，如缅甸、泰国、越南、琉球群岛等非汉民族的互动往来，则由礼部负责处理。这些国家分享着许多中国文化的基本价值，采用中国的历法系统，拥有以汉语为模型改造出的文字形式，饮食和服饰风格与中国类似，尊崇儒家思想，信奉佛教，模仿中国的官僚组织架构。处理国际关系时，借由礼部规定的繁文缛节，中国试图不花太多军费就能控制这些国家。这些国家在给中国的国书中用语卑恭，使节谒见皇帝要行三跪九叩大礼，以此来承认中国在文化与政治方面的优越性。作为交换，这些国家则可以得到中国一定额度的贸易馈赏，即被准许每年定期派遣所谓的"朝贡团"前往北京。在向皇帝呈送贡品之后，随同朝贡团抵达北京的使节与商人可以在中国做买卖，所有的朝贡团成员均须住在礼部管理的客栈，朝贡结束就必须带着货品离开中国。

不过这套系统还是有相当大的弹性。朝鲜朝贡最为频繁，每年都会来。朝鲜行旅可以与清朝的学者、官吏自由往来，生动地记录下了北京的社会与文化生活以及士大夫的政治态度。日本人一直不愿承认中国典章制度的优越性，从晚明之后便已停止遣使，再加上德川政府亦限制外人在长崎居住和从事贸易活动，所以清朝与日本之间几乎没有来往。朝贡关系中的军事层面在1788年浮现，当时清朝基于权利与义务而出兵援助越南黎氏。诚如前述，当阮惠接受朝贡制度，向清政府表示归顺后，清朝便放弃了黎氏政权，转而支持阮氏。在琉球群岛上，出现了一种"分裂式忠诚"（divided loyalties）的奇特现象。琉球群岛事实上是受日本南方萨摩藩大名的控制，但是在仪礼方面，他们还是臣属于清朝政府，向中国进贡。根据18世纪的记载，若是大清使节抵达琉球群岛，日本船只就会悄然撤退，清使一离开，便立即返回。

尽管乾隆自认为是全亚洲的大君主，但这些处理西北、传教士、南方异族的三种不同模式仍反映了中国人的基本信念，从根本上认为中国乃"中央"王国，其他的国家皆属远离文化中心的化外之邦。故此，中国对外国的讯息并不感兴趣，亦不愿意仔细研究。纵使在考证运动鼎盛时期，学者对地理、音韵之学的兴趣多半也不出中土范围。中国人对异族的描述一直都混合神话故事与幻想的色彩，常以动物或鸟禽来比喻异族，或冠以轻蔑的用语。

选择离开中原、远赴海外经商或旅行的中国人，会被视为数典忘祖。即使中国与东南亚贸易已十分畅旺，清朝仍始终无意捍卫华人在东南亚或世界其他地区的权益（台湾是例外，因为已正式成为福建省的一部分）。虽然朝廷也会透过内务府课征贸易的税赋，但对于对外贸易可能带来的利益基本上不感兴趣。朝廷不信任做生意的人，与1660年代一样，为了达到军事或外交目的，愿意采取严峻手段处置沿海地区的百姓。在规范外国人与中国人的贸易往来时，朝廷保有绝对权威，上至贸易地点与交易频率，下至从事贸易的人员与商品的细节，无不纳入管辖范围。

　　清朝这种观念与作为，势必与西方强权产生摩擦，尤其是英国、法国、荷兰这些正在扩张的国家，它们踩在昔日海上强权西班牙、葡萄牙头上，发展成了海权帝国。我们可以从逐渐形成的第四种管理涉外事务的模式，即一般所谓"广州制度"（Canton System），来追索这种文化对立的过程。清初，荷兰、葡萄牙的使节团都试图在中国取得贸易特权，但他们不得不屈居"朝贡国"，向礼部登记，定期派遣贸易团来中国。1635年起，中国东部海域偶有英国船只出没。在清廷的允许下，英国商人在舟山、厦门、广州与中国人进行贸易，或许因为英国人不想与清廷建立正式关系。1680年代，清廷取消沿海贸易的禁令，视各国为朝贡国的看法也逐渐被抛弃，所有的西方强权都因此蒙利。为了便于控制对外贸易，并以管制价格来增加利润，1720年，广州的中国商人成立"公行"。1754年，朝廷下令要求每个行商要具文保证往来的外国伙伴行为端正，按时缴纳过境税。

　　英属东印度公司（British East India Company）成立于1600年，在英国政府授权下垄断了东印度地区的贸易权利。此时，英属东印度公司大量吸收新投资,开始在印度次大陆掠夺土地,很快就从小本经营一跃成为全球性的企业。乾隆在位期间,英属东印度公司的董事和英国政府一样,开始恼火于清朝政府的种种限制。1741年,英国皇家海军舰队指挥官晏臣(George Anson)奉命攻击位于远东的西班牙船只,但他的旗舰遭到暴风雨重创,不得不避走广州湾,这使英国政府察觉到在远东拥有一个据点的重要性(例如,葡萄牙占据澳门,西班牙控制马尼拉,荷兰拥有巴达维亚)。晏臣显然相信,中国会本着西方通行的国际海洋法,以善意的中立者角色来接济他。但广州的官吏却设置一道道行政藩篱进行刁难,接连几周拒绝接见,也不理会他所提供的讯息,提供的补给在晏臣看来不仅以次充好,还漫天要价,甚至不让他给船舰进行必要的修补。晏臣写下了这次屈辱经历,出版后广泛流传,并翻译成多种欧洲语言,英国与西方国家的反华情绪迅速高涨起来。

为了扩展在中国的贸易范围,东印度公司于1759年派遣通晓官话的商贾洪任辉(James Flint)到中国进行谈判,向清廷抱怨广州设下的贸易限制与当地官吏猖狂的索贿行为。洪任辉靠着胆识与一定数量的贿赂,先乘坐一艘七十吨的小船"成功"号(Success)抵宁波,然后经天津成功抵达北京,一吐心中怨气。乾隆起初似乎察纳其言,同意派钦差南下。但"成功"号在扬帆返回广东的途中遇难,除洪任辉外(他是独自南下的),全体船员无一生还,乾隆随即改变心意。洪任辉因违反航行至北方港口的禁令、告状方式逾矩甚至学习中文而被逮捕,并遭囚禁三年。

18世纪末,外国商人络绎不绝,频频叩关,清廷却一边强化执行先前订下的法规，一边又强调要对所有外国人一视同仁。1760年后，所有欧洲贸易都仅限于广州一港，除了每年10月至翌年3月的贸易季之外，外商不得居留广州。许多行商的声誉不佳，不少过度扩张而告破产，但是欧洲商人却只能和清廷特许的十家广州行商做买卖。西方人也只能向行商投诉或请愿，之后再由行商将书面材料转交给朝廷派任兼管贸易的官吏"Hoppo"[*]（就像Cohong一样，Hoppo也是取西方人对中国字的音译，此处指的是清朝政府官员）。对于行商的请愿，这位官员如果愿意，可以径向巡抚或北京上奏；他也可能以种种程序或措辞不当的理由，将行商的请愿留中不发，拒绝上呈。

这套复杂冗长又令人恼火的程序，并不合于西方强权逐渐通行的外交与商业平等的做法。1770年代后，英国商人担心每年以价值数百万英镑白银换取中国的生丝、瓷器、茶叶会导致贸易逆差恶化，便开始把在印度种植的鸦片运往中国南方港口，换取中国的制成品和农产品，结果却让中西双方关系更趋紧张。随着英国人与美国人对饮茶的热情越来越高涨，每年贸易逆差的风险也越来越大：截至

---

[*] 译注：Hoppo应指当时的"粤海关监督"（又称"关部"）。关于Hoppo一称的缘起，众说纷纭。有人解释，康熙皇帝指派一名内务府代表驻留广州征收贸易关税，这名代表或监督再把征收的税银交送北京的户部，故西方贸易商称这名监督为Hoppo。也有学者认为，Hoppo系"河泊"的音译，而河泊所是明清两代征收渔税的机构，被引申用来称粤海关监督。前者解释，见穆素洁（Sucheta Mazumdar），《中国的糖与社会：农民、技术与世界市场》（*Sugar and Society in China: Peasants, Technology, and the World Market*, Massachusetts: Harvard University Press, 1988），305页。后者详见马士（Hosea Ballou Morse）著，区宗华译，《东印度公司对华贸易编年史》（三卷，广州：中山大学出版社，1991年），卷一、二，78页注二。

1800年，东印度公司总共购入逾二千三百万磅的中国茶叶，总值为三百六十万英镑。（1784年之后，来自刚独立的美国的商人，可以自由到世界各国进行贸易，也开始直接派船至中国茶叶市场来图利，但同样要屈从于那些限制欧洲人的贸易规定。）

乾隆晚年，英属东印度公司在英王乔治三世政府的应允下，决定改善其贸易处境，以符合他们心目中英国作为新兴世界强国的地位。马戛尔尼勋爵获派为特使，率领使节团前往中国，马戛尔尼系出身北爱尔兰的贵族，政治交游广阔，曾与俄国凯瑟琳大帝的政府有过外交往来。马戛尔尼还担任过加勒比海附近的格林纳达（Crenada）和印度东边的马德拉斯（Madras）的总督，行政历练丰富。搭载英国使节团的是一艘配备六十六门火炮的战舰，随行还有两艘补给舰，每一艘都运载了昂贵的礼品，以炫耀英国非凡的工艺技术。马戛尔尼的随行人员约有一百名，其中包括科学家、艺术家、护卫、仆役和来自那不勒斯天主教学院的中文教师。

马戛尔尼的船队于1792年9月离开伦敦，1793年6月在广州短暂停泊。因为他们表示要向乾隆八十寿辰致礼，所以船队获准径行前往天津上岸。这位特使一登岸，便以"朝贡团"的身份，被簇拥着浩浩荡荡前往北京。马戛尔尼拒绝在谒见乾隆时行三跪九叩礼，代之以晋见英王乔治三世时所行的单腿下跪礼和鞠躬致敬。这一妥协让大清甚为满意，在1793年9月，马戛尔尼先后受到和珅与正在热河避暑山庄的乾隆的款待。在接见时，马戛尔尼要求英国享有驻节北京的权利，请求结束限制重重的广州贸易制度，开放新口岸进行国际通商，订定公平对等的关税。但乾隆与首辅均无动于衷，对英国人的请求寸步不让。

乾隆反而敕谕复信英王乔治三世,解释中国自给自足,不需要增加对外贸易:"然从不贵奇巧,并无更需尔国制办物件。是尔国王所请派人留京一事,于天朝体制既属不合,而于尔国亦殊觉无益。"[1]

马戛尔尼无力抗衡,只能按指定路线前往广州,离开中国,在沿途尽力记下所见所闻,并在日记中抒发个人观感,认为这个望之令人生畏的国家,实则败絮其内,有亡国之虞。他以这趟漫长且不快的海上旅程来比喻,在日记中颇为贴切地写道:"中华帝国好比是一艘陈旧、破烂不堪的头等战舰,幸赖先后有几位能干且警觉的军官掌舵,才得以航行一百五十年而不至沉没,徒然以庞然巨躯令邻邦生畏。"马戛尔尼又说,设若人员驾驭能力较逊,中国将会随波漂荡,直到在"岸边撞得粉碎"。中国对英国所欲遂行目的的抗拒最终是徒劳的,马戛尔尼认为,因为"企图阻挡人类知识的进步有如螳臂当车",清朝的所为就是如此。"人类的精神有一种飞跃的本质,踏上阶梯,就会不断克服困难,至顶点方休。"[2]

整个冒险之旅花费了东印度公司一大笔钱,但并未获得任何回馈。尽管此行马戛尔尼堪称称职,不过就开启面对面外交的新纪元而言,却不是个好预兆。马戛尔尼在出航之前坚持年俸一万五千英镑,最后从这趟旅程获得逾两万英镑的进项。至少中国并未阻碍马戛尔尼的晋升之阶。

外人与中国法律[*]

马戛尔尼在中国的有趣收获里,有一本大清国律例的抄本。马戛尔尼把它携回英国,并由使节团的一位学者翻译成英文。借此,几代英国商人的猜测得到印证——中国与欧洲有着截然不同的法律观,所以诉诸法律仲裁只会加剧而非舒缓国际关系的紧张。

中国的法律虽然也建立在各种习惯与判例之上,不过解释权却在国家。不管是各省或北京,都没有独立的审判机关。地方上的法律功能是由县官来执行。由地方官或省级司法官员审议过后,案件会转报至北京的刑部。原告若对判决不服,也可上诉,但须依循森严的层级,逐一上诉至朝廷中央的有司。每个死刑案件均须由县官报上级审查,严格来讲,所有刑案的执行都须皇帝圣裁。但在执行上却不太可能如此,而且裁决往往流于独断。例如,在地方叛乱中,参与者按例即审即决,以儆效尤,并防止其他共犯者劫狱生事。涉

---

[*] 译注:根据卜德(Derk Bodde)与莫里斯(Clarence Morris)编著的《中华帝国的法律》(*Law in Imperial China*, Cambridge: Harvard University Press, 1973),清代中国司法制度的运作程序可大致归纳如下:

层级	案件种类			
	死刑案	流刑案及涉及杀人的徒刑案	徒刑案	笞杖刑案
1. 州、县	侦察	侦察	侦察	审判
2. 府	转报上级机关	转报上级机关	转报上级机关	汇集上报
3a. 按察使司	审判	审判	审判	最高上诉机关
3b. 总督或巡抚	批示	批示	批示	
4. 刑部	复审	最终判决	汇集上报	
5. 三法司	最终判决			
6. 皇帝	批示			

及外国人的案件，通常也都被迅速判决。

在中国的司法制度中，县官基本上同时扮演探长、审法官、陪审团的角色。县官必须搜集、分析证据，最后作出判决。对于具体犯罪的刑判载于律例之中，县官必须依据律例条文进行裁决。虽然县官在进行审判的过程中，通常会仰赖通晓法律的幕僚、书吏的帮助，不过中国并没有独立的法律专业人员或律师。企图介入刑案审判者会受到惩罚。嫌犯在牢中经常受到刑求，设若拒绝招供，通常会被严加拷打。招供总是在"审判"之前进行，除非发现确凿的证据可佐证无罪，否则就按嫌犯的自白而断刑。由于笞杖逼供往往会导致嫌犯死亡或终身残疾，所以尽管百姓有时也会因财产、继承或其他金钱纠纷而对簿公堂，但许多中国人还是非常惧怕司法。

百姓若有争端，往往会请求地方士绅或宗族耆宿出面排难解纷。在此类案件中，怕吃上官司的人很可能会花钱消灾；衙门里的师爷差役也可能接受贿赂，充实羞涩阮囊，而把大事化小。犯下偷窃、强暴、杀人罪而被起诉者，也可花钱买通书吏甚至县官以规避刑责。牢中令人毛骨悚然且可能致命的不人道待遇（当然，这样的描述同样适用于当时欧洲肮脏拥挤的监狱），也可以通过送钱给狱卒或分食物给同室犯人而获得改善。

清代儒家官学所宣扬的上下尊卑的社会价值观，通过刑事制度得到巩固。伤害皇帝与皇亲国戚的罪行最大，伤害官僚与国有财产亦可能惩以重刑，例如死刑或流（放）刑。在家族内，父亲对儿子犯罪，所受刑责要比儿子对父亲犯同样的罪轻许多，丈夫对妻子、老人对青年亦然。根据一判例，有一父亲活埋儿子，刑部仔细核查了这个案子，认定地方官不该判这位父亲杖刑。根据刑部的解释，父唯有当子"无违犯教令"而故意杀人才会被处以杖刑。本案中，其子谩骂父亲已属应死之罪，所以"虽系故杀，惟子系谩骂伊父，罪犯应死之人"。[3] 于是该名父亲获判无罪。

即使没有刑部重审，这位父亲也可能无罪开释。审判与判决之后，获判重刑者可以赎金代替刑责而获得减刑，赎金多寡则视犯罪情节轻重而定：半两白银可抵二十笞杖，三两可抵六十笞杖，十两可抵一年半流刑，七百二十两可抵终身流放，一千两百两可抵绞刑或斩刑。虽然这类赎刑取决于个人的身份官阶，或支付赎金的能力，但是这类制度设计显然利于有钱人，因为这笔钱对富室之家来说不值一提，但对贫农或城镇劳力而言，赎金可能等于数星期乃至数年的收入。而且，取得科举功名的儒生可以免受肉体刑罚，因此能逃过用来逼迫百姓招供的酷刑。

清代的司法制度复因地方实行保甲制而获得强化。每一"保"有一千户，即十"甲"，而每一甲有一百户。所有家庭都必须登入保、甲册籍，由推选出来而轮流担任的保甲长监视。保甲长要检查每一户的入籍资料，如家庭成员的性别、年龄、关系、职业是否正确，并确保地方秩序的维护。保甲长也要监督堤防修护，巡守农作物，或组织民兵义勇。如遇重大犯罪与疑似叛乱，保甲长须向县府衙门密告求援。保甲长亦须负责征收所属保甲家庭的税赋。他们的工作困难重重，饱受阻力，有时还有危险。在许多地方，没有人愿意出任保甲长，保甲制度形同虚设。但是对外国人而言，最重要的却是保甲制度所体现出来的概念，即社群中的所有成员均须为善良的社会秩序负责，罪犯的邻居朋友会因违法行为连带受罚。

虽然中国的刑事制度粗略，但其法律程序的原则足堪与欧洲或美国当时盛行的法律制度相提并论。不过这套体系中并没有为外国人提供特殊待遇。在一般的涉外事务，外国人仍归理藩院、礼部、Hoppo 或内务府管辖。倘若外国人犯罪，则要在中国的公堂上按大清律以常规方式处理，至少中国人一开始是这么打算的。

几个涉及外国船员失手杀死中国人的案件显示，清朝的地方官员起初都愿意接受以现金赔偿的方式结案。康熙年间，一群英国船员于 1689 年在广州的湾口附近杀害了一名中国人，地方政府索赔五千两银子。经过讨价还价后，英国人只愿付两千两，但遭中国人拒绝，结果这艘船放弃原订的贸易计划，驶离了中国。康熙在位的最后一年即 1722 年，"乔治王"号（King George）的炮兵在上岸狩猎时误杀了一名中国男孩，最后中国人接受了船长赔偿两千两了事。1754 年，一名英国水手在广州遭到一名法国人杀害，虽然没有中国人涉案，不过清朝官员还是决心要干预在其司法管辖权范围内所发生的案子。清朝官员终止了与法国的所有贸易活动，直到法国官员交出凶手为止。令人啼笑皆非的是，乾隆以庆贺在位二十年和清廷击败准噶尔为由，大赦天下，结果这名凶手很快就被释放了。

在公行垄断的制度确立之后，乾隆晚年所发生的案件大都不利于西方人。1773 年，澳门的葡萄牙总督审讯一名被控杀死中国人的英国人。总督判决他无罪释放，但清朝官员以本案受害者是中国人为由，坚持有权审理此一杀人案件，并在重审之后，将这名英国人处决。七年后，清朝官吏再次成功坚持了自己有权干预外国人在大清领土杀害外国人这类案件：一名法国人在打斗中杀死了一名葡萄牙水手，这名法国人被迫与法国领事走出避难所，被公开处以绞刑。

商船"休斯女士"号（Lady Hughes）与"艾米丽"号（Emily）这两个案子对西方人的观感产生重大影响，他们不得不重新认真思考如何在国际外交层次上与清朝打交道。第一个案子发生在1784年，即马戛尔尼勋爵使节团抵达中国九年前。"休斯女士"号——所谓"港脚船"（country ship）中的一艘，也就是以英属东印度公司的执照往来于印度与中国间从事贸易活动的私人商船——让船停泊在广州附近鸣放礼炮时，误杀了两名中国的观礼者。当"休斯女士"号的船长向中国宣称他不清楚是哪位炮手误射礼炮时，奉行连坐观念的中国人便逮捕了该船的商务负责人，同时还威胁停止与西方人的一切贸易往来。为了达到威吓中国的目的，当时在广州进行贸易的各国船只——英、法、丹麦、荷兰以及来自纽约且首度在中国海域出现的美国船只"中国皇后"号（Empress of China）——拿起武器，在岸边的商馆区设置了岗哨。但中国人不为所动。面对贸易活动中断以及这名商务负责人可能有处决之虞，"休斯女士"号交出可能犯案的炮手。这名炮手在1785年1月问绞。

美国商船"艾米丽"号的案子发生在1821年，这是首桩直接涉及美国利益的案件。"艾米丽"号船上的一名水手〔凑巧的是，这位水手名叫特拉诺瓦（Terranova），即"新大陆"之意〕，扔了一只陶壶，刚好砸在下方小船一名卖水果的中国妇人头上。结果这名妇人落水而亡。当中国要求交出特拉诺瓦时，美国人最初坚持必须在船上进行审判。但在清朝官员下令禁止美国人在广州地区进行贸易后，或许因为害怕自己船上满载的非法鸦片会被没收，"艾米丽"号的船长开始服软。特拉诺瓦被交付中国职司。在不许西方人在场的审判中，他被判有罪，隔天即遭处决。刑责之重，处决之速，显然违反了清律意外杀人的罪刑与处决程序。

案件层出不穷，断案时有矛盾，致使西方人深信必须迫使中国人在涉及外国人的案子上做出司法让步。但这也正是中国人立场最坚定的地方。误解加深了争执，因为光是翻阅律例无法尽窥中国法律体系的复杂，而是需要仔细研究，但能胜任此事的西方人又凤毛麟角。更何况，外国人在中国法律体系的地位与时俱变。例如，明朝律法声称：若在明朝疆域，"凡化外人犯罪者，并依律拟断"。1646年，《大清律例》将之修改为："凡化外来降人犯罪者，并依律拟断。"这个条文暗示，所有有意与中国进行贸易的外国人均须绝对遵守中国的法律。雍正在位期间，又把准噶尔人、蒙古人、俄罗斯人置于理藩院律法管辖的范围之内，其他外国人则必须服从中国的刑法，因为外国人已"归附天朝，若有违律情事，惩处一如本朝臣民"。[4]

最后，为了理顺涉及外国人案件的审判，刑部保证严守毋枉毋纵的原则，于1743年在审理外国人案件上，增加了"收禁成招等项目，原不必悉依内地的规模"[5]的但书。官员认为此一原则有助于"下顺夷情"，18世纪四五十年代处置涉外案件或就是依此处理的[*]。

---

[*] 译注：此一原则系乾隆皇帝谕令上禀处置葡萄牙人在澳门犯案过程的奏折，尔后确立了清廷处理外国人案件的诉讼程序。关于本案可参见《大清律例会通新纂》第四卷。

到了 1820 年代，这条经过修改的规定，被西方人认为剥夺了他们上诉复审的权利，以及一般中国被告在律法上所享有的缓刑或减刑的权利。

抗议中国法律制度疏漏的，不光是西方人。即便是站在完全相反立场上的士绅与庶民，同样不满朝廷在面对外国人要求若干豁免与特别待遇时所表现出的软弱态度。1807 年，英国船只"海王星"号（Neptune）的水手大打出手，杀死了两名中国人，清朝官员与英国"大班"（贸易管理人）达成妥协，找出一名水手充当替罪羔羊。这名顶罪的水手被判处过失杀人的罪名，依据清律减刑的条款，以 12.42 两银子赎抵刑责。结果，像是有人集体预谋似的，广州城内到处都贴满了告示，指控清朝官员将自己出卖给"番鬼"。这次行动由谁发起不得而知，不过他们喊出的主张，逐渐成为中国历史上一股新兴的力量：排外民族主义。

鸦片

将水手特拉诺瓦交付给中国司法机关以保全船上鸦片的"艾米丽"号船长，是那个时代的典型代表。欧洲、美国在 17 世纪对中国茶叶、瓷器、生丝、装饰品的需求日益殷切，远大于中国对西方产品的需求如棉布、羊毛、皮裘、钟等机械产品、锡、铅，结果西方贸易严重失衡。西方人主要是以白银来支付中国商品，白银大量流入中国是乾隆盛世的原因之一，对英国政府也是个警醒。例如，1760 年代的十年间，流入中国的白银逾三百万两；1770 年代增至七百五十万两，到了1780年代，更高达一千六百万两。不过到了18世纪末，英国已经找到新的替代品——鸦片，来交换中国人生产的商品。销售至中国的鸦片数量虽然时有波动，但已可明白显示其总体趋势。每一箱鸦片重量约在一百三十至一百六十磅之间，视鸦片的产地而定，所以时至1820年代，输入中国的鸦片数量已足以维持约一百万名上瘾者。我们若将鸦片的进口数量，再加上中国境内本身种植的鸦片（这部分数量较少），就可以感受到中国鸦片问题的严重性了。

英国输出至中国的鸦片数量[6]

年份	箱数
1729	200
1750	约 600
1773	1 000
1790	4 054
1800	4 570
1810	4 968
1816	5 106
1823	7 082
1828	13 131
1832	23 570

鸦片消费在中国的成长必须有几个条件：鸦片数量充足，不虞匮乏；鸦片的抽食方法成熟；要有相当的抽食人口使鸦片贸易有利可图，另一方面，政府又无力禁绝鸦片。这些因素结合起来，将中国推入近代史的痛苦深渊。

英国鲸吞了印度之后，刺激了鸦片生产与销售的组织化。在东印度公司的恩惠下,加上将领克莱夫(Robert Clive)的干练与总督黑斯廷斯(Warren Hastings)二人的行政手腕,英国于1750至1800年间,控制了大半的北印度地区,从西部的孟买绵延至东部的加尔各答,再加上南方的马德拉斯(马戛尔尼曾担任马德拉斯的总督)的数处根据地。亟欲寻找新的经济作物出口以积累财富的英国,发现罂粟在某些地区长得十分茂盛,而且印度的劳动力丰沛,可以用来切开罂粟荚果,汲取里面的汁液,(煮沸后)制成可供抽食的鸦片膏。

东印度公司垄断了所有印度出产的鸦片,他们选择了几家俗称"港脚商"(country traders)的西方商家,授予买卖鸦片的许可证,东印度公司偏好采取这种间接牟利的方式来介入鸦片的交易。港脚商将鸦片卖到中国之后,将收到的白银货款交给广东的公司代理人,换取信用状;公司再以白银购买茶叶、瓷器等中国商品运回英国销售。如此一来,从英国到印度,从印度到中国,再从中国到英国,形成了一种三角贸易关系,每个环节皆有丰厚的利润可图。

鸦片的消费或许是整个交易过程中一个较为简单的环节。历史上出现过各种抽食鸦片及其衍生品的方法——从将鸦片浸在药剂中或与其他药草混合来吸食,到19世纪末的浓缩吗啡片,以及今天的注射海洛因等。可能因为清初抽烟草蔚为流行,中国起初流行的鸦片吸食法是将精炼过的鸦片膏(球状)置于火上加热,然后以一条细长导管来吸食。烟草由拉丁美洲引进到福建,很快就传到山东等地。从康熙时的多幅卷轴画中,我们可以看到路人三五成群、抽着卷烟漫步市镇街头的景象,而那些备受欢迎的品牌商标就矗立在店家门口。将鸦片混着烟草抽食的方法可能在 1720 年代就已出现，这是由 1721 年派赴台湾镇压朱一贵叛乱的兵丁带回来的。到了乾隆中叶，有关鸦片与如何吸食的详细介绍已经随处可见，识字的人都能读得到。在小型的馆舍里，人们只要付几文铜钱就可以取得一烟斗的鸦片，然后舒适地斜倚着吞云吐雾。鸦片由此进入城市居民与穷人的生活中。

何以在乾隆中叶与晚期，中国人开始吸食这么多的鸦片呢？因为缺乏相关文献，所以我们仅能大致推敲；不过我们知道，吸食鸦片能产生周遭世界停顿、模糊的效果，令时间延伸或消失，将复杂痛苦的人世间推向无尽远方。根据当时的文献显示，鸦片最初吸引的是想排遣无聊情绪或舒缓压力的人。身陷朝廷繁文缛节中的太监吸食鸦片；在宫中官府担任闲差、无所事事的胥吏吸食鸦片；没有学习机会、不得出门的官宦之家的女子吸食鸦片；在县衙内干苦差事的书吏、从事买卖的商人、准备甚至正参加科举考试的学子都在抽。连镇压农村叛乱的兵丁也在吸食。

时至 19 世纪，抽食鸦片的风气迅速蔓延，特别是寻求逸乐的有闲阶级。从事体力劳动的苦力也开始抽鸦片，借抽食或舔食鸦片丸调剂辛苦的工作，舒缓日复一日负重所带来的身体疼痛。（精明却无情的雇主发现吸食鸦片的苦力可以搬运更重的货物后，甚至开始向工人们提供这种毒品。）到了 19 世纪末，许多农民也染上吸食鸦片的习惯，尤其是那些开始种植罂粟以补贴微薄收入的农民。

朝廷不知如何处理鸦片问题。诚如前述，第一位禁止贩卖鸦片的皇帝雍正，亦了解到鸦片也有合法的药用需求，尤其是在遏止痢疾或赤痢上有奇效，但如果用于医学以外的地方，鸦片似乎就祸害无穷了。雍正的折中措施分寸不容易拿捏，"煽惑"吸食毒品或经营鸦片馆者严惩不贷，"药用"鸦片则可以继续公开贩卖。

在18世纪，整个鸦片的销售多为行商所垄断。但自1800年后，道光颁谕严禁鸦片进口和在境内种植鸦片，尤其是1813年以后，道光进一步禁革吸食鸦片，鸦片贸易随之转入地下。吸食者将处以笞杖一百，枷号一个月或以上的刑责。行商也不敢再买卖鸦片，不过外国贸易商发现，只要他们在沿岸几个定点下锚，就会有人甘冒风险，向他们购买鸦片。在广州以南海湾上的伶仃岛停泊的武装趸船，就成了海上的浮动毒品货栈。只要用轻巧、吃水浅的"快蟹""扒龙"，中国的商家便能躲过稀稀拉拉的水师拦截，之后再循水陆两路贸易路线贩卖鸦片。

随着朝廷为强化禁令而严惩贩卖者，并严查烟客的供货源，参与鸦片买卖的人也越来越谨慎周全，用多道中间环节来掩盖踪迹。1831年，一名遭拘捕的宫内太监向内务府官员透露的供词，扼要道出了取得鸦片的过程：

> 最初我们直接从回人朱大（译按：引文、人名皆音译）那里买少量的鸦片来抽。后来我得知，当船进入天津港之后，鸦片的价格就降下来了，所以我向喀喀斯布库借了一百贯铜钱，另外还变卖骡车换取现钱，我带着仆人秦保全一同到天津，找秦的老朋友杨辉远充当我的代理人。杨以二百四十贯铜钱的价格从姓张的那里买到九斤多的鸦片。我给杨三千八百文铜钱作为佣金。[7]

假设朝廷费心追查这件案子,可能通过两名中间人,找到姓张的当地卖主。但姓张的也可能只是一名小毒贩,等到逮捕他时,大盘商与供应鸦片的外国船只早就逃之夭夭了。

西方世界的中国观

在18世纪中叶以前,中国普遍受到西方人的倾慕。这大部分得归因于天主教——特别是耶稣会——传教士,他们的著作与书信在西方广为流传,这些传教士在庞大的中国人口中看到传教事业的远景。虽然大多数的天主教传教士亦察觉到中国若干内在积病,不过他们大抵延续耶稣会士利玛窦的观点。利玛窦于1583年至1610年卜居中国,对勤劳努力的中国人民、齐备的国家官僚制度、丰富多样的文化传统和统治者的无上权威都十分推崇。

康熙年间,在华传教活动由法国耶稣会士主导,他们对清初的中国更是充满溢美之词,目的就在于向"太阳王"路易十四请命,企图说服他出钱出人,支持传教士。这些谀辞描述传达的重要想法是,儒家典籍的伦理意涵证明中国是一个深具道德情操的国家,而且曾信奉某种形式的一神论,与犹太教——基督教传统的精神相去不远,因此稍加努力之后,就可使中国人恢复其信奉过的正确价值观,而不必大费周章让他们改宗皈依基督教。

虽然在康熙末年,耶稣会传教士在中国的影响力大幅滑落,而且在18世纪,耶稣会在欧洲的势力也逐渐式微并最终在1773年遭解散,但耶稣会士对中国政府与社会的叙述仍是欧洲人所能读到的最详细的资料。德国哲学家莱布尼茨读过之后，开始对《易经》的八卦产生浓厚兴趣，甚至大力抨击教会的哲学家伏尔泰，也被有关中国的论述深深吸引。伏尔泰一心要对18世纪法国教会的权力痛加挞伐，便巧妙地利用天主教提供的有关中国的信息，驳斥天主教教会各种极端的主张。伏尔泰论道，假若中国的确是崇尚道德、充满智慧、讲究伦理、管理良善，假若这皆归因于儒家思想的浸染，那么，即使是没有天主教的宗教力量（孔子不是基督徒），仍然可以成为一个受人景仰的国家。

1740—1760年，伏尔泰在一系列极有影响力的著作中，进一步阐释了他对中国的看法。他在一本小说里提出了欧洲、亚洲两个不同社会在道德价值观上的呼应。他在一出戏剧里指称，中国人内在的伦理道德甚至能感化由成吉思汗所领军的蒙古征服者*。伏尔泰不同寻常地以编史者的姿态，在《风俗论》(Essai sur les moeurs et l'esprit des nations) 一书的开头就用相当长的篇幅论述了中国，重新省思世界历史的发展进程。伏尔泰意在强调不同文明的价值，并指出欧洲人的傲慢自大："对中国礼仪最大的误解，肇始于吾人以己之风俗度衡彼之风俗：概因吾人将偏颇天性所生之偏见带至四海所致。"[8]伏尔泰无法在欧洲找到"哲人王"(Philosopher-king)，来例证他的宗教与政府体制的观点，他相信乾隆皇帝可以填补这个空白，还写诗向这位身处遥远彼岸的皇帝致敬。

伏尔泰对中国典章制度的礼赞，发生在极度钦慕中国的文化

---

* 译注：此戏剧即是伏尔泰改编自元曲《赵氏孤儿》而成的《中国孤儿》。

背景之中。在18世纪这段时期，欧洲人十分迷恋中国，法文中的"chinoiserie"一词即用来形容对中国的狂热，但热情更多是表现在对具有中国趣味的装饰格调与设计之上，而非哲学与政府体制架构的擘画。在有关中式宅邸、林园的画册里，在中式镶边丝绸、刺绣以及色彩绚烂的瓷器中，欧洲人发现了一种有别于新古典主义精密几何计算与巴洛克繁复风格的新设计。法国的洛可可风潮正是此一文化意蕴的代表，这种文化氛围崇尚柔和色彩和不对称性，以及刻意造作的杂乱感和梦幻般的感官享受。洛可可的流行风尚在当时的欧洲举目可见，从中产阶级家庭摆饰的"中国风"壁纸与家具，到公园里的凉亭建筑、街上的轿子、中国式的林园造景皆然。

然而随着晏臣那种愤怒与讥讽文字的出现，不管是在智识上还是在审美方面，这股对中国的狂热崇拜很快就消失无踪了。伏尔泰笔下的中国开始被许多法国重要启蒙哲学家认为不再可信，而他对中国的狂热之情也沦为这些哲学家嘲弄的笑柄。卢梭与孟德斯鸠怀疑，中国人并未享有真正自由，中国人的法律奠基于威吓而不是理性，中国的考试制度可能会令中国道德堕落而非提升。其他作家亦表示，中国似乎并未进步，甚至没有进步的观念；从这一点来看，中国离日渐退化仅一步之遥而已。套用法国历史学家布朗热（Nicolas Boulanger）的消沉言论〔写于1763年，翌年被英国激进派的威尔克斯（John Wilkes）翻译成英文〕，就是：

　　中国现今所保留的所有古代制度残余，必然会被未来的革命洪流所吞噬；一如部分古代制度在现今中国消失无踪一般；最后，当中国不再能获得任何创新时,她将永远落入失败的一方。[9]

通过反复思考这些有关中国与中国人说法,欧洲一些卓越的思想家努力求索着中国未来的前景。苏格兰思想家亚当·斯密于1776年出版的《国富论》(*The Wealth of Nations*)一书曾讨论中国的经济。在分析各国的生产力时,亚当·斯密发现可用中国来与其他国家,特别是欧洲各国与北美的发展中国家进行比较。若以人口作为国家发展指标,亚当·斯密的结论是,欧洲国家每隔五百年增加一倍,这个成长即使称不上剧烈也算稳定。北美的人口每隔二十或二十五年就增加一倍,因此北美的劳动力不虞匮乏,因此"新大陆更加繁荣兴旺,能以更快的速度向富裕之道迈进"。[10]

中国"长久以来便是世界上最富有的国家,亦即土地最膏腴、农业最发达、人口最多且最勤奋的国家",然而无论如何,中国的发展已经到了极限,"中国的财富已经臻至其法律与制度性质所能容许的限度"。处于如此状态下,持续的人口成长将会带来严重的经济反作用,"在这样的国家,工人的工资在过去足以维持生计,养家糊口,但因为工人相互竞争与雇主的利益,工资很快就会下滑至一般人道要求的最低限度"。结果是,"中国下层人民的贫困程度,即便是欧洲最穷国家的底层人民也远比不上",杀婴行为是普遍存在的社会现象。所以亚当·斯密尖锐地指出:"结婚在中国受到鼓励,并非因为生儿育女有利可图,而是为了拥有毁灭他们的自由。"根据亚当·斯密的说法,中国拒绝改变,结果使这些问题更加恶化。因为自外于世界经济的成长,中国的命运早已注定,"一个忽视或轻蔑对外贸易且只有两三个港口准许外国船舶进入的国家，断难达到该国在不同法律和制度下可能完成的同等交易量"。[11]

德国哲学家黑格尔于1820年代初所作的一系列著名演讲中，将布朗热、卢梭、孟德斯鸠、亚当·斯密等人的批判分析融合到一起，认为"东方文明"——中国文明无疑是其中的佼佼者——属于历史初期阶段，现已属于过去。黑格尔所建构的"亚细亚社会"概念，对青年马克思等19世纪思想家有着深远的影响。对黑格尔而言，历史是他称之为世界各地的自由观念与其实践的发展过程。自由是"世界精神"自我实现的彰示，而世界精神在欧洲与北美的基督教国家里已得到全面的体现。黑格尔对自己所处的时代深感乐观，发展出一套贬抑中国过去文明价值的历史哲学。黑格尔把中国描述为由皇帝或专制君主所宰制的国家,正是那种只视一人是自由的"东方国家"的典型。而在西方，古希腊罗马人已经认识到一部分人是自由的，十余个世纪后，黑格尔这一代早已知道全体人皆是自由的。因为不了解"精神"在世界中的进程，所以中国皇帝的"自由"也是"反复无常"的,这表现为"本性的残暴——粗暴而鲁莽的激情——或是欲念的柔和与温顺，本身不过是大自然的偶然产物"。[12]

黑格尔写道，中国的命运部分取决于地理因素，"亚细亚东部的广大土地被隔绝于历史的普遍进程之外"。在一段措辞有力的章节里，黑格尔阐述道，中国人缺乏欧洲人海上冒险的勇气，宁愿守护着其大平原上农业的周期律动。土地仅展现为"大大小小、永无止境的依赖"，而大海却负载着人类"超越了思想与行动的有限范畴……海洋的无限伸展超脱了大地的制约，然而这正是亚细亚国家——纵身以海为邻,比如中国——宏伟的政治系统所欠缺的。对亚细亚国家而言,海只不过是大地的尽头、终点,它们与海并没有积极关系"。[13]勇于海上冒险且积累了庞大财富的福建商人若是看到此类陈述,可能会感到十分错愕。不过大清帝国对海上冒险兴趣索然,这点黑格尔基本上是说对了。

在这一连串令人沮丧的结论里,黑格尔将中国永远置于了世界精神的发展进程之外。虽然中国曾经拥有无数的历史学家,但他们研究自己的国家时却囿于自身的狭隘偏见,意识不到中国本身"仍游离于世界历史之外,而理所当然地认为他们只消等待着那些关键要素结合起来,促成至关重要的进步"。虽然中国皇帝可能会对百姓说着"庄严及慈父般和蔼、温柔"的语言,但中国的百姓却"自视卑微,确信人天生就只配给皇帝拉车"。在一段较马戛尔尼对清朝命运看法更甚的段落里,黑格尔为中国的百姓感到悲哀:"将他们压垮在地的重担,对他们而言却像是无法逃脱的宿命:出卖自己为奴、忍受残酷的奴隶制度,在他们看来似乎算不上什么惨事。"

但或许中国并未完全陷入形而上与地理上的孤立状态。在一段表意极为模糊的插话里,黑格尔补充道:"在他们的例子中,只有在他们被找寻出来且他们的特质被别人研究过之后,与剩下那段大写历史的联系方可存在。"[14]但由谁去找寻或如何找的问题,黑格尔并未明言,不过西方列强挟其船舰、外交使节团与鸦片,很快就开始给出答案。

明，佚名，《二美品画图》

晚明，陈洪绶铭抄手端砚。砚侧有铭文："吾身子惜如玉，愿之金谷 则取辱。"

晚明，墨块。用松烟煤和动物胶铸模而成。一面铸有梅花盛开的图形，另一面则有诗经篇名"摽有梅"字样

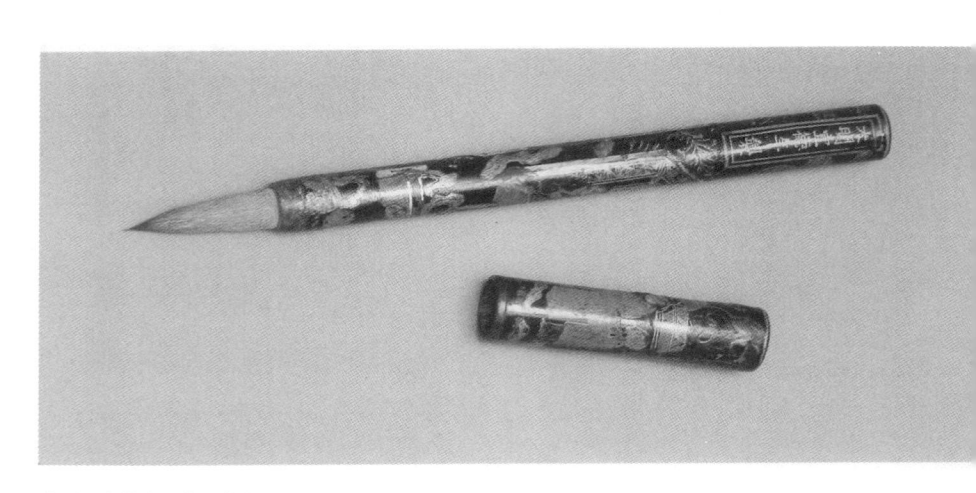

晚明，木制漆毛笔、笔盖

晚明，木刻版画，展示了江西景德镇的瓷器制作环节。尽管独特的青白瓷器是盛极一时、贵重无比的出口商品，但微薄的工资迫使景德镇的瓷工于1601年发起暴动。下图中，瓷工在为瓷器装饰以青花图案，而上图的两个瓷工则把装饰好图案的瓷器，放入装满釉料的大缸中，然后拿去烧制

《高士图》，1520年。在这幅卷轴画里，唐寅稍带讽刺地描绘了这群高傲的士人

《流民图》，吴伟（1459—1508）

《满洲实录》插图。女真部族首领努尔哈赤,联合蒙古和女真诸部对抗明朝。上图显示的是1586年努尔哈赤(骑马者)攻打邻部,下图表现了努尔哈赤建立后金的情景

即帝位 太祖建元

这两幅版画 1673 年在伦敦出版,分别描绘了耶稣会传教士利玛窦和汤若望。上图中,利玛窦(左)旁边还站着一位中国信徒徐光启;下图中,汤若望身穿的官袍上带有高品级官员专用的补子

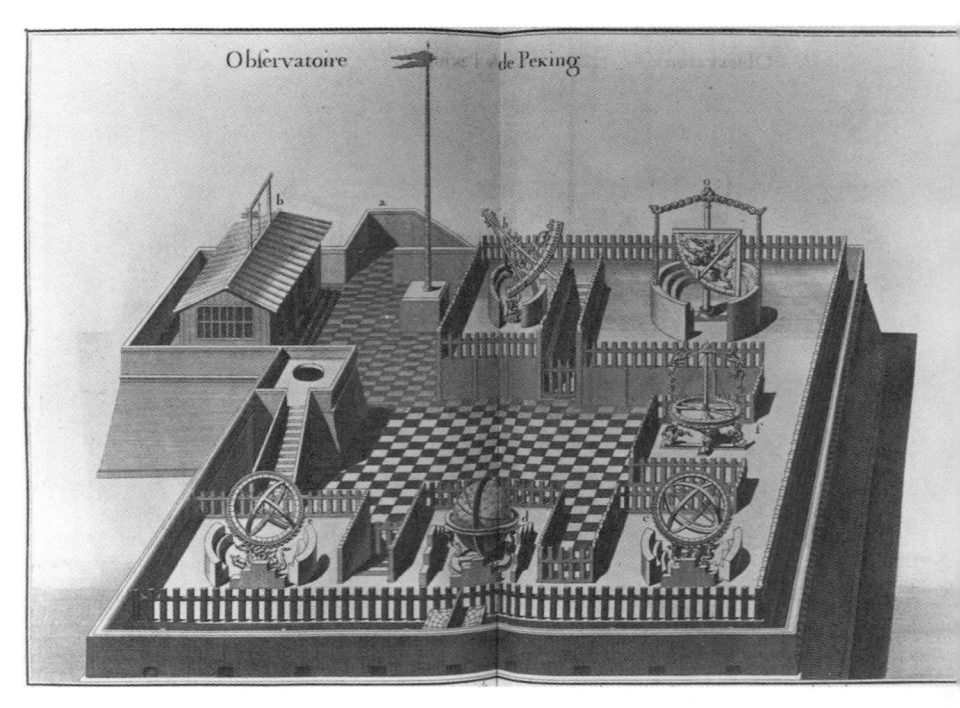

北京天文室。汤若望的耶稣会同僚南怀仁，在北京城东精心建造一座天文室，其中设有六分仪、四分仪以及其他天文观测仪器

《康熙南巡图》（局部），王翚等人作，约1695年。图中康熙船队正准备在苏州靠岸

《康熙帝读书像》。通过钻研儒家经典,康熙呈现出一派"圣王"之相

明,《观榜图》。图中描绘了科举考生正心焦如焚地等待发榜。科举正是康熙用来笼络文人、让他们把对前朝的忠心转移到清朝上的重要手段

明朝戏曲剧作家汤显祖《牡丹亭》中的一个场景。女主杜丽娘在绘自画像，侍女在一旁观望

《双鸟怪石》，八大山人作，1692年。八大山人和同时代的画家通过艺术作品表达他们对清朝政权的抗拒

《雍正祭先农坛图》,佚名作。这幅卷轴画表现了雍正帝在京城先农坛上亲祭先农,作为春季开播前的仪式

郎世宁《玛瑺斫阵图》细部。郎世宁（1688—1766）是乾隆朝一位颇具天赋的耶稣会画家，画中描绘的这名清朝将领，因屡屡绥服回疆而名声大著

乾隆皇帝的伟大功勋之一是征服了新疆这片广阔的土地。这幅版画描绘了1759年攻克喀什噶尔、叶尔羌之前清军扎营的情景

圆明园是在华的耶稣会传教士为乾隆皇帝设计的皇家园林,坐落于北京城外。这幅版画展示的是圆明园的"海晏堂"

乾隆元年八月吉日

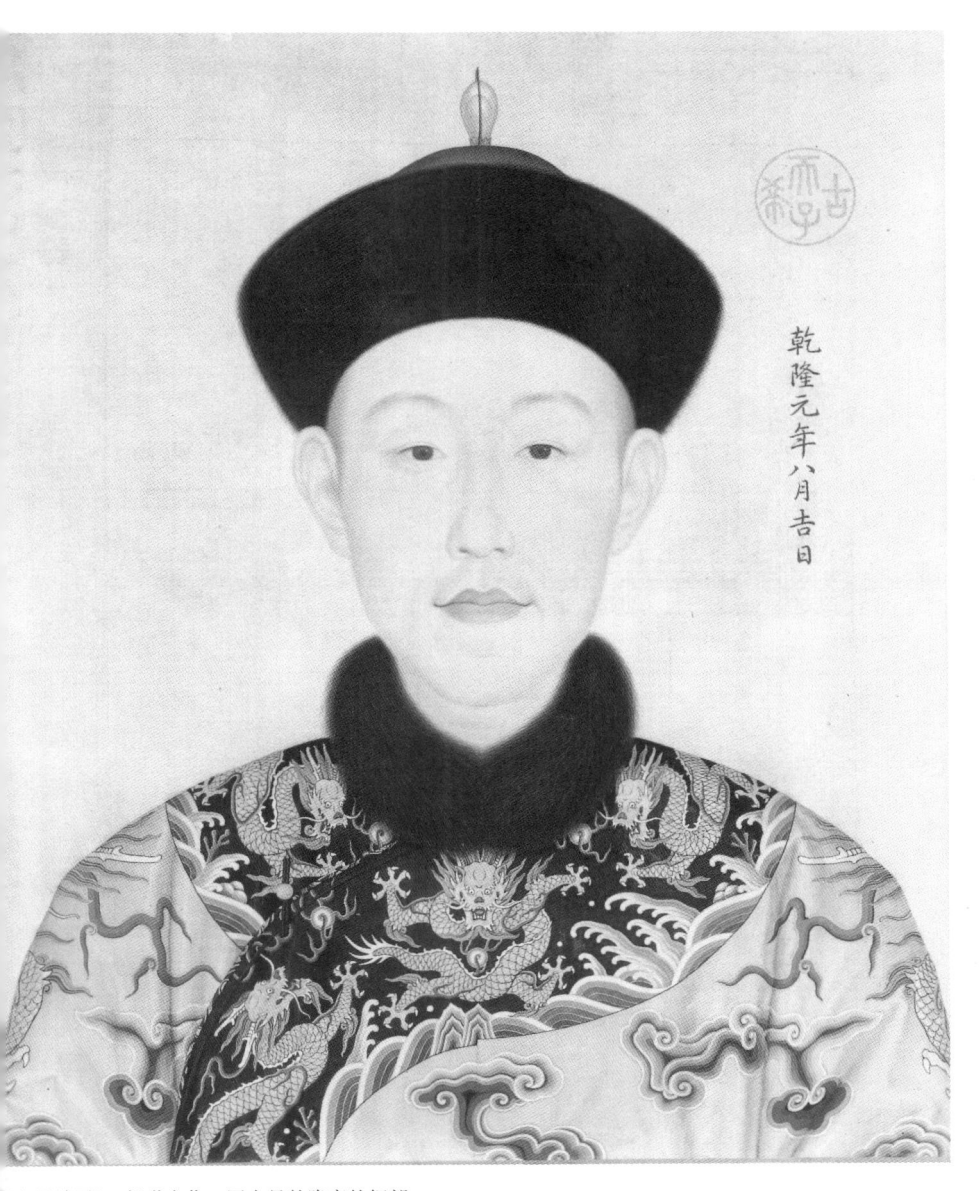

《心写治平》，郎世宁作，图中是乾隆帝的细部

上面的讽刺漫画描绘了马戛尔尼和乾隆皇帝的会面场景，创作于马戛尔尼使团 1792 年从英格兰出发之际；下图来自马戛尔尼日记（1806 年版），更符合实际会面的场景

这幅充满东方色彩的画,展示了外国人眼中 18 世纪的中国。中心人物大致是以康熙皇帝为原型的

广州工厂。中国允许西方商人居住在广州西南的一块指定区域里,这些商人在此搭建起自己的小世界。1841年战争期间,图中的整个工厂被中国人洗劫一空,并在第二年烧成废墟

《鸦片烟瘾者的沉沦》,约1860年,出自十二张一组的中国水彩画。上图:女人、丝竹歌声萦绕身旁,是沉溺于鸦片烟的第一步。下图:抽鸦片烟者被母亲用手杖责打,引起父亲的不满,而一旁的妻子在砍鸦片烟枪,桌上小孩受到惊吓。

《平定太平天国战图》之《攻破田家镇贼巢收复蕲州图》。太平军北伐，一路打到距离京城不过七十公里的天津郊区。在这幅画里，当地一位画师描绘了北伐军被清军察觉并逐步击退的场景

《平定太平天国战图》之《克复岳州图》。1854年,清军终于平定了洪秀全的太平天国起义。这幅画展示了1854年7月清军在洞庭湖一役中取得胜利的场面,表彰了曾国藩及其湘军的功绩

创办湘军、平定太平军的曾国藩

英国炮队军官查尔斯·戈登（Charles Gordon），又称"中国人戈登"，统领"常胜军"抵抗太平军

大沽炮台内部一隅，1860年8月，费利斯·比托（Felix Beato）拍摄。1858年签订《天津条约》之后，清仍继续抵抗欧洲人入侵，1859年在战略要塞大沽炮台逐退英军，但翌年就被英法联军攻破。这是在中国拍摄的最早的新闻照片

圆明园废墟，1875年，托马斯·柴尔德（Thomas Childe）拍摄。1860年10月18日，英国额尔金爵士（Lo[rd] Elgin）下令焚毁这座由耶稣会建筑师为乾隆设计的皇家园林。就在同一天，清廷屈服，答应英国进一步[的]索求

1848—1849年的加州淘金热，第一次让中国人产生了移民美国的强烈欲望。1860年代，加州到犹他州一线……起的铁路工程进入最后阶段，数千名华工正忙于工作

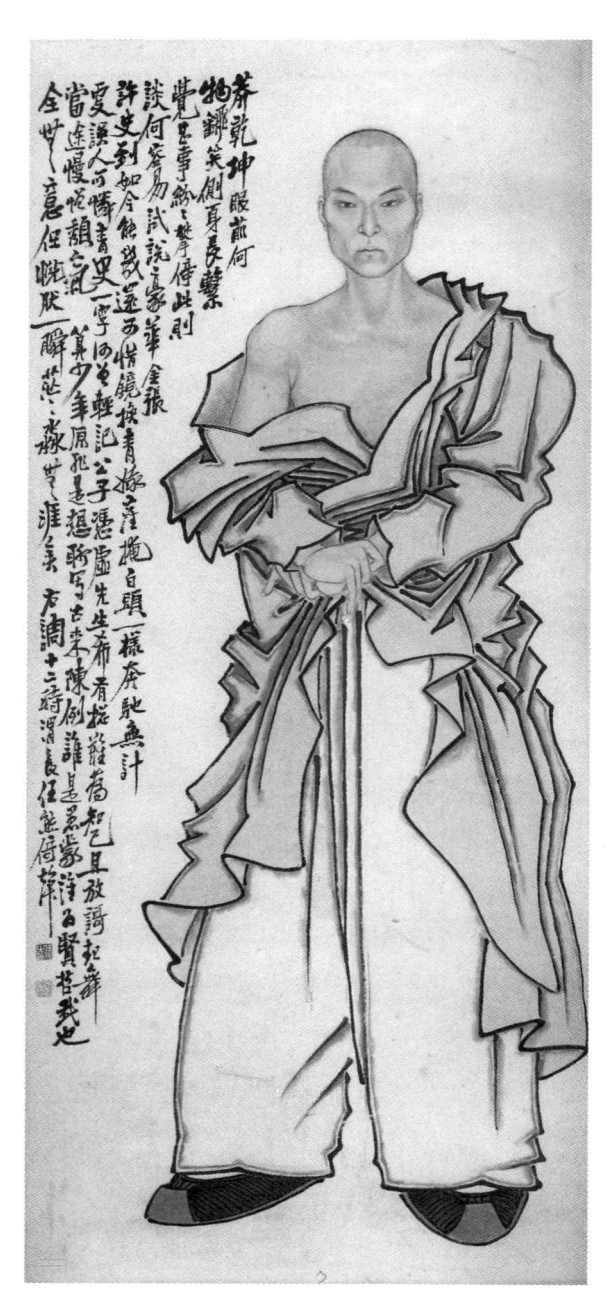

任熊（1820—1857），自画像

任伯年（1840—1895），《酸寒尉像》。任伯年，曾在洪秀全的太平军里任过职，这幅作品描绘出了他友人作为一名俸禄微薄的小小官员的惨淡

北京城主要街道之一，1907 年

第二部

分裂与改革

19世纪初，中国士人已察觉到社会承受的道德与经济压力。他们秉承儒家智识传统，主张行政与教育改革，呼吁重视人口急速增长问题，同时提倡财富的合理分配。有人也指出了男女之间的不平等，吁请重视女性在日常生活中的角色地位。

鸦片成瘾日渐普遍，造成尤其棘手的社会问题。士人、阁臣甚至皇帝本人，对于到底要合法化还是要禁革鸦片各持己见,举棋不定。同时，英国大举投资于鸦片制造与流通，贩卖鸦片所得在整个英国国际收支中的比重甚大，使得鸦片交易成为英国外交政策的重要一环。清朝视鸦片为内政问题，决定禁烟。英国则以武力击败清朝后，于1842年强迫清朝签订一纸条约，自此改变了其与外国强权的关系架构，结束了长久以来中国统治者对来华外国人的有效控制。

外国力量新面貌的出现，恰巧赶上新一轮的国内动荡，前者无疑也对后者起到了推波助澜的作用。反清动乱在18世纪后期愈加频繁。19世纪社会失序加剧，带来更大的动荡，到中叶时，爆发了四次大规模的起义，至少其中的两起——太平天国运动与捻军起义——差一点就推翻了清王朝。太平天国奉基督教基本教义与平均主义为圭臬，直击儒家思想与中华帝国的价值命脉。捻军则以新的游击作战模式，撼动了清朝正规军事机制的威信。另外两次起义分别由西南与西北边疆的回民掀起，对朝廷在边远地区非汉民族的统治造成了威胁。一群忠于传统中国价值观的士人，锐意维系既有的社会、教育、家庭体系，正是他们所取得的一系列重大军事胜利，使清朝的国祚得以延续。

讽刺的是，这群士大夫在屡建战功之后，也忍不住开始仿效或采用一些外国军事科技与国际法，最终瓦解了他们原来力图维护的价值体系。不过，一开始谁也无法料想到这样的结果，清廷以"自强"为名，不仅建立新式兵工厂、造船厂，还成立了现代化的学堂，教授外国语言，聘雇外国人合理征收关税，试图招募一支由西方船只、海员组成的小型船队，设立了中国首个等同于外交部的机构——总理衙门。

然而，中外关系依然紧张。中国境内爆发教案后，美国国内随即发生排华暴行，美国也发布一连串的禁令，使得华人移民人数锐减。从这些案例可知，纵使个人的努力证明不同种族间可以和平相处，相互包容，然而在民族的文化与价值目标上，彼此之间仍充满误解。

到了19世纪末，尽管外有压力，内有动乱，但清朝似乎可以创建一个新的综合体。然而以夷之技所取得的种种军事与工业成就，在对法与对日这两次短暂却惨烈的战败中被粉碎，让中国沾沾自喜的"现代化"海军葬身海底。1898年的一股改革热情因保守势力反扑而胎死腹中，为1900年的义和团运动做好了铺垫。这场动乱挑起了中国人内心的仇外情绪，导致攻击外国传教士与信徒的行为大范围出现。拳民虽然遭到外国武装力量的镇压，但紧随而来的"反清复明"民族主义，开始在报纸文章、宣传册子中出现，经济抵制运动以及一系列意欲从内部削弱清王朝势力的起义也反映了这种苗头。

清朝亟思救亡图存，推动或可收效的政治、军事、经济等通盘改革计划，其中包括试行西方模式的立宪政府，以西方建制重整军队，建设中央掌控的铁路网络以加强控制中国的经济。然而，这套改革计划不但没有带来稳定，反而激化了冲突，滋生了新的误解。各省所成立的咨议局成为批判清朝政权、地方利益涌现的大本营。而一支由满人娴熟指挥的现代化强悍军队若建成，对梦想推翻清朝、谋求独立的汉族民族主义者来说，只能是一种威胁。同时，朝廷试图集中管理铁路并向外国贷款以收回路权的举措，激怒了各省的投资者与爱国人士。这股怒火被激进派领袖与其焦躁的追随者巧妙煽动起来，这时清朝才惊觉国本已被严重损毁。

面对1911年底爆发的武装起义，一筹莫展的满人别无选择，只得在1912年初拱手让出政权，至此清朝宣告覆亡。不过国家的权力中枢依然悬荡，又无旷世雄杰能填补这个真空，徒有几个意识形态对立、主张相异的集团相互竞逐。清朝崩解后，取而代之的并不是一个崭新且充满自信的共和国，而是一段内战连绵不绝、思想彷徨无依的时期，对百姓而言，其残酷程度比自二百六十八年前明朝灭亡后的动荡更甚。然而在杌陧不安的时局中，治世经国的思想家、自强运动者、立宪改革者和革命者胸中所萦绕的那份富强中国的美好梦想，却从未全然销蚀。当然，清朝最后一百年的统治，也留下了其积极一面，那就是：泱泱中华的信念，决不能消亡。

第七章　与西方世界的初次冲突

中国士人的回应

早在乾隆皇帝驾崩（1799年）之前，儒家士人已开始意识到大清王朝面临的内忧外患有多么严重。考证的实证研究传统中出现了新的潮流。有些学者开始恳求同辈多关注眼前的需求与行政管理的问题；也有人开始大胆思索中国的命运，想知道儒家思想的传统里是否真的没有鼓励变革的因子；还有人认为考证学派日趋枯燥乏味且流于形式，他们要发展新的政治焦点来著书立说。

即便学者文人只是暗存批评朝政之意，也还是有可能招来祸害。文人洪亮吉即是一例。他与多位考证派学者交好，曾参与编纂《四库全书》，热衷功名，但四度应试均榜上无名，直到1790年才以四十四岁的高龄考中进士。洪亮吉曾任贵州学政三年，对西南偏远地区有透彻的了解，并将之融入对京城政治派系的持续分析中。在1790年代写的一连串文章中，洪亮吉探讨了中国面临的各种问题。其中之一便是失控的人口增长，以及人口压力超过生产能力时可能引发的难题。洪亮吉也提出城市里奢靡之风日盛，贪赃枉法屡见不鲜，镇压白莲教与其他叛乱时衍生了种种弊端。这些文章并未遭到查禁，不过在1799年，洪亮吉因抨击大行的乾隆皇帝与宠臣和珅的政策，被朝廷依"大不敬"之罪名判刑"斩立决"。但新君嘉庆皇帝（统治时间为1799—1820年[*]）亲自介入，为洪亮吉减刑，将他流放到了中国最西北的不毛之地——伊犁。

查抄和珅与其党羽家产的嘉庆皇帝，似乎意识到了洪亮吉对中国面临的困境有真知灼见，便于1800年赦免了他。洪亮吉回到安徽闭门苦读，著书立说。1809年洪亮吉去世，但是他的那种深入且务实的著述方式却为后人所发扬光大，其中又以贺长龄最为知名。他编修的《皇朝经世文编》，不只是一部理论著作，更收录了清初至道光时最优秀的经世之文，范围广及人事考核、薪俸、税赋、保甲制度、八旗兵饷、义仓与饥荒赈济、盐务垄断、通货、民间宗教、防洪等。这部巨帙以晚明东林党陈子龙的《皇明经世文编》为范型，于1827年竣工。当时阅读这部书的读者，许多都带着一种王朝倾颓的紧迫感。

贺长龄并不只是清代中叶经世学风的代表人物，他还具备丰富的行政经验与超凡的洞见。讽刺的是，当黑格尔正在讨论中国闭关自守的时候，贺长龄却正在制订一项复杂计划，主张漕粮不走年久失修的大运河，而改走海路，由华中、华南运往北方。1826年，在

---

[*] 理论上，嘉庆朝始于1796年乾隆内禅，但诚如前述，乾隆退位后仍旧把持朝政，直到1799年崩殂才止。

他的建议下，逾一千五百艘舢板运载九百万斗的白米，成功地循海路北行。但为了保护大运河漕运从业者的既得利益，他的计划不久就被取消了。倘若其计划能持续实施，中国商业海运的成长或许相当可观。

其他学者则试图为变革找出合理的说法。龚自珍就是属于这类文士。1792年，龚自珍出生在杭州的一个富裕的士大夫家庭。龚自珍早年即濡染金石、目录等考据之学，走的是当时的学术主流之路，并对"汉学"流派的注疏与文本深感兴趣。然而，他对社会与政治体制的批判意识，导引他转向了《春秋》的公羊学。正如欧洲学者指出的，中国大部分史籍都蕴含了一种循环史观，排除了线性"进步"史观的出现。但是公羊之说有别于此，通过"三世"——据乱世、升平世、太平世的嬗替——提出了历史发展的理论。

龚自珍为人性情复杂，好发脾气，他的个性呼应了清初古怪文人的形象：形骸放浪，书法狂放，和各色各样的人打交道，纵情赌局，讥评老成长者。但他对社会的批判识见却比洪亮吉还要多。龚自珍不但盱衡世局，痛陈吏治不修、朝仪繁缛、科举取士迂腐僵化，还针砭法律不公、财富不均、女子裹脚、鸦片吸食以及一切对外贸易，借以强调中国正处于"三世"中的最低一级，也就是"据乱世"的险境。

论到财富的再分配，龚自珍口若悬河。他写道，在久远的上古，统治者与被统治者宛若庆典的宾客，一起参与典礼，共同分享祭品。但迄至商周两朝（大约三千年前），"三代之极其犹水，君取盂焉，臣取勺焉，民取卮焉"。龚自珍以这个比喻，点出中国社会已演变成持大、小汤匙的双方交相攻伐，而统治者独霸整个汤锅的景象。可想而知，这整个汤锅已"涸而踣"。已经到了再次公平分配汤锅菜肴的时候了：

> 有如贫相轧、富相耀，贫者眂、富者安，贫者日愈倾、富者日愈壅。或以羡慕，或以愤怨，或以骄汰，或以啬吝，浇漓诡异之俗，百出不可止。至极不祥之气，郁于天地之间。[1]

如果说龚自珍这类文人可以通过研究新的书籍，将兴趣从训诂之学转向婉转的社会批判，其他一些学者的取径则更为迂回。中国最伟大的讽刺小说之一《镜花缘》，成书于1810—1820年这一关键时期。《镜花缘》作者李汝珍，是一位接受传统教育的北京文人。他先是热衷钻研音韵之学，但眼见社稷岌岌，便开始重新反省哲学思想及其与政治的关联，还探讨两性关系这一尤其敏感的问题。在《镜花缘》中，李汝珍颠覆了传统男尊女卑的世界。李汝珍在"观丽人女主定吉期，访良友老翁得凶信"一回中，写到女儿国的男人必须用针打耳朵眼，忍受缠足之苦，花几个小时化妆打扮以取悦女主人，尝遍羞辱、痛苦、压抑的人生。虽然先前已有其他作家玩味过类似概念，不过没有人像李汝珍这样投入得这么彻底。想必凡是闻见书中林之洋所受皮肉之痛的清朝男性，至少会对当时女性承受的苦楚有一丝同情：

> 不知不觉，那足上腐烂的血肉都已变成脓水，业已流尽，只

剩几根枯骨,两足甚觉瘦小;头上乌云,用各种头油,业已搽的光鉴;身上每日用香汤熏洗,也都打磨干净;那两道浓眉,也修的弯弯如新月一般,再加朱唇点上血脂,映着一张粉面,满头朱翠,却也窈窕。[2]

李汝珍对社会错置的体会,在嘉庆年间的落第或待业文人之中必定相当普遍。尽管在19世纪初,受过教育的人数大幅增长,但朝廷却仍拒绝增加科举取士人数或扩大官僚机构规模。如果这些文人没有个人收入,对变革兴趣索然,也无权臧否朝政,艺术才能有限,那么他们一定过得郁郁寡欢。沈复即是一例。1807年,已届不惑之年的沈复,写下了一篇篇幅不长但却情真意切的忆往文字,刻画出落魄文人的黯淡前景,令人掩卷难忘。沈复生于乾隆中叶的苏州,曾设帐收徒,经商,为人幕僚,一生在多个角色中流连。《浮生六记》的书名颇为贴切,记述了沈复如何辗转各地,寻觅明主,又是如何慑于父亲的专横,屈从于不同短期雇主。

不过沈复的生活也并非一片黯淡。他多次经商远行(甚至到了广州),将各地的瑰丽奇景尽收眼底,后又娶得神仙美眷,鹣鲽情深,携手相伴二十三载,共享艺术趣味、世俗之乐和美食,直至她殁故。沈复的妻子善诗,才思隽秀,温柔婉约,还尽其所能,对他们那点微薄且不稳的收入精打细算。但是沈复勾勒的二人生活却说明,尽管作为儒家传统的一部分,丈夫地位尊于妻子的观念盛行,法与理对这种尊卑等级也予以支持,但拥有一段缱绻亲密的婚姻仍是可能的。不过,这对夫妻终究还是逃不过家庭贫困与丈夫事业失败的摧残,而沈复始终都无法明白,何以命运容不得他们夫妻俩的快意人生:"人生坎坷何为乎来哉?"他扪心自问,"往往皆自作孽耳。余则非也!多情重诺,爽直不羁,转因之为累。"³可惜沈复所处的社会似乎对于这类朴实无华的传统美德,不再那么看重了。

中国的政治对策

嘉庆年间,除了英国为防止法国染指澳门进行的一些小打小闹外,中国并没有外国势力压境,倒是得以缓一口气。许多人一定以为这是英王乔治三世收到乾隆在1793年的敕谕,慑于天朝威仪而使然,但原因并非如此,而是由于欧洲爆发了拿破仑战争,英法两国没有余裕再来推动东亚的扩张政策,而当时的中国又没有别的强敌。一个世纪之后的第一次世界大战期间(1914—1918)也有类似的情形:日本人趁西方人自顾不暇之际,遂行掠夺中国领土的野心。不过在19世纪初,日本的德川幕府仍然实行闭关锁国政策,无意对中国施压。

然而,距拿破仑1815年兵败滑铁卢还不到一年,英属东印度公司便派遣由阿美士德勋爵(William Pitt, Lord Amherst)率领的使节团抵达中国。阿美士德的使命和马戛尔尼勋爵一样,无非就是扩展贸易优惠、增加开放口岸、要求允许外交人员进驻中国,但他还是受到了清朝相当无礼的对待。因为长途跋涉,加上朝廷还一再要求他行三跪九叩之礼,阿美士德早已筋疲力尽,但他刚到北京,连一天都没休整,就被催促着去面圣。阿美士德要求稍事休息,结果遭到威吓，随后被黯然逐出中国。

这件事情被英国人当成了清朝似乎不愿与西方人理性交涉的证明，其实清廷官员已开始日渐察觉到与西方往来的政治复杂性。这一点从广州和职司两广政事的官员开始更受重视便可看出端倪。鸦片贸易给东南地区带来大量的白银，出口的丝绸与茶叶也在此囤积，使得当地官员腐败严重，财政收入也因过境税和合法的对外贸易税增加而水涨船高。行商被迫向朝中和地方大员"捐输"，以继续享有朝廷所授予的贸易特权。但是这种保障往往并不牢靠，许多行商因向洋人借贷而债台高筑，甚至破产，然后被新的——通常很不情愿的——行商取代。"公行"制度得以维持那么久，很可能有赖于"公所基金"这种互保机制的设立。在此机制下，行商要将其利润的十分之一纳入基金，以备危急之需。起初，公所基金由行商私底下提拨，但自1780起朝廷开始公开支持，并向外国进口的货物追加3%的税赋。到了1810年，公所基金向朝廷上缴的银钱每年已达一百万两的水平。

随着广东跃升为财经重镇之后，文人随之而至，书院也如雨后春笋设立起来。1817至1826年间，任两广总督的阮元设置学海堂书院。学海堂后来成了广州的学术中心，刊刻印行许多著作，包括广州地方史。阮元曾经研究过清代重要的数学家，其中包括三十七名住在中国并有著述的欧洲传教士。这部作品传播之后，引起了时人对西方科学成就的一些兴趣。阮元还大力反对买卖鸦片，曾于1821年在澳门逮捕数名鸦片贩子，并试图在广州禁烟。

对吸食鸦片一事究竟应该禁绝还是弛禁，此时已成为中国外交与国内经济的核心问题,而且这项争议开始影响京官与地方官吏派系联盟的构成。嘉庆之后,道光(1821—1850年在位)继位,他似乎是个心地善良但无法扭转大局的人。乾隆一朝因和珅专擅而朝纲隳坏,嘉庆无力恢复,道光登基之后便急于重振大清国威,在1800与1813年两度下令严禁鸦片买卖,但均告失败。现在,道光皇帝在苦思更为有效的替代方案。

到了1825年,道光从御史的奏折中得知,中国的白银因支付西方的鸦片而大量外流,严重损害到国家经济。虽然这个现象主要限于东南沿海地区,不过它的效应却深入内陆。白银储备不足,意味着银兑铜的价格上扬;由于农民平常以铜钱来交易,但需以银来缴税,所以银价上涨就等于农民要纳更多的税,势必会引起动乱。1834年,英国国会取消了东印度公司垄断亚洲贸易的权利,情形更是恶化。这一决定向所有人敞开了对华贸易的大门,果不其然,鸦片买卖量与来自欧洲各国与美国的商贾人数也随之大增。此外,由于全球性的白银短缺,外国商人改以其他不太通行的铸币来购买中国商品,使中国的危机益形加剧。[4] 在1820年代,中国每年外流的白银约有二百万两,至1830年代,总数升高至九百万两。乾隆年间,一贯铜钱约等于一两白银;到了嘉庆年间,在山东一地,换一两白银已需一千五百文;至道光年间,这个数字则成了二千七百文。

英国政府取消东印度公司贸易特权之后,派律劳卑(William John Napier)勋爵担任首位驻华"商务总监督",但他在1834年抵达广州后,引发了新的冲突。律劳卑不愿透过行商来打交道,希望径自与两广总督进行交涉。在得到清政府"天朝疆吏不得与外夷通达书信"[5]的回答后，律劳卑下令停泊于虎门的舰队北上广州。后因他死于热病，这场一触即发的战端才告平息。与此同时，中国的鸦片进口量依然持续攀升，1835年逾三万箱，1838年上升至四万箱。

1836年，道光皇帝谕令臣工针对鸦片问题各抒己见，具章奏报，结果大家意见相左，各持一端。主张鸦片贸易合法化的人认为，这不但有助于阻绝官员的贪污舞弊，鸦片买卖所课征的关税亦能大大充实府库，同时认为中国国内种植的鸦片质量会胜过印度鸦片，价格也更便宜，或许可以逐渐取代外国鸦片。但许多官员觉得这种看法百害而无一利。他们指出，洋人生性残酷贪婪，而且中国人并不需要鸦片，无论产自何处。他们认为，嘉庆年间的禁令不仅不应废除，应该更严格贯彻执行。

1838年，道光广纳众议之后，明令严禁鸦片。道光挑选时年五十四岁的福建人林则徐，以钦差的身份赶赴广州，查禁鸦片贸易。理论上，林则徐是绝佳人选。1811年，林则徐进士及第，任职翰林院（位于北京，是一所声望卓著的儒学研究官署）并先后在云南、江苏、陕西、山东供职。在任湖广总督时，林则徐曾厉行禁烟。直言不讳的龚自珍是他的好友，在给他的信中，龚自珍提到鸦片吸食者"宜缳首诛"，而贩者、造者"宜刳脰诛"。林则徐奉旨于1839年3月初抵达广州时，驻节在了主张严厉打击鸦片贸易的粤华书院，而未在学海堂落脚，因为阮元的后继者已经把学海堂变成了主张鸦片合法化的中心。

"林钦差"（Commissioner Lin，这是西方人对林则徐的惯称）为了禁绝鸦片，想办法动用了儒家中国所有的传统力量与价值观念。他在禁烟文告中强调吸食鸦片对身体的戕害，并下令吸食者在两个月内向职司的衙门缴交持有的鸦片与烟具。林则徐还命令各学官彻查所辖文武生员有无吸食鸦片者；有者严办不贷，余者仿效保甲制度，派拨五人一组，互相联保。林则徐亦巧妙利用科举考试，将六百名地方上的学生集合起来，除了应答儒家经文之外，还要回答（可匿名）鸦片商号的名称，并就禁革鸦片买卖提出建言。水师和营兵也成立了类似组织。林则徐还扩大保甲制度的模式，动员地方的士绅察访吸食鸦片的瘾君子。到了1839年5月中，此次行动已逮捕超过一千六百人，没收鸦片约三万五千磅、烟具四万三千副，随后的两个月内，又查扣一万五千磅鸦片与二万七千五百副烟具。

对外国人，林则徐也同样采取说理、道德劝说与逼迫的手段。我们从林则徐的言论亦可窥知，他并不希望他的政策招致武装冲突。林则徐先拿行商开刀，在3月亲自会晤行商。林则徐责备行商不应为渣甸（William Jardine）、因义士（James Innes）这类英国巨商提供虚假担保，在大家都心知肚明的情况下，还敢称他们不是鸦片贩。林则徐透过行商向洋人传达指令，要求他们交出存放在伶仃岛附近等地区趸船上的数万箱鸦片，同时还必须具文切结，不再经营鸦片买卖。居住在广州的洋人也必须据实呈报所拥枪械数量。林则徐能动用的广州水师并不足恃，他不希望过度逼迫外国船只，但他有把握给地方上的洋人施压，逼使他们就范。但是林则徐并未对上缴鸦片的外国商人做任何补偿。

林则徐也试着和洋人讲理，敦促他们谨守茶叶、丝、大黄（林则徐认为洋人性嗜肉食，大黄有助消化）的合法贸易，并停止荼毒中国人。在查禁鸦片过程中，两广总督邓廷桢与林则徐合作无间，他曾颇为乐观地告诉洋人，吸食者早已戒除，贩卖者也已四散。既然鸦片需求没有了，鸦片贸易也就无利可图。在呈给维多利亚女皇（Queen Victoria）的一封措辞谨慎的信中，林则徐试图诉诸道德责任感："闻该国禁食鸦片甚严，是明知鸦片之害也……设使别国有人贩卖鸦片至英国，诱人买食，当亦贵国王所深恶而痛绝之也。"[6] 其实英国本土并未禁绝鸦片，许多知名人物如柯立芝（Samuel Taylor Coleridge）喝鸦片酊剂。很多英国人认为鸦片的危害比不上酒，所以林则徐的道德劝说犹如耳边风，听者藐藐。

惊慌失措的行商恳求洋人顺从朝廷旨令，这些外国商人先是借口手中的鸦片是他人寄存，无权将之缴付官府，后来又呈缴了一千箱的鸦片，以求搪塞。林则徐闻讯勃然大怒，下令逮捕英国大鸦片商颠地（Lancelot Dent）。当外国商馆拒绝交出颠地接受审判后，林则徐于1839年3月24日下令全面断绝对外通商。所有受雇于洋人的仆役被勒令离开雇主。在广州的三百五十名外国人，包括英国驻华商务总监督义律（Charles Elliot）都困在了商馆中，虽然饮水食物并无匮乏，其他用品与讯息也能被偷带进去，但此次封锁还是让很多人心惊胆战，再加上官军的号角锣声彻夜不绝，更让他们深感疲惫。六周之后，洋人同意呈缴逾二万箱的鸦片，林钦差接收之后，传令撤去对商馆的封锁，除十六名大鸦片商外，其余外国人一概获准离开。

林则徐亲临监缴，甚至4、5月份还住在船上，方便就近处理，并防欺瞒或偷窃之事发生。现在他所面临的艰巨挑战是如何销毁近三百万磅的鸦片烟土。他的办法是命人挖掘三个大沟,每个沟各约两米深、五十米见方。然后雇用五百名人夫,由六十名官员在四周巡缉,将烟土球捣毁后倒入沟中,混之以水、盐卤、石灰,直到烟土颗粒化尽为止。然后,在本地人与洋人的众目睽睽之下,这些浓稠的混合物被排入邻近河湾之中,流入大洋。

在一篇特别为南海之神撰写的祭文中,林则徐思虑良多:"本涤瑕而荡秽……谁知毒恣鸩媒,渐致蛮烟之成市。"他还就往海中倾倒毒物一事向海神道了歉,并在日记中建议它"令水族先期暂徙,以避其毒也"。至于那些经历过禁闭商馆又目睹了销烟过程的洋人,林则徐在上呈道光的奏折中写道:"(夷人)不敢亵玩,察其情状,似有羞恶之良。"[7]

英国的武力反击

钦差大臣林则徐与道光皇帝均是恪尽职守的勤奋之人,儒家那一套上下尊卑与统治手段都已经深入二人心中。他们似乎真的相信,广州臣民与外国商人的个性皆单纯如童稚,会对简单明了的道德戒条遵奉不悖。可惜现实却要复杂得多,当时很多人也看出这一点。即使在鸦片还没销毁的时候,就有官员直陈,林则徐此举并没有真正解决鸦片问题,只是解决了问题的表面症状而已。一个英国鸦片商回想遭清廷封锁的经历时,只是淡淡告诉一位友人:封锁商馆"幸可作为我们提出赔偿的理由"。[8]

中、英两国兵戎相见似乎已是一触即发的事情。前面已经提到过一些大的原因：清朝已出现社会失序的现象，染上鸦片瘾的人日益增加、中国人对洋人愈来愈不满，洋人拒不接受清律的规范，国际贸易结构发生变化，西方学者不再倾慕中国文化。其他因素则与林则徐谈判的背景有关，其潜在后果也是林则徐无法理解的。其中一个因素就是：外国鸦片商在密切关注朝廷于1836—1838年就鸦片问题的辩论后，趋于相信吸食鸦片即将在中国被合法化，于是便囤积了大量鸦片，并频频向印度的鸦片农追加订货量。然而，随着1838年禁革鸦片的强硬政策开始生效，鸦片市场亦跟着萎缩不振，鸦片商发现自己面临着库存问题。

第二个影响因素是，新上任的英国驻华商务总监督由英国女皇的代表担任，不是东印度公司的雇员。倘若中国为难这位商务总监督，这无疑形同侮辱英国，而不是刁难一家普通的商业公司，但中国并未察觉这中间的差别。反过来，商务总监督亦缺乏明确权限来约束在华的英国或欧美各国的商人。然而，当他面临重大问题时，却能向英国军队和皇家海军直接求援。

在英国这一方，上述两因素又结合在一起产生了第三个因素：英国鸦片商把积压的大量求售无门的鸦片，交给了继任律劳卑在华商务总监督职务的义律，而义律则将鸦片交给了林则徐。英国的鸦片商并不以鸦片被销毁而倾倒入洋为"耻"，反而借此向英国政府施加压力，向清朝索赔。

英国方面也密切注意中国境内鸦片事件的发展。1839年初夏，义律就曾发文向伦敦求援，英国外交大臣巴麦尊（John Henry

Temple Palmerston）爵士之前对不遵守大清律例的英国商人不太同情，但现在已经倒向了英国商人这一边。巴麦尊在写给"中国钦命宰相"（The Minister of the Emperor of China）的一封信中表示，"那些英国臣民原本好好地住在广州城内，信赖中国政府的善意"，但中国官吏竟以"暴力伤害他们"，虽然女皇陛下不会宽赦贩卖鸦片的行为，但她"绝不容许海外的英国臣民遭受暴力相向，受到侮辱与不公平的待遇"。[9]

随着封锁商馆、扣押销毁鸦片的消息传回英国，在中国拥有庞大贸易与商业利益的商人也开始积极游说英国国会采取报复措施。腰缠万贯的鸦片商查顿甚至还特地返回英国，以壮声势，确保新教宣教团体发起的关于反鸦片买卖的道德声浪不致产生广泛影响。在华的烟商曾筹资两万美元以备查顿返国运作之需，必要时还会给予他更多钱，"因为目标是如此重要，花再多的钱也是必要的、值得的"。甚至还有人跟查顿说："如有必要，不妨付出高价，使若干大报纸鼓吹声援此事。"然而英国国会并未向中国宣战，只是同意派遣一支舰队并动员驻印度的兵力，以期"满足需求与得到赔偿"，假使有必要，可"扣押中国的船只与载货"。[10]在义律的堂兄弟懿律（George Elliot）率领下，英军出动十六艘战舰，共配备五百四十门火炮、四艘新式的武装蒸汽船、二十八艘运输船、四千名士兵，并搭载了蒸汽船用煤三千吨和一万六千加仑供士兵饮用的甜酒。

此时林则徐仍在广东查禁鸦片，雷厉风行地逮捕、调查鸦片吸食者与鸦片商，使得鸦片价格从五百美元一箱，飙升至三千美元一箱的"缺货市价"。当英商拒绝具文切结不再贩卖鸦片后，林则徐便照以前在广州的做法，将这些人逐出了澳门。为了应对林则徐的驱逐令，义律带领部下移居矗尔荒岛香港，揭开了东亚历史的新一页。不过，广州的贸易并未陷于停顿，因为美国人非常乐于把握机会，通过居间为英国调停而牟利。美国副领事德拉诺（Warren Delano）让美国人签署切结书，承诺不违反中国法令。一位美国商人解释道，"我们美国佬可没有女皇来担保损失"，假使中国关闭其他的通商口岸，他也会继续"步步撤出，只要找到新的合作伙伴，就会继续从事买卖"。[11]

虽然贸易往来持续不断，但林则徐同时也在进入广州的水道两旁构筑防御工事，购买新的火炮配置在营垒上，用巨型铁链封锁航道，并着手加强训练兵丁。撤至香港的英国人饱受当地中国人的侵扰，不是水井里被下毒，就是被拒绝出售粮食。1839年9月到10月间，中、英在香港岛的海湾与广州外的虎门附近爆发武装冲突，双方互有伤亡。中国的船只被击沉，进一步协商的可能被中断。清朝官员向来忌惮群众的示威运动，但在一群喝得酩酊大醉的英国海员在九龙杀害一名中国村人（林维喜），而义律又拒绝将涉案的一干凶嫌交付衙门后，林则徐竟一反常态，动员一批"武勇"对抗更加不受欢迎的英军，举动令人讶异。有一份布告是这么写的："群策群力，购买器械，聚合壮丁，以便自卫。"[12]

1840年6月，英国舰队在懿律领军下驶抵广州。不过令林则徐失望的是，英军并未攻击林则徐新近部署的防御工事，只留下四艘船舰封锁水路通道，其余船只继续北行。7月，英军再以两艘船舰封锁宁波，并占领浙江外海舟山岛上的城镇，阻断了通往长江三角洲地区的水路。英军在当地知县自杀后，留下了一支驻军与一名传教士通译，随后驱战舰直至白河河口，逼临护卫天津交通要道的大沽。1840年8月到9月间，英方在此与深受道光信任的直隶总督、文渊阁大学士琦善进行谈判。琦善说服英国人离开北方返回广州，以利完成协议，琦善受到道光大力嘉许，被擢升为两广总督，而前一年承命担任此职的林则徐，则因处置失当遭到解职，并被流放伊犁。

1841年1月，琦善与英方达成协议，同意割让香港岛，赔款六百万元*，允许英方与清廷直接往来，并在十天内恢复双方在广州的贸易。道光接到协议内容的奏折之后，大为震怒，谕令革除琦善的职务，判其"斩监候"刑，不过后来又改判流刑。

巴麦尊同样也不满义律未能从中国压榨到更优渥的条件。在1841年4月的一封措辞愤怒的私人信函中，巴麦尊撤免义律的职权，拒绝批准这份协议、他叱责这位前任商务总监督说："阁下违背、忽忽所收到之训令。阁下已被解除一切的权力与兵权；阁下已无须再接受任何低于训令所要求的条件。"†令巴麦尊特别恼怒的是，义律既舍弃了舟山，又未能坚持索要遭禁鸦片的赔款，仅仅得到了香港这座"几乎连座房子都没有的荒芜小岛"的有限控制权。随后，璞

---

* 当时墨西哥银元在中国广泛流通，已被视为标准货币。但中国人本身仍然使用银锭，而非银元。

† 译注：1840年2月20日，巴麦尊曾发给义律、懿律一则"第一号训令"，其中包括对中国更多的要求。见茅海建：《天朝的崩溃》，北京：生活·读书·新知三联书店，1995年，206页。

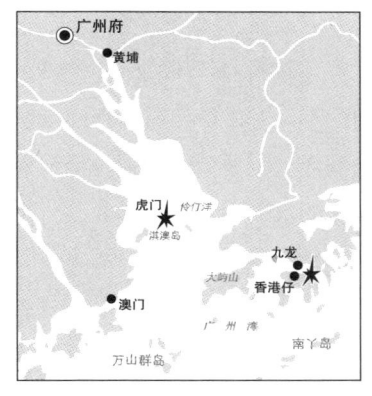

鸦片战争
（1839—1842）

鼎查（Henry Pottinger）爵士被任命为全权代表，继续与清廷交涉。在给璞鼎查的最后一道训令中，巴麦尊坚持新协议必须要与皇帝本人签署。"女皇陛下的政府不容许在英、中的和解过程中，让中国人的不合理举措取代人类的合理做法。"[13]

秉承新训令的璞鼎查于1841年8月抵达中国，发现局面变得更加严峻。广州城附近的乡间再次发生乡绅组织民兵义勇举事发难的事件，若干英军死伤。英方随之摧毁虎门要塞，击沉中国的舢板，廓清滨水地带，占领部分广州城。英军在广州官员同意支付六百万美元后撤离，但这些钱到底是作为广州城免遭洗劫的赎金，还是先前义律与琦善所定协议的赔款，抑或是两年前被销毁的鸦片的赔偿金，双方并没有达成共识。

1841年8月底，璞鼎查与英国舰队一同北上，占领厦门、宁波，并夺回舟山。来自印度的英国援军于1842年晚春与璞鼎查的军队会合后，他又发动了新一波攻势，切断中国主要河道交通与运河通道，逼迫中国投降。尽管八旗兵勇奋力鏖战，但英军仍在6月攻克了上海，在7月占领了镇江。就在兵败的消息确实之后，多名清廷的主战大员举家自尽。此时，大运河河道与长江下游水路遭到了英军封锁。璞鼎查拒绝清廷请和的要求，继续向长江下游的重镇南京挺进，于8月5日兵临明朝旧都南京城下。清朝政府立即求和，8月29日，时任钦差大臣的两江*总督耆英和满族大臣签订了被译成中文的《南京条约》。道光于9月接受了条约内容，维多利亚女皇则于12月底批准该条约。

在进一步评价《南京条约》及其附约之前，我们有必要强调1839—1842年间的鸦片战争在军事方面的重要历史意义。这场战争不仅对满人而言是一个决定性的逆转，也见证了西方军事科技与战术的革新。其中最重要的，当属蒸汽动力船舰在海战中发挥的作用，这点可由英国战舰"复仇神"号（Nemesis）的作战记录看出。"复仇神"号是一艘未镀铜的明轮铁壳船，靠风力与以木材、煤为燃料的六座蒸汽锅炉作为动力，即使在狂暴的海面上，其时速也可以维持在七至八海里。"复仇神"号吃水只有五英尺深，所以能在任何风势或潮汐状态下于沿海浅水处活动。在广州虎门一役中，"复仇神"

---

* 两江下辖江苏、安徽、江西三省。

号在浅水处往来自如，能发射葡萄弹、重型炮弹和火箭弹，钩住舢板并将其拖走，运送人员，在风平浪静时拖曳船只。在上海战役中，"复仇神"号拖着携带重炮的军舰抵达城市射程之内，并充当运输轮，将英军直接运抵码头。这场战役还没结束，更多类似的新蒸汽船便被派往中国海域；倘若英军储备足够的燃料，这些船只就能源源不绝地为英军补充兵力。

但是，大清国也没有坐以待毙，甘为西方科技与火力的"鱼肉"。林则徐职司广州政务时，曾责成文士搜集广州与新加坡刊印的书籍，探访西方诸国的讯息。他还请一位美籍传教士翻译国际公法*著作的部分章节。而且，在1842年中英交战时，英国人发现的大量证据表明，清朝官员正试图快速追赶上西方的新科技。英国人在厦门发现了一艘配备三十门火炮且几近竣工的英国双层甲板军舰仿制品，这艘战舰几乎可下水航行，而其他同类型的船舰也正在赶造。在吴淞，英国人发现五艘中国新造的明轮船舰，船上配有黄铜铸造的大炮。在上海，英国人扣押了十六门崭新的十八磅重火枪，连枪筒上筑造的准星和打了孔的燧石炮眼这些细节都制造完美。这些枪被架在设有铁轮的牢固木架上。[14] 显然，至少有些中国人已意识到，外夷破门而入固然是奇耻大辱，但也未尝不是一种刺激。

---

* 译注：即瑞士法学家华特尔（Emeric de Vattel）的《万国公法》(*La Lai des Nation*)，翻译此书原是为了"林维喜案"。

新条约制度

1842年8月29日,《南京条约》于停泊在长江水域的英舰"皋华丽"号(Cornwallis)上签署,经维多利亚女皇和道光正式批准后又过了十个月,才在香港换文生效。《南京条约》是中国近代史上最重要的一纸条约,彻底改变了中国传统的商业与社会观。该条约主要包括十二项条款[*]:

第一条 英国与大清帝国双方永存平和,"所属华英人民彼此友睦,各住他国者必受该国保佑身家安全"。

第二条 准许英国人民连同所属家眷寄居在广州、福州、厦门、宁波、上海等五处开放的港口,"贸易通商无碍";且准许英皇派设领事、管事等官住上述五处城邑,专理商贾事宜,与各地方官公文往来。

第三条 "准将香港一岛给予大英国君主暨嗣后世袭主位者常远据守主掌,任便立法治理"。

第四条 "大皇帝准以洋银六百万元偿补"强留粤省之鸦片的原价。

第五条 取消广州公行独占制度,准许英商在上述五个港口"勿论与何商交易,均听其便";且由清朝政府酌定洋银三百万元,代公行清还向英商拖欠的债款。

---

[*] 译注:《南京条约》又名《江宁条约》,下述条文内容的中译,转引自王铁崖编,《中外旧约章汇编》(北京:生活、读书、新知三联书店,1982年),第一册的《江宁条约》条,30—32页。本章或余后各章节所提及的其他清朝条约内容,出处均与上同。

第六条　按数扣除1841年8月1日（道光二十一年六月十五日）后"英国因赎各城收过银两之数"，拨发"水陆军费洋银一千二百万元"，以作为英国作战军费的偿补。

第七条　前述提及之第四至第六条三条条文总计二千一百万元的赔款，分四期于1845年12月底前摊还，假若未能按期如数偿还者，"酌定每年每百元加息五元"。

第八条　凡系大英国人，无论本国、属国军民者，"今在中国所管辖各地方被禁者"，"准即释放"。

第九条　凡系中国人，前在英人所据之邑居住者，或与英人有来往者，或有跟随及侍奉英国官人者，全然免罪。

第十条　前第二条所列五处条约港口者，"应纳进口、出口货税、饷费，均宜秉公议定则例"，一旦英国货物在其中一个港口按例纳税后，"即准由中国商人遍运天下，而路所经过税关不得加重税例，只可按估价则例若干，每两加税不过分"。

第十一条　英国派驻在中国的大员，与京内、京外的清朝大臣有文书往来，"用照会字样；英国属员，用申陈字样；大臣批覆用札行字样；两国属员往来，必当平行照会"。若两国商贾上达官宪时，不再议内，"仍用禀名字样为着"。

第十二条　"俟奉大清大皇帝允准和约各条施行，并以此时准交之六百万元交清，英军即退出江宁、京口"，"不再行拦阻中国各省商贾贸易"。"至镇海之招宝山，亦将退让"。"惟有定海县之舟山海岛、厦门厅之古浪屿小岛"，仍由英军暂时驻守，俟条文所议之洋银悉数偿还，"而前议各海口均已开辟俾英人通商后"，即

通商口岸
（1842）

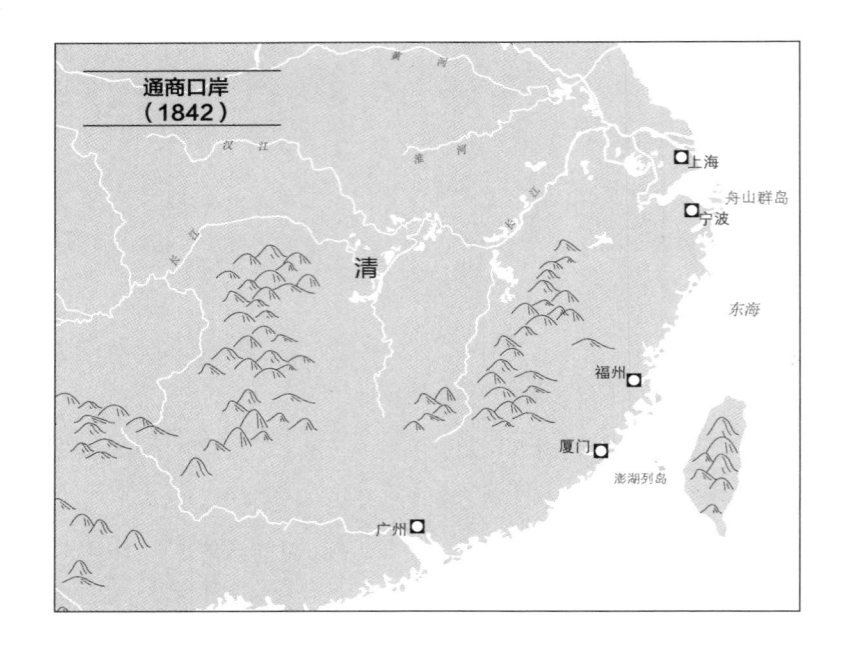

撤出上述两处英国军士，不复占据。[15]

除了议定支付六百万元赔偿1839年销毁的鸦片外，条约再未提及鸦片一事；而1843年缔结的关税附约中，亦未论及鸦片，仅规定茶、丝、棉、羊毛、象牙、各类金属与洋酒等货物的关税税率。而在五个口岸操作、监管、保护对外贸易的复杂程序（即《五口通商附粘条约》，又称《虎门条约》，共有十六条；另附《小船定例》三条，《五口通商章程：海关税则》十五条，附二十六类货物税率），鸦片的问题也被略而不谈。在一次与清朝主谈大臣耆英的私人对话里，璞鼎查提到，为避免白银外流，英国希望大清国能在以物易物的原则上,将鸦片的买卖合法化。当耆英回答他不敢上奏提出这个问题时,璞鼎查表示,他亦受命不必在此问题上施压。

其他列强仔细研究了《南京条约》与其附约的条文内容。1843年,美国总统泰勒(John Tyler)基于美国利益与美国在华庞大贸易商机的考虑,特命顾盛(Caleb Cushing)为使华全权代表。顾盛是美国东部马萨诸塞州的众议员,该州当地有不少富商与中国有贸易往来。顾盛于1844年2月抵达澳门后,立即与升为两广总督的耆英展开谈判。虽然谈判期间发生了意外事件——一名中国人因故攻击美国人却反遭杀害(此事的司法权问题又搅起了关于当年"艾米丽"号与特拉诺瓦的不快回忆),使得局势骤紧,但耆英还是很快就与顾盛在澳门附近的小村落签署了《望厦条约》。

与美国所签订的条约内容大抵延续了中英条约的精神,但中美《望厦条约》的条款较多,且增加了许多重要内容。例如,第十七条的条文攸关美国的新教传教士在华传教的推展,规定美国人有权在五个港口租借场地来"设立医馆、礼拜堂及殡葬之处"。第十八条打破了中国统治者严禁外国人学习中文的传统,准许美国官民"延请中国各方士民等教习各方语言"。而司法方面的问题在第二十一条得到了解决,嗣后美国人在中国犯罪,"由领事等官捉拿审讯,照本国例治罪"。美国人没有像英国那样对鸦片问题闭口不谈,而是在第三十三条中规定,凡有美国人"携带鸦片及别项违禁货物至中国者,听中国地方官自行办理治罪,合众国官民均不得稍有袒护"。最后,第三十四条规定,"所有贸易及海面各款恐不无稍有变通之处,应俟十二年后,两国派员公平酌办"。[16]

1844年10月，法国人以《望厦条约》为范本，与清廷签订了《黄埔条约》，并在条约中也添加了新的条款，例如，条文规定，倘若遭遇麻烦，且本国领事不在该地，法国的船主、商人可委托其他友好国家的领事代为处理；条约还特别强调"治外法权"的原则，即在大清领土上所犯的罪刑，依当事人本国法律处理的权利，其权利之大，比顾盛签订的条约有过之而无不及。迫于法方的压力，耆英取得道光同意天主教弛禁的谕旨，推翻了雍正时代的禁教政策；在1845年的补充声明中，耆英将弛禁的范围扩大至新教。

至此，自林则徐承命任钦差大臣以降的六年内，大清政府不仅无能抵御强权，捍卫自身一统，更丧失了对中国的商业、社会与对外政策等重要方面的控制权。有了英、美、法开的先例，其他欧美各国纷纷效法。而英国人并不担心中国与其他国家的交涉，因为中国对其他国家奉上的新权利，英国同样可以享受。在1843年的附约中，英国人精心设计了一款条文，即第八款有关"最惠国待遇"原则的规定："设将来大皇帝有新恩施及各国，亦准英人一体均沾，用示平允。"清政府意欲借此条款缓和强权对中国的施压。但实际上，这条规定却阻碍了清政府与别国结盟或以夷制夷，严重束缚了清政府外交政策的主动权。

令人诧异的是，鸦片战争在短期内并没有给英国与其他外国商人带来期盼的商业成果，让他们大失所望。虽然五个口岸皆经过了慎重挑选，但福州、宁波外贸的成长迟缓，致令洋人一度想拿两地和其他前景较好的城市交换。迄至1850年，仅有十九名成年外国人选择卜居宁波；在福州的西方人亦仅有十名，其中七名还是传教士。厦门的商业前景同样黯淡，因为此地与台湾和菲律宾的贸易往来较多，难与欧洲和美国人的商业需求融为一体。英国船只开始将当地苦力运往古巴的甘蔗园做工，这种劳动力贩卖成了他们唯一的财富源泉。

公行垄断制度废止、贸易完全开放之后，广州的庞大商业利润似乎指日可待，然而当地有浓厚的反英、排外情结，洋人发现无法在广州城内定居、经商、开设领事馆。整个1840年代与1850年代初期，广州城内外反英骚乱层出不穷，英国人也以暴制暴，双方互相报复，竟无宁日。但朝廷无法再次承受广州百姓滋生离心离德的情绪，因此对于这类反英暴乱采取了姑息纵容的态度。

在五个通商口岸之中，仅上海一地跃升为繁荣的市镇。当年，清廷将属沼泽区的租界与人烟稀少的穷乡僻壤划归英、法与其他西方人。到了1850年，随着湿地排干，堤岸竣工，已有逾一百名商人住在上海，另有各国领事官员、五名医师、十七名传教士在此提供服务，其中很多人都已结婚。1844年，有四十四艘外国船只进出上海港，1849年，数量增加至一百三十三艘，而到了1855年，则多达四百三十七艘。上海地区的生丝贸易成长迅速，迄至1850年代，生丝贸易的总值已超过两千万元。此时鸦片贸易虽然仍属非法，但上海每年的鸦片到货量至少有两万箱。

对于新的条约口岸制度，清廷态度模棱两可。朝中多数大臣一致赞同耆英的观点，认为洋人的动机首在贪财，倘使此种条约口岸制度能持续实行，洋人其他的要求或许会停止。耆英与道光的这种想法，以及对某些权利如治外法权等闲视之的态度，或许只不过是因循唯一一个早前的先例而已，即1830年代对中亚所采取的外交政策。例如在 1835 年,清廷允许素怀侵略野心的浩罕(Kokand)汗,有权在喀什噶尔派驻一名政治代表,并在叶尔羌与其他贸易重镇派驻商务代办。这名政治代表有权对住在"阿提沙尔地区"(Altishahr region)*的外国人行使领事与司法权,并且对外地输入"阿提沙尔地区"的货物课征关税。清廷还同意,回民的关税仅为非回民的一半(回人为 2.5%,非回民则是 5%),从"阿尔提沙地区"出口至浩罕的货物则享受免税。清廷显然认为,这种权利的让渡不但无损于主权的宣示,实际上还是一种解决浩罕对贸易特权需索无度的便捷方法。几位曾与浩罕谈判的要员,或曾与浩罕作战的名将,在 1830 年代或 1840 年代分别被调派至东南沿海任职(如奕山、杨芳),足以证明清廷对东南沿海所采取的应变对策是西疆政策的延续。[17]

就如他费心安抚中亚那群难以驾驭的大汗一样,耆英在签订《南京条约》及其附约之后,继续讨好璞鼎查:耆英表示愿收璞鼎查的儿子为义子,还不时与璞鼎查互赠礼品(包括交换各自妻子的照片),并亲手将梅子喂入这位满脸惊愕的英国全权大使口中,他甚至还自创"因地密特"†一词,以示将璞鼎查视为密友。但面对道光皇帝,耆英却说这是他个人"抚绥羁縻"英国人的办法。他不会与英国开战"争虚名",而是希望"略少小节而就大谋"。[18] 但这个看法的问题在于,英国等列强辛苦掳获的条约绝非仅是徒具"虚名"而已。

---

* 译注:Altishahr 系土耳其语,意指"六座城市"。此一地区大抵位于天山以南,帕米尔高原以东,昆仑山以北,即当时清人口中的"回部"、"回疆"、"天山南路"。

† 译注:"因地密特"即 intimate 一字音译。汉学家费正清曾戏称,耆英写给璞鼎查的信,遣词用语犹如一封情书。

这些条文就是具体的国际事务与商业行为。现在看来，耆英与道光不愿承认这一事实，并不奇怪。对朝廷而言，眼前的"大谋"在于如何维系国祚于不坠。对中国的当权者来说，与国内排山倒海的不满相比，对外政策的问题只是无关紧要的细枝末节罢了。

第八章　内部危机

南北的社会动荡

19世纪前半叶，英国多次重创中国，这与中国愈发动荡的内部环境互为因果。许多不稳定的因子先前就已论及，包括人口增长对土地造成空前未有的压力，白银大量外流，读书人难觅官职，庞大鸦片吸食人口带来沉重的负担，八旗军战力减退，和珅与其党羽在官僚体系中造成一股腐败风气，白莲教乱的起落产生了广泛的影响。

其他早在18世纪末就已显见的种种流弊，到了19世纪初更是变本加厉。管理黄河与大运河疏浚、筑堤的庞大官僚体系日益败坏无能；因人设事造成冗员充斥，而朝廷用作疏浚、筑堤的库银往往被中饱私囊。结果，大运河严重淤塞，而沟通黄河与淮河的大运河，亦无法维持正常的河道水位，严重削弱了江南漕粮北运的机制。漕运机制的崩溃又冲击了大运河沿岸仰赖运送漕粮为生的工人们的生计。许多漕运工人开始拉帮结派，成立秘密组织，借以保住饭碗或欺压周围的当地农户。

庞大的国家盐政系统也日益变得窳败。理论上，清代的食盐售卖由国家垄断，不管是沿海的蒸晒或是内陆的盐井、盐矿，是由朝廷一手控制，然后卖给获得盐售特许的盐商，再由盐商运往指定的地区贩卖。到了19世纪初，盐政的废弛与腐败致使食盐私运现象迭兴，开始威胁和侵害到这套复杂的盐务制度。这些经济与组织的弊病，随着特权阶级争夺利益、结党营私，又加剧了后和珅时代官僚体系的派系竞争。许多高官大员开始建立起拥有各自幕僚和帮手的次级依附网络，并通过进一步搜括公共资源，来支付这些人的俸禄。

与此同时，为了防卫乡里免受诸如白莲教众、散民游勇或沿海河滨的海盗等劫掠集团的袭击，由地方士绅、地主所领导的团练、义勇等有组织的武装团体在19世纪初大量涌现。在其他地区，地方首领组织起秘密社团，宣扬神秘的宗教教义，并在国家无力保护他们时，得求自保。

可以说，在当时的中国，私人利益已经开始严重腐蚀政府运作的领域，而帝国的体系架构似乎再也无法维护其曾有的权力。1799—1820年间在位的嘉庆皇帝，更多是依靠豪言壮语，而不是具体政策来澄清吏治。嘉庆言及节缩臃肿官僚员额时十分沉痛凯切，但开支依然居高不下。和珅的党羽虽已剪除殆尽，但又有佞臣继之而起，在朝中各结党派。嘉庆与其子道光（1821—1850年在位）都擢拔了一批固守儒家美德的佐国宰辅，但对于困扰朝廷的国内外问题，即便是这批股肱大臣，也讲不出什么实质性内容。到了道光末年，一系列民间起义蜂起，稽延二十三年之久，差一点就葬送了清朝国祚。

这些起义必须被置于中国外交政策危机的背景中来理解，我们也必须视之为某种高潮阶段，并通过一次次反抗体现出来，它以白莲教为开端，继之以华北、华南一连串较为缓和但影响重大的危机。1813年，林清在华北举事，就是19世纪初这类起义的一例。林清生于1770年，当时清朝社会有一部分人徘徊在城市贫困线上下，普遍无所事事，早年的林清即为其中之一。林父在北京任书吏，林清略通文墨，曾在中药铺当学徒，但不久即遭解雇，转任更夫。林清在其父过世后，设法顶替了他的空缺，并凭恃职权之便，侵占了官衙里部分用来修筑大运河的工程款项，利用这些钱开了一间茶铺。因赌博而把茶铺输光后，林清动身前往北边的满洲，在那里做了一段时间的石匠。生性不安定的林清随后南下，到达繁华富庶的苏州，担任粮政官员的随扈与县令的小吏。此后，他又北上，靠给大运河上的运粮船当苦力拉纤为生。回到京畿附近的故里后，开始做起了贩卖鸣禽的生意。

　　见过一些世面之后，林清加入了天理教下的某个派别，习得了一些秘诀。林清告诉一个追随他的县库书吏："真空神咒，每日朝拜持诵，可免刀兵水火，可起大事。"[1]林清不但鼓动起数百名村夫，还不可思议地获得了一些落魄汉军旗、包衣奴才和宫中阉宦对他的信任。林清的外甥后来向官吏供述："他口能舌辩，人都说他不过。要人银钱，说是种福，将来一倍还十倍，就信了他，给他的钱，我也从没有见他还过。"[2]有些许诺是十分惊人的；供奉林清一百文铜钱，在举事成功之后，将来就可获得一百亩（对华北的贫农而言，这是一笔丰厚的田产）的土地作为回报。

　　林清与其他有势力的首领结盟后，益发踌躇满志，开始自称"未来佛",亦即"弥勒佛",由"无生老母"派遣降临人间,拯救教众于即将到来的"劫"难之中(劫,即人类历史的新轮回)。林清信徒所诵念的歌诀似乎暗示了其愈加浓烈的"反清"色彩:"单等北水归汉帝,天地乾坤只一传。"[3]及至1813年,林清已经谋划好了返京行刺嘉庆皇帝的计划。

此时,林清的阴谋开始败露。一位心生疑窦的山东生员与两位唯恐儿子卷入不法教派的父亲均向地方官员举报。是年夏天,部分信众被捕,遭到严刑逼供,还爆发了数起激烈冲突。1813年底,林清的少数信徒按计划进攻紫禁城,结果惨败。或许是冥冥之中自有定数,林清在举事期间,仍然逗留在故乡家中,并被当地衙役捕获,押解送交刑部,嘉庆皇帝对于这位企图行刺他的无名之徒感到十分好奇,下旨亲自审问。林清拒绝再作辩解,遂被凌迟处死。他的首级在河南示众,意在以儆效尤,警告仍在生事的林清教众。

由于林清举事的地点邻近京畿,且以皇帝为目标,所以林清的一生与举事过程记录得相当完整。林清这种偶然间啸聚信众、积累财富的组织特点,普遍的不满情绪以及泛泛的宗教诉求等,成为往后数十年间华北其他类似团体的典型特征。这类团体虽拥有揭竿起义的潜在可能,但若没有具备号召力的首领或不寻常的天灾推波助澜,大致还维持其和平、半合法化的行径。

在华南,社会不满同样在不断酝酿发酵,不过其诉求焦点则有所不同。这里的主导力量是"三合会",或称"天地会",此类秘密会社自有一套歃血誓盟、宗教仪式和兄弟关系。三合会于18世纪末兴起于台湾与福建(不过他们在实力壮大之后,却声称起源更早),

在广东、广西渐渐坐大。许多三合会早期的帮众曾是船员,在海上的舢板及南方纵横交错的水路上谋生,有些则是城镇里的贫民。他们经常从事不法活动,如勒索、抢劫、拐骗,却受到在县城衙门当差的会社成员的保护。或许是因为在华南地区,各村庄通常由强势的宗族组织控制,而三合会却为处在贫困边缘的弱者提供了一种有别于宗族的自保与组织方式,所以迄至1830年代,三合会的堂口还吸收了不少农民加入。同白莲教一样,女性通常也能加入三合会,获得在社会其他地方无法得到的威望与角色。根据资料,比丈夫先加入三合会的女性,其家庭地位可能会凌驾于伴侣之上。有些女性会员则瞒着丈夫加入。

三合会也高举反清复明的大旗。他们的反清立场更形激烈,或许因为朝廷不仅无力驾驭广州的洋人,外国军队还数度占领广州城。这些压力又使朝廷难以采取迅猛行动,涤荡潜藏于内部的叛乱。由于更为危险的叛乱团体通常会选择集结在两广交界那种崎岖不平、鞭长莫及的边陲地带,所以地方官员难以协调镇压行动。

三合会的堂口以及地方官府中的会员和联络人,透过参与地方团练而强化了势力。林则徐在广州曾鼓励组织这种地方兵勇团练,以便对抗英国,而明末的地方士绅也曾以同样的方法护卫乡里,免受流民或清军的侵扰。广州的团练成了由乡绅领袖、地方恶棍、自愿加入的农民、武术派别的成员,以及行业团体成员的复杂组合。1841年5月,这支混合武装在广州城外的三元里遭逢了英国的巡逻队。这群人拿着矛、锄,少数还持有枪械,杀死一名英国士兵,打伤十五名士兵,最终迫使英军撤退。中国人将这次事件视为是团结力量抵抗外侮的一种象征。

这种地方的武力组织对明清政府来说宛如双刃剑。有些士绅组织起训练有素的常规团练，有效维持农村地区的秩序，巡防城镇；但有些组织只能眼看着团练成员不断逃逸，他们带着枪械，受过基本训练，或逃回昔日匪帮贼窟，或将习得的军事技巧传授给三合会帮众。1842年后，随着《南京条约》的生效，上海贸易量遽增，各类资源也从拒不妥协的广州大量外流，这类非正式的团体开始渐次滋繁。失业的船夫与苦力、穷困潦倒的工匠、三餐不继的农民，都助长了这类意欲在彷徨年代找寻慰藉的疏离团体的气焰。

1848年间广州的仇英事件达到高潮时，道光帝曾思虑道："惟疆寄重在安民，民心不失，则外侮可弭。"[4]问题是，安抚民间暴行在朝廷而言，却是一场危机四伏的赌局。

太平天国

在1850—1864年太平天国起义这一横扫中国的巨变中，我们就可以注意到上述提及的许多因素：如林清一样的不安个性和自我神化，东南地区潜在的社会冲突，穷人之间日益壮大的秘密社团，英国和鸦片贸易导致的社会紊乱。不过，当时决定这场运动走向的，却是某个人的生活历练与心智状态。这个人就是洪秀全，像当时的许多人一样，他费尽心力想要挤进清朝士绅阶级的最底层。1814年，洪秀全生于广东的一个勤劳农家，在家里五名小孩中排行老四。他的双亲是自华中往南迁徙的客家人，他们胼手胝足，让洪秀全接受良好的教育，期盼他能在地方士绅阶层中谋个地位。洪秀全虽然通过初试，取得了参加"生员"[*]学品考试（即童试）的资格，但在1830年代初，他在考试中两度落榜，无缘获得穿学袍、免体罚和领取官府津贴的资格。

对于任何一个有志仕途的学子而言，落第都是奇耻大辱，到了洪秀全身上，其程度似乎更甚，他只能以得幸在广州游历学习而聊以自慰。1836年，当洪秀全准备再次进入考场，求取那个梦寐以求的功名时，一位中国的新教福音传教士将一本译自《圣经》段落的小册子《劝世良言》塞到他的手中。之所以有这样的时刻，这样的册子之所以能够流传，得益于许多历史新形势，这些新形势的出现将洪秀全起义与以往起义区分开来。西方的新教传教士（主要是英国和美国人）自19世纪初开始，就一直在致力于将《圣经》翻译成中文，并大量印刷，在沿海和内陆地区游历时派发出去。这些人和他们的中国信徒还试图将经文要传达的信息精简成类似"良言"的小册子，以影响到更多人。

洪秀全既未仔细研读这本小册子，也未将之丢弃，他似乎只是约略浏览一番之后，便将其搁置在了家中。起初，洪秀全并未将这本小册子的内容与他在1837年第三度落第之后的一个异梦幻象联

---

[*] 译注：生员是士绅阶级中最低一级的学品，即每个州、县学或府学经考试录取的固定数额学生，可参加乡试，入选则为"举人"，后参加会试，入选则为"进士"。而要取得生员资格，必须先经过"州县试"、"府试"、"院试"。见张仲礼著，李荣昌译，《中国绅士：关于其在19世纪中国社会中作用的研究》（上海社会科学院出版社，1991年）。

系在一起。在梦境中，他和一个须发金黄的老人相谈甚欢，并从这人那儿得到了一柄宝剑，然后一个他尊称为兄长的年轻人还指导他如何诛妖。此后六年间，洪秀全一直在村子里做塾师，并准备再次参加科考。当他第四回名落孙山后，洪秀全翻开了那本基督教小册子，从头至尾读了一遍。此时的他如梦初醒，认识到六年前自己在梦境中目睹的那两个人，必定是这本册子所提及的上帝与耶稣，而他洪秀全也必是上帝之子、耶稣基督之弟。

洪秀全犹如三十年前华北地区的林清，凭恃着个人魅力与虔诚信仰，劝服了许多人相信他的精神力量。但他又不似林清那样透过地方宗教网络来秘密行动，而是公开宣教，为信徒施洗，捣毁孔子与祖先牌位。虽然洪秀全的行为引起地方公愤，使他不得不逃到了广西，但好在并未惊动官府，所以他得以继续传教。1847年，洪秀全返回广州，并师从美国南方浸信会的传教士罗孝全（Issacher Roberts）研读《圣经》。同年底，洪秀全离开广州，投奔他的密友兼早期信徒之一——此人（冯云山）已在广西东部的紫荆山中创立了"拜上帝会"。

在这远离县城的穷乡僻壤，洪秀全的运动迅速壮大，吸引不少客家、壮族与瑶族的信徒加入。到了1849年，他的信徒已约有一万人。或许是受到入会的三合会会员的影响，洪秀全的意识形态后来融合了缔造基督徒社群与捣毁清朝的思想，他在动人心魄的言辞中，宣布要向清朝的奸邪挑战。想想吕留良攻击统治王朝的言辞要温和许多，但死后仍被锉骨扬灰的命运，我们不得不赞佩洪秀全的勇气与莽撞。不过对洪秀全而言，统治王朝代表的是一种特殊的挑战：对他来说，满人是与"皇上帝"对抗的"阎罗妖"，而"皇上帝"的纯洁性在中国存在已久，只是儒教的力量才让中国人偏离了正道。

洪秀全的热切言辞吸引了一大批忠实信徒。在他的幕僚中，来自紫荆山区的孤儿杨秀清目不识丁，以烧炭过活，天生善于谋略；年仅十九岁的石达开出身当地富裕的地主世家，说服家人追随洪秀全，并捐了十万银两。信众中的另一个重要群体是当地矿工，这些人在广西东部的山区中学过爆破和挖地道，后来专门攻城破墙。除此之外，很多追随者也带来了各自所长：典当商（管理公库）、朝廷胥吏（建构官僚组织）、曾参加过清军的士兵或地方团练，以及至少两位著名的女匪首与数伙船匪。

迄至1850年，洪秀全的新旧信众已逾两万人，其宗教运动组织可以有序训练兵丁、制造武器、综整军事组织；通过严格的训育，革绝腐化、邪淫、吸食鸦片的陋习，行基督教的礼仪，将所有钱财都集中至圣库，劝服男子不剃发垂辫，改蓄长发（故清廷将太平天国蔑称为"长毛"），依母亲、妻子、女儿等按身份编入由女官负责的姊妹馆。透过这种种措施，拜上帝会终于引起足够重视，并在中国各地横行的大量匪帮中独领风骚。

1850年12月，朝廷派遣前去紫荆山镇压洪秀全的官军遭到重挫，领军的满族将领被杀。1851年1月，洪秀全召集拜上帝会的教众，宣布成立"太平天国"，自任"天王"。在朝廷增调兵力的追击下，太平天国被迫撤离紫荆山，转战于两广交界，直到1851年秋天，洪秀全迂回北行，占领永安，获得大批银两、粮食，增加了不少新的信徒，太平天国教众剧增至六万人以上。

接着，凭借新颁行的一周七天的基督教太阳历（因计算有误，太平天国的星期日其实是基督教的星期六*）指引天命，太平军于1852年春天再次推进。他们进攻广西首府桂林，未能攻克，不过由客家女性新编成的队伍却展现出足堪表率的勇气，勋绩卓著。（客家女性为了在山间辛勤农耕，所以不似中国其他女性绑小脚。）是年夏天，太平军向湖南挺进，围攻长沙，但与官军周旋两个月而不下。为了吸引新的信徒加入，太平天国在此地颁发的檄文措辞更为激烈："中国尚得为有人乎？（慨自满洲肆毒，混乱中国）妖胡虐焰燔苍穹，淫毒秽宸极，腥风播于四海，妖气惨于五胡，而中国之人，反低首下心，甘为臣仆。"[5]

1852年12月，太平军突破了僵持不下的战局，几乎兵不血刃就进入洞庭湖东岸的岳州城。岳州财帛富饶，久有人居，不似过去太平天国转战的那些贫瘠地区，所以他们在此收获了大批的战利品、五千艘船以及堆积如山的军械火药（其中部分枪械是两个世纪前吴三桂在三藩之乱败北之后遗留此地的，不过仍可使用）。此后，一连串难以置信的胜利接踵而至：是年12月，攻克汉口；1853年1月，攻陷武昌。太平军从两地获得了更多大型船舰，并从府军掠夺了

---

* 译注：关于太平天国天历的星期会比阳历的星期晚一日的问题，有各种解释，其中值得注意的一种说法认为天历因遵《旧约》耶和华十诫以安息日为礼拜日而来。曾经教洪秀全研读基督教教义的美国传教士罗孝全，自述于1860年9月20日星期六抵达苏州时，恰逢太平天国的礼拜日："那天是太平天国遵守的礼拜日，他们用的是犹太人而不是基督徒的礼拜日。"此外，亦有考据指出，咸丰年间的"时宪书"本身有误，而导致天历错误，可参考罗尔纲，《太平天国史丛考丙集》（北京：生活·读书·新知三联书店，1995年）。

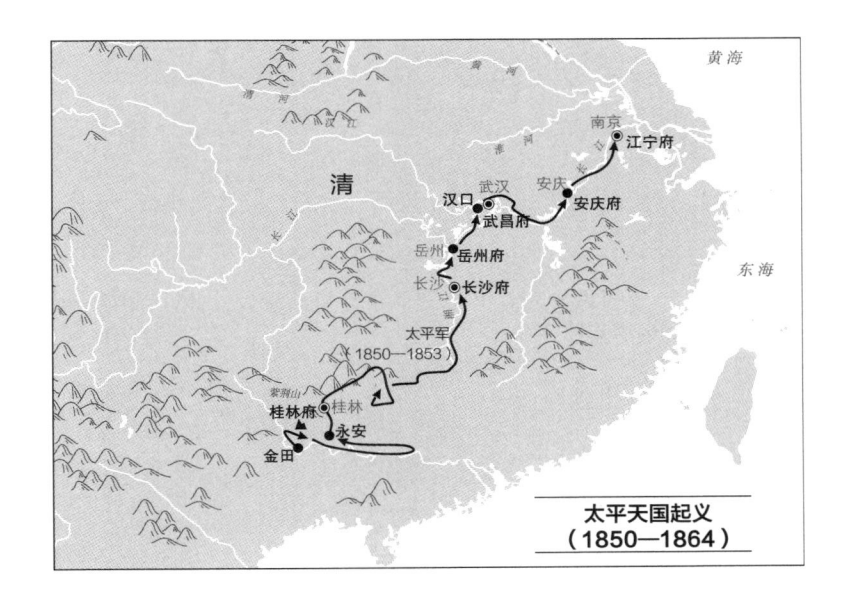

一百六十万两白银。1853年2月，太平军在几无抵抗的情形下攻克安庆，又在此地获得了三十万两白银、一百门大炮与大批粮秣。3月，太平军进逼仅有微薄兵力驻防的重镇南京。他们埋设炸药炸毁城墙，炮轰城市中心，并假扮成僧侣、道士混入城内，最后终于将其攻克。

南京城内约有四万满人，其中五千人是兵丁。太平军入城后，满人兵丁撤退至内城，不过却最终不敌太平军一波又一波的攻势。在战争中幸存的满人，无论男女老幼，悉数遭到焚烧、刺戮、溺毙。洪秀全正是以这种方式，展现了他要把"清妖"从中国扫尽的决心。3月底，洪秀全头戴皇冠，身穿龙袍，坐在由十六人抬着的金黄大轿上进入南京城，驻跸在前明皇殿之中。

太平天国"天朝"以南京为大本营，在天王洪秀全统治下，历时十一载（自1853—1864年）。无论在理论上还是实践中，太平天国施行的政策都十分激进，蕴含了浓烈的禁欲主义色彩，严格要求男女分馆，严禁吸食鸦片、卖淫、舞蹈、饮酒。财富全部归于圣库，理论上为全民所有；再加上太平天国在行军途中和在南京城总计获得了逾一千八百万两白银，其繁荣似乎亦有所保障。太平天国还以《圣经》中文本、洪秀全阐释宗教启示的著作及其文学作品为依凭，重新开科取士。女性则依居住地与行政单位组织起来，得以为官，并参加特别为她们开设的"女科"。

最引人瞩目的要数太平天国的土地政策，与地方征兵制度挂钩的"天朝田亩制度"，或许是中国截至当时在人类组织方面最富乌托邦色彩、最全面和专制的制度设计。所有的土地按家庭人口数，平均分配给太平天国与其支持者的家庭，男女的土地所得均等。除了维持家庭生计的必需之外，每一户必须把生产所得尽归圣库共有。每二十五户由一位"两司马"统辖，负责登录财货、论断诉讼、监督年轻人学习《圣经》与太平天国教义，在安息日执行基督教仪式。此外，两司马还要从所辖的家庭中遴选壮丁至军中服役。被挑选出来的壮丁要接受严格的训练，学习使用暗号、武器与布置陷阱的技能，在战斗中还有医护小分队进行救助。大批军队从南京大本营出发，要么向东、向北扩张势力，要么甄选兵源粮秣以维持驻防军力。结果便是——用太平天国的宣言来讲——"无处不均匀，无人不饱暖"。[6]

太平天国不乏军事征战热情和意识形态上的狂热，也拥有天下大同的乌托邦梦想，但终究还是无法推翻清朝，反遭其歼灭荡平。

那么，为何在如此富有乌托邦色彩的理念下，能以迅雷之势席卷中华的太平天国，最后仍落得一败涂地呢？

原因之一便是集体领导制度的失败。出于创教之初的兄弟情谊，洪秀全将太平天国的几位重要信徒分封为"王"，在他的指导下共同治理太平天国，但其中两位才干出众的首领（南王冯云山与西王萧朝贵），已于1852年殒命沙场，而其他功勋彪炳的功臣——特别是在紫荆山时代就开始追随洪秀全的东王杨秀清、翼王石达开——又对他失去了忠诚。1856年，在洪秀全的授意下，僭取大权的杨秀清在一场残暴的宫廷阴谋中遭暗杀，而深孚众望成为太平天国最伟大将领的石达开，则在母亲、妻子同遭政敌杀害后，出走南京。石达开企图在四川建立独立政权，但在1863年遭清军埋伏，死于四川。

杰出的辅弼之士被一一剪除后，大权在握的洪秀全却又犹豫畏缩。他的作为处处显现出他的无能，同时也缺乏明确的目标。攻陷武昌后，洪秀全错失挥师北上直捣京城的良机；占领南京后，洪秀全亦未趁势主动进取，反而躲在宫中，沉溺于声色犬马与宗教神秘主义，尽享身旁妻妾成群，醉心于《圣经》研究，认为从《创世记》到《启示录》，处处都有天启涉及他与他的"天职"。洪秀全未能好好利用反清圣战这个潜力很大的事件，浪掷了自己虔诚宗教领袖的名声。

即便在太平天国掌权南京时，洪秀全也无法诉诸反清情绪，足可见太平天国的孤立无援之兆。倘若他们能够维持南京的繁荣，洪秀全能获得民心，缔造稳固根基，或许太平天国还不至于灰飞烟灭。但南京城的汉人发现，太平天国占领者的怪异程度不亚于洋人与满人，他们多数是客家人，装扮和口音都很奇特，他们的女性也不用裹脚。南京城民怨恨太平天国打破了他们以往的经济生活，还设立圣库，管制市场，依据性别、职业让百姓分馆而居，甚至意欲施行严格的行为规范。人们对太平天国的消极抵抗十分普遍，逃跑、充当清廷细作、变节投靠官府是常有之事。[7] 相形之下，清兵入关初期，多尔衮所采取的弹性政策在赢取民心方面，就成功多了。

而在南京之外，太平天国的农村政策同样宣告失败，对信徒而言，财富共享与土地均分的梦想仍未实现。虽然有多年时间，太平天国控制着江苏、安徽、浙江等地，并间歇控制过更北部与西部的一些地区，但他们缺乏足够的决心，也没有充足的人员来推动其激进的土地改革，最终沦落为又一个骑在贫苦农民头上的征税机构。维持大军需要时时补给粮秣，所以太平天国经常派出搜索小队在几百里内的农村去搜集。这类后勤补给的需要，加上与清军的常年作战——他们也需要粮草，导致曾是中国最富庶区域的大片地区沦为不毛之地。

太平天国还未能与当时另外两股起义势力互相呼应：北方的捻军与南方的红巾军。假若太平天国能和其他势力协调行动的话，如1630年代的反明义军李自成、张献忠试图寻求与其他起义军首领结为同盟那样，那么当时还得面对西方强权欺凌的清朝政权势必在劫难逃。但太平天国的禁欲主义与其宗教主张的极端本质，使其难与其他起义势力建立同盟关系。

同样，太平天国也无法取得西方人的认同。西方人，特别是传教士，起初对这股许诺社会改革、挫败垂死执拗的满人的基督教革命势力感到雀跃不已。但传教士渐渐发现，洪秀全对基督教教义的诠释悖逆正统，而贸易商则恐惧太平天国会强力查禁鸦片。最后，西方强权决意支持清朝，以免太平天国夺取上海，损及他们刚刚在条约中获得的利益。自1853至1855年初，随着三合会秘密会社的成员控制了上海的华人地区，太平军攻克上海似乎易如反掌。当太平天国已是强弩之末时，在吃水浅的蒸汽动力炮舰的护卫下，一支外国佣兵与清军并肩作战，一同对抗太平天国。这支所谓的"常胜军"，起先由来自美国马萨诸塞州的冒险家华尔（Frederick Townsend Ward）领军，在他死后，遗缺则由信仰虔诚的英国炮兵军官"中国人戈登"（Charles "Chinese" Gordon）接任。

清朝政权得以存续的另一项因素，是有一批忠心耿耿、不屈不挠的汉族高官在满洲八旗不敌太平军时，奋起反抗太平天国。这批接受儒学教育的士人十分担忧太平天国对他们的祖籍故土造成的威胁，对太平天国依恃基督教攻讦传统价值体系感到焦虑不安，其中又以湘籍要员曾国藩最为突出。1852年，曾国藩因丁忧回籍，率先兴办团练护卫乡梓。他与兄弟协力统合地方士绅业已动员的强悍农民乡勇，造就了一支训练有素、治理公正的部队。由于湖南的八旗驻军战力低落，当地官员又驽钝蒙昧，无法维系地方团练，曾国藩的兵勇便构成了官军以外的重要防御力量。以湘江为名的"湘军"，最终成为太平天国的致命大敌之一，在清政府克复南京城的过程中扮演了关键角色。

概括而论，湘军的建立代表了地方团练在抵抗太平军方面具备惊人的灵活性与战斗力。无法赢得士绅阶级认同的太平军，处处遭到由华中、华东士绅组织起来捍卫乡里的地方团练的掣肘。虽然地方团练的崛起凸显了清朝的腐败,但朝廷还是认为它们有存在的必要,结果,这些团练为士绅地主带来了更大的权势。清政府还允许团练领袖开征"厘金税"——货物过境税的附加税——以支撑其军需供给,以便经得起持久战的消耗。太平天国发现,面对整个地方团结一致的反抗,获取军需供给与征募新兵已经越来越难。

洪秀全政权的僵化程度足以致命,这一点尤其体现在其试图大胆改革与"西化"自身统治的失败尝试中。这项改革冒险的发动者洪仁玕是洪秀全的族弟,曾在广州与传教士一同研习,是拜上帝会的创始信徒之一。太平天国起义之初,洪仁玕卜居香港,因此熟谙港英政府的运作模式。1859年,洪仁玕乔装成大夫,循陆路赶赴南京,受到天王热烈的欢迎,被擢拔为"丞相"。洪仁玕草拟了名为《资政新篇》的详尽改革方案,并于1859年底上呈天王。该方案提出了在太平天国辖下建立法制架构,兴办银行,筹建高速道路,制造火轮车、蒸汽货船,开设邮亭、新闻馆,禁止占卜、杀婴。除了在开设新闻馆以流通讯息之议上批示"俟杀绝残妖后,行未迟也"外,洪秀全对其余建议的批语都是"此策是也"。[8]但太平天国始终未采取具体步骤来施行上述改革。而在洪仁玕擘画收复长江上游的大战略以失败告终,其下令针对苏州、杭州的大规模反击也被击退后,太平天国的最后一丝民心也被浇灭了。

诚如曾国藩上奏清朝皇帝时的自满之言,"今则民闻贼至,痛憾锥心……男妇逃避,烟火断绝,耕者无颗粒之收,相率废业。贼行无民之境,犹鱼行无水之地"。然而,在1864年7月大局已定,洪秀全已死——不清楚是自杀还是病故——官军直捣南京之时，曾国藩在奏折中的语气却不无畏惧："此次金陵城破，十万余贼无一降者，至聚众自焚而不悔，实为古今罕见之剧寇。"[9]

外国的压力

无论是委任洋人职掌"上海税务司"征收关税，还是让洋军官率领"常胜军"直接参战，清朝能推翻太平天国，西方人于1860年代初所提供的援助是重要的因素。西方人之所以愿意伸出援手，大部分是基于国际事务的考虑，而英国再次在其中扮演了主要角色。英国对《南京条约》的效果感到失望，对清廷的不合作亦十分懊恼，所以当清朝受到日益蔓延的太平天国威胁时，英国不但作壁上观，还决意严格依据法律，援引"最惠国待遇"条款，要求比照1844年的中美《望厦条约》，在十二年后重新协商条约。1854年，英国政府强迫中国重新修约，将这项新规定落实到了1842年签订的《南京条约》上。

英国外交大臣也认识到了这个理由不太站得住脚，便致函香港总督："中国当局可能也有理由反对说，时局之下着手进行此项工作，不太适宜。"[10] 不过，他还是建议向清廷提出一系列骇人要求：允许英国人进入中国内地，或若不行，也要将开放区域扩及浙江全省沿海、长江下游至南京等地区；鸦片贸易合法化；取消外国进口商品的内陆过境税；镇压海盗；管制中国劳工的移民；英国大使驻节北京；修约后条文若有疑义，解释应以英国而非中国文本为准。

英国因涉入"克里米亚战争"而与俄国兵戎相向，因此为求谨慎，便联合了美、法两国一起向虽已四面楚歌却仍抗拒修约的清廷施压。英国借口清廷非法搜查据称已在香港注册的船只"亚罗"号（Arrow），于1856年底兴兵起衅，意欲再次对广州采取军事行动。不过，由于增援部队一再推迟到位——当时印度爆发了激烈叛乱，加之兴兵东亚的主张也不为一般英国人民接受——英国迟至1857年12月才占据广州，并将素怀仇外敌意的两广总督叶名琛送至加尔各答扣押。英军几乎循着1840年的行动路线一路北航，在1858年5月攻占了战略要冲大沽炮台，天津岌岌可危。6月，在英军挺进北京的通衢已畅通无阻的情况下，清廷不得不做出让步，同意签署新约。基于最惠国待遇原则，英国在此役的全部所获将与其他强权一体均沾。

1858年的《天津条约》条件极其严苛。英国大使与随从眷属、官员从此得驻京师，依其意租赁房屋；基督教公开传教并受到保护；准许持有效护照的英国人前往中国内地各处游历，且在通商口岸百里内行动时，无须护照；俟肃清长江上下游贼匪后，英商船只可溯流至汉口各地通商，长江流域另开放四个新的条约口岸（汉口、九江、南京、镇江）；外加六个立即开放的口岸，分别位于辽宁（牛庄）、山东（登州）、台湾（淡水、台南府）、广东（汕头）和最南端的海南岛（琼州）。

《天津条约》还规定，外国进口货物的内地过境税降至2.5%。秤码、丈尺悉依粤海关部颁发定式。官式文书往来俱用英文。各式公文论及英国官民不得用"夷"字。追捕海盗的英国船只可自由进入中国任何港口。在一纸有关各项商务协议的附约中明确规定："洋

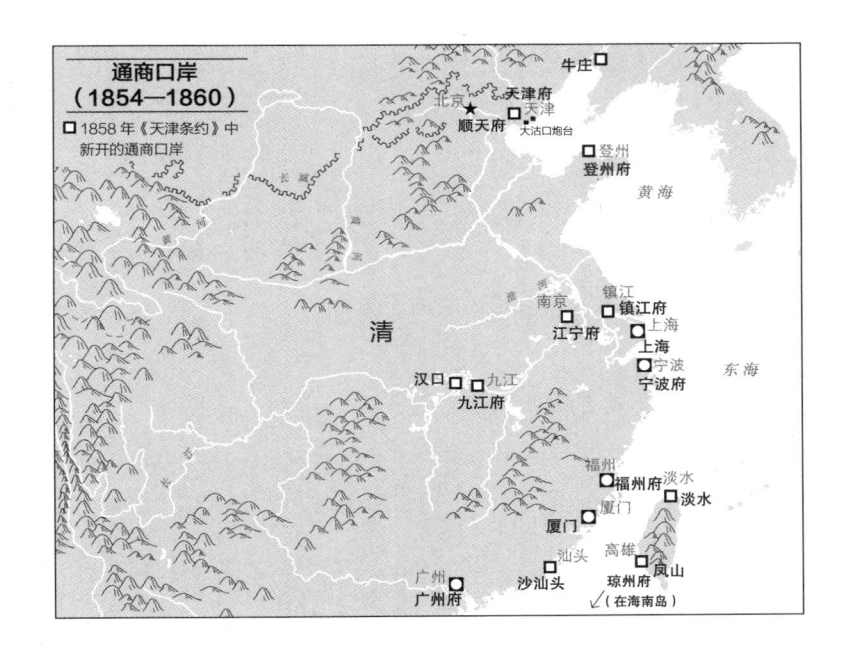

通商口岸
（1854—1860）
□ 1858年《天津条约》中新开的通商口岸

药（鸦片）准其进口，议定每百斤（约一百三十磅）纳税银叁拾两，惟该商止准在口销卖，一经离口，即属中国货物；只准华商运入内地，外国商人不得护送。"此一条款实已抵触严禁鸦片买卖与吸食的律例。事实上，英军的唯一让步便是退出天津，将大沽炮台归还清廷。

显然，英国原本期望中国的统治者此刻会放弃抵抗，束手就擒，但清廷并未遂其愿，也无意遵守条款，允许外国使节驻跸京师。1859年6月，为强制履行新约，英军再次攻击已由清军加强守备的大沽要塞。美国海军司令官达底拿（Josiah Tattnall）无视本国宣称的中立原则，高喊着"血浓于水"[11]的口号，前来援助负伤的英国海军司令官何伯（James Hope），但经过一番激战之后，英军还是被逐退了。大沽一役遭到挫败后，英国在1860年派遣一组谈判代表另循路线抵达北京，但却遭清廷扣押，若干代表被处决。英国首席谈判代表额尔金勋爵（Lord Elgin）决意狠狠教训清朝政府一次，于是下令军队向北京挺进。1860年10月18日，英军奉额尔金之命，一把火将圆明园——也就是那座为取悦乾隆帝而依耶稣会建筑师的蓝图在北京郊区建造的美轮美奂的避暑行宫——烧成灰烬。不过，英军却放了紫禁城一马，估量着神圣皇城要是被摧毁的话，这种奇耻大辱将使清王朝难逃崩溃的命运。

此时，咸丰帝早已仓皇出走热河，并授命皇弟恭亲王担任谈判代表，收拾残局。但是，谈判已无回旋余地，就在圆明园化为灰烬之日，恭亲王再次确认1858年的条约条款。另在续增的《北京条约》中，皇帝声明，他对与英女皇的换约代表发生嫌隙一事"甚为惋惜"，并应允八百万两的赔款，允许华民上英国船只（便于华工出口），开放天津为通商口岸，割让粤东九龙司一地归英属香港。至此，"条约制度"终于开花结果。

捻军起义

一般认为，捻军起义爆发的时间是1851年，即太平天国正式宣布成立的同一年，但究其起源，实可追溯至1790年代，当时游民成群流窜于淮河以北，特别是在山东西南部、江苏西北部、河南中东部与安徽北部数省交界的地带。"捻"这个字可能仅是指义军飘忽不定的作乱形态，但由于中文含义太过模糊不清，它也可能是指他们偶尔采用的军事伪装，或夜劫民宅时烧油捻纸这种照明方法。

捻军不似太平天国，并没有旗帜鲜明的宗教渊源、政治立场和战略目标，也没有统一的领导。但在19世纪的前半叶，捻军的数量和势力却日益壮大。有些捻军与白莲教团体、天理教信众或三合会彼此挂钩，有些则与靠贩运私盐营生的盐枭互通一气。不过大部分捻军都是贫农出身，在土壤贫瘠、寒风刺骨以及因水利系统年久失修而导致洪涝频仍的恶劣环境中苟活求生。此外，当地杀死女婴的风气普遍，使得性别比例严重不均；捻军之中，约20%的人无法娶妻成家，致使他们无以寄托，行踪不定，不论何时，均得以啸聚结党，流窜各地。地方乡里为了护卫桑梓，成立小型乡勇，构筑城墙，编组巡护庄稼等，但捻军依然袭击邻近村庄，掠夺农作物，抢劫官方盐商的运输车船，绑架富裕地主索要赎金，甚至劫狱营救捻军同伙。

1851年后，江苏以北爆发严重洪灾，使人们本就已艰困的生活雪上加霜，捻军队伍急剧壮大，被朝廷正式定为叛乱。1855年，也就是太平天国占据南京两年后，黄河水位暴涨，冲垮开封东部的主要河堤，造成河流改道，转向由山东半岛北岸湾口出海，随之而来的灾难让更多人加入了捻军。而此时，捻军的组织形态也更趋紧密：1852年，十八个捻军组织的头目公开推举皖北地主张乐行为首领，此人曾仗义支持偷羊贼，结党贩运私盐。1856年，张乐行被公推为"盟主"，并冠尊号"大汉明命王"。捻军被划分为五大"旗"，分别以不同颜色命名，每一旗则由各乡里的同姓起义者组成。

捻军中有作战经验的人可能只有三万到五万，但他们的影响范围却超出了这个规模。其中有许多人是骑兵，不少人还拥有枪械，

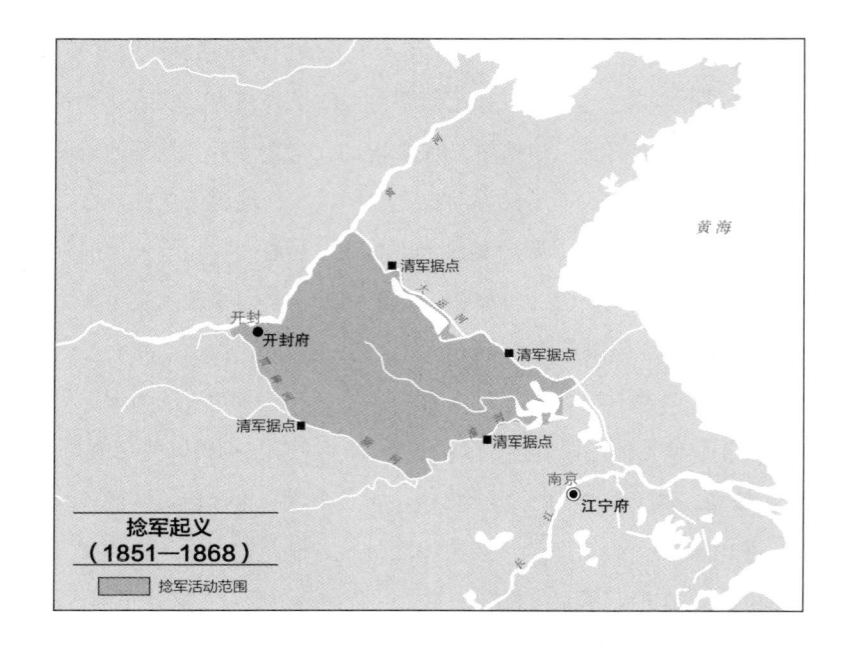

捻军起义
（1851—1868）
■ 捻军活动范围

所以可以轻易切断京师和包围南京城的官军之间的联系。在淮河以北，捻军构筑厚城，挖掘深壕，配备大炮防守，建立了许多根据地，以便他们的军队在抢掠村庄后能撤退至安全地带。其他村庄和市镇也会自行构筑防御工事，以阻挡起义团体，故在淮河以北，纵横交错着各式自卫团体。有时，拥有防御工事的村庄会与邻近的捻军城寨订立"和平条约"，约定互不侵犯。但支付银两或鸦片权充"保护费"的情况也时有发生。

我们很难准确知道这一带农村悲惨到什么程度，但势必十分严重。在一份布告中，张乐行解释道，若躲避捻军，地方百姓的生活会更悲惨。"但我兵所过，尔等自相惊恐，携资逃避。无赖之徒，乘间截夺。家无守户,又被其烧。及至回归,两地皆空。是有救之名,而成害之实也。"[12]虽然捻军首领三令五申,严禁奸淫掳掠,但效果微乎其微。对兵丁而言,在荒芜的农田里搜寻蔬菜、狩猎野味、绑架富贾、劫夺地方商队都是家常便饭。有时捻军还会在返回根据地的途中,贱价出售在别处洗劫的战利品,以增加他们在地方上的声望。

虽然张乐行在战斗中遇害,但其他捻军酋首很快就取代了他的位置。他们成功发展出一套极为成功的游击战略,在遭遇清军时,捻军会稳步撤退,弄得清军最后兵疲马乏,并受制于地形而逐渐割裂为一个个的小分队。此时,重新编组的捻军就以带矛步兵、携剑骑兵的优势兵力打击这些分散的清军。捻军经常采取严酷的坚壁清野战略,把官军诱入寸草不生的地区,不仅住屋船舶尽毁,水井也被填满石头。

朝廷为因应变局,随即召唤刚赢得南京大捷的曾国藩,命其督师镇压捻军。虽然曾国藩筹谋周详,在江苏、安徽、河南与山东四省建构军事据点,并加强主要河道、运河的防御工事来运送粮秣,但他也无法彻底击败捻军。曾国藩的计划中还包括挖掘运河、沟渠以阻挠捻军的骑兵活动,系统性地通过笼络政策与甄选新头领等手段,使各村庄重新站到清廷这一边。不过此一战略部署未竟全功,一方面是由于四省巡抚无法通力合作,另一方面则是因为南京城收复后,曾国藩解散了不少湘军精锐之师。故在镇压捻军之时,他只能倚重自己曾经的学生、现已担任两江总督的李鸿章麾下的军队。尽管李鸿章能稳定供给曾国藩所需的军饷,但这支以流经皖北的河流命名的"淮军"大都征募自安徽,并不完全忠于曾国藩。于是,朝廷只得将两人职务对调，由李鸿章出任镇压捻军的统帅，曾国藩转任两江总督。

这次职务对调，凸显了权柄流入地方团练将帅手中后形成的政治新格局有多么复杂。李鸿章在年轻时被曾国藩招入幕府，因此他的政治生涯要归功于曾国藩的提携。李、曾二人不仅同样拥有复杂的政治生涯并唇齿相依，两人还指挥着各自的军队。李鸿章在镇压捻军之初，也遇到过类似曾国藩经历过的逆境。捻军似乎总是有办法在他眼皮子底下溜走，突破封锁线逃逸，甚至还撤至陕西，并进入了西安、延安城中。诚如李鸿章所言："贼踪飘忽，我军与为蹑逐。"[13]但到了1868年，早已四分五裂的捻军最终还是被稳健的消耗战拖垮了。当时淮军所得饷银十分优渥（按中国人的标准），对李鸿章及指挥诸将也忠心耿耿。他们不但使用购自洋人的来复枪与西式大炮，还开始在北方水域系统地部署炮艇。为防范捻军逸逃，威胁到因《天津条约》和《北京条约》而蓬勃发展的贸易活动，外国武装战舰——其中有两艘名为"孔夫子"号、"柏拉图"号——在山东沿海水域不断往来巡逻。

1868年8月，历经激战的清军在山东大获全胜，被围困的捻军残部最终全军覆没。随后，清廷前往太庙、武庙祭天。李鸿章受到清廷的再次擢拔，并被加封"太子太保"衔。正如曾国藩在收复南京城后获赐最高封爵一样，李鸿章的稳固仕途也建立在敉平叛乱的功勋之上。曾国藩还没怎么享受自己的殊荣和地位，就于1872年殁故了，但李鸿章却得享高寿，在此后三十载中，逐步成为中国最有权势的官员之一。

回民起义

自唐代（618—907年）以降，中国就已有穆斯林定居，有些居住在中亚贸易路线的终点甘肃和陕西，有些则生活在阿拉伯贸易商经常往来的福建、广东等东南沿海城镇。及至晚明时期，已经有相当数量的穆斯林与中国人通婚，使中国穆斯林（被称为"回民"*）聚落数目大增，地方上的行政管理变得前所未有的复杂。耶稣会传教士利玛窦记录下了17世纪初卜居中国的回民人数。乾隆一朝，回民掀起数次起义；19世纪初，由浩罕汗发起的圣战（jihad）使清朝治下的喀什噶尔、叶尔羌边疆地区常常动荡不安。受到捻军起义波及的华北农业区，也分布有数量可观的回民聚落，人数甚至可能超过一百万：在河南、安徽可看到人声鼎沸的清真寺，回民还控制着他们自己的私盐贩卖渠道。

除甘肃、陕西外，中国的回民大抵集中在西南地区，特别是云南一省。回民移居此地的历史可追溯至13世纪蒙古征服中国之时，他们与随后涌入的汉族移民之间龃龉摩擦极为频繁。1855年，在太平天国逐渐强化南京的统治、捻军开始串联结盟之际，云南也爆发了第三股较大的反清起义。起义的肇因是清政府向云南回民强征繁

---

* 编注："回回"在不同的历史时期有不同的含义，本节提及的"回民"指的是穆斯林，即伊斯兰教信仰者。根据今人研究，元末"回回"成为畏兀儿以西中亚诸人群的集体称谓，并可能在明初转义为伊斯兰教信仰者。而古代畏兀儿族在整体伊斯兰化后，亦成为西域回回的一部分。在清人观念中，内地回回和新疆及其以西的回部属于不同的群体，但因为都信仰伊斯兰教，所以皆称为"回人""回众"。详见姚大力《"回回祖国"与回族认同的历史变迁》，载《中国学术》2004年第1辑，1—29页。

苛的土地税与杂税，加之云南的财源——金矿、银矿又发生矿权纠纷，致使回民的处境更为艰困。回民奋起反抗，占据滇西重镇大理，并围攻了云南首府昆明。1863年，昆明曾一度被回民占领，但旋即又被清军夺回。不过，自称"苏雷曼苏丹"（Sultan Suleiman）的回民起义军首领杜文秀,倒是在大理建立了"平南国"（仿自太平天国）。

云南当地的清朝官员昏聩无能，加上苗族、宗教教派和回民的战斗蔓延到云南、四川、贵州三省交界的山区地带之后，当地地形复杂多变，使得镇压活动难上加难。但是，清廷通过离间回民势力、奖赏变节者、组织地方防御力量、倚重当地干练的巡抚，最终还是扭转了局势。1873年，在一番激战后，大理陷落，杜文秀自杀未遂，被清军捕获并处决。

1862年，陕甘地区也爆发过一次回民起义，但复杂的地形和遥远的距离，极大阻碍了云南回民与他们协同作战。这次起义之所以爆发，是受到了太平天国将领的怂恿，目的是牵制清军以解南京之危，同时捻军亦于1860年代中叶流窜至此，向当地寻求同盟。甘肃境内与陕西南部有数量可观的回民人口，其中多数信奉源自中亚伊斯兰教的神秘教派苏菲主义（Sufism）的"新教义"。在1781—1783年间发生了一连串回民起义后，清廷曾试图禁止这类新教义，但适得其反，致使民怨更加深重。

原本就已不稳定的暴乱局势复因太平军的劫掠而益形恶化。当地民众仿效东部、北部长期以来的因应之道，纷纷组织团练乡勇捍卫家园，以抵抗太平军的威胁。如此一来，自然就形成了回族与汉人各自组建团练的情况。由于大部分八旗兵丁被抽调去追击太平军与捻军，而地方绿营本身又由回民充任，所以清廷在当地的统治权威十分薄弱，只能听任局势持续恶化。

起初，当地清军曾饱受将帅指挥不力的困扰，朝廷调派更有才能的将领，但清军依然因士气低落、疫疠丛生与亏欠饷银而苦不堪言，兵勇弃甲逃逸屡见不鲜。虽然清军死死守住了西安、同州，但周遭乡村地带却大多被回民控制。1862年底，清军刚开始有所斩获，回民便向西撤入了甘肃，集结成新的武装，并对外散播清廷对所有回民格杀勿论的消息。

驻守宁夏、兰州的八旗驻军为数不多，无力敉平动乱，朝廷只能寄望于在回民内部挑拨离间。从一名满洲要员的上奏内容来看，回民害怕被全面扑杀的疑虑并非没有依据："回众肇乱，不法固多，胁从亦众，若不分良莠，一律剿除，则良善无由自新，转恐结成死党，负隅力抗。"但整个问题十分复杂，这位要员继续说道，原因便是在甘肃"各处城关均有回民，各营弁兵更多回教"。结果，1863至1864年间，双方经历了谈判、对决、欺骗、诈降、报复，局势依旧不明，而朝廷能向地方官员给出的建议就是"妥为抚驭，随时详察机宜"[14]。到了1866年，弹药耗尽，米价飙涨，就连小麦价格也数倍于往日，燃料奇缺，马匹因粮秣不足而饿死，兵勇只能以面粉加水做"汤"果腹，百姓无米可炊，不是饿死就是自尽身亡。

朝廷于绝望之际，不得不求助于抗击太平天国时涌现出的最杰出将领之一，同时也是士大夫的左宗棠。与曾国藩一样，左宗棠生于湖南、长于湖南，1830年，其父亡故后，十八岁的左宗棠师从清朝大员、经世良才贺长龄；虽然他治学勤勉，但在1830年代参加进士考试时却三次皆落第后,便断了参加科考的念头,转而从事塾师教职,投身西域地理与历史的钻研,还自修农务,尤善产茶、丝。在太平天国运动期间,左宗棠展现出杰出的军事才能,先是在湖南仿效曾国藩组织湘军的做法,征募、训练、武装五千名兵丁,后在安徽、浙江与福建领兵作战。左宗棠不但善于用兵,在战区重建、鼓励农耕、粮食储备、教育、棉花种植与造船方面,也同样表现出色。1866 年 9 月,左宗棠出任陕甘总督,承命镇压当地回民起义。1867 年夏,左宗棠抵达陕西,遂又被命参与平定捻军,结果表现杰出。1868 年 11 月,左宗棠终于得在陕西首府西安安顿下来,开始筹划战事。

左宗棠实事求是,耐心处理曾使多位前任受挫的西北回疆问题。在这方面,他受益于自己过去对西域地区的研究,以及昔日与林则徐的一席话——鸦片战争结束后被流放伊犁的林则徐已经返回。左宗棠在带兵杀敌与农业方面经验丰富,但对左宗棠最有裨益的,还是他和一名儒生(王柏心)的长谈与书信往还。此人曾任林则徐幕僚且长期居住在陕西。这位儒生告诉左宗棠:"勿求速效,勿遽促战,必食足兵精,始可进讨,请以三年为度……至它日进兵,视彼中尤骁黠者,诛翦之,余不能尽诛,俟其畏服。"[15]

从左宗棠后来的部署可以看出,他把马化龙视为最难对付的回民首领,必须首先打击。当时马化龙已在宁夏南部的金积堡建立起固若金汤的据点,周围遍布纵横交错的壕沟,还有逾五百座堡垒拱卫。马化龙被奉为"新教"宗教领袖的代表人物,被许多信众视作"圣灵"化身,有媲美先知穆罕默德的力量。因此,回民作战勇于献身,不屈不挠。结果，虽然左宗棠兵力充足，但还是耗费了十六个月才攻下金积堡，并折损了一员大将。直到金积堡内的回民守军沦落到仅能以草根、兽皮甚至是袍泽的尸体果腹，马化龙才在1871年3月投降。他与家人均被凌迟处死，八十多名部下也同样遭斩，成千上万的回族商贾、妇孺被迁往其他城市或流放东北北境。回民不得再定居金积堡。

此后，战争的胜负已判。左宗棠说服朝廷，将他省税银移作军饷，向外国商人举债或开征关税，借以充实财源，并主张采取屯田政策，使兵马所需的粮秣可自给自足。左宗棠率军沿着商队的贸易路线向西挺进至兰州，并在此建起军械库，栽种农作物以供应军需。左宗棠不顾朝廷所下即刻用兵的谕令，依然细密筹划，秣马厉兵，准备给甘肃西北的肃州以最后一击。1873年11月，左宗棠出兵攻打肃州，屠戮守军，放火焚城。各省乱事至此大体底定，仅有部分回民起义军向西逃往哈密，耗费数年才被彻底击败。自1850年以来，除条约口岸的地位暧昧不明外，中国全境再次统一在清朝政权之下。

第九章　改革的中兴之治

儒士的改革

令人诧异的是，在经历了如此之多的挑战后，清王朝不仅未立即土崩瓦解，甚至还苟延残喘，挺过了整个19世纪，延续到1912年。这一段劣境求生的时期被清代政治家称为"中兴"——这个庄严之词经常被用在那些能在大风大浪的危境中转危为安、重建帝国道德与社会秩序的朝代身上。此故，"中兴"这一概念既指涉了对过去的缅怀，同时也吐露出悲喜交集的情愫：历代的中兴即使再富意义，毕竟已一一消逝，国祚也无法绵延。而且，与过去不同的是，清王朝的中兴之治是在缺乏强有力领导人的情况下出现的。这段中兴时期的皇帝是同治，但他于1861年登基时年仅五岁，还没来得及施展拳脚，就于1875年死掉了。同治时期的朝政主要靠垂帘听政的慈禧太后、皇叔恭亲王（1860年朝廷仓促逃离京城时，被留下来与洋人斡旋的那位），以及一两位有影响力的大学士来统摄，不过功劳最大的，还要数在镇压太平天国运动、捻军起义、回民起义中声名鹊起的那个杰出群体——各省督抚，其中最为显赫的是曾国藩、李鸿章、左宗棠三人，但也有不少督抚才干相当卓越。这些地方大员时而齐心协力，时而各自为政，提振经济，构筑新的体制，为大清国注入了新的使命感。在国政形同崩解的背景下，这确实是一项傲人成就。

诚如所见，为摧毁起义政权，清朝官员动用了一切军事资源：利用八旗与绿营军、地方士绅组织的团练乡勇，以及诸如湘军、淮军这类半私人性质的区域武装力量；实行屯田政策，建筑壕沟、堡垒等防御工事，还有条件地选用洋人军官和佣兵。但在同治中兴时期的政治人物眼中，这些措施都只不过是开场，他们所竭力追求的宏伟要务，是重建儒家政治的基本价值。

最重要的中兴代表人物是湘籍的儒将曾国藩。1811年，曾国藩出生于一个小康的士绅家庭，他潜心修习儒家典籍，在1838年中进士第，入翰林院，很快就以精通典章礼仪而闻名。当时，曾国藩的薪饷微薄，生活拮据，不得不常常向京城内的同乡富室举债，以便支付家用与诸弟的教育经费，直到奉命前往四川任乡试正考官之后，他的经济情况才告好转：大量望子成龙的家庭前来孝敬曾国藩，使他得以还清了所有债务。

曾国藩克承的是严谨而中庸的儒学思想，试图调和达致儒家真理的三条路径。其一，坚持道德以及个人伦理观至上，并相信教育可以培育这两方面；其二，拥护主导清代考证学派的考据方法；其三，服膺像贺长龄这类思想家的经世致世之学，寻求稳固的基础，以重建健全、诚实的行政结构。

鸦片战争战败之后那段黑暗时期里，曾国藩反复研究和思考，终于统摄了上述这几方面。那些年，他时常沉浸于漫长的思考之中，并将阅读心得与对自己行为举止的反省巨细靡遗地记在日记里。曾国藩的儒学自省功夫是何等坦荡，从下面这段文字中便可见一斑：

> 起晏。心浮不能读书……读《易》"蹇卦"。因心浮，故静坐，即已昏睡，何不自振也！未初，客来，示以时艺，赞叹语不由衷。予此病甚深……若日日誉人，人必不重我言矣！欺人自欺……切戒，切戒！……灯后，仍读《易》……作《忆弟》诗一首。[1]

曾国藩本欲倾其毕生来省身与治学，但太平天国战争不断消耗他的精力，破坏了原有的习惯，现在，他不得不重新思考自己的价值观。曾国藩坚信，清代中叶危机的背后隐伏着精神文明的堕落，而达成中兴之道的方法就是筹办学校，重新开设儒学课程。当时，清朝为筹集军饷，曾大量卖官鬻爵，因此曾国藩便敦勉有才能的学生不要靠捐资获取功名头衔，而应依循传统正途参加科举取士。他还汇编刊印了在平定叛乱中壮烈成仁的义士名录，以便其典范能流芳百世。一如当时的其他官员，曾国藩也意图重整农耕秩序，一面计划将被驱逐的地主发还原籍，重新评估课征土地税，一面也努力避免佃农遭到剥削。此外，他还重新安顿了成千上万受兵燹之灾波及而流离失所的老百姓。连年征战对华东和华中地区造成的破坏是如此之大，以至于这一原本人口稠密、富庶繁荣的地区在此后的几十年中，不得不从西部、北部各省招引大量移民。

朝廷尽管总体上支持这类政策，但因财源匮乏且其他问题也亟待处理，所以只能放手让曾国藩及其地方同僚自行其是。不过，这些地方要员大多经曾国藩提拔，因而在各地实施革新计划时能协调一致。曾国藩最初聘雇这些幕僚，主要是让他们来襄助管理湘军，或筹措财源，或重建司法体系、赈济饥民。他还制定了一套严谨周全的面试排名方法来甄选良才：出于原则考虑，曾国藩在聘雇人员之前会一一考评他们诚实与否、效率高低与学识能力；对于抽鸦片者，以及巧言令色、贼眉鼠眼、言辞举止粗鄙者，概不录用。到1870年代，已有多位曾国藩的幕僚被朝廷擢拔，充任要害部门。但是曾国藩忠君不贰，并没有利用这一优势来积累权力，也没有以个人名义攫取权柄。

尽管曾国藩对传统学术与道德价值极为看重，但他绝非一位故步自封的守旧之士。例如，他不仅主张善用洋人指挥的常胜军，还一眼就看出了选择性采用西方技术有什么好处。最初令曾国藩有此深刻体认的是学者冯桂芬。冯桂芬与曾国藩同为翰林进士（1840年科），二人有许多共同点。1850年代中期，冯桂芬率领一支团练抵抗太平军，捍卫老家苏州，这段经历让冯有了一些战争经验；1860年，他移居上海，洋人的船坚炮利给他留下了深刻的印象。

冯桂芬在1860年写过一系列文章，并在次年将它们呈给了曾国藩。在这些文章中，冯桂芬指出，中国教育必须加入外语、数学、科学等科目，学习"自强"之道；而擅长这类科目的学子应该授予举人品第。冯桂芬写道，中国面积百倍于法国，两百倍于英国，那么"彼何以小而强，我何以大而弱"？症结就在于中国有"四不如夷"："人无弃才不如夷；地无遗利不如夷；君民不隔不如夷；名实必私不如夷。"为求中国自强之道，冯桂芬主张"然则有待于夷者，独船坚炮利一事耳"。[2] 为实现此目标，应选择港埠设置造船厂、兵工厂，聘雇外国顾问训练中国工匠制造此类器物。既然冯桂芬深感"中华之聪明智巧必在诸夷之上"，那么结论已明如白昼："始则师而法之，继则比而齐之，终则驾而上之。"

一年后的1862年6月，曾国藩在日记里记录了他对幕僚说的话："欲求自强之道，总以修政事、求贤才为急务，以学做炸炮、学造轮舟等具为下手功夫。"[3] 是年稍后，曾国藩责成安庆内军械所的下属，建造一艘小型蒸汽船。虽然船的表现令人失望，但曾国藩没有气馁。相反，他突破自身阅历所限，在思想上迈出了超前一步，派遣三十五岁的容闳远赴美国，为清廷购置建造小型兵工厂所需的机械设备。选择容闳是明智之举：出生在澳门附近贫苦人家的他，先后在澳门、香港的教会学校接受教育，后于1847年首度赴美，在马萨诸塞州的预备学校求学三年后，进入耶鲁大学攻读，并在1854年毕业，是第一位毕业于美国大学的中国人。

曾国藩秉承他颇为有效的识才之道，在接见容闳时，面带笑意，不发一语，只是凝视半响。当他决定信任容闳后，便用而不疑，从广州、上海的藩库调集六万八千两现银给容闳，供他购买日后建造机械工厂所需的设备。容闳先赴欧洲进行初步评估与考察，途中看到了正在兴建的苏伊士运河，意识到运河竣工后将大为缩短欧洲至中国的航程。随后他继续上路，并于1864年春天抵达美国。

当时美国南北战争愈演愈烈，容闳很难找到愿意接受中国订单的美国公司，不过最终马萨诸塞州菲奇堡（Fitchburg）的"朴得南机械公司"（Putnam Machine Company）接下了这笔生意。容闳留下一名他在中国结识的美国工程师监督技术细节，自己则去参加第十次大学同学聚会，并以美国公民的身份，自愿加入北方的联邦阵营，在他的请求被婉言谢绝后，容闳便安排机械设备从纽约装船后直抵上海，自己则经由旧金山、夏威夷、横滨返回中国。容闳因公务而环球航行一周，标志着清朝官员拥有了新的舞台。

在打败太平军后又被派去平定捻军起义的曾国藩，前去考察了这些新的机器。当时，这批设备与曾国藩先前委派幕僚所购置的设备被安装在一起，放置在了上海附近新建的江南机器制造总局内。根据容闳的描述，曾国藩"似觉有非常兴趣，予知其于机器为创见……并试验自行运动之机，明示以应用之方法"。[4] 这批设备先是被用来制造枪械和大炮，到1868年，在西方技工的协助和关税税银的挹注下，江南制造总局成功将中国人自制的船壳和蒸汽锅炉与一具翻新的外国蒸汽引擎装配到一起——中国人打造的第一艘机器兵轮"恬吉"号下水试航。第二座兵工厂与造船厂——福州船政局——由左宗棠在福建创办，之后不久，左宗棠就奉派前往西北扫荡回民起义。上海与福州两地的兵工厂还分别设置了由外国顾问管理的学校，研习机械技能与航海学，相关技术著作的翻译也风风火火地展开了。

一位英国人造访了兵工厂，面对这些风险投资带来的回报，以及它们未来可能在承平与战时的用途，语带嘲讽但难掩惊讶地说："几艘配备有大炮的运输船和炮艇炮舰已经造好下水，另外几艘也即将竣工。前者还用来向北方装运漕米,而且虽由中国人操作、指挥,但值得注意的是,它们没有发生过任何事故。"[5] 看起来,这些有条不紊的自强运动似乎的确能与儒家思想的内在价值结合在一起,重振清朝的国家与经济。

确定外交政策

1850年代的一连串事件,迫使中国统治者认识到,天朝之外还存在着一个更为宽广的世界。为了与之互动,他们采取了一些策略,第一个便是因应太平天国对上海的威胁而于1854年创立的上海海关税务司。这个职位由外国人担任,旨在订定公平的关税税率,并对外国货物课征进口税,为朝廷开辟财源。1860年八国联军占领北京后,被迫出走热河的朝廷急需一个新的衙署来与洋人进行谈判。经过一番辩论后,清廷决议在1861年成立一个新机构——"总理各国事务衙门",也就是常说的"总理衙门"。这是自雍正皇帝于1729年创立"军需房"以来,清朝的中央官僚体系中最富意义的制度革新。

总理衙门由五位议政大臣(最初皆为满人)共同负责,其中皇叔恭亲王是总理衙门的实际领导人,另有二十四位章京襄赞,其中十六位抽调自六部,八位出自军机处。在讨论成立新衙署时,官员们反复重申这只是权宜机构,俟国内外危机解除之后即行裁撤。恭亲王还向皇帝保证,新衙署的规模会保持适度,如朝贡国使者的住所一般。如此一来,即便外国人来洽谈事务,用恭亲王的话来说,总理衙门也能"暗寓不得比于旧有各衙门,以存轩轾中外之意"。[6]为了配合这一决定,总理衙门的办公衙署最后选定了北京东堂子胡同里破旧矮小的铁钱局公所。为了使洋人相信它的重要功能,总理衙门换上了一扇新的大门,随后于1861年11月11日,正式开始办公。

恭亲王是同治中兴期间崛起的最重要的满族改革者,当时年仅二十八岁。他年少时曾经极端排外,但后来逐步变得宽容,虽仍有警惕之心,最终公开推崇西方。西方军队在洗劫圆明园、强迫他签订《北京条约》之后,就撤离了北京。此事尤其令恭亲王印象深刻,他以为,"该夷并不利我土地人民,犹可以信义笼络,驯服其性,自图振兴"。[7]恭亲王身为幼帝同治的皇叔,又是垂帘听政的慈禧太后所信任的辅佐大臣,为总理衙门带来了无比威信。不过,大量的劳心之事很可能是他的二把手文祥负责推动的。文祥生于1818年,其父是出身满洲正红旗的一名胥吏。1845年中进士第的文祥,曾在1853年太平军进逼北京和1860年英军的大掠夺时,两度积极参与保卫京师。虽然出身卑微,但他兼任大学士与兵部尚书,因此声望显赫。

恭亲王与文祥执掌总理衙门之初的两桩个案显示,清政府在对外新政策方面展现出了不同的外交手腕,而当时的局势和"休斯女士"号、"艾米丽"号那个年代迥然相异:其一,招募"李-阿思本舰队"(Lay-Osborn Flotilla)在某种程度上成了灾难性之举;其二,普鲁士侵犯中国海权一案做出了成功的裁决。

"李-阿思本舰队"的成立缘起于1862年,当时太平天国在沿海的浙江省境内所向披靡,使得朝廷忧虑沿海的控制权将落入叛军手中。于是，总理衙门奉旨向英国购买一支舰队，并雇请舰队的军官、海员。于是他们找到当时的海关总税务司李泰国（Horatio Nelson Lay）担任中间人，并委交给他一百二十九万五千两白银。李泰国用这笔钱购买了七艘蒸汽船与一艘军需船，由曾任英国皇家海军舰长的阿思本（Sherard Osborn）指挥调度。英国外交部同意让英国海员在舰上服役，但舰队必须悬挂他国旗帜。不过，大清国同历代王朝一样，都没有专属的旗帜，于是恭亲王知会英国，大清将设计一面旗——有一条龙居中的三角黄旗。

阿思本舰长率所属舰队于1863年9月航抵上海，但当即碰上一个棘手问题。恭亲王奕䜣谕令阿思本舰长为舰队副指挥官，听命于中国水师提督。虽然阿思本本人可统御舰上所有外国人，但在战略上，他必须服从清廷战区将领——曾国藩与李鸿章——的命令。然问题在于，最初阿思本与李泰国在英国签约之时，想当然地认为清廷也有意让他"统帅所有欧洲建造的船舰"，而且自己只需接受由李泰国转达的中国皇帝的直接谕旨，"不必服从任何由其他渠道传达的命令"。[8]

事件的发展自然演变成了难以化解的僵局，因为三方都不愿让步。阿思本固守原则，认为这支舰队的指挥权曾被郑重许诺给他。李泰国则十分傲慢自大（"一位绅士在一个亚洲蛮人指挥下做事是荒谬绝伦的"，是李泰国的名言）。[9]另一方面，总理衙门也不甘向洋人示弱。历经数星期不得要领的协商，总理衙门承认解决无望，于是支付了阿思本与其船员薪饷后，便将他们遣送回国。美国人和清朝政府均深惧这支舰队会流入敌人之手——无论是美国内战中的南方联盟政府,还是中国的太平天国。于是英方把船舰卖给本国公司。清廷给予李泰国一笔巨款后,撤掉了他的海关总税务司一职。

总理衙门的第二个尝试是处理国家主权,这个就较为成功了。惠顿(Henry Wheaton)所著的《国际公法原理》(*Elements of International Law*)自1836年出版以来,已成为西方使节的必读书。1862年,总理衙门研究了这部著作中关于外国公使派遣部分的中译章节。翌年,他们拿到了该书的全译本,译者是来自印第安纳州的丁韪良(W. A. P. Martin),曾长期于宁波、上海传教。经过一番讨论,总理衙门接受了这部书的中文译作(《万国公法》),但恭亲王还是命人商酌删润译作文字,使其更为流畅。

恭亲王在与朝廷商讨翻译事宜时表示,他曾告诉洋人:"中国自有体制,未便参阅外国之书。"不过他又说,接受西书主要是"防其以书尝试,要求照行"。[10] 1864年,世界彼端爆发了普丹战争(Prussian-Danish War)。普鲁士战舰扣押了停泊在大沽的三艘丹麦商船,两国的战火随即延烧到了中国所属海域,而恭亲王与其同僚则援引惠顿的著作,对此事做了妥善处理。他们从书中习知领海的定义(丁韪良将领海的定义翻译成了"属于一个国家司法管辖的海域"),同时审视大清与普鲁士所签订条约后,不但强迫普鲁士的大臣释放了那三艘丹麦籍商船,还要向中国赔偿一千五百美元。尽管注意到"该国律一书,衡以中国制度,原不尽合,但其中亦间有可采之处"[11],但恭亲王还是责成总理衙门拨款五百两,刊印惠顿这部著作,并将三百本分发给了各省官员。或许是害怕引起保守派的强烈反对,恭亲王最终婉拒了具名为此书写序言。

1862年，文祥与恭亲王取得朝廷首肯，在北京设立了一所专事翻译的学校。该校规模不大，主要选拔年龄在十四岁左右的八旗子弟学习英文、法文，并向他们发放津贴。（北京已设立学校教授俄语多年。）从八旗子弟当中挑选学生的决议，反映了朝廷亟欲向保守派确保大清国的外交政策仍将由昔日灭明的满人来主导。但这类学堂迅速分设多所，学生也不再局限于满人。由朝廷赞助设立的语言学校分别在上海、广州与福州设立。1867年，恭亲王与文祥开始筹办一系列事务，把北京的翻译学校扩充成一所综合性的学校（北京同文馆），提议增加诸如数学、化学、地理、机械学与国际公法等科目，并聘请外国人担任教席。尽管朝中保守大员大力反对，认为中国人何必"师事夷人"，学习"一艺之末"，即使是两百年前的明君康熙也是"虽用其法，实恶其人"，不过还是改革派最终占了上风。这所教授新课程的学堂终于在1867年2月成立，由中国地理学和历史学先驱徐继畬主事。

选择徐继畬出掌北京同文馆实乃明智之举，这亦显示新思维已经逐渐在中国萌芽。徐继畬于1840年代从福建的美国传教士处见识到了西方世界，他是最早被委任入总理衙门供职的大臣之一。徐继畬在著作中盛赞西洋，尤其是美国："不设王侯之号，不循世及之规，公器付之公论，创古今未有之局，一何奇也！"徐继畬称颂华盛顿（George Washington）是"异人也"，其人刚猛，谋略犹胜中国历代文化英雄，故徐继畬感叹："泰西古今人物，能不以华盛顿为称首哉。"[12] 在华的美国人自然乐见清廷的这项人事安排，似乎将会是未来两国外交关系修好的先兆。美国驻华公使蒲安臣（Anson

Burlingame）向徐继畬赠送了斯图尔特（Gilbert Stuart）那幅华盛顿肖像名作的摹本，徐继畬对华盛顿的颂文则被刻在一块产自福建的花岗岩上，镶嵌在了华盛顿纪念碑（Washington Monument）内部的六十多米处。1869年，徐继畬因病还乡，继任者是1863年翻译过惠顿著作的丁韪良，他汇集了一批才干出众的中国科学家和数学家，协助翻译西方的其他著作。

由于大清海关是各项计划的经费来源，所以它的同步进展至关重要。海关总税务司赫德（Robert Hart）生于北爱尔兰，在受聘于清廷之前，先后在宁波、广州的英国领事馆任职。借着赫德的卓越领导，大清海关从1854年创立的小小税务司发展起来，到了1860年代已壮大成为一所国际性机构，其分支遍布所有条约通商口岸。赫德为清廷征收到了大量税银，其中部分便被用在了支持兴办学堂和其他现代化项目上。同等重要的是，赫德的手下雇员还积累了反映中国各地贸易模式与风土民情的精确统计资料。

历经多年的战争与误解之后，1860年代后期似乎会为中国与西方的修好开启新的契机。1868年，也就是1858年的《天津条约》中规定的修约时间，总理衙门的官员（在朝廷的合作下）审慎而巧妙地与英国进行了协商，英国派出的谈判代表是能言善辩、头脑灵活的阿礼国（Rutherford Alcock）公使。阿礼国与赫德二人均向总理衙门提交了意见书，建议中国应在行政管理、教育、财政预算等方面进行变革。外国使节团的公使平和地搬到了北京城内的宽敞住所，而且由于同治尚属冲龄，无法接见外国公使，所以关于谒见与叩头的问题顺便被搁置了。（1873年清廷准许外国人依自己本国礼仪向皇帝行礼致意,此问题顺利解决。)一群清朝要员与赫德一同前往欧洲,考察当地政治制度,清廷则任命前美国驻华公使蒲安臣代表中国,与美国和欧洲各国进行条约谈判。

然而在传教与贸易的权利、铁路和电报系统的兴建、鸦片买卖的限制、外国法庭在本朝疆域内的确切定位、内陆河道的航运权等方面,中外之间仍存在着层出不穷的分歧。苏伊士运河于1869年正式启用,中国与欧洲的距离霎时间大为缩短,昔日的贪婪与敌意似乎再度苏醒。让阿礼国和总理衙门的老臣文祥生气和失望的是,二人就修约一事达成微妙的共识,却于1870年被英国下议院以多数票否决,数年心血尽付东流。赫德沮丧无奈,阿礼国意志消沉。阿礼国前往晋见文祥,向他抱怨英国商人团体屡屡抨击他过于顺从中国人。但总理衙门自己的计划也已化为乌有,文祥便答复阿礼国道:"确实如此,我有时也会读到英方报纸的报道。我本人同样被指控是背叛者,只不过穿着汉服罢了。"[13]

传教士的势力存在

整个1860年代,总理衙门都在努力认识并适应他们所处的新世界,然而,中国人针对西方传教士的种种暴行亦伴随而来。在四川、贵州与广东,在大运河畔的富庶之都扬州、陕西的荒芜山丘里,均发生了传教士与信徒遭到骚扰、殴打甚至杀害,或财产受到威胁、劫掠的事件。1870年夏天,在天津——1858年条约即以之为名,也是因北京居住权周旋之际,许多外国使节选择栖居的城市——终于爆发了极为恶劣的流血冲突。

事件发生前几个月，有关基督徒弄残、毒打幼儿，做出各种性变态行为的流言便不绝于耳。天主教徒不顾百姓的强烈反对，将高耸的新天津教堂矗立在昔日的皇室林园与庙宇间，遭受到前所未有的批评辱骂。法国领事丰大业（Henri Foutanier）自比为天主教徒的庇护者，屡次向天津官员抗议，但这些官员无法平息沸沸扬扬的民怨，中国百姓依然不断地恐吓和威胁外国人。难掩失望与愤怒的丰大业腰插两把枪，在手拔刀剑的侍从陪同下冲至地方衙门。面对中国地方官吏的推诿搪塞，丰大业一怒之下开了枪，但却未击中这名官吏，反而误伤了一名旁观者。当时聚集衙门外围观的中国百姓见状，群情激愤，引发暴动。丰大业及侍从，连同几名法国商人和妻子均在暴动中丧命，教堂也被焚毁。一群暴徒还闯进天主教仁爱修女会（Catholic Sisters of Mercy）的女修道院，该院十名修女受到暴徒袭击，被剥光衣服后又遭杀害。当天共有十六名法国男女及三名被误认为是法国人的俄国人遇害。

法方的报复要求接踵即至，清廷被迫做出回应。负责调查本案的大臣有恭亲王及总理衙门的官员，身体有恙的曾国藩（直隶总督，名义上管辖天津一地），以及将接任曾国藩之职的李鸿章。经过一番拷问审讯之后，十六名中国人被判死罪。元凶的人数正好是法国人的死亡人数有些太过凑巧，可见这次审判并非证据确凿的全面调查结果，而是基于"以牙还牙"的心态。此外，中国还同意赔偿二十五万两白银，这笔资金部分被移作重建教堂的经费，部分则用作赔偿受难家属。天津的地方官被判终身流放阿穆尔河（中国称为黑龙江），清廷亦同意派遣使节团赴法国道歉。若非1870年夏天普法战争爆发使其无暇东顾亚洲，法国定会提出更严苛的要求。

没多久外国人就把这一事件称为"天津大屠杀"，它是中国19世纪持续不断的冲突事件中最血腥的一起。这类流血事件彰显出了天主教徒传教的努力与中国儒士阶层自身价值观、权威感之间的严重落差。撰写那些满是诽谤、挑衅话语的公告与小册子来攻击传教士的，通常是那些饱读诗书的中国文人，而多次冲突事件也都是由他们出面号召啸聚群众。在中国人对教徒过当行为的夸大言辞背后，是一张错综复杂的事实之网，正是这张网使得他们的言论具有了相当的说服力：西洋传教士宣扬的是一套异于儒家思想的新教义，他们意图让这套教义渗透到中国内陆，在诉讼中袒护与非基督徒的中国人打官司的信徒，他们创办自己的教育制度，经常窜改土地交易，将私人住宅改建成教堂。再者，挽救灵魂心切的传教士们，往往接收甚至主动寻找染患不治之症而被父母遗弃的婴儿，在其夭折之前为他们施行浸礼。所以，当这些小小尸体被心怀敌意的中国人从坟墓里挖出时，必然使群情更加气愤。

但是基督教在中国的传教运动并非尽是剥削、误解与敌视。在华传教士分属不同国家，彼此宗教背景迥异。除了耶稣会、其他天主教神职人员与托钵修道会（mendicant orders）的人员之外，在中国还有数不胜数的新教教派——至1865年，已有超过三十个新教教派。来华传教士所属教派分殊，有创始于1795年的伦敦布道会（London Missionary Society）、1810年成立的美国（公理会）海外传道部（American Board of Commissioners for Foreign Mission），以及浸信会（Baptist）、南方浸信会（Southern Baptist）、长老教会（Presbyterians）、美以美教会（Methodists）、圣公会（Episcopalians）、卫理公会（Wesleyan）等。这些教会团体源自英国、美国、瑞典、法国、德国、瑞士、荷兰等地。长期下来，不论天主教还是新教，都对中国社会产生了深远而微妙的影响，特别是在教育与提高中国妇女地位方面。

在教育方面，传教运动对中国社会的冲击主要是透过基督教义的传播、历史与科学普及读物的出版、教育制度的改善、医疗新技术的引介等几个途径。基督教的经文在中国几个地区流传很快；我们看到，太平天国的洪秀全就受到过流传于广州的基督教小册子的启发。《圣经》的简易中译本早在1820年代就已完成，而由传教士团体主导并认真修订的《圣经》中译本与满文的《新约圣经》全译本，也于1850年开始在中国传播。以罗马拼音编写的《圣经》特别版本也已出现，主要是为了便于在讲宁波话、厦门话、福州话的区域和东南沿海的客家族群中传教使用。西式印刷机构的发展（但使用的还是中国的活字印刷技术），也有助于推动天主教与新教的传教事业。

有关西方政府制度与历史的著作，于1830年代末开始盛行，这类作品通常经由教会团体在广州或上海创办的期刊等渠道被引介到中国来。这类著作系统地把中国置于世界脉络中，促使中国的学者以全新的视角审视中国的历史。后来担任北京同文馆总理大臣的徐继畲，就是在1840年代中期通过身在厦门的美国传教士雅裨理（David Abeel）引介，才初识西方历史的。

自强运动期间，因新式兵工厂的设置而开办的训练学校对于科技著作中译的引介,也有推波助澜的作用。1865年,曾国藩*为英国传教士伟烈亚力(Alexander Wylie)和中国数学家李善兰合译的欧几里得《几何原本》(*Elements of Geometry*)写过一篇序言对此书表示赞许。曾国藩指陈,利玛窦在二百五十年前只翻译完欧氏名作前六卷,而此次翻译则弥补了这项开创性事业。他还称赞全译本是对中国已有数学著作的重要补充:虽然中国传统的数学知识不能抛弃,但不可否认的是,"学者泥其迹而求之,往往毕生习算,知其然而不知其所以然,遂有苦其繁而视为绝学者"。利玛窦、伟烈亚力和李善兰呈现的欧几里得"不言法而言理,括一切有形而概之曰,点线面体"。曾国藩认为,"明乎点线面体之理,而后数之繁难者可通也"。[14] 在1860年代,伟烈亚力及多位合作者接连撰写或翻译了多部关于机械学、代数、微分学、天文学与对数表等作品。此外,英国传教士傅兰雅(John Fryer)与中国数学家徐寿长期合作,得出的成果同样丰富和重大。二人悉心工作几十载,系统有逻辑地将全部的化学用语转换成中文,加以编纂和出版,还有相应的学习指南和期刊配套,使得工业应用化学各领域得以在中国快速发展。迄至1870年代,西方学者已为中国人引介了电学、蒸汽发动机、摄影、车床加工、三角测量学、航海学等知识。

整个19世纪,中国的教会学校数量都在稳步增长,而随着新通商口岸的开放,这类学校还扩散到了北部沿海与内陆地区。教会

---

* 编注:此处有误,《几何原本》全译本新序实为曾国藩的长子曾纪泽所作。当时,李善兰将全书翻译完成后,请出资刊印此书的曾国藩写序,但曾氏不懂,便嘱咐自幼涉猎西方知识的曾纪泽代作。

学校通常由传教士个人或少数教师管理，不仅培养中国青少年学习英文，方便他们在通商口岸谋得工作，还有意引领他们学习基督教义，若有可能，甚至改信基督教，训练他们日后与西方传教士一起工作。尽管教会学校饱受中国传统教师质疑，但它为过去无缘读书识字的中国贫民，无论男女，提供了接受基本教育的机会，这也是其重要性所在。这样的结果便是互惠互利。正是通过与中国学者的通力合作，苏格兰传教士理雅各（James Legge）才首次将"四书"、"五经"全部翻译成晓畅通顺、准确无误的英文，极大助益了海外汉学研究的发展。

因为地方人士对教会学校感到陌生和反感，所以传教士老师往往不得不诱之以利，为学生提供免费的伙食与住房、医疗照顾，甚至是衣服、津贴。早期通商口岸宁波的教会学校就是一例，这所教会学校在1844年招收了三十名孩童，并设法使八名于1850年毕业，这几位学生当中，一人留校任教，一位继续研究医学，四名受雇于长老教会的书馆。山东省"齐鲁学堂"在1864年开办之初仅有八名学生，1877年有三名学生首批毕业。他们修习的课程主要是中国典籍和基督教伦理学，此外还有英语、数学、音乐、地理，这三名学生后来有的教书，有的担任了传教士助理。日后受曾国藩之托出国购买机械设备的容闳，从七岁到十二岁一直在澳门一所混合小学，受教于一位传教士的妻子。十三岁时，他进入了澳门一所男女教会学校就读，与其他五位学生一同学习英语、汉语、地理与算术。1847年，容闳做好了充分准备，在当地西方商人资金的赞助下，免费搭乘载运茶叶的快轮负笈美国深造。

一如当时的中国青年，容闳起初也受西医吸引而立志行医。西方传教士很快就注意到西医对中国人产生的影响，最初也正是这批所谓的"医师传教士"在传教方面最为成功。倒不是说中国没有一套成熟的医学理论——把脉，从植物、动物、矿物中提炼药材，针灸，通过这些方法来进行诊疗的传统相当悠久——而是到了19世纪初，西方在解剖学知识与外科手术技术方面突飞猛进，超过了中国。虽然仍有医疗致死的案例引起地方百姓的愤怒或控诉，但西医在切除肿瘤以及医治诸如白内障这类眼疾方面尤为成功。到了1860年代，在西方慈善家赞助或地方人士的捐款下，传教士与非教会成员的医生已经开始兴建医院。最初，这些医院同爱盲之家，麻风病、精神病之家一样，都集中在通商口岸。有的传教士向农民引介新的育种技术或蔬果品种，也有传教士热心投入造林计划，以缓和土壤流失，避免对中国业已荒芜的丘陵地造成更严重的伤害。

通过经文、书馆、学校、医院，传教士的所作所为影响了中国人的思想与行为模式，虽然这种影响造成的冲击难以衡量，但传教士确实为中国人提供了种种新选择、一种看待世界的新视野。在更为广泛的层面如家庭结构与妇女角色方面，情况也是如此。不少早期的传教士就是女性，而男性传教士的妻子也往往会积极参加当地的公共事务。容闳回忆1835年见到他的启蒙老师时写道，这位白人女性"躯干修长，体态合度，貌秀而有威。眼碧色，深陷眶中，唇薄颐方，眉浓发厚，望而知为果毅明决之女丈夫。时方盛夏，衣裳全白，飘飘若仙，两袖圆博如球，为当年时制。夫人御此服饰，乃益形其修伟。予睹状，殊惊愕，依吾父肘下。"[15]

但这类恐惧是可以克服的。数千名华人受教于西方人，一同工作，接受其治疗，甚至和他们成为朋友。西方女性可以自由从事公共事务，选择职业生涯，这对于中国妇女来说似乎难以企及。随着时间的推移，传教士家庭逐渐深入中国内地，这些西方女性建构了自己的西方世界图像以及西方伦理价值的观念，将这些观点同中国妇女一起分享，向她们介绍卫生保健、烹饪、抚养子女的新观念。她们反对缠脚，怜悯鸦片烟瘾者，希望透过宗教与教育的力量来抚慰、改变她们。甚至还有人对妇女的社会地位与性别歧视现象大胆提出了新观点。

日后备受敬重的海关总税务司赫德年轻时，曾在1850年代的宁波、广州任职，这期间，他就包养过一位中国情妇，并和她生了三个孩子。"住在中国的未婚英国人包养中国女人是习以为常的事，"他在一份秘密的法律证词中写道，"我不过为人所为。"[16] 后来赫德娶了一位出身良好的英国女性，给中国情妇三千元以作补偿，为了避免在人前难堪，又将他们的子女送至英国。不过西方人与中国人之间的私人往来，也不尽然是这种双重标准。容闳娶了一位来自哈特福德市（Hartford）的美国女子为妻，他们的两名子女长大后，均进入耶鲁大学就读。容闳在回忆录里，生动地记载了前述那位令他畏惧的西方教师，帮助三位失明的中国女孩学习盲文，尽其所能地将她们从原本的悲惨命运中拯救出来。及至19世纪末，一些中国女性的选择范围变得愈来愈广，已不是当初容闳与赫德所能预见的。比如，英文名分别是Ida Kahn与Mary Stone的两位教会学校毕业生，在1892年浮海赴美后，取得了密歇根大学医学系的学位。1896年，两人返回中国，执业行医。这些中国女性的成功以及这些成功背后的信念，正是西方传教梦某方面力量的惊人体现。

海外华人

数千万中国人在战乱、饥荒和社会动荡中丧生和流离失所，这正是 19 世纪中叶中国的写照。但土地的压力并未因此缓和。到 1850 年，中国的总人口数约莫达到了四亿三千万，虽然 1860 年代有明显下滑，但到了 1870 年代又开始再度攀升。

耕地面积不足导致了人口的内部迁移，与中国人同时期的美国移民可以直截了当地西行迁移至大平原与太平洋沿岸，但中国人不行。中国移民朝西或西北迁徙，面临的不是荒芜的青藏高原，便是新疆一望无垠的大沙漠，虽然这一地区已在 1884 年被纳为大清的一个省，但仍是一个令人望而生畏的地区。朝西南迁移者则会遇到不友善的山地部落，或今日越南、缅甸境内一些古老王国之间的边疆民族。数百万人选择移居东北，先是到有人居住、土壤肥沃的辽东地区——满人入关前的龙兴之地——随后便不顾朝廷禁令，继续北上进入今日的吉林与黑龙江两省严寒的山林地带。也有人冒险渡海，抵达移民与日俱增的台湾，到 1850 年代，清朝已全面允许中原人口到台湾定居、垦殖，并在 1885 年将其改制为行省。有些人则离开农村前往正在兴起的城市——例如汉口、上海、天津——试试运气，尽管待遇十分微薄，但这些城市的新工业和对搬运工的需求，还是为他们提供了就业机会。

人口危机的另一条出路则是从此舍弃熟悉的中国，漂洋过海到他乡碰运气。作此选择的人大都来自中国东南沿海地区，广州、澳门是他们的登船离境地点。其中有些人是贫无立锥之地的农民，有些是战乱地区来的逃难者，有些则是胸怀鸿鹄之志却觉在大清发展无望的世家子弟。这类移民大都是新婚的男性，梦想有朝一日发迹致富、衣锦还乡后，买田置地，重振已渐衰败的家业。起初，这些海外移民者主要把希望寄托在三个区域：东南亚与印度尼西亚，加勒比海地区及拉丁美洲的北部国家，美国西海岸。

移民东南亚既便宜又简便，许多华人移民很快就在当地定居下来，以种植稻米、捕鱼、经营小买卖为生。尽管当时上层的经济活动被英国人、法国人、荷兰人（在各自控制地区）垄断，但华人移民凭借着经营手腕，还是能找到宽广的经济空间。他们成功投入到各种经济活动中，如开采锡矿、栽植橡胶树与经营航运业等。在荷兰人统治下的印度尼西亚，华人则签约担任收税员，或协助管理荷兰人垄断的鸦片市场，均获利颇丰。

由于新移民大多来自福建与珠江三角洲，所以地方社群的凝聚力与语言的共通性仍然十分重要，同乡的中国人往往聚集一起，互为支援。三合会等秘密社团在这里同样活跃壮大起来，强收保护费，贩卖鸦片，安排廉价的船费，操持妓院。迟至1890年，东南亚的华人社群里仍然少见已婚的中国女性出现。海外移民潮令清朝政府不安，但他们还是于1873年在有近五十万华人定居的新加坡设立了领事馆，以便就近监视这些人的一举一动。此外，清朝政府还通过向华侨巨富卖官鬻爵，来使他们对朝廷保持忠诚。

1840年后，拉丁美洲地区的几个国家经济开始起飞，因此吸引了大批中国移民。当地反对雇用奴隶的声浪日益高涨，同时蒸汽船的船费愈益低廉，不断向中国人预示这里有更多的就业机会。例如，迄至1875年，已有近十万华人前往秘鲁，其中不少便是受推销人员或传单允诺的巨大发财机会引诱而去的。但华人抵达海外之后，并未如愿发财致富，反而沦落到铺设铁轨，在棉花种植园当苦力，或是在工作条件尤其恶劣的鸟粪池中劳动。尤其是从事最后一项工作的华人，每天必须在炙热的环境下清理四到五吨鸟粪，很容易就会患上传染病、肺病甚至猝死。也有华人做仆役、卷雪茄或碾面粉的工作。很多华人在签订契约时，并不了解契约内容，而从劳动地点逃逸的人若遭捕获，便会被扣上镣铐继续工作。自杀事件频频发生。1860年代，在古巴的糖料种植园工作的数万名华人，境遇同样悲惨。他们多被当作奴隶对待，根本算不上是自由劳工，不但要夜以继日地从事非人的劳动，还会被克扣工资，而华工如果逃跑或向雇主投诉，同样会受到严厉的惩罚。夏威夷甘蔗和菠萝种植园也有数千名移民工作，这里的劳动条件也好不到哪里去。

1873年，总理衙门积极采取外交政策，下令两个调查委员会报告秘鲁、古巴两地华人的生活与工作条件（容闳刚为天津兵工厂购买总值十万元的格林机关枪，即被指派担任秘鲁委员会的代表）。这两个调查团的报告提出骇人听闻的证据，证实华工不仅在现实的工作中受虐待的现象，在先期的劳工招募阶段就已遭凌辱。显然，成千上万的华工是被诱骗签订了契约。毫不夸张地说，大量华工实际上是被为林园主人工作的招募者绑架的，然后囚禁在了澳门、广州的废船里，等待装载出国。海上航行的条件更是恶劣，平均每一名苦力"乘客"分配到的空间只有半平方米左右，所以每趟航程均有多人丧命，华人"暴动"屡见不鲜。不过在1876年以后，为了应付清朝的这些调查报告，虐待契约工人的行为被禁止，运送程序也受到了仔细管理。

华人前往美国的第一拨移民潮，主要是受到1848至1849年加州淘金热的推波助澜。事实上，中国人最初对旧金山（San Francisco）的称呼就是"金山"。不过，只有少部分华人及时赶上了有利可图的淘金热，大多数则在那些早已被不太执着的淘金先锋放弃的矿上工作一段时间后，纷纷转向了其他行业。他们分散在洛杉矶至西雅图沿海一线，从事种卖蔬菜、零售和洗衣等工作。在1860年代加州至犹他州铁路建设的最后阶段，有数千名华人加入了筑路的行列。华人横穿美国逐步东移的过程，在时间上与美国人西进的最后阶段相吻合："奥勒冈小径"（Oregon Trail）上那些惊讶的行人在日记里记载了他们第一次看见用筷子吃饭的中国人。到了1880年，波特兰市（Portland）已拥有庞大的华人人口，而其他移民定居点也出现在了"怀俄明领地"（Wyoming Territory）的山区与爱达荷州境内的斯内克河（Snake River）沿岸。美国内战过后，南方一些种植园园主诱骗许多华人前往密西西比州、亚拉巴马州与田纳西州等地，想诱使他们在被解放的黑奴抛弃的土地上工作。及至1880年代末期，已有许多华工在密西西比州的制鞋厂、宾夕法尼亚州的餐具制造厂、新泽西州的蒸汽洗衣店做工，在波士顿市则有为数不少的华裔商人。

华人要在美国定居下来十分不易。从一开始，他们就遭受了来自各方面的很深的敌视，一部分问题在于，多数华人移民的心态与前往东南亚与秘鲁的华人移民想法一致，只想在美国工作几年后就返回家乡，与亲人团聚。这类心态肇致华人往往被视为"客居者"，而不是移居者。另一部分原因则是，华人工作勤勉，在致富之后经常招来失败者的嫉妒。白种工人普遍认为，华人总是愿意从事其他种族不愿接受的低薪工作，无形之中压低了各个行业的薪资水平。这类说法或许有几分道理，雇主偶尔会利用华工作为制衡罢工的手段。但是这些华人略通或根本不谙英语，对加诸其身的社会与经济争端往往一无所知。

许多白人把华人称为"蒙古人"，由于西方人对中国的风俗习惯相当陌生，所以对华人也抱持嫌恶或恐惧的态度。华人剃发留辫子的装扮在美国人看起来荒诞怪异、格格不入。美国人觉察到，华人社区里的男女比例悬殊——1880年，有十多万男性华人居住在美国西部，但女性仅有三千人，但美国人不去探究其间缘由，便径行认定华人行事异于常态。华人说话的声音单调乏味，嗜好吸食鸦片，又爱饮酒赌博，还愿意食用那些看起来怪异或难以下咽的食物，这些加在一起后，便营造出一种捕风捉影的气氛，把华人说成是邪恶、堕落的。

两个不幸的事实某种程度上印证了这类不切实际的指责。首先，如同其他地区的华人移民一样，在美国的华人也喜欢按方言与地域而聚集在一起。他们中的多数来自广州的方圆百里之内，抵达"金山"后，便立即被吸纳进一个由中华会馆（Six Companies）控制的下属会馆。这些会馆与华人秘密会社皆有深厚渊源，也如秘密会社一样扮演着保护者与经济剥削者的双重角色。敌对的华人集团之间常为争夺地盘而发生各式"堂斗",给美国人留下了一种华人目无法纪的印象。其次,无论是在旧金山、洛杉矶、波特兰,还是后来的纽约,众多华人拥入各地"唐人街"定居,住房阙如,同时独身男性难以排遣寂寞情绪,导致社会气氛浮躁,性需求得不到满足,传染病流行。但令人哭笑不得的是,有关住房、入学、工作许可,与餐饮机构等各种歧视性排华法案的通过,又把华人逼回了唐人街,让他们不得不待在那里。华人不容易得到法律的救济或赔偿。许多州还规定华人不准在法庭上指控白人,不准服公职。很多华人连基本的教育权也要费力争取。

在1849年初次移民潮之后,由于受到白人工人与其政治支持者们种族主义言辞的煽动,潜藏的紧绷关系在几年内骤然演变成了公开暴力事件。最严重的暴动发生在加利福尼亚与怀俄明两地。1871年10月,两名警察在企图阻止一场堂斗时遭杀害,随后人群一路捣毁洛杉矶的唐人街,洗劫商店,烧毁民房,见到华人就打。等到政府制止时,闹事人群已杀害了包括男性、女性与小孩在内中国人共计十九人,并有上百名华人受伤。(令人毛骨悚然的是,暴动中华人的死亡人数,竟然与1870年"天津大屠杀"中法国人、俄国人的死亡人数恰好吻合。)十四年后,在怀俄明领地的石泉城(Rock Springs),一群贫穷的白人矿工先是用铁铲打死了一名华人矿工,后又放火烧毁华工营舍,至少杀害二十八名华人。同时期爆发的一连串规模较小的冲突事件,也在"西部开拓史"上留下了重要却不幸的一笔。

虽然总理衙门的官员清楚这类问题的存在,但清政府对认可移居海外华人的权利这种做法并不习惯,因此反应自然十分迟缓。

1867年，清政府任命美国前公使蒲公臣为巡回大使。翌年，带着上一世纪法国哲学家极为乐观的口吻，蒲安臣热切地前往美国与欧洲，为华人的事件因由辩护。"当前中国的开明政府正沿着进步的道路稳健前进，"蒲安臣告诉他的听众，"现在她说：给我你们的小麦、你们的木材、你们的煤、你们的白银、你们各地的商品——你们能供应多少，我们就接受多少。我们会报以茶、丝、自由劳工，大量出口至世界各地。"蒲安臣凭着三寸不烂之舌，促使美国政府于1868年签订一纸条约（即《天津条约续增条款》，又称《蒲安臣条约》），继续给予中国人移民美国的权利。不过，蒲安臣宣称清政府改信基督教时机已经成熟，反而把问题搅得更混：他疾呼道，不久之后，中国就会邀请西方传教士"在每座山陵、河谷中竖起光辉的十字架，因为中国现在已愿意听取道理"。[17]继蒲安臣之后，清廷于1871年派遣外交代表前往法国、英国，到1878年，又派全权公使抵达了美国。

但排华的政治压力已从加州蔓延到华盛顿特区。在民主党与共和党一连串激烈的选战中，必须在华人酿成"黄祸"之前限制移民的偏激论点甚嚣尘上。1879年，海斯（Rutherford B. Hayes）总统恪守1868的条约，否决了限制每一船只不得载运超过十五名华人的法案。*不过到了1880年，美国又说服清政府缔结了新约，授权美国政府如果认为此类限定"合理"，便可"管理、限制或暂停"

---

* 译注：即美国国会通过的《十五名旅客法案》，此一法案在法理上与前述1868年中美签订的《蒲安臣条约》相抵触。

华工赴美。1882年，阿瑟总统（Chester A. Arthur）同意了"暂停"技术性与非技术性华工入境十年的法案，强迫在美所有华人须持有特殊的登记证，禁止华人取得美国公民身份。1884年，他又采纳了更进一步的规定，扩大"劳工"范围的界定，将商贩、小贩、渔民也包括在内，把移民限制条款扩及所有华人，无论他们是否为清朝政府的属民。

就此，美国曾经的梦想——不论种族、宗教与出身，美国将变成世界上其他地区贫穷、受压迫人民的避风港——轰然破碎。接续的几任美国总统的表现更是说明了这一点。克利夫兰（Grover Cleveland）于1888年谴责华人"对我们宪法与法律无知，不可能与我们的人民同化，危害我们的和平与福祉"，并公开支持一项新的法案，规定暂时离开美国返回中国的华工不得再入境。[18] 同年，接受共和党总统候选人提名的哈里森（Benjamin Harrison）说道，他"愿意肩负起捍卫我们文明的责任，那些外来种族既不可能完全同化于我国人民，即便同化了也无益处，要把他们赶走"。入主白宫之后，哈里森擢拔的国务卿人选更是坚信华人非但无助于美国经济的发展，反而带来了"身心疾病的种子、贫困的种子以及死亡的种子"。[19] 美国人此时断言中国人是"劣等民族"，其苛刻程度之深和涵盖范围之广，与过去清代政治人物在天朝的黄金年代对世界其他民族的判断如出一辙。

第十章　晚清的新动乱

自强运动与甲午战争

　　士大夫以其卓越的能力、廉洁的操守、坚毅的精神，襄助清廷敉平了19世纪中叶的各地叛乱，显示了中国人有足够的创造性来应对新挑战。高悬恢复大清国秩序的大旗，这群士大夫建构起了新的机构来处理外交关系，课征关税，建造新式船舰和武器，教授国际公法与现代科学的基本原理。"自强运动"证明了并非自己空洞的口号，而是一条通向长治久安的康庄大道。具备进步思维的汉人与满人似乎能够齐心合作，遴选中国所需的西方知识、技术中的某些要素，以维系传统文化中他们最珍视的精髓。毋庸讳言，中国各地依然存在着许多复杂问题，如农村军事化、地方财政自治、地主横行、官僚腐化，以及好战的外国强权挟军事、外交、宗教力量入侵等。只要拥有强有力的皇帝和果敢决断的军机处，清朝似乎就有可能恢复往昔的盛世。

　　可惜，王朝赖以延续的强有力领导却迟迟难以出现。同治皇帝

（"同治中兴"即以他命名）虽早已统摄中央与地方政府，然而还没亲政多久，就于1875年1月以十八岁之龄驾崩了。根据正史记载，同治死于天花，但民间却传说同治是因为流连于北京的烟花柳巷，纵情声色而死。同治崩逝之时，年轻的皇后已怀有身孕，但却被同治的母亲慈禧太后排除在讨论皇位继承的重要会议之外。

慈禧太后如欲把持朝政，唯一的办去是继续垂帘听政。于是，她扶持三岁的侄子光绪继承大统，以确保自己仍能独揽大权多年。同治的皇后于是年春天溘逝，婴儿胎死腹中，慈禧的大计更是得以保全。* 但是光绪的践祚已破坏了清朝的皇位继承法统，因为光绪与同治属同一辈分，而非晚辈，所以不能在同治的灵前执子之礼。慈禧太后为杜绝朝臣悠悠众口，承诺待光绪一有子嗣，便将他过继给同治，以便履行必要的典礼仪式，有一位刚正不阿的大臣自裁身亡于同治陵寝旁，尸谏慈禧太后，但其他士大夫未有类似激烈举动来表达不满。朝中大臣均默不作声，显然已对慈禧太后继续垂帘听政的现实听天由命了。

慈禧是一位性格复杂且很有能力的女性，但有时迫于情势，也会心狠手辣。作为清朝唯一一位独揽大权的女人，慈禧经常受到指责，许多人认为她根本不该染指皇权，清朝后来遭遇的种种灾难，都是她一手导致的。慈禧生于1835年，她父亲虽系出显赫的满人家族，但官位并不高。1851年，她被选为咸丰皇帝的嫔妃，1856年因产下一皇子而获宠幸。咸丰经常与慈禧议论政务，允许她阅览

---

*　皇后似乎是被慈禧逼迫自尽的，但此项说法仍有疑义。

刚呈上来的奏折。1860年英法联军攻入北京时，便是由她随咸丰皇帝仓促逃往热河。1861年咸丰驾崩，慈禧发动辛酉政变，开始垂帘听政。此后，她便以共治者的身份在1861—1873年的同治朝、1875—1898年的光绪朝积蓄起了政治大权。1898—1908年，当光绪被囚禁在瀛台憔悴度日时，她成为至高无上的统治者。通文墨、善绘画的慈禧隐身在帘幕之后（基于礼仪），听取朝中大臣的报告，让自己对国家大事了如指掌。虽然在政治上十分保守，在财政上又挥霍无度，但慈禧还是接纳了自强运动者提出的很多革新政策，但同时也小心戒备地护卫着清朝帝室的统治特权。

可惜的是，正当外交政策的诸多问题急需朝廷决策之时，1869年，慈禧宠爱的一名宦官因滥用职权被恭亲王处死，慈禧和恭亲王二人爆发激烈冲突。大权旁落阉宦之手，贪赃枉法弊端随之而来，这些都是历来被视为王朝衰败的征兆，清朝洪业初创的几位统治者曾发誓要避免重蹈晚明纵容宦官把持朝纲的覆辙。诚然，恭亲王是想极力不让旧事重演，但慈禧太后却认为此事针对的是她个人，此后便对恭亲王横加掣肘，阻止他担任重要职务。

此外，强势的地方要员曾国藩于1872年辞世，干练的朝臣文祥殁于1876年，左宗棠又远在西北怀柔回人，分身乏术。这些都进一步削弱了清朝的力量。虽然京师的军机宰辅个个仕途显赫，但他们往往思想作风保守，缺乏创新魄力，无法把中国带上新的道路。虽然自强运动在19世纪最后几十年仍继续进行，但很大一部分系由李鸿章一人倡议实施。此人深得慈禧太后信任。李鸿章敉平了太平天国起义与捻军起义，并在天津教案过程中负责对外斡旋，随后被派兼任直隶总督与北洋通商大臣两项要职。中国19世纪后半叶的历史，处处可见李鸿章留下的印记。

李鸿章的治绩主要表现在三大领域：实业、教育、外交。他在自强运动之初奠定的基础上大兴实业，设法拓展企业的类别，特别是能对中国整体发展有深远影响的领域。在所谓"官督商办"的方式下，清政府还开始与民间资本合作，李鸿章在1872年创办的轮船招商局就是一例。该公司由李鸿章出任大股东，旨在打破外国列强对中国沿海航运业的垄断，其营运收入则主要来自承揽官府漕粮自华中运往京畿的业务。李鸿章下令，天津附近的开平煤矿要在1877年后开始扩大开采，使中国能更有效地控制本国的矿业资源，为日益兴起的商船运输业提供所需燃料。1878年，李鸿章在上海成立了一家颇具规模的织布坊，以遏制外国织品进口的增长势头。

1880年代，李鸿章在天津设立新式兵工厂，准备为他从国外购进的"雷明顿"（Remington）与"克虏伯"（Krupp）枪支生产弹药。很快，这座兵工厂便利用从美国购得的机器设备，开始自行生产雷明顿来复枪。此外，李鸿章透过将终端在上海的国际线缆先后连接至天津与北京两地线路，进而又将支线扩充至内陆各大城市，架设起全国性的电报系统。李鸿章还在辽宁旅顺指挥建造新的船坞设施，并修筑了一条七英里长的铁路，将开平所产的煤运往附近水道，再装船运抵天津，供新成立的舰队使用。起初这些车厢由骡子沿轨道牵引前进，但在1881年，李鸿章的一位助手利用西方的废弃零件制造出了中国第一架蒸汽引擎，并将其成功用在了这条铁路线上。

李鸿章还推进先前的教育改革。他一本初衷，极力推动由容闳倡议、曾国藩支持的幼童留美计划。1872年，经朝廷肯允，第一批年约十二至十四岁的中国幼童被送至康涅狄格州的哈特福德市，这些学童大都是福州、天津、上海的新式兵工厂、造船厂雇员的子弟。他们与哈特福德市的当地美国家庭一起生活，勤于学习英语、普通教育以及中文课程。迄至1875年，留美幼童已计一百二十名。浸淫在美国都市中的学校与社会环境里，这些中国留学生很难再保有清廷官员所坚持的传统文化价值。他们开始脱下长袍，换上洋服，有些人甚至因无法忍受当地民众的压力或讪笑而剪掉了辫子。许多人还被基督教吸引。容闳本人娶了哈特福德市的一位教师为妻，便是西方世界强大诱惑力的又一明证。

不过，李鸿章的留学团计划最终受挫，是因为他们发现美国政府并未如李鸿章寄望的那样，允许一群挑选出来的高中学生毕业后进入安纳波利斯（Annapolis）的海军官校与西点（West Point）军校继续深造。因此，1881年李鸿章默从了朝中保守官员的决议，终止了留学计划并召回所有幼童。1881年8月，他们自旧金山循海路返抵中国。中国留学生在美国土地上打的最后一次胜仗，是一场棒球比赛，用一个刁钻的曲线球击败了原本自认可轻易获胜的奥克兰（Oakland）棒球队。回到中国后，这些学生中的许多人都在军事、工程、商业各领域有出色的表现，不过李鸿章此后又从中派遣了他最有前途的学生分赴法、德、英三国继续学习，这些国家并不反对中国学生接受先进军事技术与海军训练。他还在天津分别设立起了水师与陆军学堂。

国际社会的外交氛围对清廷越来越不友善。外交难题纷至沓来，李鸿章独自一人面对，或与赫德或总理衙门的官吏合力解决。1870年代清廷遭遇的外交困境之一是，就琉球群岛及朝鲜的国际地位与日本谈判。由于几世纪前为彰显中国文化优于邻邦而形成的传统"朝贡关系"早已衰弱不堪，清朝在两桩谈判中，都无法为中国的特殊权利提出令人信服的主张。对于日本在这个时期的积极扩张行动，清廷完全没有任何准备响应。迟至1854年，日本才在美国海军舰队司令佩里（Matthew C. Perry）的逼迫下结束锁国政策，承认国际关系与国际贸易的现实状况，但1868年的"明治维新"在经济与制度方面的全面改革颇有成效，当时的日本很快就拥有了压迫中国的军事优势。1879年，琉球群岛被日本吞并，岌岌可危的朝鲜如若不是因李鸿章说服其国王分别与美、英、法、德（德国已于1871年完成统一）签订条约，恐怕也难以在1880年代逃脱被吞并的命运。

英国领事马嘉理（Augustus Margary）被云南当地人杀死后，李鸿章不得不在1876年与英国政府进行了一连串的艰难谈判。马嘉理当时承命与英国一支调查队前往勘探在缅甸与云南之间兴建公路或铁路的可行性。在最后的协议中，李鸿章代表清廷坦承过失，同意赔偿七十万两白银，派遣使节团到英国向维多利亚女皇致歉，并增开四个通商口岸。中国对外交涉中，较有利的一次是1870年代末期由总理衙门、曾国藩之子曾纪泽（时任驻英法公使）主导的对俄谈判。1881年缔结的《圣彼得堡条约》（中方称为《中俄改订条约》或《伊犁条约》）里，俄国同意废止先前签订的不平等条约，将回民起义期间遭俄国强占的伊犁地方交还清朝管辖。虽然俄国仍然控制着黑龙江、乌苏里江以北大片原属清朝的领地，但《圣彼得堡条约》确保了中国在西部边疆的控制权，1884年新疆设省之后，清廷对当地的主权宣称更形确立。

这次外交斩获给朝廷与士大夫带来了自信的假象。后来法国为扩张其殖民帝国势力，于1880年占据河内与海防两地，不但罔顾中国对此一区域的特权，还进一步对中国施压，欲在越南成立租界。虽然李鸿章力主谨慎处理，但好战的汉满人士坚持朝廷应采取强硬立场，在一片促战声浪中，李的主张听者藐藐。1884年，李鸿章为避免爆发冲突，试图与法国斡旋，但立场强硬的主战派却依然坚持要在越南以及邻近东京湾（Tonkin，越南北方旧省）的法军决一死战。面对中国时不时出现的敌对态度，当地驻扎的法国舰队司令官便命令舰队驶入福州港，在中国舰队附近停泊。

李鸿章当时本可派遣北洋舰队增援福州的南洋舰队，但他没有这样做，而是选择了保存北洋舰队的实力并俟日后增强，以巩固他自己在行政官僚体系中的权力基础。北洋舰队除了是李鸿章权力与威望的象征之外，它最重要的任务是保持朝鲜半岛海域的通畅。因应朝鲜半岛的变局，清政府在汉城（现称首尔）新设驻朝鲜大臣一职，其重责大任就是要与朝鲜政府维持稳定关系，确保朝鲜的"独立"不至于削弱中国的特权地位。清廷意欲防止日本在朝鲜立足。然而到了1890年代，日本介入朝鲜半岛政局的意图昭然若揭，紧张情势剑拔弩张。1894年，朝鲜叛乱爆发，危及国王性命，中日双方趁机出兵保护皇室。比中国更能迅速动员军队的日本，于7月21日占领朝鲜皇宫，扶持起一名忠于日本利益的摄政王。

就在同一天，清廷租用了一艘英国运输船，载着一千两百名增援军前往朝鲜，但在途中遭到日本巡洋舰的拦截，因拒降而遭到日舰的炮轰沉没，仅两百人获救生还。截至当月底，登陆朝鲜半岛的日军已在汉城与平壤附近的几次战役中击败清军，并在10月越过鸭绿江，直趋中国；11月，另一支日军占领了中国的重要战略港口旅顺，屠杀大量城中百姓。此刻，一如两个半世纪前的多尔衮一样，日本在中国的地面部队已准备好经由山海关直捣中原了。

虽然有李鸿章勤力经营，但北洋舰队很快将遭受南洋舰队的命运，为中国的自强运动带来更多挫败。拥有两艘主力战舰、十艘巡洋舰、两艘鱼雷艇的北洋舰队，早在9月便于鸭绿江口的一场战役中遭到日军重创，残存舰队已撤退至山东半岛北岸有重兵守卫的威海卫。在威海卫，清海军提督置舰队于水雷防护网后方，不再加入战斗。但1895年1月，通过一次成功的战略调遣，日军两万名地面部队连同一万名工兵越过山东半岛的岬角，经由陆路占领威海卫要塞。日军将要塞的炮火转向中国舰队，同时以鱼雷舰穿越水雷区，击沉了北洋舰队一艘主力战舰与四艘巡洋舰。中国两名海军将领与要塞指挥官自戕殉国。

火烧眉毛的清廷只得再度请出已失势的恭亲王收拾残局，情形与三十五年前《天津条约》谈判期间，圆明园遭八国联军焚毁如出一辙。恭亲王语带悲凄地告诉一位西方外交官，他的职责就是把众大臣摔碎到地上的杯子重新拼凑好。[1] 为了襄助恭亲王处理和谈事宜，清廷挑选了声望最显赫的大臣李鸿章，命他亲自前往日本，与战胜国举行谈判。

1895年4月最终签署的《马关条约》，对中国而言无疑是一场灾难。若非一名日本刺客向李鸿章开枪，伤及其左眼下方，而使日本政府在国际社会面前蒙羞的话，条约中提出的条件将会更加苛刻。条约规定，中国必须承认"朝鲜国确为完全无缺之独立自主"。在当时情势下，这一规定实质上使朝鲜成了日本的保护国。此外，清政府还要赔偿日本军费二亿两白银；除了已开放之通商口岸之外，再加开四个通商港口——其中包括位于长江上游、四川境内的重庆（余为沙市、苏州、杭州）；将台湾全岛与所有附属各岛屿、澎湖群岛及南满的辽东半岛全部"永久"割让给日本；允许日本臣民在各条约口岸城邑开设工厂与发展各项工业。在俄、德、法三国出面干涉下，日本被迫放弃了辽东半岛，转由清廷另行再赔三千万两白银外，不过，其他条文均获得承认。当时，许多优秀的中国青年文人正齐聚北京，准备三年一次的进士科考。他们听到消息后，无畏朝廷威势，强烈要求废止《马关条约》，并吁请施行更新、更大胆的经济增长与政府改革计划，以遏止丧权辱国的悲剧不断上演。但清廷似乎束手无策。自强运动时代的光明希望至此黯然终止。

1898年的维新运动

19世纪最后十年间，中国所处局势奇特，隐晦不明，新旧杂陈。从许多方面来看，变革的步伐似乎势不可当，无法逆转。蒸汽商轮往返于长江水域，宏伟的新银行建筑林立在上海江畔，军事学堂引进西式战术教育来培养青年军官，科学教科书大量付梓，奏折透过电报系统疾速从地方传抵军机处。几次胜仗后，西方强权的身影遍及中国的土地，他们在各地大兴投资，尤其重视矿业、现代化通信事业和重工业的建设。帝国主义对中国的冲击极为深远，也加剧了自强运动以来的紧张局势。

但是，这些变革大都限于条约口岸的城市与租界区。即使是最积极的西方商人，对中国乡村的经济渗透也十分缓慢。几无例外的是，西方人大都仰赖中国商人为中介——所谓的"买办"——通过传统的贸易与货物流通渠道，为西方商品开辟市场。对于大部分出身富裕家庭的青年学子而言，他们接受的教育模式并未改变：记诵儒学典籍，要努力获得地方上的生员资格，才有机会考中乡试的举人以及殿试的进士。在城乡地区，女性很少有机会接受教育，依然要裹小脚，由父母安排婚嫁。在农耕技术方面，播种收割必须仰赖双手，农产品也要被耗时费力地运到市集上买卖。洋人一出现，往往会被视为异类或是危险人物。中国派驻海外的外交官也不受人尊敬，回国之后横遭羞辱，被迫提早辞官还乡。

传统与变迁相互渗透的过程似乎漫长且隐晦。农民因国内对烟草或棉花这类经济作物的需求日增，确实可比昔日获利更丰，但也更容易受地方市场波动的影响。生产茶叶与生丝事实上是为了供应世界市场的需求，市场价格的起落，往往莫名造成一夜暴富或顷刻破产的结果。日本、美国两地发展出来的先进机械丝织技术，需要纤维更为平整的生丝，这就意味着几世纪以来靠手工养蚕取丝的农村家庭，将面临产品市场萎缩的窘境。印刷技术的精进与新兴城市读者群的成长，刺激期刊报纸大量涌现。这些期刊报纸向读者引介政治评论，刊登保健与美容产品广告，培养起个人选择的意识。人们逐渐明白中国只是众多国家中的一个，并由此进一步意识到，中华民族也只是众多民族中的一个，如若没有男女公民的积极参与，民族是无法幸存下来的。中国首批定期发行的报纸也开始大力宣扬这些理念，并在因甲午战争与《马关条约》而倍感耻辱与挫折的中国读书人中迅速得到了响应。

甲午战争之后，有一种理论广泛流传，为那些对自强运动的价值有所疑虑的士大夫提供了思想慰藉，即"中学为体，西学为用"。这个一般简称为"体用论"的观点，在幽暗不明、痛苦不堪的变革时代，打消了人们文化上的疑虑，使人确信真的存在一个中国道德与思想的基本价值体系，能赋予中华文明以意义并使之延续下来。只要秉承这种基本信念，中国就可放下心，迅速且大量地采撷西方实用技术，甚至聘雇西方人为顾问。

曾是咄咄逼人的保守派主力的士大夫张之洞，就对体用论十分称道。连任湖广总督近十八年，张之洞的为官生涯享誉四方。他或许是继李鸿章之后最富影响力的地方改革者。他不但积极向外国贷款，成功推动了京汉铁路的修筑，还在湖北东境的汉冶萍矿区建立起了中国第一个大型的煤、铁、钢联合企业。不过，张之洞仍然坚持其保守立场，呼吁渐进式改革，反复宣扬传统儒家伦理的基本价值，来迎合慈禧太后及其身旁谋士的欢心。

中国年轻一辈读书人当中的佼佼者响应了张之洞的体用论，在获悉《马关条约》签订之后，他们义愤填膺，向皇帝联名上书陈情（即"公车上书"），敦促朝廷继续抗日，实行全面的经济、工业与行政改革。这群人齐聚北京，准备参加1895年春天的进士科考，其中统筹协调的是两位极富智识和勇气的读书人，康有为、梁启超。时年三十七岁的康有为来自广州，是一位才华横溢的经学家，他独辟蹊径，对儒家学说自成一套方法，这种做法让他声名鹊起，也给他招来了猛烈批判。在早年的著作中，康有为引经据典，试图证明孔子从未抗拒社会变革，而儒家思想亦非否定人类发展与进化。康有为这方面的思想，主要是受到19世纪初公羊学派的启迪。另一位学者梁启超，当时年仅二十二岁，是康有为的门生，此前一直积极参与地方上的学术活动，并活跃于多个刚成立的全国性社团，这些组织旨在鼓吹中国加速实行根本改革。不过，虽然梁启超怀抱激进的改革主张，但与康有为一样，他都不忘追求功名，毕竟这仍然是晋升精英之林的终南捷径。

康有为受佛学思想影响，慈悲为怀，自比为拯救天下苍生的新圣人。他在香港、上海两地游历时，对西方科技与城市发展进行过考察，这段经历与他对物理学、电学、光学的研读结合在一起，使他对"体"与"用"结合的可行性深信不疑。梁启超也受到了康有为的信念与热情的感染。历经各个衙门几番转呈代递之后，光绪皇帝本人终于读到康有为上呈的万言书，康、梁师徒二人闻讯狂喜。当时，慈禧太后正在重建后的颐和园休养生息，较少插手日常政务，时年二十四岁的光绪正从其阴影中走出来，因此对于改革主张十分感兴趣，康、梁等人慷慨激愤的言论触动了他。

1895年各省举人联合上书皇帝，其中提点出的议题正是中国许多夙怀远见的读书人日夜苦思的。中国需要现代化的军队，且应配备最先进的西方火器大炮。为了发展全国基础工业，朝廷应征召具备科技能力的东南亚华人回国效力，还应集中税款，组建国家银行体系，建设铁路运输网络，建造商轮船队，成立现代化的邮政系统。中国应该通过各种培训学校来改善农耕质量，成立培养中心促进工业创新，激励发明人才，就像美国的发明家一样每年能够申请一万三千件专利。而在贫穷落后地区，则要实施再垦殖计划，以吸引每年成千上万具备生产力的华人返乡投资。此前，仅有反叛者如太平天国领袖洪仁玕曾公开倡提这种影响深远的变革，但现在，中国最杰出的一代年轻读书人也已开始探索相同的观点。

这批想要成为改革者的读书人通过传统渠道提出诉求，但收效微乎其微。年轻的光绪皇帝纵然满腔热忱，却无政治实权，再加上朝中守旧派大员往往从中作梗，让这些政策列档备查，最终石沉大海。然而到了 1890 年代，要求变革的声浪已不再局限于那些正规的政治渠道。其他改革者如孙中山，便采取了不同路径。孙中山出身于广东农村的贫苦家庭，不似康有为是书香世家子弟，他既没有条件接受良好教育，也没有那样高的社会地位。一如在东南地区一带家境贫寒的中国人，孙家有些人在 19 世纪就已移民海外，其中两位死于加利福尼亚州的淘金热，其余则在夏威夷安家。1880 年初，孙中山投靠了他在夏威夷的长兄，并入教会学校就读。他在校期间接受了民主、共和政府观念以及基督教教义，随后转到了香港的医学院习医。受过不同文化熏陶且志向高远的孙中山，对中国未来命运十分忧虑，于是在 1894 年上书直谏总督李鸿章，表示愿意为中国的防务与发展尽一份心力。但李鸿章当时正忙于处理朝鲜与其他地区危机局势，根本无心理会他。

孙中山深感失望与挫折。英国人认为他的医学训练还未好到可以在英国属地执业行医，而中国人似乎也并不怎么推崇他的西医技术。于是在1894年底，孙中山在夏威夷成立了名为"兴中会"的秘密会社，誓言要"驱逐鞑虏，恢复中华，创立合众政府"。孙中山从兄长与友人处募得一些资金，然后返回香港，于1895年试图联合广州附近的秘密会社策动军事起义，推翻清朝政府的统治。但由于筹划粗略，疏于保密，且缺乏弹药、资金，这个计划被清廷发觉，地方上的起义首领纷遭处决。

孙中山从香港逃至日本，最后到了旧金山与伦敦。在伦敦落脚之后，孙中山开始广泛阅读西方的政治与经济理论。不过在1896年，他的研究工作却被中挫，因为当时清廷派驻伦敦公使馆的职员进行了一次笨拙（但几乎成功）的绑架行动，意图将他押解回中国受审和处决。这一戏剧性事件经西方媒体大肆报道后，孙中山一夕成名。他返回东方后，在东南亚一带与日本建立若干据点，并透过秘密会社，与歃血为盟的同志继续策划军事行动推翻清朝政府。

有部分极富冒险精神的华人，对清廷几无忠心，同时在海外生活中尝到些甘苦。正是在这些人之间，孙中山找到了支持。宋嘉树（又称宋查理）便是这类支持者之一，其子女日后亦将在中国政坛上扮演重要角色。宋嘉树在海南岛上一户以渔猎、贸易为生的家庭中长大，后来他离开海南岛，远赴爪哇投靠亲戚。1878年，他乘船抵达波士顿，成了一位中国商人的学徒。但不久之后，宋嘉树便心生厌倦，于是跑到了海上，担任美国税务机关缉私船的船员。不久，他就被船长引介给了北卡罗来纳州的友人，并在这些友人的慷慨资助下完成了大学学业，为其基督教传教士生涯做好了准备。1886年返回中国之后，宋嘉树短暂从事过传教工作，但现实却让他倍感受辱，收入微薄。1892年，他将精力转向企业经营，通过为西方传教士印制传教用的《圣经》积累起巨额财富。接着，宋嘉树又利用西方先进技术从事面粉生产，并迁入了位于上海郊区的西式豪宅。就在这时候，透过与秘密会社的共同关系，他开始为孙中山的地下组织提供资金。

到了1890年代，中国人已日益熟谙西方世界，明治维新、华盛顿、拿破仑与彼得大帝为他们提供了可能的模式以借鉴。倡导改革的中文期刊与说教类历史著作蔚为盛行，一边大力推崇昔日的西方思想家，一边以波兰、土耳其、印度等国领土遭割据、经济被摧毁、政治上受欺凌的历史为鉴，警示中国。此时，西方列强又再次向清廷强索经济与居留特权（常被称为"瓜分势力范围"），使清朝的政权更危如累卵。在这样的环境下，光绪皇帝决意表现得像一位独立自主的统治者，为国家利益采取行动。他一直在努力学习英语，对中国面临的道路，无疑具有比几位先帝更宽广的视野。1898年6月至9月，光绪颁布一系列非比寻常的上谕，史称"百日维新"。虽然上谕所提出的改革案大抵承袭自强运动人士的主张与1895年公车上书的内容，但改革理念如此清晰连贯，并由皇帝主动提出、全力支持，这是史无前例的。

光绪皇帝要求，清朝政府和生活的四大领域都要进行变革。为了改革科举制度，光绪下令废止几世纪以来一直是考试重要构成部分的"八股文"这一高度僵化的文章形式，并谕令取消以书法诗词来品秩考生等第，改以考查国家时事策论。在教育改革方面，光绪下令扩建京师大学堂，为其增设医学院校，将传统的书院（以及不必要的农村私塾）改造成中西学兼修的现代化学堂，开设以学习矿业、工业与铁路建筑为主的职业学校。在经济发展这一广阔领域，光绪皇帝下诏地方官员协调商业、工业与农业改革方案，增加出口茶、丝的产量。此外，北京还新设立了农工商总局，监督茶、丝的种植生产，又特别设立矿务铁路总局管理矿业与铁路，并责成户部拟定每年的全国财政预决算。

光绪还要求强化军事力量。水师建军的大部分经费已被慈禧太后挪用在重建颐和园上，其中就包括为了让慈禧太后赏玩湖景而打造的一艘大理石"船"。现在，他准备通过从国外购买或由地方建造的方式，组建一支有三十四艘战舰的舰队。军事训练要以西法为标准，地方团练乡勇的训练也要改善。光绪皇帝甚至承诺将偕同太后检阅天津的新军。光绪最终还试图整合若干衙署、简化官僚程序，以增加行政效率，同时裁撤冗员闲职，调派部分被免官员到新设立的经济规划衙署任职。

因应维新方案的实行，朝廷进行了几项重要人事改组。甲午战争后逐渐丧失影响力的李鸿章，被撤去了总理衙门的职务。光绪帝的老师翁同龢也因在维新运动改革范围上谨小慎微而被罢黜。包括康有为在内的若干改良派思想家，则被拔擢至军机处或总理衙门任职，参赞机要，直达天听。康有为还被准许在朝堂向皇帝条陈变法之策，上呈两部历史分析著作：一是关于波兰的国家命运，另一则是有关明治维新时日本的成功改革（即《波兰分灭记》与《日本明治变政考》)。但许多朝廷要员对光绪的改革政策不无猜忌，认为这些方案既不利于长治久安，又破坏了中国的内在价值。光绪似乎误以为慈禧会赞成他对新中国的看法，并助他排除阻力。但事实上，慈禧正在为部分革新方案可能削弱清朝的统治权力而惴惴不安，让她担忧的是，支持光绪的改良派似乎极易臣服于英法两国的压力，也容易受其影响。

尽管证据有些矛盾，但当时似乎有不少改良派疑惧可能发生针对光绪的政变，因此开始与几位重要将领接触，期望取得支持。慈禧太后获悉此事后反应强烈，在1898年9月19日突然返回了紫禁城。两天后，她发布懿旨，声称皇帝请她重新训政。慈禧把光绪幽禁于宫中，逮捕了他身旁六名激进的维新派策士。这六人被安上谋反的含糊罪名，还未及受审，便被慈禧下令处决，引起改良派与在华外国人一片哗然。政变前夕，康有为因公务早已离开北京*，但其弟康广仁却与其他五人（即戊戌六君子）惨遭杀害。被朝廷悬赏通缉的康有为搭乘英国轮船安全抵达香港后，又动身前往日本，最后抵达加拿大。梁启超也逃离中国，开始了流亡生涯。梁启超与康有为的一整套改革梦想，本有皇帝以"定国是"之名协调推动，最后却落得灾难收场。

---

* 编注：政变前四天，康有为接光绪上谕，命他立即前往上海督办官报局。实际情形是，光绪帝已知大事不妙，为保存维新势力，只得出此对策，通风报信。次日，康有为又收到了光绪帝的"衣带诏"，方知情势危急，便于当晚离开了北京。

民族主义的三个面貌

1898—1899 年，受帝国主义扩张浪潮波及，列强加强了对中国的施压与蹂躏。德国借口传教士受到攻击，出兵占领了山东青岛，并宣称拥有在山东采矿与修建铁路的特权。英国占据了山东半岛北岸的威海卫港（三年前日军曾击沉停泊在此处的中国舰队），强行向清廷租借了香港北部有大片肥沃耕地的九龙半岛，租期为九十九年，并将此地称为"新界"。俄国人也进逼东北，强索旅顺并大举建造防御工事。法国向外宣称，在与东京湾接壤的云南、广西、广东三省和海南岛享有特殊权力。已经占据台湾岛的日本，继续向朝鲜施压，并加强对华中的经济侵略。美国提出的中国"门户开放"政策，规定各国不应阻遏他国进入各自的势力范围内，可能在某种道德影响下，使列强放缓了分割中国的步伐，但这一政策并不具备真正约束力，所以中国众多有识之士开始忧心，有朝一日中国将遭到列强的"瓜分"。

在这种敌视与惊惧并存的氛围里，中国悄然萌生一股蓬勃力量。这种力量的表现方式各不相同，但总体上可用"民族主义"一词概括。对中国人而言，这个民族主义包含着他们对自身与外国列强、清朝间关系的一种崭新而迫切的认识，同时也彰显了中国人为了民族生存必须团结一致的意识。我们可以从三个例子看到这种现象的浮现：1900 年的义和团运动、1903 年邹容的《革命军》刊印，以及 1905 年的抵制美货运动。

1898 年，一群自称"义和拳"（义和团）的拳民开始在山东西北地区崛起。他们的名号与仪式源自在鲁南盛行多年的秘密会社和自卫组织,其主要反抗对象是西方的传教士和他们的中国信徒。很多拳民相信自己刀枪不入,并将民间宗教、章回小说与街头戏曲中的各式元素杂糅在一起,为自己制造出了众多神灵护身。虽然义和拳缺少统一领导,但仍吸收了不少因旱灾、洪涝等天灾铤而走险的山东农民和工人。他们强烈要求结束中国基督徒所享有的特权,并开始攻击信徒与传教士。及至1899年初,拳民已在山东、河北之交捣毁、劫掠了中国基督徒教会的不少财产,并杀死数名教徒。外国人惊恐万分,要求清廷镇压教民与其支持者。拳民高喊"扶清灭洋"的口号,而且很快就演变成朗朗上口的打油诗,其中部分还被张贴在义和团分坛附近或街角的墙上:

> 男无伦,
> 女行奸,
> 鬼孩俱是子母产。

> 天无雨,
> 地焦干,
> 全是教堂止住天。

> 洋鬼子,
> 尽除完,
> 大清一统靖江山。[2]

到1900年春天，也就是他们的领袖断言新宗教时代即将来临的那年，义和拳的势力已十分庞大。拳民中约有70%是贫农、男性与青年人，其余则混杂各行各业的手艺者、工匠之流，正如之前很多的反清起义一样。在义和拳的队伍中，有小贩、人力车夫、轿夫、运河船工、皮匠、磨刀匠、理发匠，也有散兵游勇与盐贩私枭。此外，义和团还有女性拳民参与，其中最负盛名的是"红灯照"，成员通常在十二岁到十八岁之间，主要是用来对抗中国女基督徒的"秽物"，因为很多人深信中国的女基督徒会腐蚀男性拳民的力量。"红灯照"最著名的领袖是"黄莲圣母"，她是一名穷船工之女，曾以卖淫为生，被认为拥有神奇的灵力。其余女性则被编队组成"沙锅罩"，一起负责为义和团的军队提供膳食，据说拳民用膳之后，做饭用的锅又会神奇地自动装满。

6月初，在依然缺少统一领导的情况下，拳民开始流入京津一带。他们头上绑红、黑、黄各色头巾，腿上缠红色绑腿，腕上系白色符咒，在街头四处游荡，掠夺、杀害中国基督徒，甚至连拥有如灯泡、钟、火柴等洋货的人也不放过。他们还杀害了四名法国和比利时的工程师、两名英国传教士，并拆除铁轨、烧毁车站、砍断电报线。对于拳民的行为，势力强大的地方官员与朝廷的态度都摇摆不定，时而用武力镇压拳民，保护外国人，时而又纵容甚至认可拳民的排外"忠贞"精神。

6月17日，列强从清军手中夺取大沽口炮台，以备战争一旦全面爆发，可以掩护军队登陆。两天后，大沽要塞失守的消息传到北京，德国公使在前往总理衙门交涉的途中被击毙，义和团包围外国

**义和团起义
（1898—1901）**

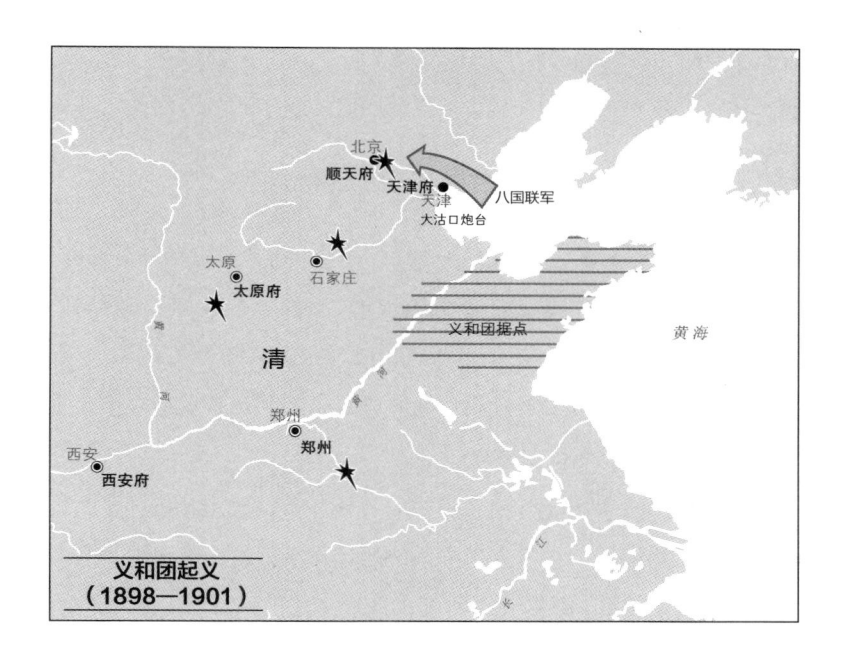

使馆区。慈禧太后开始改口称赞义和团是忠贞团勇，并于 1900 年 6 月 21 日，懿旨颁布针对西方列强的《对万国宣战诏书》，其中说道：

> 彼乃益肆枭张，欺凌我国家，侵占我土地，蹂躏我人民……小则欺压平民，大则侮慢神圣。我国赤子，仇怨郁结，人人欲得而甘心，此义勇焚毁教堂屠杀教民所由来也。[3]

有了慈禧太后与满洲王公撑腰，义和团针对教会与外国人发动了一系列袭击。山西、河北、河南等地的攻击行为尤其嚣张，其中又以山西发生的事件最为残暴骇人。山西巡抚毓贤把传教士及其家眷召至省会太原，承诺保护他们的身家性命。然而等他们一到太原，毓贤便下令将包括男人、妇女与孩童在内的四十四名外国人全部处决了。

在北京，外国使团人员与其眷属退入主要由英、俄、德、日、美等国组成的保护区内，用家具、沙包、木头、褥垫设置起临时路障，匆忙防御。假如义和团组织更有力，或大量清军也加入攻击行动的话，这些外国人势必难逃一死。但他们的袭击行动并没有协调一致，清廷的现代化部队也袖手旁观，湖广总督张之洞也持观望态度，拒绝将新训的军队投入这场冲突。

1900年8月4日，一支主要由日、俄、英、美、法各国士兵组成的两万人远征军，在联合指挥系统的运作下，自天津出发。义和团很快便溃不成军，清军几位将领也自裁身亡，外国军队进入北京，在8月14日解除了义和团的包围。联军自东边进城后，慈禧太后与光绪匆匆西逃避难，在渭水之滨的西安建立了临时首都。德国远征军刚刚抵达中国，便发动了一场漫长苦战，流亡朝廷、李鸿章（再次扮演不可或缺的斡旋角色）与列强展开复杂谈判，终于在1901年的9月双方正式签订《辛丑条约》。

根据条约，清廷同意为两百多名遇害的外国人"建立涤垢雪侮之碑"，并在"诸国人民遇害被虐之城镇停止文武各等考试五年"，禁止中国进口制造军火的各种器料两年，中国应允各国"常留兵队分保使馆"，降旨"将总理各国事务衙门按照诸国酌定改为外务部"，惩办包括山西巡抚毓贤在内的拳乱首祸诸臣。此外，清廷还同意支付四亿五千万两白银（根据当时汇率，约折合六千七百万英镑或三亿三千三百万美元）赔偿外国人的生命和财产损失。这笔赔款数目令人惊愕，因为当时清朝一年的税收总和也才二亿五千万两白银。此次赔款"系海关银两，照市价易为金款"，按年息四厘，要在1940年12月31日前分期偿还完毕。若将利息计算在内，中国分三十九年全部偿付的赔款总额几乎会达到近十亿两白银（准确数字是九亿八千二百二十三万八千一百五十两）。

1902年1月，慈禧太后与光绪乘坐火车自西安返回北京，而李鸿章已在两月前病故，终年七十八岁。慈禧重新回到了被外国远征军充作指挥总部一年多的紫禁城，并在是月月底，以真诚复交的姿态，亲自在宫中接见了各外国使节团的资深外交官。2月1日，她还史无前例地为各国外交官的夫人们举办了招待会。不过，光绪皇帝仍被禁止在政府场合公开露面。

两位流亡海外的改革者孙中山与康有为，曾于1900年趁义和团起义，各自展开对清廷的攻势。8月，康有为策动湖北、安徽的起义；10月，孙中山在广州东边的惠州举事。康有为的目标是要让光绪成为立宪君主，而孙中山则是企盼建立中华共和国。不过，两者均未得到充分的资金支援，组织协调也不甚令人满意，所以官军毫不费力就将其镇压了下去。

现在抗议的形式又再次回到了著书立说上，当中又以十八岁学生邹容的鼓吹最为铿锵有力，他的著述可作为我们研究新型民族主义的第二个例子。甲午战争后，越来越多的中国学子开始惊叹于日本的力量，纷纷赴日留学，想到源头一探究竟，邹容就是其中之一。他对清政府无力解决危机感到越来越不满。如之前的某些秘密会社与太平天国的领袖一样，邹容把矛头指向了满人，但他不只停留在口号层面上，而是长篇大论地痛诋清朝的积弱不振。不过具有讽刺意味的是，邹容之所以能肆无忌惮批判满人，是因为他从日本归国之后，栖身在了上海外国租界区。根据治外法权所衍生出的复杂法律协议，租界住民服从的司法机关是由西方人支配的"会审公廨"，所以租界内可以自由撰述、传播著作，享受在清政府管辖的一般乡镇内无法享有的权利。

邹容的反清思想体现在他所写的小册子《革命军》（1903年）中。邹容在书中慷慨陈词，敦促汉人摆脱满人强加在身上的枷锁，掌握自己的命运。他大声疾呼，汉人已经沦为奴隶，像摧毁太平天国的曾国藩之流，不但不是英雄，反而是满人的奴才，是屠杀同胞的刽子手。所以，中国人应向西方学习，设若人民能团结一致、共同奋斗，必能推翻专制政权，摆脱列强压迫。他写道：

> 吾不惜再三重申详言曰："内为满洲人之奴隶，受到满洲人之暴虐，外受列国人之刺击，为数重之奴隶，将有亡国殄种之难者，此吾黄帝神明之汉种，今日倡革命独立之原因。"[4]

他进一步呼吁汉族同胞改变自己的命运：

> 尔有政治，尔自司之；尔有法律，尔自守之；尔有实业，尔自理之；尔有军备，尔自整之；尔有土地，尔自保之；尔有无穷无尽之富源，尔须自挥用之。尔实具有完全不缺的革命独立之资格。[5]

这些煽动性的呼吁穿插在邹容许多改革诉求中，如要求保障议会选举、女性平权、出版与集会自由，令人读之热血沸腾。《革命军》流传极广，孙中山为占据上风，压倒较为保守的康有为，便印制了几千册，散发给他在旧金山与新加坡的支持者。清政府向上海的西方人施压，要其交出邹容以及协助他出版、传播这本著作的若干作家、报界人士，但遭到了西方人拒绝。1904年，邹容被上海的会审公廨以散播煽动著作的罪名起诉，被判处两年徒刑，而本案假若交付清廷审问，邹容势必会即刻遭到处决。可惜造化弄人，邹容虽幸免于被清廷羞辱折磨致死，却在1905年病逝狱中。年仅十九岁的邹容，在那个时代留下了非凡印记。

就在邹容遭审讯期间，另一波排外情绪已在酝酿中。自从在1882年通过排华法案并通过条约强制执行后，美国又发生多起针对华人移民的敌对事件。美国财政部的移民官员借口检查登记证明，强行闯入各大城市的华人家中，无端骚扰或驱逐出境的事件层出不穷；华人抵达美国港口，往往遭到粗暴对待，甚至连受邀参加1904年圣路易博览会（St.Louis Exposition）的代表团高级成员也未能幸免。美国的排斥政策扩大到在夏威夷与菲律宾居住的华人居民后，情况愈形恶化。

及至1905年，中国又出现了一种新的回应，是为中国民族主义情感的第三类表达方式。在中国驻华盛顿公使的敦促下，刚刚成立的清朝外务部因对华人遭受虐待感到极为震怒，断然拒绝与美国续签移民条约。为示立场坚定，广州、上海、厦门、天津等地的商人也在1905年宣布全面抵制美货。虽然之前也曾发生过类似的抵制行动——最著名的要数1880年代由汉口商人所发起的抵制运动——但规模都不如这次广泛且富意识形态色彩。尽管美国政府提出抗议，不少清朝地方（特别是华北各港口）官员也有介入，但抵制美货运动还是在许多城市产生了效应，其中以广州与上海两市最为显著。最后，清廷迫于美方压力，颁布命令，严禁抵制行动，但朝廷告示在许多城市里均被反贴，很多抵制者还是正确揣摩到了清廷对此禁令的暧昧态度。凭借加州与俄勒冈州的华人出钱支援，以及爱国学生——很多刚从日本留学归来——的鼓舞，中国商人拒绝买卖美国制造的香烟、棉布、火油、面粉等产品。直到9月底，这种团结宣告破裂后，贸易才渐渐恢复正常。表面上，这次抵制行动不似义和团那般暴力或如邹容的言辞那么激烈，但这种以协同的经济手段来应对国家所受屈辱的努力，却标志了中国历史上一种新型群众运动的展开。

新兴的力量

中国民族主义日渐强大、复杂，仅是晚清社会重新自我定位的一个体现。除了那些远离城市、仍被传统农村劳动模式束缚的农民外，经济、政治、教育与社会的压力开始冲击到每一个中国人。但是，就连贫苦农民也知道，改革就会增税，所以他们在全国各地聚集抗议，但都被朝廷以兵勇或新近成立的警察力量无情镇压了下去。在过去备受漠视的海外留学生、女性、商人与城市工人，在清王朝日薄西山之际，用自己的怒吼引发了越来越大的回响。

清朝在1880年代将官派留美幼童从康涅狄格州的哈特福德市召回后，新一波的中国学生开始到欧洲留学，其中尤以英、法两国最受青睐。这股留学风潮的先驱是一个叫严复的人。1860年代，严复受业于福州船政学堂，1877年获遴选前往英国，先后进入朴次茅斯（Portsmouth）与格林尼治（Greenwich）等地的海军学校，学习英国的海军军事科技——尽管面临德国的强大挑战，但当时英国的海军军事科技仍执世界之牛耳。严复还花许多时间观察西方法律制度，广泛阅读西方的政治理论，并在这个过程中，对所谓的"社会达尔文主义者"（Social Darwinists）——应用达尔文的生物进化论来研究社会结构变迁的学者——产生了浓厚的兴趣。

这类理论提倡的"适者生存"，也就是关于物种若欲免于亡种就必须拥有积极适应能力的观点，让身处危急存亡之秋的中国人深感心有戚戚焉。严复翻译的这类作品在中国十分盛行。1879年归国后，严复在李鸿章创办的北洋水师学堂担任教席，后于1890年升任"总办"。在繁杂工作之余，严复开始着手翻译一系列富有影响力的著作，例如赫胥黎（Thomas Huxley）的《天演论》（*Evolution and Ethics*）、穆勒（John Stuart Mill）的《群己权界论》（*On Liberty*）、孟德斯鸠的《法意》（*Defense of the Spirit of the Laws*）、亚当·斯密的《原富》（即《国富论》）。虽然在北洋水师学堂的教职生涯中，严复常常郁郁不得志，甚至还因此染上鸦片瘾，但他引介的思想还是启迪了很多中国学生。

1905年，清廷下令取消传统的科举考试，获致知识与学术成功的途径轰然宽广起来，中国青年也拥有了更多的选择机会。有一位名叫周树人的青年，就置身于这股新洪流之中，后来，他以笔名"鲁迅"成为中国最知名的短篇小说家。鲁迅早年在浙江的私塾研读四书五经，在不到二十岁时，他读到严复的社会达尔文主义译作，嗣后便加入了赴日留学的行列。当时的日本像磁铁一样吸引着中国的年轻学子，因为相对于欧美，日本距离近、花费省，且文字相仿，衣着、饮食文化差距也不大，再加上日本在1894年击溃中国后，顿时成为中国学习的榜样，1904年日军在旅顺大败俄军，更是令人心往神驰。日本把立宪政体嫁接在传统帝制结构上的方法，深深吸引一心改革的中国青年。同时，在日本的期刊中，中国的年轻人还发现了许多新创的词汇。这些词，如"人权""宪法""民主""代表""议会"等，都是西方概念的舶来品，但因为日本的书写体系中包含有中国汉字，所以这些语汇可以毫不费力地再被舶到中国去，尽管在现实中，这些新词汇所使用的汉字常常含有与其本意相抵触的意蕴。面对西方势不可当的技术力量，中国传统的"体"似乎在逐年脆弱凋零，而日本的法学院与医学院、军校、政治科学与经济学系正好给此时的中国人带来了新希望。

1905年于日本学医时，鲁迅从幻灯片中看到，战胜方日军处决据称是间谍的中国人时，围观的竟是一群漠然的中国人[*]。深受震撼的鲁迅决心弃医习文，用笔来唤醒中国人，让他们认识到民族的苦难。他以为，在中国的文化与精神生活已紊乱至此的情况下，担忧中国人的体格是否健康已无甚意义。于是，鲁迅开始一步步翻译欧

---

[*] 译注：根据鲁迅的自述，时值日俄战争，所谓"间谍"是指为俄国人工作。

洲与俄国一批重要的社会现实主义（social realism）文学著作，以便让中国学生了解过去半个世纪以来主导世界的重大议题。

许多留日学生由清朝政府提供津贴，所以理论上，学生若行为不当可被遣送回国，但当时的清朝政府心有余而力不足，只能睁一只眼闭一只眼。在这群满腔赤忱的留日学生中，孙中山为他的反清组织找到了新鲜血液。1905年，孙中山将他的革命组织与若干激进团体联合起来，成立了同盟会，试图帮助那些完成学业的留学生渗透回中国，为其最终的军事起义做准备。同盟会的意识形态，糅合了孙中山在欧洲留学与之后阅读过程中形成的共和理念，以及平均地税的社会主义理论与控制资本发展的需要。相比康有为提倡君主立宪和保皇的保守主张，孙中山大胆宣扬的革命激进主义越来越令人信服。

留日学生中有许多是女性，这也说明了中国社会与政治生活的剧烈变迁。尽管仍有不少中国的"革命派"带着裹脚的小妾前往日本，但更多独立女性在父母兄长的鼓励下，拆掉了裹脚布，开始奋起追求基础教育甚至高等教育。各种精神支持和社会帮助纷至沓来，妇女团体表示愿为坚持单身的女性提供住所及经济援助，男性团体则表示要娶当时少见的"天足"女性为妻，学校也鼓励她们积极追求知识。这些女性在著名的西方女性中找到了精神导师，如圣女贞德（Joan of Arc）、罗兰夫人（Mme. Roland）、南丁格尔（Florence Nightingale）、凯瑟琳·比彻（Catharine Beecher）等，她们的生平被杂志翻译、刊印，一版再版。此外，还出现了俄国激进女青年佩罗夫斯卡娅（Sophia Perovskaya）这类截然不同的新形象，虽然因刺杀沙皇亚历山大二世（Alexander Ⅱ）而被逮捕、处决，但她面对专制暴政时所表现出不妥协精神与过人胆识，已成为女性的新典范。

尽管觉醒的女性仍属凤毛麟角——迄至1909年，全中国的女性中仅有一万三千名得以入学，出洋留学的也只有几百人——但对于千万名中国女性而言，在这个时代，她们可以逐渐提高自己的学养，思索如何应对中国的积弱不振，家庭也不再是其全部生活。秋瑾就是这样一个在真正意义上实践女性革命理想的鲜明范例。与鲁迅一样生于浙江的秋瑾，奉父母之命很早便嫁给了一位商人之子，但秋瑾并不喜欢他，在生完两个孩子后便离家出走，于1904年只身浮海前往日本。在那里，她靠着变卖首饰和友人支援，开始全面研究西方学科，公开宣扬改革的必要性。

秋瑾在日本加入了孙中山的同盟会，她喜欢不时男装打扮，研究炸药。1906年归国后，秋瑾在浙江一所女校当了一名激进的教师，并继续与同盟会会员保持联系，和地方上的秘密会党成员会面。秋瑾经常练武，还双腿跨在马上，自然招来了守旧镇民的街谈巷议，但她还是设法保住了自己的工作。1907年7月，秋瑾计划在自己所在学校与安徽一位革命友人（徐锡麟）同时举事，但很快就被清廷地方兵勇抓获，经过短暂审讯后，秋瑾被处决。或许有人会认为她的一生短暂寡欢、未竟其志，但是，秋瑾给后世留下了义无反顾面对国难的典范，激励着其他中国女性前赴后继，为争取政治自由而斗争。

中国的商业在这段时期内也随时代的变迁而动荡。诚如前述，清朝自强运动的政治家为了扩大中国的经济基础，建立了"官督商办"的架构，其中一些已经在造船、采矿等领域获得了成功。但因为管理事出多门以及资金匮乏，这些成效逐渐不彰，于是在1890年代，又出现了所谓的"官商合办企业"，这些企业多由上海官员或湖广总督张之洞负责筹建，其中几个新设立的纺纱厂的资本额约在五十万两白银甚至更多。这类企业的资本大都由富有官员与地方绅商筹集，但也有商人被地方官员逼"捐"的情况。倘若这种模式再往前推一步，省级官员就可以扮演起了独立企业家的角色，部分地方绅商也不必再借助国家支持，可以自主经营企业了。曾国藩的女婿聂缉椝在任地方要员时，投资了上海一家新成立的棉纺织厂，聂氏会讲英语的两个儿子（长子聂云台、次子聂管臣），虽然没有一官半职，但在日后却成为知名的实业家，1904年，聂家兄弟就为家族赚进逾十万两白银的利润。

清廷、北京官僚、地方要员与商人各有小算盘要打，所以很难如日本明治维新那样，成功制定出一套协调一致的经济政策。不过，朝廷中有些有识之士已开始思索如何朝这个方向发展。例如在庚子拳乱之后，光绪皇帝的胞弟醇亲王在率领使节团向西方政府致歉期间，就曾与许多海外华商会晤。返国之后，他开始极力推动国家进行经济干预。在醇亲王的催促下，清廷在1903年设立了位阶与传统的"六部"和甫创的"外务部"平行的"商部"，该部下辖四个司（依次为保惠司、平均司、通艺司、会计司），各自分管贸易（专利权与专卖权）、农业与林业、工业以及审计（其主管范围包括银行、贸易展览会、度量衡，与商业诉讼）。

同时，清廷还鼓励组织商会，以强化其对商人的控制。但清廷似乎没有料到，商会也可能带给商人浓厚的地方自主意识。创立于1903年的上海总商会，成员多来自传统的城市行会、银行组织以及刚刚发迹的新兴企业家，但主要被出身宁波的金融家把持。因为广州商人不愿被朝廷监管，广州商务总会的发展有所稍缓，但是到了1905年，该总会已成为一股重要的经济势力。这两家商会在1905年底的抵制美货运动中，发挥了重要作用。随着东南亚地区的海外华商越来越富有（相比之下，美、加两地的华商则要稍逊一筹），他们也开始大举投资中国的本土企业，或与他人合作到中国进行投资。

这种新的工商发展形态就如同外国帝国主义一样，成为城市工人生活动荡不安的重要原因。从一些零散的记载中，我们可以窥见这些工人的状态。清初，江西的瓷窑工人与大运河上的漕粮工人就曾罢市罢工，但根据一名二十五岁的美国销售员于1897年从上海以温彻斯特连发武器公司（Winchester Repeating Arms Company）名义寄出的信来看，新的社会现实使城市的紧张局势不断升级，外国人也迅速被牵扯到了其中。

这个销售员描述道，1897年3月底，上海"工部局"*决定提高手推车苦力的税赋，从每月的四百文铜钱调高为六百文（根据当时的汇率，大约从二十五分美分调高至三十七点五美分）。苦力群起抗议，开始串联组织，在4月1日将所有的手推车从街头撤下。几

---

* 译注：中国人称租界的"市政委员会"（Municipal Council）为"工部局"。清代"六部"之中，工部职掌各项工程、屯田、水利、交通政务。租界的市政机构主管的也是工程、水利、交通等事务，所以当时西方称之为"工部局"。见费成康，《中国租界史》（上海：上海社会科学院出版社，1998年），第20页。

天后，当一位苦力拉着装满下脚料的推车试图从法租界到英租界时，一群工人将他毒打了一顿，并捣毁了他的手推车。一名警察前来救援，结果也遭到了工人的殴打。俱乐部里的西方人见状，赶来帮忙，骑警也前往支援，但由于群众拥挤，马匹惊吓过度，这些骑警只得下马维持秩序。苦力拿起竹竿与附近墙上的砖块，开始和佩剑的警察对抗。一艘英国炮艇用汽笛发出四声警报，二十分钟后，西方"志愿者"赶到，苦力随即一哄而散，只留下三名已被打死的苦力与两名受伤的警察。不到三十分钟，来自数艘外国船舰的"蓝夹克"（Blue Jackets）抵达现场，占领关键的桥梁与公共场所。街头再度恢复平静，工部局最后决定把增税的议案延搁至7月。[6]

在张之洞的主导下，汉口迅速跃升成为工业重镇，迄至1890年代已有逾万名工人受雇于现代化工厂。外国侨民日益增加，外国租界不断涌现，同样加剧了这里的社会冲突。随着农村劳动力涌入本已拥挤不堪的城市，寻找固定或临时工作，原本就十分糟糕的劳动条件、薪资水平和居住环境更加恶化。铜矿工人与铸币工人分别于1905年、1907年举行了罢工抗议，街头成千上万的小贩、摊贩偕同布商店员也于1908年发起了罢市行动。中国其他城市在外国资本的挹注下纷纷设立的新式棉纱厂、水泥厂、香烟制造厂、铁工厂、纸厂等各类工厂，同样被埋下剥削与骚动的种子。

大多数人还未意识到这类行业抗争的共通模式，但1905年俄国爆发革命的消息却震撼了全东亚。与孙中山来往密切的日本激进分子将俄国与中国做了新的比较，帮助孙中山接触上了俄国的革命分子。正如一位日本人一语道破，中国与俄国是世界上最大的独裁政府，两国的铁腕统治是对全世界自由的阻碍，而解决之道不言自明："为了文明的进步，就必须推翻这些独裁政权。"[7]

第十一章　清朝的倾覆

清廷的立宪

1860—1905年，朝廷与各省督抚无不试图汲取中国所需的各项西方科技：大炮、船舰、电报、新式学堂、工厂、商会和国际法。虽然焦点时有移转，但目标总是在师夷长技以制夷。因此在义和拳运动之后，清廷很自然地开始采撷宪政体制的元素，因为这一体制似乎正是西方强盛的核心所在。

在1850年代，像徐继畬这类士大夫就特别赞赏美国国会与总统制度的弹性与公开性，而且清廷初次派遣的留学团也是前往美国学习。其他学者则推崇法国大革命体现的政治理念，艳羡19世纪法国国势的急遽扩展。但对皇权来说，实施共和政体就等于自取灭亡，所以不合清廷胃口，于是他们转而认真考察既能强化国家能力又能延续国祚的君主立宪制。英国当时仍是世界上头等的工业与军事强权，也是君主立宪制的绝佳标杆；德国亦是靠这一政体迅速跻身世界强国之林的有力证明；而第三个例子，也是最令人侧目的典范，就是日本。这种结合皇权与议会制度的体系建立还不到三十载，日本就已完全改变了原有的经济、工业、军事、海军以及土地所有制。而最令人刮目相看的例证，便是日本于1894年以及1904—1905年的两次战役中，先后击溃了中、俄两国。

1905年，慈禧太后首先跨出了立宪改革的第一步：她责成五位亲王、大臣——三位满人、两位汉人组成研议小组，赴日、美、英、法、德、俄、意等国考察政府体制。某些激进的大汉民族主义者认为，这个考察活动有可能会巩固清朝政权，更不利于推翻其统治，于是便图谋采取恐怖手段，阻挠清廷的变法新举动。9月，一位年轻的革命学生（吴樾）曾想在出洋考察团离京启行时，炸毁其乘坐的火车，但途中临时生变，这名暗杀未果的刺客亦被炸死。不过这次暗杀行为还是造成了两名大臣负伤，并使出洋考察被迫延期，直到四个月之后，朝廷才找到合适的替补人选。

重组后的考察团取道日本，于1906年1月抵达美国华盛顿，然后前往欧洲，并在那里停留到这年春天。返华之后，他们向慈禧太后建议实行某种形式的宪政改革，而日本就是最可行的典范，因为日本皇族依然维持着统治权。1906年11月，慈禧太后颁布谕令，承诺预备立宪，重组传统六部并增设新的官僚机关，制衡各省总督权限，召集成立国会，改革中国行政结构。此时距光绪皇帝的"百日维新"难产不过八载，然而国家面临存亡绝续危机之实已如此显见，朝中满汉大臣普遍不得不接受慈禧太后的决议。

其实，早在朝廷还没通过改革中央政府体制架构的决议前，已有不少官员开始重新评估地方政府的性质及其对百姓的开放度。

1902年，山西巡抚赵尔巽就曾建议重整地方保安的"保甲"制度，慎选当地人士担当职司，使保甲制成为沟通各乡镇、村庄的地方政府行政网络。如此一来，便可建立比县更小的行政单位，方便民众参与地方行政管理以及财政规划。赵尔巽的改革提案还包括设置女子学堂、成立城市警察体系，还特别要将地方社群组织如寺庙、宗族团体的基金，转作改革地方政府与兴办教育之用。赵尔巽深刻体认到，地方结构改革才是根本之道，因为县令多埋头于没完没了的文牍工作，但山西多数官员却因循苟且，不知创新。在贫穷偏远之地，这类官员更是安于现状，故步自封。[1] 刚刚成立的政务处正式公布了这些改革尝试，并于1905年发布谕令，厘定县级以下的行政官制。

在这类改革措施实行过程中，某些问题凸显出来，说明了"初始民主"（protodemocratic）是多么脆弱，仓促之间建立民主制度又是多么困难。濡染儒家思想的精英，无论在朝为官，身为地主，或经商（有些家族同时兼有上述三种身份），在乡村与城市皆享有先天优势。通过各种建制，如官僚层级、县府衙门、科举制度、保甲制度及农村税制，这些人的权力早已牢不可破。但宪政改革并不必然会将精英的权力连根拔除，假使能顺势改变，控制政府的新架构，他们甚至还能继续维系、扩大自己的权力。

"回避原则"就是这类问题中的一例，根据惯例，清朝官吏不得在自己的家乡省份任官，以避免利用职权，牟取私利。但若按山西巡抚的提案，就得由当地人士出任地方官职，那么他们就可能在当地巩固、滥用权力。改革政策模糊性的另一个例证是1905年科考制度的废除。就某种意义而言，取消科考让社会各阶层与各行各业杰出之士拥有更多的机会，但实际上，无论新式学堂是位于国内或海外，基本上都只有传统精英分子的子弟才有财力或志向入学就读，如此一来，立宪改革中关于投票或任职需要有较高教育水平的规定，事实上强化了少数地方富室的优势。

天津在晚清已成为对外贸易的国际化中心，还是中国现代化军事与海军学堂的大本营，当地改革派巡抚袁世凯走的是另一条改革之路。与山西改革人士不同的是，袁世凯计划完全摒弃保甲制度，转而筹建警力，在人事甄选、教育训练与薪资发放方面皆仿效西方建制，以强化地方控制。袁世凯与手下在领会清廷有关地方政府改革的谕令时，也受到了日本模式的影响，他们很快便设立了自治局，研拟在地方行政架构中组织有限代议制的可行性。设置该局的目的之一是为了要增强已涌现的城市选民的影响力，而非强化本就盘根错节的农村士绅权力。袁世凯的一位顾问就认为："西方学者曾谓文明的潮流是由东向西。现在，它是自西徂东。我们可以预见自此几年之后，独裁专制国家将不复存在。"[2] 他提出的办法便是举办县级以下议会的选举。虽然对袁世凯而言，这个改革步子迈得有点快，但他仍在 1906 年下令成立地方的"自治研究所"，方便北方各城市市民在这里学习了解即将到来的改革。1907 年，袁世凯批准举行天津县议事会选举。

类似的变法也在中国各地如火如荼地展开，虽然步调与程度各异，但整个国家已走在立宪体制的改革路线上。1908 年年末，朝廷宣布九年之内逐步完成立宪——这一期限跨度与 1868 年明治维新之后的筹备时间等同。虽然清朝皇帝仍拥有至高无上的权力，凌驾于新设的议会制度、财政预算、军事力量、外交政策与司法体制之上，但需要在中央、省级、地方层次设立民选政府的观念，此时已成共识。1908年11月15日，慈禧太后溘逝，仅比时运不济的光绪皇帝——十年前改革失败后，他就一直被幽禁宫中——晚一天驾崩，不过这并未影响改革的大方向。如果说真有什么影响的话，倒是增加了改革的紧迫性，因为刚刚登基的新帝溥仪与同治、光绪一样是冲龄即位，而满族摄政王为他组织的责任内阁尽是满人，愚蠢地忽视了此举可能加重汉人的疑虑，有操纵整个宪政改革来维系皇室统治之疑。

1909年10月，首度召开会议的省咨议局是一个全新的机构，对这个国家的政治运作有重大的影响。虽然咨议局仍由精英团体把持，仅允许有一定年龄、财富、教育水平的男性参加，但这些人公开集会，并不只是关心家族与地方利益，而是深深关切国家的未来命运。这一机构虽然刚刚成立，但投票者的参与度却很高。中国统治者向来不喜欢公共集会，更别说这类具有政治意味的会议了，这一点无论是从晚明对东林党人的处置，还是从康熙与雍正试图让政治焦点环绕在宣扬道德与等级思想的"圣谕"上，都可以看出。然而现在这类政治集会已经受到官方的认可，而且政论杂志与报纸传播的新观念很快便在会议上弥漫开来，曾在军事学堂或海外大学受训的与会者和参与过新兴工业的实业家们也带来了广泛经验，使集会的影响力得到进一步强化。迄至1910年年初，各省咨议局已形成一股极大的压力，逼使朝廷同意加快改革步伐，并于10月在北京召开国会。

各省咨议局内的专业人士范围之广，从其领导人便可看出来。

广东是 18 和 19 世纪对外来往、贸易的集中地，在其省会广州召开的咨议局会议是由进士及第的致仕官员易学清主持，此人曾积极弘扬民族大义反抗澳门的葡萄牙人，并且是"广东自治研究会"团体中的领袖人物。在久经排外动荡的湖南省会长沙，领导人物则是谭延闿。作为一位优秀的经学家，谭延闿在 1904 年中进士第，后被提点赴翰林院供职，但在任湖南学政时，他日益倾向排外、反帝的思想，积极维护湖南人士的经济利益。随着上海跃升为国际都市，与其有着千丝万缕联系的浙江省成了农业与对外贸易的中心，但当地出现的是另一种新形态。浙江省咨议局议长陈黻宸也是进士出身，与杭州一所激进学堂时有往来。陈黻宸在这所学堂讲学时，结识了一批日后前往日本的狂热反满分子与思想激进的学生。在福建，有好几位主要议员都是新教教徒，并且与东南亚的华人有着紧密的家族或者商业联系，而且正是教堂给了他们公开讲演的经验，并将那些新的社会和组织形式介绍给他们。[3]

这批人与其主导的咨议局会采取何种行动，实在很难预料，但对清朝统治者来说，有一点是可以肯定的：无论清廷在未来采取什么行动来强化自己的统治地位，实际上都将会受到这一社会阶层持续不断的严格监督，而这些阶层曾是王朝最赖以信任的支持者。

新路、新军

在清廷面对的各种新科技当中，铁路建造带来的问题最多。许多中国人认为建造铁路会破坏自然与人的和谐关系：铁路让大地"穿

清朝的铁路
（1880—1905）

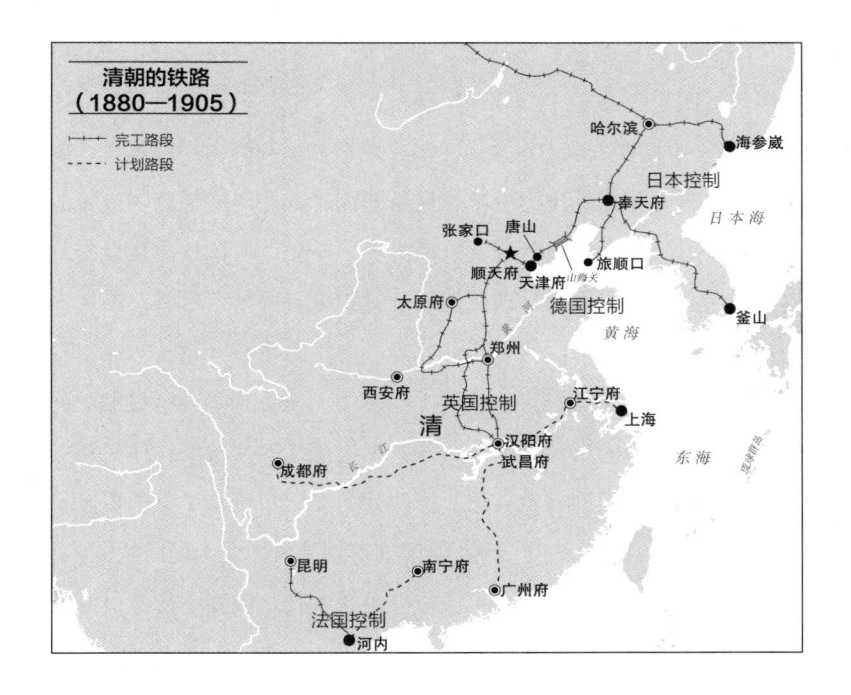

肠破肚"，搅乱大地的正常脉动，泯灭了大地的慈爱力量，还让陆路与运河工人失业，改变了传统的市场模式。尽管19世纪中叶已有学者指出铁路正是西方工业发展的主要动力，但官府在上海附近建造的中国第一条短程铁路，却还是在1877年被拆除了。

1880年，李鸿章寻找托词，在唐山铺设了一条短程轨道，将开平矿区开采的煤运往附近的运河。1888年，这条铁路延伸至天津与附近城镇，1894年更延至南满，穿越了清军在二百五十年前入关所经过的山海关。许多外国列强表示愿意贷款给清廷建造铁路网络，但几年时间里，这件事并没有什么实质性进展。迄至1896年年底，全中国境内的铁路总长不超过六百公里。而美国则有三十万公里，英国三万四千多公里，法国三万五千公里，日本三千七百公里。

1894年日本击败中国之后，越来越多外国列强向中国施压，庚子拳乱之后五年这种压力更是达到新的高峰。如今中国除了过去的债务之外，还要背负四亿五千万两的庚子赔款，所以铁路建设贷款对统治者愈加有吸引力，即便这些贷款都来自国外。尽管有刚成立的中国通商银行参与，但中国最具野心的铁路建设计划——北京至武汉的铁路线[*]——仍无法从中国股东那里筹集足够资本，最终胎死腹中。外国列强的意图则十分明确，无论清廷如何抗议，他们都会在自己的势力范围内兴建铁路。德国开始在山东筑路；英国拟定了在长江流域修筑铁路线的计划；法国则筹划从河内北上昆明的铁路；俄国已与清廷签约，完成一条横跨黑龙江省直达俄国主要港口海参崴（Vladivostok）的铁路，现在又准备增建一条通往旅顺的支线；作为1904—1905年对俄战争计划的一部分，日本在朝鲜北部与奉天之间兴建了铁路，战后便控制了该区域的主要铁路线，并组成南满洲铁道株式会社，巩固其控制权。外国列强一系列活动的成果，在这时期铁道里程数上表露无遗：1896—1899年间有四百五十公里；1900—1905年间则又增加了五千一百八十五公里。

在这种竞相扩张的气氛里，中国似乎成为铁路投资者们的最佳目标；随着像"中英公司"（British and Chinese Corporation，主要合伙人是过去的大鸦片商"怡和洋行"〔Jardine, Matheson & Co.〕）

---

* 武汉系总称，是指长江中游的武昌、汉口与汉阳。

这类银行团的成立，大量资金源源不断流入大型铁路的基础建设，其建设组成也逐渐清晰起来。1905年竣工的南北主要干线连接北京与武汉，其第二阶段计划连通武汉和广州。另外，从武汉东行至南京、上海，西向抵达四川成都的铁路线也在规划中。由法国出资的昆明线还计划与自中南半岛至广西南宁的支线联结。

然而，一股强烈的民族主义情绪也开始在中国酝酿。我们已经在邹容的雄辩、排外抵制运动以及反传教士活动中，窥见过这类民族主义的要素。在这种风起云涌的情绪之下，中国各地的百姓开始掀起"收回利权运动"，通过地方债券集资购买外国人持有的铁路路权，转而由中国人来控制自己的交通命脉。收回利权运动的信心，部分源于自身的经济增长与技术进步：一是由中国企业家经办的新式重工业如雨后春笋般涌现；二来可以从东南亚海外华人之中募得投资资本；三是，受训于西方的新一代中国工程师，有能力解决在崎岖路段铺设铁路的严峻挑战。1904—1907年间，共有十九个收回路权的地方团体被授予许可证，几乎涵盖中国所有省份。

到了1910年，清政府已经认识到，中国的经济发展与政治稳定需要仰仗一套有效率且归中央控制的全国铁路网络，于是决议向中国投资者购买铁路权，将铁路系统国有化，由朝廷控制。清廷之所以如此决策，一部分是因为清廷刚设立的邮传部（1906年创建）辖下的铁路，每年约有八百万至九百万两白银的可观收入。在清廷每年财政收入二亿六千三百万两、支出二亿九千六百万两的情形下，这个新财源确实令人鼓舞。但幼帝溥仪身边那批缺乏经验的满族摄政大臣不知这个议题极为敏感，甚至听从顾问建议，认为只要补偿中国投资者部分损失即可。在1911年5月颁布的有关铁路国有化的最后一道圣谕中，朝廷就以强硬的口吻陈述了此一决策的理由：

> 国家必待有纵横四境诸大干路，方足以资行政，而握中央之枢纽。从前规画未善，并无一定办法……贻误何堪设想。用特明白晓谕，昭示天下：干路均归国有，定为政策。[4]

十天后，刚向英美银行团贷款一千万英镑（总计约五千万美元）的清廷，又与同一银行团签署一笔六百万英镑的贷款协议，用以续建武汉至广州、武汉至成都两条铁路。消息一出，群情哗然。许多中国人认为，各省有权控制该省的铁路建设，外国强权不应在铁路建设过程中扮演主导角色。1911年5月，清廷通过此项决定数周之后，民情愈加激愤，集会和游行的怒火行直指清廷，与以前针对列强的愤怒程度难分伯仲。整个夏天，民间抗议声浪未有丝毫减弱迹象，在四川，咨议局代表以及持有股权的社会贤达，甚至誓言拒向政府缴税，并索回他们应得的权利。

在1910年与1911年的铁路风潮中，刚实行过改革的新军军官与士兵扮演了重要角色。新军之中有许多人怀抱大义，认为清廷之举乃将国家资源卖给洋人。一名保路同志会军官断指抗议朝廷行动。另一名士兵则寄血书给清廷的铁路公司，吁请恢复地方的铁路控制权。在四川当地，一名武将曾下令反政府的"保路同志会"成员出列，以确认、开除军中反逆，结果所有士兵都向前跨步以示团结，这位将军只好收回成命作罢。

这类军官与士兵象征着中国政治舞台上即将出现的新力量，其先例则可溯源至1850年代曾国藩这类儒将组织的训练有素、思想忠贞的农民团练。当时，曾国藩曾给予乡勇团练优渥待遇，并灌输给他们一套行为准则，借以提升作战能力与道德操守，破除一般百姓对官军往往趁战乱蹂躏乡里的印象。历经李鸿章等人的戮力培植，北洋军队拥有了自己的训练学校、军事学堂、外国教官、新式武器装备，现代化的中国军队由此牢牢扎根，并最终将取代满洲八旗。

自1901年起，清廷开始重整武装力量，组建所谓"新军"。与铁路问题一样，朝廷想以自己的方式来规范与控制新军。于是，全国各省的新军在北京"练兵处"直接控制下,被编练成三十六"镇"，每一镇的兵力预计编有一万二千五百员，这样，朝廷就可直接统帅四十五万新军。到1906年,清廷又重建陆军部（兵部），置尚书一人，左右侍郎两人，均由满人出任。1907年，又设置军咨处，亦由满人领导。同年，最有权势的两位汉人总督袁世凯与张之洞，被调至北京担任军机大臣——名义上是擢升，实则为黜免军权。朝廷显然想通过此举，表明至高大权仍由北京的满人掌握，并未旁落至各省的汉人督抚。

许多层面上，清廷重新编练新军颇富成效。在新的体系下，新军被派驻防全国战略要地，甚至传统上由八旗兵驻守的城市，不过这些城市中的八旗兵已经逐步失势。1910—1911年间，清军颇有斩获，特别是在西藏的几次战役中，表现尤其令人刮目相看。当时西藏亲王亟思独立，而且英国在北印度进行战略部署，清廷对西藏的影响力日益衰退。但被派至此地的清兵仍然克服了崎岖地形、后勤补给与交通运输带来的问题，最终攻克藏东，并在当地设置新的行省——西康省。清军还克复拉萨，剥夺了几位桀骜不驯的亲王的尊衔，在几个"镇"的驻防之下，迫使达赖喇嘛逃往印度。清军甚至推进至尼泊尔、不丹、锡金边界，警告英国勿图谋此一地区。对少数满洲王公贵族而言，西藏的军事成果无疑是18世纪乾隆盛世的薪火重燃。

然而，清朝的军事制度中仍有许多问题。军队指挥系统依旧四分五裂，特别是华北地区的北洋军队，队中不乏效忠袁世凯个人的军事将领。为了翦除袁世凯的势力，清廷唯一的对策便是在1909年以其身体抱恙为借口解除了他的职位，这让袁世凯十分耿耿于怀，也让效忠他的高阶将领萌生二心。新军有许多人是在1905年清廷废除科举制度之后转投军旅的，而军队似乎也为他们晋身上流社会提供了一条快捷稳定的新渠道。这类多半野心勃勃又汲汲营营的人士，积极介入咨议局鼓动的风潮。同时，新军已被效忠流亡海外的孙中山的反清革命会党成员所渗透。

随着新军的士兵与军官开始接受新式训练课程，穿上了卡其布制服，使用起欧洲与日本军队拥有的那类现代化装备，他们越发感觉到过去视为理所当然的众多积习竟是如此荒谬。例如，过去中国人打躬作揖的问候方式，在军中开始被简洁有力的军礼取代。其中最富象征意义的是，摄政王多尔衮在1645年强迫汉人剃发留辫，以示效忠与臣服，但这种发式在现代战斗中却显得十分滑稽。过去将辫子盘卷在帽下的士兵，现在纷纷剪掉了辫子。1850年代，太平天国的兵勇曾剪掉辫子以示反抗朝廷之志。到了1910年，清廷虽注意到这样的现象,却没有适当的惩治方法,只能勉强默许。

民族主义者与社会主义者

1905—1911年间,当清廷缓缓朝立宪改革方向迈进,并试图强化对新军与铁路的控制时,国内的异议声有增无减。尝到新机会的种种好处之后,各省咨议局的代表、海外留学生、女性、商人、城市工人与新军士兵,都起而向地方政府与朝廷施压,要求采取更有力的方式来响应改革呼声。朝廷无力响应各种要求,激起了更尖锐的批判。在一片批判浪潮中,新观念开始萌生,人们开始视中国为一个国家,甚至认为社会主义可改造中国。

满人现在举步维艰。随着八旗军逐步被裁减或转任文职,计划中的新军羽翼未丰,也尚未全归中央节制,清廷明显缺乏驾驭全国的军事力量。每一次改革创新——学校、公共事业项目、驻外单位的设置——花费都令人咋舌。陆军部于1910年年底首次详拟了一份预算,估计扩张军备将使次年军费支出高达一亿九百万两白银(这笔庞大的预算还没包括海军军费支出),其中有五千四百万两流入新军单位。1911年,单是军事支出的项目就占去了全国财政预算三亿三千八百万两中的35%,而总预算也比1910年的赤字预算高出四千万两。于北京召开的资政院会议,决定削减三千万两军事预算。即使如此,庞大的财政赤字依然居高不下,不得不靠增加农业税收来弥补,这些增税的范围十分广泛,包括对茶、酒、盐与烟草征税,提高过境税与关税,并对土地所有权和土地登记课征特别税。

清廷的加税决定令全国百姓怨声载道,甚至是在取缔吸食鸦片这类正义举措上,也招致了诸多问题。不过,这次的反对者不再是英国人,而是种植鸦片的中国农民,他们在罂粟田的辛苦耕耘就这样付诸流水,当然怒不自胜。19世纪初,中国境内的鸦片产地仅限于云南、贵州,但到了20世纪,国产鸦片已经完全取代英国货,成了四川、陕西与沿海省份浙江、福建的大宗买卖。清廷取缔鸦片的政策引发社会各个阶层的反弹声浪,无论是销售者、运输者、烟馆经营者与雇员,还是成千上万的染上鸦片烟瘾的人——其中有许多人出身豪门——都极为不满。好像这些问题还不够似的,气候异象趁机来助长反清之势。1910—1911年间,长江流域与淮河流域下起滂沱大雨,酿成严重的水灾,成千上万的良田尽没河底,引发米价飙涨,哀鸿遍野,流离失所的难民纷纷涌入大城市寻求赈济。

不过,除了条约口岸与租界区之外,国家权力在境内仍然强大,反对的政治势力依旧难以出现。因此,在1905年后的几年间,大部分有影响力的政治批判均源自自愿出走或被迫流亡海外的华人。其中,能对清朝进行具体批判并有自己一套政治计划的,有追随康有为步伐的君主立宪派、受梁启超启迪的民族主义者、信仰无政府主义或马克思主义的各式团体,以及孙中山领导的同盟会。

这些批判者中,康有为本是经学家,又曾中进士第(1895年),在1898年的维新运动中为光绪皇帝献计献策,所以他也最受海内外中国知识分子的推崇。一直到1911年,他都还在呼吁朝廷改革政府,让中国走向现代化,以便能仿效日本的改革,富国强兵,抵御列强的巧取豪夺。康有为组织了各式团体来宣扬他的理念,其中以保皇会和宪政会最为重要。*然而，随着反清情绪日趋强烈，即使在他的支持者眼中，康有为的立场也不再合常理，以致许多赞助者开始质疑他们献金的流向。康有为在个人生活上挥霍无度，不善理财，又性喜旅游，常有一年轻女伴相随。他曾一度定居巴黎（还乘坐热气球鸟瞰该城），并买下瑞典海岸的一座小岛作为避暑之地。他的投资同样反复无常，把资金大笔投入到墨西哥投机风险事业中，终因墨西哥革命而血本无归。康有为以典雅的文言文书写的政治著作，在20世纪开始显得不合时宜。在最富远见的论著里，康有为揣测过建立世界政府的可能性，以泯除所有民族主义争端，还设想了一个综理人类从生到死的福利国家。"诚如电之无不相通矣，"康有为言道，"如气之无不相周矣。"[5]在消除性别歧视方面，康有为主张在政治集会上男女衣着无异，并建议以每年订立"交好之约"取代媒妁之言的婚姻制度，立约双方均有权决定是否续约，此一交好之约同样适用于两男或两女之间。但这些预见性的言论大都是手稿，所以当时没有多少人能一窥康有为思想之全豹。

康有为最忠诚的追随者之一是广州人梁启超，曾与康有为参加1895年的进士科考。梁启超不似康有为那般热切拥护光绪皇帝或清朝皇族，他探索过更多的政治选择。他一度被激进观点吸引，欲以自由的药石针砭中国腐化与堕落的痼疾。但梁启超没有选择法国大革命的暴力道路，认为"法兰西自一七九三年献纳牺牲以后，直至一八七〇年始获飨焉。而所飨者犹非其所期也。今以无量苦

---

* 译注：保皇会于1907年易名为宪政会。

痛之代价，而市七十年以后未可必得之自由。即幸得矣，而汝祖国更何在也"。[6]

梁启超同样忧虑中国百姓尚未准备好承担民主的责任。在目睹美国唐人街的生活后，他的悲观思想变得更强烈了：在他看来，唐人街的华人各自为政，生性怯懦，社会条件也极差。梁启超开始在公开集会上发表生动的演说，在各类报纸上（有些是他主管的）以感情丰沛的笔锋，鼓吹建立一个强盛的中国，在强势的民族领袖领导之下，促使每一个人，包括女性在内，成为有教养的市民。他写道，为了实现这种积极团结的市民社群理想，中国应该暂时忘却世界上还有卢梭们或华盛顿们，而是需要斯巴达领袖来古格士（Lycurgus）或是英国人克伦威尔（Oliver Cromwell）这类人"雷厉风行，以铁以火"扭转积弱不振的颓势。不过，梁启超并未宽恕克伦威尔的弑君行径，而是继续颂扬君主立宪的美德，期待这个制度能推动社会进步和经济发展。他将意大利19世纪的统一运动视为中国的学习榜样：意大利的军事英雄、立宪倡导者和经验丰富的外交人员联合起来，赶走了异邦占领者，显示了新的国家身份。梁启超在小说、戏剧及散文里展现出的政治理念，吸引了大批海外华人的关注，并在中国广泛传播，给人们造成了一种满人有能力领导国家改革和复兴的幻象。

为数不少的中国人还被欧洲各类社会主义与无政府主义议题吸引，形成了更为激进的看法，不过这类看法表述得不够精妙，也未产生很大影响。在19世纪的欧洲，马克思主义有了长足的发展，把马克思主义付诸实践的激进例子层出不穷，甚至在1883年马克思逝世后仍然持续不衰。1889年，一大批形形色色脱胎于马克思主义理论的社会主义政党与工会组织，联合组成了第二国际（Second International），总部设于布鲁塞尔。虽然第二国际支持"议会民主"的概念，但它承诺要探索利用战争引起国际社会剧变的可能性，并且不放过每一个引爆社会主义革命的机会。第二国际的成员十分认同马克思关于社会革命必然性的观点。

中国最早讨论马克思的文章出现在1899年一份刊物上*。文中总结马克思的论点，认为穷人要继续"联合以制富人"，并深信富人的权力将"笼罩五洲，突过于君相之范围一国"。该文还将马克思错误地描述为英国人。[7] 1905年，俄国革命未成，却让那些视沙皇与清朝皇帝同为独裁君主的中国人精神为之一振，也激起了他们对马克思主义理论的兴趣，认为它似乎提供了一个刺激中国步入现代世界的机会。几位中国人开始研读一本在1899年出版后被译成中文的日文著作：《近世社会主义》（*Modern Socialism*）。书中指出，马克思"以深远之学理，精密而研究之，以讲究经济上之原则……故于多数之劳民，容易实行其社会主义，得多数雷同之赞助"。[8]

1906年，马克思的《共产党宣言》被摘译成中文，相较于英文或德文版本，这个中文节译本显得饶富诗意且语调平和。《共产党宣言》的著名结尾——"无产者在这个革命中失去的仅是锁链。他们获得的将是整个世界。全世界无产者，联合起来！"——被翻译成：

---

* 译注：此刊物即《万国公报》。1899年，《万国公报》连载了一篇题为《大同学》的译文，译者为李提摩太（Timothy Richard）、蔡尔康。文中曾简略提到"安民新学"（该文译者对"社会主义"的中译）、"德国的马克思"。

"于是世界为平民的；而乐恺之声，乃将达于渊泉。噫，来，世界之平民，其安可以不奋也！"[9]

虽然成组织的社会主义政党到 1911 年才在中国出现，但通晓日、英、法、德各国语言的学者江亢虎早在 1907 年就已开始有系统地研究社会主义。江亢虎曾任袁世凯的教育顾问，且是一位热切的女权主义者。1909 年，他还出席在布鲁塞尔召开的第二国际大会。其他一些中国人则开始趋向无政府主义，特别是巴枯宁与克鲁泡特金的理论，这些理论批判了现代国家观念的架构，强调个体的角色、文化变迁的力量以及革命过程中群众参与的重要性。1906 年，一群栖居巴黎的中国人（张静江、李石曾、吴稚晖、张继等人）成立了无政府主义团体"世界社"（New World Society），出版了一本名为《新世纪》（New Era）的刊物。这批无政府主义者大都与孙中山的同盟会有联系。当中一名成员拥有一家豆腐厂和一家茶餐厅，所以他们的资金总是不虞匮乏。无政府主义者的目标十分广泛，充满空想色彩：取消政治权威与军队；废除所有法律；消除阶级差异；消灭私有财产与资本。无政府主义者主张各式促进革命的方法：写传单、组织群众团体、举行罢工、发起抵制、煽动骚乱，甚至是必要时可以采取暗杀手段。此时，另一个中国无政府主义团体也在东京崛起（指刘师培与其妻何震的"社会主义讲习会"，其机关刊物为《天义报》）。这个团体特别重视女性在传统社会中的处境，反对现代主义，服膺农业文明。他们视托尔斯泰为自己的英雄，十分看重农民在革命过程扮演的角色，探讨是否可能在农村地区形成社群生活，以及如何完善农业经济，等等。

最后是孙中山。自1905年之后，他一直担任由众多"革命"与反清组织联合组建的同盟会的领导人。孙氏的追随者中，有些受恐怖主义吸引，力倡暗杀行为，但大多数还是坚定主张共和革命的理念。他们誓言反清到底，而且身为"民族主义者"，他们还要将中国从西方与日本施加的沉重经济束缚中解放出来。有些人则是坚定的社会主义者，他们企望中国走出封建遗绪，迈入新的发展阶段，同时免遭资本主义的恶疾。同盟会中有不少女性，她们倡导各种议题，希望强化女性在新中国中扮演的角色。孙中山与华南一带的秘密会党也有紧密接触。他本人就曾在1904年经人引介加入了三合会的夏威夷分会，并仰赖旅居美加两国华人中的三合会会员的赞助。

孙中山继续尝试以武力推翻清朝政权。1906—1908年间，同盟会指导或鼓动过至少七次反政府行动：三次发生在孙中山关系网最牢固的广东，其他则出现在湖南、云南、安徽、广西。尽管每一次举事均因清廷镇压而宣告失败，但孙中山在海外华人的心目中依然深具领袖魅力，吸引了大量先前康有为的支持者和源源不断的革命资金。大部分献金来自孙中山在美国（他在美国使用的是假护照，还声称自己出生于夏威夷）、加拿大与新加坡演讲时的听众捐赠，更有几位富有的新加坡华商大力赞助。另外，孙中山还出售债券给那些支持他未来政权的人士，承诺假使能助他取得权力，他们将获得十倍于其本金的回报。（或许孙中山并不晓得，林清在一世纪前的叛乱中就采用过类似的策略。）

虽然他的计划十分模糊且失败连连，但孙中山依旧百折不回地鼓吹推翻清朝的坚定立场。到1911年夏天，同盟会的活跃成员已由 1905 年的四百人左右增加到近一万人。多数会员是日本留学生，系由孙中山及其追随者吸纳入会的，这些人回国后，又继续在自己的家乡秘密鼓动反政府风潮。有些同盟会成员进入了新成立的咨议局，有些则当上了新军士兵或军官，在新军中以革命言论或物质引诱，积极招揽更多的支持者。这个掺杂着愤怒、挫折、梦想与金钱的群体，是极具爆炸性的。

清朝的灭亡

1911 年 10 月 9 日，武汉三镇之一的汉口市发生了一起意外爆炸，触发了一系列事件，最后导致国祚两个半世纪的清朝政权倾覆。不过，若非立宪主义、铁路、军队、满人权力与列强入侵等问题引发全国动荡，这次爆炸事件或许就只是一次孤立事件，很快便会被人遗忘。

至少从 1904 年起，几个激进的中国青年团体——其中不少人都在日本生活过，有些还和同盟会有关联——便开始在汉口和邻近的武昌市播撒革命火种。这两座城市与另一座关联的城市汉阳，不但有大批工人与长江船夫，还有现代学堂、新军组织以及清朝政府官吏，这些要素结合在一起，使武汉三镇成为政治与社会实验的理想场所。革命党人的长远目标是推翻清朝政权，"复国仇""兴中华"[10]，短期策略则是渗透进新军，协调各秘密会党主要分支机构成员在当地的政治行动。革命党人渗透各组织、吸收新会员时，均是打着文学社或共进会之类团体的名义，在其绵密网络的掩护下，举行小型会议，与潜在新会员接洽。若有个别会社遭到地方官吏的调查，革命党人便立即解散该会社，再到他处以别的名称另起炉灶。迄至1911年秋天，湖北新军中已有五千到六千人被武汉三镇各式会社吸收，约占所有兵力总数的三分之一。

10月9日的爆炸事件，是由一群正在汉口俄国租界区制造炸弹的革命党人引发的。如同之前上海的反清煽动者一样，他们了解到外国帝国主义的规定可在一定程度上帮助他们躲避清廷巡警，但这次爆炸的威力却引来了俄租界区官员的调查。正当受伤最严重的谋反者（孙武）被自己的同志送往医院时，得到俄国人通风报信的清廷突击检查了党总部，发现另外三名革命党人并立即斩首，缴获了士兵与其他革命会党人士的名册。革命党人意识到，若不能够马上起事，组织将会曝光，更多的革命党人也将因此丧命。

10月10日清早，武昌新军工程第八营率先打响起义第一枪，占领了军械所。城外的辎重队与炮兵营随即加入起义，并对武昌的要塞发动了成功袭击。当天晚些时候，又有三支新军队伍前来支援，加入举事行列。在试图召集效忠军队扼守总督衙门无果之后，湖广总督满人瑞澄与汉人"统制"（张彪）落荒逃离武昌城。10月11日，革命党人又在与武昌隔江相望的武汉三镇之一的汉阳成功发动起义，并偕同第一营占领了汉阳的兵工厂与钢铁厂。10月12日，汉口的军队亦揭竿而起。

现在，找到一位德高望重之人出面担起指挥武汉起义军与领导革命运动的大任，便成了迫在眉睫之事。由于孙中山此时人在海外，武汉三镇地区又没有同盟会的资深成员，其他地方上革命会党干部也不能胜任，所以起义军便提议由咨议局议长（汤化龙）出任都督，但被其婉拒。随后，深得人心的湖北新军"协统"黎元洪被推选为中华民国军政府鄂军都督府都督。黎元洪本人虽不是革命党人（最初他是在枪口威胁下才勉强接受这个职位的），但似乎是合适人选，因为他不但颇得军心，与咨议局的代表关系不错（同意在他的"政府"内任职），还曾积极参与收回铁路利权运动，同时又熟谙英语，有能力安抚武汉的大批外国人。

面对突如其来的危机，清廷积极部署，命陆军大臣荫昌协调组织北洋军队两镇的兵力清剿武汉。同时，满人又忍气吞声地去请他们在1910年逼迫"退休"的袁世凯重新出山，认为他长期领导北洋军队，与众多高级将领又私交甚密，必能将这些军队拉拢到清朝身后，平定南方局势。但袁世凯十分精明，一直等到酌清局势走向后，才接受督师的任命。

但局势的发展急转直下，已非任何个人或政治团体所能控制。1911年10月22日，陕西与湖南两省新军起义，大批满人遭到屠戮，忠于朝廷的长沙将领被杀。两省的咨议局领导人议员纷纷表态支持革命。在10月最后一周内，又有三个省份举起反清的大旗。在山西太原，巡抚与其眷属被杀，咨议局加入新军兵变；在江西省，商人、学生、教师联合议员与军官，宣告脱离清廷独立；远在西南的云南，武备学堂的教官也发动起义，联合新军攻击效忠朝廷的军队。

自19世纪末以来，关于铁路军事意义的争论便一直甚嚣尘上，而现在，战争双方却皆已明白领略了铁路的军事价值。正当清廷利用京汉铁路火速运送部队南下，镇压武汉起义军时，山西的起义军也向东顺太原铁路支线，切断了清军补给线。10月底，一位北方统制（张绍曾）断然拒绝了清廷命他率军经由铁路南下的命令，反而联合其他将领向清廷发出十二条立宪要求的电文。其中较重要者有：在年内召集国会，起草宪法，选出内阁总理大臣并由皇帝敕命，剥夺皇帝"就地正法，格杀勿论"之权，特赦所有"国事犯"，皇族不得任国务大臣，媾和等国际条约先由国会议决，再以君主名义缔结。

清廷在一周内接受了大部分条件。11月11日，也就是在北京的国会议员选举袁世凯为中国内阁总理大臣三天后，清廷发布谕旨，命袁世凯为总理大臣，组织内阁。袁世凯接受这项任命后，即刻组织内阁，安插众多党羽出任重要阁臣职位。

显然，这样的政治走势是要将中国推向一个由满人引导、近似康有为等人提倡的君主立宪制政体，而非孙中山与同盟会革命党人要求的共和体制。不过，孙中山的支持者虽众，但在中国并未掌握统一的军事力量，况且1911年年底一系列事件发生期间，孙中山正在美国筹募资金。前往堪萨斯市（Kansas City）途中，他才在一份丹佛市（Denver）的报纸上得知武昌起义的消息。孙中山认为，当务之急是要让欧洲各国承诺在即将爆发的冲突中保持中立，于是便在返华之前先后到伦敦、巴黎与当地政府协商。这次，孙中山取得了重大政治成果，成功说服英国政府不再贷款给清政府。

整个11月，袁世凯采取了微妙的平衡策略，凭借着对北洋军队的影响力为后盾，对满人与革命党人双方施加影响。历经激战后，清廷的军队再度占领汉口与汉阳两市（但并未克复长江南岸的武昌），但相较于各省相继通电宣告附从革命党人，这样的战果难以让朝廷感到心安。出乎所料的是，孙中山的同盟会在民众中拥有极高的支持率，于是同盟会各领导人便因势利导，大力扩展组织规模，明确目标，在三个省份的革命运动中扮演了重要角色：江苏（11月3日宣布脱离清朝独立）、四川（11月22日）、山东（12月12日）。在其余地区，同盟会则是反清运动广泛阵线的一部分，这些地区的领导人大都出自新军、咨议局，也有部分是绅商出身。

经过数周战况惨烈的战役后，12月初，满人与效忠朝廷的军队在南京大败，清廷的威信更加一蹶不振。14世纪的南京曾是中国国都，此后也拥有着独一无二的象征地位。这次南京城的陷落，让中国人忆起1645年福王军队的失败，以及1853年太平天国的军事胜利。因此，南京城的"光复"为同盟会巩固自身地位奠定了真正的全国性基础。

事已至此，五岁幼帝溥仪的"兼祧母后"（隆裕太后）不得不出面斡旋，促使监国摄政王载沣退归藩邸，任命袁世凯接任内阁总理大臣，幼帝仅保留接受觐见或出席国家活动的职能。但对许多人而言，这恍如回到了慈禧垂帘听政的时代，所以难以接受这一妥协。

1911年圣诞节当天，自法国循海路归国的孙中山抵达上海。四天后，十六省咨议局代表齐聚南京召开会议，推举孙中山为中华民国临时大总统，以示对其领导地位以及同盟会影响的尊重。1912年1月1日，孙中山在南京就职，正式宣告新共和国的诞生，从此之后改采西历纪年，以七日为一周，不再使用以十日为一旬的传统阴历纪年方式。就在元旦当天，孙中山电传袁世凯，坦承自身军权根基薄弱，而"东南诸省久缺统一之机关，行动非常困难"，因此自己只能义不容辞，暂时接受大总统之职，但"虚位以待之心，终可大白于将来。望早定大计"。[11]

这下，中国陷入了既有共和国总统又有满人皇帝的僵局，亟须找办法解围。1912年1月晚些时候，一连串的暗杀事件差点夺取了袁世凯与若干满洲亲贵、将军的性命，使得保守派满人和雄心勃勃的汉人政治家间的冲突更趋白热化。是月月底，满人中最坚定的强硬派代表人物、"军谘府"的军谘使良弼被炸身亡，他曾致力于把禁卫军训练成一支满人的军事劲旅。

对清廷政权的最后一击发生在1912年1月底。当时，四十四名北洋军将领联名致电北京内阁，敦促成立共和政体。此时一群强硬的满族亲王撤退至东北，图谋协调兵力进行抵抗，而隆裕太后与僚臣则在仓皇之中和袁世凯及其他北洋将领进行协商，以期找到解决办法，保证皇族人身安全及一定程度上的财产安全。袁世凯与南京临时政府的参议院决定，同意"大清皇帝辞位之后，暂居宫禁，日后移居颐和园……其原有之私产，由中华民国特别保护"，此外，临时政府还同意每年还给皇室拨付岁用四百万元，其"宗庙陵寝永远奉祀，由中华民国酌设卫兵妥为保护"。一切谈妥之后，1912年2月12日，朝廷下诏宣布溥仪退位。不过，清帝并不承认孙中山的临时大总统地位，而是在简短的退位诏书中全权委任袁世凯"组织临时共和政府"[12]，并与同盟会及华中、华南其他反帝势力联合建立统一政体。

寥寥数语之后，中国两千多年的封建帝制便戛然而止了，而几无任何自治技巧与制度经验的中国百姓，也在一个充满戒备和危险的世界中，迎来了设计自己未来的机会。

一名满族官员宅邸的内庭,北京,约 1871—1872 年,约翰·汤姆逊(John Thomson)拍摄

缠足妇女。三寸金莲的缠足传统给女性带来了巨大的苦痛,让她们行走困难,却能够让她们"绑住"自己的丈夫。当清廷进行改革,女性可以解开自己双足时,她们遭受到的痛苦并不亚于第一次缠足

慈禧太后和她的女侍

李鸿章

恭亲王

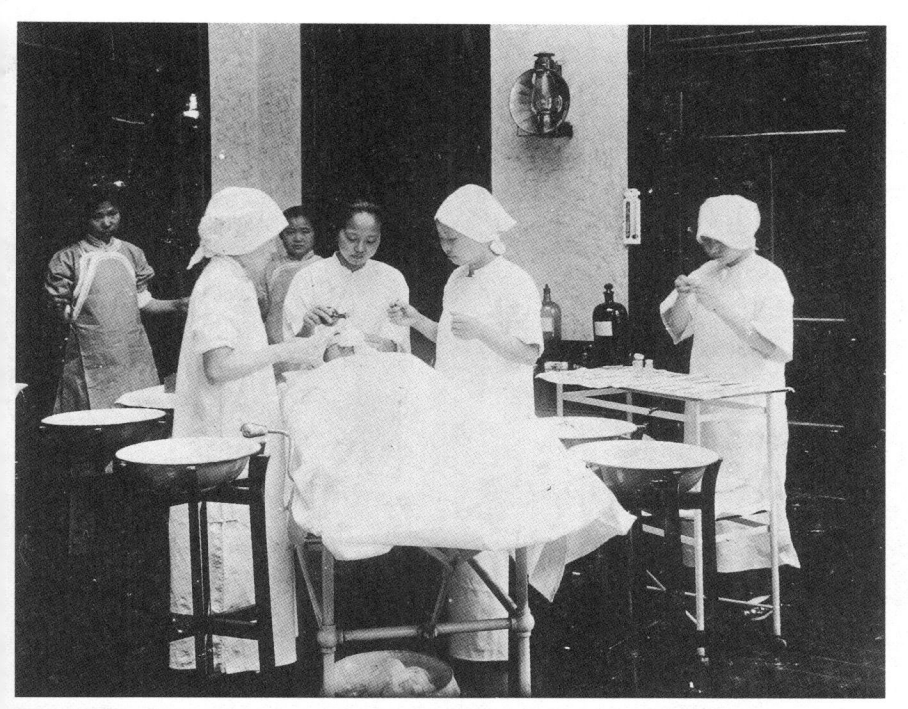

天主教在中国的传教运动,并不是只有剥削、误解和敌对。教会学校和教会刊物给中国人打开了新的机遇。石美玉(Mary Stone)从中国的教会学校毕业后,在密歇根大学取得了医学学位。上图中,她正在浙江的一所教会医院里进行手术,下图是她跟一群美以美会的成员的合照

《革命军》的作者邹容

秋瑾是一名刚烈的革命者,也是孙中山同盟会的期支持者

孙中山(左二)与两位激进派同窗合影,1887年摄于香港

和团运动，摄于北京城门。1900年8月，约两万名外国士兵组成的远征军镇压了义和团运动，解救了北
城内被围困的外国使馆区。上图是进入北京城的一座城门，在激战中受损；下图中，美国部队正路过明
三陵

康有为（左）和梁启超（右）。两位都是杰出的学者，在 1898 年戊戌变法中做了很多协调工作

二十岁的鲁迅把辫子剪掉后拍的照片，1904 年摄于日本

袁世凯手下的北洋军接受了西方军备和军事策略的训练，摄于1903年

国民革命军，1911年摄于汉口

宋嘉树（又称宋查理），是孙中山的早期支持者之一。他的三个女儿分别嫁给了孙中山、蒋介石和国民党的财政部长孔祥熙

在孙中山发表辞职咨文后，袁世凯在1912年2月13日继任为共和国的大总统

孙中山（中），摄于1912年

南京，革命军的士兵们剪掉那根象征着旧日满清秩序的长辫子

国立南京高等师范学校里，中国青年正学习西方的文秘和语言方面的技能

第三部　国家与社会的展望

造成清朝政局紊乱的潜在根源之一便是中央与地方权力关系的失衡。中国的革新派倾力想要建构一套可行的共和体制来取代威信尽失的帝国体系，缔造新的政府组织，将中国改造成现代化的民族国家。由各省代表在北京组成的议会，把中央与地方连接起来，而近四千万的选民人数，可确保不同区域和利益都能得到广泛代表。恢复生机的地方政府体制，将会缓和地方利益，为中央带来新的税收，以便迫切的改革能够进行，外国势力可以受到压制。

　　然而，在1912年中国第一次全国普选之后不到数月，这样的梦想就破灭了。临时总统袁世凯派人行刺多数党领袖，同时取缔了其所属组织。尽管袁世凯胸怀复兴中国的远大抱负，但他欠缺强大的军事力量以及圆熟的组织技巧，无法整合中央。于是政治权力不是流向了城乡各省的实权人物，就是落到了数百名军阀手中，军阀逐渐成为各地主要的权力掮客。中国政治的弱点随着国际局势发展也益形凸显：日本的索求益加蛮横粗暴，而在第一次世界大战期间，中国虽然大胆派遣了一百万劳工援助西欧的协约国，但仍然无法赢得强权对中国领土主权的尊重。

结果，在接下来的一段时间内，政治形势杌陧不安，但思想上却进入空前的反省与探索时期。许多有学问的中国人深信国家灭亡在即，开始钻研各种政治和制度理论，分析他们所处社会结构的本质，论辩教育和语言新形式的价值，探索进步的各种可能性，那是西方科学的核心——这就是通常所说的"五四运动"时期。在此期间，虽然追寻的议题同样可见于明清嬗替之际与清末有关国家前途的争论中，但是这种集中涌现的活跃智慧和怀疑精神，却是中国两千年来所未见的。

五四运动时期的思想家探讨了种种选择方案，其中一些佼佼者，在苏联派往中国的共产国际代表的巧妙牵引下，开始醉心于马克思的社会主义学说。到了1920年，中国共产党的核心成员已经各就其位，并在1921年举行了第一次全国代表大会。虽然孙中山领导的国民党享有优势，追随者亦众，但是共产党强有力地表达出了反抗军阀、打倒地主和外国资本主义的决心，以及解决日益壮大的工人阶级的困境的抱负。共产党员联合国民党的激进派，组织了一系列富有成效的罢工，给人留下深刻印象，尽管有时这类行动是以罢工工人的生命为代价。

国共结盟，一半是因为双方都迫不得已，另一半则掺杂了双方共同的希望。迫不得已是因为军阀割据和外国势力特权造成了中国的分崩离析，而双方都希望依靠中国人的精神、技术和智识力量能实现中国的长治久安。尽管两党在长期发展目标上相互抵触，党员志趣也不尽相投，但至少在以下这一点上能达成共识：必须结合军事力量和社会改革来重新统一国家。在南方城市广州，共产党和国民党携手训练了一批新的军事精兵，成立了农民协会，让农民加入了工人组织的行列。1926年，新成立不久的国民革命军举兵北伐，推进至长江流域，令人刮目相看。但是，军阀迅速被推翻后，国共双方在社会政策上的分歧之深却越发凸显。对共产党来说，1927年是灾难的一年，虽然他们努力要比自己的国民党盟友技高一筹，以扭转新国家的走向，但在此过程中，却只能眼睁睁看着自己的革命运动几乎毁于一旦。

就在共产党从城市撤离，准备在偏僻的农村重新整编队伍之时，国民党试图巩固对全中国的统治。到1928年年底，从东北到广东，都已处于同一旗帜之下。蒋介石拼命利用好微薄的财政资源，将精力集中在了重新改造国家行政机关之上，并发展配套的交通运输、城市公共设施及教育设备。同一时期，中国的都市文化也发生了巨大变化，许多地区——特别是上海——从西方吸取了许多元素，一股现代氛围开始弥漫。当时不少外国强权对中国政策有重要影响。除传教士之外，美国提供了大量资金和技术人员；德国则贡献了军事专家，并拟定了大宗交易计划，包括德国军事设备及中国稀有矿产；只有日本依然不让步，成立了傀儡政权，扩大对东北的控制，并将势力扩张至长城以内，直到中国同意宣布东北成为非军事区。随着兴国梦想的再度破灭，知识分子开始不满国民党姑息日本侵略的行径。与此同时，共产党把自创的土地改革和游击战彻底组合起来，开始建构起庞大且强韧的农村政府组织。

1930年中期，日本曾一度刺激了中国的民族复兴，也是中国的主要敌人。在蒋介石军队持续不断的"围剿"下,共产党被迫离开了他们最大也最坚固的中央根据地——江西苏区,开始长征,转移到了贫瘠的北方。共产党一到那里,便成功动员起了早已对中国人互相残杀、两败俱伤产生厌倦情绪的老百姓。蒋介石在西安事变中被扣押,建立统一战线、团结对外的机会再次出现。在多年的国家分裂与改革过程中,无数生灵涂炭,但中国人的国家观念却从未泯灭。

第十二章　共和国的肇建

民主试验

　　1912年2月清朝末代皇帝退位之际，与1644年5月明朝崇祯皇帝自缢时，国内局势有许多相似之处。各地方政府入不敷出，以致国库空虚，国家财政几近瘫痪。知识分子与官僚对于形同虚设的政权的强烈不满，已经到了非宣泄不可的地步了。驻扎北京的军队虽然不少，但不够忠诚，难以掌控；而军饷给付一有延迟，还可能引发兵变或逃逸。农村里天灾肆虐，粮食歉收，哀鸿遍野，而地方政府碍于财政短缺，亦无力赈济饥荒，灾民流离失所。仍效忠昔日统治阶级的旧势力或许是未来动乱的主要源头。外患严重，列强侵略迫在眉睫。分离主义政权很有可能出现在中国中部、西部和南方，进一步弱化中央的统治权威。

　　当然，这两个过渡时期亦有迥异之处。其中较重要的有四点：第一，1912年在中国拥有特殊利益的强权不止一个，而是至少有七个，且中国当时已经欠下这些列强大量债务；第二，在1912年，通信、运输和工业发展的新模式使国家经济结构处于剧烈的转型阶段；第三，儒家思想作为中国人安身立命的哲学体系，其意义已经受到质疑；第四，1912年，尽管多数中国人渴望出现强大、集权的权威中心，但是整个帝制连同君主立宪这种折中之计受到了大部分知识分子的拒斥。全国各大势力试图建立的，是某种类型的共和政府。

在这段局势高度紧张的时期，暴力事件常常发生，而且发生得难以预料。即将在20世纪中叶前崛起的两位重要领袖，此时也初步体会到了暴力冲突与政治运动的滋味。两人之间的较量也将影响中国革命的面貌。1893年，毛泽东出生于湖南农家，年轻时参加过长沙地区的学生志愿军。他目睹清军的迅速崩溃，于是剪掉了辫子，他也曾看到两位杰出的同盟会领导人（焦达峰、陈作新）横尸街头——二人并非被清军杀害，而是被咨议局议长谭延闿的立宪派支持者所害，谭主张一条更温和的救国路线。毛泽东曾短暂加入过湖南新军，当了一名列兵，由此接触到了社会主义思想家江亢虎写的几本小册子，江曾在1911年11月创立中国社会党。不过，此时毛泽东的政治立场仍然十分温和保守，他曾对埃德加·斯诺说过，他当时期待的政府是由孙中山当总统、康有为任总理、梁启超为外交部长。战事结束后，毛泽东便开始自修政治和经济方面的著作，为直接参与改造中国社会做准备。

另一位领导人是蒋介石，1887年出生于浙江的通商口岸城市宁波附近的一个盐商家庭。同当时中国许多稍有财力的有志青年一样，蒋介石于1908—1910年间前往日本的东京振武学校研习军事。在与浙江方面领导人陈其美成为至交后，蒋介石加入了同盟会。1911

年11月，陈其美膺任沪军都督，蒋介石被拔擢担任其军团的指挥官。为了革命目标，蒋介石挺身参与杭州的攻坚战役。根据不同人士的讲述，蒋介石策动或亲自暗杀了一名反对孙中山及蒋的良师陈其美的同盟会成员，正是在这一过程中，他经历了个人暴力的初次洗礼。

中国社会秩序的恢复，需要袁世凯将其北京总部和北洋军与同盟会和南京的革命力量结合在一起，也仰赖一个全国性政体，受正当宪法的约束，并将新军和各省议会整合起来。然而，迈向目标的最初阶段，步子却是走走停停。虽然孙中山在1912年1月1日被支持者推举为临时大总统，但他的武装力量却无法与袁世凯的军队抗衡，因此，一个多月之后的2月13日，也就是清朝皇帝逊位的第二天，孙中山便交出了他的职权，袁世凯宣誓就任中华民国大总统。同盟会诸位领袖及支持者要求袁世凯必须到南京任职，远离他的北方军事基地，象征性地迈出重要一步，建立可行的平民政权。但是袁世凯借口军情不稳，需要坐镇，执意驻留北京。1912年3月间，北京、天津、保定等地相继发生叛乱与暴动，似乎印证了袁世凯的顾虑，不过有些愤世之士却认为，这些乱象也许是袁世凯为了证明北京不可一日无他而一手策动的。至于孙中山那边，为表达振兴中华的诚意，他欣然接受了袁世凯之邀，亲自前往北京，还草拟了改造中国铁路系统的广阔（且有预见性的）蓝图。

此时，当务之急便是制定具有实质意义的宪法，并在此架构下举行有效的全国选举，建立新的两院制议会。1910年10月于北京召集的资政院会议，就是达成此目标的第一步。资政院系一院制，其成员由各省咨议局选举产生，或由朝廷钦定。开议后，资政院联合了各省咨议局，敦促朝廷在慈禧太后原订的1917年之前"速开国会"。1910年11月，清廷同意在1913年召开全部由选举产生的国会。

虽然由清代设立，但资政院迅速在中国立宪政体的未来发展中占据重要位置。1911年10月30日，试图力挽狂澜的清廷授权资政院起草宪法。11月3日，资政院便拿出了第一份草稿。五天后，资政院会议推选袁世凯为中国首任内阁总理大臣，给袁世凯的统治授予了某种形式上的民主合法性。

与北京种种进展交叉进行的，是各省代表团体在同盟会鼓动下纷纷召开的会议——首先在上海，继而是广州，最后则是南京。1912年1月28日，各省选派的参议员（每省限三人）在南京正式组成临时参议院。对于中国民主的发展，这些人的角色至关重要，原因就在于孙中山坚持袁世凯就任临时大总统要经过临时参议院批准，而袁世凯则滴水不漏地正式通电全国，公开主张"共和国为最良国体……永不使君主政体再行于中国"[1]。在孙中山催促下，南京参议院于2月15日一致选举袁世凯为中华民国临时大总统。

袁世凯以极快的速度，到达了共和政体的顶峰。袁世凯1859年出生于显赫官宦世家，但他并未走上科举考试之路，而是像清末的许多青年人一样，在1880年捐了一个小官。尔后，袁世凯在朝鲜历任军事及商务等职务十余年，对以朝鲜为目标的日本扩张主义者知之甚深。1894—1895年的中日甲午战争后，袁世凯被清廷派去训练中国第一支现代化军队，这段历练为他收获一批重要党羽。几乎可以确定的是，袁世凯帮助慈禧太后推翻了光绪皇帝与百日维新的改革者，也成功镇压了山东的义和拳起义。1901年后，袁世凯任直隶总督,并将北洋军训练成了中国最精良的军队(七位统制官中的五位及其余所有高级军官皆为他的党羽),同时,他还对地方自治、教育体系、警察制度等能巩固其地盘的改革,表现得十分热诚。袁世凯清末政治生涯的成就让人们对他寄予了厚望,盼他能领导共和国,成功应对中国面临的艰难挑战。

孙中山在临时大总统请辞信中写道:"袁被举为临时总统后,誓守参议院所定之宪法,始能授受事权。"[2] 为建立合法的共和政府,1912年3月11日,临时参议院按照这些约定,颁布了新起草的《中华民国临时约法》。《临时约法》规定,包括少数民族在内的"中华民国人民一律平等""人民有保有财产及营业之自由""有信教之自由"和"集会结社之自由";同时,在"本约法施行后限十个月内,由临时大总统召集国会。其国会之组织及选举法由参议院定之"。届时,临时参议院即行解散,袁世凯去职,重新举行总统大选。此时各省代表员额已扩增至五人的临时参议院,在4月5日投票决议临时政府迁都北京,中华民国首度成为名副其实的共和国政体,前清设立的议会至此正式废除。

依据《临时约法》的规定,中国开始筹备首次全国大选。国会采取两院制:一个是参议院,法定席次二百七十四席,任期六年,由各省议会选举产生,每省选举十名代表,其余则为华侨代表席位;另一个是众议院,法定席次为五百九十六席,任期三年,依据各省人口数,每八十万人产生一名代表。

清朝皇朝终结之后,孙中山随即着手开始指挥同盟会的改组,欲将之改造成中央集权式的民主政党,以便在1912年12月的选举中参选。这个重新被命名为国民党的组织，交给了孙中山流亡海外期间最得力的左膀右臂宋教仁来掌管。1912年，宋教仁年仅三十岁，但天生有一种老练政客的风范，不过他跋扈傲慢的态度却让许多人敬而远之。宋教仁鼓吹限制总统的权力，适切保障议会及其代表的权力。1912年中期，袁世凯显然已经完全控制了由他提名组成的内阁，并企图进一步扩大总统职权。1912年，宋教仁周游湘鄂宁沪各地，竭力宣扬他的政治主张，而且措辞似乎经常直指袁世凯的扩权野心。12月大选逐渐临近，宋教仁和国民党党员显得游刃有余，因为其他三个主要竞争对手分别是梁启超领导的仅有松散组织形态的进步党、具有强烈民族主义色彩的共和党以及统一党。此外，尚有三百余个政治党团林立，莫不想在大选中竞逐到一个或几个国会席位。

尽管全国的大选更受瞩目，但当时农村地区的政治发展也同样重要。晚清时期的地方自治大讨论中，有人怕改革委员会将沦为保守士绅巩固权益的工具，士绅阶级本来就因其学识和田产在地方享有影响力，如今可能又多了官方的行政权力。清帝逊位后一个月，忧虑变成了现实。随着旧问题的解决和势力强大的地方官员上任履新，中央政府的权威通过这些新的职位，比过去的清朝时代更加深入地渗透到了乡村社会中。如果这个趋势无法得到遏制，中国民主实践的希望就会被动摇。然而在举国上下的大选激情中，这类问题显得有些无足轻重，尽管在国民党党纲中确实包括必须发展地方自治体系的内容，但并未受到国民党或其他竞争对手的直接重视。

1912年公布的新选举法规定，年满二十一岁及以上的中国男性，拥有超过五百元财产或是缴纳二元以上的税金，并具有小学以上毕业或相当资格，才能取得投票权。据估计，至少有四千万人——约占总人口数的10%——符合上述条件。文盲、吸鸦片者、破产者以及精神错乱的病患，均不具备投票权。虽然清末以来，中国女性已经越来越有决断力，女性投票权也获得当时几位重要知识分子的支持，她们中有许多人加入或资助过同盟会，有些甚至还有参加革命军或者在前线做护士的经历，但中国的女性依然无法享有投票权。1912年，北京主张妇女参政权的鼓吹者唐群英率领数名女性至南京临时参议院，游说议会将男女平权与女性投票权纳入新宪法条文中。在遭到悍然拒绝后，她们强行闯入议会会场，大声咆哮，并打碎会场的玻璃窗。结果，这群请愿者被毫不客气地逐出了会场，她们的诉求更未得到满足。

中国首次全国大选的结果于1913年1月揭晓，国民党赢得压倒性胜利。众议院的五百九十六席中，国民党获得二百六十九席，余者由其他三个主要政党瓜分（在这次选举中，许多政客同时隶属于不同政党，所以这四个政党宣称取得的席次加总后超过五百九十六席）。参议院的二百七十四席中，国民党囊括一百二十三席。按《临时约法》的规定，国民党将主导推选总理以及组织内阁，同时在全面受到监督的国会背景下，着手推行总统大选。

1913年春天，中国的新科议员分别取道铁路、公路、河运、海路齐聚北京。3月20日，议会多数党领袖宋教仁与友人前往上海沪宁铁路车站。当他在站台候车时，一名男子走上前来，近距离朝他开了两枪。宋教仁随即被送往医院，两天后辞世——距他的三十一岁生日还有两星期。当时人们广泛认为，宋教仁会被任命为内阁总理，而袁世凯就是这桩刺杀案背后的首谋者，因为所有证据皆指向内务部秘书与临时总理（即洪述祖、赵秉钧）涉及本案。但几位主谋不是被暗杀就是离奇失踪，而袁世凯个人从未受到正式牵连。

国民党代表齐聚国会，急于遏止袁世凯的野心，并建立永久性的宪政体制架构，举行全面、公开的总统大选。国民党员尤其对袁世凯管理国家财政的方式极度不满：袁世凯非但没有直接应对征税问题，反而向外国银行团举债超过二千五百万英镑（大约一亿美元），亦即所谓的"善后大借款"。袁世凯将诘责之言视为针对他的人身攻击，决心进行反击。1913年5月初，袁世凯解除几名深具影响力的亲国民党都督之职。经过夏天的激战，效忠国民党的势力亦被袁的军队击溃。9月，支持袁世凯的保守派将军张勋占领南京，而张的部队依然蓄着清朝的辫子。10月，袁世凯强迫国会推举他为五年一任的总统（不过，国会进行三次投票后，袁世凯才获得多数票）。最后，袁世凯称国民党为煽乱团体，下令解散国民党，将其议员逐出国会。11月底，孙中山离开中国，前往日本，再度被迫流亡海外，而其"共和梦"也再次化为泡影。

袁世凯的统治

外国势力一直在密切观察着中国政治局势的发展，他们认识到，延续清祚以确保自1842年以来所掳获的不平等条约权利，是没有意义的。于是，1911—1912年间，除了勒令军队、船舰保护居住在中国的外国侨民，在北京至沿海之间的走廊地带巡弋，防止类似义和团的排外事件再度爆发外，各国严守中立原则。它们的首要目标是护卫其在华投资利益，据估计，1902年列强的在华投资总额约为七亿八千八百万美元，及至1914年已高达十六亿一千万美元。因此，只要是能为它们创造有利经济环境的政府，各国都可接受。

1902与1914年的在华外资[3]

	1902年		1914年	
	百万美元	百分比	百万美元	百分比
英国	260.3	33.0	607.5	37.7
日本	1.0	0.1	219.6	13.6
俄国	246.5	31.3	269.3	16.7
美国	19.7	2.5	49.3	3.1
法国	91.1	11.6	171.4	10.7
德国	164.3	20.9	263.6	16.4
其他	5.0	0.6	29.6	1.8
总计	787.9	100.0	1610.3	100.0

虽然外资主要集中在上海和辽东，但是投资项目却十分广泛。大英帝国在华投资总额约六亿零八百万美元，投资项目包括香港至广州的铁路、海上运输业、公用设施（如瓦斯、电力、电话系统等）、电车、煤矿、棉花厂、糖厂、纺织厂、制绳厂、水泥厂、不动产等；日本投资额约为二亿二千万美元（三亿八千五百万日元），投项目范围与英国近似；美国在中国的经济利益比英、日两国少得多，然而1914年也有四千九百万美元左右，大部分为教会财产（包括医院、学校）和上海的不动产，1915年上海成立第一个在华商会后，随即有三十二家美国企业取得了会员资格。[4]

最初，日本和欧洲列强对袁世凯的新政权持怀疑态度，所以并没有立即承认共和国。然而在美国，舆论却偏向袁世凯和新共和国的理念。许多美国传教士非常同情中国的共和运动，而许多具有改革精神的中国人也在教会学校受过教育。孙中山本人是基督徒，而袁世凯虽然并不信基督教，但他非常善于利用亲基督教情绪，1913年4月新中国国会开会时，他就吁请美国的新教教徒到各自的教堂为中国祷告。这项恳求登上美国报纸的头条后，赢得威尔逊（Woodrow Wilson）总统和幕僚的好感。威尔逊说道，他不曾感到"如此兴奋和鼓舞"，国务卿布莱安（William Jennings Bryan）则声称，袁世凯的诉求是这一代以来最引人注目的官方文件。《基督教先驱报》（Christian Herald）甚至将袁的行为与君士坦丁大帝、查理曼"引领异教徒臣服基督国度"[5]的作为相提并论。1913年5月，美国驻北京公使晋见袁世凯总统，袁世凯政府得到全面的外交承认。

英国驻北京公使认为，美国承认袁政权"太过鲁莽"，因为此时外国人在华的权利和投资尚未得到袁世凯的正式保证。英国还亟欲推动西藏的独立，但袁世凯踵武前清政策，坚持西藏是中国的领土。英国对西藏问题抱持的强硬态度，引起了中国人的愤慨。但是到了1913年10月7日，袁世凯却承认了西藏的独立地位，尽管这一决定并未得到当时内阁的认可或国会的批准。同一天，英国宣布给予共和国正式的外交承认。日本在与袁达成规模庞大的铁路协议之后，亦正式给予了外交承认。同样，俄国在获得中国外蒙古自治权的承认后，也认可了袁的政权。

袁世凯取得列强对其政权的外交承认，并不意味着他的政府已经稳固。此刻,中国的宪政架构仍然风雨飘摇。早在1913年底袁世凯将国民党籍议员清洗出国会之前,便令警察挨家挨户搜捕过国民党籍的议会代表。这项搜查行动查出了四百三十八位持有国民党党证的党员,这些人均被禁止参选国会。因为出席国会的议员不足法定人数,11月底,两院议长宣布无限期休会。1914年1月,国会被正式解散,而解散省级议会和地方政府组织的类似命令随后在2月正式发布。

为了让他的统治具有表面上的合法性,袁世凯从内阁和省级政府各部门召集六十六位代表开会,在1914年5月1日公布了《中华民国约法》(《新约法》),以取代《临时约法》。这部《新约法》实际上授予了袁世凯总统独断对外战争、财政、外交政策以及公民权方面的权力。在向一位幕僚解释他的作为时,袁世凯曾说过:"议会是一种难以运作的制度,八百人!当中,二百位是好人,二百位是麻雀,其余四百人不适任,他们能做什么?他们甚至连议会的程序都没有共识。"[6]袁世凯对议会制度的揶揄,贴切地讽刺了中国民主希望的破灭。

袁世凯的政府由于财政窘迫,必须靠举债度日。1913年,来自地方的土地税顶多只有两百万元,而政府每月的财政赤字却高达一千三百万元。对外贸易的关税同样也不在袁的掌控之内,因为在革命的混乱时期,清帝国海关(赫德殁于1911年后,由继任者主掌)将中国的关税所得存在了外国银行,以支付中国增长迅速的外债利息。甚至盐税现在也在列强的监控下,不是被用来支付国家的外债,就是被用来向袁世凯施加政治压力。

虽然税收有如涓涓细流，但袁世凯无论对他自己还是对国家，都充满了雄心壮志。矛盾的是，即便在撕毁《临时约法》之后，他仍试图在清末以来政治改革的基础上，建构起能使中国长治久安的体制。为了推动改革，他找来一批能干的外国顾问，包括澳籍的外交政策专家、日本的铁路顾问、法国的军事参赞和比利时的法学家，但是，就连这些专家自己也承认，他们是尸位素餐而已。

袁世凯继续推动中国司法体系的独立发展，但这并非袁个人服膺任何正义理念，而是因为稳定无私的司法制度，正可以用来解除遭人恨的治外法权。中国当时的最高法院系由清廷于1906年设立，在诸如商事法及已婚妇女的权利保障方面颇有建树。除了三省以外，各省均设有高等法院，尽管袁世凯并不鼓励设立县级法院，更想将其司法权归隶于地方行政首长而非特别法官，但是多数的县还是拥有了自己的高等法院。为了改革刑法体系，袁世凯着手推动狱政革新，改善监狱卫生条件，为犯人提供工作设施，并对他们进行道德改造。教育方面，袁世凯在全国各地大力推动男童的小学免费义务教育，支持拼音读物和教师进修的试行。不过，袁世凯仍然坚持，除了那些中国公民须具备的新技能外，儒家思想也应纳入小学课程的范围内。

为了发展经济，袁世凯通过整治灌溉沟渠、遏制洪灾来提高粮食产量，还试验家畜新品种，提倡造林，降低贷款利息，减轻铁路运输费率，以便加快货物流通。同时，首次全国地质资源调查在一位从英国深造回来的中国科学家带领下，轰轰烈烈地展开了。接着，他又集中发行货币，控制货币铸造，收回地方发行的几百万张贬值钞票。袁世凯接续了清末以来取缔吸食和制造鸦片的工作，禁烟的成果列入县长的考核项目，所以禁烟计划成效卓著，迫使无数鸦片公司撤至受外国法律保护的租界区。

袁世凯建立专制独裁之初，恰逢1914年8月第一次世界大战于欧洲爆发的良机，当时法、英、德、俄等列强无暇东顾，向中国强索更多的利益。而且，由于在战事西线急需兵力，这几国便召回了那些身在中国的强健侨民，结果给新一代的中国企业家和管理者接管商业和行政的关键工作，提供了大好机会。他们建立起私人财富，并获得了难以估量的金融经验。然而对袁世凯来讲很不幸的是，当时日本急欲趁势取代西方列强，独霸中国，加紧对华侵略。日本早在1902年与英国成立了英日同盟，凭借这种联盟关系，于1914年8月对德宣战，并迅速出兵山东的德国租界。

1915年1月，日本向袁世凯政府提出《二十一条要求》，给中国带来更重一击。在文件中，日本要求在东北和内蒙古地区享有更多经济利益；中日联合管理汉冶萍煤铁厂矿公司；中国所有的港口和岛屿一概不让与或租与他国；日本的警察和经济顾问进驻华北地区；扩大日本在福建的经济利益。中国人对于日本的行径感到强烈不满，最终激化成全国性的反日集会，以及比1905年抵制美货时规模还要大也更成功的抵抗日货运动。袁世凯对日本的若干条件作了些修正，但仍然认为自己必须屈服。

随着个人威信与声望不断下滑，袁世凯开始变得更加顽固不化。针对报纸和其他出版品，他在1914年颁布了审查禁令，很多批评者不是被骚扰便是被压制了下去。这些禁令还规定，要对出版"危害公共秩序"[7]材料的人进行严惩。同时，为了进一步树立个人权威，袁世凯还重新独尊儒家思想。身为总统的他乘坐装甲车亲赴天坛，在祭天的仪式中担任主祭者。为了有意唤起人们对前清仪典的记忆，袁世凯还身着皇帝的十二章大礼服，头戴平天冠。1915年年底，袁也的确朝这一目标稳步进发，开始到处传播人民拥戴他恢复帝制的谣言。到了8月，官方鼓动袁世凯称帝的行动于全国展开。11月，在一个特别召开的"国民（代表）大会"上，一千九百三十三名代表居然无异议一致通过，吁请袁世凯登基。1915年12月12日，袁接受帝位，1916年1月1日，正式登基改元。袁世凯下令前清皇族御用陶窑烧制四万件瓷器餐皿，耗资一百四十万元。另外，他亦命人雕作新朝御玺一座，缝制龙袍两件，每件价值四十万元。

袁世凯和他的顾问——其中包括哥伦比亚大学教授、美国政治学学会前会长古德诺（Frank Goodnow）——皆深信，中国渴望一个能超越总统的中央集权的象征，因此恢复帝制会受到人民欢迎。但是，他们错估了情势。袁世凯的很多政治盟友纷纷弃他而去，北洋军阀的旧部党羽也分崩离析。国人群情激愤，各省接踵表态，抗议袁世凯的"洪宪"帝制。1915年12月，云南都督宣告独立；1916年1月，贵州继之；3月，广西亦通电独立。列强对于袁的称帝，或冷淡以对，或公开批评，并未给予他所期待的支持。面对外界的强烈抗议，1916年3月，袁世凯不得不宣布撤销帝制。然而，他的威信早已尽失，各省仍在继续宣布脱离北京独立。1916年6月6日，五十六岁的袁世凯因尿毒症去世，许多人认为愤愧交集导致了他病情恶化。

现已名誉扫地的总统一职由黎元洪继任。1911年10月，黎元洪在半推半就之下与武汉革命军结盟，并自1913年起勉强出任并无实权的副总统。黎元洪的权力基础比袁世凯薄弱，背后也没有北洋军支持，却又必须面对日益不满或相继独立的各省势力和国库空虚等难题。接任后，黎元洪的当务之急是召回国会议员（此时议会已休会两年），恢复代议体制，并重新认可1912年《临时约法》的合法效力。然而这两项举措却引发争议：1912年12月选出的代表任期只有三年，现在这些代表是否仍为法定代表不无疑问；而1912年的《临时约法》早在1914年就被袁的《新约法》取代，因此，前者是否具有法律优位也有待厘清。

黎元洪在任不过一年，就又赶上一场企图恢复帝制的军事政变。这次，策动者是张勋，他在义和团运动期间曾任慈禧太后护卫，自此成为清政府的死忠。1911年，忠于清廷的张勋在南京与革命军发生激战，并在袁世凯总统任内依然效忠清室，甚至下令部队蓄留辫子。1913年，正是张勋将南京从国民党军队手中夺了回来。虽然他的部下在城中野蛮地烧杀淫掠，但袁世凯后来还是将张勋任命为"长江巡阅使"。张勋借为黎元洪与其他派系军阀（冯国璋）调停之名，于1917年6月率部进京，宣布当时已经十一岁的清朝逊帝溥仪复辟为君。茫然困惑的北京居民忙着寻找黄龙旗悬挂屋外，各国外交官审时度势想要应对这一新情况，此时，一小撮前清遗老（其中包括拥戴光绪帝的康有为）身着朝服，兼程赶赴紫禁城中侍奉新皇帝。

然而，这次复辟出师不利。事件发生后，北京地区的其他将领即率兵向皇殿挺进，两位飞行员向紫禁城投掷炸弹，炸死三人——

这恐怕是中国有史以来首次的空袭行动。7月中旬，敌对将领组织的"讨逆军"向北京发起猛攻，打败了张勋的部队。张勋逃入荷兰使馆寻求政治庇护，从此不再活跃于政坛。溥仪虽再遭罢黜，却并未因复辟而获罪，只是根据新任总统的命令，必须在西方教师的指导下接受现代化的教育。（此后，溥仪一直在紫禁城中过着舒服日子，到1924年才被另一个军阀逐出清宫，被迫逃往天津日本租界寻求保护。从此，紫禁城成了一座对外开放的文化及历史博物馆。）

在敌对军阀的围剿下，张勋复辟的企图瞬间灰飞烟灭，中央政府握有实权的说辞也随之消逝。此后，不管是总统或是议会，都变成了军人的玩偶，被把弄于股掌之中。有识之士虽然仍愿意在政府任职，但只能随着外力干预载浮载沉。民主政治化为乌有，军阀混战时期开始了。

中国军阀与法国华人

现在这些控制泰半中国的军阀，各有不同出身背景，其巩固权力之道也各不相同。他们大部分出身北洋军，多为袁世凯的旧部；还有许多人崛起于地方军旅，于1911年年底1912年年初跃升成为都督或高级统帅；少数则是出自地方团练，趁乱世巩固地方势力。有的军阀雄踞单个省份，豢养官僚代为征集地方税收，支撑军队所需；有的军阀只控制几个乡镇，靠着强征"过路费"或搜刮民财取得财源。部分军阀忠于共和理念，企盼有朝一日他们能成为正当宪政国家中的一员；也有军阀深信，孙中山和国民党代表的才是合法政府。不管是出于自愿或是迫于形势，不少军阀都向外国强权势力靠拢，如上海的英国人、东北的日本人或者西南的法国人。有些军阀宰控了铁路运输的沿线区域，靠着向往来旅客和货运服务以及铁路沿线城市征税而获得财源。有些军阀则在占领地遍植鸦片，靠着大规模贩卖鸦片来充实财库。鸦片吸食在历经晚清与袁世凯统治之初的抑制之后，再度死灰复燃，并恢复了以前的规模。

除此之外，军阀的人格特质也彼此迥异。例如，他们中的很多人，就像那个曾一度独霸山东的军阀一样，生性凶残暴虐，耽溺于声色之欲。但也有军阀受过良好教育，试图以他们所持的道德理念灌输、教化军队。这类道德观可能是改良后的儒家思想、基督教义、社会主义学说，也可能是山西军阀阎锡山捏造出来的那种奇特混合物——在一众欧美英雄人物中取长补短，创造出他眼中的理想形象。他曾骄傲地表示，他已经构筑一套完美的政治理念来治理山西，其中融合了军国主义、民族主义、无政府主义、民主政治、资本主义、共产主义、个人主义、帝国主义、普遍主义、父权主义以及乌托邦主义等众家精华。[8]

不管这些军阀生性是凶残还是大度，是老练还是愚蠢，与那些从清朝手中接过统治衣钵的人面临的情况相比，在这种割据状况下，任何进一步统一国家的努力都更加举步维艰。但是，政府仍在表面上维系着凝聚力，因为北方军阀并未完全废除总统和内阁总理的职权，反而争相把亲信安插在这些职位上，以期他们来日回报故主"德泽"。

在这种局势下，段祺瑞僭取了国家大权，于1916年开始担任内阁总理一职。段祺瑞生于1865年,也就是太平天国运动被镇压下去的第二年。他是1885年第一批考入北洋武备学堂的预备军官,以优异的成绩毕业,并由李鸿章亲自遴选派往德国修习军事。此后他的人生轨迹便成了中国面临的新机遇和混乱的真实写照。段的另一贵人袁世凯,拔擢段祺瑞担任新建陆军炮队统带,义和团运动期间,段祺瑞曾在山东效命于袁的麾下,1904年被擢升为北洋军统制官。1906年,段祺瑞晋升为北洋陆军速成学堂督办,开始有机会培植年轻的朋党派系,这和他成为袁氏党羽的过程如出一辙。1911年武昌革命期间,段祺瑞开始任第二军军统,统领湖北军队,嗣后被任命为湖北、湖南都督,以酬庸他对袁世凯的忠诚。1912年,段祺瑞被任命为袁世凯内阁的陆军总长,在1913年整肃国民党籍国会议员期间,他又开始担任代总理。1916年袁世凯去世后,曾反对其称帝意图的段祺瑞,受到北洋军阀资深军官的拥戴,担任内阁总理一职。

正当段祺瑞巩固自己盘根错节的政权与军权基础之时,西欧的第一次世界大战也进入了最关键阶段。历史上,除了在周边范围内,中国从未在国际事件中扮演过积极角色,现在段祺瑞却要开启中国介入国际事务的新时代了。段祺瑞和他的顾问对于加入英法同盟与德国作战十分感兴趣,认为一旦德国被打败,那么具有重要战略价值的山东青岛德租界就可能归还给中国。同时,还有两方面的压力也逼使段提出了反德声明:一方面来自美国,1917年年初,美国即准备对德宣战,以报复德国潜艇恣意攻击在大西洋过往的中立船只;另一方势力是日本,在放弃煽动东北、蒙古、华南的分离主义政权之后，日本决意贿赂段祺瑞的政府承认其在华北的地位，以此来打击德国。

相较于欧洲各交战国或者1917年4月才加入英法战线的美国，中国的军事武装力量虽然显得微不足道，但是却拥有协约国缺乏的重要资源——人力。欧洲战场上的杀戮残酷无比：单是1916年桑河一役（Battle of Somme），英法便损失了六十万人，翌年，英国又在伊普尔战役（Battle of Ypres）中折损二十五万人。由于前线需要不断补充兵源，协约国意识到，如果能把中国劳工用在码头工作或西欧各项工程建设中，就能匀出更多的欧洲男性投入战斗行列。

早在1916年夏天，英法两国就依着这种残酷但合理的推论，与中国展开了协商。结果，中国还未正式对德宣战，各方便议定在山东威海卫英国海军基地附近设置"招工公司"，后来又在青岛增设分公司。被英人戏称为"香肠制造机"[9]的招工公司，进展迅速而平稳。由于地方经济凋敝、政治形势不确定，又受到英国提供的丰厚薪资的诱惑，数以万计的中国人自愿加入了"以工代兵"的行列。每位华工可获得二十元的"上船费"，之后在中国的家属还能收到每月十元的赡养费用；而且，这些华工还能获得衣履及膳食费。在接受健康检查，特别是砂眼、肺结核以及性病检查之后，通过筛选的工人（人数约十万人），即可收到印有序号的身份识别牌，这些识别牌会用铆钉焊在华工手腕上戴的金属环上。接着，他们从头到脚会被喷消毒剂，并被要求剪去他们在辛亥革命之后仍留着的辫子。

与法国签订合同之后，搭载首批华工的轮船于1916年出发，航经印度洋、穿越苏伊士运河，在地中海惨遭德国潜水艇击沉，五百四十三名华工葬身海底。因此，此后的华工就由太平洋航向加拿大，再经火车运送穿越美洲大陆，然后由反潜巡逻艇护航，取道大西洋最终直抵欧洲。虽然雇用华工遭到英法两国不少人，特别是工会的严重抗议，但华工很快便投身工作，其中大部分都在法国北部。华工的工作包括在船坞卸载军需船货、修建营房和军医院、挖掘战壕，以及在铁路调车场搬运弹药。华工每日工作十小时，一周七天，遇传统中国节庆才可以休工。不过，即使在中国正式对德宣战后，华工仍属于"以工代兵"的非参战性质，因为段祺瑞政府是绝对无力支应投入欧战的军事费用的。

1917年年底，在法中国人总数约有五万四千人，1918年年底增至九万六千人，这些人的存在，既带来了机遇，也带来了危险。一些华工的营地遭到了德军飞机或炮弹轰击，有时他们为了给同胞报仇，还会奋起将德国战俘杀死。有些华工在清理战场或挖掘战壕时，不慎误触地雷或炸弹而丧命。华工常因当地饮食习惯殊异或环境阴冷而染上恶疾，有时还会反抗法国或英国的雇主，或是为了寻找食物洗劫当地餐馆。从英国部队为营地军官准备的中文会话书籍里的例句中，我们可以窥知华工的懊恼和受歧视程度："你们为什么不吃这种食物？""营帐里不是很干净！""你们明天必须洗澡！""军营的厕所是专给欧洲人使用的，不对中国人开放。"[10]

对这种恶劣情况，基督教青年会（YMCA）的应对措施尤为有意义。在他们看来，这是他们向这些人提供服务的大好机会。基督教青年会特别将精力集中在了休闲活动和中国人的公共教育问题上，设计特殊的教学语汇与授课方法，来提高华工的识字率。令人惊讶的是，在这些受过教育的青年会办事人员帮助下，每个月约有五万封信件从法国寄抵中国，并在家乡一遍遍地传颂于街坊。尽管这些信件用字十分简单，且都经过协约国军情单位的检查，但仍然是华工识字率成长的重要指标。一封现存的信这样写道：

> 敬启者，长兄：自上次与兄一别，我已远行万里。现在，我一切安好，兄切莫担心。我现每日可挣三法郎，但生活昂贵，尚无能力寄余钱回家。那日离别之前，我在窑湾曾与兄争吵，还请兄见谅！弟深以为耻。请照顾好双亲，待我三五年后归来，必携回足够的钱颐养二老余生。[11]

中国人对第一次世界大战的贡献并非没有代价。除了五百四十三名罹难海上的华工外，还有近二万名华工死在了法国和弗兰德斯（Flanders）地区，并葬在特设的公墓里，长眠于异乡。墓园里墓碑井然排列，上面镂刻着死者的中文姓名以及雇主所给的编号，默默见证着中国有史以来首度涉入国际事务的这段历史。更复杂的是，当成千上万的华工返回中国之后，带回的不只是足以让家人安然过活的积蓄，还有读写能力以及有关外面世界的丰富见闻。诚如一些中国社会主义者的观察，这批归国的华工必然会在中国的政治上扮演积极的角色。

1918年11月11日，德国签署停战协议，承认战败后，中国的期望随之升高。庆祝胜利的游行在北京展开，清廷被迫为义和团运动中丧生的德国人竖立的纪念碑被情绪激昂的人群捣毁。虽然段祺瑞已于1918年10月去职，北京政府如今落到了北洋军阀其他派系的总统和总理手中，但是在让位之前，段已挪用日本的巨额借款强化他个人的武装力量，并继续与日本建立密商渠道。抵达凡尔赛参加战后条约协商的中国代表团阵容庞大，共有六十二位代表，由五位杰出的外交官率领，但这些人在行前并未接获谈判指示，所以到了凡尔赛之后，他们听到的，是日本代表令人震惊的声明：在1917年年初，为回报日本海军支持对德作战，英、法、义等国早已签订秘密协约，保证在战后"支持日本有关处置德国在山东权利的主张"。[12]

更糟的是，日本还宣布，他们在1918年9月就曾与当时的内阁总理段祺瑞达成秘密协议，协议内容包括授权日本在济南、青岛部署警力与军防的权利，并将日本计划于山东修建的两条铁路的全部产权和收入抵押给日本，以支付部分贷给中国的款项。中国代表似乎的确对这些充满屈辱的秘密协议一无所悉。美国威尔逊总统先前还对中国亟欲收回山东的权利表示同情，但现在却认为，日本关于山东权益的主张在国际法上站得住脚。1919年4月30日，威尔逊总统同意英国首相劳合·乔治（David Lloyd George）与法国总理克里孟梭（George Clemenceau）等人的意见，把德国在山东的权利让给日本。

随着巴黎和会背弃中国的事实逐渐明朗，各方急电开始穿梭于巴黎和北京之间，中国群众陷入了前所未有的情绪中。在凡尔赛的中国代表团，不断接到来自各政治、商业团体以及海外华人、中国留学生的请愿和抗议。5月1日，中国代表团承认先前密约已使谈判毫无转圜余地。消息传抵北京后，引发了5月4日的北京大游行，全国各地示威抗议也风云四起。虽然中国政府举棋不定，但要求在凡尔赛的中国代表团拒签和约的压力却丝毫未有减弱。向来便犹豫不决的中国总统，虽然最后终于发出电报，指示代表团拒绝签字。但电报传送至凡尔赛时，已错过6月28日的最后期限。不过，中国留学生与抗议群众包围了中国代表团下榻的巴黎旅馆，阻止了他们参加签约仪式。《凡尔赛条约》最终没有得到中国承认。

此后，中国新一代的行动派开始探索西方道德观的本质，唾弃西方国家的嗜血行径与奸诈狡猾。1919年5月4日，北京市民与学生走上街头，抗议《凡尔赛条约》，掀起了五四运动，而这场运动中的民族主义以及文化反思潮，将合力把中国人民带向又一个新的方向。

第十三章 "便成了路"

社会达尔文主义的警告之声

袁世凯统治下的领导权威支离破碎，民国肇建即遭重挫，巴黎和会上被列强背叛，凡此皆加深了清末以来潜隐在中国人内心深处的忧虑：中国将被瓜分，国将不国，四千年的悠久历史也将戛然而止。与此同时，西方盛行的社会达尔文主义已经传入中国，成为分析中国困境的新工具，虽然这些理论并不能给中国思想家们带来多少慰藉，但这些理念仍然多少为这场无望的争辩提供了一些方法依据。

1895年，达尔文的《物种起源》（*Origin of Species*）一书首次于英国出版，用进化论解释了物竞天择的过程如何决定适者生存、不适者灭亡。在乘坐"小猎犬"号（Beagle）航行于佛得角群岛、智利、加拉帕戈斯群岛（Galápagos Islands）、新西兰、澳大利亚诸地途中，达尔文通过大量观察和研究了解到，那些有能力在长期斗争中获取生存所需有限资源的生物，最后的确生存了下来，而不适者不断被淘汰掉。通过遗传法则，它们的适应能力又进一步保持下来或得到了提升。

英国社会学家斯宾塞（Herbert Spencer）对达尔文的理论进行创造性的诠释。在1873年出版的《社会学研究》（*The Studies of Sociology*）中，斯宾塞将达尔文的理论应用在了人类社会的发展过程上，认为"适者生存"（survival of fittest，这个词是他在1864年创造的）原则同时主宰了社会与生物的演化。斯宾塞指出，人类社会的演进由"同质性"（homogeneous）过渡到"异质性"（heterogeneous），最后逐渐迈入"个体性"（individuation）阶段。他还将社会进一步区分为"军事社会"与"工业社会"：前者系以武力换取合作；而在工业社会里，自愿、自发的行为是建立在个体意识觉醒的基础上的。科学家赫胥黎将斯宾塞的理论重新诠释、论证后，在1893年将研究心得呈现在了《演化论与伦理学》（*Evolution and Ethics*）一书中。在清朝"自强运动"时期进入福州船政学堂、后又负笈英伦的严复，在中日甲午战争期间读到了《演化论与伦理学》一书，1896年将该书翻译成中文，并增添自己的评述与诠释，更名为《天演论》。或者是因为严复在书中刻意凸显了原著并不明显的民族主义精神，这本书在清末民初的知识社群中掀起了滔天巨浪。

严复在译作中流露出的看法是，斯宾塞的社会学不仅是兼具分析性与描述性的著作，同时也是一帖"药方"，可作为改造社会、增强社会的手段。严复总结的达尔文思想如下：

民民物物，各争有以自存，其始也，种与种争，及其成群成国，则群与群争，国与国争。而弱者当为强肉，愚者当为智役焉。[1]

严复继续论道，斯宾塞是在"宗天演之术，以大阐人伦治化之事"。其他晚清时代的思想家一眼就看出了这些观念的重要性。宣扬维新运动的梁启超满怀希望，声称演化论"可以使其种日进于善"，他亦注意到遗传与教育可以对人的思想、知识、体格与习惯产生影响，中国人必须强种以奋存："而各国之以强兵为意者，亦令国中妇人，一律习体操，以为必如是，然后所生之子，肤革充盈，筋力强壮也。"[2]

社会达尔文主义不可避免地将中国人引向了探索种族与种族优势的问题上来，许多人将这种西方理论与诸如王夫之这些17世纪反清民族主义者的思想结合在一起，开始思索中国文化是否存在一种内在的本质，倘若有的话，又是何时发展出来的？假如中国人是黄帝的后裔，那么繁衍中国人的先祖又是从何处迁徙至中国的？他们过去能发挥自己的创造力去适应环境，近来却发展缓慢，是否是受满人与列强野蛮力量的窒碍的结果？只有民族进化出新的优势，中国才不会亡种。人们满怀希望地相信，凭着毅力与自觉，这个目标就能实现。一位知识分子在1911年武昌起义前夕写道："国有魂则国存，国无魂则国将从此亡矣。然则国魂何寄？曰：寄于国学。"[3]

1911年的武昌起义曾一度让人们燃起希望，以为社会达尔文主义中那种残酷的社会竞争观念已不足为信。1912年，在改组后的国民党赢得选举之前，孙中山就曾说：

二十世纪以前,欧洲诸国,发明一种生存竞争之新学说,一时影响所及,各国都以优胜劣败、弱肉强食为立国之主脑,至谓有强权无公理。此种学说,在欧洲文明进化之初,固适于用,由今视之,殆是一种野蛮之学问。[4]

但到了1913年,孙中山却语带悲观地写道,世界将被生存斗争的原则主宰,任何政府或实业均无一幸免。严复对这些他曾在中国极力鼓吹的演化之说,如今也热情不再,他写道,中国共和的失败以及欧战的杀戮,显示了"三百年之进化,只做到'利己杀人、寡廉鲜耻'八个字"。[5]

这种悲观的情绪很可能动摇为求社会改革而奋斗的决心,事实上,这类心态业已出现在美国的社会达尔文主义者身上。这样的可能性更给中国的激进思想家带来了一种急迫感。中国共产党创始人之一陈独秀,在袁世凯去世后给友人的信笺中直言:"然多数国人犹在梦中,而自以为是。不知吾之道德、政治、工艺,甚至于日用品,无一不在劣败淘汰之数。"[6]果真如此,中国将会步向灭亡。

这类思想的元素在中国共产党另一位未来的领导人毛泽东那里,最终融合到了一起。1917年,时年二十四岁的毛泽东发表了他的第一篇文章。之前,他曾激烈反抗过父亲,不但拒绝在自家的土地上务农,还不愿接受父母给他安排的与邻居女儿的包办婚姻。1911年,在短暂的反清军旅生涯之后,毛泽东在长沙开始了学习生活,没有什么计划,也不专攻哪一门,而是博采众长。在遍览中国政治哲学家的作品及严复关于穆勒、孟德斯鸠、卢梭和斯宾塞等思想家的译著后，毛泽东考进了长沙知名学府湖南第一师范学院，专攻伦理学。在这里，毛泽东进一步加深了对斯宾塞与卢梭等人作品的理解，并且开始接触康德，学会了如何将这类思想家与中国自己的思想家做有益对比的方法。

毛泽东最初将中国的积弱不振归咎于"详德智而略体魄"的观念。他认为，中国国力孱弱，在于民族体质羸弱。而中国民族体格之轻细，肇始于中国文化自古重文轻武。毛泽东身体力行，以游泳及其他运动来"野蛮其体魄"。在1917年4月出刊的《新青年》杂志上，毛泽东发表了题为《体育之研究》的文章，黾勉同胞坚实体格之锻炼。毛泽东强调体育的功效，写道："非第调感情也，又足以强意志。"然而问题在于中国向来不好运动，"追求的只是衣裳楚楚、行止于于、瞻视舒徐"。但这一切都必须要改变，"运动宜蛮拙，骑突枪鸣，十荡十决，暗鸣颓山岳，叱咤变风云，力拔项王之山，勇贯由基之札"，这都是中国人应该奋斗的方向。[7]

两年后，毛泽东在《湘江评论》的创刊宣言中大声疾呼，中国人应团结一致，并以类似十五年前邹容《革命军》那种撼动人心的反清辞藻论道，如果中国人能真正团结一致，如果中国人能形成"民众联合"，那么中国便能融入世界进化之潮流。这股潮流"任是什么力量，不能阻住，任是什么人物，不能不受他的软化"。毛泽东总结认为，倘若中国人能顺应世界潮流，便能做到"死人不要怕，官僚不要怕，军阀不要怕，资本家不要怕"。[8]

同当时许多中国年轻人一样，毛泽东的主要思想充满了达尔文主义与理想主义，还带有一点无政府主义思想，但并未深受马克思主义影响。当时,毛泽东曾写道,比起马克思,他更钦佩无政府主义者克鲁泡特金,因为社会的核心价值在于互助与自愿结合。[9] 1919年11月,毛泽东在长沙当地的《大公报》连续发表了九篇文章,这些文章显示他此刻已将清末梁启超、秋瑾等人对女性权利的反思与他集体奋斗的主张熔冶于一炉。他们认为,中国女性的力量应用来强化国家,使中国能凭借全体四亿人口而不是二亿男性的政治资源,来面对世界的挑战。毛泽东系列评论题为《对于赵女士自杀的批评》,评述了该月长沙发生的一件事。一个名为赵五贞的女学生被许配给了吴姓青年,但是她本人并不同意。像这类媒妁之言的婚姻在中国是常态,但是赵五贞的不同之处在于,她的反抗非常激烈,以致在出嫁之日,她竟在花轿中割喉自尽。赵五贞死之后,赵吴两家还相互起了争执,要对方负埋葬的责任。

毛泽东的笔锋激奋尖锐。他指出,如果三个状况之中有一项有所不同,这出悲剧便不会发生:第一,假使赵家不过于强逼,赵女士绝不会死;第二,纵使赵家强迫,但吴家能够尊重赵女士个人的自由选择,而不是坚持履行婚约,赵女士不会死;第三,即使赵家与吴家不能见容于赵女士的自由意志,但如果长沙社会(其实暗指整个中国社会)更有勇气、更开放,赵女士也绝不会死。是故,毛泽东评述赵女之死,兹事体大:事件全起于"婚姻制度的腐败,社会制度的黑暗,意想的不能独立,恋爱的不能自由"。不过,无论情势多么令人绝望,毛泽东都不赞成自杀行为。假若中国人不能面对现实,势必一事无成。他进一步论称,人们之所以循自杀途径以求解脱,正是因为这个社会剥夺了他们的希望,但纵然身处绝境,人们也应"与社会奋斗，争回所失的希望……宁奋斗被杀而亡"。[10]

"宁奋斗被杀而亡"这句话的确气壮山河，但真正的难点在于，谁才是主要的敌人？是社会的冷漠，还是控制湖南的地方军阀，抑或是北京腐败的政客？是贪婪的外国强权的炮舰，还是外国资本对中国的进一步蚕食？或者是更为复杂的中国价值体系，以及相应的经济体系？对于毛泽东那一代的青年男女而言，这些问题让他们困惑不已，但是，若不想让中国陷入绝境，他们又必须想办法提出解决之道。

马克思主义的萌芽

1917年俄国布尔什维克革命爆发之前，中国人并未对马克思主义产生太大兴趣。除了《共产党宣言》部分章节之外，几乎未见马克思作品译成中文。即便是孙中山的社会主义观念，也源自不同的理论传统，即对英国社会主义者影响极大的亨利·乔治（Henry George）的观点（他主张，国家应没收地主通过高额地租得来的所有剩余价值，因为这些都是窃取自社会进步的果实）。一开始，马克思主义对中国而言，似乎并不是一种有效的分析工具：除了有关太平天国的探讨之外，马克思对中国事务本身并没有多大兴趣，况且马克思设想的社会发展阶段论，即从原始共产社会，经奴隶社会、封建社会，过渡到资本主义社会，并不合于中国的历史经验，因为中国社会根本不是资本主义社会，甚至连萌芽阶段都不算，所以马克思关于社会主义新时代的到来必须以推翻资本主义社会为前提的论述，对中国而言，似乎遥不可及。

所以，尽管中国报章报道了托洛茨基领导彼得格勒"工人苏维埃"取得胜利，克伦斯基政府被推翻，列宁成立革命苏维埃政府等事件，但这些新闻最初并未引起太多的注意。然而，中国人逐渐意识到，俄国革命的意义超越了1789年的法国大革命。而且，在很多观察人士看来，俄国根深蒂固的专制独裁体制中，竟然埋着苏联的种子，着实很令人振奋。1918年1月，上海国民党机关报盛赞布尔什维克的胜利，而在袁世凯死后归国的孙中山，也给列宁发去了私人贺信。

随着布尔什维克与反动的白俄势力之间斗争的白热化，和列宁与德国达成和平协定后，协约国强权对布尔什维克革命的敌意更趋明显，越来越多中国人开始探讨俄国革命事件的意义，以俄为师，为中国社会所用。北京大学图书馆主任李大钊正是这股思想转向的先锋。1889年，李大钊出生于河北的一个农民家庭，为进入现代学堂求学，他变卖了仅有的家产，在1913—1916年间负笈日本，研习政治经济学，并以作家和知名编辑而为人所知，也因为如此，1918年2月，李大钊获聘到中国最负盛名的大学担任图书馆主任。

1918年6月，李大钊首次撰文赞颂俄国革命，而此时的中国，正处于乌烟瘴气的军阀混战时期，张勋拥戴溥仪复辟失败过去不过数月，中国对德宣战的争议在北京正甚嚣尘上。李大钊认为，苏联是正在崛起的"第三新文明""诚足以当媒介东西之任"。就地缘而言，俄国横跨欧亚，所以俄罗斯的文明要素，兼欧亚之特质而并有之。所以，李大钊赞颂道："吾人对于俄罗斯今日之事变，惟有翘首以迎其世界新文明之曙光，倾耳以迎其建于自由、人道上之新俄罗斯的发展之消息，而求所以适应此世界的新潮流。"李大钊认为俄罗斯潮流势不可挡：英法文明业已臻至熟烂之期，故无实力越此而上；德国文明虽然如日中天，具支配世界之势力，但同样也步至极盛，所以过此以往，终将由盛而衰；而俄国"亦正惟其文明进步较迟也，所以尚存向上发展之余力"。[11] 中国文明难道不能这般跃进吗？

不到六个月，李大钊就在北大图书馆办公室建立起了秘密研究小组，多位学生与教员参与探讨中国的政治发展。到1918年年底，这个研究小组已经有了一个半正式身份——"马尔格士（即马克思）学说研究会"，由李大钊带领研读马克思的《资本论》。

随着人们对马克思学说的兴趣越来越浓厚，北京大学文学院院长*、当时中国最具影响力的杂志《新青年》的主编陈独秀，决定做一期专刊，专门介绍马克思主义。这期原定于1919年5月1日出版的《新青年》由李大钊担任主编，但是由于印刷延迟，直到当年秋天才上市。这期杂志中的文章泰半是从学术的角度分析马克思主义的某些特定概念，有几篇还对马克思的方法论持批判意见。不过，李大钊的《我的马克思主义观》一文对阶级斗争的概念与资本主义的剥削问题，给出了最为详尽的分析，这两个概念此前还未在中国出现过。由于杂志本就大受欢迎，这些概念便迅速流传到了全国一

---

* 陈独秀后来受到校园内守旧分子的排挤，而于1919年3月被迫离职。

批具有影响力的读者群中。

1919年7月，苏俄政府副外交人民委员加拉罕发表宣言，表示新政府将会放弃过去沙皇的帝国主义政策。结果，中国对苏联的好感又上升到了一个新的阶段。据此宣言，苏俄将会放弃在中国东北的特权，取消所有沙俄时代与中国、日本、欧洲各国签订的秘密条约，不再追讨义和团运动的赔款，并愿意无偿归还中东铁路。这与西方强权、日本行径的对比如此鲜明，使得苏俄看起来成了中国最值得信赖的朋友。尽管后来苏俄言而无信改变初衷，否认无偿归还中东铁路的意愿（俄国人辩称，这一条款是法文误译了加拉罕宣言所致），但这并未影响中国人对它的好感。中国人记住了加拉罕的慷慨话语：苏俄的目标就是要将"东方人特别是中国人从外国资本的军事力量的奴役下解放出来"。[12]

到了1919年，李大钊的研究小组已吸引了大批学生。当中有些是北大的精英学生兼城市富家子弟，但也有来自不同社会背景的学生。一位经常与会的学生是瞿秋白，来自江苏。他潜心佛理，国学造诣深厚，他的母亲因丈夫耽溺于鸦片，家族又不管不顾而自杀，让他强烈感受到了世界的不公。家境寒微的瞿秋白未能进北大就读，而是到了外交部设立的俄文专修馆修习，因为这里不仅学费全免，还有一笔小额津贴。另一位是张国焘，他是湘赣边界客家籍地主的子弟，十几岁就帮孙中山的革命组织运送枪械，后来成为一名反袁积极分子。

虽然开始时，这些青年学子对布尔什维克主义、马克思主义满怀热情，但若要将马克思主义的学说与中国的社会环境相结合，就必须重新调整马克思主义的某些基本前提。其中最令人困扰的问题是，马克思赋予了城市无产阶级以历史主体的角色，并视共产党为领导无产阶级的先锋，但是当时中国的工业部门却仍处在襁褓阶段。不过令人鼓舞的是，俄国的社会条件也不完全符合马克思主义的理论模式。李大钊通过思考，巧妙地重新诠释了马克思理论，将中国以"无产阶级民族"的身份，稳稳地放置到马克思主义的对话场域里。李大钊认为，帝国主义势力对全体中国人的剥削，其实与资本家通过占有生产工具、夺取工人剩余价值的剥削大同小异。因此，他的结论是："全国人民渐渐变成世界的无产阶级。"[13]

李大钊在重新思考马克思理论之际，也不忘驱策学生走向农村，研究农村生活，因为他打心底里非常认同某些早期俄国革命思想所系的民粹主义观点。李大钊说，走向农民，学生才得以仿效俄国前辈，用血和汗"宣传人道主义、社会主义的道理"。李大钊认为，这思想上的跨越对中国而言比对俄国更有意义：

> 我们中国是一个农国，大多数的劳工阶级就是那些农民。他们若是不解放，就是我们国民全体不解放；他们的苦痛，就是我们国民全体的苦痛；他们的愚暗，就是我们国民全体的愚暗；他们生活的利病，就是我们政治全体的利病。去开发他们，使他们知道要求解放、陈说痛苦、脱去愚暗，自己打算自己生活利病。[14]

李大钊以铿锵的口吻著文号召知识分子应以劳动为荣，加入农民的田间劳作，洗涤城市的颓靡风尚。他提倡，知识青年下乡将有益于修补中国宪政架构的断垣残壁，因为这群来自城市的学子能向农民解释投票与地方政府选举的重要意义，并勘察外地的经济利益如何主导并剥削本地。1920年年初，北大学生所发起成立的"平民教育演讲团"开始游走于近郊村庄，教育农民大众，以具体行动践履李大钊的理想。

当然，这种经历不只是一种学术活动。1919年的几次严重旱灾导致大半个河北省与毗邻的山东、河南、山西，以及陕西西部，在接下来的两年间发生了严重饥荒。这些农村地区的平均人口密度约为每平方英里一千二百三十人，农作歉收加上地方政府赈灾无能，造成了灾难性后果：在五省大约四千八百八十万人口中，至少有五十万人死亡，超过一千九百八十万人处于赤贫状态。房屋的门板与横梁纷纷被拆卸求售，或用来燃烧取暖；成千上万难民倒卧街头或铁轨旁，许多人想强行挤进满载乘客的火车车厢，结果却不幸残废甚至丧生；孩童被贩卖充当仆役，其中女孩多沦为妓女或侧室。在一个共有百户人家的村庄里，有六十户人家根本没有东西可吃，村民不得不以野草、树叶果腹。各种传染病，特别是杀伤力巨大的斑疹伤寒症，大为流行，夺走了那些早已无抵抗力的生命。那些响应李大钊号召的学生以前并不熟悉困扰着中国社会的绝望与贫穷，现在他们从中体会了不少。其中有些人，在思索这些苦难与政府腐败无能的关系时，也开始思考摆在他们面前、摆在全中国面前的各种选择。

五四运动的诸面向

对社会达尔文主义观念的议论，对共产主义兴趣的高涨，都是中国文化剧变将至的征兆。这一剧变被称为"五四运动"，因为在很多重要的方面，这场文化运动与1919年5月4日发生在北京的事件，以及这些事件对全国的影响，都有着千丝万缕的联系。故此，"五四运动"一词有广狭两义，既可以用来指涉5月4日当天所发生的示威事件，也可以描述尔后出现的复杂的情绪、文化和政治发展。

1919年5月4日，来自十三个地区多所大学院校的学生代表齐聚北京，通过五项决议：第一，抗议巴黎和会通过的山东决议案；第二，努力唤醒"全国各地的民众"；第三，倡议组织北京市民的群众集会；第四，敦促成立一个北京全体学生的联合会；第五，决议当天下午举行游行示威，抗议巴黎和会。

第五项提议即刻付诸行动。大约三千名学生不顾警察禁令，齐聚紫禁城前的天安门广场——这里当时还只是个有围墙的公园，不是后来经过扩建之后的大广场——朝东交民巷西口的外国使馆区前进。在游行队伍的前头，一幅挽联随风飘荡，上面写着亲日内阁成员的姓名。学生向围观市民发放传单，上面以通俗易懂的白话文向他们解释此次示威的目的和不满情绪——将山东的权利让渡给日本，便意味着中国领土不再完整。学生呼吁民众不分职业阶层，一起加入示威抗议的行列。示威学生受到外国使馆警卫与中国警察的阻拦，转而包围负责与日本协商巨额借款的内阁官员曹汝霖的府邸。虽然曹汝霖当时不在家，但部分学生依然强行破门而入，并烧毁了曹宅。有些学生发现了躲藏在府内的政客章宗祥之后，将他痛殴至不省人事。示威队伍数度与警察发生暴力冲突，一名受重伤的学生三天后在北京一所法国医院去世，是唯一的死者。到了傍晚，大多数示威人群都已散去，增援的警力赶到现场后，逮捕了仍在街上逗留的三十二名学生。

接下来数日，北京的学生及一些老师开始执行5月4日早上通过的其他决议事项。他们迅速成立了"北京中等以上学校学生联合会"，把北京市内中、高等学校与各大学院校学生的力量结合起来。北京学生联合会成立的重要意义之一在于，该会是中国有史以来首次男女学生一起集会，并正式主张男女合校，不再单独设立女子学校（1920年，首批女学生进入北大就读）。这种大规模的学生组织观念迅速在中国各大城市，如上海、天津、武汉等地区流传开来。1919年6月，来自全中国三十多个地区的学生会代表成立了"中华民国学生联合会"。

学生示威行动也成功地向不同立场的中国人传播了他们的理念主张，再次体现了学术精英的威望。这些精英曾是清朝儒家教育的重心，而今则换上了现代装束。学生的罢课行动以及政府对学生的大规模逮捕，激发了全国民众对示威学生的同情，全国各主要城市的商业团体、个别的实业家、店家及工人的支持声浪此起彼伏。尽管当时中国并没有全国性的工会组织，无从查找精确的数字，但仅在上海一地，就约莫有四十三家企业的六万名工人发动了支持学生的罢市或罢工行动。这些行动在纺织工厂、印刷厂、金属工厂、公共事业部门、运输业、造纸业、炼油厂、烟草工厂等均有发生，这些激进的行动大多受到了1919年间已遍布各地的社会主义研究学会或团体的鼓舞推动。

对中国国际地位的抗议声浪四处蔓延,与新期刊报纸如雨后春笋般在各地涌现有着密切关系。为了便于向市井百姓宣扬理念,这类期刊报纸多用浅显易懂的白话文体,刊登的文章分析各类文化与社会问题,昭示了一种新生力量在中国内部崛起,它跨越阶级、地域、职业等,将几百万中国人团结在一起,在支离破碎的世界里追求凝聚力与意义。尽管五四时期的刊物大多都是昙花一现,但它们的刊名却实实在在地反映了时代的骚动:《曙光》《少年中国》《新社会》《民钟》《新妇女》《平民》《向上》《奋斗》。[15]

刚从日本归国的浪漫诗人郭沫若,在1919年的诗句里彰显出了当时中国青年的奔放热情:

> 我是月底光,
> 我是日底光,
> 我是一切星球底光,
> 我是 X 光线底光,
> 我是全宇宙底 energy 底总量。

在这首诗里,郭沫若运用 X 和 energy 两个英文字,为他热情夸张的语句中增添了一缕异国风情。[16]

在遥远的凡尔赛发生的事件,地方腐败政客的怯懦,似乎都聚合到了中国人的心中,逼迫着他们重新探索中国文化的意义。身为中国人的意义何在？国家往何处去？在追寻答案的过程中又应采用什么样的价值体系？广义而言，五四运动的目的，便是尝试厘清中国文化，使之成为现代世界真正的一部分。不出所料的是，在此过程中，改革者的主张大异其趣，取径各不相同。某些五四思想家力主全面批判儒家思想、父权至上的家庭制度、媒妁之言的陋习和传统教育模式等反动和不切实际的封建遗绪。有些人则通过改良写作形式，推广白话文运动，过去因掌握晦涩难懂的古文而必然衍生的精英主义，随之走到了尽头。有些文人雅士对西方传统艺术与文化心往神驰，另一些则推崇西方前卫艺术，如超现实主义与立体派的绘画风格、象征主义诗歌、平面设计、写实主义戏剧以及服装与室内设计。还有一些人希望有选择地借鉴西方绘画技巧，为中国的传统艺术增添新的民族主义精神。

　　一些作者主张应从社会学、经济学、史学、哲学等学科里借鉴方法，来针砭中国的积弊并提供解决办法。其他有识之士也采取了类似的实用主义途径，不过他们认为，欲解决中国的问题，必须更深刻地认识西方科学、工程技术和医学的成就。这种实用主义的立场与其他意识形态化的世界观产生了抵触，后者主要是受到社会主义、马克思主义、女权主义社会批判的启发，试图迅速彻底地完成社会改造。有的学者被弗洛伊德的精神分析理论（已进入最后总结阶段）吸引，试图用汉语来表达"俄狄浦斯情结""阴茎嫉妒""歇斯底里"这类观点。还有一些学者则希望通过像普罗米修斯那样的信仰飞跃，破除阻隔爱与进步的藩篱，实现人类心灵的解放，彻底释放人类的无限潜能。

这类改革者大都胸怀爱国情操，无不企求一个统一、复兴的中国，粉碎军阀、"封建"性质的地主剥削经济以及外国帝国主义等"三座大山"。他们在推崇西方科技力量的同时（正如六十年前同治中兴时期儒家学者心中所想一样），依然不忘主张保存中国文化的本质。

广义而言，五四运动是全国性的文化现象，但是支撑这场文化运动的思想，在很大程度上发轫于北京大学的师生。民国肇建之初，北京大学迅速蹿升为全国知名的学术研究与英才教育的中心。北京大学能引领时代风骚，部分得归功于一代硕儒兼翻译家严复的勇于任事。1912年，严复担任了更名后的北京大学的首任校长，面临当年预算不足的窘境，严复说服政府相关部门全力支持北大的预算，他说："今世界文明诸国著名大学，多者数十，少者十数。吾国乃并一已成立之大学，尚且不克保存，岂不稍过？"[17]严复在教育方面的成就，从五四运动的三位领导者与思想家那里便可见一斑：继严复之后担任北大校长的蔡元培、北大文科学长陈独秀以及北大哲学教授胡适。尽管没有一个人能完全体现出五四运动的激荡与兴奋，但是这三人的背景与行为，却能为当时动荡的中国提供一个有益的参照，展示出人们对中国首要任务的看法是多么不一样，而出发点的不同，为何会使人们对西方产生既怀疑又尊敬的态度。

三人中年纪最长的蔡元培，地位也最显赫。1890年，年仅二十二岁的蔡元培中进士第，后升补翰林院编修。清末，蔡元培在家乡浙江担任了几年教育官员，后又成为几所激进学校的教员与反清会社的支持者。蔡元培后来加入了同盟会，但武昌起义发生时，他正在德国莱比锡大学修习哲学。1912年，蔡元培归国后，曾先后短暂担任过孙中山、袁世凯内阁的教育总长，但不久便再度去往德国（于此研读康德的思想），后在法国协助成立了旨在帮助留学生的勤工俭学项目。1917年，蔡元培被任命为北京大学校长，勇敢与控制北京政府的军人和政客划清了界限。他捍卫北大师生的言论自由权利，主张实行"世界观教育"，主张大学校长的职责在于"思想自由，兼容并包"。[18]五四运动发生后的第四天，蔡元培辞去北大校长一职，以此来抗议政府逮捕参与示威游行的北大学生。1919年年底，蔡元培再度被委派担任北大校长，一直到1922年离职。在此期间，他不改其志，坚定人权价值，护卫学术研究的自由，带领北大师生走过了纷乱岁月。

陈独秀的个性则与蔡大相径庭。他反复无常且多愁善感，对被压迫者的支持，更多是出于直觉而非智识。1879年，陈独秀出身于安徽的一个望族家庭，早年接受儒家传统教育，不过在1897年的江南乡试中，他并没有考中。在晚年的自传里，陈独秀以辛辣挪揄的语调嘲讽了弥漫在传统考试制度中的病态、虚伪及不公。陈独秀曾两度赴日留学，并在日本组织过激进的政治社团。不过，当时他却拒绝加入孙中山的中国同盟会，认为同盟会的反清革命目标是一种狭隘的种族歧视。在反对袁世凯称帝野心的过程中表现突出的陈独秀，于1915年创办了《新青年》杂志，后又在1917年接受蔡元培之邀，赴北大任文科学长。《新青年》杂志迅速成长为中国最具影响力的思想刊物，而身为杂志主编，陈独秀提倡大胆的理论探索，主张扬弃传统儒家社会伦常与思想的窠臼，通过涤净个人品格来提升中国政治的道德水平。

陈独秀以《新青年》杂志鼓动风潮，发起了对儒家思想残余的全面批判。他认为，个人独立是"现代"生活的核心，而儒家伦常的最大弊端就在于它与这一点是背道而驰的。陈独秀曾在1916年年底论道："欲建设西洋式之新国家……则根本问题，不可不首先输入西洋式社会国家之基础，所谓平等人权之新信仰，对于与此新社会、新国家、新信仰不可兼容之孔教……"[19]陈独秀还力倡白话文，废除文言文体例，以他所谓的"德先生"与"赛先生"两个概念来痛批儒家思想的传统。陈独秀热烈响应五四的学生示威运动，并因被北京政府指控在运动期间散发煽动性言论，遭监禁三个月。他被捕时正在散发《北京市民宣言》，要求罢免亲日内阁阁员，保障市民言论与集会的自由。获释后，陈独秀离开北京，迁居上海，越来越热衷马克思主义，憧憬激进的社会变革。1920年，陈独秀成为新成立的中国共产党的创始人之一。

三人中最年轻的胡适，起初是陈独秀志趣相投的密友与合作者。虽然胡适也鼓吹中国要实践民主与科学的理想，但他后来渐渐确认为陈独秀的思想太走极端，只是空谈各种"主义"，而不知慎思明辨。胡适同样出身安徽的官宦之家，后来到上海的西式学校读书。1910年，十九岁的胡适获得庚子奖学金（美国从庚子赔款份额中拨出了部分归还中国政府，用以资助优秀的中国青年留学美国），踏上了赴美留学之路。胡适在康乃尔大学（在该校时，胡被选入了美国优等生联谊会）获得哲学学士后，又到了哥伦比亚大学师从杜威（John Dewey）等人，学习哲学。胡适的博士论文是研究古代中国逻辑方法的发展，但到1917年返回中国时，论文仍未完成。归国后，胡适受蔡元培的邀请，担任了北大哲学教授。

胡适成了白话文运动不遗余力的支持者。此外，他还是成就斐然的文学史学者，研究中国古典小说，为语言的叙述明晰和灵活性提供源泉。1920年代，胡适对曹雪芹在18世纪所著小说《红楼梦》的开拓性研究，让他的学术成就臻至巅峰。根据他的研究成果，小说对当时社会层级的详尽描写，部分出自作者的亲身体验：曹雪芹的先祖曾侍奉康熙皇帝多年，在遭雍正抄家之前，曹家在南京的生活可以算是极其奢华的。

无论在思想还是情感上，胡适一直在崎岖之道奋力前行。他坚信西方方法论的优越性，拒斥佛教的宿命论，一如他扬弃了曾在1911年短暂信奉过的基督教教义。在个人情感方面，胡适同样深感束缚重重，他自认处于世代交替，对过去与未来都负有义务，也注定要为过去与未来奉献牺牲。他对文化与历史问题提出大胆假设的同时，也务求小心求证，奉行实用主义哲学家杜威的分析逻辑，追求"不断纯美的永恒过程"，而不是绝对的完美。1919年在题为《多研究些问题，少谈些主义》的文章里，胡适猛烈抨击了陈独秀等激进的知识分子：

> 我们不去研究人力车夫的生计，却去高谈社会主义；不去研究女子如何解放、家庭制度如何救正，却去高谈公妻主义和自由恋爱；不去研究安福俱乐部[*]如何解散，不去研究南北问题如何解

---

[*] 安福俱乐部是由军阀、政客所组成，是当时北京政坛上举足轻重的腐化派系。

决,却去高谈无政府主义;我们还得意扬扬夸口道,"我们所谈的是根本解决"。老实说罢,这是自欺欺人的梦话。[20]

五四游行过后,胡适继续留在北京大学。不过1920年代初,他的政治倾向却日趋保守,试图在互相竞争的派别中寻找民主的中道。然而,一如五四运动那一代的知识分子,胡适亦无法化解他对新中国的设想中的内在冲突。一方面,尽管他对妻子并无太多爱恋,也曾承认为了释放自己而狎过妓,但却依旧维系着他的包办婚姻;而另一方面,他又戮力鼓吹摆脱传统的束缚,争取婚姻自由。1922年,著名美国女权主义者和节育运动先驱玛格丽特·桑格(Margaret Sanger)造访中国时,充当翻译的就是胡适。

桑格的造访让人们更加开始关注当时不断冲击中国的许多新议题。这一时期有众多外国人来华访问,对五四那一代思想家造成了深刻影响,她只是其中一个。1920—1921年间,英国哲学家罗素(Bertrand Russell)抵达中国,并各处游历,甚至还去过远在内地的湖南长沙。罗素对数理逻辑精湛的阐释,令听众大为着迷,而他的和平主义理念也吸引了不少追随者。杜威曾在1919—1920年间卜居北京,开设过好几门课程,并到中国各地旅游讲学,后来,他还对五四运动时期中国的思想生活写过一篇重要的文章。1922年年底,刚刚完成第一篇关于"统一场论"文章的爱因斯坦,受邀访问中国。1923年,印度诗人、诺贝尔奖得主泰戈尔(Rabindranath Tagore)到中国做巡回演讲,宣扬他的美学、非暴力主张,以及基于自给自足与合作的劳动原则而设立的农村公社理念。

透过这些人物与思想理念的力量，五四运动改变了中国人的意识，从而为中国人的生活与行动提供了新的契机。在这方面，另外一位影响深远的人物是挪威剧作家易卜生（Henrik Ibsen），当时他的戏剧在中国各地上演后，受到了热烈赞赏。1918年，《新青年》杂志编辑了"易卜生专号"，让一代中国青年了解到了这位剧作家对资产阶级虚伪造作的根本批判和他对妇女解放运动的强力提倡。1918年的这期专号刊发了易卜生戏剧《傀儡家庭》（*A Doll's House*，今译作《玩偶之家》）的中文版，故事女主角娜拉在剧终处毅然离开丈夫投入社会、追求自我命运的行为，成为五四时代中国年轻女性的文化与个人符号。她们母亲那一辈已经解开了绑脚，开始为基本的教育权利而斗争；而她们自己则将离家去各省大学接受教育，与她们选择的年轻男女生活在一起。她们中的许多人，也的确这样做了，无论是当教师、当作家，还是当记者、艺术家或政治活动家，她们都尽力活出理想中的自由浪漫。

罗素的游伴布拉克（Dora Black）在和北京女子高等师范学校的女学生聊过之后，对这些女孩子向她追问关于婚姻、自由恋爱、节育的各种问题，感到大为惊讶。[21]鲁迅在面对他所谓"娜拉现象"时，既表现出了同情，也流露出了焦虑，他在向北京女子高等师范学校学生发表题为《娜拉走后怎样》的演讲时，就曾提醒听众，切莫忘记她们身处的是红尘滚滚的现实世界。女人或许能挣脱婚姻与家庭的部分枷锁，但除非她们能在经济上独立自主，否则争取到的自由只会是一种假象，因为男人并不会轻易放开对经济权的掌控。鲁迅最后精明地补充了一句，他是"将娜拉当作一个普通人物而说的，假使她很特别，自己情愿闯出去做牺牲，那就又另是一回事"。[22]

鲁迅无疑是五四运动时代涌现出来的最杰出的作家，他的文字总能吸引大批读者。鲁迅曾在日本学医，做过翻译，后在故里浙江和北京担任过小职，钻研过金石学。在经历这些不如意之后，1917年，三十五岁的鲁迅终于发现了自己的使命。鲁迅脍炙人口的小说大都在1917年与1921年间付梓出版，其中便包括不世名作《阿Q正传》。在这部小说里，鲁迅将辛亥革命刻画成了荒谬绝伦、不得要领的事件，一场由骗子控制并最终让无知与轻信之人丢了性命的闹剧。鲁迅用怀疑的目光，批判着中国人的文化惰性和道德怯懦，并将此视为己任，因此他的小说虽然洋溢着悲悯情怀，但却总是批判冷峻，语带悲观。在和友人聊天时，鲁迅说他明白了身为一位作家的使命："假如一间铁屋子，是绝无窗户而万难破毁的，里面有许多熟睡的人们，不久都要闷死了，然而是从昏睡入死灭，并不感到就死的悲哀。现在你大嚷起来，惊起了较为清醒的几个人，使这不幸的少数者来受无可挽救的临终的苦楚，你倒以为对得起他们么？"对此，朋友回答："然而几个人既然起来，你不能说决没有毁坏这铁屋的希望。"这段话的旨趣与毛泽东那篇论赵小姐的文章相去不远。不同的是，鲁迅相信，通过他的写作唤醒中国人的思想，即使要死，也会死得明白，而毛泽东则坚持，即使要死，也要"奋斗被杀而亡"。

鲁迅憎恶儒家思想，对它进行辛辣讥讽的抨击。在鲁迅其他作品，《阿Q正传》的主题也一再出现过，即辛亥革命并未彻底改造中国人中的民族劣根性，只是将一批新的流氓恶棍推向了官场。鲁迅认为，革命政治行动有朝一日或许真能促成建设性的社会变革，然而他也忧心，进步的思想会混杂着迷信与冷漠，最终让这个可能的道路变得问题重重。鲁迅悲叹，在中国，要跨越阶级分界实现对话，在支离破碎的世界中仍保有希望，都非常困难。在1921年出版的著名小说《故乡》的结尾中，鲁迅令人动容地思考到："希望是本无所谓有，无所谓无的。这正如地上的路，其实地上本没有路，走的人多了，也便成了路。"[23]

鲁迅这段话与胡适在五四运动时的核心思想是一样的，只是含糊些，甚至悲观些。但是，同这场运动中其他三十岁以上的卓越人物一样，鲁迅也将自己的行动限制在了文字领域内。只有陈独秀亲手散发"不当"言论而身陷囹圄后，一种新的行动主义、新的阶段，才真正诞生。对未来更具无畏眼光的年轻一辈学生，趁势抓住了这条行动路线，开始要求将其推向第三阶段。对他们来说，那些前辈相信自己可以"用笔推翻世界"，固然可喜，但对他们这些进步青年学生而言，五四运动的真正意义却是让他们认识到，"奋空拳，扬白手，和黑暗势力相奋斗"[24]的时刻已经到来。

共产国际与中国共产党的诞生

倘若中国青年真的要赤手空拳与黑暗势力相搏斗，那么他们就必须要有一个经过缜密思考的攻击计划。除了最坚定的革命者外，当时俄国革命遇到的困难几乎让人望而却步，但在苏俄共产党的努力下，这种攻击计划已隐然成形。布尔什维克于1917年夺权之后，俄共与白俄势力在俄国东部和南部进行战斗，战况激烈惨痛，旷日持久，同时外国对俄共的敌意也毫无缓和迹象。此外，新生的苏俄在经济方面亦混乱不堪。不过，最令俄共感到沮丧的，还是德国、匈牙利、土耳其等国的工人运动遭到当地政府的暴力镇压，而在先进的工业社会里，也未如许多理论家预言的那样，接连爆发社会主义革命。

为了在各国点燃社会主义革命的火花，列宁于1919年倡议成立了"第三国际"*，并于该年3月举行了第一次代表大会。虽然与会代表均来自俄国或欧洲，但是大会仍向"全世界无产者"发出宣言，盛赞苏维埃模式的政府组织形态，敦促各国共产党坚定地与非共的劳工运动抗衡，并向殖民地人民抵抗帝国主义强权的决心表示支持，其中当然也包括中国人民对日本侵略的抵抗。第一次世界大战后的殖民地瓜分，让欧亚地区的民族主义风起云涌，令列宁及共产国际的领导面临战略的抉择：要么全力支持各国的社会主义革命，而不顾此举可能削弱反帝国主义的民族主义运动；要么支持有浓烈民族主义色彩的领导人，即使他们可能是资产阶级改革者。在1920年2月举行的共产国际第二次代表大会上，列宁采取的立场是：对落后国家而言，只要获得苏俄的奥援，资本主义社会不见得是无可避免的历史发展阶段。在这种情况下，落后国家可以建立农民苏维埃的组织形式，暂时与资产阶级民主政党结盟。

早在共产国际第二次代表大会召开之前，列宁便委派共产国际代表维经斯基（Grigori Voitinsky，又名伍廷康、吴廷康）、杨明斋

---

* 第二国际已于1915年解散。孙中山曾与该组织有过往来。

来华了解中国情况，探索成立共产党的可能性。时年二十七岁的维经斯基曾在俄国东部被反布尔什维克军队逮捕，监禁于库页岛。他在狱中成功策动一场政治犯暴动之后，声名鹊起，被调往位于西伯利亚伊尔库茨克（Irkutsk）的共产国际远东书记局工作。杨明斋随全家移民西伯利亚后，曾于帝俄时代定居莫斯科，并在莫斯科求学长达十年时间。1920年，维经斯基、杨明斋抵达北京，立刻与在北大俄文系任教的一个俄国流亡者接触，经他介绍，二人会见了李大钊，李大钊又提议他们去拜会陈独秀。

在五四运动起过主导作用的陈独秀坐了三个月的牢后，离开北京前往上海，定居在法租界中，继续《新青年》杂志的编务工作。此刻《新青年》的政治立场已偏向左翼思想，使得像胡适这类自由主义派的支持者纷纷离去。1920年5月，维经斯基、杨明斋同陈独秀会晤时，陈独秀正夜以继日地埋首研究社会主义的理论主张，包括日本的"新村"理论模式、朝鲜基督教社会主义、中国的"工读互助团"以及杜威宣扬的行会社会主义理念。共产国际代表向陈独秀指出了成立政治组织的明确方向及必要的组织技巧，以便能将当时中国各地无人统协的社会主义团体联合起来。也正是在共产国际的敦促下，陈独秀委托一个朋友——著名修辞学家、语言学家陈望道，他当时碰巧因在教学时态度"不够儒家"被解雇了——将《共产党宣言》全文译成汉语，并计划在1920年年底出版。在共产国际的提议下，1920年5月，一群包括社会主义者、无政府主义者、进步分子及隶属国民党团体的人士开会，推选陈独秀担任临时中央的书记。

之后没几个月，建党运动获得重大进展。华俄通讯社与外国语文学校两个组织先后成立，意在掩护共产党吸收党员的活动。杨明斋与陪同夫婿前来中国的维经斯基夫人在外国语学校教授俄语，部分学生在熟谙俄语后被选派前往苏联，进一步接受革命组织技巧的训练。共产国际的代表还创立了一个社会主义青年团和一本社会主义月刊。通过这类活动，共产党的势力范围渐次拓展。湖南长沙共产主义小组在毛泽东的领导下成立，尔后，在湖北、北京，在旅日中国留学生、法国勤工俭学学生之间，也先后成立了共产主义小组。

旅法的共产主义小组对中国共产党日后发展的影响尤其重大。在1919年与1920年两年间，逾千名中国青年学生志愿加入"勤工俭学"计划，该计划脱胎于一系列稍早的计划（其中好几个出自中国无政府主义者之手），让学生留学深造的同时，对他们有严厉的道德要求，甚至过上禁欲生活。1919年经海路前往法国的留学生中，有不少来自湖南长沙，和毛泽东是知交。他们曾活跃于故里的劳工活动以及反军阀、反日抗议活动，并在五四运动期间紧跟北京的步调，在湖南发起过反帝国主义的示威游行。1920年年底抵达法国的周恩来，曾因在五四运动期间领导天津的学生运动，于年初遭地方公署逮捕入狱。旅法共产主义小组中最年轻的是来自四川的邓小平，年仅十六岁的他当时已从中学毕业，并在赴法前于重庆的留法勤工俭学预备学校接受了一年的特殊课程。

在法国，这些学生大都住在巴黎或其近郊，其他则聚集在里昂的大学。他们在专门为中国学生开设的班上学习法语，部分学生还进入"雷诺汽车厂"一类的知名工厂打工，学到了法国的劳工组织原则及社会主义理论。最激进的那些留学生大都来自湖南和四川两地,他们自己还创办了地下刊物(即《少年》,后改名为《赤光》)(邓小平曾被冠上油印博士的雅号,以赞扬他对这份刊物的认真负责),不时发动示威抗议,参加各种政治活动。

湖南籍旅法女学生向警予是毛泽东在长沙的好友,她曾积极参与女权运动,并热衷于社会主义革命。向警予与在法国的另一位湖南籍学生(蔡和森)缔结了"革命婚姻":这对革命情侣照相时,一同手持马克思的《资本论》许下誓约。向警予鼓励中国女性同胞学习科学,并主张政府不应让女性参加与男性一样的考试,因为她们过去都被剥夺了受教育的权利,同时,她还要求勤工俭学计划应给予男女同等的名额。

旅法留学生经常苦于窘迫的经济状况,并不时因为敌对的意识形态团体间的相互较劲而感到困扰。留法学生曾数度聚集在巴黎的中国驻法公使馆,向公使馆递交请愿书,抗议微薄的工资及恶劣的工作环境,结果遭到法国警力的强行驱散。随后,1921年9月,愤怒的激进学生还企图占领里昂中法大学的大楼,结果一百零三名示威学生遭逮捕,并被集体递解出境。周恩来、邓小平虽然加入抗议的行列,但并未被遣送回国,日后二人在法国加入了共产党,并在欧洲的华人社群里积极发展党员,并成功介绍不少人入党。

假若有渠道或者资金,毛泽东或许也会选择前往法国,但当时这两个条件他无一具备。1920年间,毛泽东大都辗转于北京、上海之间,研究《共产党宣言》等刚被译成中文的马克思主义著作,还当了几个月的洗衣工。后来毛泽东担任一位国民党要员的随从返回长沙，在一师附小里觅得主事的职务。经济情况的改善，终于使他得以和恩师的女儿杨开慧在1920年的冬天结婚，而也正是在这年冬天，他组织成立了湖南共产主义小组。毛泽东开始以作家、编辑、劳工阶级领导人等身份在湖南的政治圈中崭露头角，领导长沙传统工会的工人为改善劳动条件而抗争。由于他的名字此时已被党的领导人熟知，所以毛泽东便被邀请以湖南代表的身份，出席将于1921年7月在上海召开的中国共产党第一次全国代表大会。

在危殆的政治氛围下，共产党的出席代表不得不秘密聚会。起初，他们到了法租界一所正放暑假的女子学校（博文女子学校）的顶层开会，但因为受到法租界巡捕的监视，与会代表转而移往位于浙江嘉兴南湖的一艘游船上继续讨论。陈独秀、李大钊二人由于某些原因，未能出席这次大会，而且维经斯基当时已经离开中国，所以这次大会就由另一位刚刚来华、化名为马林（Maring）的共产国际代表主持。马林和代表全国近六十位党员的十三名与会者共同讨论重大议题，并起草了与苏俄基本立场一致的宣言。假若情况许可，他们还准备讨论出一个可以应对他们所描述的"客观情势"的建党策略。

或许因为马林的影响，最终决议的党的角色与组织形式，依循的是列宁主义路线。各代表的讨论记录展示了一种新的政治议程是如何从苏联移植到中国的：

> 在明确过渡阶段的斗争策略时，（讨论）指出，党非但不能拒绝，反而要积极号召无产阶级参与并领导资产阶级的民主运动，

建立有战斗性、纪律性的无产阶级政党,并把发展工会运动作为共产党的核心任务。[25]

在是否与孙中山合作的问题上,讨论的时间也不少。有的代表认为孙中山是一个蛊惑民心的政客,与北洋军阀不相上下。因此,共产党与孙中山代表了"两个完全相反的阶级"。不过,多数代表反对这种负面主张,有人指出:

> 总体而言,对于孙中山宣扬的观点必须批判性地去看待,对他那些务实和进步的行动应予以支持,但不采取党派合作的方式。这个原则的采用,构成了日后国共两党进一步合作与反军阀和反帝运动发展的基础原则。[26]

在缺席的情况下,陈独秀被推选为中国共产党的总书记。与会代表回到家乡后,将党代表大会的决议告知其他同志,贯彻执行其中切实可行的部分,广泛吸收党员。由于出席一大的代表来自广东、湖南、湖北、山东、北京、上海各地,所以大会的讯息迅速传递开来。即使如此,在全国政治舞台上,中共的力量仍然微不足道。1922年,不包括海外入党者的话,全国党员总数约莫只有二百人。

1922年,许多旅法的中国共产党党员纷纷整装返国,为中国共产党带回了新鲜血液。其中湖南籍共产党员向警予,尤擅长组织工厂女工,而在中国众多受剥削工人当中,就属在大型纺纱厂做工的女性劳动者(及童工)境况最为悲惨,正因如此,向警予将党的活动带进了新的领域，为党争取到了又一股支持力量。向警予的丈夫很快被选入了新成立的中央委员会，但她却只是被暂定为候补委员，徘徊在外围，组织妇女运动，加上要照顾1922、1924年出生的两个孩子，她无法全心投入党务工作。向警予的例子表明，当时中共的政策主导权几乎完全是由男性垄断的。

1922年1月，苏俄领导人认为时机已成熟，便邀请了约四十名中国代表来参加在莫斯科召开的远东劳苦人民大会。尽管莫斯科的景况令人触目惊心，粮食严重短缺，不过与会的中国、蒙古、朝鲜、日本、爪哇、印度等国代表仍然召开了至少十次全体大会。共产国际主席季诺维也夫（Grigory Zinoviev）作为发言人在大会上向各国代表发表演说。他告诉与会代表，唯有团结起全世界的无产阶级，才能推翻资产阶级的强权：

> 谨记历史的进程向我们所作的昭示：要不与无产阶级并肩作战赢得独立，要不一败涂地。要不借无产阶级之手获得解放，与之合作，受其指引，要不注定沦为英国、美国及日本奸党的奴隶。[27]

一位中国代表（事实是国民党党员）草率地暗示说，苏俄现在只不过在重复孙中山讲了二十年的论点。结果他遭到了苏联中亚地区代表的驳斥，说"国民党做出了伟大的革命贡献"，本质上不过是属于"民族民主运动"，因此，它虽然对革命运动的"第一阶段"而言至关重要，但并非真正的"无产阶级革命斗争"。

不过，与国民党结成统一战线的问题已经越来越频繁地浮出水面了。马林回到中国后,极力推动党派联合,1922年夏天在杭州召开的会议中,与国民党合作的意见被采纳进了中共二大的宣言里。宣言指称,与国民党暂时的合作,目的是推倒"封建制度的军阀"。一旦民主革命成功,合作阶段就告结束,而无产阶级将进行"第二步奋斗",实行"与贫苦农民联合的无产阶级专政"[28],对付资产阶级。在制定这些教条式激昂声明的人眼里,五四运动那种含糊不清的使命感与口号,已开始拥有具体的轮廓和焦点。

第十四章 国共合作的破裂

初步共识

尽管把世界联合起来这样的漂亮话十分有魄力,但孙中山似乎并不是一个可以指望的盟友。1913年孙中山被袁世凯逼迫出走流亡,他花了三年时间重组国民党,想要用别人对自己的忠诚将政党团结在周围,并进一步增强他的个人领导权力。改组后的国民党将会是一个等级森严的秘密政党,而革命事业将分成三个阶段进行,前两个阶段由孙中山直接领导。第一阶段是"军政"阶段,第二阶段是对中国人民的"训政"阶段。孙中山认为,只有第二阶段完成后,中国人才能向真正的"宪政"阶段迈进。从他1916年回国到1920年代初,由于军事形势变幻莫测,孙中山不停往来于上海与广州之间,几乎要丧失对政治权力的希望。1921年至1922年,在广东军阀陈炯明的保护下,孙中山被南下的国会议员推选为"非常大总统"。但陈炯明对于孙中山计划以广州为统一全国的基地并不表赞同,于是在1922年8月,将孙中山逐出了广州。孙中山此刻面临的困境,显然并没有比清初企图在广州巩固政权的南明桂王与平南王尚之信等人好到哪里去。

1921年，共产国际代表马林拜访了正在南方谋求统一大业的孙中山。虽然他们的谈话并未达成什么具体协议，不过孙中山似乎认为，列宁当年启动新经济政策，是苏联方面摆脱僵化的国家社会主义很有意义的一步。而且，孙中山一直在寻求外国政府的奥援，但总是事与愿违，所以他对共产国际要给他财政与军事援助的提议甚感兴趣。1922年秋天，孙中山已定居上海，共产国际又指派多名代表来华，孙中山最终同意共产党员加入国民党。1923年1月，孙中山与苏俄代表越飞（Adolf Joffe）举行了长时间会谈。之后，二人发表联合宣言，尽管双方措辞谨慎，但从宣言内容可以窥见，苏俄与国民党双方的新政策正在浮现：

> 孙逸仙博士以为，共产党主义组织甚至苏维埃制度，事实上均不能引用于中国，因中国并无可使此项共产主义或苏维埃制度实施成功之情形存在之故。此项见解，越飞君完全同感，且以为中国最重要最迫切之问题，乃在民国的统一之成功，与完全国家的独立之获得。关于此项大事业，越飞君并向孙博士保证，中国当得到俄国国民最炙热之同情，且可以俄国援助为依赖。[1]

仅一个月的工夫，中国军阀政权迅速发生了更迭，陈炯明被新的军事集团驱逐，孙中山得以重回广州。颇具讽刺意味的是，陈炯明本人深信民主程序，掌权期间，曾在自己控制的城市和乡村实行过地方政府选举。他还敦促中国各地区不要通过军事强制手段来实现统一，而是探索"联省自治"的方案来解决国家的分裂问题。在孙中山看来，这会威胁到自己的领导地位，而共产党也站在了孙中山这一边，认为陈炯明的联邦梦是封建主义。[2] 1923年重返广州后的孙中山，成立了陆海军大元帅大本营，并自封为大元帅，想必是希望这个威名能赋予他最高的领导权威以统摄各军阀。每位军阀都各自统帅自己家乡的士兵，这些士兵大部分都出身广东，其余则来自云南、广西，以及湖南、河南。孙中山的军政府下辖内政部、外交部、财政部和建设部，不再与南下的旧国会议员协调任何政治决定。此时，多数国会议员已经返回北京，而北京政府的继任总统也热切期盼这批议员的归来，能凑足开会的法定人数，保证自己的政权取得合法性。1923年，参加会议讨论新宪法条文的国会议员每次可以收到二十元酬劳，而他们如果愿意留在北京并依要求投票，还可获得五千元津贴。

孙中山需要外援来稳定广州军政府，而苏联也乐于提供援助。在这背后，苏秉持的战略思维主要有两个方面：一方面，是加速推进世界革命的降临，另一方面则是希望确保苏联边界的安全。在东亚，苏联国防安全的最大威胁显然来自日本，而坚持反共立场的日本曾在1904—1905年的战争中击败过俄国，现在又控制着苏联南部接壤的满洲（中国东北地区）。孙中山曾明确表示支持中苏联合管理中东铁路，而中东铁路是贯穿中国东北的主要交通要道，也是苏联与符拉迪沃斯托克的主要连接渠道，所以，中国如有能力遏制日本的野心，是符合苏联利益的。同时，苏联继续与北京政权及其他北方军阀进行外交谈判，并在1924年年初取得了中国的外交承认。但是，苏联观察家们却不认为北方能有人完成统一的使命。事实上，受日本人摆布的段祺瑞与凡尔赛会议的结果，似乎都表明了中国注定沦为日本的棋子。

共产党此时十分需要盟友。1923年中国共产党仍处于成长阶段，仅拥有约三百名党员。而在中共设想了四大优先目标：统一中国、组织城市无产阶级进行社会主义革命、扫除中国农村地区的贫穷与剥削现象、根绝外国帝国主义的力量。共产党首先处理统一问题，也是合乎情理的决定，因为唯有这个问题解决了，才有机会完成其他三大目标。当时，由于孙中山的名声，国民党在国内威望很高，所以共产国际决定与国民党进行合作，并强化国民党的组织能力。共产党员将仍保留共产党党籍，以个人名义加入国民党，以便日后利用国民党的组织来实现自己的目标。

此外，当时中国劳动力流动性高，中国共产党将工人组织起来的计划难以实现。许多人受雇于新兴工业的资本家，成为劳动人口。不过中国劳动力的数目不应被过分夸大，因为当时四亿五千万中国人中，绝大部分还是在从事传统的土地耕作。每年大约有五十万农民会暂时移民东北，大规模种植大豆一类的经济作物，以供应世界市场，形成某种流动的农村无产阶级（这类作物经由新建的中东铁路运输网运往沿岸）。而我们可以姑且称为"工业工人"的劳动者，实际上是一些使用传统技艺的工匠，要么自负盈亏，要么仅是结合成了小团体。这类工作主要是由行会来管理，这种组织形态早在清代便已存在；其功能在于提供一定程度的工资保障，维护产品质量标准和管理工人在某一行当的就业准入。而如黄包车夫和舢板苦力这类劳动者,虽然有些确实建立过组织,也曾试图罢工,却仅能勉强被归入无产阶级的队伍。

每年都有很多中国人——到1922年约有二十五万名——远离土地或是挥别工匠生涯,到工业城市的新设工厂、码头或是铁路上,寻找就业机会。这类劳动力自然会带给雇主新的问题,因为许多人依然遵循着家乡农事的季节规律,拿到薪水之后,就可能会在农忙季节或春耕时分辞去工作;而另外的人可能难以适应工厂重复性的精准作业,结果粗心大意引发过失或遭遇意外。某些人则根本不具备机械生产的知识,所以也无法学习新的技术。

如果说某些工人的笨拙困扰了雇主,那么雇主对待工人的冷酷无情亦不遑多让。工资微薄,工时超长,休假不是少得可怜就是根本就没有。医疗救助或保险总是缓不济急,工人通常住在工厂或矿区所提供的宿舍里,条件极度恶劣。工人均以号码而非名字来称呼。在生产车间里,管理人员欺凌工人的恶行恶状司空见惯。工资总是无故被扣减,要求回扣的现象时有所闻。女工的人数多过男工,有些纺织工厂,女工比例高达65%,然而她们的工资却远低于同工厂男工。雇用童工的现象十分常见,特别是织纱厂。年仅十二岁的女孩赤手在接近沸腾的大水桶里捡拾蚕丝,经常导致可怕的皮肤病和损伤。

1919年5月4日,工人发动罢工支持学生的爱国运动,象征了中国历史发展的新转折。自此之后,抗议者经常发动罢工,作为反抗社会不公的手段,只是最初这类罢工的规模都不大。自1921年年中以后，新生的中国共产党也时常涉入其中，不过一些独立的工人团体还是会基于本身的理念而发起罢工。这种小型罢工的模式因1922年1月发生在香港、广州的大规模罢工行动而中断：这次的罢工行动是由国民党的积极分子主导，近三万名海员和船坞工人参与，导致载运二十五万吨船货的一百五十艘船因于港口无法动弹。直到1922年3月，数以万计的菜贩、电车工人、电气工人亦加入罢工行列，使得参与罢工人数陡升为十二万人，最后资方让步。海员的工资调高了15%至30%不等，还有其他福利，同时资方也承认工人组织工会的权利。

稍后，1922年5月，两位年轻的中国共产党党员李立三（刚从法国回来）、刘少奇（刘是中共一大后首批派往莫斯科的学生之一），在安源煤矿工人与大冶铁矿工人之间筹组工人俱乐部，作为工会组织的掩护。这类俱乐部很快开始在其他城市零星发展起来，通常由中国共产党直接领导，普遍存在于武汉地区的矿工、棉花工人、印刷工人、黄包车拉夫、铁路工人当中。

发动罢工的代价可能非常高。雇主会记下参与罢工工人的名字，事后将他们解雇。有些罢工工人会受到胁迫、毒打，或在与警察冲突时丧命。最惨绝人寰的例子是京汉铁路大罢工。京汉铁路由北方军阀吴佩孚控制，货运收入是吴佩孚的一大财源，英国也是仰赖京汉铁路来运送河南的矿产。在与国民党谈判期间，中国共产党便积极鼓励京汉铁路沿线的十六个工人俱乐部筹组总工会，并最终在1923年2月2日实现了这一目标。由于受到吴佩孚手下警察的侵扰，新成立的总工会在2月4日组织举行全路总罢工，致使京汉铁路上的火车全部停开。罢工工人没有理会吴佩孚要求他们复工的命令，结果吴在2月7日命令两名军官调集军队，攻击罢工工人，致使三十五名工人被杀，多人受伤。

同一天，军队在武汉地区工会领袖林祥谦家中逮捕了他。林祥谦出生于福建，后迁居武汉，担任铁路机械工。军队要求林祥谦命令他的工会成员复工。在遭到林的悍然拒绝后，军队把工人聚集到了车站月台上，当着他们的面将林祥谦斩首，并把他的头颅悬挂在车站旁的电线杆上示众。尽管博得了各地其他工会的零星支持，罢工的铁路工人最终还是在2月9日回到了工作岗位上。

罢工的惨痛结果，使那些迟疑不决的共产党员，最终认识到了建立革命联合阵线的必要性，再加上1923年国民党的元老也非常同情苏联，所以两党的合作似乎水到渠成。例如，孙中山在广州军政府的首席顾问胡汉民，便深感列宁反帝国主义的论述建构了民族主义意识形态的绝佳基础。此外，胡汉民也盛赞唯物主义的历史观，并批判李大钊的看法，后者不认为构成社会上层建筑的政治、思想、精神等要素都仅是反映了经济基础与生产方式。胡汉民还试图从中国传统思想中寻找马列主义的因子。1922年年底，胡汉民与汪精卫二人在孙中山的请托下，共同为国民党起草宣言，宣言中写到"欧美经济之患在不均"，以此痛斥欧美社会的贫富失衡现象，同时誓言中国"不能不激励奋发，于革命史上，开一新纪元矣"。

中国共产党领导人陈独秀对于与国民党合作十分不安。虽然马林坚持认为国民党"不是一个资产阶级的党，而是多阶级联合的党"，但陈独秀的创党理想才刚开始实现，对国民党作为盟友是否会有益于革命或者值得信任，他依然持怀疑态度，认为"党内联合乃混合了阶级组织和牵制了我们的独立政治"。不过，李大钊却十分支持国共合作，并没有像陈独秀那样，相信中国已有一批庞大的城市无产阶级队伍做好了迎接社会主义革命的准备；同时，李大钊还将他原来视中国为"无产阶级化"民族的概念扩大，以种族议题为中心。他意识到，"低下阶级的有色人种与高上阶级的白色人种之'阶级斗争'已粗具雏形"，因此团结中国人对抗白种人的帝国主义乃是首要任务。[3]

把国共合作与国民党的改组两项工作结合一起的，是共产国际代表鲍罗廷。他于1923年10月6日抵达广州，一个星期后被孙中山指派为国民党的"特别顾问"。1884年出生于俄国犹太家庭的鲍罗廷，早年在拉脱维亚度过，1903年开始秘密为列宁工作。在1905年革命失败后，鲍罗廷流亡海外，后移居美国，在印第安纳州的瓦尔帕莱索大学（Valparaiso University）任教，并在芝加哥成功当上了俄国移民子女的老师。1917年列宁成功夺权后，鲍罗廷返回祖国，为共产国际在欧洲、墨西哥、美国等地区执行过一连串的秘密任务。到了1923年，鲍罗廷已是一位经验丰富的老特工，而赴中国的新任务也给了鲍罗廷证明自己才干的机会。

鲍罗廷与各方谈判斡旋的技巧颇为娴熟。他说服中国共产党领导阶层，使他们确信加入国民党的策略符合自己的长期利益，短期内也有助于更灵活地组织城市与农村的劳动者。同时，正值陈炯明的部队可能重新控制广州之际，鲍罗廷利用这一紧迫局势，敦促孙中山采取更激进的立场。鲍罗廷论称，倘若孙中山能支持八小时工作制以及合理的最低工资，并将没收的地主土地重新分配给农民，工人与农民便会立刻与孙的军队站在同一阵线。

但孙中山不敢发表如此大胆的宣言，背弃他的主要盟友，不过他确实命鲍罗廷筹办国民党改组及召开国民党全国代表大会等事宜。孙中山的说法是，鲍罗廷了解民族主义对革命的重要性，同时他在苏联革命中获得的经验也相当宝贵。事实摆在眼前，俄国人民已经脱离了外国强权的宰制："吾党与他们主张，皆是三民主义。主义既是相同，但吾党尚未有良好方法，所以仍迟迟不能成功。"国民党的海外支持者电传孙中山，说他正遭人阴谋"苏维埃化"，孙中山答到，如果国民党不能与共产党合作，那他本人将加入共产党。而当有人试图站在反犹太人的立场上，诘问孙中山是否知道鲍罗廷的"本名"，孙中山回答说，鲍罗廷就叫"拉法耶特"*。1924年1月，在国民党大会宣布了列宁的死讯（此次大会共有一百六十五位代表参会，其中共产党员约占15%），孙中山发表公开悼词，称颂列宁是一位"伟人"，并遥祭列宁道："所冀与君，同轨并辙。敌其不乐，民乃大欢。"[4]

鲍罗廷着手开始强化孙中山在党内的地位，加强国民党的组织训练。孙中山的三民主义——民族主义（反对帝国主义，即联俄）、民权主义（民主，即联共）、民生主义（社会主义，即扶助农工）——被奉为党的意识形态，孙中山本人则被国民党员尊为"总理"。鲍罗廷自苏联引进"民主集中制"的概念，在此原则下，国民党内的

---

* 译注：即玛里-约瑟夫·拉法耶特（Marie-Joseph La Fayette），法国政治家。在北美独立战争期间担任美国陆军上将。孙用这位法国政治家参加北美独立战争的功绩来形容鲍罗廷对中国革命的作用。

任何决议只要得到相关委员会多数成员的同意，就会对所有党员均产生约束作用。鲍罗廷在中国各大城市大力发展国民党的党组织，并统合各地方党部的负责人，积极吸收新党员。鲍罗廷还在国民党的中央执行委员会下设置各部，专门处理农村与城市地区的入党事宜以及有关青年、妇女、军事等政策。专责人员也开始收集社会民情的相关资料。同时，国民党特别强化工会的力量，党内的共产党员亦开始积极向农村的农民开展宣传活动。孙中山宣传部门中的湖南籍年轻共产党员毛泽东，证明了自己是个干练、有能力的领导，帮助孙中山集中了权力，平息了自由派的反对。在共产党的默许下，孙中山放弃了原来中华民国的五色旗作为自己的象征，对国民党的青天白日标志稍作改动后，将其作为新政权的旗帜。[5]

除了这些组织性的变化外，苏联决定要强化国民党的军事武装力量，从而使国民党成为中国政治的活跃力量。离广州十英里之遥的黄埔岛被选作黄埔军校的校址，蒋介石——不久前，他才当选为国民党的特别代表之一，远赴莫斯科，停留数月，研习俄国的军事组织——被任命为黄埔军校的首任校长。另外，鲍罗廷通过任命刚从法国返华的共产党员周恩来为该校政治部主任，巧妙地平衡了国共两党在黄埔军校的力量。军校的首批学生主要来自广东、湖南两地的中产阶级青年（由于规定至少中学以上毕业才可入学，所有工人与农民基本上都被排除在外）；他们使用现代化装备，并接受像苏联顾问瓦西里·布柳赫尔（Vasily Blyukher，化名是加伦）将军这类身经百战的军人的严格军事训练。

黄埔军校的学生也必须接受中国的民族主义目标与孙中山三民

主义的全面教育。虽然部分军校学生本身是共产党员或已被吸收加入共产党，比如1925年毕业的湖北青年林彪，但大多数的学生并不认同共产主义，而是越来越效忠于蒋介石个人。这群忠诚彪悍的青年军官即将在接下来的权力斗争中展现出惊人的影响力，而1924年10月15日，便是他们实力的首次证明。当天，黄埔军校第一期的八百名学生在蒋介石的指挥下，协同地方警卫军以及其余小型军事学校的学生，击溃了广州商团的武装力量，后者此前曾对国民党示威者开枪，并企图扣押一船被没收的武器。

镇压广州商团一事严重破坏了孙中山在当地的名声。1924年11月，孙中山应北方军阀邀请，北上参加在北京召开的"善后会议"。孙中山此行由妻子宋庆龄以及汪精卫、鲍罗廷陪同，首站抵达上海，并对当地的拥护者发表演说。随后他对日本进行了短暂访问，但因突然生病而提前结束行程，后火速前往北京。1925年1月，群医会诊后进行手术，发现他已是肝癌末期。3月12日，孙中山于北京溘然长逝，享年五十九岁，留下了简洁、充满爱国热忱且亲苏的《国事遗嘱》和《致苏俄遗书》。很多人认为，这份遗嘱是由汪精卫代笔起草的，但他能否承继孙中山领导地位仍是未定之数。实际上，就连谁能继承这个问题，也属未知之数，因为孙的威望充满了个人色彩，是通过他在清末及流亡日本时建设革命组织的长期努力而汇聚起来的。

但是，孙中山的去世，以及列宁的离世（十四个月前孙还曾亲自写祭文悼念），并未稽延国民党原定策略的进展。即便1925年2月孙中山病危之际，蒋介石仍在布柳赫尔将军的建议下，辅之以新进获自苏联的来复枪、机枪、大炮,率领黄埔军校师生在陈炯明部队主力所在地汕头赢得数场胜战,并在3月占领汕头。三个月后,在另一场不可思议的胜仗中,蒋介石的部队又击垮了企图攻占广州的两名军阀,掳获一万七千名战俘和一万六千挺步枪。经过这几场战役的洗礼,这支部队表现得越来越像一支已准备好为国奋战的军队,而布柳赫尔将军早期做出的用三四支精锐部队便能横扫中国的断言,现在看起来似乎也没有那么夸张了。

1925年5月上海爆发的事件,更加显示出一股新的爱国主义精神和坚定信念已经再度弥漫中国。这场危机是由一群因参与罢工而遭到日商棉纱厂解雇的工人引发的。盛怒的工人强行进入棉纱厂捣毁机器设备。日本警卫对工人开枪,射杀了其中一名工人。就像其他类似事件的模式一样,这个工人的死亡引发了一连串的群众暴动、学生示威、罢工以及逮捕行动。5月30日当天,在上海的"公共租界",数以万计的工人和学生聚集在位于南京路闹市区的警察局外面,要求释放被英国人逮捕的六名中国学生,并抗议军国主义与外国帝国主义的欺凌,情势一触即发。最初,示威队伍尽管群情激愤,鼓噪不已,但并没有表现出暴力倾向,而随着越来越多的人在警察局外聚集,并开始高喊口号——有目击者说喊的是"杀死外国人",也有目击者说喊的都是些并不严重的口号——英国的巡官带领一支由中国人和锡克教徒组成的巡捕队伍,大声喝令示威群众退散。十秒钟过后,群众还没来得及散去,这位英国巡官便令部属向群众开枪。得命的巡捕举枪齐射,共开四十四枪,有十一位群众被击身亡,二十几位受重伤。

这场屠杀立即引发了大家的愤怒并迅速传遍全中国。为示对"五卅惨案"遇难者的支持,至少有二十八座城市发生了示威游行,其中多座城市还发生攻击英国人与日本人的事件。上海地区发动总罢工,外国人不得不迅速召集船舰军队往来租界巡逻。而次月在广州爆发的罢工抗议,更进一步使"五卅惨案"后的情势恶化。当时,共产党和其他劳工领袖欲以针对上海惨案的示威为契机,在香港发动针对英国人的大罢工。6月23日,当广州的游行队伍行经临近沙面岛的外国租界区时,遭到英国军队的开枪射击。此次游行有一百多个不同团体参与,包括大学生、军人、工人、农民、童子军和黄埔军校学生等,但英军不分青红皂白,开枪打死了五十二名中国人,致使一百多人受伤。一名外国人被开枪还击的中国人打死。

中国各地的反帝怒潮十分高涨,而在香港发生的省港大罢工愈演愈烈,借助大规模抵制英货运动,群众的愤怒不断升温,罢工的力度也相继加强,最终持续了十六个月。"五卅惨案"升华为一种象征、一声呐喊,由此呼应了五四运动。然而,1925年的中国局势已与1919年大不相同,国民党和共产党,抑或是合作后的两党,都已准备好将中国人心中的愤慨与挫败感引导进自己的党组织。现在,这种本土的民族主义可以借助苏联的组织专才,转化为有意义的政治行动了。或许,这才是孙中山的真正遗产。

发动北伐

1924年,国民党与共产党在广州的合作已经有初步成果,而北京的政局也迈入新阶段。控制中国东北的大军阀张作霖在1913年至1919年间不断巩固自己在东北的势力,与北方其他几位军阀缠斗数年。张作霖治军严明,足智多谋,为了巩固地盘,他周旋于日、俄两国之间,充分展现了自己的权术谋略。1924年10月的"北京政变"削弱了劲敌吴佩孚的权力基础,张学良派兵经山海关南下。虽然张作霖未必能如多尔衮和清军一般,从东北迅速袭击北京,以此为基础占领全国,但是,经由津浦铁路,张作霖还是将兵力迅速推向了长江流域。这一胜利,加上他在北京的权力根基进一步巩固,让以民族主义谋求统一中国的国民党倍感压力。1926年,张作霖通过与昔日的敌人吴佩孚结盟,强化了对华北的控制,并开始采取强烈的反苏立场,进一步加重了国民党的担忧。而吴佩孚更是趁机巩固了自己对冀南、湖北等华中地区的控制。

当时,许多知识分子对于拨乱反正已感绝望。鲁迅就是其中一个深有感触的人,不过他更多是一个旁观者,讥讽社会病态,而非政治行动家。1926年3月18日,北京爆发示威游行,抗议政客在面对日本要求东北地区经济特权时卑躬屈膝的行为。游行中,有四十七位中国青年被当场杀害,其中数人都是当时正在北京教书的鲁迅的学生。鲁迅闻讯,深感愤慨,随后携同年轻的妻子先到厦门,后至广州,寻找安全的庇护之所。在一篇文章中鲁迅写道:"我向来是不惮以最坏的恶意,来推测中国人的,然而我还不料,也不信竟会下劣凶残到这地步。"然后悲哀地说:"至于此外的深的意义,我总觉得很寥寥,因为这实在不过是徒手的请愿。人类的血战前行的历史,正如煤的形成,当时用大量的木材,结果却只是一小块。"[6]

梁启超年轻时，曾是清末民族主义的有力代言人，在共和肇建之初，他又为中国的富强不断发声，现在，这位五十一岁的老人只能在天津家中，悲恸地看着这些事件一幕幕上演。他在给赴美读书的两个儿子的信中写道："北京正是满地火药，待时而发。"[7]

如何采取有效行动来统一中国，这个问题在国民党、共产党，以及共产国际的顾问团之间广泛讨论。如发动军事斗争，各方势必面临诸如后勤补给、人员征募、军备设施以及掩护侧翼与保护后卫等根本问题。然而，北伐同时也是一场政治斗争，意识形态与宣传机制等问题都必须等量考虑。在政治立场上，国民党无法太向左靠拢，否则将会失去其主要支持力量，因为国民党的拥护者大都是地主或实业家，既不认同农民降低租金、赋税的要求，也不同情为提高薪资而发动的罢工。

廖仲恺的案例就残酷地凸显了这个教训。廖是孙中山的挚友，到 1925 年年中时，已成为控制军队的军事委员会常务委员、财政部长、广东省长、黄埔军校的党代表，以及国民党工人部部长。廖仲恺在遇害之前，主要负责组织群众发动示威游行、抵制英货，以抗议英国当年夏天在广州、香港两地的暴行。1925 年 8 月 20 日，在抵达国民党中央执行委员会的会场时，廖仲恺被五六名暴徒乱枪打死。当时人们忖度，凶嫌应是国民党内反左势力雇用的，有可能是与英国人共谋，也可能是胡汉民的友人雇请的，因为在孙中山逝世后，胡便对国民党没有承认自己的领导地位耿耿于怀。不过自始至终，刺廖案仍是一桩悬案。

虽然廖仲恺被暗杀，但在广州，鲍罗廷与左派势力却似乎一跃而凌驾于国民党之上。的确，随着一连串旷日持久的排外游行示威，以及无数武装工人纠察队巡行街头与工厂，广州被许多观察家戏称为"赤城"（Red City）。1926 年 1 月，国民党举行第二次全国代表大会，在二百七十八名代表中，有一百六十八名属于国民党内左派或共产党，只有六十五名是中间派，四十五名隶属于国民党内右派。国民党中央执行委员会的三十六名委员中，有七名是共产党员，十四名是左派分子，所以鲍罗廷才能在安抚国民党内的中间派时，信心十足地规定，共产党员在国民党的任何委员会中所占席位不得超过三分之一。

然而，左派分子占据优势地位的现象只不过是虚有其表，究其实，至少有四个重要现象显示出相反的发展趋势。第一，黄埔军校的学生发起成立名为"孙文主义学会"的组织。他们虽然高举民族主义和反帝国主义的旗帜，但是同样强烈反对共产党。他们取了这样一个中性的会名，其实就是为了掩盖这一事实。他们关于强大统一的中国的设想，并没有吸收苏联模式的经验，一旦他们取得新职，便立刻在干部之间散播反共情绪。

第二，1925 年中期之后，广州市泛滥的红潮已经逼使许多商人及国民党原来的支持者纷纷离开，前往上海或北京两地重建据点。

第三，黄埔军校师生在广东省北部及东部成功实行军事行动，使得新近归附的军阀被编进国民党的国民革命军队伍，自 1925 年以降，"国民革命军"变成了国民党武装力量的称号。这些军队大都无法立即摆脱过去的军阀作风，缺乏训练与教育，甚至欠缺作战的勇气。一旦被指派危险的任务，他们往往弃甲逃亡，有些人甚至还有鸦片瘾。虽然这些军阀的加入使得国民党的军力上看似壮大，但是无形之中却破坏了布柳赫尔将军企图建立一支思想忠诚、训练有素的精锐部队的梦想。历史上，收编敌军的效果相当难料。以往的这类做法，既强化也削弱了1640年代的清军、1850年代的太平军以及1911—1921年的同盟会军力。

最终，一群不满的国民党元老于1925年年底建立了自己的小派系，试图扭转国民党左偏的轨道。因为他们首次会议在西山召开，所以被称为"西山会议派"，他们誓言要将共产党员逐出国民党，驱逐鲍罗廷，并将党中央从广州移至上海。国民党当时的领导群中，西山派倾向支持政治立场正逐渐转向右翼的胡汉民。

1926年3月20日，广州爆发的另一桩意外事件，显示了共产党员地位的不堪一击以及国共合作先天便具有的危险。共产党员辖下的"中山"号军舰，突然在破晓之前驶进黄埔，没有人知道是谁下的命令，但是蒋介石及其支持者将此解释为共产党企图绑架蒋介石的先声。蒋介石立刻派兵接收中山舰，逮捕舰长，下令广州卫戍司令部宣布戒严，派遣忠于蒋氏的军校生与警力驻扎在各重要据点警戒，收缴省港罢工委员会的枪械，逮捕三十多名当时仍停留在广州的俄国顾问。黄埔军校政治部中多位资深的共产党员被迫进行"再教育"，亲共产党的报纸被禁。之后几天，虽然蒋介石逐渐松弛了对共产党的压迫，并在4月初宣称他仍然信任与苏联的合作关系，但是没有人知道应该如何解读这番陈述。

鲍罗廷在2月离开广州后，在北京与俄国的同志举行了一系列事关共产国际战略的秘密会议。4月底返回广州后，鲍罗廷在接下来的数日内与蒋达成了"妥协"：共产党员不能担任国民党党内要职或中央政府首长；"对于总理三民主义，不许加以怀疑或批评"；国民党员不得加入共产党；"中国共产党及第三国际，对于国民党内的共产分子，所发一切训令及策略，应先交联席会议通过"；"共产党应将国民党内之共产党党员全部名册，交国民党中央执行委员会主席保存"。鲍罗廷之所以接受蒋氏所提的种种条件，主要原因是当时斯大林正在莫斯科进行关键的权力斗争，共产党员与苏联顾问团若是全面撤离广州，可能会损及斯大林的威望。

通过政治手腕掌握大权之后，蒋介石和国民党内的其他领导人开始筹划统一中国的军事行动。北伐的战略需要三方面军事部署相互配合：经由粤汉铁路或湘江向湖南重镇长沙市挺进；沿赣江进入江西；沿着东部海岸北上福建。如果一切顺利的话，北伐军队可就两项战略方案选择其一：挥师直抵长江沿岸并巩固武汉；或朝东沿着铁路或河道进入南京及工业重镇上海，并在沿途与各军阀结盟，伺机将其军队纳编进国民革命军的行列。

国民党与共产党员会先于国民革命军行动，组织各地方农民或工人以消解北伐沿线的敌对势力。然而，这项工作必须以不分化国民党潜在支持者的方式完成，这主要是针对广州海丰县共产党组织者彭湃组织活动而言的。1923年以来，彭湃已在海丰县成立数个农民协会的组织，为农民提供诸如医疗、教育、耕种知识等各种社会服务，并推动减租运动——额度甚至高达25%。彭湃还帮助农民组织自卫队，保护他们的田地免受地主的反击。但是，这类政策激起了地主的强烈反对，而且对于大部分的国民党支持者而言，这类行动也过于严苛激进了。

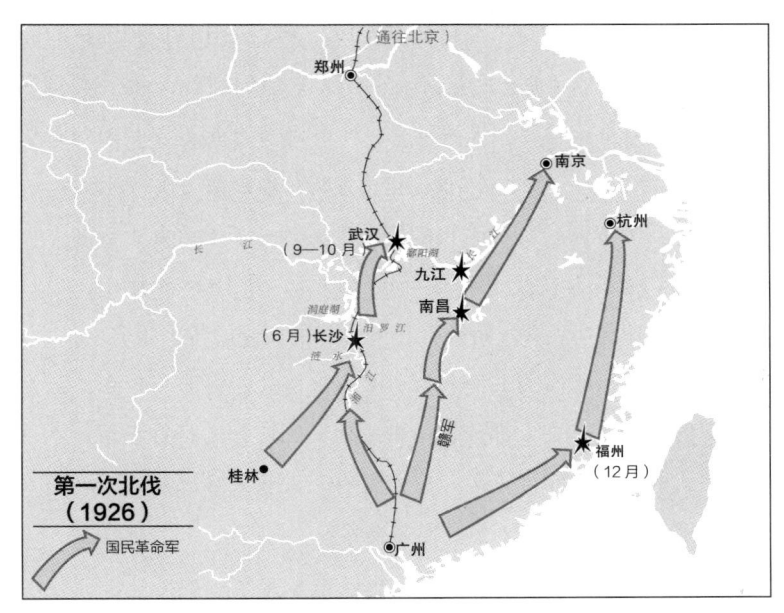

![北伐地图]

注：中华民国以后，地名与现在基本一样，因此除了少数名称有变化的地名外，不再另标出今名

　　国民党和共产党还不得不安排许多运输工人来运送军备物资到没有铁路且道路状况也不够好的偏远地区。这些运输工大都是来自广州的罢工工人，部分则是在北伐沿途募集的，是为良好待遇与优渥的日薪参与工作的农民，而这些条件是敌方军阀无法提供的。铁路工人也被组织起来破坏敌方军阀控制的铁路运输网，藏匿火车关键零部件以阻止敌军移走车辆，如有可能则破坏铁轨，切断敌军的退路。

　　财政与兵力是北伐计划成功与否的另外两大关键。首先，财政问题因宋子文的灵活手腕而得以解决；宋子文是孙中山的妻舅，哈佛大学毕业后曾在纽约"国际金融公司"（International Banking Corporation）任职三年，1924年担任广州中央银行总裁，凭恃着纯熟的管理技巧积聚了大量主要储备金。1925年，在升任广州国民政府的财政部长后，他又使国民党辖区的财政收入增长四倍。他主要依靠的手段包括开征运输税、煤油税等，到1925年年底这类税收每月总计高达三百六十万元。此外，他还借由发行公债来增加政府财政收入。

至于兵力方面，黄埔军校的毕业生共计七千七百九十五名，大都出身富农家庭，接受了后勤与兵学训练，到1926年年中，已是蓄势待发。1926年年初，蒋介石在一次致国民党的特别报告中估计，忠于国民党的服役军力共有八万五千人之多，包括来自广东、云南及湖南的军队，其中大部分仍由带领他们到广州的将官领军，不过均已编入国民革命军。不久，广西又有三万名士兵以及六千名进入各式军事学校的学生加入了国民革命军。

1926年4、5月间，湖南的军事状况发生了一些变化，北伐的计划又添了几分紧迫。由于湖南军阀间的斗争愈演愈烈，为保护其在南方的力量，北方军阀吴佩孚也不得不开始主动发起进攻。湖南一位主要将领公开宣布支持北伐，并同意将自己的军队编入国民革命军后，行动时机已经成熟。广东政府在1926年6月任命蒋介石为国民革命军总司令，负责领导这支联军，并于7月1日颁布北伐动员令。据国民党中央执行委员会，此次北伐的目的如下：

> 工人、农人、商人、学者之困苦，"帝国主义者之侵略，及其工具卖国军阀之暴虐"；孙中山"和平统一之主张"；段祺瑞"于国民会议，阳诺而阴拒"——皆要求铲除吴佩孚势力，完成国家统一。[8]

此处未点名张作霖，无非是希望老谋深算的将军能在国民党军队北上时挥师南下，攻击昔日宿敌。不过，陈独秀领导的共产党认为革命的北伐时机尚未成熟，陈独秀主张，当前首要任务应是"巩固革命根据地广州"并防止吴佩孚南伐的"防御战"。[9]然而，要想遏制蒋介石的冒进已是不可能，在共产国际的建议下，共产党不得不保持缄默，积极参与到北伐当中。

蒋介石的部队从广州向北进发时，他们在湖南的新盟友打通了通往长沙的道路，并于7月11日占领该城。8月初，蒋介石抵达长沙。尽管洪水、霍乱、交通运输问题险阻重重，但国民革命军仍向北推进，直到追上了沿着汨罗江（注入洞庭湖东侧）撤退的湖南军队。

蒋介石和布柳赫尔将军（刚刚大病初愈，此前因病一直未参与）受到桂系军阀加入国民革命军行列的鼓舞，决定在吴佩孚集结重兵南下增援其湖南盟军之前大胆渡河前进。蒋介石对将领发表谈话，这场战役将关系到"中国国家与民族之能否恢复其自由独立"。[10] 8月17日至8月22日，国民党放手一搏。国民革命军从两处横渡汨罗江，切断了岳州驻军与武汉之间的铁路通衢，并包围武汉三镇。岳州的部分军队仓皇乘船溃退，余则被国民革命军掳获，全部辎重悉数落入国民革命军手中。

历经了8月最后一周的惨烈激战后，国民革命军占领了拱卫武汉、由刺网与机枪构成严密防御工事的桥头堡（汀泗桥、贺胜桥）。吴佩孚来到前线，试图通过惩罚丢掉桥头堡的那些士兵来杀一儆百，重整队伍。他重施故技，使用三年半前镇压铁路工人罢工的手法，当着大军的面，斩下了八位将领的首级。但这招并未奏效。9月初，被吴佩孚视为固若金汤的武汉三镇，先后被国民党军队攻陷。汉阳及其兵工厂因为驻守将领叛变加入国民党，也先告沦陷。商业昌盛、拥有广大外国租界的汉口继之（尽管持反帝国主义的立场，但蒋介石仍声明担保该城市外侨的人身安全）。

正当武昌的驻军仗着城高墙厚负隅顽抗之际，国民革命军突然遭受江西军阀的威胁。这位军阀治下的精良部队不仅战绩卓著，甚至逮捕知名的激进分子斩首示众，高悬其首级于鄱阳湖畔的九江和南昌两市，以震慑国民党和共产党的支持者，只要是将头发剪成所谓"俄式"短发的男女学生，都会被认定为"激进"。这类恐怖行动却意外造成反效果。武昌城遍地饥民，守城司令10月10日下令开启城门，一部分国民革命军留驻武昌，其余则向江西回击。在武昌起义十五年后的同一天，武汉三镇赶走了反动的统治者，再度迎来了未知的革命力量。

上海之春

1926年年底，国民党和共产党开始巩固对武汉的控制，而蒋介石则将关注焦点转移至江西的战场上。江西的战况十分惨烈，几座具战略价值的城市几度失而复得。不过到了11月中旬，在伤亡近一万五千人之后，国民革命军终于攻克长江沿岸的九江和南昌市，南昌位于鄱阳湖西岸，是重要铁路和公路的交通枢纽。蒋介石在南昌成立新的根据地，几位国民党中央执行委员会的委员随之迁驻该城。不过，其他资深的国民党领导人，特别是共产党员和左派同情者大都在武汉安顿下来，当地风起云涌的排外风潮，进展迅速的劳工运动，象征着社会革命即将成功降临。

在国民党北伐计划的战略构想中，国民革命军将兵分三路，其中最后一路会沿海岸北上。这路攻势亦进展顺利，一半归功于缜密周详的谈判活动，诱使敌军一个个倒向国民军，另一半则归功于军事行动。一些关键的海军部队倒戈国民革命军，切断了敌军的退路，对革命军在沿海的攻势起到了极大帮助。尽管战况激烈，国民革命军还是在1926年12月中旬进驻福建省会福州。至此，国民党控制了七省，共计人口约一亿七千万，其中：广东，为最初根据地；湖南、湖北、江西及福建，武力夺取；广西与贵州，得之于谈判。英国外交部开始考虑扩大对国民党政权的外交承认。英国驻华公使于12月中旬拜访武汉，并与国民政府的外交部长（陈友仁）举行会谈，随后世界各国对于中国局势的看法发生了剧烈变化。在此之前，英国政府表面上是坚定站在吴佩孚一方的。

几次大捷引发了国民党党内对下一阶段战略的激烈辩论。蒋介石此刻正在南昌根据地，决定兵分两路先取上海：一是顺长江东下，另一路则是向东北移动，穿越浙江，合力夺取中国工、商、农业的心脏地带。武汉方面的国民党领导人，则认同鲍罗廷的观点（鲍已在武汉安顿下来），认为国民革命军应沿着平汉铁路挥军北上。届时，国民党的部队可与认同国民党的北方军阀结盟，协力进军北京，再一举击溃吴佩孚和张作霖。武汉临时联席会议和南昌临时中央政治委员会的代表们在1月爆发激烈争执。1927年1月11日，蒋介石前往武汉陈述其政策立场，结果不但断然被拒，更受到鲍罗廷和其他左翼分子的公开抨击，最后悻悻然返回南昌。

1927年的春天，上海的命运悬而未决，其结果取决于几个密切相关的重要因素：北方各个军阀对于华南局势的反应，地方劳工运动的力度，城市里反劳工运动势力的性质，租界区外侨社群与驻守部队的态度与行动，武汉国民党领导人的心态，由斯大林决定并通过共产国际传达的中共行动的长期战略。

国民党势力从广州出发，向北迅速推进到长江流域，其速度之快令北方多位军阀裹足不前。迄今为止，他们辖地广阔，西达甘肃，中经陕西、河北，东至山东、辽宁，彼此算计，各有联盟。但他们未能建构一套共同的策略，对于划分势力范围也没有共识。不过他们一致认定国民党是激进甚至是革命的力量，必须对国民党即将北进做出回应。结果，他们意见有分歧。北方三大军阀之一的冯玉祥在访问莫斯科之后，决定加入国民党，奉行其基本信念。冯玉祥从根据地陕西出发，逐步向河南进逼。吴佩孚仍在为武汉的陷落及丧失其铁路王国的南方终点站而痛心，虽然他试图在铁路要冲郑州建立新据点，但是显然大势已去。

当时控制北京的东北军阀张作霖开始表现出浮夸的一面，他在行经的道路上撒满黄土（象征皇帝的尊荣），举行祭孔仪式，但他的北京政府却是颟顸驽钝。在张作霖的授意下，北京政府在各类仪式庆典事务上挥霍无度，而张本人更是沉溺于打麻将。更有甚者，1926年11月底，张作霖动员十五万部队南下至长江流域，企图阻挡国民党军队北伐，但是最后又突然撤回部队。

蒋介石此时极可能已经与张作霖和日本方面达成秘密协议，希望他们在蒋进攻上海时严守中立，以确保国民革命军侧翼的安全。武汉的共产党人对蒋的这种"罪行"痛加挞伐，而张作霖本人无疑已成为一位狂热的反左派分子：张在北京的司令部，悬挂着"坚决消灭共产主义"的口号。[11] 1927年4月初，张作霖突然下令部队搜捕北京的俄国大使馆，逮捕使馆内寻求政治庇护的中国人，其中便包括前北大图书馆主任、中国共产党创党人之一李大钊。张作霖将李大钊连同一起被抓的十九名同志处以绞刑。

尽管劳工运动在北方失利，不过国民革命军北伐的成功，以及协调全国各地工人行动的中华全国总工会的成立后，劳工运动在华中与华南地区如火如荼地展开了。到1926年年底，仅武汉地区登记的各式工会组织就高达七十三个，工会成员共计八万二千人。而在上海，虽有军阀的敌视，仍有成千上万的工人被组织起来。1927年2月，在总工会组织者的帮助下，上海的劳工领袖组织总罢工，以支持刚刚克复杭州的国民革命军。罢工者使整个上海市陷入瘫痪达两日，码头、公共服务、棉纱厂、公众运输和商业中心纷纷关闭。军阀势力最终破坏了罢工，杀害二十位罢工者，逮捕三百位带头罢工的领袖，解散了所有的工人集会。*

---

* 编注：作者数据有待商榷。这次大罢工2月19日开始，2月24日结束。根据《申报》1927年2月27日报道，从20日起，因散发传单而被处死者就有三十一人，被捕者五十四人，但19日起即陆续有人因参与罢工、派传单等被处决，因此，死亡人数当要大于三十一人，而这五十四名被捕中，有一些是商人和学生，不完全是工人。另根据1927年2月27日《上海总同盟罢工的记录》（参见上海档案馆编《上海工人三次武装起义》），罢工期间被枪杀的工人、学生、市民计有十三人，被捕者一百二十三人。

不过，工人的士气和政治关怀却依旧十分高昂，主要是1925年"五卅惨案"的持续效应，以及以上海为基地的中共领导人如周恩来、李立三等人策动的共同结果。总工会继续筹划第二波大罢工，组织了五千名工人纠察，其中上百名配有武装。上海是一座动见观瞻的国际大都市，当地工人的组织行动常有示范和鼓舞作用，他们甚至有可能建立革命的工人政府，而"城市苏维埃"可能会像俄国布尔什维克革命一样，引起各地群起效尤。

但是城市里也有不少人士急欲清除劳工运动的危害。厂方与金融家组成的松散联盟，在上海发展为工业中心与国际港埠的过程中获利最丰，因此在一波又一波的罢工风潮损失也最惨重。若干金融巨头与秘密帮会组织彼此挂钩，比如其中的青帮便是靠着经营妓院、职业赌场、买卖鸦片而发家致富的。只要肯出价，青帮的头目便可召集帮众来破坏工会和劳工会议，甚至杀掉不肯妥协的工人。许多青帮的堂主都是有一定社会地位的成功商人，其中不乏与国民党私交甚笃者，或者早在蒋介石混迹上海时便与他熟稔。

1926年年底，上海总商会会长至南昌司令部拜会蒋介石，表示工商界愿慷慨解囊，给予经济援助。在几次秘密会议中，蒋的亲信成功与上海中国银行的高管达成协议。他们还与法租界的巡捕头领——与青帮关系密切的黑社会魁首——举行了商谈，内容应与日后镇压工人动乱的事宜有关。

在上海雅致的外国租界区里，许多殷实的中国实业家住花园豪宅，与外国人往来甚至共享商业利益。而这些外国人又没有几个能讲中文，不清楚也不关心这座城市的生活细节，更不了解当地中国熟人的政治网络或与秘密会社的往来情形。他们关切的无非就是确保他们经营的工厂码头有足够的劳动力,或是其豪奢俱乐部及赛马场上的各种设施不受干扰。他们还希望能保障他们在华的投资利益——此时已近十亿美元的大关,避免受到中国民族主义极端情绪的影响,导致财产被毁或没收充公。

然而到了1927年年初,卜居中国的外国人开始紧张了。1月,在共产党和鲍罗廷的发动下,群众冲破防栅,进入汉口的外国租界区,洗劫外侨,租界区内妇孺全数撤出,顺着长江南下上海;男人则聚在岸边的房子里,准备伺机逃离。同月,九江也爆发了类似动乱。而情势最为危急的是,1927年3月从北方军阀手中夺回南京的国民革命军,劫掠了英、日、美各国领事馆,并杀害这三国及法国、意大利的数名外侨。为帮助疏散外侨,数艘美国驱逐舰和一艘英国巡洋舰随即向美孚石油公司总部周边炮轰还击,炸死了几名中国人。在1925年的"五卅惨案"中,英国人已证明他们会向具威胁性的群众开枪,现在,英美则联手证明了他们还可能炮轰中国城市。但法国人,特别是日本人,会如何对付国民党的武装力量?态势并不明朗。当时,上海地区已驻扎了大约两万两千名外国士兵和警力,停泊了四十二艘军舰,而在中国其他海域,还有一百二十九艘各式战舰作后盾。

武汉的国民党领导人此刻也在想办法强化自己的政经实力。他们掌控的正规军少于蒋介石,因此承担不起与蒋分道扬镳、公开采取敌对态势的后果。他们能做的,便是集中精神在武汉地区进行激进的社会改革,试图与冯玉祥联合,以便从武汉向北推进,并公开抨击蒋介石在江西对总工会下面的分支劳工组织的全方位镇压。

对斯大林而言，中国内部的冲突涉及相当多的利害关系，不过主要原因不完全在于冲突事件本身，而更多是这些冲突事件关联到了苏联政局。1927年年初，斯大林正身陷于和托洛茨基的权力斗争中，双方主要是在意识形态和官僚体制内斗争，而非武装对峙，而其中有关中国革命的解读及未来走向对于两人斗争的成败至关重要。斯大林坚称，蒋介石及其部队是中国革命处于"资产阶级民主"阶段的关键。因此，中国共产党就必须"留在国民党内继续联合工人、农民、知识分子和城市小资产阶级四个阶级"，以打倒封建军阀和外国帝国主义势力。这实际上意味着，在中国的共产党领导人必须继续与蒋介石和国民党进行合作。[12]

1927年3月21日，上海总工会在中共指示下发动大罢工及武装暴动，以反抗军阀，支持即将到来的国民党部队。这场运动约有六十万工人参加，致使上海市再度瘫痪。激战后，电力与电话被切断，警察局遭袭击，火车站被占领。但武装人员遵守命令，并没有伤害外侨。翌日，国民革命军第一师进入上海市，3月27日，已无须再暗中行事的总工会在前湖州会馆设立了新总部，并举行成立典礼，一千名工人代表委员代表三百个工会分部出席参加。根据公布的数字，当时上海市共有四百九十九个工会团体，代表八十二万一千二百八十二名工人。此外，上海还有二千七百名工人组成的民兵队，从警察局和军队夺取了充足的弹药及军需品。

蒋介石本人于3月底抵达上海后，再三发表声明保证外国侨民的安全，同时盛赞工会组织的成就。但是，就在共产党忙于安抚工会成员，要求他们保持缄默、解除武装并撤回要求各国归还租界的声明之时，蒋介石却与上海的富商巨贾，国民党中央派要员如汪精卫、北大前校长蔡元培，青帮和秘密社会的领袖举行了会议。几位青帮领袖发起成立了中华共进会，总部就设在法租界总探长的家中。这是一个打掩护的组织，背后藏有大约一千名武装力量。同时，蒋还将来自上海银行家们的巨额借款做了安排部署，并将那些同情工人的部队调离上海。

4月12日凌晨四点，中华共进会的武装成员荷枪实弹，穿着蓝布做成的便装，臂上系着白布，向城内所有的大型工会组织发动攻击。租界当局都十分清楚（有时还会支持）这些反工会团体的行为。当袭击持续不断时，这些团体还往往得到国民党军队的协助。许多工会成员被杀害，上百名工人遭逮捕，工人纠察队被解除武装。次日，在上海市民、工人、学生组织的抗议集会上，国民党部队用机枪向集会群众扫射，大约有一百人被杀。接连数周，逮捕和处决不断，总工会被宣布为非法组织，上海的所有罢工活动均被明令禁止。上海的春天结束了。

武汉炎夏，广州寒冬

1927年4月的上海事件让武汉方面沉浸在了痛苦的自省当中。鲍罗廷与陈独秀二人的任务十分棘手，他们必须提出一套说得通的意识形态架构，来解释中国工人被杀的事件。他们只有求助于斯大林在4月底对中国局势的分析。这位苏联领导人在《中国革命问题》

一文指出，自从1926年3月以来，他的目标就是要阻止蒋介石将共产党赶出国民党，同时，他也已经开始着手要"把国民党右派驱逐出国民党"。在上海，蒋介石已经显露出他的本性，成为"民族资产阶级"的代言人，并且在南京成立自己的政府（1927年的4月18日），与国民党公然对抗。因此，斯大林的结论是，1927年的事变已充分和完全证实这条路线的正确性。[13]

这就意味着，中国共产党现在必须与国民党在武汉的派系展开密切合作（斯大林和顾问群称此派系为"左派的"或"革命的"国民党，是中国革命的真正继承者）。斯大林寄望这些国民党人能领导"农民群众"打倒军阀、土豪劣绅和"封建地主"。虽然于今观之，斯大林的希望似乎悖于常理，但当时在武汉，许多非共产党籍国民党员的政治立场的确相当激进，而且可以说比蒋介石或胡汉民更算得上是左派分子，其中又以汪精卫最具影响力。汪在晚清便以青年辩论家和革命者的身份超拔于世，嗣后在日本和广州两地追随孙中山左右。孙中山病危时，汪精卫随侍在侧，逝世时，也是他接受了这位领导人的最后教诲和训示。在广州，汪精卫身为政府主席，在很多方面支持共产党人的观点，在1926年3月20日蒋介石制造"中山舰事件"后，汪非常明智地携家眷避居法国。1927年4月，汪精卫返国，并与陈独秀发表联合宣言，重申了共产党与国民党的合作关系。

与汪精卫留在武汉的国民党人还有孙科，孙科是孙中山与原配所生的儿子（孙与宋庆龄并未育有子女）。孙科有政治野心，且善于政府管理。他毕业于加州大学，后在国民党内步步高升，担任了广州市长及国民党中央执行委员会委员等职务。武汉地区的另一位重要领导人是陈友仁，出生于特立尼达岛（Trinidad），其父曾受太平天国运动牵连而逃往西印度群岛。陈友仁是孙中山的心腹知己，担任过广州政府外交部长，之后负责与英国交涉，成功收回了汉口和九江的租界。为彰显自己的政治忠诚，孙中山的遗孀宋庆龄戏剧般地从南昌飞往武汉。由于她与孙中山的关系备受敬重，加上自己又天资聪慧，英语流利，深具社会良知，所以在国民党内讨论议题时别具影响力。

对武汉的国民党领导人而言，首要目标仍是继续巩固政权的政治和经济基础。他们并非武汉地区唯一的权力掮客，更遑论湖北与湖南两地，而且他们还要与当地的军阀强权——国民党名义上的盟友——以及实业家、大地主周旋。为了赢得更多支持，武汉的国民党政权试图收回日本位于汉口的租界，但这项努力却被机枪的火力击了个粉碎，现在，长江上停泊的战舰加起来有几英里长，随时准备保护外侨财产。武汉地区的动荡不安，造成大多数外国人经营的商店与工厂关张，几千名工人失业。当时，维持政府部门运作和供给正在华北激战的七万名士兵的经费，每月约需要一千五百万元，但武汉政府仅能筹措到部分财源，只得加印纸币，结果最后连银行都拒绝接收。

如果当时共产党能够自行决策的话，应该已经可以在农村地区发动真正的革命了。1926年年底到1927年年初，中国已经出现了农民暴动的明显征兆。在某些地区，农民自己占地，成立"农民协会"来管理日常事务，并且把他们憎恨的地主抓来游行示众、羞辱，有时甚至还会杀死他们。彭湃在广州近郊成立的激进农民协会获得了相当大的成功，但后来被地主势力反扑瓦解掉了。在广州时已升任国民党农民运动讲习所所长的毛泽东，于1925年和1926年数度在湖南农村，特别是长沙地区，宣扬共产党的理念。1927年2月，在北伐国民革命军经过该地区后，毛泽东花时间到湖南对农民运动进行了考察，并向共产党的地方期刊投递一份令人激奋的报告（《湖南农民运动考察报告》）。

贫农及其政治意识的力量，尤其令毛泽东印象深刻，他写道："他们（农民）举起他们那粗黑的手，加在绅士们头上了……他们和土豪劣绅是死对头，他们毫不迟疑地向土豪劣绅营垒进攻。"那么究竟要"站在他们的前头领导他们呢？还是站在他们的后头指手画脚地批评他们呢？还是站在他们的对面反对他们呢？每个中国人对于这三项都有选择的自由"。毛指出，共产党应该主动支持这群坚定的农民跟随者。在这篇报告里，毛泽东暗示，轻忽农民的巨大潜力是十分荒唐的，他认为，如果论功行赏，将1926年至1927年"民主革命"的功绩以十分计，那么"市民及军事的功绩只占三分，农民在乡村革命的功绩要占七分"。[14] 然而在武汉当时的政治氛围下，毛泽东的报告并不实际，也不吻合共产国际提出的继续与小资产阶级合作的路线。按照指示，中国共产党要设法约束农民的革命热情，以维系国民党及其重要支持势力，因为他们中很多人都是地主阶级。

以武汉为根据地的中央土地委员会于1927年3月初公布的最后决议，正是汪精卫、鲍罗廷、陈独秀、毛泽东等领导人协商的结果。决议主张，地方上成立乡村自治政府，处理土地重分配的事宜；确保亲国民党军官的土地不被没收；对于无土地者，则承诺革命胜利后可领得土地。持有土地面积以良田五十亩或者瘠田一百亩为上限；除非是革命军人，否则超出这个面积数的土地一律没收充公。

最终，地方军人为左派分子解决了这些棘手问题。1927年5月18日，控制长沙至武汉铁路沿线的国民党盟军首领叛变，向武汉进发，沿途捣毁了大量农民协会。虽然激战后，他被共产党和国民党部队击退，但他的叛变却让其他军人有了效仿对象。5月21日，驻守长沙的国民党反动军官围捕当地的左派组织，搜查档案，并逮捕、杀害了近百名学生和农民领袖。他又以阻止已调集起来的农民协会武装袭击长沙为由，命令部队开入农村，围捕并屠杀农民武装力量。那些前不久才遭受羞辱或目睹亲人受到杀戮的地主，为报复夺取了他们土地的农民，与军队和地方的秘密会社联合起来，以极其残忍的手段杀害了成千上万的农民。

武汉的国民党领导人认为此次惨剧应该怪共产党的"过火行为"。汪精卫声称，军队之所以如此行事，是因为他们被逼到了死胡同里。孙科则表示，这全是共产党的错，因为是他们在不停赞美和夸大农村大规模暴动的可能性。[15] 但当地农民真的开始组织军队，准备反击长沙的反动军阀时，这股集结力量却不得不改变计划，因为武汉共产党给他们发去了电报，要求他们自我克制，耐心等待政府官员的到来，以避免发生进一步摩擦。[16] 但是，政府官员却迟迟未见踪影，结果这些农民军不是被解散，便是遭到了屠戮。

武汉的国民党领导阶层似乎默许了这场屠杀，并将心力集中在加强与其他军阀的勾结上。面对托洛茨基的诘责，斯大林反而提出要进一步加强国共合作，而不是放弃联合阵线，让最近被镇压下去的农民运动重获新生。斯大林给共产国际的代表罗易（一位年轻的印度人）和鲍罗廷发去一则简短的电报，明确指示共产党需要佯装坚定地支持国民党，使其转向左翼。斯大林"没有土地革命，就不可能胜利"的指示电于6月1日传抵武汉。"我们坚决主张从下面实际夺取土地"，因为多数国民党的领导人"正在动摇和妥协"，因此"必须从下面吸收更多新的工农领袖到国民党中央委员会里去"；而"这些新的工农领袖的大胆呼声会使老头们坚定起来，或者使他们成为废物"。倘若仍有不足，共产党仍可"动员两万左右的共产党员，加上湖南、湖北约五万的革命工农，编成几个新军，用军官学校的学生来充当指挥人员，组织一支可靠的军队"。[17]

罗易明显觉得这封电报会令国民党相信共产党是一支不可小觑的力量，或许也想抢先鲍罗廷一步，于是向汪精卫、陈友仁、宋庆龄出示了这封电报。闻之大为震惊的汪精卫，加强措施，遏止地方革命气势，进一步约束共产党权力，开始策动一连串的交涉，试图弥合他与蒋介石之间的裂痕。尽管共产党发布声明，承诺将进一步限制工农运动，但此刻共产国际的代表已然嗅出危机迫在眉睫，于是罗易和鲍罗廷两人开始长途跋涉，乘汽车、卡车穿越戈壁沙漠返回苏联。"革命力量已经前进至长江流域，"鲍罗廷在离华前接受外国记者访问时说，"潜入混浊水流中的人再次浮出水面，将会怀抱那些破碎的希望"。[18]

毛泽东是众多被安排去策动农村革命的人中的一个。尽管他的《湖南农民运动考察报告》并未获得太多关注，而且不得不遵从共产国际的指示，整个夏天都在确保军人的土地不被强征，但他身为忠诚党员,仍尽了全力唤醒那些惨遭家破人亡之痛的农民的革命意识。到9月初,毛泽东已在农村征召了近两千名兵力,并对长沙附近的城镇发动了数波攻势。但是他的这支部队主要由农民和满腹牢骚的失业矿工、国民党逃兵混编而成,与他原先希望号召十万勇于献身的农民武装参加秋收起义的期待一比,实在过于苍白。这支军队很快就遭到了地方势力的强力镇压,伤亡惨重。

比起秋收起义,在蒋介石原江西根据地南昌发动的起义更有雄心,在刚开始时也更为成功。8月初,共产党的军官——其中包括国民党将领贺龙将军,多年来对他自己与中共的关系一直保密,等待的就是这样的时机——率领两万人占领南昌,并打出国民党左翼的旗帜,没收了银行。但刚被共产党延揽加入新组建的国民党革命委员会的蔡廷锴,却突然脱离革命,致使起义军的南下计划受挫。起义军旋即向南退却,短暂占领了繁荣的沿海城市汕头,即陈炯明与孙中山作战时的大本营。不过,起义军的余部伤亡惨重,不得不由汕头向海丰地区撤退。在海丰地区,当地的共产党人彭湃在当地地主及其广州支持势力的强大反扑下,仍建立了中国第一个红色政权——海陆丰苏维埃政府。

令共产党深感受挫的事件接二连三,一直延续到12月。是月,俄共在莫斯科召开十五大,斯大林希望中国能来一场决定性的胜利,证明他的路线比托洛茨基的主张更胜一筹,给托洛茨基以致命的一击。共产国际给中共新领导人瞿秋白下达了新的指示,要求发动武装暴动。瞿秋白为了贯彻共产国际的路线方针,下令共产党人在革命的温床广州策划起义,因为当时广州的工人(很多被赶出香港的罢工工人也加入了进来）似乎已经蓄势待发，做好了参加革命活动的准备。1927年12月11日拂晓时分，共产党部队与广州工人占领警察局、军营、邮局、电报局，并按照斯大林和瞿秋白的要求，宣布该市的权力归属于"苏维埃工农兵代表会议"。

但"广州公社"的组建者在人数上根本不敌新集结的反共部队，起义仅持续两天便告结束。允许领事馆充当起义根据地的数名俄国领事馆人员，与加入"苏维埃"的工、农行列一同被枪决。许多工人之所以能被确定为参与者，是因为他们的脖子上还有获胜时所系方巾留下的红印，这些方巾都是在匆忙中上色的。当地的反共部队认为，用昂贵的弹药处决犯人太过浪费，便下令把被捕人士十人或十二人为一组，捆绑起来赶到船上，然后推入河中。

斯大林和共产国际最初倾向认定广州起义是一场胜利，不过最终却不得不承认这场起义对于中国共产党而言无疑是一场灾难，而且是由中共一手造成的。共产国际斥责道，中国共产党组织罢工方法不当，过度依赖非共产党人的工人，而在发动农民方面却执行不力，没有集中力量破坏敌军的行动。共产国际警告，中共必须更加审慎评估自己的策略。而中共本身，则必须"竭力以巩固中国共产党本身及其干部，巩固它影响之下的团体及党的中央"。中共被共产国际斥责道："不做工农的群众暴动，而去玩弄暴动，这是消灭革命的'正确方法'。"[19]

第十五章　国民党当权

国民党政府

在清共方面取得的这些成功，当然并不意味着国民党已经解决了自身存在的问题。国家统一的目标仍未实现，而蒋介石贵为北伐军统帅，财政却捉襟见肘。在斯大林看来，蒋介石与民族资产阶级联盟，已暴露出了他的本性。上海的银行家和实业家如果知道斯大林的看法，一定会大吃一惊，因为蒋介石在发动1927年"四一二"反革命事变后一个月，就将恐怖统治的矛头对准了上海市的豪商巨贾。起初，蒋介石认为这是筹措每月军饷、维持北伐势头所需几百万财政支出的唯一办法。蒋介石逼迫上海总商会会长提供一千万元的贷款，在遭到拒绝后，没收了他的财产，逼使他避走他乡。上海资本家被迫购买政府发行的三千万元短期公债，其中较大商号的指定额度通常为五十万元或以上。富商子女还被扣上"反革命分子"或"共产主义分子"的身份遭逮捕，只有在他们的父亲"捐输"巨款给国民党之后，始获释放——比如，一名棉纺厂主就被勒索了六十七万元，另一名富有的染料商则被迫"捐"了二十万元。

1927年6月，为了因应日军入侵山东带来的新压力，蒋介石发起"对日经济绝交大同盟"的组织，并开始逮捕和处罚违反抵制禁令的商人，一名布商与一名糖商就各被罚款十五万元。而这些逮捕和勒索行为之所以可能，靠的是在上海横行霸道、自由进出外国租界的青帮成员，以及他们控制的一大群协助盯梢的乞丐。青帮的领导还组织起"劳工联盟"，交由心腹管理，以取代共产党控制的工会。事实上，借着国民党新近成立的禁烟局，从贩毒收益和上瘾者所缴纳"登记费"中的利润直接被帮会的敲诈者和国民党瓜分了。与此同时，国民党还以政治团体的身份，积极鼓励筹组民族主义思想浓厚的商人协会——通常与商会针锋相对——这些协会在抵制日货的问题上，态度尤为强硬，并强烈反对外国人向租界内的商户征收不动产税。

光开辟财源还远远不够，北伐也不可避免地因为武汉国民政府与蒋介石的南京政府之间的龃龉而大受影响。7月，蒋介石的军队在争夺铁路战略要冲徐州时遭受重创。或许是因为此次失利，加上武汉领导人不断攻讦，他自身也已筋疲力尽，蒋介石在8月被迫宣布下野。讽刺的是，蒋介石先前还在雷厉风行地抵制日货，卸任后却立即远赴东瀛，只是此行的目的是婚姻而非政治。当时，宋嘉树的遗孀住在日本，经过长时间的恳谈后，蒋介石终于获准迎娶其小女宋美龄。1917年毕业于韦尔斯利学院（Wellesley College）的宋美龄，是基督教女青年会（YWCA）的活跃成员和上海工部局下辖童工委员会的委员，她的两个姐姐分别是孙中山的遗孀宋庆龄，以及财政部长孔祥熙的妻子宋霭龄。蒋介石为自己赢得了新的重要关系。

蒋宋二人1927年12月在上海举办婚礼，单是婚礼本身就暗含了中国社会中存在的许多逆流。从传统的角度看，蒋介石与原配仍有婚姻关系，他们的长子正在莫斯科求学。而尽管宋美龄出生在基督教家庭，但因为蒋介石承诺他会"研读基督教义"，宋家还是答应了这桩重婚。在上海，他们举行了两次结婚典礼。一次是在宋家举行的基督教仪式，由余日章主持，这位毕业于哈佛大学的教育家，在担任基督教青年会全国协会总干事之前，曾出任过副总统黎元洪的秘书。而中式婚礼则在大华饭店盛大的宴会厅举行，由蔡元培担任主婚人，这位反清激进学者和前北京大学校长，现在担任国民政府的教育部长。

蒋介石在日本短暂停留期间，国民党其他领导人发现，没有了蒋，他们根本筹不到足够的财源。当时孙科已经离开武汉抵达南京，并担任"宁汉合流"后的国民政府财政部长，他无法说服上海的资本家进一步提供巨额贷款，只能满足于勉强得来的杯水车薪。此时，上海总商会的运作再度独立自主，孙科不能再强迫资本家认购公债，鸦片的税收变成了零，而预备向租界居民征收月租金的计划亦宣告失败。由于政府拖欠军队薪饷，驻扎上海的军队更是拒绝北上讨伐张作霖。

1928年1月，蒋介石再度被任命为国民革命军总司令，并被选为国民党中央执行委员会的九位常务委员之一。复职后，蒋介石指派他的新妻舅宋子文担任财政部长。宋采用高压手段，再加上自己的财务敏锐，在缺乏正式政府预算的情况下筹足了资金，让北伐行动起死回生,填补了每五天一百六十万元的支出。

现在蒋介石可以再度着手与两位最具权势的北方军阀进行联盟,他们皆认同蒋统一中国的目标:一位是曾受苏联支持的冯玉祥将军,他在1927年的谈判中扮演过枢轴角色,击败吴佩孚之后,在河南建立了稳固的根据地;另一位是走独立路线的山西军阀阎锡山。几位桂系将领在初期便支持北伐,并在克复和整肃上海的行动中扮演了重要角色,不过他们现在正在湖南作战,不打算带兵北上。

1928年3月底,第二次北伐开始,终极目标直指以北京为基地的奉系军阀张作霖。1928年4月30日,蒋介石部队进入山东济南,但就在胜利在望时,新的横逆出现了,让第二次北伐遭受了重挫。当时,大约有两千名日本人住在济南,日本内阁对昔日国民革命军攻击汉口和南京的日本租界区的情境记忆犹新,于是决定派遣五千名常备部队进驻山东保护日本国民,直到战事结束。国民革命军进入济南前,日军的五百人先遣部队已在当地部署完毕。蒋介石抵达后,要求日本政府撤军,而日方似乎也有此意向。但5月3日,战斗突然爆发,零星的小冲突蔓延成全面冲突,双方对无助的俘虏实施诸如阉割或挖眼等暴行,令人发指。日本随后增派援军,5月11日,国民革命军撤离济南。蒋介石一面向国际联盟(League of Nations)求助,一面为避免扩大事端,下令他的军队变更路线,渡过济南城西的黄河,在北岸重新集结。中日之间的强烈敌意,在济南惨案之后,仍久久未散。

蒋介石与冯玉祥计划立即联手进攻天津,以切断铁路要道,防止张作霖驻北京奉军出逃山海关。然而外国列强在天津有五个主要

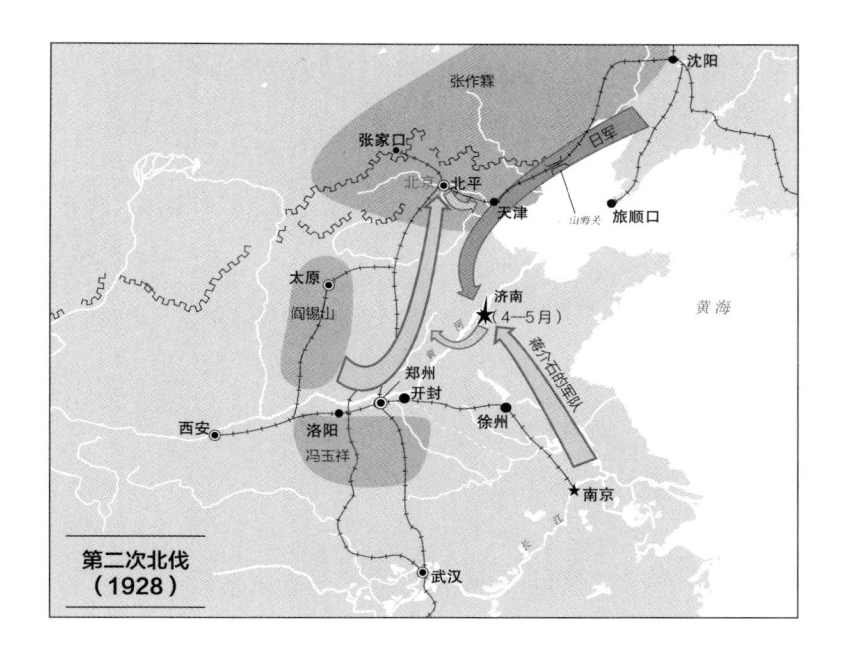

地图:第二次北伐（1928），显示沈阳、张家口、北平、天津、山海关、旅顺口、太原（阎锡山）、济南（4—5月）、郑州、开封、西安、洛阳（冯玉祥）、徐州、南京、武汉等地点，以及张作霖、日军、蒋介石的军队的进军路线。

租界，它们的投资也在这里，所以不愿见到天津发生战事。于是日本率先向张作霖担保，只要他弃守北京，和平撤回东北，日本将会阻止南方的国民革命军跨过长城或穿越山海关追击奉军。在苦思替代方案不得之后，张作霖被迫让步，于 6 月 2 日带着随扈，乘坐豪华专列，离开了北京。

6 月 4 日凌晨，当张作霖的列车经过沈阳附近的皇姑屯时，被埋伏的炸弹炸毁，张作霖伤重不治。这场暗杀行动由驻扎东北的日本关东军策动，原因是他们不满日本政府的谨慎政策，希望借此引爆全面危机，扩大事端，借以扩张日本在中国东北的势力。山西军阀阎锡山按国民党的原定计划进驻北京，他的另一位大将（傅作义）

亦和平进驻天津。国民党随即向继任东北保安总司令的张学良施压，要求进行谈判。迫于日本要求东北保持"独立"的压力，张学良暂时没有提出易帜，但是接受了于10月10日在南京成立的新国民政府的政府委员一职。1928年年底，张学良宣誓效忠南京国民政府，改易旗帜。孙中山的梦想似乎终于实现了：从广州至沈阳，国民党的青天白日满地红旗帜迎风飘扬。

国民党的当务之急，是建立起能巩固北伐成果的政治与经济结构。由于孙中山已经确立了军事行动统一全国之后过渡到"训政"阶段的指导方针，所以蒋介石不必再费心去装饰民主政治的门面。1928年10月，蒋介石被授予"国民政府主席"的职衔，而国民政府委员会的十六位成员则构成了政府的最高领导集团。政府工作按功能被区分为行政、立法、监察、司法、考试五院，各院院长由国民政府委员会成员中的五位委员出任。这样的体制架构虽然大致体现了孙中山宣扬的"五权宪法"精神，不过南京政府的五院制度成立仓促，未经选举取得人民支持，因而有违孙中山五权宪法体系的某些基本价值理念。

五院中以行政院最为重要，其功能涵盖广泛，包括统筹中央各部会，制订经济计划，统率军队，监督中央与地方关系，指派地方政府官员。在首任院长谭延闿的领导下，行政院威望卓著。崛起于清末执掌湖南省咨议局的谭延闿，是一位优秀的行政人才。不过按当时国民政府的构成，他仍须服从国民政府委员会的指示。谭延闿担任此职一直到1930年去世为止。

作为立法机关的立法院，影响也十分广泛。立法院大约八十名委员的主要工作,便是讨论和表决新法案,以及行政院的议案,特别是预算和外交政策相关事务。立法院首任院长是胡汉民,他同样为立法院赢得了不小声誉,不过,由于立法委员职权界定不清、出席率不定,立法院的权力逐渐削弱了许多。其他三院的职责,近似前清的刑部及相关部门和负责科考的礼部,主要负责监督公职人员的遴选及他们的行为,监督司法系统的运作等。

蒋介石的权力基础在南京,南京当时已取代北京,被正式定为中国的首都。定都南京是孙中山在1921年的原初构想,目的在于牵制袁世凯和北方军阀的势力。蒋介石在南京成立了国民党中央政治学校与其他干部训练学校,其成员就如同黄埔军校学生一般,坚定效忠蒋介石个人。蒋介石将形塑学生意识形态的工作委付给了陈果夫和陈立夫二人负责。这二人的叔父,是1911年在上海扶植过蒋介石的陈其美(不过由于反对袁世凯称帝,陈其美已在1916年遭暗杀身亡,而行动的授意者显然是袁本人)。这些训练课程的基调是一种结合了反共、反帝的民族主义,并被注入了重新诠释过的儒家思想,更强调秩序、和谐、纪律、等级。陈氏兄弟一人控制监察院,一人主掌所谓的中统(反共特务组织,全称是中国国民党中央执行委员会调查统计局),可谓大权在握。

在上述各方面的统治中,蒋介石不断提醒众人他和孙中山的个人关系与政治渊源有多么深。在南京建造中山陵,更是给了他强调这类关系的绝佳机会。孙中山在北平去世之后,遗体暂厝于北平城外西山的一处寺庙中,尸体身着的现代服饰,看上去十分怪异,一旁还播放着他当年慷慨激昂的演讲录音和讲述孙一生几次关键时刻的影片。蒋介石在1927年春天到南京后，立即选中了城外的一座山陵，作为孙中山的安眠之所，并计划建造一条从南京直通陵墓的道路。1928年，他亲自前往孙中山在北平西山的暂厝地，临柩痛哭，表现得伤心欲绝。1929年，如若皇家陵寝般雄伟的南京中山陵竣工，蒋介石派遣专车前往北平迎接灵柩，换上了帝制时期儒家学者所穿长袍的孙中山，终于回到革命之都。1926年6月，蒋介石在南京亲自主持奉安大典，处心积虑地将他最重要的政敌排除在了这个中国历史上充满高度政治意涵的时刻之外。[1]

虽然能制造出如此华丽的排场来向国民党创始人致敬，但在政府的固定收入方面，蒋介石面临的问题与袁世凯要应付的情况不相上下。北伐后期的军饷都是蒋介石以横征暴敛的手段向上海实业家榨取的，但这终究不是长久之计，宋子文力图说服众人，建立起一套中央预算制度，并呼吁成立一个具有实权、可独立运作的预算委员会，来分配各部门的财政资金。但是，由于预算的最终决议权仍掌握在国民政府委员会手中，所以管辖范围与特权问题终究无法解决。

宋子文初步估计，扣除负债后，政府岁入约为三亿元。但是当时军费支出骤增为每年三亿六千万元，因此军事组织的缩编与改组势在必行。此外，进一步厘清中央与地方的财政收入也极有必要，只是这项工作会非常棘手，因为在1928年，实际上仅有江苏、浙江、安徽、江西四省姑且可被看作处于国民政府控制之下。宋子文同时还入主1928年年底新成立的中央银行，担任总裁一职。当时，中央银行拥有资本额约两千万元，成立初期的主要任务是推动金融改革，赎回武汉、广州及南京政府各自发行的贬值钞票。1928年，通过与列强的积极谈判，国民政府以放弃内陆过境税和自孙中山时期的广州政府以来就一直课征的特别附加税为条件，换回了完全的关税自主权。结果关税的岁入剧增，从每年的一亿二千万元升至1929年的二亿四千四百万元，到1931年，更是达到三亿八千五百万元，远远超过宋子文的预期。

1929—1937年国民政府的支出、收入与赤字 [2]

年份（6月30日为财年终止日期）*	支出（不包括这一年度结束的余额，单位：百万元）	收入（非借款，不包括年度开始的余额，单位：百万元）	由借款补平的赤字	
			总计（百万元）	占支出的百分比
1929	434	334	100	23.0
1930	585	484	101	17.3
1931	775	558	217	28.0
1932	749	619	130	17.4
1933	699	614	86	12.3
1934	836	689	147	17.6
1935	941	745	196	20.8
1936	1073	817	256	23.8
1937	1167	870	297	25.4

尽管进行了种种改革，但如附表所示，国民党政府依然持续遭遇财政赤字，直到1936年才解决所得税的征收问题（北京政府曾

---

* 编注：各国财政年度起止日期可分为日历年度制和跨日历年度制。日历年度制的起止日期与年历相同；跨日历年度制的起止日期与年历不同，如国民政府的财年起始日期为7月1日，终止日期为次年6月30日。一般来讲，跨日历年度制的财年终止日所属年份即为该财政年度名称，所以1929财年，实际上是指1928年7月1日至1929年6月30日。各国财年起止日期取决于国情、历史和习惯及财政管理需要等因素，并无统一标准。

于1921年征收过全国性所得税，但仅征到一万零三百一十一元）。全国性土地税的征收亦然，地税所得全部流入了国民党无从控制的地方政府手中。再者，由于国民政府无法向外国企业课征超过一定比重的税赋，所以工业税的负担就落在了本国企业身上。这样的结果相当荒谬，比如，简照南、简玉阶创办的南洋兄弟烟草公司一度活跃于1920年代，能与强劲的英美烟草公司（British American Tobacco）相抗衡，最后却因不断上升的税率而濒临破产。

更麻烦的是，国民政府过度依赖上海的税收。上海的法治不彰，但在金融、文化上极为活跃，此时的人口已逼近三百万大关。上海划分为好几个区域，其中的公共租界和法租界自条约口岸时代就已存在，享有治外法权的保护，大部分外国人的家和生意都在这里，此外还有数千名中国人在此居住。第三个是非租界的市区，此时已发展为高度工业化的大都会。第四个是城区和租界以西的地界，这里被称为"歹土"（badlands），黑社会、鱼龙混杂的警察部队和半军事化保护组织在此争夺控制权。

上海的确是一个混合体，借助急速发展的新工业和吞吐量极大的国际商港推动，鸦片买卖、色情行业和组织犯罪都相当猖獗。法国人入境随俗，居然任命黑帮头子为租界的总探长，而他的工作就是把和青帮没有渊源的各方势力逐出租界。这些人暗地里和孙中山及其支持者也有往来，不过这类关系并不明朗。比如，在日本追随孙中山之前的那些年，生活在上海的蒋介石，徘徊于犯罪世界的边缘，与青帮往来密切，还在英国的档案中留下了前科。他与青帮首领杜月笙往来也十分密切，而杜月笙则靠着鸦片走私交易，最终成了公共租界中最重要的帮会首领之一。1928年之后，蒋介石仍与青帮保持着紧密联系——青帮中越来越多人假冒起正经商人和慈善家——通过所谓的禁烟局审批操作来垄断鸦片分销，帮助他的支持者积聚起大量财富。为了缔造稳固的政治结构，重建有效的地方行政管理机制成了国民政府面临的迫切任务之一。清末的统治者和袁世凯对此力有未逮，而事实也证明国民党亦终究无能为力。国民政府意图制定《县组织法》，延续过往的县级制，县由县长管理，每一县内设置数区，每一区有十至五十个乡镇。区以下的行政单位是村或里，在这行政体系的最底层是类似前清的保甲制。区以下的行政组织领导及委员会理应由选举产生，但实际上，这些官员都由县长指派。除了县长领导的各"单位"之外，还另外设置了与之平级并且直接由省政府管辖的特别单位，如此一来，即便是自己手边的资源，县长的掌控也受到了限制。

这种行政组织并未能解决地方上的许多根本问题，不少农村的生活形貌实与清朝并无二致，地方行政长官往往专制、腐化，同情地主胜于困苦的农民。即使天灾肆虐，地方官员也照样向农民课税、收租，并以警力或军队来遂行私利。农民仍要靠双手来播种收割，仍要背着沉重的农产品到市集兜售，婴儿死亡率居高不下，预期寿命短得可怜。许多女孩仍被迫裹小脚，传统的包办婚姻依然盛行，地方主义犹存，教育资源不是少之又少，便是根本没有。1920年代末期的世界经济大萧条，给那些过度依赖经济作物为生的农民带来了巨大灾难，生丝、棉花、大豆、烟草这类经济作物的市场价格崩落后，成千上万（甚至是上百万）农民因此死亡。所以，更有力的政治举措成了迫在眉睫的需求。农村改革需要制订农作物多样化的计划，相对公平地分配耕地，农产品价格也要合理化，还要建构地方信贷组织，普及教育制度，设立代议政府等。

国民党的领导人对此类需求心知肚明，时不时也会处理其中一些问题，但政府财政总是捉襟见肘，而外患与内乱也经常占去政府心力。结果最终便是，共产党尽管撤出了城市，但仍在乡村得到了相当的支持，建立了不少乡村革命政府或"苏维埃"。蒋介石花了许多钱，也投下许多政治资源，试图消灭这些组织，但始终是为山九仞，功亏一篑。即使是在蒋介石自认为受掌控的地区，他的统治也不时发生动摇，他的支持者甚至还数度脱离政府，自建政权，如1929年的蒋桂大战、1930年的中原大战（冯玉祥、阎锡山等）、1931年胡汉民遭蒋软禁、1933年的福建政变等。因此毫不意外，一些温和的土地改革运动，其实主要由具奉献精神的个人如晏阳初、梁漱溟推动。

第一次世界大战期间，晏阳初在法国基督教青年会任职，投身华工服务，这也是他第一次充当改革者和教师的角色。1921年返华后，晏阳初到了河北定县，继续从事平民教育的工作。他在定县成立了"模范村"，进一步拓展工作范围，在基本的识字课程之外，教导村民卫生常识与农耕技术。到了1929年，在国际机构的赞助下，晏阳初已经在定县为六十几个村庄和贸易集镇发展出了四项重建计划，涵盖文艺、教育、公共卫生，以及以轻工业、农业为基础的经济增长和自治这些方面。

梁漱溟是著名儒家学者（其父为清末官员梁济，因对中国的困境深感绝望，在1918年投水自尽），五四运动期间，他获聘担任北大哲学教授。在南方做了一些乡村重建的试验工作后，梁漱溟担任了山东乡村建设研究院院长，试图将邹平、菏泽两县建设成模范小区。在邹平与菏泽两地的实验区里，为了避免阶级斗争，引导乡村自治，梁漱溟主要把心力放在了由精英与平民共同参与的经济互助与教育计划上。

这些个人努力的成功，展示了这类举措的潜在可能。但在当时的中国，这样的试验屈指可数，反映了自由放任主义的盛行，以及更为深层次的问题：缺乏直面中国问题的意志。

文化与意识形态

在1920年代晚期和1930年代国民党统治期间，中国人的生活在很多方面发生了翻天覆地的变化。医疗保障更加成熟，新医院拔地而起，各类院校都拥有了运动场与实验室；供卡车和汽车通行的碎石路不断增加，使社会和商业交流提升到了新的水平；新建的电站让中国城市通上了电；内河与沿海的蒸汽运输更加普及，降低了跨区域交易的成本；新铺的铁轨上飞奔着速度更快的火车，某些国内航线可以提供空运服务。电影院成为都市生活的一部分，收音机和留声机也出现在富有家庭里；中国男性开始穿西装，戴礼帽或布帽，年轻女性则穿起了短裙和高跟鞋。新奇、成熟、颇具性暗示的广告在流行休闲杂志中频频出现；娱乐和购物中心更加奢华，流行歌手和电影明星成了家喻户晓的人物；生理和性爱手册直白露骨，销量激增，使性事方面的信息普及开来，增加了人们对名人私生活的好奇；抽烟成了全国的新时尚。对那些富有的中国人而言，生活的确过得不错，而对在此期间居住在中国的外国人，这些年更是"过得很肥"。[3] 但是，按理该是国民党鼎力支持者的中产阶级，却普遍感到不安。

五四运动的狂热激情，在1920年代末的种种冲击下灰飞烟灭了，五四那一代打倒偶像的人们最终去向有五种：成为中共的领导人，成为国民党反共产主义秩序的代言人，成为中间路线的自由主义捍卫者，成为严守学院方法论的学者，成为倡言自由心灵和享乐生活的典型人物。这五类人接受过传统文化的训练，或在晚清改革和清王朝的灭亡中有过影响（无论有多小），或对一种或数种外国文化有很深造诣，这些均足以令他们享有一定的社会地位。那些在五四运动时才十几二十来岁的人，可以选择的出路，以及需要为之奋斗的目标都差不多，但如今通往目标的道路却隐晦许多。这些年轻人心中无所依从的感受比老一辈的更为强烈，好打的仗已经打胜了，接下来这些年轻人究竟该如何处置看来是留给他们的遗产呢？

对这些问题的探索，代价之高，议题之严肃，可以从两位年轻探索者身上一窥端倪：作家丁玲及其夫婿胡也频。丁玲1904年出生于湖南一个士绅家庭，在长沙接受了现代化学堂的教育。五四运动期间，丁玲与母亲都对深植于这场运动中的新中国之梦充满了希望。她们与一些1919年负笈法国的留学生是要好的朋友，其中几人还在法国加入了共产党。1922年，丁玲离开家乡的母亲和友人，前往南京、上海，最后到了北京。在这里，在一群作家、艺术家的圈子中,丁玲与胸怀抱负的诗人胡也频在一起过着"解放"的生活,俨然就是成功挣脱家庭枷锁的"娜拉"。

1927年年底,丁玲出版了她的第一篇短篇小说《梦珂》,讲述了天真美丽的乡下女孩梦珂来到上海后,小心周旋于一群圆滑世故的有钱人、生活西化的附庸风雅者以及思想僵化的激进分子之间。后来,梦珂成了电影明星,但她靠的是运气,而不是正确的判断,最终功成名就的梦珂失却了人性,沦为男性世界里满足欲望的玩偶。令丁玲蜚声文坛的《莎菲女士的日记》发表于1928年,透过小说人物莎菲女士之眼,丁玲为读者呈现了一幅充满孤寂和挫败感的苦涩景象。莎菲是如此浮躁不安,甚至到了精神失常的地步。她的火暴脾气连最好的朋友都无法容忍,纷纷走避,她故意奔放的情欲到头来只是自取其辱。这篇故事充满张力,又令人低回,在精彩的结尾之处,莎菲女士是这样思索她的未来的:

> 总之,我是给我自己糟蹋了,凡一个人的仇敌就是自己,我的天,这有什么法子去报复而偿还一切的损失?
>
> 好在在这宇宙间,我的生命只是我自己的玩品,我已浪费得尽够了,那末因这一番经历而使我更陷到极深的悲境里去,似乎也不成一个重大的事件。
>
> 但是我不愿留在北京,西山更不愿去了,我决计搭车南下,在无人认识的地方,浪费我生命的余剩;因此我的心从伤痛中又兴奋起来,我狂笑的怜惜自己:"悄悄的活下来,悄悄的死去,啊!我可怜你,莎菲!"[4]

在丁玲声名鹊起的同时，胡也频也在从事着诗歌和短篇故事的创作，丁玲还用自己的收入帮助出版了他的作品。面对动荡的时局，丁、胡二人的政治立场都开始向左倾。1930年，胡也频率先加入共产党，并写下一篇煽情而夸张的小说来讲述1925年的"五卅惨案"，但实际上，"五卅惨案"发生时，胡也频人已在北京，并未目睹事件始末。1930年年底，胡也频决意前往江西苏区，从事文化和农民识字运动的相关工作。1931年1月，丁玲产下他们的第一个孩子后不久，英国警察在上海英租界召开的共产党秘密会议上逮捕胡也频，并把他交付国民党处置。证据显示，胡也频及其友人是被共产党内的敌对派系出卖的。经过简短审讯后，1931年2月7日，胡也频与二十二位同志在国民党近上海的守备队司令部一起遭到枪决。不久，丁玲返回湖南老家，将小孩子留给母亲抚养，然后返回上海后，就加入了共产党。

青年人或许是为了实现社会正义而加入共产党，不过成为党员后，却又发现并没有多少自己想象的文化创作的自由。自从1930年以降，整个中国左派创作活动就受到"左翼作家联盟"传递的苏联式政治审美观领导，左联领导人紧紧追随斯大林在苏联制定的文化路线，限定作者的世界观以及政治立场。斯大林主义的前提是要做到"正确"，任何对社会现实的描述必须如实反映角色与角色之间的阶级关系，在描述社会主义革命的方向和目标时，更不能模棱两可。丁玲在加入共产党之后，也依"左联"的原则来写作，不过，她和朋友们所写的有关工人和农民的故事，大都僵硬呆板，欠缺说服力。

五四时期的作家中最受青年人敬重的鲁迅，在1930年加入了

"左联",深感"左联"及其方针绑手绑脚。他曾嘲讽地写到,在苏联那套观念下,一首完美的诗是这样的:

啊,汽笛!
啊,列宁![5]

同时,鲁迅还发现,"左联"的成员一边盲从俄国人的创作原则,一边又热衷于彼此攻讦。虽然共产党不断邀请鲁迅加入,但他一直未有所动。一直到1936年死于肺结核之前,鲁迅都还在鼓励年轻作家要紧守中国文化的重要议题,保持敏锐的社会意识,不要失却嘲讽的能力。

1930年代,值蒋介石和国民党巩固权力之际,国内许多大学陷入一片混乱,人们越发感到失望。五四运动的激情随风消逝后,学生逐渐发现,除部分学者造诣甚高之外,多数教授在政治上很胆怯,在学术上也很无知,只知道追逐名利。一些教师吹嘘自己对外国科技的知识有深厚了解,实际上却是一窍不通,有时他们拿来炫耀的外国高级文凭甚至可能是假的。这类薪水很低、缺乏生气的教师根本无法博得学生的尊敬。钱锺书的小说《围城》,便生动地捕捉到了当时学术界这种丑陋、愚昧的一面,在钱锺书赴牛津和巴黎研究比较文学之前,他成长就读的学校便是这样的。钱锺书的惨淡描绘,完美呼应了两百年前乾隆时期的吴敬梓在章回小说《儒林外史》中曾讽刺过的那个堕落的旧文人时代。

但是,很多(或者说多数)受过教育的中国青年并未丧失信心和希望。他们对于新时代有可能诞生的各种智慧成果感到着迷，急切希望自己能学以致用。梁启超的儿子梁思成便是众多例子中的一个。这个在北京狭窄的胡同里学会骑摩托的年轻人，倾心研究中国古代寺庙和宫殿的建筑结构。他的夫人林徽因是一位学者型诗人和美术史学者，二人不远千里，深入到中国各地寻找、拍摄、绘制——甚至是保护——中国艺术遗产的精华。

但即便如此自由的灵魂，都要受到高压环境的挟制。国民党透过教育部，以及高压和恐吓等手段，图谋加强对教育体系的控制，设置各种必修科目和考试制度，以便使学生因为穷于应付功课而无法煽动、组织示威游行。他们在某些大学里，还以恐怖统治的手段如突击搜查、逮捕，来镇压激进的学生和教师。虽然此类行动缺乏官方数据佐证，但是在1932年春夏两季，也就是示威抗议日军侵略上海之后，二十二名学生在北平被杀害，一百一十三人遭大学开除，四百七十一人被捕入狱。1934年间，据一位大学教授估计，超过三百名师生遭逮捕，1934年年底至1935年3月，另有二百三十名师生锒铛入狱。政府用严格的审查制度，控制报纸、期刊、书籍，以及诸如电影院这类大众媒体平台。有些导演不得已，只好运用讽喻的手法来表达政治议论，但有时候笨拙的审查员看不出其中隐含的信息，便让电影通过了审查，结果大快人心。

很明显，对蒋介石及其幕僚而言，假若要让学生、知识分子特别是城市工人相信国民党在努力完成国家统一、经济重建的使命，那么国民党就必须找到比压抑学术自由、不断打击共产党、姑息日本侵略中国等更有效的方法。1934年年初，蒋介石开始建构一种新的一体化意识形态——新生活运动，这种思想体系部分融合了孙中山的信条，部分采纳了外国传教士的改良主义社会政策，以及蒋本人对传统儒家思想核心的诠释，特别是其中关于培养忠诚与道德的部分。蒋介石对他这套思想抱有极高的期望，他宣称，通过恢复"礼、义、廉、耻"这些美德，建构"一种新的民族意识与大众心理"，实现"中国的社会新生"。

为了阐释这些观念，蒋介石抬出了社会达尔文主义的理论，他写道："唯有那些日复一日能够适应新环境的人，才能过上合宜的生活。当一个民族的生活经历这样的适应过程时，就必须矫正自己的缺点，去除无益的东西。然后我们才能称它为新生活。"[6] 1934年，蒋介石在南昌策划对江西苏区进行第五次"围剿"时，开始着手推行"新生活运动"。"新生活运动"透过国民党的组织网络，从南昌向其他省份、青年团体、公众组织推展开来。利用各种大众传播媒介，包括文学、图画、小册子、戏剧、电影等，传播有关"新生活运动"的指示。蒋介石期望，在领会这次运动的精神后，国家能够为解决人民的衣、食、住、行这"四大需求"做好准备。他的新意识形态实际上反映出了对国内危机的察觉，还有一些法西斯主义的要素。蒋介石用"新生活运动"明确表达出了他企求的目标，那就是"使全国国民的生活能够彻底的军事化！能够养成勇敢迅速，刻苦耐劳，尤其共同一致的习性和本能，能随时为国牺牲"。[7]

蒋介石希望透过这种集体运动的形式，能够消弭如随地吐痰小便、在公共场合抽烟、男女私通以及衣着暴露等自由散漫、有碍公德的行为，使国家逐渐团结起来，共同面对社会和经济的重大议题。

不过，尽管透过学校体系以及童子军、基督教青年会一类组织进行了广泛推展，但"新生活运动"的焦点却始终局限在那些细枝末节的社会不文明行为上，给民众个人生活徒增了不少烦恼或干扰。自清朝结束以来，很多人便对妇女行为的转变恨之入骨，所以女性尤其受到了这些人的鞭笞，只要衣着稍有暴露或是行为轻佻，她们就会受到批判甚至攻击。例如，一位国民党发言人便滔滔不绝地训斥江苏的年轻女学生注意言行符合"社会礼仪"，因为在西方社会里，未婚女子除非有已婚女子作陪，否则就不能参加公共聚会。男人与女人只能在客厅会面，而不能一起进入卧房。[8]

中国女性被要求恪守"妇德、妇言、妇容、妇功"四德，并被教导切勿受到蒙蔽而盲目跟从女权主义观念。前述江苏那位国民党发言人同样训诫，今日社会中的女性运动并不是真正的女性运动，而是一场模仿男性的运动。他坚定地认为，中国女性的主要工作，是从事家务、女红、炊事、洒扫、布置庭园等。[9]在江西，政府更进一步公布若干细节，例如衣摆应至膝盖以下十厘米，旗袍侧边的开衩可及膝上（八厘米左右），搭配裤子的女衫，下摆必须超过臀线以下八厘米左右，等等。虽然原来的意图很严肃，但新生活运动并没有达到复兴民族的目的，而是在对琐碎小事的纠结中渐渐销声匿迹了。

同样在1930年年初，为了在未来的长期斗争中巩固政治和军事的领导权，黄埔军校的早期毕业生还发起一个更加严密的组织。该组织成员严格遵守禁欲的生活准则，不赌博、不嫖妓、不暴饮暴食，且多数人都身着粗棉布的蓝衫，故此又别名"蓝衣社"。虽然他们的工作和志向经常与现有的官僚和军事系统相抵触，但随着成员的增加，凭借其组织化的结构，蓝衣社的活动还是备受蒋介石的鼓励。事实上，蒋介石最擅长的政治技巧之一，便是暗中培养彼此对立的团体，以便利用它们的存在来强化自己作为中心人物的不可或缺。

蓝衣社的一位理论家公开表示，蓝衣社必须像是一把利刃，一把既可在战争中用来杀敌，也可以用来切菜的工具。但是，这把刀只有被妥善铸造好之后，才可考虑具体的用途；在这之前，不管哪个任务它都完成不了。这位理论家主张，未来中国应仿效以下三种社会模式：斯大林的苏联、希特勒的德国、墨索里尼的意大利。他宣称，这三种模式下的民族或国家社会主义口号背后潜藏的目标，与孙中山的三民主义十分相似。他认为，民主体制是骗局，只会对中国这种文盲遍布的贫穷国家造成伤害，他表示，如果我们立即就要推行民主政策，无异于给一个缠脚的乡下女孩一双高跟鞋，然后叫她去跳舞。[10]

到了1934年，有好几位中国作家已经开始公开赞赏法西斯主义，特别是墨索里尼的政策。早在清末，梁启超就曾在著作中颂扬由马志尼（Giuseppe Mazzini）、加里波第（Giuseppe Garibaldi）领导的意大利民族统一运动。到了1930年代初，由于墨索里尼政权帮助中国发展空军军力，训练飞行员甚至建造工厂，这种对意大利的崇拜再度兴起。1934年，有一位作家便将这位独裁者崛起的环境与中国和蒋介石相提并论。他指出，欧战结束后两年，意大利就如同我国目前的处境，受到内乱与外患的双重煎熬。但是意大利出了一位墨索里尼，经过他数年的领导、艰苦的奋斗，致力于建设一套有效的统治，终于使意大利从沦亡的边缘获救。这位作者高声问到，中国能否出现像墨索里尼这样的领导人？有的，事实上，我们自己有不辞劳苦、功勋彪炳的卓越革命领袖蒋委员长。[11]

由于蓝衣社成员十分效忠领袖蒋介石，在行政、军事以及党部里根基庞大，在反共斗争中承担起特殊角色，所以蓝衣社的核心团体便逐渐发展成为一个训练有素的军事和秘密警察机器，用来侦防国内外一切可能的颠覆力量。蓝衣社的戴笠是浙江籍的黄埔军校毕业生，操控着蒋介石的特务处，这个机构后来把名称改为了更加隐晦的调查统计局。最初，戴笠领导的调查统计局只有一百四十五人，到1935年，这个数字膨胀为一千七百人。人们普遍认为，戴笠为了清除蒋的异议分子，曾策划无数桩政治暗杀行动，其中就包括1933年中国民权保障同盟主席杨杏佛，以及1934年上海著名报纸编辑史量才。

然而，尽管他们可以暗杀异议人士，恐吓抗议教师和学生，渗透工会组织，从有不满趋势的乡村地区搜集情报，但他们终究无法涤除人们心中的不平。我们可以从小说家茅盾在1936年的观察，来评断国民党在思想驯化方面的彻底失败。受俄国作家高尔基曾实现过的一个想法启发，茅盾和同伴四处散发传单，请各地百姓写下1936年5月21日（随机选定）这一天发生的事情。结果获得三千余封回函，几乎囊括每一省份、每一份职业和每一个社会阶层。这三千多封信异口同声地严厉谴责蒋介石的新政策和意识形态，嘲笑新生活运动的虚伪，痛斥国民党强制征收土地、强迫义务劳动等在农村生活中造成的腐败现象。他们抨击那些与日本人合作的汉奸，以及主张避免与日军冲突的那些似是而非的言论。其中有一封信写到，中国的军政要员赶忙从华北、特别是冀东安然脱身，仿佛这里到处是人的粪便。在所有回函中，有一封信的内容虽充满了黠慧的巧思，但却也积淀着几许悲哀，撰述者用不同地方的方言让北方的中国人误解南方人表达的情绪。他曾在一条街上看见一幅激励精神的标语，其意为：

物华天宝
人杰地灵

但是如果我们改以粤语发音来读，那么意思就会变得十分消沉：

物瓦天爆
人绝地冷[12]

可以很明确地感觉到，作者认为中国人应该比较相信口号的第二个版本，而不是第一个。

中国与美国

面对世界权力平衡的现实，国民党必须把许多心力放在国际外交的竞技场上。不过，在讨论给中国带来最严重威胁的日本前，我们先来看看美国吧，因为它在国民党的思维中也占据了相当的地位。

一战后国际体系混乱失序的十年间，美国对华外交政策出现重大的转折。凡尔赛和约谈判中发生的一系列事件，显然证明了日本已取代中国，成为支配东亚国际体系的主要角色。不过，具有讽刺意味的是，美国的威尔逊总统在协商中极尽所能地笼络日本，以期建构一个全球性的国家联盟来维护国际永久和平，但是在1919年以及1920年，美国国会却两度否决了美国加入国际联盟的提案，打碎了威尔逊总统的梦想。

美国对日本强权地位的确立以及海军军备竞赛的发展感到焦虑不安，决定推动新的国际协议来确保自己在东亚及太平洋的国际地位，削减日本近来的斩获，并遏止"英日同盟"在亚洲的扩张。英国则渴望保护自己在一战后摇摇欲坠的全球帝国版图，所以也很乐于加入国际协商。日本更是希望自己的国际强权地位能进一步被认可，也十分清楚自己的总预算中有49%都是军费支出，所以同样欣然参加谈判。

1921年11月，英、美、日三国代表与法国及另外五国代表齐聚华盛顿开会，一直开到了翌年2月。美、日、英、法达成的《四国条约》取代了英日间的军事互助协定，实现了美国终结英日同盟的目标。该条约除同意将四国所拥有的太平洋岛屿"非军事化"外，还规定在"遭受任何国家威胁时，缔约国应协商采取有效措施"。会后签订的《九国公约》（除上述四强外，还包括中国、意大利、葡萄牙、比利时、荷兰），则谴责了各国在华划定势力范围，并鼓舞人心地宣称，要"尊重中国之主权与独立，及领土与行政之完整"。

在华盛顿会议所签订的第三个条约（《五国条约》）中，三个主要签约国的海军主力舰吨位比例被固定为5：5：3，其中美、英各为五，日本为三。乍看之下，日本似乎被划入二等国家之列，但实际上，美英舰队均集中部署在大西洋地区（英国还要顾及地中海和印度洋的防御），而且两国间有协议规定，不在太平洋的岛屿上构筑重要军事基地，所以这个条约很有可能保证了日本海军在东亚的优势。英国对此条约十分满意，因为它非但没影响到自己在新加坡、澳大利亚、新西兰的基地，反而提升了英国既有的舰炮优势。美国则自认缔造了世界新秩序，并为亚洲国际关系的和平带来一线曙光。

日本在会议中表现出了惊人的灵活性，先是以自己在南满（辽宁）的特殊权益不得受到侵犯为条件，撤出了苏联沿海省份和库页岛（日本军队一直在此对抗苏联）等地，后又表示，出于对中国的尊重，日本会将1915年签订的"二十一条"中获得的胶济铁路管理权，及1914年从德国那里取得的"胶州租借地"，归还给中国政府。

1920年代中后期，美国对华政策一直保持低调。共产国际在华的进展，最初受到了美国政府的密切关注，而蒋介石对日益壮大的共产党果断进行压制，也受到了普遍赞誉。

1928年夏天，美国驻华公使与宋子文在北京会晤并签订条约（《整理中美两国关税关系之条约》），同意中国恢复关税自主。当年晚些时候，全面修订过的关税细则将税率提高至7.5%到27%不等，为国民政府带来救急的财源。在华盛顿的人士看来，这一条约相当于在事实上、法理上承认了国民政府的合法性。1929年2月，美国参议院批准了条约，国民政府正式获得美国官方承认。不久之后，双方又开始就废除美国在华治外法权展开了谈判。

总体来讲，美国人对于蒋介石和宋美龄的婚姻是感到十分欣慰的，因为宋美龄拥有马萨诸塞州韦尔斯利学院的学位，而这极大增强了她的家庭与美国的联系。随着宋美龄的两个弟弟归国协助宋子文工作，两个姐姐又经常成为公众焦点，宋氏家族事实上就成了国民政府争取美国支持时最有力的游说团。1930年10月，蒋介石在上海正式受洗成为基督徒，并与其年轻妻子复诵婚姻誓约，誓言恪守基督教义，至死不渝。此后，宋氏家族在美国大受欢迎的公共形象更是得到进一步的加强。

与美国对中国的好感相呼应，他们的对华投资也在稳定成长，只是投资步伐和规模仍然逊于英日两国，而且若是只看制造业的投资，而不是整体的贸易、金融、公用实业、不动产的投资，那么这个差异就更明显。美国在华投资的收益其实与英国和日本不相上下。

1902—1936年各国在华的投资[13]

国家	1902	1914	1931	1936
英国	260.3（33.0）[2]	607.5（37.7）	1189.2（36.7）	1220.8（35.0）
日本	1.0（0.1）	219.6（13.6）	1136.9（35.1）	1394.0（40.0）
俄国	246.5（31.3）	269.3（16.7）	273.2（8.4）	0.0
美国	19.7（2.5）	49.3（3.1）	196.8（6.1）	298.8（8.6）
法国	91.1（11.6）	171.4（10.7）	192.4（5.9）	234.1（6.7）
德国	164.3（20.9）	263.6（16.4）	87.0（2.7）	148.5（4.3）
比利时	4.4（0.6）	22.9（1.4）	89.0（2.7）	58.4（1.7）
荷兰	0.0	0.0	28.7（0.9）	0.0
意大利	0.0	0.0	46.4（1.4）	72.3（2.1）
北欧	0.0	0.0	2.9（0.1）	0.0
其他	0.6（0.0）	6.7（0.4）	0.0	56.3（1.6）
	787.9（100.0）	1610.3（100.0）	3242.5（100.0）	3483.2（100.0）

1936年各国在华的制造业投资[14](1)

制造业	英国	美国	德国	法国	日本	总计
纺织品	64.6	1.2	3.9	0.0	112.4	182.1（54.7）
铁机械设备	20.8	3.6	0.1	0.5	4.1	29.1（8.8）
化学制品	63.0	1.7	2.0	1.0	6.8	74.5（22.4）
木材木制品	4.0	0.5	0.0	0.0	0.9	5.4（1.6）
印刷业、装订业	0.3	0.3	0.1	0.0	0.8	1.5（0.5）
食品、饮料、烟草	23.3	1.1	0.9	0.5	5.8	31.6（9.5）
其他	3.7	1.1	0.1	0.0	3.3	8.2（2.5）
总计	179.7	9.5	7.1	2.0	134.1	332.4
	（54.1）	（2.9）	（2.1）	（0.6）	（40.3）	（100）

（1）两个表格中，单位为百万美元，括号内为百分比。

美国在华的许多活动延续了早期的基督教会事业，1920年代末和1930年年初集中在教育、医疗和培训，以及面向社会、基础更为广泛的项目，如基督教青年会、基督教女青年会等。许多教会学校都由美国的教会团体兴办，录取人数较少，课程也主要集中在传播基督教知识和教义。但中国民族主义的高涨不可避免地使学校内积压了不少愤怒情绪，不时导致学生参与骚乱、暴动，最终被开除。不过，燕京大学在新闻学和社会学方面的声誉还是非常卓著的。这所原本由美以美教会、公理教会、长老教会等团体赞助的四所学院合并而成的大学，成了几代中国学生学习商务、管理，或参与乡村重建计划，用所学知识来分析社会并造福社会的场所。

非教会的天津南开大学由中国人自己创立，其创办人（张伯苓）曾于清末赴哥伦比亚大学教育学院研习。通过来自美国的私人赞助与洛克菲勒基金会的支持，南开大学逐渐发展成为经济和社会研究的中心。清华大学——其前身是清朝培训留美幼童的清华学堂，当时的留美奖学金抽取自一千二百万美元的庚子赔款——在1909年至1929年间共培养出一千二百六十八位学生。国民政府在北伐后把清华学堂改制成国立清华大学，并在原本已富盛名的文、理、法三个学院之外，增设了水平不错的工学院。

当时中国的医学也取得了长足进步，这在很大程度上要归功于若干私人慈善团体特别是洛克菲勒基金会的大力赞助。1915年，基金会决定在中国赞助成立一所医学院。这个决定的硕果，就是后来成为全国最大的医疗研究和教育训练中心的北京协和医学院。虽然该院传授的是西医，以英语教学，摒弃了传统中医的把脉问诊及中药和针灸的治疗方法，但针对的是中国特有或特别流行的疾病。在这所拥有精良设备医院的医学院里，教学过程严谨而从容不迫，但是开销也很庞大：1924年至1930年间，该校虽然只有六十四位习医学生，但负责管理的教职队伍却包括了一百二十三位外国人、二十三位中国人。不过，靠着洛克菲勒基金会在1928年捐助的一千两百万美元，北京协和医学院还是确保了它在中国医疗研究的领先地位。当时，唯一可与北京协和医学院媲美的，是日本在东北成立的医学院，不过该院只招收日本学生。

湖南长沙的湘雅医学院，虽然也是靠来自美国金融家哈克尼斯（Edward Harkness）的私人赞助而设立的，但却有全然不同的发展经历。一批来自耶鲁大学医学院的教职员与湖南地方政府、士绅合作，成立了这所医学院，而中国人在教职员中表现十分突出，至

1925年，甚至接管了医学院的行政管理工作。这所学院的中美医学团队，除在治疗天花、霍乱方面有重大的贡献外，在阻击传播速度极快的肺炎型鼠疫所做的鼠类实验，以及鸦片毒瘾的治疗中，也取得了不小成绩。长沙当局则尽全力保证电力供应充足，以便让该院新进的X光机器设备能全天候使用。

湘雅医学院的教职人员虽然远少于北京协和医学院，但在1921至1926年间，仍有四十三名中国学生毕业从医。而且在1926年，湘雅医学院还因派出的两名医生为蒋介石拔除了疼痛难耐的阻生智齿而名噪一时（当时蒋在长沙与军官团召开军事会议，筹划对武汉和江西的最后一波攻势，可以想象这两名医生该有多么战战兢兢）。几所专门招收女生的著名医学院也在此期间成立，不过这些学校大多隶属于教会学院。此外，湘雅医学院还与燕京大学合作开发了重要的护士培训项目。

蒋介石与在华传教士的私人情谊也助长了美国对华的影响力。虽然在1920年代，中国近五千名天主教神职人员多为欧洲人或华侨，但居住在此的六千六百三十六位清教传教士多半是美国人，他们组成了许多小的传教站，分散到全国各地。在蒋介石下定决心要摧毁江西苏区后，教会的影响力开始俱增，因为蒋介石和宋美龄把自己的避暑宅邸安在了清风和煦的牯岭（近九江），而这里向来是外国人的避暑胜地。蒋氏夫妇租用的宅邸（美庐）原属于南昌的美以美教会，宅邸所有人是来自伊利诺伊州美以美教会的约翰逊（William Johnson），这个自1910年起就住在中国且对中国的乡村重建特别感兴趣的传教士，后来与蒋夫人建立了深厚友谊。虽然蒋介石最信赖的外国顾问是澳洲人端纳（W. H. Donald，亦曾担任袁世凯的特别顾问），但他还是会经常与美国教会的传教士促膝长谈，并在后来相当倚重这些传教士，比如新西兰裔的公理会传教士的牧恩波（George Shepherd）就被称为蒋介石"圈内""值得信赖的美国人"。

中美两国关系友好的另一项重要因素是华人移民美国的问题已获改善。清朝末期，美国的排华禁令和中国在1905年抵制美货的运动，使两国关系降至冰点。到了1920年年底，美国新的法令规定：禁止美国公民的中国妻子进入美国；以及夫妻若非定居美国，即使拥有美国公民权，其中国子女亦不能赴美。除此之外，中美之间的关系大致维持现状，并未进一步恶化。在美华人的数量在经历了排华法案后骤降，到1920年代晚期，终于开始缓慢回升，同时随着新生代华人在美出生，昔日华人男女比例失衡的现象亦获改善。

1890—1940年在美华人人口数 [15]

年份	在美华人的总数	女性人口数
1890	106 488	3 868
1900	89 863	4 522
1910	71 531	4 675
1920	61 639	7 748
1930	74 945	15 152
1940	77 504	20 115

虽然华人在美国主要还是以经营餐馆、洗衣店为生，但也有不少人开始从事商业、零售、制造等行业，并且从西海岸的旧唐人街走出来，分散到了向全国各地。再者，在美广州人的人数优势也辉

煌不再，1929年，来自江苏、浙江、江西的移民成了一个新的互助会，彼此相互扶持。1931年，还发生了最后一场敌对的华人社区及方言群体间的"堂斗"，这些曾让在美华人的形象长期受损的暴力行为自此结束。

也正是在这个时期，美国国内开始对中国的农村生活状况有了一些了解。美国作家赛珍珠（Pearl Buck）是其中最有影响力的信息来源。她的小说《大地》（*The Good Earth*）于1931年出版，该小说以细腻的观察，描绘了一个中国农民家庭不断与大地搏斗，力抗大饥荒，加入南京共产党的宣传队伍，最终返回到故乡重振家业的历程。赛珍珠在中国长大，她的父母是曾在长江沿岸的镇江布道的长老会传教士。在上海读完高中后，她于1910年赴美就读大学，1914年返回中国后，与曾指导过有关中国农民经济和社会环境的研究调查的农业经济学家卜凯（John Lossing Buck）结为连理。为了躲避1927年3月发生在上海的排外运动，赛珍珠夫妇曾在皖北生活多年，后来又移居南京。这段既紧张又激动的经历，加上写作欲望的驱使，让赛珍珠在1928年年初花了不到三个月就完成了《大地》这部小说。该书出版后，畅销一百五十万册，并赢得了普利策奖，还被翻译成三十种语言。1933年，《大地》登上了百老汇舞台，四年后又被搬上大银幕——估计美国有二百三十万人欣赏过这部电影。很显然，美国人愿意从娱乐活动中认识和了解中国，但他们并不需要一个充满异国风情或是令人心往神驰的中国。也许，知道中国的情势更恶劣不堪，对正在遭遇经济大萧条的美国而言，也算是一种安慰吧。

中国与日本

第一次世界大战后,日本的对华政策历尽转折。1914年至1915年间,日本占据德国位于山东的租界,还提出"二十一条",可见态度之强硬;到了1921年至1922年的华盛顿会议上,态度温和了不少的日本停止对华索求无度,将山东的租界与铁路归还给了中国;但在1927年至1928年间,日本开始担心国共合作会把中国引向新的排外主义时代,进而严重损害自己在华中的贸易特权和辽东的军事优势,所以此时,强硬路线又重新占了上风。对日本而言,国民革命军于1928年5月在济南与日军爆发的流血冲突,以及同年6月张作霖遭暗杀后的政局演变,正是中国新一波排外心态的明证。

日军与中国不同政府之间的紧张关系,其实反映了日本国内政局层出不穷的问题。19世纪末20世纪初以来一直延续了快速增长势头的日本经济,此时已经开始动摇和萎缩。1925年,日本的所有男性都被授予了完整投票权,接着的1926年,年轻且有学者气质的裕仁天皇又登上了皇位,似乎向世人昭示了日本源源不绝的活力,但事实上,日本的君主立宪政体已开始走向衰败。越来越多的人认为,日本政府支持的各大工业财阀势力已经过于庞大,腐化不堪,破坏了民选政治人物与官僚体系的廉洁。装备精良且训练有素的陆、海军也灰心丧气,认为那些国际条约与外交政策似乎抹杀了他们的重要性。

尽管日本共产党本身能力有限,日本政府也在1920年代末通过了"治安维持法",赋予警察逮捕煽动分子的权力,但当时日本国内还是弥漫着一股政府会被颠覆的疑惧。明治维新以降,日本的总人口数增长了一倍，在1928年达到六千五百万人，开始面临城市人口失业与农业萧条的困境。更为雪上加霜的是，美国股市遭受重挫，极大影响了日本对美国的丝绸出口，造成千百万工人失业，也使农民失去了附加收入的主要来源。1929年至1930年，生丝价格下跌四分之三，日本对美国的出口总量滑落了40%。1930年，美国又通过了"史穆特-霍雷关税法案"（the Smoot-Hawley Tariff），规定将进口关税平均提高23%，进一步给日本向美国输出的珍珠、罐头食品、瓷器带来严重影响。同时，日本向中国的出口也下滑了50%。

日本的许多学者及政治人物对中国的态度十分复杂，他们在推崇中国昔日璀璨文化的同时，也交织着对中国现时困境的奚落和蔑视。日本知名的东洋史专家、出版人内藤湖南是其中的典型代表。1894年中日甲午战争爆发的头一天，二十九岁的青年内藤写道：日本承担的新"使命"，就是要"把日本的文明与生活之道散播到世界的每一个角落"。因为中国是亚洲的大国，自然"应成为日本践履使命的首要目标"。对内藤而言，这一使命蕴含了特殊意义，因为日本在不可避免地扩张和改变过程中，已经取代中国，拥有了成熟文明并将之发扬光大。

内藤湖南认为，晚明清初时期，江浙地区是中国文化的重镇，后来这一地位在一段时间内被广东继承——内藤指出，原本居住在江、浙、粤三省的是各类蛮夷，不是汉人——但是，到了1920年代，"东方文化的中心已经移转至日本"。内藤湖南的用语不时流露出粗鄙与轻蔑，他在1919年五四运动时曾写道："我们无须探究中国何时即将倾毁，它早就死了，只是尸体还在扭动而已。"不过，他更常做的是，用进步与变迁的冗长比喻来说明日本对中国的期望：

> 倘欲开垦大片稻田，就要先疏通灌溉沟渠。因此，你必须使用铁锤甚至炸药粉碎巨石。假使有人反对你的最终目的，反倒批评你破坏土地，你该当如何？[16]*

内藤湖南这种思维，对中国的经济而言，正好符合南满洲铁道株式会社、日本实业家、日本军队长久以来的想法与做法："首先须把中国改造成生产重要工业原料的国家。"[17]此类观点综合起来，最后成了"大东亚共荣圈"的构想，强调在日本强大军事力量领导下，中国和日本会在世上占有一席之地，即使必须发动战争，逼使中国步上正轨也在所不惜。

那些希冀1928年的皇姑屯暗杀事件会扩大华北战事的日本军人，心里很失望，因为在事后，东京政府态度趋于谨慎，未全面动员军队，张作霖之子张学良也成功继承了父亲的军事领导地位。张学良出生于1898年，在父亲的东北军中原是一名不起眼的普通军官，嗜吸鸦片，被张作霖的股肱老臣视为纨绔子弟。最初，张学良似乎对日本构不成什么威胁，因而被戏称为"少帅"，但在1928年夏秋，

---

* 编注：日语原文的意思与此处稍有出入，原意为："为了开拓大片田地，需要挖掘灌溉的沟渠。疏通沟渠碰到巨大岩石时，往往必须使用巨斧或炸药。但是，这样做就是忘了开拓田地的真正目的并由此断定炸毁其土地是目的吗？"译文参见杨栋梁《民国初期内藤湖南的"支那论"辨析》，载《南开大学学报（哲学社会科学版）》2012年第1期，9页。

张学良突然展现惊人的果决，将其父的势力范围即黑龙江、吉林、辽宁东北三省归并到了国民党的南京政权之下，名义上促成了统一。作为附加条件，南京政府则允诺张学良将热河划归到由他领导的东北政务委员会管辖。1928年12月，张学良不顾日本反对东北重新被统一到中国之下的意见，誓言效忠南京政府。

此后，张学良开始展现出惊人的独立自主。日本政府意图通过奉系两位军政、民政的领导人（杨宇霆、常荫槐），也就是张作霖的心腹知交，去影响甚至控制张学良。在获悉此事之后，1929年1月，张学良宴请这两位重臣，席间借口例行注射吗啡离开，而后命人将二人击毙。张作霖曾在1927年突击搜查过苏联驻北京大使馆，而1929年春末，张学良也如法炮制，驱逐了苏联驻哈尔滨总领事及中东铁路管理局的苏方官员，强行接管中东铁路。在斯大林下令俄国精兵反击后，张学良不得不撤回接管行动。但在1930年秋天，当北方冯玉祥、阎锡山、汪精卫组成军政联合阵线，强力挑战蒋介石的大权时，张学良又下令部队开进山海关，占领冀北，控制了平汉铁路、津浦铁路的华北沿线，并将天津丰厚的海关税收纳入自己囊中。

正忙于打破敌对联合阵线的蒋介石，接受了张学良扩张根据地的事实，并承认了张学良对近四十万人组成的"东北边防军"拥有指挥权。张、蒋二人开始逐步对日本政府施压，拒绝商讨新的铁路协议，积极谋求收复日本现有的特权，要求终止日本的治外法权，恢复建设辽宁的港口，与日人治下的旅顺港抗衡。在朝鲜爆发严重排华事件之后，国民党政府还相应发起了大规模的抵制日货运动。

九一八事变

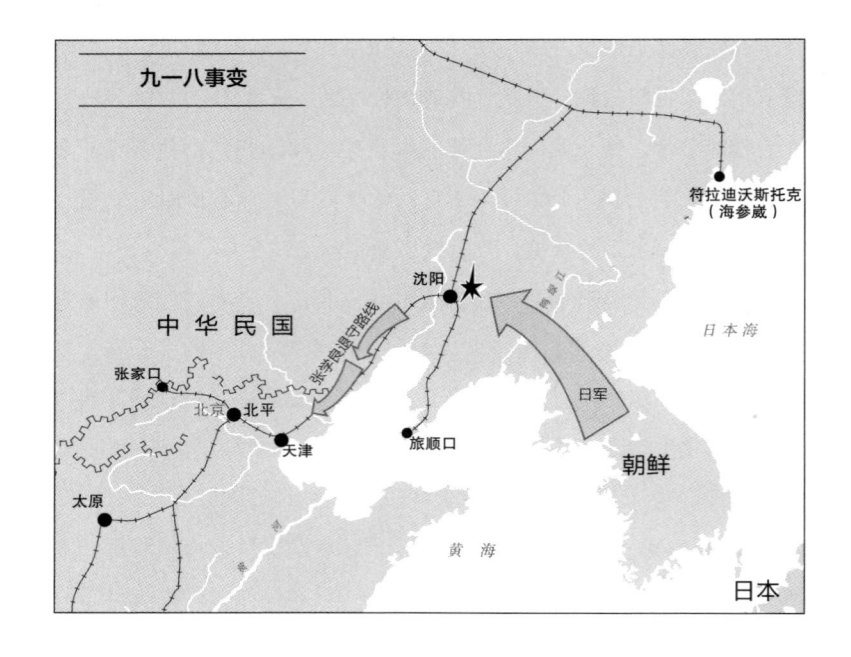

面对本国针对政治人物、实业家接二连三的暴力行为，以及经济的衰颓，东京的军部、外务省的官员开始想办法限制日军在中国东北的行动。1931年9月初，日本政府派一名高级将领衔命前往旅顺，要求在东北的日军能够秉持"谨慎和耐心"来处理问题。然而，这项命令一旦正式公布，东北的日军便再也无法任意采取军事行动，所以当沈阳的日本关东军从东京参谋本部少壮军官发来的秘密电报中得悉此事后，毅然决定在接获限制令之前，即刻采取军事行动。

1931年9月18日夜晚，日本关东军炸毁了沈阳城外近中国东北军驻沈阳北大营的一段铁路。在一片混乱中，日本军队与中国守军爆发了零星冲突。关东军的一名高级参谋随后下令全面攻击北大营，占领高城厚墙拱卫的沈阳城。日本驻沈阳领事试图抗议，但在其中一位军官拔刀恫吓之后，也噤若寒蝉了。虽然日本内阁多数官员都敦促日军保持克制，中国与美国也诉请国际联盟出面斡旋，要求停战，但日本参谋本部却给日本驻军发去了一封暧昧不明的电报。日本驻朝鲜指挥官也自作主张，下令部队越过边界，进入辽宁，沈阳关东军队则依当时的防卫行动纲领，借口扫荡盗匪以扩大军事规模。因软禁胡汉民而在自己的支持者中引起政治危机的蒋介石，现在无力再发动另一场大规模军事行动，于是便命令张学良将部队调至长城以南，避免与日军发生正面对抗。1931年年底，东北沦陷，完全被日本控制。

谁来领导这个缔造中的新"国家"？问题很快就有了答案。清朝末代皇帝溥仪自从1925年以来，便一直住在天津的日租界内，1931年7月，溥仪的弟弟还赴日访问，会见了日本政要。所以"九一八事变"爆发后的第十二天，东北的日军司令部代表来到了天津，开始与溥仪会商。这场有关东北地区未来的谈判一直持续到10月，其间，日本代表向二十五岁的溥仪保证，他们的军事行动只针对张学良个人及其军队，因为日本非常希望帮助满人建立独立的国家。不过，这个新"国家"是要采取君主政体还是共和制，日本并未明确表态。很显然，日本人的承诺打动了溥仪，或许还激起了他复兴清室的梦想，于是当年11月，溥仪乘坐一辆日本摩托艇偷偷离开天津，在塘沽转乘日本货船，到达了旅顺。1932年3月，经过与日本军部代表冗长的协商，溥仪仍无法如愿复辟为"大清帝国"的"皇帝"，于是退而求其次，接受了伪满洲国"执政"的头衔。一班前清王公贵族和守旧汉人遗老纷纷赶来,准备跟随溥仪组建新政权。

国际联盟虽然反应有些迟缓,但并未任由局势发展,1931年11月,国际联盟决定派遣英人李顿(Lord Lytton)率领的调查团赴东北评估局势。美国虽然不愿武力介入,不过仍意图敦促其他列强采取坚定的立场。胡佛(Herbert Hoover)总统的国务卿史汀生(Henry Stimson)在1932年1月宣布:美国不会承认伪满洲国任何蔑视国际和平规范的"立场、条约及协议"。不过,英国却以"目前中国局势混沌未明,无法预测中国未来的发展"为由,不愿意正式为尔后所谓的"不承认主义"主张背书。[18]

中国的情势或许混沌未明,但"九一八事件"却唤醒中国人心中的反日排外情结。上海发生了抵制运动后,事态急剧严重,导致上海工部局不得不在1932年1月28日宣布当地进入紧急状态,并部署军队保护由数个外国租界区组成的公共租界,避免1927年4月攻击外国人事件重演。当天晚上,前来保卫日本租界的日本海军登陆上海后,与国民党十九路军在贫民聚居的闸北地区发生激战。日本海军将领声称,这场冲突对日本帝国而言是一种"侮蔑",于1月29日下令轰炸闸北。

日本狂轰滥炸——伤及了大批无辜市民,举世哗然——之后,全面进攻上海。日军总共投入了三个师的兵力,但中国守军毫不畏惧,仍然顽强抵抗。中国守军在枪林弹雨中的英勇行为,以及远在北方黑龙江的另一支军队(马占山)坚决抵抗日军的表现,让外国人重新燃起了对中国作战能力的敬意。而且,日军发动侵略时,其国内社会已经日渐脱序——先是日本财政大臣在2月大选期间遭枪击身亡，随后三井商社社长在东京闹区又被暗杀，5月，首相又在官邸遭枪杀——所以，日本要在分裂的中国重建秩序的这种说法，听来实在是有些华而不实。

1932年5月，日本宣布上海停战，逼迫中国将上海周边地域划归为中立区。曾英勇抗敌的十九路军，亦因蒋介石不信任其指挥官而被调离上海，南下福建。当年晚些时候，日本再次发起挑衅：8月，日本政府正式对溥仪的伪满洲国给予外交承认，并"殷切希望日本、满洲、中国这三个同文同种的独立国家携手并进，共创远东和平繁荣的日子及早到来"。[19] 1933年1月，日本政府获悉李顿调查团的报告虽有调停之意，但不愿默认中国丧失东北地区的主权，随后以"热河事件正是伪满洲国的内政问题"[20]为侵略借口，下令日军进攻热河。到了4月，日军实质上已攻陷了热河省，并拿下长城东端的山海关战略要冲，进一步巩固了对热河的占领。

1933年2月，正当热河战役如火如荼之际，国际联盟集会表决李顿调查报告。日本代表团的首席代表强烈表示，国联必须了解日本殷切期盼以己力帮助中国，这是日本应负之责。[21]他更进一步警告，假若无法认清日本立场的道理，必定会招致"赤色中国"与苏联结盟。但国际联盟不为所动，除暹罗弃权之外，各会员国一致通过了李顿的报告书，否认伪满洲国为独立国家。表决后，日本代表愤而离席，嗣后宣告退出国际联盟。

1933年5月，日本上演了在中国东北建立根据地这出戏码的最后一幕。在预料到只有扫荡了长城以南的中国军队，才能巩固自己在长城以北的势力范围后，日本关东军于该月长驱直下，进入河北，

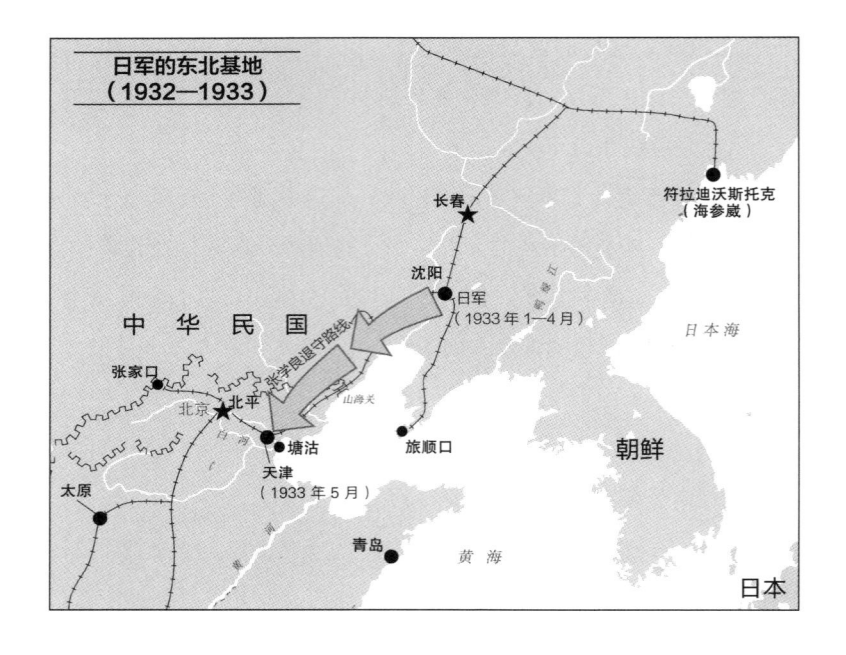

> 日军的东北基地
> （1932—1933）

武力、诡诈、心理战多管齐下，攻击河北守军。经过一连串正规军事激战之后，日军把河北守军逼退至白河沿岸。日军还透过天津的特务机构，收买了当地军官和昔日军阀，诱使他们叛离或成立敌对组织。日军鼓动地方秘密会社与非正规军群起反抗，设立电台拦截中国的军用频道，下达假命令给中国战地指挥官，扰乱其作战计划。另外，日军还派遣战机低空飞过北平市[*]，造成市民恐慌。

军队溃败，士气涣散，派系分化，逼使中国军队不得不在1933年5月停战求和。在日本战舰、驱逐舰的炮口下，中国代表在沿海

---

[*] 北京于1927年改名北平。

的塘沽签订了屈辱的停战协议。《塘沽协定》规定河北省东北部，即白河的东北沿线划归为非军事区，并且负责该地区治安的警察机关"不可利用刺激日军感情的武力团体"。作为交换，日本除了维持通往北平的道路顺畅所需的军力外，一如先前《辛丑条约》所规定的，其他军队撤退至长城一线，日本同时保有"随时用飞机及其他方法进行监察"的权利，以确保没有任何中国军队在此违规活动。

在《塘沽协定》签订几周后，伪满洲国政府组织形式的相关问题再度被摆到了台面上，溥仪和他的顾问与日本军方、内阁等代表在东京展开讨论。会上，日本关东军指挥官告诉溥仪，日方大致同意恢复帝制，溥仪听后，立刻安排人把清末最后一位成年皇帝光绪的龙袍从北平船运给他。

在1934年3月举行的"特别典礼"上，溥仪身着借来的龙袍，宣布他将在新"首都"长春东郊的"天坛"上登基称帝。随后，他换上了戎装，准备参加接下来的加冕仪式。溥仪选择了"康德"作为自己的新年号，其中的"康"字取自康熙，目的是借此让人想起两百五十年前一统大清、抵御俄人捍卫北境的那位帝王的权力与威望。可惜，那些围绕在溥仪身旁的满汉朝臣与日本官员中，没有几个会真的相信，大清盛世还能再度上演。

第十六章　共产党挺过困境

中国的贫民

面对各种各样的变化和干扰，国民党不可能解决中国人民心系的所有问题。根据南京政府在1936年的统计，当时中国有八千六百万个家庭，共四亿七千九百万人口。当时社会科学蓬勃发展，研究机构纷纷建立，人们开展研究调查，并把统计资料汇编起来，使得更多关于中国城市与农村人口普查的统计数字可资利用，我们也可从中一窥当时普通中国人的生活状态。我们可以肯定地说，尽管东北已经沦陷于日本人手中，但大城市工业仍不断发展，新的农业技术和品种也改善了粮食生产的质量，铁路和公路交通网及商业流通渠道更是不断扩大，提升了成千上万人民的生活条件。但同时，还有数以百万计的百姓，或者更确切地说，有上千万的中国人民，仍处在悲惨、难堪的贫穷状态，终日劳碌但求生存，从不敢奢望有什么未来，更不会有余力去思索国家的命运。

1926—1936年中国本土与东北地区的工业产值[1](1)

产品	中国本土			东北地区		
	1926	1931	1936	1926	1931	1936
煤炭	35.8	48.6	82.8	19.0	24.8	35.9
铁矿石	0.8	3.1	3.6	2.1	2.2	4.9
生铁	3.1	2.5	3.9	2.9	6.6	13.8
钢	1.2	0.6	2.8	(少于0.1)		
锑	2.8	2.0	2.2	(少于0.1)		
铜	(少于0.1)	0.1	0.1			
金	7.8	4.8	8.8	3.4	4.9	6.3
水银	0.3	0.1	0.3			
锡	17.5	14.8	21.6	(少于0.1)		
钨	3.3	2.7	4.0			
棉纱	83.2	98.7	88.1	2.1	3.3	4.7
棉布	5.8	34.4	51.8	0.6	4.7	8.4
水泥	5.2	7.0	8.8	1.4	2.2	7.7
石油	(少于0.1)			0.1	5.4	15.4
电力	16.4	26.8	62.1	10.6	19.5	48.6
总计	183.2	246.2	340.9	42.2	73.6	159.5
指标	100.0	134.4	186.1	100	174.4	378.0

（1）单位为1933年中国币值的百万元。

在造船厂、铁路机械厂、织纱厂、热水瓶塞制造厂、铜板厂这类行业从事"精尖"工作的工人，每月大约可以挣到一百元甚至更多的工资，但是其他大多数工业部门的月薪远低于此，比如在制造业领域中的石灰、染料、霓虹灯、水泥、酸、淀粉、酒精、废棉、电池、火柴等行业，工人的薪资只有二十元，甚至更低。女工与童工的工资还要低，一天大概只有三十分（如棉纺纱厂的童工）或者二十四分（如火柴厂的女工）。对于这类工人，即使一周工作六天，每个月也不过赚七八元（大约两三元美金）。*虽然1920年代的工人运动频繁，但中国工人的工时仍然很长，上海地区工人平均每天工作九个半小时，北京和武汉则是十小时，而一些省级工业中心每天的工时甚至高达十一、十二或十三小时。此外，其他工作条件的恶劣程度也有过之而无不及：工人只能住在工厂的宿舍里，只能领取公司代钞，在公司自营的商店里换取伙食和生活必需品，而女工为了保住饭碗，甚至还要用肉体作交换。

1935年的中国失业人数[2]

地区[1]	人数
河北	49 750
山东	48 966
河南	58 010
江苏	411 991
浙江	278 813
安徽	5 545
江西	460 300
湖北	233 391
湖南	114 756
四川	534 960
广东	1 578 482
广西	19 60
南京	161 476
上海	610 701
北平	500 935
总计	5 050 066

（1）仅部分省市统计数字。

* 1935年呼吁全国团结抵抗日本的"一二·九"运动期间，中国的法币与美元之间的官方汇率被"固定"为3.33元兑换1美元。

然而并非人人都可以找到工作。即使是在后表这份不全面的调查中（许多大城市和省份没有包括进来），我们都可以看到，1935年部分工业地区的失业总人数已超过五百万人。尽管政府当年采取强力政策压制工人抗议行动，但依然有五十三个不同地区发生了共二百七十五件劳资纠纷，其中有一百三十五件导致了工人全面罢工，这些纠纷发生的产业部门及其争端可见下页表。这些数字显示，每一次罢工行动平均有两千六百名工人参加，每一次罢工平均持续八天。当时工会组织的力量非常薄弱，这主要是因为自1934年起，蒋介石以防止工会剥削为由，明令禁止上海和另外五个省份（河南、湖北、安徽、江西、福建）的工会收取会费，而那些勉强苟存的工会则落到了敲诈勒索的人手中。1934年间，有一千五百零六位工人死于工业事故，四千一百二十三人受工伤。

上海是全中国劳动人口最多的都市，所以也被许多研究者调查得最彻底。1936—1937年间，一个住宅委员会依据平均收入、工作技术等级，对上海三百九十个家庭的消费行为进行了调查。其中，上海熟练技术工人剩余支出占总收入的比例，甚至不亚于1930年代美国的工人家庭。他们每个月的剩余支出平均大约有10元，一般都花费在休闲娱乐、宗教捐献、公共交通、阅读、医疗、烟酒以及婚丧。对半熟练技术工人而言，扣除每月基本开销之后，剩余大约3.55元，因此在满足基本需求之后，几无余钱可以花在别的休闲活动上。至于无技术工人，基本需求的支出已经超过每月平均收入的11.65%，因此不足的差额必须仰赖举债或是其他家庭成员打零工——如果有机会的话——才能平衡。

1935年发生的劳资纠纷（罢工）[3]

产业部门		争端					
		工资	工时	解雇	待遇	其他	总计
农业		-	-	-	-	1 (1)	1 (1)
矿业		3	3 (2)	4 (2)	(3)	3	13 (7)
工厂	木制品	2 (1)	-	3	-	-	5 (1)
	家具设备	2 (1)	-	-	-	-	2 (1)
	金属	-	-	-	-	2	2
	机械	1	-	1 (1)	-	1	3 (1)
	车辆	2 (1)	1 (1)	2 (2)	-	-	5 (4)
	砖、玻璃	2 (1)	-	-	-	-	2 (1)
	住房、筑路	3	-	-	-	-	3
	瓦斯水电力	-	-	-	1	2	3
	化学	5 (3)	1 (1)	5	2 (1)	3	16 (5)
	纺织	40 (24)	5 (4)	14 (10)	2 (1)	13 (8)	74 (47)
	成衣	7 (6)	-	-	-	1	8 (6)
	皮革、塑料	3	-	1	-	-	4
	食品、饮料	8 (3)	-	4	1 (3)	7 (2)	20 (8)
	纸印刷	2 (2)	-	-	-	1 (1)	3 (3)
	钟表	1 (1)	-	-	1	-	2 (1)
	其他	5 (1)	-	2 (2)	1	2 (1)	10 (4)
交通		19 (6)	-	9 (4)	5 (1)	33 (21)	66 (32)
商业金融	综合	5 (2)	-	4 (2)	-	4 (2)	14 (6)
	不动产	-	-	-	-	1	1
	银行	-	-	1	-	-	1
	饭店员工	5 (1)	2 (1)	-	-	4 (1)	11 (3)
官方机关		1 (1)	-	-	1 (1)	2 (1)	4 (30)
专业技术		2 (1)	-	-	-	-	2 (1)
总计		117 (55)	12 (9)	50 (23)	15 (10)	80 (38)	275 (135)

1936—1937年上海的家庭支出百分比[4]

工人技术等级	食品	租金	衣物	余	总计
熟练（45.82元/月）	53.49	13.50	9.87	23.14	100.00
半熟练（29.55元/月）	64.53	15.85	8.10	11.52	100.00
无技术（21.24元/月）	83.26	18.42	9.97	-	111.65

上海这三百九十户家庭当中，没有一家的住房超过一间屋子。这份研究调查详细记录了一户总面积大约是66平方米的住宅。尽管内容充满了单调的官腔，但却如实呈现出多数都市贫民的生活面貌：

院子被盖了起来。一层的大房被隔成两间屋子，旁边有走廊通往阁楼。前面那一间约有10平方米，房主和他的家人共五人就住在里面，他通常要向地主支付整栋房子的租金，然后再把其余的房间租给房客。后面那一间房约为3米长、2米宽，住有三人。厨房又隔出一间7.5平方米左右的房间，住有三人。楼上最大的一间房被隔成两个屋子，前面那一间与整栋楼同宽，通风好、光线佳，是整栋楼最好的房间，住了两人。后面那一间因为留有通道的缘故，所以面积较前面那一间小，但住了三人。厨房上面那一间房的优点是比较僻静，这里也住了二人。这原本是一栋两层的房子，但是因为屋顶是倾斜的，所以又在下面隔出来两个小间。前面那一间的前侧有1.5米高，后侧的屋顶处有2.3米左右，整个物资差不多有2.4米深，这一间住有两人。后面那一间约9平方米，正好在屋顶斜背下方，后侧只有一高，仅住一人。晾台也被围了起来，里面住的人超过了两个，面积大约9平方米。[5]

这份报告附带说明，这绝非他们所见最糟的环境。要想看更糟的，可以去看看城里那五千零九十四间由稻草、竹子、茅草盖成的小屋，那里住着二万五千三百四十五人，其中大部分是工人，平均每月每"房"的租金从四十分到三元不等。

除了城市，研究人员也对农村展开了极为细致的研究，比如费孝通这类受过良好训练的新一代中国社会学家，就曾深入农村，进行了大量田野调查，不过这样往往需要冒生命危险：在前往广西的首次田野调查途中，他误掉进捕抓老虎所设的陷阱，而他妻子在援救时不幸溺亡。但是大难不死的费孝通还是完成了一系列调查，认为贫民与国家之间的经济均衡渐次瓦解，从这个角度分析了中国农村的困境。他认为这种均衡此前确实存在，只是后来帝国主义以及世界市场扩张，进一步对农村地区造成经济压力，摧毁了农民赖以摆脱贫穷的手工业及其他副业。（但诚如前述，在清朝顺治、康熙在位期间，不同农民之间、农民与地主之间的社会紧张关系业已浮现。）1930年代初，英国学者托尼（R. H. Tawney）在中国农业的调查总结中指出，中国农业主要是受困于两个危机，彼此还相互关联：一是生态危机，表现为地力衰竭和养分流失、滥伐森林、水灾，人口庞大而可利用的资源稀少等；二是社会经济危机，由剥削性的佃租体制、严苛的借贷制度、落后的交通网络、原始的农业技术等造成。

另一位有影响力的研究者是美国传教士卜凯（他与作家赛珍珠在1933年离婚），他的农业经济学很大一部分是自学的。在获聘为金陵大学教授之后，卜凯利用学生放假返乡时收集到的数据，完成了一系列田野研究。此后，他建立起了一只庞大的专业助理队伍，并于 1937 年出版了有关"中国土地利用"的研究报告。卜凯的报告包括一册本文及两册图表、统计数据，涵盖了二十二个省份一百六十八个地区中近乎一万七千个农家的数据，这些数据不仅包括土地、农作物、家畜的类别，还旁及农耕设备、家具甚至农家的穿着。在调查中，他发现虽然不少农家很富有，但更多农户仍处在贫困边缘，仅有少量土地、粮食、工具、衣服。卜凯的调研结果有些部分十分费解，还引发过较大争议，不过这份报告还是成了其他研究者的数据宝库。

大家对经验知识满怀热情，这种狂热当时蔚为主流。天津南开大学的经济研究所是由洛克菲勒基金会赞助设立的，发表过许多有关 1930 年代中国经济的一流研究报告，其中一位中国学者在 1935 年业已注意到，过去十五年来至少有一百零二篇专论、二百五十一篇期刊论文都是以土地问题作为研究主题的，而在这类期刊中，有 80% 是在 1933 年之后创刊的。这些研究渐次显示出了中国农村环境的多样性，要对所有这些地区做出通用的评价或提出全盘解决方案是多么困难。在某些地区，强大的宗族组织支配着整个社群，彼此间形成复杂的互助模式；在另一些地区，农业社会则相当分化，使佃农容易受到在外地主阶级的剥削。这些地主先是靠国民党政权的警察势力给他们撑腰，后又十分倚仗蒋介石在 1934 年重启的保甲制。但在其他区域，特别是华北地区，最成功的农民典型是所谓的"经营地主"（managerial farmer），他们拥有一百到二百亩的耕地，这些土地部分由自己亲自垦殖，部分则雇工耕种。

许多研究报告所描述的农村景况甚至社会紧张关系，都与晚明时期惊人地相似，表明中国经济发展到新高度，却没能让黎民百姓从中受惠。收集到的数据显示，几乎全国所有地区都有庞大的农村人口处在赤贫中。许多人在农闲时节从事拉车、搬运工作，在短暂的播种、收割时节充当农工，工作所得仅能勉强糊口。在这段时间，他们凌晨四点或更早便成群结队，带着工具，急切盼望着当天有工作找上门来。这群人当中，没有几个有能力成亲，大多度过短暂而坎坷的一生后，便默默死掉了。他们有些人或"逃进"工厂里，或成为人力车夫，拉着双轮黄包车穿梭在拥挤的城市街道。这些黄包车夫不时受到欺凌勒索，下工之后拖着疲惫的身躯回到阴暗的住所，于狭窄的空间里窝在其他车夫外出工作而空下的位置，与人背靠着背一起睡觉。老舍在1937年出版的小说《骆驼祥子》，就曾生动勾勒出了一位车夫的生活百态。

有好几百万人（也就是毛泽东等共产党人所说的"贫农"）的耕地面积太小，不足养家糊口，迫于情势，他们不得不在自家土地更需要劳力的时候"压榨"自己家人，自己则利用农忙季节出卖劳力来贴补家用。但即便如此，也还有许多贫困农民要么只能卖儿鬻女，要么只能眼睁睁看着孩子饿死。而且，尽管不缺农业机械，燃料也充足，但在贫困劳动力过剩的情况下，富农根本不需要将农业机械化，也不需在役畜上花钱，因为雇用一个人，每日工资大约等于一头驴子每天所需的饲料成本。在失去利用价值后，工人可能就会被解雇，但驴子不同，即使在不用下田干活的时候，也需要有人长期照料。

贫穷妇女同样会逃离农村，到大城市里的工厂打工。虽然工作条件恶劣，还会遭受地域和性别歧视，但城市生活相对农村生活还是要好得多，不用被束缚在包办婚姻、耕田种地、生儿育女、手工劳动、养蚕抽丝的世界里，一刻都不得闲。虽然妇女的工资十分微薄，劳力严重受到剥削，但是她们却展示出了惊人的能力，不但团结互助、分享资源、改善生活，还竭力互相鼓励，以避免染上男性世界里那些最坏的习惯。

对贫民而言，单调的伙食是挣扎生存中难以磨灭的一部分。有东西吃才是重点，而不是菜色多寡。天津西北方一座农村里，有一位农民回忆起他平常的伙食，说：

> 春天，早上吃粥，中午小米干饭，晚饭粥和蔬菜；夏天，早饭小米水饭，中午小米干饭和豆面汤，晚饭小米烧饭和蔬菜；秋天早饭粥，中午小米干饭和豆面汤，晚饭小米水饭。[6]

对一位山东农民而言，主宰他的社会生活的主食不是小米，而是甘薯：

> 在贫民之间，一年到头每天每顿都吃甘薯。从秋收到来年的春天，他们吃的是新收的甘薯；过了这段时间，他们就吃储藏的干薯片。这些干薯片都是煮熟的，或者是和着面粉捣碎后，被制成了面饼或面条。除了甘薯外还有一些配菜，首先，是一种由大麦粉和花生粉做成的稀粥；其次，是用剁碎的萝卜与大豆汁一起炒的菜；最后，是一两种腌菜。偶尔，还有一些面饼。[7]

1937年河北省米厂村农家所得和支出的样本[8]

	经营地主	富农	中农	贫农
农场面积（亩）	133	60	34	13
农户中耕作男丁数	2	3	2	2
租入耕地（亩）	0	8	7	7
农场总收入（元）	2192	1117	514	234
农场净收入（总收入扣除肥料、地租、工资、税等）	1200	514	247	56
肥料支出费用（元）	152	161	114	53
肥料占总收入的百分比	6.9	14.4	22.2	22.6
地租支出费用（元）	0	14	35	38
地租占总收入的百分比	0.0	1.3	6.8	16.2
支付现金的工资与伙食费	550	259	80	66
支付现金的工资与伙食费占总收入的百分比	25.1	23.2	15.6	28.2
税（元）	113	41	22	6
税占总收入的百分比	5.2	3.7	4.3	2.6

日军在华北势力的扩大，导致了一个意想不到的结果，即日本研究人员在当地进行了大规模的实证调查，虽然他们的这些调查数据原本是为了政治和军事目的，但时至今日仍十分有价值。其中，第一批调查队由1935年从日本军事情报局、"南满铁道株式会社"调查部，及日本在华留学生中抽调的人员组成，次年开始在华北二十五个村庄从事调查工作。1937年年初，另一组日本研究人员（没有日本情报单位人员参加）选择了四个村，进行了更为深入访谈研究，其中之一是河北的米厂村。*

---

* 译注：这份田野调查纪录就是《满铁调查资料》，由南满铁道林式社会调查机关组织编撰，详细内容可参见黄宗智所著的《华北的小农经济与社会变迁》第二章。

不过，这些调查收集到的统计数据几乎无法与同一地区的长期数据做比对，所以我们很难根据这些资料来判断中国贫农和雇农的生活比起十年前是更差、没变还是略有进步。同样，我们也很难拿这些数据来与清朝中叶或晚明的农民逐一比较。那些力持中国农民境遇每况愈下、终至爆发革命危机这一主张的分析者，主要立论于两种解释：第一，地主的冷酷以及帝国主义对中国的压迫，加深了对农民的剥削。这两者的发展迫使曾经拥有土地的农民沦为佃农或雇农，备尝变幻莫测的世界市场机制的苦果。第二种解释主张，人口增长、技术简陋、地力衰竭，才是造成中国农村日趋贫穷的原因，阶级结构之恶并非主因。不过这两种解释似乎都无法获得有力的证据支持，于是又出现第三种学派，认为伴随农业商业化，以及卡车、火车、蒸汽机带来的市场机制和运输模式的变革，1920年农民的生活条件已经比1900年好很多。

不过可以肯定的是，1930年代初，中国农民又开始承受新一轮的危机，他们的生活跌到了温饱线之下。1931年长江洪涝肆虐，造成约一千四百万人流离失所，受灾面积约等于纽约州大小。日本对东北的占领，打破了成千上万打工者随季节流动的模式，日军对上海的侵略，再次给这一人口密集区造成混乱。经济萧条引发的世界经济变局，也遽然重创中国经济作物的出口，挫伤了中国的地方手工业。国民党历次军事斗争，以及重建管理制度和工业体系的各种努力，反而引来更重的税负。在缺乏准确数据的情形下，我们仅能肯定，农民的苦难是无边无际的，贫穷农家的人死掉后，其他人就会趁机取而代之，占据他们的土地，为自己的生存而开始新一轮的抗争。而且，我们也无法准确得知，这些贫农——城里人也一样——是否了解或者关心共产党的政策或来势汹汹的战争阴云。不过也正是在这种贫困交加、士气低落的氛围下，1927年险些被打败的中国共产党，才有机会重整旗鼓，重新思考自己的革命战略。

毛泽东与农村苏维埃

因为秋收起义的失利和攻占长沙计划的中断，毛泽东受到了中共中央委员会的严肃批评。1927年11月，毛泽东被解除中央委员会委员一职以及湖南省委员会委员的资格。不过，毛泽东本人可能过了几个月才知道这些处罚，因为当时他正带领秋收起义后大约还剩一千人的残余部队，向长沙以南行进。1927年10月，毛泽东抵达湖南和江西交界处的井冈山。如同清代及1920年代一般，安全的庇护所通常是那些不同行政区域重叠的边区，因为在这些三不管地带，国家统合协调打击的能力有所不逮。不同的是，当时的"国家"仍处在分裂的状态，毛泽东的敌人则是一群各自与国民党势力维持不同结盟关系的军阀，以及国民党本身。

毛泽东这段时期内的行动，经常是出于现实因素而非理论考虑。秋收起义前夕，毛泽东向中共中央委员会表示，他主张立即组织强大的农民苏维埃，而且要进行全面的土地改革，使这些苏维埃能够在革命团结中紧密地联系在一起；另外，他也希望能开诚布公，不再虚情假意地忠于国民党旗帜。这种政治立场受到当时中央委员会悍然拒斥，但随着斯大林政策的转向，到了1927年年底，中央委员会已认可了毛泽东的三项主张，并补充认为，党应该支持在农村发动一连串起义，不过，这些起义的目的不是建立稳固的根据地，而是要使群众能保持高涨的革命意识，并将同样的意识彻底贯彻到参与起义的武装力量之中。

然而，到中央委员会做出上述决定之时，毛泽东在井冈山获得的实践经验早已让他彻底放弃了这些主张。虽然毛泽东在他辖下二百五十公里范围内的五个村庄成立了党组织，杀了几个土豪劣绅，并意图建立苏维埃机制的运作架构，不过他还是遭到富农以及那些控制着穷困邻里的家族势力的顽强抵制。面对种种反抗，毛泽东并未试着依据每个人的劳动能力来重新分配所有土地，而是与当地两个地方豪强（袁文才、王佐）联合起来壮大自己的声势。这两人及其手下的六百人加入后，毛泽东带领的队伍就成了一支来自社会的被剥削者和"游民无产阶级"组成的部队。早在此之前，毛泽东就曾以他一贯的生动笔调描述过这类人：

> （他们可被）分为兵、匪、盗、丐、娼妓。这五种人名目不同，社会看待他们也贵贱各别，然他们之为一个"人"，他们之有五官四肢则一。他们谋生的方法兵为"打"，匪为"抢"，盗为"偷"，丐为"讨"，娼妓为"媚"，各不相同，然谋生弄饭吃则一。他们乃人类中生活最不安定者。[9]

不过，他接着说道："这一批人很能勇敢奋斗，引导得法可以变成一种革命力量。"

虽然井冈山的力量由于1927年在华南战斗的共产党余部的到来而得到了增强，但是这块红色根据地还是不断遭受国民党军队的攻击，而且他们还必须不时派遣精锐部队支持共产党在各地发动的战事。这一点，与中共"六大"通过的政策保持了一致。由于当时中国情势十分危险，1928年夏天的"六大"不得不在莫斯科召开。会上，中共响应斯大林的训示，决定即便当前尚未出现革命的高潮，也要随时准备武装起义并在无产阶级领导下建立更多的苏维埃政权机关。不过实质上，这类命令毫无意义，因为当时全国各地仍然忠于共产党的工会成员不到三万两千人，而根据周恩来的估算，中共党内无产阶级人数也仅占10%。到了1929年，甚至下降为3%。

1928年年底，国民党持续攻击，火力不减，迫使毛泽东放弃了井冈山根据地，带领队伍向东走，越过江西抵达福建西部，最后在另一个边界——福建、江西交会的崎岖山区落脚。在此，中共以瑞金为中央革命根据地，成立了中华苏维埃共和国，一直到1934年才从这里撤离。

然而我们不应就此认定，毛泽东凭借超凡的计谋，已经占据了两个根据地，能最快速地建立起农民苏维埃，也不能妄下断言，认为整个中国的农村地区到处都涌动着农民对地主的仇恨。的确，在整个1920年代及1930年代初，中国爆发过无数愤怒或绝望的农民——三三两两或成群结党——以暴力反抗地方权威的事件，但是攻击对象主要是那些代表国家的人：官员与军官。他们强

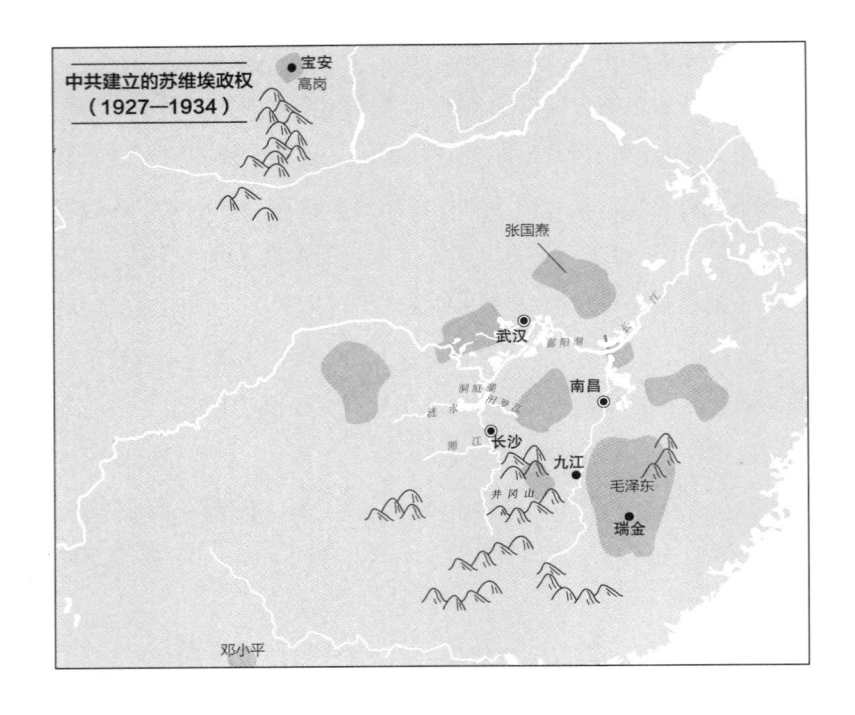

中共建立的苏维埃政权
（1927—1934）

纳苛捐杂税、横征暴敛，逼迫农民义务劳动，假公共计划之名强征农民的土地，或根据地方或全国的贩毒网络情况，强制农民种植或拔除他们用来生产鸦片的罂粟。尽管也有针对地主的暴动，但发生数量相对较少。因为在某种程度上，大多数本地地主的佃租收入都取决于佃农的财产多寡，所以这类反抗行动通常会被引导指向那些在天灾发生时还向农民课征重税的外地地主或官员。像毛泽东这类共产党人的组织技巧，就在于能将人民对税赋的不满与阶级斗争关联起来，在共产党领导下有效地推动革命性的社会改造。

现在，毛泽东的政策越来越成熟稳健。井冈山的经验表明，极端激进的土地政策只会造成富农的疏离，而富农才是农村社会力量之所系，如此一来，共产党仅能获得目不识丁的贫农或是身无寸土的雇工等阶层的支持。所以在瑞金，毛泽东起初似乎（细节并不明朗）采取了谨慎策略，避免令富农家庭与共产党产生疏离。但此类政策在执行过程中还是遭到相当大的阻碍，1929年4月给李立三（1927年活跃于上海工人运动的前留法学生，现在取代瞿秋白，担任了中共的总书记职务）的一封信中，毛泽东在强烈表达对农民的信心之余，也不忘保证谨遵党的正统观点：

> 所以，抛弃城市斗争是错误的；但是畏惧农民势力的发展，以为将超过工人的势力而不利于革命，如果党员中有这种意见，我们以为也是错误的。因为半殖民地中国的革命，只有农民斗争得不到工人的领导而失败，没有农民斗争的发展超过工人的势力而不利于革命本身的。[10]

1930年晚春，通过对寻乌县的调查研究，毛泽东加强了对江西农村面貌的认识。在这份报告中，我们可以看出，自1927年2月发表了令人激动的《湖南农民运动考察报告》以后，或在1929年给李立三写了那封措辞闪烁的信之后，毛泽东的分析总结能力已经有了突飞猛进的提升。1930年在寻乌县时，毛泽东深入调查村民日常生活的细节，并研究如何在复杂的农村工作及土地所有权情况下，正确划分阶级。对市集中不同类型商业活动及其所得巨细靡遗的调查，也取代了过去对"无产阶级"和"剥削"的笼统概括，其研究对象十分广泛，包括盐、油、大豆的买卖，屠户和酒商，贩卖药材、黄烟、伞、爆竹的店家，以及木器商人、豆腐小贩、火店店主、打铁匠、修表匠、娼妓等。毛泽东还观察了地方市场运作的律动，个别家族组织势力的相对实力，佛寺、道观与其他寺庙及宗教团体的分布与财富，以及改信基督教的活跃分子数目（共十三人，其中十人是新教徒，三人为天主教徒）。

同时，为了能更准确地分析当地的阶级冲突，毛泽东还试图评定寻乌县的剥削程度。他计算了寻乌城里的妓女人数后，发现在总人口两千六百八十四人的小城市中，大约有娼妓三十余人。他寻访那些被迫卖子还债的贫农，弄清了这些小孩的价钱和被卖时的岁数，其中，男童从一百元到两百元不等，被卖时年纪大约在三岁到十四岁（不过，并未发现卖女的例子。这或许是因为在寻乌劳动力是首要需求，而不是家事或性服务）。毛泽东注意到，一有孩子被卖偿债，其他债主便会蜂拥而至。"听见人家卖了儿子了，债主就急急地到他家里去讨账。'卖了奶子(当地客家人管儿子叫奶子)还不还埃(我)吗！'"[11]他还考察了土地占有与地租的实际情况，并将结果归纳成了详细的列表，这个列表的划分标准主要是基于地租收入及谋生之道，而不是单纯的个人土地面积（见后表）。

寻乌县旧有的土地关系[12]

社会地位	每一群体的百分比
大地主（收租五百石[(1)]以上的）	0.045
中地主（收租五百石以下二百石以上的）	0.400
小地主（收租二百石以下的，其中破落户占1%，新发户占2%）	3.00
富农（有余钱剩米放债的）	4.00
中农（够食不欠债的）	18.255
贫农（不够食欠债的）	70.000
手工工人（各种工匠、船夫、专门脚夫）	3.000
游民（无业的）	1.000
雇农（长工及零工）	0.300

（1）一石大约等于六十千克的米或其他粮食作物。

在过去，寻乌县40%的土地被寺庙与家族组织以及其他团体占据，30%归地主所有，农民只占剩余的30%。毛泽东对于土地重新分配的权衡判准极为敏锐，他一方面注意了革命形势之下，大部分土地只是大致依据人口分配，另一方面也对一些主张按劳动力分配土地的论述有所耳闻。毛泽东还注意到了妇女在分田时的特殊需求（因为她们在耕作上尽的责任要比男子多，也更能吃苦），还俗僧尼以及其他贫民阶层的问题，以及分配房屋、鱼塘、山区和林地的困难。

在军事策略方面，毛泽东也日益成熟机敏。他的军事修为主要拜朱德所赐。朱德是来自四川的富有军人。1920年代初，朱德赴德国留学，返华后负责指挥国民党的一个"教导团"。朱德与共产党的秘密关系一直保持到1927年8月南昌起义，朱德随后带领部队在井冈山根据地与毛泽东胜利会师。由毛泽东、朱德所建立的红军至此发展成为一支机动性的游击力量，英勇抵抗国民党军队的攻击。虽然截至1929年年初，红军仅剩下约两千人，但毛泽东与朱德强烈反对李立三的军事方针，后者企图将红军切割成小分队，分散部署在各农村以加速地方起义。他们自豪地写信给李立三：

> 我们三年来从斗争中所得的战术，真是与古今中外的战术都不同。用我们的战术，群众斗争的发动是一天比一天扩大的，任何强大的敌人是奈何我们不得的。我们的战术就是游击的战术。大要说来是："分兵以发动群众，集中以应付敌人。""敌进我退，敌驻我扰，敌疲我打，敌退我追。""固定区域的割据，用波浪式的推进政策。""强敌跟追，用盘旋式的打圈子政策。""很短的时间，很好的方法，发动很大的群众。"[13]

不过，红军在瑞金的成功整编和扩展，让中央委员会有些过于乐观，判定红军已经强大到可以跨出苏区，投入传统的阵地战。所以1930年，也就是毛泽东完成寻乌调查后不久，他和朱德便接获了中央直接下达攻击南昌的命令，这个命令是他们无法违抗的。这个进攻的命令是李立三意图将共产主义斗争推向革命高潮的雄心计划中的一个；进攻武汉、长沙的计划也是同时制订好的。尽管国民党再度夺回长沙之前，长沙曾被共产党占领十天，但这三项冒进计划终归还是失败了。南昌一役失利后，毛泽东和朱德受命支持长沙的共产党部队，再次发动攻势夺取长沙，他们勉强同意了。但是面对自己悉心培养的部队有可能毁于一旦，他们最终在未经同意的情况下撤离了战场，并返回瑞金。

在江西时，毛泽东不仅关注经济和军事的演变，还同样注意社会改革诸如女权方面的议题。自从1919年发表论赵小姐自杀的文章之后，他就持续关注着经济与家庭的压力对中国两性平等关系的阻碍。在1927年《湖南农民运动考察报告》的文末，毛泽东再度表达了相同的情绪，他写到，中国男子普遍受到三种权威形式的支配：政权、族权、神权。而女子还需忍受第四种权力夫权的束缚。毛泽东感觉夫权在贫农中比较弱化，"因为经济上贫农妇女不能不较富有阶级的女子多参加劳动，所以她们取得对于家事的发言权以至决定权的是比较多些"。像这类妇女，"性的方面也比较有自由"。毛泽东热切欢迎湖南各地组织"乡村女界联合会"，称赞它们使妇女终于有机会"抬起头来"。

所以，我们不难想象，毛泽东在苏区公布的重要法案之一就是《婚姻法》，明令禁止包办婚姻，鼓励自由选择配偶，以及废除一切"封建的包办、强迫与买卖的婚姻制度"。离婚的条件也变得相对简单了——任何一方都可提出离婚——不过婚后赡养的问题在措辞方面就有些模棱两可，"现时离婚问题，应偏于保护女子，而把因离婚而起的义务和责任，多交给男子负担"。[14] 唯一例外是，军人的妻子不得于丈夫在外征战时，单方面提出离婚。

根据共产党干部在江西苏区两个县的调查显示，在三个半月内，就有四千二百七十四人登记离婚，其中80%是由单方提出离婚申请；而同一时期有三千七百八十三人登记结婚。其中，有九例竟然是在同一天结了婚又离婚。

及至1930年，国民党及其同盟在城市里对共产党的攻击行动日渐猛烈，同时也取得重大斩获。为了收回自己的财产，共产党派出暗杀小组去刺杀那些叛变投靠国民党的党员，结果适得其反。同时，国民党的情报工作做得越来越精明老练，成功渗透进共产党的许多城市网络里（1932年以后，国民党的特务转而针对那些与日本人秘密合作的人员）。工会组织陷入混乱状态，一来遭到国民党特务的渗透而骚乱不安，另一方面，实业家也常雇用帮派分子，暴力破坏工会组织发起的示威抗议。至此，李立三在城市鼓动大规模暴动的意图，最后还是一败涂地。莫斯科指派了一些新领导人来挽救颓势，结果于事无补，因为莫斯科派来的这些人大都年纪轻轻，缺乏实务经验，只知死守教条，所以也在中国被戏称为"留苏派"。1931年，一连串的逮捕行动和叛变导致许多资深共产党干部全面撤离上海，投奔毛的根据地瑞金。几位重量级的"留苏派"领导人在1933年来到瑞金后，指责毛泽东的富农路线太过右倾，致使他一度失势。根据知情人士讲，1934年间，毛泽东确实因为他的"错误"政策而遭到软禁（在1930年3月共产国际的主要刊物上出现过一则毛泽东的讣闻，表明至少某些老干部希望他死）。

江西苏维埃因毛泽东个人而受到密切关注，但当时毛的江西苏区并不是共产党在农村的唯一红色根据地，全中国至少还有十几个地区有这类反抗国民党政府与军阀势力的组织，并尝试推行各种土地政策和社会改革。在江西，至少还有两个苏维埃组织：一是在瑞金东北，浙江、福建、江西三省交会区；另一是在瑞金西北，湖南、湖北、江西边界。在其他苏维埃中，又以张国焘领导的势力最大。张国焘和毛泽东先前都是李大钊"马克思学说研究会"的成员，1921年张成为中国共产党的创党党员。张国焘的苏维埃政权曾活跃于河南、安徽、湖北三省交界，后来受到国民党军队的猛烈攻击，张国焘率领残余部队转战到了川北。

共产党的一位军官（贺龙）控制着湖南、湖北交界最西边的地带；北方的苏区位于陕西的保安，这个由高岗的军队控制的偏僻山区，从陕西绵延至甘肃。高岗曾在留法归国的邓小平任职的西安中山军事学校受训。邓小平离开西安之后，前往广西百色苏区。根据邓小平日后接受访问时的说法，当地中国人曾与越南人合作发动越南的"工农"反抗法国人，结果由于中国人为越南人提供了藏身的庇护所，广西苏区还招来了法国飞机的报复性轰炸。1930年年底，或许是奉李立三之命，邓小平率部队向东北前进，支持长沙、武汉、南昌等地的攻击计划。但是在沿途受到严重打击，还没到目的地行动便告失败，最后他的残余部队被整编到了毛泽东、朱德江西苏区的军队中。

面对国民党的优势武装力量，共产党成功发展出了一套求生之道，暂时放弃了城市根据地和对无产阶级的依赖，深入农村地区。现在他们与贫农生活在一起，需要贫农的支持，所以必须要调整既有的思维模式，而蒋介石也同样不得不开始反省他的作战方针以及兵力部署的优先级。当时，蒋统治的国民党已经占领各大城市，击败了北方各大军阀或与之结盟。然而，要夺取农村，就必须在军事、政治、经济方面进行大规模的通力合作。为了实现这一目标，蒋介石把目光投向新的援助方与专业知识提供方——德国，雇用了多个

1928—1937年南京政府的军事支出与债务支出[15]

(单位为百万元)

年度	军事支出 数目	军事支出 总支出百分比	债务支出 数目	债务支出 总支出百分比	军事与债务总支出 数目	军事与债务总支出 总支出百分比
1928—1929	210	50.8	158	38.3	368	89.1
1929—1930	245	45.5	200	37.2	445	82.7
1930—1931	312	43.6	290	40.5	602	84.1
1931—1932	304	44.5	270	39.5	574	84.0
1932—1933	321	49.7	210	32.6	531	82.3
1933—1934	373	48.5	244	31.8	617	80.3
1934—1935	368	34.4	356	33.2	724	67.6
1935—1936	220	21.6	275	26.9	495	48.5
1936—1937	322	32.5	239	24.1	561	56.6

德国军事专家来帮助他处理后勤及长期军事规划的问题。不过，直到1932年1月，也就是在蒋介石膺任总司令和军事委员会委员长，统率陆、海、空三军后，他才有机会更进一步发展这种合作关系。在1931年和1932年的两次"围剿"中，蒋介石均无法把共产党逐出江西苏区，反而被红军击败，因此为了进一步镇压农村苏区的共产党，蒋介石在军事委员会底下成立了"剿匪司令部"并自任总司令。由于总司令独揽了共产党活动区域中的民政、军事、党务大权，因此国民政府的五院根本无法制衡蒋介石，更无法阻止他将大量资源投注到军事部门。诚如上表所示的国民政府支出项目——扣除直接军事费用支出以及政府贷款的利息支出（往往是因应军事的需要而举债借款）之后，余额才是政府部门的实际支出总数——在1934年和1935

年之前，政府部门实际支出的数额均没有超过总支出的20%，这些数值还不包括省级政府分配用来作为军事防卫与安全的支出。

1932年7—8月间，蒋介石亲自坐镇南昌，指挥第三次"围剿"。此次行动较为成功，蒋的部队不仅重创华中的贺龙苏区，并深入追击至江西苏区。蒋和幕僚群通过所谓"三比七"，亦即三分军事、七分政治的基本作战原则，开始重视战争的心理层面。他们在政治作战的方针下开始整饬吏治，废苛捐，惩土豪，办理生产、消费合作社，改善农耕机具，畅通地方货物。此外，蒋介石的部队还试图用道德价值和爱国情操来教化地方农民。

与此同时，国民党还野心勃勃地征调民工，课征额外重税，修筑战地机场和公路网——仍是根据德国的策略建议——开始在江西苏区周围构筑由坚石或砖块堆砌的碉堡。这样做既是为了经济封锁，同时也可作为防卫据点，兼具储藏库、临时野战医院以及前进基地的作用。蒋介石的这些策略，一方面采用了德国根据自己一战经验提出的建议，另一方面也部分效仿了七十年前曾国藩镇压捻军的战略。为了支援1933年和1934年的第四、五次"围剿"，国民党总共构筑近两千五百公里的新路以及一万四千座碉堡。

虽然有许多德国军官以顾问身份参与镇压，但蒋介石仍觉得有必要另聘一位真正可以让他信赖的资深顾问，这个人还必须要有过人的历练与智慧，能洞察中国的军事结构。蒋介石最后挑选了一战期间的杰出指挥官塞克特（Hans von Seeckt）将军，此人作风强悍，曾于1920年至1926年间负责整顿德国"帝国国防军"军纪，将之改造成一支训练有素、精神抖擞、装备精良的劲旅。

1933年5月，塞克特抵达蒋介石位于南昌附近的牯岭别馆，并与蒋晤谈数日。虽然塞克特并未接受蒋介石提供的德国顾问团高级顾问的职位，但表示愿意写一份有关研究中国军队现代化问题的翔实报告。塞克特强调，国民党必须拥有一支素质优良的军队，并由兼具牺牲精神和专业能力的军官团领导，方能成为中央政府"统治权威的基石"。塞克特建议到，蒋介石的军队太多，应以不超过十个师为要，而且应该先成立同时可充当突击部队的教导旅，以训练军官的指挥作战能力。为了达成这一目标，随之进行合理化改革，蒋介石必须"要确保德国顾问团的影响力能够得到服从"。[16]另一方面，塞克特还建议，德国顾问团挑选自己的承包商，来建立标准化的中国军火工业。他还进一步提出，中国可以用原材料与德国交换中国所需的军需和其他物资。

在塞克特的建议下，中德双方于1934年1月迈出了合作的第一步，德国财政部及军方同意成立一家私人公司来处理交易（这家公司的名称为Hapro，在中国则取其谐音称为"合步楼"）。1934年夏天，塞克特二次抵华，被蒋介石奉为座上宾，每月可得相当于美金二千元的优渥补贴。这名德国人在给妹妹的信中颇为得意："在这里，我被视为军事方面的孔夫子。"[17]嗣后，中德双方在1934年8月签订了一项"绝密"协议（《中国矿物及农产品同德国工业品及其他产品的易货协议》）。根据这项总值一亿马克的计划，德国将会为中国建造一个钢铁联合企业，中国将获得探勘矿产的机械设备和现代化军火。塞克特早就指出过，中国所生产的武器有"75%到90%不适用"于他构想的那种现代化军队。

而德国则可从中国获得"优质"矿产。虽然双方的协议中并未载明矿产种类，不过德国需要的主要是锑和钨，这两种矿产都是现代化战争不可或缺的重要原料。锑可被做成合金，用于军火工业的生产，特别是炮弹弹壳与雷管的制造；钨（提炼自钨锰铁矿中）与其他铁矿高温熔合后，可用来制成装甲、能穿透装甲的炮弹、飞机、灯泡的灯丝、电话的零件等。德国并不生产锑和钨，但中国湘北、湘南地区生产的锑（纯度非常高）可占全世界产量的 60%，湘、赣两地产出的钨能占全世界总产量的 50%。不管塞克特是不是"军事方面的孔夫子"，江西共产党承受的压力的确越来越庞大。国民党和德国人开始将双方的合作上升到部长级交流后，中国共产党最终做出了完全放弃江西根据地的决定。

长征

1934 年年中，蒋介石调整公路系统，结合军事碉堡，对江西苏区进行经济封锁与军事包围，使共产党的处境变得极为艰困。同年 8 月，江西苏区的四位主要军事领导人——红军总司令朱德、留苏派的博古、周恩来以及共产国际的代表李德（本名 Otto Braun）——达成了弃守苏区的共识，不过这四人对于撤退的时间、留下多少军队断后以及共产党军队最后目的地等问题并没有一致的结论。毛泽东当时因为土地政策分歧，在中央委员会内部被降了职，所以并不在核心决策圈之中。

要突破国民党的全面封锁，只能寄希望于出其不意，因此此次计划极为保密，大部分地方领导只知道大概需要做什么。而且上海的国民党警察在一次突袭中，查没了共产党原本用来与莫斯科联络的通信设备，所以中共中央也无法与莫斯科或共产国际的领导人协调最后计划。获悉蒋介石意欲在秋末发动新一波攻势，且粤北一位国民党将领可能愿与共产党秘密协商的消息后，中共加速了撤退的步伐。

共产党部队探知，国民党军事封锁线的西南角——江西赣州与会昌两市之间——最为薄弱。虽然蒋介石的部队在该地区布置了四道绵延近二百五十公里的南北防线，但驻守此处的广东、广西部队作战能力不及蒋的精锐部队，而且从西南地区撤出的话等于先行一步，可与在江西苏区北部作战的国民党军队拉开距离。在分配好粮食、军需、衣服、医疗用品，打包或销毁完文件，决定了长征队伍及留守人员之后，共产党军队决定按计划于9月伺机从西南突围。

根据周恩来撤退的战略，资深红军所组成的"红一军团"和"红三军团"担任先遣部队。这些部队分别由曾在北伐时期和江西苏区声名大噪的两位优秀将领担任指挥：红一军团由出身黄埔军校、时年二十七岁的林彪率队，兵力为一万五千；红三军团则由三十七岁的彭德怀领军，兵力为一万三千。不过这两股兵力由于国民党的封锁，武器装备不足。每一部队仅配有九千支来复枪（每一支配了不到一百发子弹）、两门野战炮、三十门自制的迫击炮及三百挺机枪。每一挺机枪至多配给五百发或六百发子弹，在激战时高速击发的状态下约莫能维持十分钟。另外，大部分战士还配备了一两枚手榴弹。

紧接这两支部队之后的是江西苏区的庞大人员。"军委纵队"是由中央委员会委员、情报人员、干部以及少数防空单位所组成；

之后则是"中央纵队",包括其余的党政人员、野战医疗单位,他们还带着储备的金条银圆、制造简易军备的机器以及油印设备与政治宣传品。这两支纵队还包括数百名新近征召来的挑夫,所以行进速度十分缓慢,一万四千人的队伍中只有四千名是战斗部队。加上三支负责后卫及掩护侧翼的小规模部队后,突围队伍总人数达八万人,每一人携带够两星期吃的米和食盐。

在这两支纵队中约有三十五名女子,其中包括毛泽东怀有身孕的第二任妻子贺子珍,以及朱德来自农村的、年轻的第四任妻子(朱德的前三任妻子一位死于生产、一位被军阀杀害、一位遭国民党杀害。毛泽东的第一任妻子杨开慧在1930年亦遭国民党逮捕并杀害)。但大部分的妇孺——包括在提倡婚姻自由理念的新婚姻法通过后生下来战士子女——不得不付出巨大的牺牲,留在江西苏区,在国民党军队重新占领这一地区后备受迫害。

留守的还有约二万八千人的部队,其中二万名是无法随部队参加长征的伤兵。这些人的主要目标是进行游击战,夺回江西苏区失地,并从事地下工作,以待有朝一日共产党部队返回。留守人员当中包括毛泽东的弟弟毛泽覃,以及在1927年第二波红色暴动之后下台的领导人瞿秋白(此时因染上肺结核而无法长途跋涉)。毛泽覃后来被国民党部队枪杀,而瞿秋白也遭同样命运,死前还写下一份奇怪而感伤的"临终遗言和声明"*,大致表达了自己对教条马克思主义的幻灭,并强调他所追求的是一个更平和、更浪漫的世界。

---

* 译注:瞿称此文为"多余的话"。

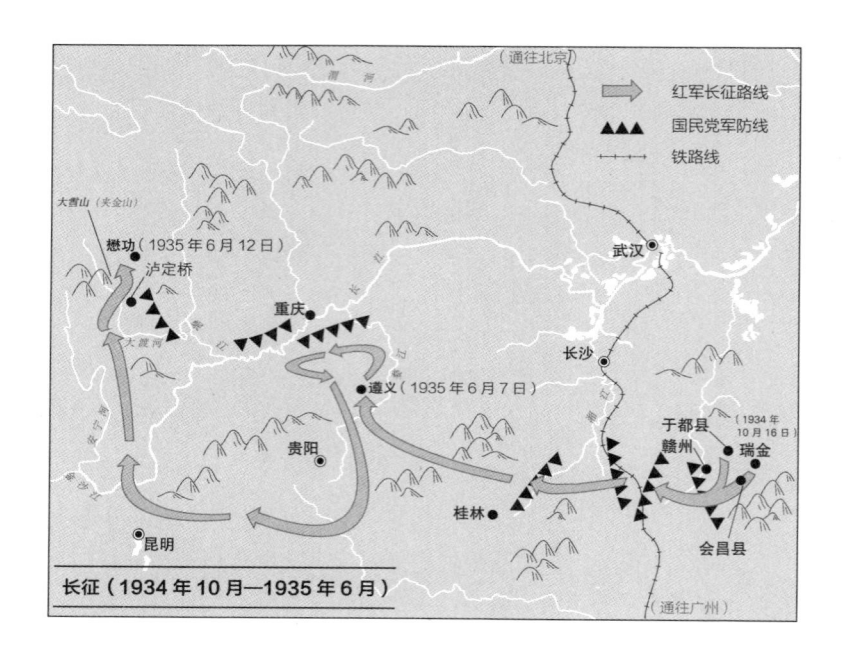

长征（1934年10月—1935年6月）

1934年10月16日，共产党在夜色掩护下，秘密从江西突围，开启了中共长征的序曲，它是中共党史上众多英雄诗篇中最辉煌的一页。中共因节节败退不得不开始长征，但在历时三百七十天、步行两万五千里之后，最后却获得了战略成功，在1935年10月20日抵达陕西。

长征的最初阶段几乎按部就班。两支先遣部队向西南突围，安全横渡桃江，军委纵队和中央纵队紧随在后，沿着湘、赣边境进入到广东省北面的第二道封锁线。虽然林彪的红一军团在南方山区伤亡惨重，不过彭德怀率领的红三军团很快就突破第二道封锁线。长征队伍面对地方军力和国民党军队的穷追不舍，采取四小时前进、四小时休息循环交替的全天候作战策略,穿越了国民党在粤汉铁路沿线设置的第三道封锁线。由于行李车十分笨重,加上挑夫纷纷脱逃,又苦于地图老旧,湘、桂之交路况恶劣,长征队伍有时根本无路可行,12月中旬沿着湘江准备突破最后一道封锁线时,甚至险些被诱捕。虽然国民党及其盟军阻绝了江西的共产党主力部队与湖南地区的其余共产党力量会合,但是却无法阻止其沿着湘、桂边境进入贵州。

在接下来的数周内,长征部队攻下了贵州境内的数个城镇。在那里,他们扔掉了大炮等已无弹药可用的重装备,补充了必需品,并重组了队伍。随着敌军兵力越来越分散,红一军团、红三军团利用竹筏英勇横渡乌江、突破了贵州守军,1935年1月7日,共产党军队的前锋部队打到遵义,城内富商巨贾和国民党官员还没来得及潜逃,军队就开进了这座繁华的城市。虽然城内军需物资极度欠缺,但他们还是缴获了大量迫切需要的粮食和衣物。

就在军队在遵义休整时,共产党领导人决定在当地推动更为激进的变革。他们召开群众会议,讨论土地改革问题,强制重新分配物资,组织革命委员会,再度激起昔日运动的热潮。共产党也在遵义召开了一次紧凑而关键的高层会议。1935年1月15日至18日召开的遵义会议,有十八位重要的共产党领导人参加:政治局的六位委员、四位候补委员、七位资深军队领导,以及共产国际代表李德。在四天的讨论中,与会领导人反复检讨了党在江西苏区挫败的原因,并分析了当前面临的政治抉择。根据会后公布的"总结决议",江西苏区的领导人被批评采取"单纯防御路线"而非"运动战",导致1934年年初在苏区的第五次反"围剿"中同敌人盲目拼命作战,消耗了红军的有生力量，使中共的突围像是"一种惊慌失措的逃跑以及搬家式的行动"。[18]这份总结报告内容大体反映了毛泽东的观点，所以可视为毛泽东迈向党内领导之路的象征。会后，毛泽东晋升为政治局常务委员会委员，并协助周恩来谋划战略。留苏派的博古失去了"一个人包办党内一切工作"的领导地位，与李德一同被剥夺了最高军事指挥权。

遵义会议之后，毛泽东逐渐从周恩来手中接过军事领导权。这一时期的共产党力量不停辗转于贵州、云南北部和四川南部之间，遭遇了控制这些省份的军阀以及国民党军队的顽固抵抗。蒋介石还几次亲赴贵州，协调指挥"围剿"，并巧借共产党在西南地区的存在，以当地军阀为代价，积聚起了自己的政治力量。

长征队伍为了避免重蹈南明桂王和吴三桂过去受困于偏远山区的命运，于5月初决意北上，进入四川、西康。长征队伍花了八天的时间，以轻舟横渡金沙江，进入蛮荒的多山地区。在大渡河之上的泸定桥，共产党军队在这里上演了堪称长征途中最惊险的一幕。在水流湍急的大渡河上，唯一通道是由悬吊着的铁索桥。敌军在拆除桥上大部分木板后，在开阔地带架设起机枪严阵以待。二十名红军携带手榴弹攀缘桥索，匍匐爬行一百多米去袭击对岸阵地。这次行动使共产党余部在1935年5月底安全横越大渡河。

接着是翻越大雪山的严酷征途，途中毛泽东染上疟疾，必须靠担架扛着走，林彪则因高山空气稀薄时而昏厥，许多战士则被冻伤截肢。在一路饱受西藏部队的攻击以及国民党飞机的零星轰炸，并攀爬过四千多米的险峻高山后，长征队伍终于在1935年6月12日

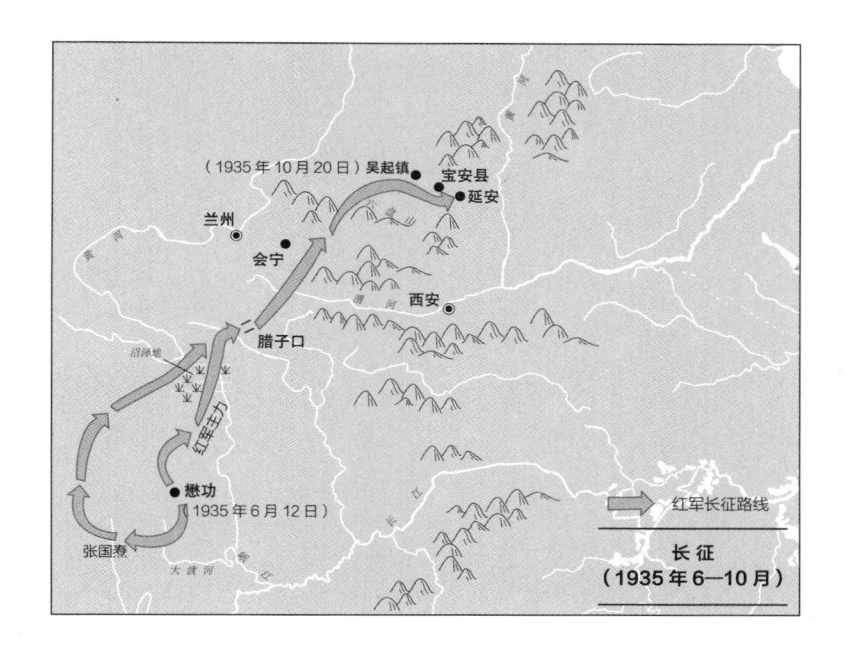

抵达川北的懋功，此时队伍已经折损泰半，只剩下约四万人。

长征队伍抵达川北后，与刚刚弃守川东苏维埃并带着五万名部队建立新根据地的张国焘部队胜利会师。依常理而论，共产党军队应该对这次会师感到高兴，因为张国焘与毛泽东在北大之前就早已熟稔，同时二人在各自成立根据地政府之前，都参加了1921年共产党建党大会。然而历经数星期的开会讨论之后，双方歧见却越显尖锐，毛泽东坚持带领部队北上，继续向东北的陕西或宁夏前进，张国焘则意图深入川、康边界，成立地处偏僻而易守难攻的苏维埃政权。毛泽东同时还表明，一到达新的根据地便要成立"全国统一的国防政府"[19]，号召中国人集体抗日。这一立场正巧与共产国际在莫斯科的新近决议相呼应，不过是毛泽东曾与共产国际接触还是两者思路刚好相近，便不得而知了。张国焘向来就希望共产党能摆脱共产国际的支配，故不乐于支持毛泽东的主张。虽然在这些辩论中，毛泽东是以共产党军政领导人的身份来谈论，但他仍无法说服张国焘。经过妥协（可能是朱德协调促成的），双方的军队决定先行混编，而后重组。毛泽东指挥"右路军"，麾下包括林彪、彭德怀红一军团和红三军团的余部，以及张国焘的两个军（四军、三十军）；张国焘则除了率领自己原先的部队之外，又取得毛泽东先前的第五军和第九军，红军总司令朱德也加入张国焘的"左路军"阵营。

现在中共的军力再度分裂。8月底9月初，正当张国焘准备率部队进入西南地区补充粮食和御寒的冬衣时，毛泽东率领筋疲力尽的部队在青海、甘肃交界的荒凉沼泽地带奋力前进，大雨冰雹、沼泽泥潭、食物短缺以及不能躺下只能站着的湿地，导致无数长征战士饥寒交迫、疾病丛生，折损无数。循着前方侦察兵留下的细草绳作为指引，长征队伍在黑暗中摸索前进。离开沼泽地带后，毛泽东的部队在横渡黄河西弯处和翻越六盘山时遭逢甘肃、陕西的国民党部队袭击。10月20日，毛泽东的部队抵达陕北近宁夏边界的吴起镇，与当地一支共产党游击队（刘志丹的红十五军）胜利会师。当初离开江西时跟随毛的八万名部队，现在仅剩八九千人。第二年，张国焘和朱德二人辖下"左路军"的残余部队（这些军队在华西的战斗中损失惨重）也陆陆续续进入陕北。

1935年12月，毛泽东总结长征的经验说道："长征是历史上的第一次，长征是宣言书，长征是宣传队，长征是播种机……它向全世界宣告，红军是英雄好汉，帝国主义者和他们的走狗蒋介石等辈则是完全无用的。"[20] 但毛泽东的这番话，并不能掩饰共产党已经丧失华南、华东城市和乡村所有根据地的事实。十五年的努力庶几付之东流，要在一片废墟中重建党组织将会难上加难。

西安的危机

老舍是20世纪30年代中国最受欢迎的作家之一，他是满族人，1930年返回中国之前曾在英国居住和工作六年。老舍十分推崇狄更斯（Charles Dickens）、劳伦斯（D. H. Lawrence）、康拉德（Joseph Conrad）等人的文采，写作时深受他们的影响，作品往往语带讥讽，但却能以现实为本，敏锐观察社会，轻易点出东西文化的差异。1931年左右，老舍在山东济南教书，迷上了1928年5月北伐后期济南城内流传的一些地方回忆录，当时中日之间的严重冲突迫使蒋介石更改了北伐路线。老舍写了一部关于"济南惨案"的长篇小说《大明湖》，并交由上海知名的商务印书馆出版。

可惜的是，上海商务印书馆在1932年1月"一·二八事变"期间毁于日军炮火，连带老舍那本小说的手稿也付之一炬。老舍并未重写烧毁的故事，而是另辟蹊径，写了一部全新的小说《猫城记》，并在1932年年底至1933年连载发表。虽然老舍自认《猫城记》技巧拙劣，但30年代的作品里再也没有别的能如此真实和近乎残酷地刻画出当时这场内战的荒谬和悲惨——正当国共双方争得不可开交，几乎耗尽了国家所有能量时，日本却在为日后侵华积蓄力量。

《猫城记》是一部不折不扣的政治寓言，故事描述一位太空旅游者飞行至火星，发现"猫国"（暗喻中国）正遭受矮兵（即日本）侵略。叙述者"我"细述猫人因社会和政治产生了严重的派系分歧，无法团结抵御外侮。叙述者悲伤地思考着这对猫人的意义，因为其中有些猫人是他尊敬甚至喜爱的。"革命，革命，每次革命要战争。"小说中的叙述者说道，这句话其实同样适用于国民党和共产党。"而后谁得胜谁没有办法，因为只顾革命而没有建设的知识与热诚，于是革命一次增多一些军队，增多一些害民的官吏；在这种情形之下，人民工作也是饿着，不工作也是饿着。"当国家面临这样的危机时，人们就必须反省个人与国家之间的关系，因为"亡国不是悲剧的舒解苦闷，亡国不是诗人的正义之拟喻，它是事实，是铁样的事实"。[21]在老舍这部令人不寒而栗的小说最后，残余的猫人在矮兵的众目睽睽下，互相残杀至死。

爱国学生起而回应老舍的批判。他们在1930年代策划数起反日游行示威，1932年江西苏区根据地的共产党也主张对日宣战，顺利赢得中国人心归向。共产党历经长征抵达陕北后，再次重申中国必须形成"统一战线"，抵抗日本侵略。毛泽东依据长征时期在四川提的论点，对"关门主义者"——他所谓的中共党内那些谴责所有民族资产阶级皆是"全部永世反革命"的党员——进行抨击。毛主张采取弹性策略，不论阶级属性是富有的城市资产阶级、知识分子，还是富农、政府官员、国民党控制的工会组织或者军阀，只要愿意，都可以联合起来。毛泽东表达的这种策略，其实再次呼应了当时共产国际正努力寻求合作力量来对抗欧洲兴起的法西斯主义的立场。

东北"少帅"张学良是赞同此观点的强人之一。1928年，张学良的父亲被日军炸死，1931年，他的部队亦被逼退出东三省。张学良在西医的护理下于上海戒除吗啡毒瘾后，到欧洲各国游历，对意大利和德国的军事力量印象深刻。1934年，他返回中国，担任了蒋介石的"豫鄂皖剿匪总司令部"副司令一职，顺利完成了蒋介石交给他的任务，铲平豫鄂皖三省交界处的共产党苏区。然而令张学良懊恼的是，日军利用他镇压共产党的时机，发动了新一波的军事行动，接着计划在内蒙古扶持独立政权，扩大1933年《塘沽协议》划定的非军事区范围，把河北省纳入其内。1935年11月，日军扶植一名中国将领（殷汝耕）在河北省东部成立所谓的"冀东防共自治政府"，欲将势力伸入当地。

成千上万的学生不顾国民党对示威运动的压制，于12月9日齐聚北平，抗议日本侵略。警察驻守城门，并在寒风中用水枪扫射人群，殴打或逮捕游行的学生，威吓抗议队伍。然而，这场很快就被命名为"一二·九"的示威游行，已经触动了民族情绪：一星期之后，超过三万人的队伍声势浩大地再度于北平游行示威，成千上万的群众也在国民政府所在地南京以及武汉、上海、杭州、广州等城市发起抗议运动。共产党积极参与这些示威抗议，并协调后续行动，进一步争取妇女、农民甚至是——以爱国口号号召——警察的支持，扩大"一二·九"运动的群众基础。

此刻，少帅张学良正奉命在西安进攻陕西苏区，但是在帮助不少被捕的示威者获释的过程中，他与很多人一样起到了举足轻重的作用。虽然张学良仍遵从蒋介石的命令，继续执行"剿匪"任务，不过他显然也受到了共产党"一致抗日"主张的感染。在共产党的军队击败了张学良部分精锐之师,并造成惨重伤亡后,张学良向亲信倾诉到,似乎已到了和平解决共产党问题的时刻。1936年1月,共产党直接向张学良那些离乡背井的军队发出呼吁,号召他们加入工人民主政府的行列,与红军共同抵抗日军侵略。[22]到了2月,张学良与共产党至少已经举行过一次会商,而陕西的共产党亦出色地运用宣传策略,释放了他们俘虏的东北军人,成功向他们了灌输统一战线、一致抗日的观念。

1936年春天,在张学良的认可和默许下,共产党的代表将张学良麾下一批有影响力的年轻军官集合起来,组成了一个抗日同志会。接着在4月底5月初,张学良抵达共产党位于陕北山区的根据地,与周恩来举行了长时间会谈,商讨联合抗日的可能性。幼年曾经在东北生活过的周恩来,展现出越来越娴熟的外交技巧;已对共产党人的抗日诚意深信不疑的张学良,也被周恩来的魅力折服。

1936年夏天,西南地区那些曾与蒋介石结盟的粤系(陈济棠)、桂系(李宗仁、白崇禧)军阀挥师北上,进入湖南、江西,要求应允开赴华北前线抵抗日军,使抗日救亡运动的势头更为迅猛起来。另一方面,张学良派遣密使与1917年以来控制着山西的大军阀阎锡山密商。虽然他是蒋介石的坚定反共盟友,但由于倍感日军对山西边境的强大压力,同时也忧心中国的未来命运,阎锡山谨慎表示,在他看来,镇压共产党并非当务之急。

尽管蒋介石十分清楚举国上下的反日情绪,但还是执意先"剿共"、后抗日的战略。1936年10月晚些时候,蒋介石借机前往西安,并在月底为他举行的五十岁寿宴上，当场斥责那些不赞同"共产党才是最大敌人"的人。然而这群包括阎锡山、张学良等高级将领在内的听众，已不再信服蒋介石那套陈腔滥调，未能解决问题的蒋介石只得返回南京。

1936年10月底和11月，伪满洲国的傀儡军队和蒙古军队，在日军战斗机和装甲车的支持下，全面进攻绥远北部。当地驻军（傅作义的部队）的英勇抵抗令全国上下大为振奋。而在其他地方，日本人所属工厂里的中国工人为抗议日军侵华，纷纷举行罢工示威，"救国会"的领导人也在上海发动数起示威活动。国际局势方面，德国和日本在11月底签订了《德日反共产国际协议》，由于蒋介石一向倚重德国军事顾问，因此某些人士担心此协议可能促使蒋介石倒向日本。日本海军登陆原德国在华租界青岛，逮捕该市的罢工工人与反日人士，并占领青岛市的公共建筑物，更加深了世人对他亲日倾向的疑虑。

12月初，蒋介石不顾亲信的警告，决意冒险前往西安。他先是在西安接连单独召见少帅张学良麾下的将领，测试他们的忠诚度，后又断然决定发动最后一波进攻延安的战争。蒋介石下令将嫡系部队调至西安，并派遣空军进驻该市，坚持"八年的剿匪……可望在两星期，至多一个月内完成"。1936年12月9日，成千上万的西安学生聚集在市内，举行"一二·九"一周年纪念活动，蒋介石却置若罔闻、不为所动，仍然坚持既定政策。学生队伍意图游行至蒋的指挥所，但中途遭警察拦阻，甚至被开枪射击，两名学生受伤。至此，张学良决意兵谏蒋介石采取抗日行动，他在12月11日与东北军高级将领召开了最后一次会议后，于 12 月 12 日凌晨命令军队袭击蒋在西安郊外(临潼华清池)的指挥所。士兵们击毙了蒋介石的侍卫后，在一块巨岩下的山缝，抓到了身穿睡衣的蒋委员长，浑身颤抖的他刚在仓皇爬墙时受了伤。

稍后在当天清晨，张学良及其在西安的支持者向全国，包括中央和各省当局、新闻媒体、各个社团组织发布通电。电文中公布他们向蒋介石提的八点诤谏：改组南京政府，容纳各党派共同负责"救国"；停止一切内战；释放在上海被俘的爱国领袖；释放全国一切政治犯；鼓励民众爱国运动；保障人民集会结社的政治自由；奉行总理遗嘱；以及召开"救国会议"。同时，张学良还意欲巩固其军事地位，不过最后并未取得护卫西安的战略要地潼关（黄河与渭水汇流处）和洛阳，只占领了位于西北方的甘肃首府兰州。

尔后两周发生的事情，可以称为中国近代史上最复杂而微妙的一次斡旋行动。南京政府出现了两种不同声音，一派主张采取严厉的军事报复，另一派则希望通过怀柔协商的方式营救蒋介石。最后，国民政府决定双轨并行，一方面调集洛阳的地面部队和空军对西安进行了为期三天的攻击，另一方面派遣蒋的澳洲籍顾问端纳（原为张学良顾问）飞抵西安，同行的还包括蒋夫人、蒋夫人胞兄宋子文和蓝衣社领导人戴笠。蒋介石的军阀同盟大都采取观望的态度，静待事件发展；不过有两百七十五员黄埔军校毕业的青年军官措辞强烈地集体致电张学良，声称他们代表七万名其他军事院校的学生，"领袖若有不测，我等所有黄埔校友誓将用尽全力与你为敌，不共戴天"。[23]

在共产党的陕西根据地,蒋介石遭劫持的消息令共产党人既振奋又困扰。共产党内部一如南京政府,也出现了意见分歧。部分人认为这是干掉蒋的绝佳机会,但也有人力主借此实现抗日民族统一战线,提升中国共产党的地位。关于如何处置蒋介石,中共告诉张学良,必须请示共产国际的意见,而正当共产党人议论纷纷并等待莫斯科的复电时,一封据称是由斯大林亲拟的长电传抵至毛泽东、周恩来等共产党领导人手中。在电文中,斯大林表示支持组成民族统一战线,但不认为张学良有权力或才能胜任领袖。斯大林论称,撇开1927年以来的是是非非,蒋介石依然是唯一有能力承担此重责大任的人选。他同时敦促共产党人要努力确保蒋介石的释放。斯大林在这份出人意表的电文里,再次显露出他恣意扭曲事实的做法,竟然认为,整个西安事变可能由日本在幕后操纵,而目的就在于激化内战,加剧中国的分裂。

12月16日,中共代表周恩来乘坐"少帅"派来的专机飞抵西安,与张学良进行数次私人会谈。周倾向于主张由蒋介石来领导民族统一战线的政府,而不是张学良的西北军队。12月19日,中共发表公开声明,建议国民党与张学良双方军队暂以潼关为界,由南京政府即刻召开包括中共代表在内各党、各派、各界参加的和平会议,讨论"蒋先生的处置问题",并建议将南京作为开会地点。

谈判一直持续至1936年的圣诞节,原因是蒋介石自遭挟持以来,拒签任何书面文件,直到圣诞节当天,才"口头允诺"张学良及西安的其他领导人,表示将会重新评估局势。经过进一步的协议,与张学良联盟的其他将领同意在当天午后释放蒋介石,让他飞离西安。

为了证明自己动机纯良，消除那些认为他是叛徒的指控，同时也为了让蒋介石信守承诺，张学良主动提出愿与蒋一同搭机返回南京。一行人大约在下午两点飞离西安，在途中数度落地加油后，终于在12月26日中午飞抵南京。近四十万人夹道欢迎蒋介石归来。显然，西安事变以及蒋在事件中表现出来的坚毅，无疑重振了蒋介石作为国家领袖的声望。

不过后续发展就没有那么惊心动魄了。张学良在南京被以违纪抗命的罪名遭军法审判，判处十年有期徒刑，后又被减刑至软禁。对蒋介石抱持敌意的西安军队，在意图政变之后被调至其他地区，由忠于蒋的部队取代。中共承诺，一俟实现抗日民族统一战线，共产党的红军便交由国民党领导；然而，在1937年2月召开的扩大会议（国民党五届三中全会）上，国民党却重申反共的必要性，断然拒绝落实统一战线。

然而，局势到底已经不同了。此刻的陕西根据地终于得到了喘息之机，共产党亦开始在群山环抱的延安窑洞里巩固势力。在蒋夫人、少帅、端纳、宋子文的见证下，全中国都知道蒋介石已暗中给出了承诺，要改变原先的政策方向。突然间，老舍心中的可怖疑虑可能不会发生，"猫族人"似乎同意在拼出个你死我活之前，先要一致抵抗外侮。

老妇人和她的侍从,1918年甘博(Sidney D. Gamble,1890—1968,社会学家、YMCA会员、摄影家)摄于北京紫禁城。1918年11月13日,一位缠足老妇女在观看一战休战日的庆祝活动

一战期间，华人在法国卸载炮药

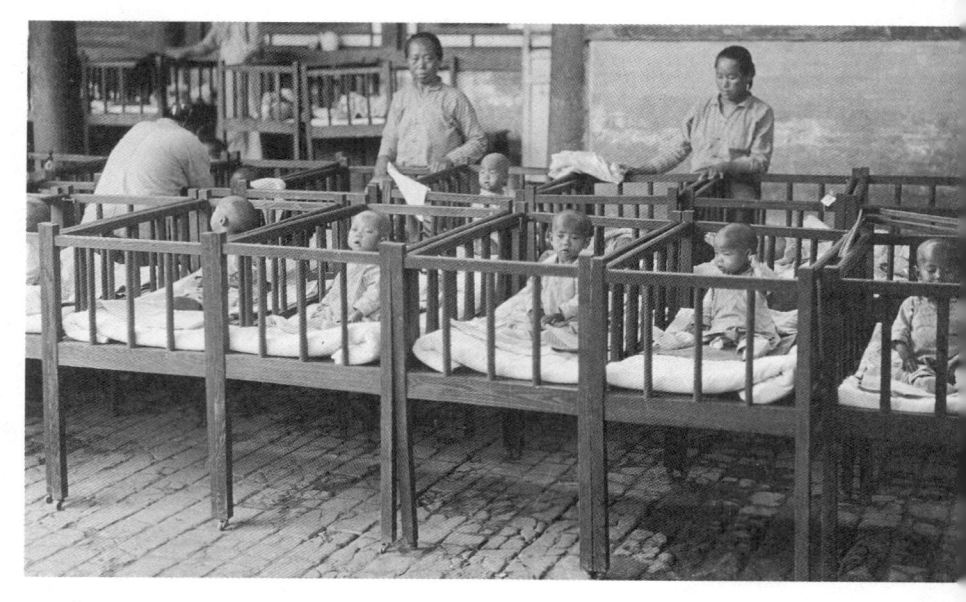

育婴堂的孤儿，1919年甘博摄于北京。甘博记录1917—1918年间弃置在这里的婴儿共有130名，其中11名是女婴

1918年11月,满怀希望的群众蜂拥至北京,欢庆第一次世界大战结束,高呼伸张中国主权。甘博摄

李大钊

陈独秀

蔡元培

胡适

毛泽东（约 1919 年）

周恩来（中）和其他留法学生，摄于 1921 年 2 月

1925年"五卅"惨案发生后，一幅海报描绘了中国的爱国主义在军阀与外国列强手中的下场

上海学生游行，抗议1925年5月30日英国巡捕向示威群众开枪

吴佩孚，其据点武汉在北伐期间被国民党军队占领

冯玉祥，这位北方大军阀在1928年加入了国民党

广州，摄于1927年12月11—13日。广州暴动失败后工人和共产党人的尸体横陈在街头

蒋介石，1924年摄于黄埔军校

青帮头目。青帮控制了19
上海的毒品等非法勾当。
员和蒋介石合作,一起镇
左派分子

李立三在激励游行队伍,1927年摄于汉口

溥仪，中国最后一位皇帝，1934年被推为伪满洲国的"元首"。照片里分别有溥仪（左）和日本驻伪满洲国大使"，后者才是真正的掌权者

日军进入汉口，摄于 1930 年代

1935 年，为了躲避日军的袭击，上海居民拥入公共租界和法租界

1937年12月南京大屠杀。图中的中国俘虏即将被活埋

1935年5—6月,长征队伍正在攀爬大雪山,进入川北

延安的中共领导人,摄于1937年,从左到右分别是周恩来、毛泽东、博古(右一)

第四部 战争与革命

1937年夏天，抗日战争全面爆发，蒋介石失去了建立一个强大集权国家的一切机会。日军在一年内席卷整个华东，占领了昔日国民党治下的工业重镇与丰饶土地，几乎切断了中国所有的对外联系。蒋介石的新根据地，也就是位于长江上游的战时陪都重庆，虽然成为抗日的象征，但并不适宜发动任何反攻。而共产党的势力同样亦孤立在陕西延安根据地，那里堪称中国最贫穷的地区之一，连重庆那样的农业资源都付之阙如，更欠缺发展工业的能力。我们甚至很难说共产党人可以在延安存活下去，遑论它会成为传播革命思想的圣域。

　　在战争的头几年，靠着国共两党在统一战线原则下形成有名无实的同盟关系，国家统一的梦想依然存在。当日军借由扶持汉奸的傀儡政权来统治华东时，重庆与延安双方有意寻求更有意义的共同基础。共产党人暂缓了他们的土地改革，淡化了昔日尖锐的政治口号；国民党则瞄准了国家的长治久安，进行了经济、行政改革。然而到了1941年年初，国共两党再度兵戎相向，看起来，内战似乎较抗日的燃眉之急更有可能发生。

1941年12月，日军偷袭珍珠港，美国对日宣战，改变了原来的均衡态势。中国至少在书面上被视为同盟国的"四强"之一，开始取得军事协助和巨额贷款，而军事物资及燃料等后勤补给则经由印度空运进来——这是中国西南地区的最后一条补给线。这些援助大都流入当时被视为中国唯一合法政权的重庆国民政府手中。延安的共产党仅能依靠自制的粗劣武器或是袭击日军获得的用品来逆境求生。在迫不得已的情况下，共产党利用在江西苏区发展出的群众运动技巧，精练游击战术，在日军封锁线的后方成立无数的根据地。嗣后，为进一步赢得农村地区的广大民心，共产党人还恢复了较为激进的土地征收与再分配政策。

　　1945年抗战结束后，历经长期战乱的国民党显得士气低落，而人事倾轧，通货膨胀严重，亦使国民政府积弱不振。虽然国民党试图迅速在曾经的日占区树立统治权威，但由于缺乏训练有素的干部和足够的资金，既无法填补日军撤退后留下的权力真空，也无力重建战后的残局。同样资源紧缺的共产党，也迅捷地接管了那些自己能抢到的日军占领区，并在华北建立稳固的据点。共产党尤其想得到东北，希望以其作为秣马厉兵的根据地，给蒋介石以最后一击。事后证明，他们的战略选择相当正确。到了1948年，蒋介石在东北的部队已溃不成军，而他的权力基础又因新一波的恶性通货膨胀而严重受损，大多数知识分子、学生、专业人士、城市工人也逐渐对他的统治心生不满。1949年，蒋介石的余部很轻易便瓦解了。是年晚些时候，当他率领残部撤退至台湾时，毛泽东在北京宣布了中华人民共和国的成立。

第十七章　第二次世界大战

华东的沦陷

1937年春天，中国正处于暴风雨来临前表面上风平浪静的时期。国共两党各自想要在拥护统一战线这个问题上争得宣传主导权，而日本则在一旁虎视眈眈。1937年年初，日本内阁及军队间的冲突引发日本政府改组，新首相是作风强势的前陆军大将林铣十郎，他在东京召开的首次记者会上宣称："本人对于轻起战端的外交政策并无信心。"而他新任命的外相也公开表示，不愿与中国发生冲突，"日本应直接采取公开的外交途径"。[1] 不过讽刺的是，中国军队却益发自负、浮躁。1937年5月，美国驻南京大使担忧反日情绪已经演变成"中国种族意识的一部分"，而美国大使的北平参事也认为，在河北爆发的冲突可能正是中国军队"对于自身威力越来越自负"所致。[2]

一连串大小事件，最终以一种灾难性方式汇聚到了一起。林铣内阁在其经济政策遭到国会否决后被解散，由深具影响力但却优柔寡断的近卫文麿受命组阁。日军的华北指挥官心脏病发作，不得不

华北战事（1937）

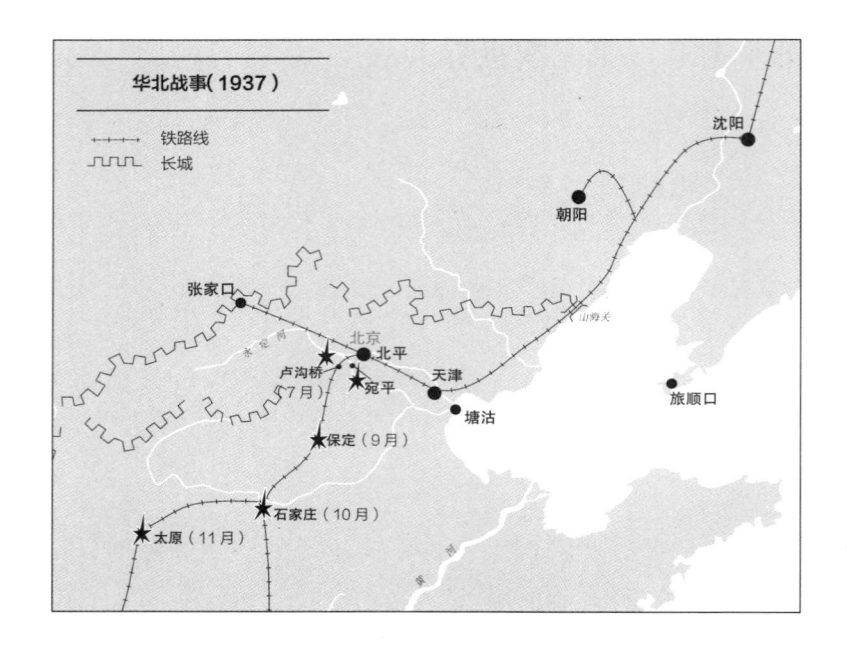

- ━━ 铁路线
- ⊓⊓ 长城

地点标注：沈阳、朝阳、张家口、北京/北平、卢沟桥（7月）、宛平、天津、塘沽、山海关、旅顺口、保定（9月）、石家庄（10月）、太原（11月）

由一名资历较浅的下级军官代之。此外，驻防于卢沟桥四周的中国守军还加强了永定河沿线的军防——卢沟桥位于北京西南大约十五公里处，以风景秀丽著称。乾隆皇帝曾在破晓时分游览，并赋诗盛赞卢沟晓月——如今，一条极具战略价值的铁路铺设在了卢沟桥附近，直接将南部铁路线与四通八达的宛平城连接在一起。因此，只要军队能拿下宛平，就能控制通往天津、张家口、太原的铁路，所以，华北的日军经常在此进行军事演习——这是他们在1901年义和团运动期间被授予的权利。

1937年7月7日，当地日军与北平驻军的一个营选择了卢沟桥作为夜间军事演习的基地，并被准许对空击发空包弹以模拟真实战况。晚间十点三十分,中国守军向日军集结地区开火,不过并未造成伤亡。但随后,日军指挥官借口一名士兵点名未到,怀疑他被中国军队俘虏,下令攻打宛平城。日军这次突袭,引起中国守军还击,可以说揭开了第二次世界大战的序幕。

翌日,接近宛平城铁路交会点的中国驻军向日军阵地发动攻击,但被击退了。接下来数日,虽然战火暂时终止,谈判协商、声明与反驳声明却来往不绝,而且往往是在没有协调好的情况下,在当地中日军事指挥官之间、在北平的中日官方机构之间、在中日的地区司令之间、在南京政府和东京政府之间发起的。双方的情绪开始剑拔弩张。日本军部要求动员国内五个师的兵力前往中国,以便支应可能在华北、华中爆发的意外,蒋介石则下令四个师进驻冀南的保定。近卫文麿还在记者会上坚称,这场意外"完全出于中国方面有计划的武力抗日行为",并要求中国当局为其非法的武力抗日行为向日本政府道歉。蒋介石也在牯岭避暑别馆声明说,先前与日本达成的协议必须保持现状,"如果放弃尺寸土地与主权,便是中华民族的千古罪人"。[3]

7月27日,眼看当地军事指挥官就要达成撤军协议时,双方再度于卢沟桥一带爆发了更为猛烈的战斗。日军占领卢沟桥后,又在永定河左岸挖掘工事,到了月底,已完全控制整个平津地区。得悉中国反击,近卫首相要求"彻底解决中日关系"。蒋介石回应道:"惟有发动整个之计划,领导全国一致奋斗,为捍卫国家而牺牲到底,此后绝无局部解决之可能。"[4]

蒋介石决意来一场军事与战略的豪赌,对上海的日本驻军发动攻势，以牵制其在华北战场的兵力。蒋介石在上海的精锐部队经德国顾问团训练，在共产党被逼出江西苏区开始"长征"后，就一直处于跃跃欲试的备战状态。这些军队在数量上远胜上海的日军，约为十比一。而且，蒋介石还听取德国顾问的建议，在京沪铁路※线上的无锡地区构筑坚固的防御工事，以备撤退之需。

8月14日，蒋介石下令空军轰炸停泊在上海港内的日本战舰，淞沪会战正式拉开大幕。倘若他当时想的是这次轰炸可以一雪1895年日本海军重创清廷威海卫驻军的前耻，那么他真的是大失所望了。中国空军不但因日军拦截并破译了一份密电而错失突袭先机，而且因空中投弹不准，不仅未中日舰，反而误炸了上海市区，伤及数百名无辜市民。虽然国军的行动荒腔走板，日本的舰队司令官依然宣称"皇军已忍无可忍，被迫采取必要且有效的反击手段"。近卫首相宣布，日本政府至此"不得不断然诉诸行动，让南京政府有所醒觉"。[5]

日本政府在尚未正式"宣战"的状况下，继续增派十五个师进驻华北、华中。蒋介石通令部队，不惜一切代价攻克上海，但还是无法突破日军防线。自8月底到10月，即便在日军战舰的重炮轰击、航空母舰及其子机（部分包括来自台湾）的连续轰炸以及重装两栖部队的强烈攻势下，处于守势的国军依然顽强反击，展现出非凡的英雄气概。中国人为响应蒋介石的全面抗日，付出了惨痛代价，死

※ 编注：这里的"京"指南京。这条铁路线于1908年建成通车，被称为沪宁铁路。北伐之后，由于国民政府定都为南京，故改称"京沪铁路"。

伤人数至少达到了二十五万，其中60%是蒋介石的精锐部队，而日军仅折损约四万人。

最终，日本两栖部队从上海南侧的杭州湾成功登陆，突破中国防线，从后方给中国造成威胁。11月11日，中国守军开始向西撤退，但由于纪律不佳，连无锡预设的防御工事都未能守住，只得直接撤退至首都南京。

几个世纪以来，南京饱经战火硝烟以及继之而来的政治宣传运动：1645年清朝入主、1853年太平天国运动、1864年地方团练、1912年的革命。然而，此刻在1937年，誓守南京的蒋介石却将守城重责交付给了国民党党员唐生智，而这个前军阀之所以获得蒋介石的信任，不过是因为他在1926年夏天带领自己的军队在湖南支持过蒋介石的北伐计划。唐生智有一个特立独行的地方，就是他特别笃信一位高僧，不但请此人来向军队灌输忠贞之道，还会听他为自己的职业生涯指点迷津。在国民党军队从上海全面撤退开始后，按照这位高僧的建议，唐生智接受了卫戍南京的任务。日军轰炸南京时，空投了大量传单，承诺善待留在城内的普通市民，结果，从淞沪会战撤退至南京的中国军队在将信将疑中，为获得平民装束，方便易装逃跑，还杀害和抢夺了不少老百姓。12月11日，唐生智仓促间弃守南京城，但由于他之前誓言要与南京共存亡，并无任何撤退计划，所以他的逃跑使得局势更形混乱。

接着发生的就是现代战争史上最令人发指的南京大屠杀。日军于12月13日进入南京城后，在接下来的七周里，向中国降军与南京城内百姓制造了一场场史无前例的残忍暴行。根据居住在南京的

华中战事
（1937—1938）

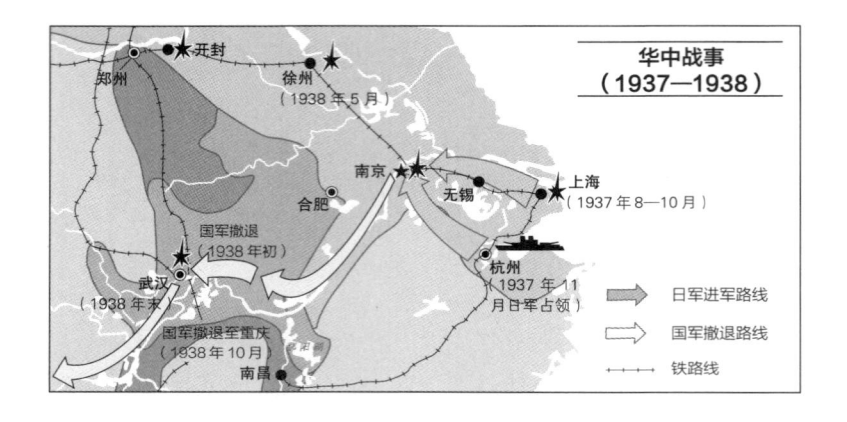

郑州　开封
徐州（1938年5月）
南京　无锡　上海（1937年8—10月）
合肥
国军撤退（1938年初）
武汉（1938年末）
杭州（1937年11月日军占领）
国军撤退至重庆（1938年10月）
南昌

日军进军路线
国军撤退路线
铁路线

外国人估计，遭受日军强暴的妇女约有两万人，其中多数在被多次轮奸后死亡；遭处决的战俘约有三万人，另有一万二千名市民被杀。据估计，死亡人数要再多十倍，但具体数据较难确定。烧杀掳掠让南京几成废墟，一堆堆的尸体在城中到处可见。然而，这场恐怖屠杀却没有什么明白的理由，或许也根本找不到理由。原本期待一举征服中国的日军，在中国战场上苦战数月，付出了超乎他们意料的惨痛代价。这些人开始烦躁愤怒、士气低落、身心俱疲，而中国妇女不但手无寸铁，她们的男性同胞也无力保护她们，或者根本就不在身边。这场战而未宣的战争，并没有明确的目标或目的。或许所有的中国人，不分性别、年龄，都不幸成了牺牲品。

正当暴行蹂躏南京之际，国民军残部沿着长江向西撤退，意图巩固武汉——这里曾是民国的新生地，也是日后共产党人的希望所在。1938年上半年，战事扩及华中地区。日军势如破竹，只有在鲁南铁路要冲徐州附近的台儿庄等地偶尔受挫。4月，蒋介石麾下最优秀军事将领之一李宗仁在台儿庄设陷阱诱敌深入，歼灭日军三万余人，向世人证明，只要有正确的领导和精良的武器，中国人也能立于不败之地。不过李宗仁的战果未能持久，5月，徐州落入日军之手。

由于日军继续向西挺进，控制通往武汉铁路要道的古都开封岌岌可危，蒋介石便下令工程人员炸毁了黄河河堤。虽然随之而来的溃堤河水困住日军长达三个月之久，但也冲毁了华北逾四千个村庄，导致无数农民丧生。此次黄河决堤使得1850年代以来即从山东半岛北岸入海的黄河改道南流，由苏北流入黄海。

不过，到1938年夏末，日军已经集结了大批战机、坦克、大炮，准备对武汉三镇发动总攻。双方在武汉北边和东边的数个地点激战约五个月之久。日本从北部通过铁路增派援军至武汉战场，并派遣战舰巡弋长江，进攻国民政府的防卫阵地。日军集结好的海军舰队，更是足以扫荡国民政府十分在意的鄱阳湖，武汉立即陷入了腹背受敌的险境。

若非斯大林派到中国的苏联飞行员采取的英勇行动，武汉三镇恐怕早已沦陷——斯大林之所以再次关心国民政府政权是否能维系，可以追溯到德、日的反共国际结盟——苏联飞行员的基地位于甘肃兰州，补给品则由骆驼、卡车通过古丝绸之路运送。他们与日本空军进行过几次激战，再加上时而耍一下计谋，重创了日本空军。

到1938年10月底，武汉三镇已是满目疮痍。不过此时蒋介石早已另觅新的根据地，也就是位于扼着长江上游咽喉的重庆市。武汉的国军部队开始撤退后，蒋介石乘机安全飞抵重庆。1938年10

月25日,日军占领了武汉这块饱受兵燹之祸的地区,不过他们也为此付出了不小代价,伤亡(根据中国的估计)约二十万人,损失战机超过一百架。随着四天前日本陆海两栖部队攻占广州,现在的蒋介石实际上已经丧失了北起山海关、南抵亚热带良港的整个华东区域以及中间那些富庶的商业和工业重镇。而这片区域,恰恰拥有着中国最肥沃的可耕地,也是中华古文明的心脏地带。

中国的分裂

到了1938年,过去大清帝国治下的广袤江山已经分裂成十个部分,主要包括受日本人不同程度操纵的伪满洲国、伪蒙古联合自治政府、长城以南的华北地区、华东、台湾等地,以及重庆的国民党政权和陕西的共产党根据地。此外,山西省大半地区,特别是太原周围,仍属军阀阎锡山的势力范围。日军占领广州之后,又另外形成一个权力中心。而远在西部边陲地带的新疆地区,则由自治的"边防督办"盛世才统治,他曾先后向苏联、国民党乞援。同样,当时的西藏也卷入了分裂活动中。

自1911年以来,中国便已习惯了政治分裂与内战,但这种各自分立的状态——有些地区甚至比很多国家还大——就如19世纪末外国帝国主义对中国的威胁,很可能造成中国的永久性分裂,回到秦始皇一统天下之前的战国时代,或重现公元3世纪至6世纪的魏晋南北朝和10世纪至13世纪五代十国时期那种治乱循环的历史演变模式。

抗日战争：日本的扩张

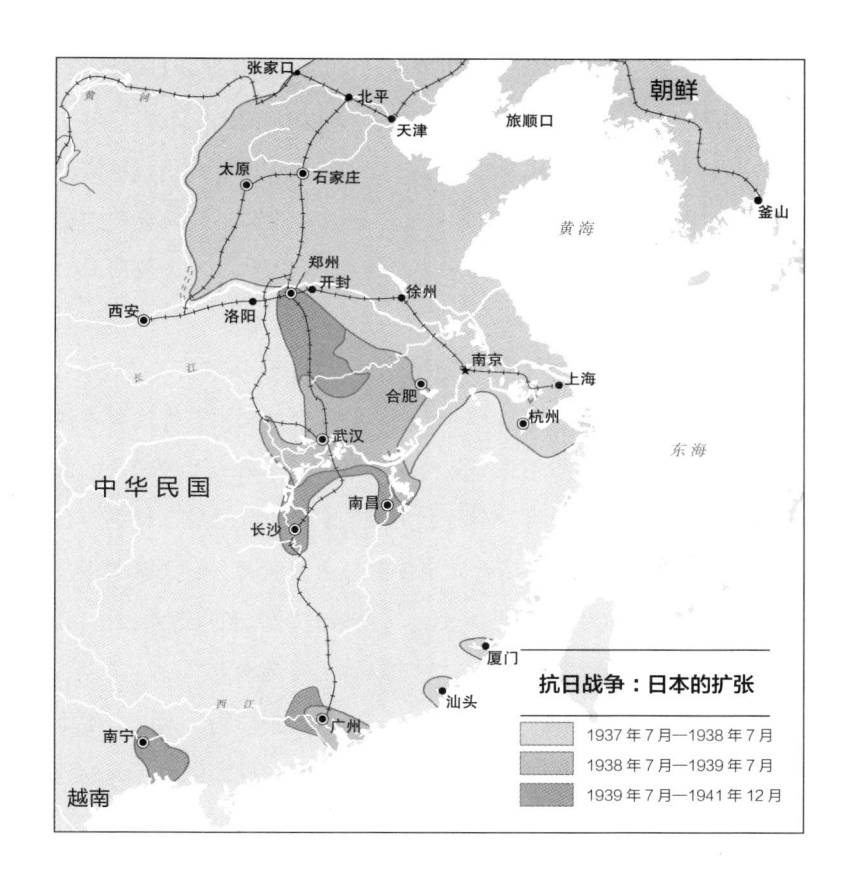

1937年7月—1938年7月
1938年7月—1939年7月
1939年7月—1941年12月

　　1938年年底武汉的陷落，标志日军首次大举进兵中国的结束，因为日本军部之前计划最多可在中国战场投入二十五万战斗部队，但事后证明不可行，而且有越陷越深之虞。日军侵华的目的在于掠夺中国的天然资源，以支应日本国内军事、民生工业，并在日本文化的引领下建构四十年来一直梦想实现的亚洲"新秩序"。日本无意让自己的精干兵力被牵制在全中国的战场上，而是计划以伪满洲国的模式,在中国扶植数个傀儡政权,形成一个互通声息的网络,赋予日本在华经济特权,坚持反共立场,并以日本的名义提供军队、巡护各政权领土。日本还希望,通过进一步瓦解中国经济,特别是破坏国民政府自1935年以来颇具成效的法币改革,能破坏中国稳定财政留下来的那么一点东西。没了这个财政基础,重庆政府必垮无疑。

日本扶持的第一个傀儡政权伪满洲国成立于1932年至1934年间,已经历了快速的工业与军事发展。第二个傀儡政权在内蒙古成立时,伪满洲国派出的先头部队与蒙古军、日军遭到了中国军队的顽强抵抗。但是1936年西安事变、1937年淞沪会战后,日本对逐渐高涨的蒙古民族主义情绪开始采取姑息政策(蒋介石深惧蒙古会完全脱离中国,所以一向拒绝采取此类政策),并大胆扶持蒙古王公,成立了"联合自治政府",由日本"高级顾问"在旁辅佐。

这个新政府统辖绥远、察哈尔两省以及原在军阀阎锡山治下的晋北大同地区。新政府定都张家口,以张家口经大同至包头的铁路线为经济命脉,运载当地生产的铁和煤,同时发展电力生产。日本还借着把史料追溯至成吉思汗时期等手段,鼓动蒙古的民族主义。不过将晋北的人口划归伪蒙古联合自治政府治理范围内,意味着数量较少的蒙古人会湮没在汉民族之中。伪蒙古联合自治政府总人口数约为五百二十五万人,其中汉人逾五百万人,占总人口数的95%,蒙古人仅有十五万四千人,其余则是来自新疆的维吾尔族人,以及朝鲜族人和日本人。

1937年12月中旬,也就是南京大屠杀发生时,华北的日军把长城以南的各个"委员会"和"自治政府"整合成了第三个傀儡政权，命名为"中华民国临时政府"（北平伪临时政府）。日军指派曾任少帅张学良财政顾问的前清举人、外交官、银行家王克敏，担任新政府执行委员会的委员长。这一傀儡政府位于北平，并与新成立的华北开发株式会社密切合作，进一步有系统地开发先前由一些日本知名会社诸如三井、三菱、大东电力、旭硝子玻璃等经营的各项工业。华北开发会社总计资本额三亿五千万日元，旗下公司包括华北交通株式会社、华北电信电话株式会社，并接收了当地煤铁、钢铁厂、港口设备的所有权。

南京沦陷之后，日本又如法炮制，在华中成立第四个傀儡政府，却很难觅得有资历的中国人愿意担任这个领导职位，因为那会意味着与受人极度憎恨的日本官员合作，正是在这些日本官员的许可下，日军犯下了南京大屠杀的暴行。最后，一位叫梁鸿志的前清举人还是接受了南京"维新政府"的行政院长一职。梁鸿志早年曾定居日本长崎，之后又在亲日的段祺瑞内阁中任过职。

这个傀儡政府和北京政府一样，主要是由三个院及其辖下各部组成。但是，南京傀儡政府一直迫于财政短绌，不得不与控制上海的黑社会合作。在日本的支持下，这个傀儡政府并未严格查禁法币的流通，而是逐渐对海关总税务司施加压力，迫使海关让渡税收。英国的税务官坚持了一阵子，未将积存的关税交出来。不过，让重庆的国民政府大感失望的是，海关官员将新征的关税都存了日本的银行中。

日本又循华北的前例，成立了所谓的华中振兴株式会社，监督那些有助于日本工业发展的子公司的运作。华中振兴会社的资本额约为一亿日元（不到华北开发会社资本额的三分之一），主要工作是重建在上海和长江流域激战中受损的铁路运输网络：多数铁道与桥梁受到重创，火车车辆也只剩下约7%仍可使用。另外，这家公司及其所属子公司还控制着电厂、自来水厂、大众交通运输系统及内河航行。由于上海公共租界发生了暗杀汉奸、资本家，攻击日本军人及特务的事件，所以日本还循天津地区的惯例，强行派兵进驻了外国人社区。

作为日本的殖民政权，台湾与日本本土经济、政治生活的整合程度远比其他四个傀儡政权来得密切，因为自从1895年《马关条约》签订以来，台湾就沦为日本的殖民地，为日本提供了大量的工业产品，从纸浆、化学原料到铜矿、食品原料皆有。台湾此时已有令人印象深刻的航空网络，而且在进一步扩充之中，像基隆、高雄这类港口也有完善的铁路交通运输系统。台湾的汉人子弟被灌输了日本生活的习俗和价值，鼓励学习日文而非汉语。尽管日本反对由台湾人自己选举代表、组织议会，甚至严禁台湾人独立经营报社，但台湾的经济还是仰赖日本繁荣了起来。

在北京与南京政权统治下的中国人，假使对当时的台湾稍有知悉，或许会把台湾人的殖民生活当成自己未来的命运。至于那些希望继续拥有自由的人，现在必须选择——无论如何危险——加入哪个新成立的临时根据地政权：四川重庆的国民党与陕西延安的共产党。这两个根据地对团结抗日的呼吁，令人动容，催人奋进。成千上万的中国人不惧旅程险阻，跋山涉水前往四川或陕西的新根据地。

工人驮负着工厂的重要机械设备长途跋涉，来自北京、天津等大学的各级学生，也带着书籍和行囊翻山越岭，蹒跚前往刚在云南昆明成立的西南联合大学（主要系由北大、清华、南开三所高等学府联合组成），在那里他们似乎不必再担心日军的轰炸。工人和知识分子在那些人迹罕至之地艰苦跋涉，在某种程度上，也可以算得上是另一种"长征"了。城里人、自由派知识分子及年轻人，最终见识到了贫穷乡村的生活方式，也认识了居住在山里的那些少数民族，而在这之前，他们对这些少数民族几乎一无所知，更不用说了解他们的风俗、习惯和外貌了。

但大多数在华北、华东的人却选择了留下来，因为他们没有力气，也没有本钱和意愿离开。不管是在国民党还是共产党的政策与政治运作中，他们都看不到前景，于是宁可在日本统治下面对不可知的未来。对于工厂的工人，或是华北、华南的农民来说，实情确是如此。如果他们放弃工作或离开家园，除非入伍从军，否则无法保证可以找到工作。而对于知识分子而言，他们已经见识过太多国民党和共产党之间的仇恨，无论这种情绪在统一战线的口号掩饰下有多么不明显。

鲁迅的弟弟周作人便是一例。他是杰出的文学评论家、翻译家、散文家，年轻时曾与鲁迅一同赴日求学，而后娶日本女子为妻，十分推崇日本传统和现代文学。1927年，军阀张作霖大肆逮捕激进分子，他在日本驻北京公使馆武官的保护下逃过一劫，所以对他而言，1937年后仍然留在北平生活，似乎是件很自然的事。后来，他先后担任了北京大学文学院院长、临时政府的"教育总署督办"等职。

1937年之后，许多作家与学者也选择了继续留在上海，继续组织文学社团、出版作品及从事教学工作。上海公共租界成为许多中国人的避难天堂，虽然有人写过批判汉奸和抗日的作品，不过因为日本不断施压，要求全面镇压反日言论，因此，上海公租界工部局并不乐见这类作品的流传。但无论在北平还是上海，日本人都无法通过威逼利诱来劝服中国作家、电影制作人、剧作家创作"亲轴心国"的作品，即使有，内容也都矫揉造作、虚伪浮夸，其作者甚至还会遭到其他主动留在沦陷区的人的严厉谴责；诚如一位上海作家所言，他们是"蜘蛛与蜈蚣交配的杂种"。[6] 对于全体中国人而言，无论政治信仰为何，无论属于哪一经济阶层，真正的问题依然悬而未决，那就是：到底哪一个政权才有能力整合全国势力、领导国家统一的使命？

重庆与延安（1938—1941年）

正当日本凭恃着各地的傀儡政府巩固其对华北和华东的控制时，延安的共产党与重庆的国民党却在面临一些相同的问题：如何保护自己的统治区免遭日军的进一步攻击；如何构筑有效率的政府组织，以及强化大后方人民的忠诚。在这些迫在眉睫的问题之外，双方还有另一个长远目标，那就是透过游击力量或别的手段，在日军占领的敌后地区争取民心，以期扩充自己的势力范围。

或许对重庆的国民党而言，这些工作更为艰巨，因为他们比共产党损失更大，当时的重庆仍是一座缺乏现代工业及行政管理经验的传统城市，而且之前国民党在此亦无支持基础，因此他们面临的是可怕的孤立形势。假若我们把铁路交通网视为经济发展、整合程度的一个指标，那么从重庆在1937年与各主要铁路运输网的距离，就可看出国民政府被完全切断了靠铁路运输带动起来的发展模式。

国民党为了追击长征的共产党队伍，早在1935年就把势力延伸到了四川。当时，国民政府在四川实行了一连串的改革政策，意图压制地方军阀，把四川纳入全国的政治框架之中。新成立的省级政府拥有了集中收税的权力，新的行政长官也被派到四川，监督地方行政管理工作的执行，地方军队的数量被裁减五分之二，政府冗员也被送进了成都新设立的职业训练学校重新深造。另外，蒋介石的特派官员还到四川追击过当地的共产党。国民政府以地方盐税的收入作为担保，偿还了四川过去发行的七千万元公债。为收回仍在市场上流通的各式货币，中央银行的重庆分行还发行了三千万元的法币。此外，国民党在简化税种和筹划铁路建设方面，也有动作出台。同时，为完成1939年之前全面禁植罂粟的目标，国民政府还雷厉风行地掀起了反鸦片运动，考虑到当时仅重庆一地就有超过一千三百间鸦片烟馆，这一改革来得可谓及时。

但是，由于地方军阀的抵制，以及1936年四川大旱造成的冬播作物严重歉收，这些改革的成效受到了一定的掣肘。很多妇孺不时闪躲巡行的警察，为的只是能吃到市内那些观赏树的树皮。1937年年初，在火葬场完成之前，警察甚至亲自埋葬过四千名饿殍。四川多座城市还爆发了粮食暴动，盗匪也随之四起，所以当蒋介石飞离武汉，转道桂林，最终在1937年12月8日抵达重庆时，这个作战根据地在他看来一定有些风雨飘摇吧。

蒋的当务之急是设法将邻省云南拉拢到他的四川根据地这边来。自从1927年以来，云南在彝族军阀龙云的独裁统治下，形同独立王国。虽然龙云有鸦片瘾，但为了增强云南的经济力量，他仍然大力开发矿产、发展工业。云南省的面积差不多是法国的三分之二，省会昆明在战前约有人口十四万七千人，但1937年至1938年间，由于有六万难民拥入，昆明的面貌一下子被彻底改变了。蒋介石虽然肯定了龙云作为云南省主席的地位，但两人在战争期间的合作却貌合神离。而且，由于龙云拒绝配合国民党实行严格的出版检查法令，昆明也因此成为战时中国的学术重镇，为华北流亡教授、学生组成的西南联大提供了一个安身之所。当时，国民党还准备穿山越岭，在缅甸腊戍（Lashio）与昆明之间修建一条公路，因此，在长江河道遭日军封锁，法国又迫于日本压力，停止通过河内北边的铁路运送军备物资之后，昆明的地位变得更为重要起来。

现在，滇缅公路成了华南唯一的对外补给线，载运着蒋介石抗日所需的战略物资。这条总长一千一百五十公里（其中九百多公里在中国境内，二百公里在缅甸境内）的公路在华东战事升级之际开工，引起举世瞩目。西方世界对中国人勤奋耐劳的传统印象，再一次在当时的文字与图像报道中获得了印证。成千上万的中国筑路工人，不分男女老幼，在千山万壑之间徒手劳作，用竹篮子运土石，以装填火药的竹管炸开巨岩石垒。数千名筑路工人死于意外和疟疾，而幸存者则普遍营养不良——因为这些劳工都是征召而来的，最多仅能获得食物作为报酬。但滇缅公路在1938年12月2日通车后，仍有许多遗留问题，如山崩、有些路段只能单线通行、桥梁载重量不足、雨季路段湿滑危险，以及通信和加油设施不完备等。不过当首批物资于1938年12月从仰光运抵昆明时，仍是一项十分傲人成就。

有了四川这个根据地和云南这个对外联系通道后，国民政府终于在一定程度上对日本占领区与国民政府统治区之间的其余各省有所控制了。这些缓冲地区包括：除日军占领的南宁至沿海地区之外的整个广西，除广州附近珠江三角洲以外的广东省，大半个湖南省，江西南部，湖北西部与河南省大多数地区，陕西南部。浙江和福建两省大部分地区同样仍未沦陷，不过由于相隔遥远，国民政府鞭长莫及，无力控制。1939年到1940年间，日军对国民党统治区的唯一一次重大威胁，发生在长江中游的粮食集散地湖北宜昌。日军占领这里后，切断了湘鄂两省至重庆的粮食运输河道，导致重庆的粮食供应更加吃紧。

国民政府在重庆建立起的政府架构，以国防最高会议为最高决策机关，由蒋介石出任主席。不过，实际权力却掌握在蒋介石担任委员长的军事委员会手中——这一职位让蒋介石成了中国陆军、空军（还有基本上形容虚设的海军）的最高统帅，并拥有了"领导全国民众"的法定权力。[7] 1938年，蒋介石又被国民党全国代表大会尊为党的"总裁"，而先前仅孙中山有过类似尊衔。*1943年，1932年起便一直担任国民政府主席的那位谦恭的政治家（林森）去世后，

---

* 蒋的名号在措辞上稍微有些不同，他是"总裁"，而孙中山是"总理"。

蒋介石又接任了他的职位。

但是，即便蒋介石公然包揽大权，国民政府的军队也号称数量庞大，却不能掩盖一个事实，那就是蒋介石仍只是一个松散军事同盟的协调者。国民政府成立了一个两百人组成的准议会团体——国民参政会——目标是帮助蒋介石制定决策，给民众一定的机会来参与政府运作，体现抗日统一战线的原则。国民参政会的两百个席次当中，国民党代表被限制为八十席，独立的社会贤达及各界领袖占七十席，其余五十席则为共产党及各党派代表。但是此类组织无法改善国民政府令出多门的现象，弱化的官僚体系也不足以协调各地官员去征集农村税赋或联系各地游击势力等。政府财政短缺，军费支出激增，开始把重庆政权推向通货膨胀的无底深渊。同时，庞大的伤亡数字也严重打击了军队的士气。

就在国民党意图巩固华南、华中之时，延安根据地的共产党人也在积极经略华北。日军进攻上海之后，重庆与延安在1937年年底达成协议，将红军改编为第八路军，名义上由国民党的军事委员会统一节制。是年9月，双方又宣布了将在四项关键议题上信守"合作"的承诺（每一项议题都意味着共产党对国民党的让步）：致力于实践孙中山的"三民主义"理想；放弃武装暴动，取消苏维埃组织形式，撤销强行征收地主土地的政策；撤除陕西苏区现行自治政府的组织结构；取消红军番号，将先前大约三万名红军置于国民政府的指挥之下。此时中共虽然仍须奉行共产国际对世界各国共产党下达的命令，不过蒋还是严正宣称，这是"民族情感超过其他各种考虑的表现"。[9]

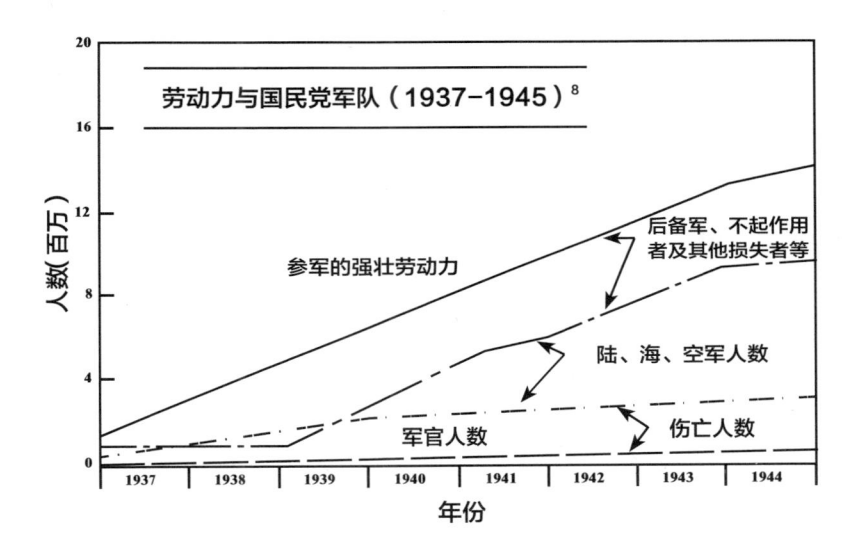

劳动力与国民党军队（1937-1945）[8]

图中标注：
- 人数（百万）
- 参军的强壮劳动力
- 后备军、不起作用者及其他损失者等
- 陆、海、空军人数
- 军官人数
- 伤亡人数
- 年份

1939 年 8 月，苏联斯大林与德国希特勒签订《德苏互不侵犯协定》。这则突如其来的声明并未动摇中共统一战线的基本方针。毛泽东认为希特勒与斯大林签订互不侵犯协议有积极意义，能进一步挫败英法"国际反动资产阶级"的阴谋与打击中国的"投降派"。[10] 虽然国民党也曾与苏联签订互不侵犯条约，但苏联与德国签署的条约并不意味着德国将恢复 1930 年代与中国合作的工业、军事计划，因为当时德国正忙于欧洲战事，完全无暇支持日本的东亚政策。

中共虽然没有在其控制地区组织新的苏维埃，但在征得国民党同意后，仍然宣布成立了两个边区政府。一是"陕甘宁"，取北方陕西、甘肃、宁夏三省的第一个字；第二个是"晋察冀"，意指山西、察哈尔、河北的边区。日本在晋察冀的军力远较在陕甘宁的强大，不过由于日军、"华北临时政府"和内蒙古，都无力完全控制这一区域，所以共产党人在当地有很大的活动空间来筹谋政策，进行敌后破坏行动，甚至补充八路军兵源。此外，长征时期滞留在华中进行游击作战的共产党余部，现在也重新被整编为新四军。自1935年起，这些游击队就一直过着隔绝、危险与自力更生的生活，经常藏身于山林中，靠着自己的智慧，与那些先后反抗国民党和日本的农民建立联系。在中断三年之后，他们终于被重整成了拥有一万二千名士兵的正规军队。不过，这支军队只是名义上由国民党领导，实际上却完全是共产党老干部（叶挺、项英）在指挥。

1937—1941年中国战场上的伤亡人数 [11]*

年份	日本方面	中国方面
1937	—	367 362（7月至12月）
1938	823 296（1937年7月至1938年11月）	735 017
1939	395 166	346 543
1940	847 000	—
1941	708 000	299 483

中共在延安的头几年，曾像国民党那样，积极强化了党、政、军的组织。中国共产党党员在这个时期人数陡增，从1937年的四万人左右增加到1940年的八十万人。这个增长，部分由于中共不断补充新党员，寻觅新人才，另一方面也要归功于中共统一战线

---

* 编注：作者此处引用了刘馥的数据，其中日军伤亡数字有待商榷。据《中华志》(*China Handbook*, New York: Rockport, 1950)引用国民政府国防部的资料，日军1937年（7—12月）至1941年的伤亡人数依次为256 100、444 890、410 095、341 636、181 045，华军的伤亡人数则与本书相同。

政策受到多数人民的拥护。中共暂时停止强制征收土地之后，实行了一套系统的减租减息政策，这套分级税制实施后，先前那些大地主若继续保留大部分的土地就会很不划算，从而让众多贫农的土地持有面积增加，达到可盈利水平。这样，这些村庄就能在不发生纷争的情况下，团结到共产党周围参与抗日活动了。至于领导地位问题，毛泽东击退了两次重要的威胁，一是来自长征时期的竞争对手张国焘，另一位是1930年自苏联返华以来便在以共产国际马首是瞻的"留苏派"中极具影响力的王明。通过设立在陕甘宁等边区的支部，以及肩负不同职责的小分队，如宣传、教育、群众运动、女性事务、媒体和青年团等，共产党的势力大大增强。延安的"抗日大学"成为培训共产党员以及纯化党员思想的摇篮。尽管共产党控制的区域民生十分凋敝，但那里的士气却很高昂。此刻的延安，似乎已变成许多中国人心中的一盏明灯。

延安的政府包括中央的边区政府及其所属行政机构，以及理论上能直达县级机关的各级代表大会（事实上某些地区确是如此）。统一战线政策的共识，在中共实行的"三三制"中体现得很明显：根据统一战线的原则，共产党员在政府机构中所占的比例不超过三分之一，其余的用毛泽东的话来说就是，"非党的左派进步分子占三分之一，不左不右的中间派占三分之一"。从毛泽东的著作来看，他的确相信这样的制度可以确保中国共产党的统治地位，因为只要有三分之一政府机构的职位由共产党员担任，"就可以保证党的领导权，不必有更多的人数"。[12] 下页表展示的是几个县级代表大会成员的社会成分以及共产党员所占的比重。

1941年延安各代表大会成员的社会阶层与党籍分布情形[13]

阶层	绥德	庆阳	合水	曲子	新正	新宁	志丹
地主	23	12	7	47	—	14	2
富农	159	89	56	32	2C	30	45
中农	578	325	166	181	185	115	101
贫农	1 301	460	1 334	719	165	393	541
佃农	—	—	—	—	13	19	—
雇农	22	36	4	22	2	1	89
工人	236	22	63	—	—	2	14
商人	127	27	6	—	1	—	3
士绅	—	—	—	—	—	10	20
总计	2 446	971	1 636	1 001	386	584	815
共产党	400	196	219	257	124	151	386
国民党	161	41	58	—	2	2	—
无党派	2 075	732	361	744	188	487	439
总计(1)	2 636	969	638	1 001	314	640	825

(1)党籍的总人数与阶层总人数不尽相符，因为存在有记录不正确或没有记录的现象。

共产党的军队不仅包括八路军、新四军——以长征时期的老干部朱德任总司令、彭德怀为副总司令——还有众多来自当地的全职地方军和民兵。这些地方军力的骨干有男有女，年龄在十六岁到四十五岁，平日里仍然担负农事或在城镇里有正当职业。虽然并没有什么武器装备，但他们在情报搜集、后勤补给以及掩护正规野战部队行踪方面却是无法替代的。中共十分重视军纪，严禁打家劫舍，买粮食和各类补给品都必须付款，并禁止侵犯民女。中共还小心争取到了华北地区几个很庞大的军事化地方秘密会社如"哥老会"和

"红枪会"的支援，赢得了他们对抗日的支持。如此一来，中共的群众基础稳步地扩大了。

统一战线政策的形成，必然会与许多激进分子先前所抱持的意识形态目标和理想相左：减租减息与限制土地重新分配范围等政策，取代了过去在江西和其他苏区实行的没收富有地主土地的做法。渐进的教育和思想教导方法，也有别于以往激烈的罢工行动，而温和的农村信贷计划以及发展地方工业，则有助于避免让富农或边区镇民离心离德。从一份共产党领导人给地方干部编成的问答训练手册可以看出，这类政策已经引起不少共产党人的非议：

> 问：我认为统一战线以及国共合作是一项重大的政策转变。我们应该做的是打击农村里的头头和重新分配土地。假如我们的行动更加快速，那么革命不就指日可待，不是吗？
>
> 答：这种讲法是不正确的，因为今天若是采取这种策略势必引爆内战。如果我们彼此杀伐，那就没有能力抵抗日本，反而会被日本消灭。如果国家灭亡并沦陷在日本人手中，就很难实现共产主义的理想了。共产主义的实现必须以国家独立为前提。[14]

1940年，共产党一边抑制着社会革命力量在边区的发展，一边又对日军在华北的坚固据点及公路、铁路发动了一连串的攻击。这场中共党史上的"百团大战"——事实上，中共军方总计投入了一百零四个团——由彭德怀指挥。起初，中共内部对于攻击计划（据称毛泽东事先对此并不知情）及攻击目的有不同意见：是与日本正规部队决一死战，团结全国力量一致抗日，还是转移国民党对共产党新四军在华中扩张势力的注意力。

不过，尽管中共军队英勇杀敌，但这些默认的目标无一达成。日军确实受到了重创，但是其正规部队在傀儡政府增援部队的配合下，对共产党腹地发动了残酷的大扫荡，很多村庄被夷为平地，人畜、建筑物无一幸免。结果，共产党根据地的人口从四千四百万骤降为两千五百万，而八路军伤亡、逸逃者亦达到十万人。而且，全国抗日的力量也未见强化。1940年3月，孙中山昔日副手和蒋介石二把手的汪精卫，在日本扶持下，用自己声望换来了南京伪国民政府代主席一职，正中日本人下怀。为了加强对华中地区的经济控制，日本政府更是进一步给予了汪伪政权外交承认。尽管戴笠领导的国民党秘密特务曾多次试图刺杀那些身份显赫的汉奸，但汪伪政权还是活了下来，并被沪宁地区的几百万人认可为合法政府。

华北的战事显然也并未转移华中国民党将领对新四军的注意力。他们十分清楚，长江三角洲虽然还被日本占着，但这块地区向来是中国的鱼米之乡及重工业中心，新四军在这里，对共产党而言具有重要的战略意义。但是，这里也是国民党正规部队、地方团练、散兵游勇、青帮及其他帮会组织势力等盘根错节、交相渗透的地区，其中由蓝衣社领导人戴笠统合的势力，尤其痛恨共产党人挤入他们在沪宁铁路沿线一带的势力范围。对于在统一战线政策中允许部分共产党军队在长江以南重整队伍一事，国民党也懊悔不已，所以驻守在这些地区的国民党将领（何应钦、白崇禧等）一直都竭力饬令新四军北上，但共产党人坚不从令。为此，双方还发生了数起零星摩擦和一场正面冲突，最终，国民政府军队试图强制执行命令遭到了严重挫败。1940年12月初，蒋介石下达最后通牒：长江以南的八路军务必于12月31日前渡江撤至江北；同时，新四军必须行进至长江以北，并在1941年1月31日前撤至黄河以北。

在撤离过程中，新四军行动缓慢，还向国民政府在撤退路线、通行证、携带的物资以及黄金储备等方面进行协商。了解到国民党部队正在集结伺机发动攻势后，新四军召开了公共集会，辩白自己的忠实意图，不过部分队伍实际上还是转而南下了。从1941年1月7日至13日的六日激战中，新四军的这支南翼部队在山区误陷国民党军队的埋伏，约三千人当场牺牲，更多士兵则在被俘虏或移送战俘营之后遭到枪决。

虽然人员的伤亡对共产党是一大打击，不过对他们而言，这次事件却有较大的宣传价值，完全可以认为是蒋介石的冷血阴谋。相比之下，蒋所谓中共抗命不从、理应受惩的说法，无法令中外人士信服。嗣后，中共又在江北的六个区域分别重整新四军，并且在太湖西岸重建一处较大的游击根据地。虽然这次"新四军事件"（"皖南事变"）并未瓦解统一战线，但确实凸显了统一战线政策的内在矛盾。自1941年以后，国共仍维持着抗日合作关系，只是彼此的龃龉嫌隙也更甚于往昔了。

皖南事变（1941）

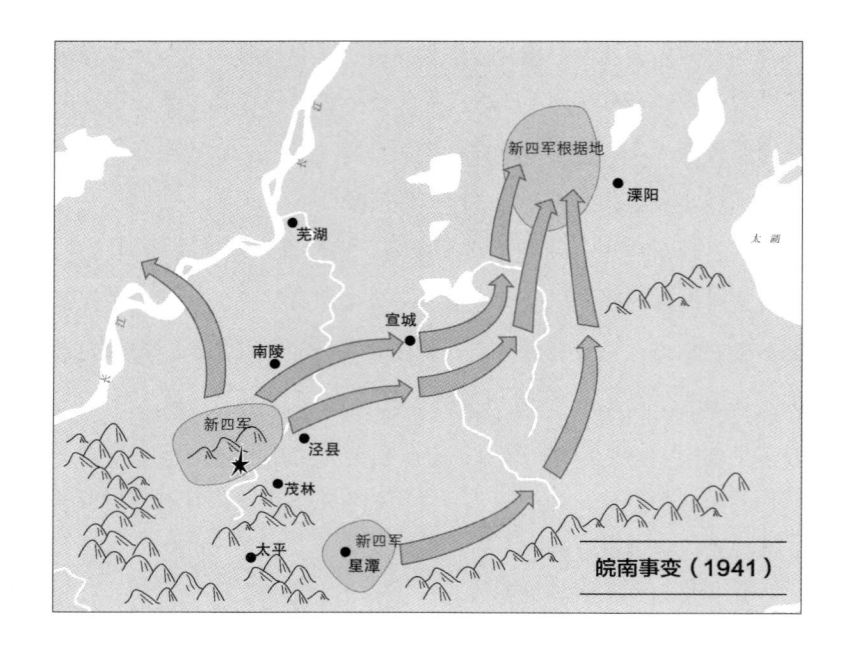

扩大战争时期的重庆和延安

1939年夏天，二战在欧洲爆发，更助长了日军侵华的气焰。如同1914—1918年的一战一样，如今法、英、德各国心力都放在本国的前线，没有时间和余力关注东亚的国际局势。在一战期间，日本僭取德国在华的领地和租界，但对英、法两国在东亚的利益却唯唯诺诺，但到了二战时，日本显然已有能力将英、法从这一地区的强权位置上赶下来。曾经剧烈冲击中国历史的"欧洲帝国主义"势力，霎时开始烟消云散。

前文已述及日本政府如何逼迫海关总税务司就范，对天津、上海那些曾不容侵犯的外国租界施加压力了，也说到过日本如何封锁长江流域，禁止外国船只通航，造成一些英国贸易公司的巨额损失，还有日本如何强迫法国关闭越南的铁路运输线，切断了对昆明、重庆两地的军事援助。到了1940年7月，也就是英国正试图从"敦刻尔克大撤退"的危机中逐渐恢复过来，并为即将到来的英伦空战集结兵力时，首相丘吉尔（Winston Churchill）又在下议院宣布，他将应允日本政府的要求，禁止滇缅公路运送军备、物资、汽油三个月。禁运快结束时，也就是英国对德战事发生逆转后，丘吉尔下令重新开放了滇缅公路，但蒋介石十分愤怒，耿耿于怀地指出在如此艰困时期封闭滇缅公路，无疑永久地破坏了英国在中国的声誉。[15]

1937—1942年中国的通货[16]

	国民政府的支出（以十亿元为单位）	国民政府的岁入（以十亿元为单位）	未偿还的银行债券（以十亿元为单位）	12月的零售价格指数，以1937年1月为1.00	元与美分的兑换价格
1937	1.16	0.87	2.06	1.18	.30—.29
1938	2.18	1.31	2.74	1.76	.29—.15
1939	2.80	0.58	4.77	3.23	.16—.06
1940	5.55	1.58	8.40	7.24	.08—.04
1941	10.93	2.02	15.81	19.80	.05—.03
1942	26.03	6.25	35.10	66.20	.03—.02

一位美国财政顾问就此观察："中国如今最令人担忧的是士气，因为中国似乎是孤军奋战，美国必须在中国的士气瓦解之前，赶快采取行动。"[17] 但是美国政府此刻正因日本的势力扩张而无暇东顾（日

本军队在1940年入侵了法国殖民地越南），所以在1938年至1940年间基本没有什么动作，只是购买了中国的白银，并给予了国民政府两千五百万美元至五千万美元不等的贷款。这些贷款可以用在非军事支出或稳定物价上，或作为锡、钨等矿产的出口保证金。然而，如前表所示，中国仍面临严重的通货膨胀问题。

重庆政府面临的最棘手问题之一，是它几乎没有任何空军力量。前美国空军飞行员陈纳德（Claire Lee Chennault）自1937年开始便成为蒋介石的顾问，武汉沦陷之后，他曾试图说服中国向美国飞机制造厂订购现代战机。当时，中国可以通过大宗出售白银给美国财政部而获得的款项来支付部分货款——1937年至1938年间，中国共计出售三亿一千二百万盎司的白银，得款一亿三千八百万美元——但政府内部对于契约的签约人、价格、交货日期等细节争论不休，购买计划最终不了了之。

俄国受到欧洲战事的牵绊，对中国空军的援助脚步开始放慢，并且调回了派来的"志愿"飞行员。最后一批德国顾问则已于1938年返德，蒋介石的意大利空军顾问团亦随后离开中国。由这些意大利顾问协助建造的几座飞机制造工厂，很快就被日本空军夷平。结果，重庆几乎失去了防卫能力，1939年5月开始，这座战时陪都更是受到日军有计划的轰炸，一直到重庆当局挖好地下防空洞，并在日军防卫线后方成立了监测日军轰炸机起飞的预警系统后，空袭造成的严重伤亡才告减少。

1940年，蒋介石委派陈纳德到华盛顿寻求援助时，中国只剩下三十七架能用的飞机和三十一架没有夜航装置的旧式俄国轰炸机。而日本却有九百六十八架飞机驻防中国——其中许多还是飞行速度快、命中率高的新型"零式"战斗机——一百二十架飞机驻防越南。因为英国战场的庞大需求，美国没有多余的战机可卖给中国，所以蒋介石就派宋子文作为私人特使，与时任中国驻美国大使、五四风云人物胡适共同抵达华盛顿游说，最终，罗斯福（Franklin D. Roosevelt）政府同意运送一百架 P-40 战斗机给中国。另外，为了避免违背对日本的中立外交政策，美国以非正式协议的方式，同意陈纳德招募美国空军飞行员，以"志愿"方式投入中国战场，一方面担任飞行战斗任务，另一方面训练中国新生代飞行员。这些飞行员的战斗技术，不但让"飞虎队"（the Flying Tigers）声名鹊起，更是在 1941 年年末至 1942 年年初，几次重创日军，每击落一架日本军机便可获得五百美元的奖励。从某个角度来看，飞虎队的彪炳功勋，可与八十年前的"常胜军"相媲美。

不过，飞虎队的行动仅限于重庆周围，延安的共产党人是连这点激励士气的外援也没有的。皖南事变重创共产党在长江以南的势力，而随后的百团大战又引发了日军在华北地区进行的大规模军事扫荡。彭德怀将军试图以正规作战的方式攻击日军，但还是不敌日军在兵力和军备补给方面的优势。1941 年早些时候，苏联与日本签订了中立协议，承认伪满洲国的"领土完整"，使得中共取得苏联援助的可能性更加渺茫。对此，中共也只能以豪语来回应："我们必须收复全国一切失地，必须打到鸭绿江边，驱逐日本帝国主义出中国。"[18] 不过，局势的发展限制了中共采取这类行动：1941 年 6 月，德国入侵苏联，事实上意味着在欧洲战事结束之前，中国完全不可能从苏联那里获得任何物资支援。

皖南事变之后，蒋介石下令对陕西边区政府实施经济封锁，禁运食盐，并终止了在统一战线政策共识下支付给八路军的补贴，使得延安一下子陷入更加孤立的境地，发生了严重的物资短缺以及随之而来的通货膨胀。所以，急需军事物资的中共采取了一套奖励制度，鼓励百姓在每次战斗结束后，到战场上去搜寻武器。农民每上交一挺机枪，可以换到五十元，每上交一支来复枪，可换到十元到二十元，而每交上去一把手枪，则可拿到五元。然而，诚如干部手册所指出的，现代化武器并非是"绝对需要"的："旧式的枪炮、矛、大刀、斧、锄头、石头通通可以用来杀敌。"[19]

共产党本来寄望于将农民组织起来抵抗日军，却遭遇了日军所谓的"三光政策"，也就是在若干特定地区"杀光、烧光、抢光"的扫荡策略。农民为了躲避日军，躲进了纵横交错的地道里，结果，日军包围村庄后，就往地道里灌毒气。有资料显示，在某次类似行动中，有八百名中国人因此死亡。在另一则案例中，冀东一个村庄总计有一千二百八十名村民被日军杀害，整座村庄也被夷为平地。1941年8月到10月间，日军在华北地区进行所谓的"扫荡运动"，造成四千五百名村民死亡，十五万间房屋烧毁，有一万七千名中国人被遭至伪满洲国充当苦役。日军的这类暴行主要是为了杀一儆百，要中国人别与共产党的游击队合作，然而，尽管有时候这种扫荡政策能收到一些效果，但更多情况下，通过共产党的大力宣传，人们对日本人的没齿仇恨进一步加深了。

1941年12月7日，日军偷袭珍珠港，让国民政府松了一口气，因为这意味着美国将全面加入对日作战。自1931年"九一八事件"以来，日本便一直蠢蠢欲动，想要制造与美国的冲突。1937年，侵华战争全面爆发后，日本更是将美国太平洋舰队视为其战争目标的主要威胁，因为只要美国舰队能随意调动，日本不仅无法全面封锁中国沿海，也无能力巩固其在越南和缅甸的战果。只是日军这次偷袭却弄巧成拙，反而为中国带来新的援助，让美国人将中国战场也视为美国战事的一部分。通过租借法案*，中国收到了各类物资援助。这些支援起初不多，不过到战争结束时，已高达十亿美元。此外，中国还收到了美国政府的五亿美元贷款，不过，美国方面没人了解这笔款项的最终用途，蒋介石断然拒绝给予美国任何保证，也不接受其他附带条件。

1941年12月日本的军力配置[20]

	中国	太平洋和东南亚	伪满洲国	日本	中国台湾与韩国
陆军师（50）	21[(1)]	10[(2)]	13	4	2
混合旅或相同等级（58）	20[(1)]	3	24	11	—
空军飞行中队（151）	16	70	56	9	—

（1） 含由日本总司令部直接指挥驻守于上海的一支骑兵军团和一支陆军师。
（2） 含一支特种舰队。在这十个师中有两个师是由中国战区以船舰运抵的。

---

* 1941年，美国国会通过租借法案来军事援助同盟国，规定只要援助对象是与美国对抗共同的敌人，就可以不必偿还援助。

罗斯福总统指派资深军官史迪威（Joseph Stilwell）将军担任自己与蒋介石的联络人及美军在中印缅战场的指挥官，并负责监督租借物资的去向。飞虎队被正式纳编为美国空军的第十四航空队，陈纳德并被擢升为将军。国民党军队随后成功击退了日军对长沙的全面攻击，使得军民士气大振，更适时凸显了中国不容忽视的盟友地位。也正因此，虽然英国十分不情愿，但中国还是被罗斯福总统接纳成为包括苏联、英国在内的同盟国四强之一。

中国军队在同盟国的作战中，也的确扮演了相当关键的角色，因为在日本所有可用兵力当中，约有五分之二身陷中国战场而动弹不得。而英军在东亚地区瞬间全面溃败后，中国抗日的重要性显得益发鲜明。香港的沦陷当然不令人意外，因为那里并无任何防御能力，但新加坡向来被认为是一座固若金汤的防御要塞，日军绝不敢轻启战端，而结果是，1942年2月15日当地十三万守军仅撑了一天工夫，便缴械投降了。这下，英国原本在中国人心目中已经不彰的声誉更是一落千丈，诚如周恩来在1942年4月与美国官员的谈话中所指出的，"现在英国已被日本人打败了"，中国人"瞧不起英国的地位"。[21]

不过，在中国人看来，比新加坡的沦陷还严重的，是英国没能力保护缅甸，也无力为1940年年底重新开启的公路补给线提供防护。由于不愿与中国军队协同作战，也不愿与史迪威将军协调策略，英军被日本打得惨败。1942年4月底，经过与士气低落的中国军队五小时鏖战（据称此次中方战斗行动有英国军队协同），日军攻下了缅甸的重要城市腊戌，再度切断了补给重庆的滇缅公路。缅甸战役让蒋介石搭进去了不少军队和第五、六军的重型装备——受过德式训练的第五、六军，是蒋个人势力基础的重中之重，其数量约为战略储备的三分之一。自此之后，重庆与延安一样，陷入了孤立无援的险境，重庆的对外通道仅剩下一条，那就是喜马拉雅山这座"驼峰"之上通往印度的空中通道。

在这个节骨眼上，重庆政府内部又爆发了军事战略上的争执，陈纳德与史迪威对空中作战与传统地面作战哪个更能有效遏制并击垮日军这一问题相持不下。陈纳德将军关于发展空军战力的建议十分中肯，正如他向蒋指出的，这一战略耗费较省，因为空军从印度起飞，将零件、汽油、弹药装备通过驼峰航线空运至中国，并非难事。史迪威对此持反对意见，认为空军需要地面防御来支持，而国民政府的部队却人员冗余，装备落后，训练不足。更好的方式是，先发展小型的精锐部队，分别在印度和中国西部接受训练，再从缅甸北部到雷多（Ledo）开辟一条内陆补给线，将大型装备运抵重庆。

最后，陈纳德将军的建议被采纳，因为相较于外号叫"酸醋乔"（Vinegar Joe）的史迪威，陈纳德将军既富谋略又较有耐性，他的飞行员也打了几场漂亮的胜仗。而史迪威虽然通晓中文，对他遇到的中国普通士兵也相当友善，但他十分蔑视蒋介石（他在密报里给蒋的代号是"花生"），对蒋的那班惧怕打仗又欺上瞒下的将领也相当鄙夷。因此，虽然史迪威在帮助蒋介石制订训练计划方面取得了一些进展，但多数资源还是被投入到了重庆政府统治区的东部沿线（湖南南部的衡阳至广西柳州一带）的机场建造中。

为了补给名义上仍由他指挥的数量庞大的军队，支付空军兵力扩张的费用，蒋介石开始强制实施一套严苛的税制。随着货币大幅贬值（见第631页表格），这套税制规定，可依战前税率等值的谷物来抵税，因此农民就用大米、小麦，有时候是大豆、玉米、粟甚至棉花，来缴纳税赋。除了这些税之外，各省还有一系列的粮食"强借"措施，以满足军队和政府的需要。那些上缴额外粮食的人，据称将来会按粮食的公平市价得到赔付。但是不出所料，迟付或贪赃枉法的现象时有发生，而即使可以得到补偿，赔付也常常低于市价，或是用贬值货币支付的。更过分的是，把这些粮食运送到国民党收粮站点的成本，也要由农民来承担。

在延安周围的边区政府，共产党同样面临税收、社会控制以及士气等严重问题。在1942年至1943年，他们的应对方法是大规模动员群众，让共产党人深入到农村社会的底层。尽管共产党也以相当高的税率向贫农征税，不过除了那些确实穷到什么都租不起的农民外，减租减息政策对大多数人还是帮助很大的。现在，共产党人已经不再拘泥于统一战线政策或地方政府内部的三三制政策，而是派干部直接下乡，鼓励农民建立生产合作社来满足购粮和借贷的需求。为刺激粮食生产，他们还劝说农民组织互助队来共享人力、耕具、役畜，并发起了学习"劳动英雄"的群众运动。在华东和华中那些共产党的支持势力相对强大的地区，类似的群众运动也如火如荼开展起来，不过，在这些地区，共产党开始重新强调社会斗争的意义，公开批判、羞辱和惩罚地主剥削阶级、放高利贷者和营私舞弊的地方官员。

知识分子，特别是延安的知识分子，也通过"下乡"向农民学习这类特殊运动，了解了农村的基本生活条件。毛泽东在他的早期著作中，便表现出了对中国传统精英阶层的轻蔑，认为他们全然不知农村疾苦，也不切实际。如重庆一样，延安也已成为成千上万逃难者的落脚处，而1942年由中共发起的"整风运动"，再次不客气地向这些生活在边区的人们提醒了社会主义革命的迫切性。一些人因为个人观点而在群众大会上受到了批斗，或做自我批评，或从要职被下放到农村工作，还有人因此而自杀。王明自苏联返回中国之后，就一直想办法巩固他个人的权力基础，而在受害者当中，有些人正是王明的追随者。最终，整风运动确认了毛泽东在党内的领导地位，也让中共的意识形态开始独立于苏联操控之外。

作家丁玲是众多被下放到农村进行劳动改造的干部之一。前面已经提到，她在1928年发表《莎菲女士的日记》，翔实记录了那个年代中国青年的彷徨惆怅；而她的丈夫在1931年被国民党处决后，她选择加入了中国共产党。之后，她就被国民党软禁在了南京，一直到1936年才设法脱逃并抵达延安。然而一到延安，她开始通过小说创作，犀利地讥讽少数中共干部对女性劳工的漠视，以及他们如何压制个人创作与抒发意见的自由。她同时还认为，全国团结一致抗日和党的团结等类似口号，压制了妇女刚刚辛苦得来的权利。

通过整风运动来批判丁玲这类知识分子，毛泽东确立了中国共产党在界定知识分子表达意见与批评的范围时应扮演的角色。为了强化这个角色，一批毛泽东、斯大林等人的作品还被指定为党员和知识分子研读和讨论的教材。在1942年5月发表的演讲（《在延安文艺座谈会上的讲话》）中，毛泽东更加翔实地论述了艺术与文学的社会目的，指出在延安的文艺工作者必须了解自己应该向群众担负的责任,必须认清"人民生活中本来存在着文学艺术原料的矿藏",而这些矿藏是"一切文学艺术的取之不尽,用之不竭的唯一泉源"。毛泽东表示,虽不必完全排斥中国古代的文艺传统以及五四运动那一代的知识分子,甚至是鲁迅服膺的外国艺术,但必须使之居于次要地位,而且借鉴吸收之道是有"文野之分……但是继承和借鉴决不可以变成替代自己的创造"。因此,知识分子的使命就是要投身如火如荼的战斗中,完全掌握其令人生畏的复杂情势:

> 中国的革命的文学家艺术家,有出息的文学家艺术家,必须到群众中去,必须长期地无条件地全心全意地到工农兵群众中去,到火热的斗争中去。[22]

毛泽东讲道,饥饿与剥削的现象到处存在,"人们也看得很平淡"。然而真正的文艺工作者就是要改变这种态度,而能"使人民群众惊醒起来,感奋起来,推动人民群众走向团结和斗争,实行改造自己的环境"。毛泽东认为,即使是在抗日的兵马倥偬里,中国的知识分子还是要以人民长期变迁的需求为念。

战争的结束

1943—1944年间,日军受到的主要军事压力来自美国,而非中国,因为此时日军的占领区,已经跨越太平洋东至吉尔伯特群岛(Gilbert Islands),经东南亚地区南抵印度边境线。中国对于战事最大的贡献，仍然是牵制了大批日本正规军，因为日本从未达到让傀儡政府军队来巩固沦陷区的既定目标。美军在中途岛战役中（1942年6月）打了一个大胜仗，但只能一个岛挨一个岛，在缓慢而又血腥的战斗中夺回南太平洋。此刻，随着美国"参谋长联席会议"开始筹谋对日本本土进行战略轰炸，在陈纳德将军建造的机场部署威力强大的新型 B-29 轰炸机也变得可行起来，至少中国成了美、苏、英三大巨头决策时的考虑因素之一。

1943年局势的一系列进展显示，日军的军事胜利及中国的顽强抵抗已经改变了一个世纪以来西方强权对中国的剥削状态。这种改变的重要征兆之一，就是同盟国经过冗长的讨论，终于在1943年1月同意废除治外法权。历经了一个世纪的屈辱后，中国现在可以自由审判任何在华的外国人（享有外交豁免权的除外）。[*]1943年8月，在日本人的策划下，汪精卫的南京伪政权收回了上海的公租界和法租界，并将其作为中国领土直接管辖。1943年12月，蒋介石与罗斯福、丘吉尔出席开罗会议，约定战争结束后，伪满洲国与台湾应当归还中国。

另外，从日本人战时刻意实施的政策，也可以看出西方人地位的转变。珍珠港事件之后，尽管日本政府允许西方人留在北平（有一定限制）与上海（限制会少些）继续学习和从商。到了1943年3月，日军将北平地区的外国人（德国人和日本的其他盟邦除外）集合起来，让这群背负着行李、高尔夫球杆、毛皮大衣的西方人步履蹒跚、

---

[*] 从1943年的6月至战争结束，在华服务的美国官员一直仅接受美国法律的管辖。

零零落落地前往火车站。而日本人专门为此情此景召集来一群中国人，让他们默默在一旁围观。一位美国人回忆道："我们正好给日本人提供了他们希望看到的滑稽景象。"[23] 这群来自北平的外国人被日军送到了山东潍县的收容所，在一处形同废墟的传教士宅邸里，一千名西方人和五百名小孩被剥夺了过去的特权，失去了服侍他们的仆人，不得不在粮食供应紧缺、几无医疗设备的情形下，靠着社会礼仪、教育以及些许的自娱自乐，残喘求生。

原先住在上海的美国人、欧洲人亦受到同等对待，被迁移到了华中地区的其他收容所，不过具有犹太人血统的外国人蒙受的待遇却不尽相同。5月中旬，上海一万六千名来自欧洲的犹太难民，大部分被日军移往虹口特设的犹太人小区。* 这群犹太人在仓促间被迫以极低廉的价格变卖了辛苦赚来的家产和事业，成立了彼此监督、相互保护的"保甲"组织。小区里的犹太人必须看日本官员（他们自诩为"犹太王"）阴晴不定的脸色，无论他们是要出外营生、参加丧礼还是有其他紧急事故，这位日本官员有权决定放行与否。[24]

许多犹太人沦为当地中国人的"苦力"，或是在地方慈善团体兴办的施粥场果腹，几乎所有人都营养不良。有人不得不以行乞为生，而有些人则只能委身卖春，为早先经历的悲惨生活又增添了一个无情的结尾。不过日本政府并没有仿效纳粹的恐怖手段，上海的犹太人未遭逢他们欧洲同胞经历的种族灭绝这一残酷命运。

---

* 这项强制迁徙命令并不包括出生于德国的犹太人，他们大都来自俄国，早在1937年之前就已经定居中国。

西方人在中国遭受屈辱时，战况惨烈的中国战场正处于暂缓期，不过这种军事上的对峙僵持状态，突然在1944年发生了变化。正当史迪威、英军以及他们重新训练过的中国军队正与日军在缅甸北部进行激战，并开始从雷多修筑一条能够接通旧滇缅公路的新路时，陈纳德对空战重大作用的远见，如今已大张旗鼓地执行着，成千上万的中国工人逐步扩建重庆东部的几座机场。1944年6月初，B-29轰炸机群从这些新机场起飞，第一次发动关键突袭——也算是训练行动——猛烈轰炸泰国曼谷的铁路调车厂。6月15日，这群B-29轰炸机还飞抵日本南方的九州岛，向当地的"八幡制铁所"投下了两百二十一吨炸弹。此后，九州岛的工业设施又遭到了多次空袭，伪满洲国鞍山钢铁厂、苏门答腊的炼油厂以及台湾的几座机场亦是如此。

正如史迪威将军预料的，日军随即发动了大举反攻。1944年夏天，日军在代号为"一号作战"的攻势行动中，以迅雷不及掩耳之势进入河南，肃清了平汉铁路沿线的日本占领区，并循湘江南下，直逼长沙。这座曾在1941年英勇抵抗过日军的城市，这次却很快便被日军攻了下来。在这次攻击行动中，中国方面唯一有效的抵抗发生在长沙外围地区及衡阳的机场，但在8月，这些地方也告失守。日军还向广西推进，并在11月占领了桂林和柳州的空军基地。随后，两股日本军队向西挺进，直逼贵阳，严重威胁重庆。但日军突然停了下来，显然，摧毁了轰炸日本本岛的那些中国空军基地，就足以令他们满意。然而，就在日军大啖胜利果实之际，战局明显开始不利于日本。1944年12月底，B-52轰炸机群对东京进行狂轰滥炸——

这次袭击并没有如陈纳德将军长久以来期盼的那样，从华东机场发起，而是在美军新近占领的马里亚纳群岛（Mariana Islands）空军基地起飞。

　　日军"一号作战"的攻势重创了蒋介石的部队，切断他对数个地区的控制。而且同样重要的是，日军的胜利还重挫了中国军队原已低迷的士气，连带使美国对中国的作战能力也失去了信心。战时的重庆长久以来就是散播流言蜚语的中心，社会贫富差距悬殊，投机炒作、哄抬价格等司空见惯，黑市商品以及叛国传言也随处可见。一位中国诗人以西方诗歌的变体形式，在1944年发表了一首诗，融合了电影广告、新闻标题以及国民党官方出版品等素材，生动地捕捉到了当时的社会矛盾。这首诗题名为《标题音乐》（*Headline Music*）：

　　　　吃紧，吃紧，吃紧

　　　　看涨，看涨，看涨

　　　　四十万万元在金潮里打滚

　　　　变，不变，莫谈国事

　　　　支支宏壮悠扬

　　　　场场歌舞美妙

　　　　为慰劳从军同学而歌

　　　　为救济后方难胞而舞

　　　　长约数十里之行列，餐风露宿

　　　　奶油人造冰上绝技，广寒春色

　　　　语皆血泪，感激至于涕零

1944年日军"一号作战"行动

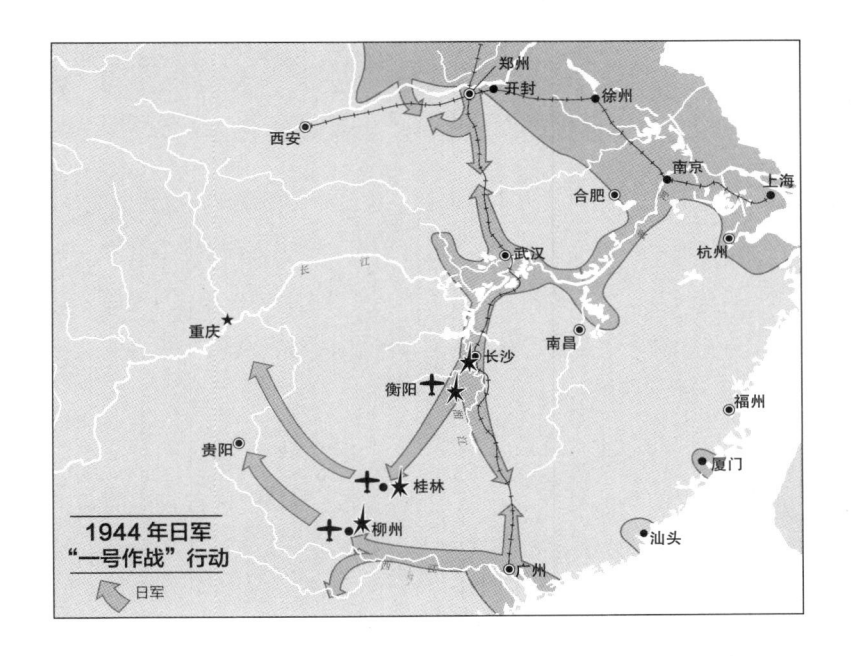

扶老携幼,余等深为感动

国产时装悲剧巨片

情节哀感,缠绵,紧张

奉劝太太小姐多带手帕……[25]

但就在此时,却有消息说,从"一号作战"中撤退下来的中国士兵,由于在一年前的饥荒之时还麻木不仁地强行收税,所以遭到了那些对其恨之入骨的原国统区农民的杀害、抢夺、解除武装。一些美国记者离开重庆,到河南灾区去探查当地的饥荒,结果目睹了令人悚惧的画面。"他们泪痕满面,蓬头垢面,在萧瑟的寒风中濒

临绝望的脸庞,令我们无地自容",白修德(Theodore White)如此记叙:

> 中国孩子健康时是美丽的,他们的头发散发出自然的光泽,他们的杏眼闪闪发光。但是这些衣衫褴褛、瑟缩颤抖的小孩,眼眶四周却是凹陷的窟窿;营养不良使他们的头发干涩;饥饿不堪令他们的肚子鼓胀;刺骨的寒风造成皮肤的皲裂。他们虚弱的声音尽是一声声乞食的哀啼。[26]

国民党的新闻检查员删减了他们对这类惨剧进行报道的通讯稿,记者们感到深恶痛绝,最终将这场惨剧的人为和军事都怪到了重庆政府头上。

其他包括史迪威将军在内的美国人,同样对国民党军队实施的强制征兵行为感到惊骇不已,那些即将要上前线的士兵都光着脚、衣衫不整地绑在一起,脚气或营养不良已经让他们虚弱到几近死亡。但即便在一些征兵官员被处决(有时还是蒋介石下令)后,滥征情况依旧没有得到遏制。根据估计,1943年征召服役的一百六十七万人当中,有近44%的人都在前往部队途中逃跑或死掉。在1937年至1945年间,未赴战场便已死亡的新兵总数约有一百四十万人,换言之,每十名新兵就有一人死亡。

面对重庆政府这种惨况,也难怪美国官员要转而寄望于共产党的延安边区政府了。罗斯福总统及其"参谋长联席会议"开始讨论武装共产党部队的可能性,以便增加其对日作战能力。在无法扩及每个共产党部队的情况下，美国军方还是尽力把共产党政权纳入了租借法案的援助范围内，且不顾蒋介石的愠怒，于1944年7月派遣由包瑞德（David Barrett）上校率领的观察小组抵达延安。这一小组的正式任务是收集日军部队移动的情报、日军后勤装备的数据，并协助被击落的飞行员穿越日军防线返回自己的部队。美国军方规定不要与共产党进行"政治对话"，但小组成员还是不免与共产党的军队混得很熟，对共产党的作战能力也是尊敬有加。

美国观察小组对延安的出访，主要是副总统华莱士（Henry Wallace）在1944年6月造访重庆后一手促成的。而为进一步与中共修好，罗斯福总统还派遣特使赫尔利（Patrick Hurley）于11月飞往延安访问。就在这两次出访期间，罗斯福总统对照了第二次缅甸战役——史迪威和训练有素的中国军队表现卓越——以及"一号作战"的惨败，开始坚持由史迪威将军指挥中国境内的所有中国军队。对蒋介石及其资深顾问团而言，这项决定是难以接受的，在激烈的游说和互相指责后，史迪威最终在1944年10月被召回国，由魏德迈将军（Albert Wedemeyer）代替。在接下来的三个月里，蒋介石还设法阻挠了美国进一步支持延安政权的所有计划。

对于美国的变卦，中国共产党虽然深觉失望，但并不感意外。共产党本来就一直在独立作战。不过为了宣传需要，他们仍然继续呼吁组织联合政府、团结全体中国人，不但在延安根据地微笑接待了络绎不绝的外国访客和新闻记者，更是下大决心，系统深化了农村群众对共产党的向心力。尽管中共在其统治区内对于如何界定阶级关系仍具一定的弹性，不过这段时期，他们的政策又一度偏向激进。地主阶级遭到群众的严厉攻讦,农民再次被依其产业划分成不同阶级。

根据延安方面的定义,"富农"这个阶层的农民,其家庭收入有超过一半系使用雇工所得,不过共产党也承认,富农同时也有可能是受剥削的佃农。因此,生活水平及拥有家畜和生产工具的多寡,就成了共产党社会分析与政策制定的重要依据之一。"中农"和"贫农"的划分区别在于谋生方式与拥有的土地面积:严格来讲,"贫农"不管拥有还是租佃土地,都无法养家糊口,所以必须出卖劳动力;而"中农"则通过雇用其他人或偶尔出卖自己的劳动力,维持自己和家人的生计。但在当地人眼里,哪种阶层有可能生活得更幸福呢?如果根据当地人的看法,不是中农而是贫农(尽管很穷)的话,这些分类就可能被颠倒过来。一位农村寡妇和她五岁的小孩就是这种弹性做法的最好例子。这位寡妇拥有二十亩土地、三间茅屋及一头猪,从表面来看,她无疑应被划为"地主"阶级。不过她的境遇颇受同情,最终被划到了"中农"里。

华中农村人口:1941—1945年共产党划分家庭阶级成分的人口百分比样本[27]

地区	地主	富农	中农	贫农	雇工	其他
新辛	7.6	4.8	31.0	40.0	16.6	—
二联	7.1	3.5	47.1	34.0	2.2	6.1
张塘	2.3	7.0	34.5	50.5	3.6	2.1
新寺	9.0	10.0	30.0	51.0	0.0	—
白水	5.1	9.0	13.2	72.2	—	—

整个华北地区,无论是散布其间的日本占领区还是傀儡政权统

治区，甚至包括国民党部分军队仍在作困兽之斗的孤立区，共产党一直继续实行这种阶级的划分和再划分，分析农村社会基本条件，并通过群众运动和公开批评，鼓动农民打破传统权威模式。而外国记者、美国军事观察团，甚至国民党的情报单位，显然对此都毫不知情。

在许多地区，现在共产党干部也开始实施一种类似传统"保甲"的联保制度，规定五人为一个互保小组，小组成员必须担保其他成员不会作奸犯科。这种制度与共产党的阶级概念并没有必然的关联性，但却方便了共产党将他们划定的那些"社会不良分子"排除在社群之外，进一步形塑地方社会的团结意识。被归类为社会不良分子的人，包括偷盗粮食者、妓女、与土匪或走私鸦片者勾结的不法之徒、经常出入日军占领区者、秘密会社的帮众，或是曾在傀儡政府任职者。不过共产党有时候也会使用较为含糊的标准，显示了共产党调查员在向村民调查邻里时到底有多全面，因为在同一个调查中，共产党还警告人们要注意那些有"神秘过去"或者通奸、脾气暴躁、不愿参加政治会议、吸食鸦片以及坐拥妻妾的人。而共产党招募新党员的对象，必须是纪律严明且为了新的政治秩序可以牺牲个人欲望的人。

毛泽东对共产党在华北的迅速发展颇为满意——党员人数已增加到一百二十万，八路军与新四军共有军队九十万人——所以于1945年4月在延安召开了中国共产党第七次全国代表大会（中共自1928年在莫斯科召开的六大以来，都未曾召开过这类代表大会）。现在毛泽东的地位已经无人能挑战了，他的几个昔日对手还公开做

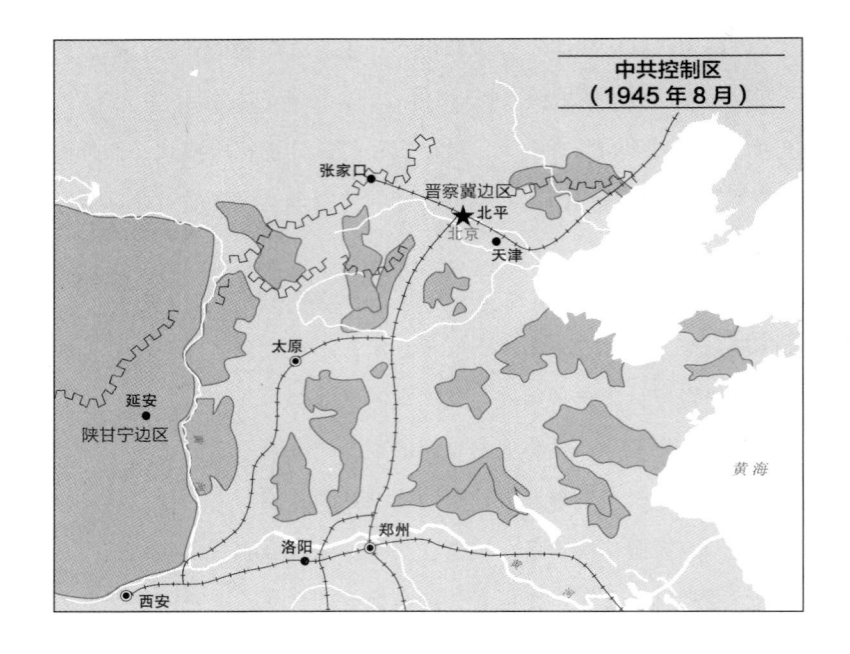

了自我批判。在会前和会后，毛泽东还公开自我批评，因为曾有一段时间，延安发生了一场揭发间谍和叛徒的运动，许多人被卷入其中，一些忠诚的党员甚至还遭受了过度的暴力和恐吓。为此毛甚至向他的同事鞠躬道歉。[28] 在新的党章中，毛泽东思想被树立为党一切分析和行动的指南。在题为《论联合政府》的大会报告中，毛泽东一方面向国民党表态示好，但另一方面又宣称共产党的边区政府才是正确的形式，才是孙中山三民主义的真正体现。共产党现在控制的"解放区"人口总数约为九千五百万人，面对此情此景，毛泽东的确有资格高兴。新的党章令党的权力更为集中，毛泽东也担任了新设立的中央委员会主席职位。新修订的党章还有其他的特色，包括强化农村地区的代表功能，从党章中剔除了有关苏联及世界共产主义革命运动的内容。中共似乎越来越强调自身的独立性。

中共选择在这个时候举行"七大"，显然是有意而为，因为此时重庆方面也正好在召开国民党"六大"。不过，国民党"六大"的会议并没能进一步提升蒋介石的地位，反而引发了国民党内的青年党员和敌对派系对国民党的强烈批判。有关国民党内部贪污腐化、士气低落的消息，也开始在四处传播。如此一来，蒋介石是否能继续得到自己那些主要拥护者的支持都成了未定之数。

国民党的影响力不仅在国内越来越弱，在海外亦然。一直对中国不抱任何信心的丘吉尔曾写到，继续让中国维持四强之一的国际地位"简直是一场闹剧"，并且他还注意到"一号作战"中，中国的军事失败简直是"荒谬可笑"。所以，在1945年2月的雅尔塔会议上，罗斯福、斯大林、丘吉尔三人根本都没有考虑要告诉蒋介石他们做出的重大决策：苏联应在德国投降后三个月内出兵亚洲，对日作战；苏联收回帝俄时代割让给日本的所有土地，包括库页岛和千岛群岛（Kuril Islands）；苏联可租用旅顺港作为海军基地，并享有大连商港"国际化"的优越权益，以及中东铁路与南满铁路的特殊权利。最后这三项决议严重打击了中国在战后的雄心壮志。

随着战况的胶着，中国得到的唯一安慰就是美国继续提供了大量战备物资的援助，还有魏德迈将军和他的参谋幕僚也在殚精竭虑地改善蒋介石三十九个精锐师的作战能力，并且不再提起武装或训练共产党部队这种令国民党不安的话题。尽管美国空军密集轰炸了日本本岛，盟军在缅甸的地面作战也大有斩获，滇缅公路再度畅通，但美军却为赢得太平洋诸岛付出了惨痛的代价。由于对雅尔塔会议的内容以及原子弹这项极机密的研究计划毫不知情，魏德迈和中国一样，都认为战事应会延宕数年。因此，在征得蒋介石同意后，他草拟了一项长期应急方案，预备缓步向华东沿海地区推进，并在1945年年底或1946年年初克复广州，随后再北进上海。这项作战计划势必让蒋介石回想起了他十九年前的北伐行动。1945年8月初，中国部队克复桂林，并开始挥师南下海南岛，迈出了令人鼓舞的第一步。

1945年5月德国的投降虽令中国人雀跃不已，却未改变他们的既有步调。到了8月8日，依据雅尔塔会议的协议，苏联突然大举出兵伪满洲国，打击日军；美军又在7日和9日分向日本的广岛和长崎投下了两枚原子弹。五天后，日本政府宣布投降。在这突如其来的情况下，整个亚洲强权政治的结构，便以一种中国人还未充分准备好如何应对的方式，突然间改变了。

第十八章　国民党的崩解

日本投降与马歇尔使华

1945年8月1日,魏德迈将军给"参谋长联席会议"发去了一封关于重庆战局的冗长电报,其中讲道:"假使和平遽然降临,可以想见全面冲突与动荡将接踵而至。中国人没有拟订任何关于善后、流行病预防、公共设施重建、均衡经济以及安顿数百万难民的相关计划。"魏德迈还进一步询问了假如日本投降后自己应扮演何种角色,不过华盛顿方面给他的指示却有点自相矛盾,令人费解:在不介入国共内战的前提下,竭尽全力帮助国民政府,并"协助中央政府尽快将部队派至中国各大地区"。[1]

魏德迈与蒋介石达成共识,同意在日本投降后,美军便可迅速依序占领五个重要港口:上海、釜山(位于韩国)、大沽、广州、青岛。日本投降不到几周工夫,美国已占据了上述要港与其他港埠,同时派遣了数量庞大的海军赶赴北平、天津两地。但依据"参谋长联席会议"指示,美军的重点是尽可能多地将蒋介石在重庆的部队空运到华北、华东地区，让国民政府能亲自接受日本的投降。裕仁天皇发布投降诏书后不到两个月，美军第十航空队的达科塔运输机便把蒋介石受过美式训练的部队逾十一万人空运到了各个主要城市。日军司令官被告知不得向共产党投降，而且很多情况下，他们还不断与共产党军队发生冲突，一直到国民党的官员抵达。而共产党那边，红军总司令朱德则指示要在那些可能的地区，强令日本军官就地投降，然后由共产党来接管维护地方法律秩序的工作。

投降过程规模浩繁沉重，花了几个月才完成。当时中国本土有将近一百二十五万日本部队，有九十万部队在东北，这还不包括傀儡政权的军队，以及逾一百七十五万武装或半武装的日本平民。国民政府的部队尽管伤亡惨重，但仍有二百九十个师，总计二百七十万的军力。共产党的八路军与新四军的兵力加起来也有近百万。在一些地区，受降典礼既正式又隆重，比如在南京，日本在中国战区的最高指挥官（冈村宁次）投降时，受降地点选在了培养黄埔军官的南京中央军校的大礼堂，这是蒋介石特别指定的。不过，多数地区的受降过程却充满了冲突和暴力。在山西，顽强的军阀阎锡山甚至还借助日军与共产党作战，保护自己在太原的势力。

在东北地区，苏联军队逮捕并罢黜了伪满洲国皇帝溥仪。接受日本投降之后，苏联军队允许中国共产党缴获大批武器装备。这些急行军动作非常快，还没等到蒋介石投入足够的兵力遏阻，便已快速移师至东北了。

曾让魏德迈在8月十分忧心的缺乏预备统筹计划一事，现在给国民党造成了严峻后果。国民党从日本人手中收复了一座又一座城市，而且重新统一中国的目标似乎也尽在掌握之中，但他们的漫不经心、效率低下，尤其是贪污腐化的行为，最终蚕食掉了国民党的群众基础。而为了防止共产党扩大势力范围，国民党还允许过去在战争期间公开与日本唱和的傀儡政权的军队与政客留任原职，更是激起民愤。虽然惩治汉奸的规定最后于9月底公布，但内容却疏漏百出，且对于在傀儡政府任职期间略有爱国表现的官员过度宽容。一些曾在伪满洲国、内蒙古或北平等傀儡政权任职的人还被提升到了国民党内的高级军职，进一步让这些命令失去了法律效力。不过有时出于自身利益，国民党又会以汉奸罪来起诉那些未能逃离日本占领区的人士，并依叛国罪论处。

在冻结日本人或汉奸于占领期间掠夺的财产，并将之归还原主的过程中，同样爆发了无数的丑闻弊案。部分功能重叠、管理松散的监督机构负责调查企业的厂房与机器设备，编列财产清单。很多时候，一些工厂或仓库原本只要停工数日来完成移交工作就可以了，最后却历经数周的调查，仍然无法开始营业，致使数千人失业，破坏了当地的商业运行。已被查封的财产遭劫的案件时有所闻，而佩戴代表政府机构臂章的人员更是任意出入私人住宅，没收车辆，徇私舞弊。由于不少高级官员也会侵占公家财产，甚至连上海闸北的警察局局长也涉嫌不法，所以这类案件通常很难破获。有一个案例很有代表性，一群湖南官员把从日本人那里缴获的三千四百三十八辆摩托车悉数拆解，然后将零件非法卖给了地方商人。

国民党在稳定币值方面也穷于应付。战时重庆流通的是法币，所以将法币与各傀儡政府发行的多种货币的兑换比率固定下来极为重要。但国民党却未能断然采取行动，造成各个城市之间兑换率不一的紊乱局面：比如，在武汉，法币与伪币之间的兑换比率是1：40，在上海是1：150，在南京则是1：200。法币与美元的汇率同样波动剧烈，在天津，法币与美元的汇率一度是700：1，而在上海，法币与美元的汇率则是在1500：1至2000：1之间震荡。这样，投资客自然会往来穿梭于这两大城市间，在天津购买美元，再到上海抛售。同样，粮食价格也开始失控，中央机构没有能力将其稳定在合理水平。

面对这种让人沮丧的局势，美国仍然努力不懈，希望促成国民党与共产党的敦睦修好，避免中国爆发内战，并保证某种程度的民主可以实现。1945年8月，赫尔利大使亲自陪同毛泽东从延安飞抵重庆，与蒋介石进行谈判。协商一直进行到10月10日，双方在会谈期间曾为华东与华中的控制权而争吵不休，不过最后还是敲定了几项似乎有助于未来合作的共识原则（《双十协定》）。毛泽东与蒋介石宣布，双方同意政治民主、统一军事力量以及所有党派合法平等的必要性。为此，双方均认为应迅速召开"国民大会"或"人民会议"，共商国是，以终结孙中山主张的民主政治之前必须经历的"训政阶段"。双方还认为，政府应保障人民享有"人身、信仰、言论、集会、结社之自由"，并取消"特务机关"，将法律执行留给警察或法院。此外，双方还就地方自治选举的原则达成了一致，不过并没有确定选举的范围或时机。

在有关地方武装力量与共产党控制下的边区政府等议题上，双方更是难以妥协，协商结果不尽如人意。共产党已经占据北方主要铁路交通枢纽张家口,所以同意将军队撤出华南地区。但蒋介石却坚决要重新掌握对全中国的控制权,所以在11月下令让精锐部队经山海关到达东北地区,向共产党发起猛烈攻击。但此时蒋介石并未彻底掌控南方局势,结果在制造统一假象的过程中,牺牲了进一步巩固更实质的权力基础的机会。随着战况越来越激烈,仍驻留在重庆担任协调人的周恩来飞回了延安。赫尔利大使也于11月底意外去职。

在递呈给杜鲁门(Harry Truman)总统的辞职信中,赫尔利措辞尖锐,指陈中国的美式民主政体理想,正遭逢共产主义与帝国主义两股力量的威胁。他还严厉抨击在华的美国外交官,谴责他们全面倒向延安,削弱了美国为防止国民政府崩溃所做的种种努力,这些外交官甚至建议共产党不应置军队于国民政府的指挥之下。

但是,杜鲁门总统显然深信调停依然可行,所以在12月指派了备受推崇的前"参谋长联席会议"主席马歇尔(George Marshall)将军作为特使前往中国。抗战已结束,蒋介石最后三十九个师也获得了美国在战争末期答应提供的军事训练和物资,美国是否愿意进一步卷入中国内部事务的态势并不明朗。但是,美国帮蒋介石收复了众多沦陷城市,还提供及时贷款给国民政府,并低价卖给他们很多军事装备,所以现在显然已无法再义正词严地宣称自己持的是中立立场。尽管如此,马歇尔还是促使双方同意从1946年1月10日开始停火,并劝说蒋介石准备好召开那个去年秋天与毛泽东商量的大会。

于是,三十八位代表于1月11日齐聚南京,召开所谓的政治协商会议。出席的三十八名代表之中,八名是国民党,七名是共产党,还有五名来自刚成立的青年党（该党有力而敢言，高声呼吁和平统一中国）和替中国自由派知识分子发言的民主同盟。剩下的代表则来自无党派人士或小型政治团体。此次为期十天的讨论，引发了媒体的大量报道，让很多人对中国的未来又燃起了希望，各出席代表似乎对诸如立宪政府、统一军权、国民大会等若干关键议题已达成共识。2月底，由会议全体代表提名选出的委员会公布了裁减整编双方军队的详尽计划。

然而，种种良法美意最后还是付诸东流——或许本来就陈义过高、不切实际。国共之间的武装冲突在各地不断爆发，国民党中央执行委员会还擅改会议达成的重要共识，限制共产党与民主同盟在已规划的国民政府委员会中的否决权，无视新宪法中要求的真正的内阁制度，反而重新肯定了蒋介石的总统权力，并撤回了原先赋予省级政府更多自治权的立场。虽然共产党人与民主同盟均表示如不废止这些片面修改，就拒绝进一步合作，但国民党仍在缺乏民主参与的情况下，于1946年年底召开了国民大会，并起草了宪法。此情此景，不禁令人忆起1914—1915年间袁世凯操纵宪法与国会的往事。

重建民主政体的大目标烟消云散后，对左派与自由派分子的骚扰甚至暗杀开始死灰复燃，闻一多是这段时期最著名的受害者。1946年夏天，这位长期以来不断批判国民党的杰出诗人在昆明遭枪杀身亡。1946年6月，马歇尔又再度出面斡旋，成功使双方宣布在东北地区停火，并努力重开在战火中受损的铁路运输线，以利于中国经济健康发展（由于国民党利用这些铁路运输军队进行反共活动，

东北内战（1945—1947）

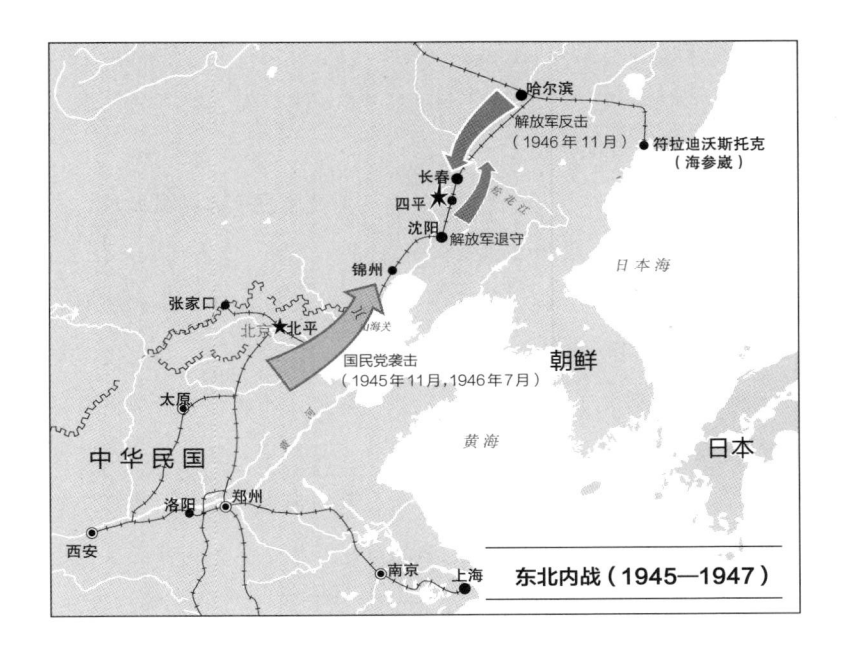

所以共产党此前切断了部分未受破坏的铁路运输线）。不过，即便停战协议已在理论上产生了效力，国民政府还是集结了大批部队，准备于 7 月对东北地区发动第二波攻势。与此同时，共产党仍拒绝放弃华北根据地，在将武装力量重新整编为人民解放军后，又把土地改革的政策重心从减租与土地再分配转移到了全面没收土地与暴力惩治阶级敌人的方向上。

在国共对抗中，唯一一次例外是双方合作引导黄河再次改道由北入海（蒋介石的工程师在 1938 年炸毁了北部河道）。这次庞大工程由联合国善后救济总署的官员指挥，1947 年最终竣工。但这期间，中国的左翼分子对美国资金援助国民党并介入中国政治的批判声浪开始日益尖锐起来，掀起了一波波的示威活动。在1946年7月，一队运输卡车与四十名护卫的海军陆战队还在天津至北平途中的安平镇遭到伏击。

这次冲突的性质，凸显了中国的反美情绪已迈入新的阶段，同时多少也呼应了近五十年前义和团在同一段路上攻击洋人的历史。美国陆战队的机动车辆在行驶途中，先是被放在路中间的石块妨碍，接着又发现去路已被农耕车堵死。他们还来不及撤退，队尾的车辆便遭到了枪林弹雨的攻击，导致其余部队进退不得。共产党的部队在路边高大庄稼的掩护下，进攻火力几乎持续了一整天。三名美国陆战队的士兵被打死，一名伤重不治，另有十多名受伤。根据空中侦察队的初步勘察，共产党死亡人数超过十五人，伤者十二人。但当援军最终抵达现场后，前往共产党军队隐蔽地点的美军却发现，他们早已不见踪影，连伤者和死者都被带走了。附近村民被询问时，均异口同声表示什么都没有听到和看到。这类事件预示了美国立场的进退失据，特别是美国政府已经不愿再卷入另一场亚洲战争中。

在派遣特使到中国前，杜鲁门总统就曾明确指示马歇尔可以坦白告知蒋介石，"一个因内战分裂而无法统一的中国，不可能事实上被视为获得美国援助的合适地区。"[2] 换句话说就是，除非蒋介石进行政治改革，否则美国将停止援助。杜鲁门总统在1946年8月10日致函蒋介石时，再次强调了他的立场："美国对中国人民追求和平与民主之渴望的信心，虽未因近来的事件而丧失，但却受到了动摇。"倘若蒋介石仍然不知变通，杜鲁门补了一句："我有必要向美国人民重新界定与解释美国政府的立场。"数周后，蒋介石在覆信中淡淡说道,"企求和平必须是双方面的",并指陈共产党人有种种违反停战协议的行为。[3]

1946年余下的时间里,周恩来、蒋介石、马歇尔、杜鲁门之间不时有信件来回传递,彼此都礼貌有加,互相敦促方理智行动。1946年10月10日,蒋介石利用武昌起义三十五周年纪念大会,发表重要演说。他措辞强硬,要求中共"放弃割据土地、武力分裂国家的阴谋"。中共则回应道,刚召开的"国民大会"才是"分裂国家"的伎俩。[4]

另一起事件进一步将紧张局势推向了爆发的临界点。1946年的平安夜,北大一位女学生被一位美国大兵按在地上,而另一个美国大兵则实施了强奸。这件事本身虽然骇人听闻,不过却被精心策划的左翼宣传迅速升级为重大的政治和帝国主义事件:按照这种解读,这个女学生代表的是中国,而美国人的行为相当于帝国主义入侵。国民党想要把这件事作为个人不幸遭遇而大事化小,但这种意图在大规模学生游行的呐喊中被压倒了,曾经在1945年对美国人进行热烈欢迎的那些人,现在变成了气势汹汹的群众。[5]

但是,就算美国有可能成功缓和中国的紧张局势,也已时不我予,现在中国人必须靠自己来解决自己的问题了。在1947年1月初发表的离华声明中,马歇尔黯然宣布任务失败。是月月底,美国国务院发出一则十行的简短新闻稿,宣布美国为调解国民党与共产党而成立的联络小组(军事调处执行部)已被解散。

土地改革与东北根据地

日本投降后的第一年,共产党人在实力较强的根据地进一步深化土地改革政策。1946年,中国农业协会在上海召开会议,四千位致力于土地改革的人士出席,会上,一位共产党代表平静而自信地阐述了共产党的改革计划。他讲到,共产党现在已开始改变过去在统一战线下谨慎实行的减租政策,致力于取消佃农制度,将土地归还给耕种的农民。他宣称,这些被"重分配"的土地,原为清朝时的满人、战争期间的"汉奸"占有,以及一些地主为规避税赋而未登记的田产,或是因农民无法偿还贷款而被夺走的土地。但国民党发言人在会上否定了这类激进变革的需要,认为目前的农村生活很和谐,只要提高农村教育水平并改善农业生产技术就够了。

共产党在江苏北部、河北与山东两省及陕西边区根据地尤其活跃,而且,考虑到这些地区的佃农比例本来就比其他区域低,所以土地改革的成效就更令人刮目相看了。例如,河北与山东两省的佃农仅占农户总数的12%,但西南地区的佃农比率则高达56%。共产党的政策在北方作用尤其明显,部分由于日本的"三光政策"以及黄河泛滥和其他天灾肆虐,这些地区严寒的冬季也使贫困进一步加重,造成更多社会惨剧。但是,共产党在这些地区的成功也有其历史根源。在这些地区,旧的社会秩序曾一度仰赖血统、宗教团体,以及地方首领,他们的个人财产和地方福祉休戚相关,但这类传统秩序已逐渐解体。当地行政机制由国民党率先推动重组,嗣后日本人继之执行,因此这些农村地区的体制非常薄弱,经济与社会生活亦十分脆弱，农民的命运常常落到那些被称为"地方恶霸"的农村权力掮客手里。

共产党人很顺利地便融入了这些已经四分五裂的社区。认识到贫农、佃农才是自己最大的盟友——日本人与其他学术研究工作者在1930年代首度仔细分析了贫农与佃农的生活状态——共产党在1946—1947年间实施了一项土地改革计划，这项土改，诚如前述发言者许诺的，将会取消佃农制度，平均分配村内的土地与财产。

在土豪劣绅、私敌和地主们算旧账的过程中，暴力自然不可避免。不过，相关统计数据出入很大，比如材料显示，1945年在共产党控制下的山东地区，总共清算出一万九千零七个"斗争对象"，而这种斗争中，很多地主最终都丢掉了性命。根据这些农村改革的记录，通过群众大会，农民被调动起来攻击富人，杀死那些最遭人憎恨的地主，并重新分配了被充公的所有财产。但是，没收上来的粮食却没有储存起来以备荒年之需，而是立即被穷人兴高采烈地吃光了。山西某农村刚成立的"农民协会"的领导人，曾讲述1946年1月审讯当地地主申金河的过程。当时，数百名村民和佃农向共产党的地方干部控诉了这位地主对他们的不人道待遇：

> 最后一次斗申金河的时候，他的罪状已经比那一百条多得多了，有些从没当着人前说过话的老太婆也起来控诉他。就连李茂媳妇，那个胆小得连人脸都不敢正眼看一下的女人，也在申金河眼前挥着拳头喊着："有一回我到你地里拾麦穗，叫你连打带骂把我撵走了。你凭什么打我骂我？凭什么把我拾的麦穗抢走？"那

次会上总共揭发了一百八十多条罪状,申金河一句话也答不出,光是低头站着。我们问他,大伙儿揭的是真是假,他回答说全都是真的。我们农会委员会给他算了一笔账,光细粮就欠下四百袋,还不包括粗粮。

那天晚上,大伙儿都到申金河家院里帮忙查抄财物。因为天冷,我们烧了几堆火,火光冲天,照着星星可真好看。

村民嫌搜到的谷子太少,就不断殴打申金河,还拿烧红的铁棍吓唬他。惊恐中,他最终坦白交代了埋钱的地点。最后,农会领导这么总结道:

那天黑天时,我们总共弄出了五百块银元。完事后,日头都快升起来了。大伙儿又饥又乏,特别是民兵,召集群众开会,在申金河家放哨,都是他们的事。打申金河,控他的钱,也数他们最卖力气。我们就决定把申金河准备过年的东西全吃掉。有一大罐猪肉馅饺子,有辣椒以及其他好吃的东西,还有虾米呢!

大伙儿都说:"以前我们没过过一个痛快年,一到年关他就下来收租逼债,把家里刮个精光。这回可捞着随便吃了!"大伙儿饱吃一顿,谁也没觉得冷。[6]

然而,华中、东北地区的土地改革政策也会矫枉过正。被剥夺财产、逃过一死的地主——或是被打死的地主的亲人——可能期待有朝一日卷土重来,夺回被没收的财产。共产党在地方从事活动时,便一直笼罩在这类归还财产的威胁中。例如，1946年夏天，国民党集结了十五万大军，多数配有先进美式或日式武器、装备、运输车辆，前进到江苏省共产党控制的二十九个县，武装夺回了这些县市。共产党在冀鲁豫边区控制的六十四个县中，有四十九个县被国民党又夺了回去。曾经与共产党站在一起的人，被冠以"自首忏悔政策"这一委婉名称加以制裁，只有提供赎金，才能避免牢狱之灾，但多半还是遭到杀害。

在这段复权期间，地主随同军人的护卫，挨家挨户索讨欠缴的地租。有些时候，政府军每到一户参与过土改的农民家里，就开枪打死这家的一个人；有些时候，他们则把那些当过农民领导的人和他们的亲戚活活烧死。1947年，国民党军队重新占领了一直以来都是共产党抵抗力量根据地的延安——一场十分符合蒋介石心意的象征性胜利——当地农民也遭遇了同样的报复，从而加重了阶级仇恨与对立。

由于华中、华北饱受国民党反击的威胁，东北地区就更成了共产党希望所在。虽然饱受战火蹂躏，但这一地区资源富饶，人口超过四千五百万，有大型工业城市与丰富的粮食储备，而且茂密的山林又可作为游击作战的天然屏障。东北地区的社会动荡由来已久，可以追溯至1906年中国人与俄国在哈尔滨或铁路工作的工人串联发起的罢工行动。日军占领初期，当地一个活跃的共产党组织曾在几处孤立地区推动土地改革，进行游击战，破坏日本人的军用设施。日本当局保留的东北共产党逮捕记录显示，这运动的主要参与者都是青年，年龄在二十一岁至二十五岁的有29%，二十六岁至三十岁者占29.5%。在东北地区，共产党员的职业与社会阶层背景分布也很广泛，有农民、工厂与铁路工人、商人、教师、学生、军人、警察等。

在侵华战争期间，日本人借伪满洲国当局的名义，搜捕该地区共产党人的技巧越发娴熟，他们这种成功主要得力于"集体村庄"这项残酷政策：日本人将孤立地区的五百多万农民分到了一万个"集体村庄"，让他们在重重警力的监视下生活。农民原有的家庭被摧毁殆尽，所以也就无法庇护敌人。日本人用被捕的共产党人（或据称是共产党的人）在东北地区的秘密营地进行活体实验，更加深了民众心中的恐惧。这些所谓的犯人，有的被注射病了细菌，有的遭到活体解剖，或被用来"研究"极冷、极热对人体的影响。

随着日本的战败以及苏联军队进入东北地区，被打散的共产党组织又重新活跃起来。1945年，林彪率领的十万名八路军，或循陆路从延安穿越绥远，或在山东北岸乘舢板走海路分别抵达东北后，与当地的游击力量整合。同时，这些游击队还在农村地区积极征募，建立了一支总数十五万人的"人民自卫军"。其中有不少是朝鲜人，都是在日本人占据了他们的家乡后逃亡到了东北地区的难民。1945年朝鲜半岛被北纬三十八度线分成南北两半，开始分属美国与苏联阵营之后，这些人干脆留在了东北地区。此外，大约还有两万五千名士兵是少帅张学良的老部下，这支一直转战于华北各地的部队，由张学良的弟弟（张学思）领导，在战争期间始终保持着对共产党的忠诚。

林彪的军队大多数是东北人，在1945年秋天抵达东北后，誓要攻占那些重要城市。这种做法，意味着共产党已放弃过去那种农村战略，以前采取这种策略是由于延安贫瘠，加上在国民党与日本人的持续攻击下无力守住重要城市。林彪军队抵达东北后，发现苏联军队早在1945年8月就已占据各主要工业城、铁路、矿区。苏联军队把日本人的武器、装备、兵工厂留给了共产党，还阻挠了蒋介石的部队进入东北的计划。苏联军队还控制了谷仓与机械厂，一方面留作自用，另一方面用来弥补与德国作战大败之后的巨大损失。根据美国调查小组的报告，俄国人把电力设备、变压器、电动机、实验室、医院以及最先进精良的机械工具拆得一干二净，拿走了总值三百万美元的黄金，还发行了大批短期银行债券。最后，他们又拆掉了东北几个大型矿场的发电设备与抽水机，使矿井因洪水倒灌遭到了严重损害。

到1945年夏天，日本人在东北的投资估计已有一百一十亿日元，苏联军队1946年撤出东北后，这些投资大部分落入了国民党手中，例如规模庞大的鞍山钢铁厂、辽阳棉纱厂、抚顺煤矿厂及许多水力发电厂。就像在上海和其他地区那样，派来的国民党官员在接收工厂的过程中大肆搜刮。中饱私囊和出租公共财产以牟取私利的现象十分普遍。

为了削弱东北人的地域意识，蒋介石将东三省划分为九个行政区，全部指派外地人出任重要职位，使得这些问题更加恶化。走马上任的新官员往往滥用权力，很乐意在辖区坐享其成，放任共产党在农村自由行动。而且因为对其他社会群体的忠诚度缺乏信心，这些国民党官员又倾向于和昔日的汉奸及地主阶级结盟。蒋介石还为了避免通货膨胀连带影响法币的币值，在东北地区单独发行了另一种货币，结果导致当地经济濒危。但是，国民党居高不下的军费支出以及大量冗员的薪资，只能通过每月发行数十亿元纸币来支应。

蒋介石也没有像张学良那些旧部希望的那样，释放已被软禁十多年的"少帅"，而是把他押送到了更为安全牢靠的台湾，致使地方上对蒋的不信任情绪更为激化。一家报社的特派员于1946年年底发自沈阳的评论写道："对于普通百姓而言，他们一方面感到天底下的一切尽属于南方来的人，另一方面又觉得今日的生活甚至不如伪满洲国时代。"[7]

此刻共产党的力量仍然十分薄弱，还无法与数量庞大、作战力强且装备精良的国民党军队抗衡，也无力占据东北地区的南部城市，因此将根据地选在了松花江北岸的哈尔滨。这座人口近八十万的工商业城市，成为共产党革命的神经中枢。指挥扩展革命行动的人员在当地的专门机构接受了资深干部的训练，而所有现代化的传播渠道——报纸、影片、杂志、收音机——均被用来向市民传递共产主义的信息。为了方便管理庞大的人口，共产党领导人将这座城市规划为六大行政区，然后进一步划分为五十八个街道政府，每一街道有约一万四千人。为应对城内众多流动人口——劳工、摊贩、挑夫、俄式马车车夫——的问题，共产党实施了登记制度，还对盗匪与破坏分子（俄国的秘密警察已经用船把众多流亡的白俄人运回苏联）进行了围捕，并组织一万七千名市民组成了"巡夜自卫队"。在这些措施也无法遏止犯罪后，每一巷弄街道又按要求成立了自己的巡逻队，就像传统保甲制度的互保系统那样，目击犯罪而未能上报者亦将视为协同犯罪。此外，在严格的通行证制度下，出行也受到了管制。

在哈尔滨，中国领导人还面临了一场市政管理上的考验：控制鼠疫蔓延。这场瘟疫的传播者是日军研究细菌战时喂养的那些满身跳蚤的老鼠。1945年8月战争结束时，日本人并未扑灭这些老鼠，反而将它们放生。经过1946年的一段潜伏期之后，到1947年时，鼠疫受害者已逾三万人。不过，在苏联防疫专家的协助下，为避免疫情进一步扩散到其他地区，共产党采取了有效的隔离措施，接种疫苗，严格管制所有铁路和公路交通，所以死亡率相对来说并没有升高。[8]

共产党还运用行政权力，动员城市工人协助人民解放军运送货物、驾驶货车和在战场上抬担架等。城市经济也受到了严格监管，通过营业税累进税率，粮食、燃料、食用油的税赋保持在了较低水平，但香烟税却高达40%，奢侈品、消费品的营业税更高达70%，而其余商业活动同样须依法课税。共产党还发起了密集的宣传活动，号召所有居民"主动捐助"支援共产党作战。1947年间，共产党人在哈尔滨通过召开大会、张贴海报、悬挂旗帜、发行报纸等，至少筹集了两亿元。有朝一日跨出东北，聚合起那些已散布华北农村的游击力量的话，中共正在学习的这些管理技术和本领，就会在治理各大城市时派上用场。17世纪二三十年代，努尔哈赤与皇太极也是通过类似方式，在满洲学到了控制南方广大地区所需的行政管理与政治技巧。

共产党从东北中部的根据地哈尔滨派出了一队队干部前往农村，希望通过更激进的土地改革政策，号召农民加入他们的事业。

共产党人主张没收所有日本人与汉奸的土地——从日本人全面占领的情况看来，充公的土地面积必然十分惊人。由于当地有许多大地主，林彪总计派出的一万两千名土改干部甚至都顾不上对土地面积低于五百亩的地主采取行动——而在长城以南，这已经算得上大地主了。东北的土地占有制度，具备了很多"边陲社会"的特征，因此让土革领导人颇费心思。这些特征之一就是所谓的"依附制度"：这里的很多农工既非佃农又非雇工，但他们长年与地主家庭同住，在地主家吃饭、工作，收成时按一定比例获偿。另一种称为"转让制度"（assignment system），在这种制度下，农民能从地主那里获得自己的土地、农具、住房，且不必缴租，但须每年为原地主无偿劳动一段日子。

当城市与农村的改革在共产党控制区持续开展时，林彪则继续致力于将人民解放军整建成一支正规军而非游击队。这个任务并不轻松。1945年与1946年，国民党发动了猛烈攻击，共产党被迫撤退到松花江北岸，国民政府沿着山海关北岸扫荡出一条宽阔的走廊地带，打开了锦州至沈阳与长春的交通要道。但林彪的军队坚守住了哈尔滨，且于1946年11月突然渡过冰封的松花江，袭击了国民政府诸将领的冬季驻防地区。随后，为了不给国民党军队留下任何喘息余地，林彪又于1947年年初乘胜追击，数次渡江攻击，最后，指挥四十万大军于5月重创铁路要冲四平市。国民政府集结部队在空军掩护下展开反击，林彪部队伤亡惨重，不过他还是重组残部，切断铁路供输线，孤立了国民政府治下各大城市。国民政府守军的士气开始涣散，同时蒋介石在权力还不够稳固时，便贸然派兵前往东北，其后果也证明了蒋对当时的形势严重误判。国民政府的部队在战斗中抛下了数量庞大的武器装备，包括库房、运输补给火车，悉数落入共产党手中。国民党军队转而采取守势，开始挖掘固定掩体，而没有一味追击林彪的军队。

美国驻沈阳领事馆的武官于1947年5月底致电国务院，十分扼要地总结了国共内战。这封电文简明地归纳出国民党面临的窘境：

> 有充分证据显示，冷漠、怨恨与失败主义氛围在国民政府各阶层中迅速弥漫，导致投降与败逃不断发生。造成这种情况的主要因素在于共产党在兵力上的优势（大量就地增补兵源，加上地下党员与朝鲜部队援助），国民党士兵对援兵到来不抱希望，共产党士兵团结一致且战斗力旺盛，国民政府军伤亡惨重、耗尽兵力，对官员的富裕和士兵的微薄薪饷、艰困的生活之间的严重落差日益感到愤愤不平，他们无意离乡背井在人生地不熟的异地作战。（而大都是本地人的共产党士兵则是在为自己的土地而战。）[9]

持类似观点的观察家越来越相信，蒋介石控制东北的企图注定要落空了。

通货膨胀与溃败

表面上，国民党眼前最迫切的危机是北方逐渐落入共产党之手，而军队士气也随之涣散。但通货膨胀的问题也同样重要，它破坏了蒋介石及其顾问群重新建立有效中央统治的种种努力。

诚如前述，国民政府于1945年秋天遭逢的经济危机源出多端：把日本人与其傀儡的企业归还给原所有权人的过程，不仅杂乱无章，还贪污舞弊丛生；随着国防工业的关闭与士兵复员，失业人口大量涌现；收回傀儡政府的货币，问题千端万绪；币值因地而异，造成了投机行为；蒋介石在东北发行的新货币也衍生出别的问题。国民党响应财源短缺的一贯手段就是印制更多的钞票，但这只会让通货膨胀更加恶化。以1945年9月为基准，从后表可看出，上海地区的趸售价格在1946年2月已飙升到五倍，到5月时达到十一倍，到1947年2月时则成了三十倍。

价格飙涨，受害最深的就是那些收入固定的人。工厂工人的抗议声浪尤其激烈。尽管国民党在二战期间严密监控着所有工会的活动，而且国民党倡议的"中国劳动协会"也是由上海的青帮分子（朱学范）及国民党盟友杜月笙共同控制，但战争结束后，成千上万的工人还是掀起了一波又一波的罢工潮。国民党的法律规定，只有经过官方调解董事会的仲裁，罢工才能开始，但是在1946年，上海发生了一千七百一十六次罢工与其他劳动纠纷，没有一起是按照规定组织的。共产党人成功渗透进了许多工会，虽然这些信息在当时都是机密，不过共产党后来透露了他们在战争快结束时和结束后不久设法建立起的影响模式。共产党员秘密渗透到上海中纺十二厂、上海海关署、大隆机器厂、法商电车电灯自来水公司、申新九厂、上海电力公司，以及上海的一些大型百货公司。类似的模式也出现在了天津、武汉、广州等工业重镇。

1945年9月—1947年2月法币贬值的过程[10]

(1945年9月=100)

年份	月份	上海趸售价指数
1945年	9月	100
	10月	110
	11月	288
	12月	257
1946年	1月	269
	2月	509
	3月	742
	4月	748
	5月	1 103
	6月	1 070
	7月	1 180
	8月	1 242
	9月	1 475
	10月	1 554
	11月	1 541
	12月	1 656
1947年	1月	1 990
	2月	3 090

战后的那波罢工风潮中，第一个具有重大意义的罢工事件发生在上海电力公司。一批工人代表遭到公司解雇后，工人们在1946年1月底发动罢工。虽然抗议群众被挡在了发电厂门外，但他们想办法阻止了其他人进去工作。电力中断后，谈判不得不在熹微的烛光中展开。2月初，四十个地方上的工会组织加入了抗议示威行列，随后又有七十个企业、商业的工会组织代表加入，展现出团结一致的决心。电力公司最终屈服。

政府处理这些罢工事件的手段有别于往常，回应的态度较为温和，显然是意图收买工人：虽然通货严重膨胀，政府仍向工人们保证，他们每月工资将以1936年的工资为基数，乘以当时的"生活费用指数"。另一方面，国民党为了加强对劳工运动的控制，解散了几个工会组织，然后把它们重组成支离破碎的团体，以便监控与操纵。1946年年底，失业率持续高升，上海总人口的失业率是8%，广州为20%，首都南京则为30%。

然而靠节节攀升的价格指数来稳定工资，不但无法安抚工人，还激起了雇主的不满，认为工人薪资过高，已让中国丧失了与其他工业国家竞争的优势。1947年2月，国民政府又实行了一项政策——强制规定产品价格与工资的上限。根据这项政策，工资被冻结在了1947年1月生活费用指数的水平，所有大城市中大米、面粉、棉纱、棉布、燃料、盐、糖、食用油等商品的价格也被固定了下来。这套严密细致的系统——至少在纸面上——规定了每个工人能获取的民生必需品以及烹饪、保暖所需的煤球数量。1947年3月间，在警察的严密监管下，这些管制措施有了一定正面效果，不过由于配给效率极低，囤积居奇不断蔓延，加上不少商品产量下降（生产者认为某些产品人为定价过低），旧的通货膨胀问题很快就复发了。到了1947年4月，米价几乎是2月时的两倍，食用油则是二点五倍。到了5月，面对不断爆发的示威游行和失败迹象，国民政府最终放弃了这项措施。

1947年夏天，随着蒋介石的东北战争开始陷入窘境，魏德迈将军在杜鲁门总统的要求下返华评估中国的政治与经济情况，国民党不得不再次承认财政危机的事实。7月，国民政府试图透过中央银行研拟计划，人为压低价格来控制食物与食用油的配给。这项计划的受益者包括政府公务人员、学校教师与学生、工厂工人以及部分文化工作者。这项很有野心的计划在几个重点城市实施，但并未遏止通货膨胀的燎原之势，不过，它确实让上海的生活费用指数降到了趸售价指数之下，表明这项政策多少还是帮助人民渡过了难关。此外，各种生产原料以及煤与进口油还按比例分配给私人企业与公共机构，这项措施也取得了一些效果。但整个1947年年底到1948年间，各项价格仍以惊人的比例持续攀升。到了1948年春天，政府开始发行粮食卡，给大城镇的居民分配食物，但这项措施仍然无法抑制物价上扬，只不过暂时给政府赢得了部分支持而已。

各种指数的波动已经够剧烈了，而通货膨胀对现金的实际使用更是产生了灾难性的影响。即使有大面额钞票不断发行，店员也一天数次更换价目表，但对于日常现金交易来说，仍然于事无补。一袋米（重约八十千克）在1948年6月初的售价是六百七十万元，但到了同年8月，却涨至六千三百万元。同一时期，一袋四十五千克的面粉，价格从一百九十五万元涨至两千一百八十万元；一桶八十多升的食用油从一千八百五十万元涨至一亿九千万元。（1937年夏天，这三项商品的价格分别为十二元、四十二元、二十二元）

1948年7月，蒋介石与宋子文等顾问会商，讨论扼制财政失控的大胆方案，决定放弃旧的法币，改发行新的金圆券，汇率定为三百万法币兑换一块金圆。多位国民党顾问警告，政府若是无法大幅缩减财政赤字（大部分被蒋介石庞大的军费支出消耗了），发行金圆券恐怕无法控制恶化的经济形势，到1948年，财政赤字已经占总支出的66%。这些顾问也认为，除非美国政府同意给中国巨额贷款来稳定币值，否则金圆券也无法奏效。而事实上，美国也拒绝了此项提议。

1947—1948年上海的趸售价与生活费用指数[11]

（1947年5月=100）

年份	月份	趸售价指数	生活费用指数
1947年	6月	112	107
	7月	130	122
	8月	141	131
	9月	179	146
	10月	282	28
	11月	319	226
	12月	389	290
1948年	1月	544	405
	2月	780	642
	3月	1 260	923
	4月	1 460	1 100
	5月	2 100	1 432
	6月	7 650	3 022
	7月	11 100	5 863

蒋介石动用总统的紧急处分权，在1948年8月19日公布了一系列"财政经济紧急处分令"。国民党官员相信，这几乎是力挽狂澜的最后一搏，所以改革力度也很大。为了避免引起惊慌，银行暂停营业，然后按三百万法币兑换一金圆的固定汇率，将旧法币悉数回收。为鼓励人民对金圆券的产生信心，政府还允诺金圆券的总发

行量限定在二十亿元。此外，提高工资和哄抬物价的行为以及罢工与游行均被严厉禁止。中国公民私人拥有的金块银条和外汇，均须上缴银行，兑换成金圆券，以便增加政府持有的"货币准备金"与外汇存底。同时，为充实国库，政府还大幅调高了商品的营业税。不过，在海外如中国香港、美国、瑞士等地拥有银行账户的中国人，并不需要将存款兑换成金圆券——很多人认为这证明政府被富人收买了——海外资产超过三千美元者，虽然需要向政府做资产登记，但缺乏有效机制确保他们都会如实照做。

财政紧急处分令似乎有一丝成功希望的，只有上海一地。蒋介石第一任妻子生的长子蒋经国，1937年自苏联归国后曾在江西担任行政专员数年，现在受命全权负责这些改革。蒋经国以铁腕作风与无比的热情投入到了这项工作中，颇像他之前在建设江西时展现出的个人风格。在上海，蒋经国动员一切力量扫荡囤积居奇与投机炒作的行为，下令逮捕（有时也会处决）违法乱纪者，突击检查批发商的仓库或嫌疑犯的住所，种种措施皆旨在敦促人民恪守改革政策。蒋经国还利用地方上的青年组织，配合刚成立的以反共为宗旨的"戡乱建国大队"来推动这项任务。"密告箱"被置放在街头，便于民众投诉投机者或违反哄抬价格禁令的商家。载着扩音器的卡车沿街播放，提醒民众遵守新的法律措施。重要批捕还被大力宣传渲染，如青帮头目杜月笙的儿子，便被指控涉及黑市股票买卖，有的大财阀则因操纵汇市而锒铛入狱。

1948—1949年上海趸售物价与生活费用指数[12]

(1948年8月=100)

年份	月份	趸售物价指数	生活费用指数
1948年	9月	106	(缺)
	10月	118	(缺)
	11月	1 365	1 170
	12月	1 921	1 670
1949年	1月	6 900	6 825
	2月	40 825	52 113

蒋经国在上海打击财阀的手段,在某些方面效仿了其父1927年夏天粉碎上海工会组织后的铁腕措施。蒋经国和父亲都深知洋货与洋风的腐败影响。改革进入高潮时,蒋经国曾在日记中写到了上海的资产阶级:

> 他们的财富、他们的洋房是建筑在老百姓的尸骨之上。他们的行为举止和持枪的土匪有何两样……有钱阶级的汽车、冰箱、香水、尼龙丝袜就像有毒的病菌,是靠寄生在骨瘦如柴的国家身上繁衍滋长的。或又如毁坏国家经济的鸦片,因为使用外汇满足了上层社会的穷奢极欲,但对国家无疑是一项自杀的政策。[13]

纵使有这种道德家式的牺牲奉献与雷厉风行的贯彻精神,金圆券政策终归还是失败了。上海毕竟无法孤立于中国之外,蒋经国在上海越成功,上海商人将商品售往其他地区的压力就越大,因为别的地方的物价还在持续飙涨。而且,农民若能在其他地区卖得好价钱，也没有道理要求他们以比较低的价格在上海出售产品。所以，上海的食物与制造品开始严重短缺。此外，政府也没有严格坚持这些政策的执行。当某些消费性商品（比如香烟）依新的税制课征重税时，商家便干脆歇业，直到政府同意他们以和新税率相同的比例提高售价。赶印金圆券且总数不久就会超过政府允诺的二十亿元上限的消息也迅速传播开来。到了 1948 年 10 月，随着商家已无物可卖，餐馆倒闭关张，医疗药品无处购买，财政经济紧急处分改革方案显然已告失败。

9 月到 10 月间，上海一直在坚守执行这些政策，让人们再度燃起了经济好转的希望。可接下来，金圆券开始步旧法币的后尘了。这一点从前表便能窥见。现在，无论从哪个角度讲，中华民国的经济已经变成以物易物的经济。

国民党的军事挫败

正是在国民党经济与政治政策已失去民心的情况下，共产党稳步赢得了关键的军事胜利。1947 年春天，国民政府靠着武装力量维持了华北四条战略走廊的畅通：一是北平以北经山海关要道直抵东北的沈阳与长春；一是自北平往西南至阎锡山军队驻防的太原；一是自北平西北沿张家口的铁路至包头；最后是位于山东省境内连接济南与海港城市青岛的战略要道。国民政府同时扼守了联络徐州与开封、洛阳与西安的铁路要冲。

不过共产党人此时已控制华北地区大部分的农村地带。农民游击队经常切断蒋介石的补给线，令蒋介石解救被困军队的行动极端缓慢和危险。到1948年5月，蒋介石的军队面临的形势越来越令人绝望。沈阳与长春两市被共产党部队围困后，只能仰赖国民政府空军的空投获取补给物资。国民政府戍守沈阳的二十万大军，虽然训练精良，且配备大炮、装甲车等装备，但一旦机场失守，他们就只能坐困愁城、束手待毙。美军军事顾问建议将这支军队调回关内，强化华北的防卫力量，但蒋介石照例予以拒绝，因为他在这场战争中用自己岌岌可危的威望投下了太多赌注，已经无法撒手。洛阳在拉锯战中三度易手，最终在1948年4月被共产党军队攻陷，断绝了西安的东向交通。而共产党在山东境内的致命一击，又切断了济南至青岛的战略走廊。这次关键战役将国民政府的十万守军孤立在济南，使他们无法获得那些通过海路运至青岛的物资补给，而当时青岛仍有美国海军特遣部队的三千名陆战队士兵及五十架飞机驻守。共产党军队在彭德怀统率之下，于3月再次攻克延安；随后，彭德怀大胆南下四川，不过激战之后，彭的部队被击退。

有了这几次出色的大捷，以及缴获数量庞大的车辆、武器、军火，信心大增的毛泽东于1948年宣布，共产党军队将由原先主要的游击战形式，过渡到大兵团对决的正规作战。共产党人早前已在东北实行过此类战略，但现在的目标是夺取开封——这座城市位于黄河岸边，拱卫着通往武汉、西安铁路线的交通枢纽郑州。国民政府在开封驻守了二十五万正规部队，并有五万名"和平维护团"的支援。为了对抗国民政府的武装力量，共产党总计投下五个军共二十万劲旅。6月，共产党设法占领了开封，但在国民党军队的反击和空军

华北内战（1948）

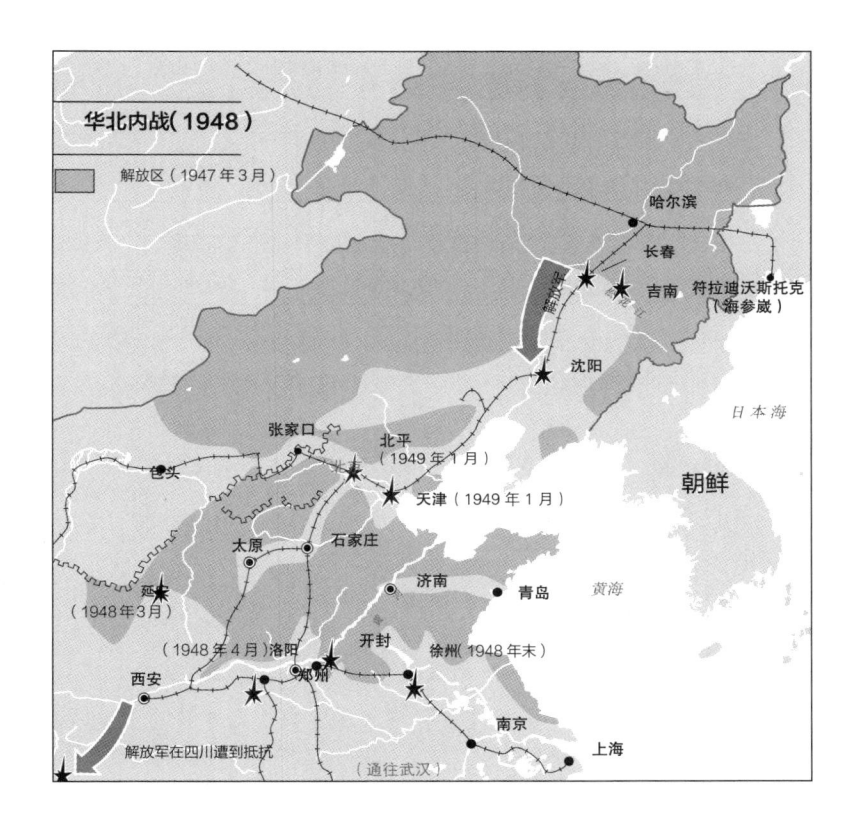

解放区（1947年3月）

哈尔滨
长春
吉南
符拉迪沃斯托克（海参崴）
沈阳
张家口
北平（1949年1月）
包头
天津（1949年1月）
太原　石家庄
延安（1948年3月）
济南　青岛
（1948年4月）洛阳　开封　徐州（1948年末）
西安　郑州
解放军在四川遭到抵抗
南京　上海
（通往武汉）
日本海
朝鲜
黄海

的轰炸下，不得不于一周后撤退。然而，国民政府的胜利只不过虚有其表，在战役中共折损了九万人，而共产党通过严明的纪律和周全的不扰民政策，打了一场漂亮的宣传战。因此，共产党的撤退并没有令国民党人感到释怀。国民党高级军官在比较、调查过国共双方军事实力后，发现共产党的武装力量获得了惊人成长（如下页表所示）。

1945—1948 年国共兵力的消长 [14]

	兵力	1945 年 8 月	1948 年 6 月
国民党	装备精良部队	1 620 000	980 000
	装备落后部队	2 080 000	1 200 000
	炮	6 000	21 000
共产党	装备精良部队	166 000 [(1)]	970 000
	装备落后部队	154 000	590 000
	炮	600	22 800

(1) 鉴于我们仅能知道中共在战争结束时于延安的兵力,所以这一估计偏低。

这项令国民党灰心丧气的评估正好赶上了纷乱的政治时刻。1948 年春天,蒋介石以压倒性票数,被新近成立的国民大会——中共与民主同盟宣称其为不具合法性的代表组织——选举为总统,并被授予大权,以避开刚通过的 1947 年新宪法的制约,而能"避免紧急危难,采取紧急措施以维护国家安全"。[15] 但是,蒋介石的权力已开始日渐削弱,1948 年 7 月政府军残忍屠戮手无寸铁的学生后,更是让蒋介石本已低迷的支持率雪上加霜。

这出悲剧根源在于常年战乱,大量难民拥入华北城市,其中以学生发声最响亮。这些学生因战乱离开校园,被国民党安顿在特设的地区,但由于他们只能领到微薄的生活费用,随意游荡,所以时常露宿于公园或庙宇,看起来就像乞丐,有时还作奸犯科。五千名东北的学生就因政府宣传需要而南下北平,却在 1948 年 7 月陷入了上述绝境,于是他们发动示威,游行前往"北平市政委员会"董事的宅邸。但是,当局不仅不愿倾听他们的不平心声,反而用装甲车辆封锁游行队伍的去路,并用机枪向示威者开火,导致十四名学生罹难，百余人受伤，令人不免想起1925年针对英国的五卅运动、1926年军阀残杀北平学生事件和1935年的"一二·九"行动。到了1948年9月，情绪激动的流亡学生数目急遽升高，仅北平一地就有两三万人，南京则有两万人，武汉有一万人。

北平杀戮事件与金圆券改革失败之后不久，由于共产党的策反和士兵叛逃，国民党重兵防守的济南城直接从内部瓦解，最终失陷。至此，蒋介石丢失了山东省的最后据点。9月到10月间，林彪凭借出色的战略指挥，在东北发动一连串战役，收复了沈阳与长春，并致使蒋介石的四十万精兵或败或降或逃，仅有两万名士兵得以沿东北地区南部的海路撤退。

蒋介石指出，东北的失陷尽管"令人沮丧"，但"就军事防卫而言，缓和了政府的沉重负担"，于是他开始试图在华北与华中重组军队、部署防线，准备决一死战。共产党军队的总司令朱德决定投入六十万兵力夺占铁路交通运输要冲徐州，对抗势均力敌但拥有空中优势的国民政府军队。1948年年底，在这场持续了六十五天的激战中，共产党部队展现出娴熟的炮战技巧，且因战略方面远胜于蒋的麾下将军，最终大获全胜。国民党军队指挥官饱受蒋介石那些自相矛盾又不切实际的命令以及部队大量逃逸的困扰。在这次复杂、耗时的战役中，指挥共产党人以无比毅力动员四省二百多万农民提供后勤支持的，正是邓小平。这位过去在留法勤工俭学中年纪最小的学生，现在已是四十五岁的老干部了。

1949年1月，在平津战役中（与辽沈战役、淮海战役时间上有所重叠），林彪攻克天津，随后又率领大部队，以压倒性的战略优势西行，成功劝服了国民政府北平卫戍司令（傅作义）投降，使共产党部队不费一兵一卒便在1月31日进入了昔日京城。已经无可挽回地失去了华北地区的蒋介石，早已于十天前宣布下野，辞去总统一职，不过他仍坚持要保留自己的国民党总裁之位，结果，这种角色的分割最终被证明混淆并挫伤了国民党进一步反抗的能力。

攻占了这么多华北城市之后，共产党开始面临前所未有的行政与经济课题。毛泽东在1949年3月5日中央委员会全体会议上提交的报告中坦陈：

> 从1927年到现在，我们的工作重点是在乡村，在乡村聚集力量，用乡村包围城市，然后取得城市。采取这样一种工作方式的时期现在已经完结。从现在起，开始了由城市到乡村并由城市领导乡村的时期。党的工作重心由乡村移到了城市。在南方各地，人民解放军将先占城市，后占乡村。[16]

在实际操作中，这意味着中共必须根据哈尔滨的经验，竭尽全力避免国民党1945年年底接管华东日占区时犯的那些严重的行政与财政错误。中共三令五申，要求人民解放军在占领城市中严守军纪，不骚扰平民的商业活动，不重新分配富人的财产给穷人。为了防止掳掠，各工厂派也有哨兵驻守巡逻，守卫机器。共产党还发行人民币替换金圆券，而二者的兑换也规定要在短期内完成。自此之后，金、银、外币之间的汇兑被严格禁止。

中共将国民党官员与军人安置回原籍，或经过一段期间的政治教育之后，收编入人民解放军。共产党采用了一系列仲裁调解规定，预防劳工组织进行破坏性的罢工活动，并劝告劳工在过渡阶段暂时接受资产阶级的"合理剥削"。此外，共产党还为难民提供食物，且尽可能送他们回归故里。各类院校亦重新开放。同时，为在物资短缺时期稳定物价，大量粮油也被储备在政府仓库中。为了鼓励城市居民储蓄，中共还开办了"折实储蓄"，十分巧妙地避开了通货膨胀的威胁，承诺储户的储蓄将按现行的粮食与燃料价格来换算，在提取时则以等量的粮食与燃料来理算金额，再加上所有累积利息。这些措施并非所有都立竿见影，共产党在实施这些政策时表现出的真诚，赢得了中外观察家的一致赞赏，无论他们持有何种政治立场。

另一方面，蒋介石现在拥有的选择，大致与三百五十年前南明朝廷在满人攻入北京、占据华北平原时面临的选择一样，要么在华中或华南——也许是南京——成立一个政权，依恃长江天险的屏障，与共产党分庭抗礼；要么在西南组织一个政权，或在福建厦门地区或广州建立沿海根据地；要么同郑成功一般，退守台湾。

虽然蒋介石最初坚称将死守南京、上海，但长江北岸的共产党军队声势浩大，防守长江防线将会十分困难。如若此时统治西南地区的将领——已接替二战期间的军阀龙云成为云南的头号领导人——表现出哪怕一点合作意愿，那么西南地区也可能成为蒋的抵抗根据地。但是，蒋介石亲自造访昆明后，还是遭到了对方的断然拒绝。东南沿海区域，就更不是国民党的稳固根据地了，况且这个地区也难以防守。因此，蒋介石将注意力集中到了台湾，准备将这里作为国民党最后的堡垒。

台湾自1895年以来在日本人的统治下，经济迅速发展。但1945年年底收回台湾后，国民政府在重新树立中央权威的过程中，其行为举止流露出了投机者的品行，一如其在上海与东北地区的表现。他们颟顸无能、腐败不堪，不但无法赢得人民的拥戴，还削弱了日本人在经济建设中取得的那些较令人满意的成果。前浙江省军事领导人、福建省政府主席陈仪，被蒋介石委派担任台湾省行政长官一职，但他的下属却行为不当，引发了台湾人民的强烈反抗。1947年2月，台湾人民的愤懑演变成了反政府骚动，国民党军队向人群开火，打死了众多示威者。随后数周内，陈仪为瓦解台湾人的斗志，在一系列残忍无情的行动中逮捕并处决了数千名杰出的知识分子与地方领袖，与1927年蒋介石在上海所施手段如出一辙。

台湾的反抗运动被镇压下去后，蒋介石召回陈仪，改派了另一位作风稳健的文官（魏道明）主政台湾，渐渐将台湾建设成一个未来可容纳大批外省籍人士的大本营。在北平失守的数月前，几千箱清朝档案文件连同前清皇宫典藏的艺术珍品被运往台湾——这场十分巧妙的作秀行为，让国民政府俨然成了中华民族文化遗产保护者。1949年年初，蒋介石的三十万亲信部队在二十六艘炮舰与飞机的掩护下，登陆台湾。至此，蒋介石退守台湾的准备工作已经就绪，只等他做出抉择。

1949年春天，中国正等待着什么。当时，共产党在重新整编长江北岸的部队，组织华北各省人民政府，而蒋介石则于1949年1月正式下野，总统一职由广西军阀李宗仁继任。在南京就职后，李宗仁试图劝服毛泽东在共产党提出的国民党投降八点条件上做出让步，但徒劳而无功。

毛泽东坚持的八项和平条件不容妥协：一、惩办所有战犯；二、废除不合法的1947年宪法；三、废除国民党的法统；四、改编国民政府部队；五、没收官僚资本；六、改革土地租佃制度；七、废止所有卖国条约；八、召开"政治协商会议"，成立民主联合政府。

正当李宗仁还在考虑这些条件时，共产党发表严正声明，表示不能容忍任何外国帝国主义利益介入中国内战。共产党为表清其立场所采取的行动，与1937年11月日本人轰炸、扫射、击沉试图撤走南京城内美国使馆人员的美国炮舰"班乃岛"号（Panay）的行为十分类似，不过这次受到警告的是英国人。1949年4月，英国派遣驱逐舰"紫水晶"号（Amethyst）航行至南京，为使馆人员运送补给，同时准备视情势需要撤出英国公民，当"紫水晶"号溯长江而行时，北岸共产党军队的排炮发起猛烈攻击，造成英军十七人死亡、二十人受伤。前往援救的英国海军船舰亦被击退。这次反帝国主义的杰出表现，的确让英国无力招架，不过，他们最后还是设法把船救了出来。

对进一步谈判已感身心疲惫的共产党人，在1949年4月向李宗仁代总统下了最后通牒，要求他必须在五天内接受投降八点条件。在李宗仁拒绝后，共产党重启战端。4月23日，南京不战而下，嗣后杭州、武汉亦然。上海在经历了象征性的抵抗之后，于5月底被共产党克复。随后数月间，共产党军队更是以惊人的速度巩固战果，只有1645年、1646年满人与其汉人附庸问鼎中原时可堪匹敌。彭德怀的部队西行夺下西安后，虽遭到一位来自甘肃的回族将军顽强抵抗，但最后还是于1949年8月将兰州纳入了共产党的势力范围内。是月，林彪的军队占领长沙，并在彭德怀部队朝西北进入新疆之际，飞驰南下广州。9月，国民政府在新疆的军队随同绥远、宁夏的军队向共产党乞降。一度受阻于东南沿海的林彪部队，则在10月中旬进占广州，以及厦门——这是护卫台湾的最后一道门户，因此设有重兵固守。共产党其他军队转向西南，在11月中拿下贵州，月底又占领了蒋介石的抗战根据地重庆。

已预料到最后胜利的毛泽东，于9月底在北平召开新的政治协商会议。这一会议按照其宣布的"民主之联合政府"原则，成员除中国共产党外，还包含了十四个小型政党的代表。他们选出了中央政府的成员（毛泽东当选为主席，朱德则为副主席）；选定北京为中国首都，取代南京；新国旗为红底，上饰一颗大五角星，辅以四颗小五角星；改用西方的公历纪年。在1949年10月1日举行的开国大典上，毛泽东伫立在天安门——这里曾经是明清皇宫大门——之上，俯瞰着欢声雷动的人群，正式宣布了中华人民共和国的诞生。

这种象征手法还算合适，虽然国民党的垮台并未重演明朝覆亡时种种牺牲小我的英雄事迹。的确，国共之间数度战况惨烈，蒋介石的几位幕僚和效忠他的一些人也选择自裁明志，不过少有情形能让人回想起17世纪时发生的那些对峙，比如，众多儒士放火烧掉整座城市，在熊熊烈火中证明自己的高风亮节。只有在阎锡山这位长寿军阀统治下的山西，出现了一次令人惊异的捐躯行为，而且不是国民党的正规军人，而是阎锡山"牺牲救国同盟会"的虔诚领袖梁化之。如同阎锡山的其他部将一样，梁化之常年与山西的共产党

华南内战（1949）

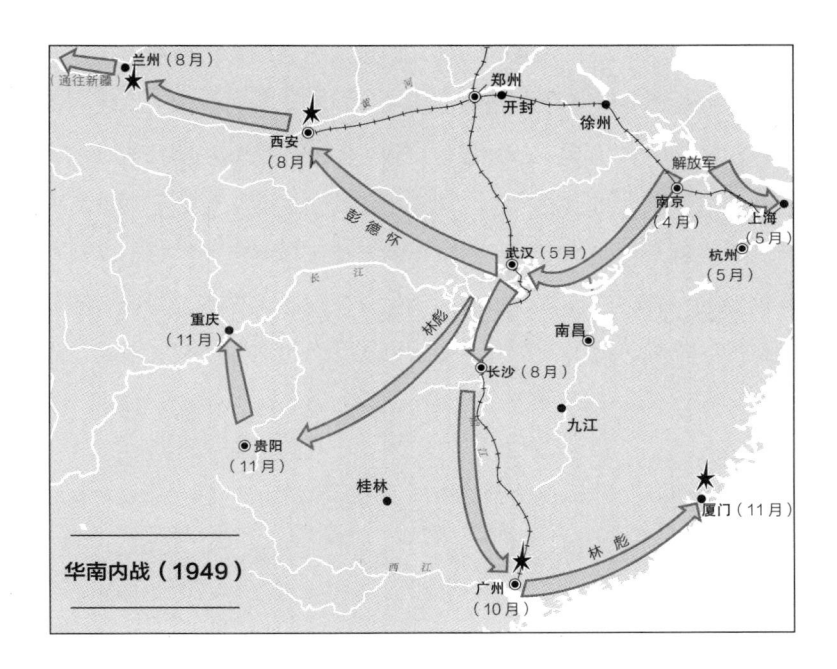

地图标注：
- 兰州（8月）（通往新疆）
- 西安（8月）
- 郑州
- 开封
- 徐州
- 解放军
- 南京（4月）
- 上海（5月）
- 武汉（5月）
- 杭州（5月）
- 彭德怀
- 重庆（11月）
- 南昌
- 长沙（8月）
- 九江
- 林彪
- 贵阳（11月）
- 桂林
- 厦门（11月）
- 广州（10月）
- 长江
- 西江

斗争，最后被围困在了防御工事极为坚实的太原。太原一役战况十分惨烈，数千名日军还受阎锡山之邀，组成先遣部队抵抗共产党，一度占有优势（阎锡山虽立下决一死战的誓言,但还是遗弃了部属）。当共产党军队最后在1949年4月攻入太原时，梁化之纵火焚烧囚禁共产党人的监狱，并在直冲天际的熊熊火光中自裁身亡。

但这类行为实属少数，全国上下都在警惕观望，谁也没有心情以死明志。这是一场旷日持久、血迹斑斑、错综复杂、令人困惑的内战：洋溢着英雄主义，也充斥着残酷无情；有崇高的社会理想，也暗藏恶习弊端。我们可以透过西方伟大摄影家之一的卡蒂埃-布列松（Henri Cartier-Bresson）1949年年底在中国拍摄的大量照片来感受一下当时的时代氛围。布列松拍摄的黑白照片精准地捕捉到了中国人心中的彷徨无依。在他的镜头下,有街头的乞妇、饥饿的孩童、佝偻的苦力,有肩上还披挂着口粮、早已疲惫不堪的解放军战士,有在码头看护着自己的行李、同样疲倦的国民党官员,还有流离失所的农民群众、蜂拥至银行兑换急剧贬值纸币的市井小民,以及仓促间竖起布告牌迎接新征服者的学生——现在,这些人都成了革命洪流的一部分,他们将不得不一边思考,一边迎接崭新又不确定的未来。

孩子们。方大曾（又名小方，1912—1937？）是一名年轻的摄影记者，报道了1937年中日战争的爆发，同年7月失踪。他在1930年代拍摄的中国照片最近又重新被发现

上图是一名年轻的矿工；右图是蒋介石的公告。
方大曾拍摄

上图是女工，下图是北京一群学生正前往参加抗日游行。方大曾拍摄

中共干部在陕甘宁边区分发食物。吴印咸拍摄

这些年轻的志愿者仅带着红缨枪,就加入了八路军,即原来的红军。1939年吴印咸拍摄

毛泽东在陕甘宁边区的一次群众大会中鼓励农民以"劳动英雄"作榜样。吴印咸拍摄

1945年8月,重庆群众庆祝抗战胜利

1948年人民解放军攻打东北沈阳

1948 年 12 月上海市民拼命挤进银行，兑换自己手中贬值的钞票。布列松拍摄

1949年4月，随着国民党政府的溃逃，难民也准备离开南京。布列松拍摄

1949年人民解放军进入南京，士兵挑着配给的大米，显得精疲力竭。布列松拍摄

1949年10月1日,毛泽东在北京宣布中华人民共和国的成立

为毛泽东的宣言而欢呼的群众

注释

第一章 晚明

1. 汤显祖著，白芝（Cyril Birch）译，《牡丹亭》（*The Peony Pavilion*, Bloomington, Ind.: Indiana University Press, 1980），14、32 页。
2. 施坚雅（G. William Skinner）编，《中华帝国晚期的城市》（*The City in Late Imperial China*, Stanford, Calif.: Stanford University Press, 1977），351 页。
3. 前引汤显祖，34 页。
4. 王阳明著，陈荣捷译，《〈传习录〉与其他新儒家的著作》（*Instructions for Practical Living and Other Neo-Confucian Writings*, New York: Columbia University Press, 1963），146 页。（略有修改）
5. 傅路德（L. Carrington Goodrich）与房兆楹编，《明代名人传》（*Dictionary of Ming Biography*, New York: Columbia University Press, 1976），708 页。
6. 在这一时期，我们首次可以用图表来描述中国与正在浮现的全球经济之间相互联通的情况。相关参考数据可见，艾维四（William Atwell）所著的《1530—1650 年前后的国际黄金流通与中国经济》（International Bullion Flows and the Chinese Economy circa 1530—1650），见《过去与现在》（*Past and Present*）第九十五卷（1982 年 5 月），68—90 页。艾维四所著的《关于中国与日本"17 世纪危机"的若干观察》（Some Observations on the "Seventeenth-Century Crisis" in China and Japan），《亚洲研究学刊》（*Journal of Asian Studies*）第四十五卷，第 2 期（1986 年 2 月），223—224 页。魏斐德（Frederic Wakeman）所著的《中国与 17 世纪危机》（China the Seventeenth-Century Crisis），《清史问题》（*Late Imperial China*）第七卷，第 1 期（1986 年 6 月），29—30 页。万志英（Richard Von Glahn）在《财富的源泉：1000—1700 年之间中国的货币和货币政策》（*Fountain of Fortune: Money and Monetary Policy in China, 1000-1700*, Cal.: Berkeley: University of California Press, 1996）一书中，对这一危机理论做过了修订，237—245 页。

7 邓海伦（Helen Dunstan）著，《晚明传染病初探》（The Late Ming Epidemics: A Preliminary Survey），见《清史问题》（*Ch'ing-shih Wen-t'i*）第三卷，第 3 期（1975 年），29—30 页。
8 前引邓海伦，39—40 页。传统中医的基本立论，可参考席文（Nathan Sivin）所著的《当代中国的传统医学》（*Traditional Medicine in Contemporary China*, Ann Arbor: University of Michigan Press, 1987）。

第二章 清朝的绥服

1 梅谷（Franz Michael）著，《满族统治中国的根源》（*The Origin of Manchu Rule in China*, New York, 1965），121 页。
2 陆西华（Gertraude Roth Li）著，《1618—1636 年的满汉关系》（The Manchu-Chinese Relationship: 1618-1636），见史景迁与魏而思（John Wills）合编的《从明到清》（*From Ming to Ch'ing*, New Haven: Yale University Press, 1979），9 页。
3 前引陆西华，18 页。
4 前引陆西华，30 页。
5 司徒琳（Lynn Struve）著，《南明史》（*The Southern Ming, 1664-1662*, New Haven: Yale University Press, 1984），129 页。
6 魏斐德著，《洪业》（*The Great Enterprise*, Berkeley: University of California Press, 1985），55—58 页；前引司徒琳，47、58—61 页。
7 安熙龙（Robert Oxnam）著，《马上治天下》（*Ruling from Horseback*, Chicago: University of Chicago Press, 1975），52、56 页。
8 《秦良玉传》（Biography of Ch'in Liang-yu），见恒慕义（Arthur Hummel）所编《清代名人传略》（*Eminent Chinese of the Ch'ing Period*, Washington, D. C., 1943），168—169 页

第三章 康熙政权的巩固

1 史景迁著，《康熙：重构一位中国皇帝的内心世界》（*Emperor of China: Self-Portrait of K'ang-Hsi*, New York, 1974），32 页。
2 裴德生（Willard Peterson）著，《顾炎武的一生：1613—1682 年》（The Life of Ku Yen-wu, 1613-1682），见《哈佛亚洲研究杂志》（*Harvard Journal of Asiatic Studies*），第二十八卷（1968 年），142 页。
3 孔尚任著，陈世骧、艾克顿（Harold Acton）译，《桃花扇》（*The Peach Blossom*, Berkeley: University of California Press, 1976），278 页。
4 宣立敦（Richard Strassberg）著，《孔尚任的世界：中国清初的一位文人》（*The World of K'ung Shang-jen: A Man of Letters in Early Ch'ing China*, New York: Columbia

University Press, 1983), 275 页。
5 前引宣立敦, 219 页。
6 前引史景迁, 165 页。
7 万志英 (Richard von Glahn) 著,《财富的源泉: 1000—1700 年之间中国的货币和货币政策》(*Fountain of Fortune: Money and Monetary Policy in China, 1000-1700*, Cal.: Berkeley: University of California Press, 1996)。
8 前引万志英, 148—149 页。

第四章 雍正的权威

1 这三个宏观区域的个案研究引自韩书瑞 (Susan Naquin) 与罗友枝 (Evelyn Rawski) 合著的《18 世纪的中国社会》(*Chinese Society in the Eighteenth Century*, New Haven: Yale University Press, 1987), 第五章。引介与推演宏观区域概念的相关著作, 见施坚雅在他所编的《中华帝国晚期的城市》一书中撰写的几篇论文。
2 河北、山东的数据征引自黄宗智所著的《华北小农经济与社会变迁》(*The Peasant Economy and Social Change in North China*, Stanford: Stanford University Press, 1985), 322 页。全中国的数字, 见何炳棣所著《中国人口研究: 1368—1953 年》(*Studies on the Population of China, 1368-1953*, Cambridge: Harvard University Press, 1959), 281 页。
3 转引自李中清 (James Lee) 与伍若贤 (Robert Eng) 合撰的《18 世纪满洲的人口与家庭史: 1774—1798 年间道义屯的初筛成果》(*Population and Family History in Eighteenth Century Manchuria: Preliminary Results from Daoyi, 1774-1798*), 见《清史问题》第五卷, 第 1 期 (1984 年 6 月), 31 页。
4 曾小萍 (Madeleine Zelin) 著,《州县官的银两: 18 世纪中国的财政合理化改革》(*The Magistrate's Tael: Rationalizing Fiscal Reform in Eighteenth-Century Ch'ing China*, Berkeley: University of California Press, 1984), 80 页。
5 这一小段与本节其余段落的材料, 见白彬菊 (Beatrice S. Bartlett) 所著的《君与臣: 1723—1820 年清中期军机处的崛起》(*Monarchs and Ministers: The Rise of the Great Council in Mid-Ch'ing China, 1723-1820*, Berkeley: University of California Press, 1991)。
6 援引 (经过修改) 自白彬菊的博士论文——《朱批: 中国清代中叶军机处奏折制度与中央政府的决策》(*The Vermilion Brush: The Grand Council Communications Systems and Central Government Decision Making*, Yale University, 1980), 57、61 页。
7 罗索 (Antonio Sisto Rosso) 著,《派往 18 世纪中国的使徒》(*Apostolic Legations to China of the Eighteenth Century*, South Passadena, 1948), 405 页。
8 傅乐淑著,《1644—1820 年中西关系资料编年》(*A Documentary Chronicle of Sino-Western Relations, 1644-1820*, 2 vols., Tucson: University of Arizona Press, 1966), 第一卷, 164 页。

第五章　中国社会与乾隆政权

1. 关于乾隆的穆斯林妃子，可参照米华健（James A. Millward）所著的《乾隆朝的维吾尔穆斯林：香妃的意义》(A Uyghur Muslim in Qian-long's Court: The Meanings of the Fragrant Concubine)，载于《亚洲研究杂志》(Journal of Asian Studies) 第五十三卷，第 2 期（1994 年），427—458 页。
2. 卫礼贤（Richard Wilhelm）与白恩斯（Cary Baynes）译，《易经》(Book of Changes, Princeton: Princeton University Press, 1950)，213、670 页。
3. 对清代考证学派的论述，主要是参考艾尔曼（Benjamin Elman）有关考证运动的重要著作，《从理学到朴学：中华帝国晚期学术与社会变化面面观》(From Philosophy to Philology: Intellectual and Social Aspects of Change in Late Imperial China, Cambridge: Harvard University Press, 1984)。
4. 对女性作者的分析极大地受惠于曼素恩（Susan Mann）的《缀珍录：18 世纪及其前后的中国女性》(Precious Records: Women in China's Long Eighteenth Century, Stanford: Stanford University Press, 1997)
5. 曹雪芹著，霍克斯（David Hawkes）译，《红楼梦》第一卷（The Story of the Stone, vol.1, New York, 1973），51、55 页（略经改动）。
6. 前引曹雪芹，第三卷，31 页。
7. 韩书瑞著，《山东的叛乱：1774 年王伦起义》(Shantung Rebellion: The Wang Lun Uprising of 1774, New Haven: Yale University Press, 1981)，60 页。
8. 恒慕义编，《清代名人传略》两卷（Eminent Chinese of the Ch'ing Period, 2 vols., Washington, D.C., 1943），第一卷，223 页。
9. 康无为（Harold Kahn）著，《皇帝眼中的君主制》(Monarchy in the Emperor's Eyes, Cambridge: Harvard University Press, 1971)，225 页。克莱默-宾（J. L. Cranmer-Byng）著，《访华使节：马戛尔尼勋爵的旅程，1793—1794》(An Embassy to China: Lord Macartney's Journey, 1793-1794, London, 1962)，120 页。
10. 前引克莱默-宾，281—283 页。

第六章　中国与 18 世纪的世界

1. 克莱默-宾著，《访华使节：马戛尔尼勋爵的旅程，1793—1794》，340 页。关于叩头礼的妥协，详见周锡瑞（Joseph Esherick）所著的《怀柔远"源"》(Cherishing Sources from Afar)，载于《近代中国》(Modern China) 第四十卷，第 2 期（1998 年 4 月），151—152 页。
2. 前引克莱默-宾，191、212—213 页。
3. 布迪与莫里斯编著，《中华帝国的法律》，390 页。
4. 艾德华（Randle Edwards）著，《清政府对外国人的司法管辖》(Ch'ing Legal Jurisdiction over Foreigners)，见孔杰荣（Jerome Cohen）、艾德华、张富美合编的

《中国法律传统论文集》（*Essays on China's Legal Legal Tradition*, Princeton: Princeton University Press, 1980），222—269 页。

5　前引艾德华，229 页。
6　数据得自马士所著的《中华帝国的国际关系》三卷（*The International Relations of the Chinese Empire*, 3 vols., Shanghai and London, 1910-1918），卷一，173、209 页；以及张馨保（Chang Hsin-pao）所著的《林钦差与鸦片战争》（*Commissioner Lin and the Opium War*, Cambridge: Harvard University Press, 1964），223 页。
7　史景迁所著的《清代中国的鸦片吸食》（*Opium Smoking in Ch'ing China*），见魏斐德与葛兰特（Carolyn Grant）合编的《中华帝国晚期的冲突与控制》（*Conflict and Control in Late Imperial China*, Berkeley: University of California Press, 1975），143—173 页（略经修改）。
8　伏尔泰著，《风俗论》（*Essai sur les moeurs et l'esprit des nations*, Geneva, 1771）卷一，36 页。
9　布朗热著，威尔克斯译，《东方专制制度的起源》（*Recherches sur l'origine du despotisme oriental*, Paris, 1763），260 页。
10　亚当·斯密著，康南（Edwin Cannan）编，《国民财富的性质与原因分析》（*An Inquiry into the Nature and Causes of the Wealth of Nations*, Chicago: Chicago University Press, 1976），70 页。
11　前引亚当·斯密，71—72、95 页。
12　黑格尔著，荷登（E. S. Haldane）、西蒙（Frances Simon）译，《历史哲学》（*The Philosophy of History*, New York, 1956），18—19 页。
13　前引黑格尔，87、90—91 页。
14　前引黑格尔，引言出处依序为 116、138、101 页。

第七章　与西方世界的初次冲突

1　鲍吾刚（Wolfgang Bauer）著，迈克·肖（Michael Shaw）译，《中国人的幸福观》（*China and the Search for Happiness*, New York, 1976），257 页。
2　李汝珍著，林太乙译，《镜花缘》（*Flowers in the Mirror*, Berkeley: University of California Press, 1965），113 页。
3　沈复著，白伦（Leonard Pratt）译，《浮生六记》（*Six Records of a Floating Life*, New York, 1983），73 页，林语堂的译文见《天下月刊》（*T'ien Hsia Monthly*），1935 年第一期，316 页。
4　有两本博士论文，重新反思了有关白银问题与行商角色业已被接受的观点：林满红，《货币与社会：19 世纪初的中国货币危机与政经意识形态》（*Currency and Society: The Monetary Crisis and Political-Economy Ideology of Early Nineteenth Century*, Harvard, 1989）；陈国栋，《1760—1843 年中国行商的破产》（*The Insolvency of the Chinese Hong Merchants, 1760-1843*, Yale, 1989）。

5 马士著，《中华帝国的对外关系》，卷一，上海，1910 年，126 页。
6 张馨保著，《林钦差与鸦片战争》，134—135 页。
7 亚瑟·韦利（Arthur Waley）著，《中国人眼中的鸦片战争》（*The Opium War through Chinese Eyes*, London, 1958），44、46、49 页。
8 前引亚瑟·韦利，47 页；引言见张馨保，160 页。
9 前引马士，622 页。
10 前引张馨保，191 页；前引马士，253 页。
11 前引张馨保，206—207 页。
12 前引马士，241 页。
13 前引马士，661—662 页。
14 关于"复仇神"号的历史与中国人对西方军事技术的仿造，详见葛雷汉（Gerald Graham）所著的《中国舰队：战争与外交（1830—1860）》（*The China Station: War and Diplomacy, 1830-1860*, New York: Oxford University Press, 1978），117—118、183、215—218 页。
15 《南京条约》的条文内容，引自戈弗雷·赫司雷特（Godfrey Hertslet）所著的《英国与中国、中国与外国强权的条约集》二卷（*Treaties etc. between Great Britain and China and between China and Foreign Powers*, 2 vols.; London, 1908），卷一，7—12 页。
16 前引马士，330 页，论《望厦条约》部分。
17 傅礼初（Joseph Fletcher）著，《清朝在蒙古、新疆与西藏统治的全盛时期》（The Heyday of the Ch'ing Order in Mongolia, Sinkiang and Tibet），见《剑桥中国史》卷十（*The Cambridge History of China*, vol.10, Cambridge, 1978），377—383 页。
18 费正清（John K. Fairbank）著，《中国沿海的贸易与外交》（*Trade and Diplomacy on China Coast*, Cambridge: Harvard University Press, 1953），112 页。

第八章　内部危机

1 韩书瑞著，《千年末世之乱：1813 年的八卦教起义》（*Millenarian Rebellion in China: The Eight Trigrams Uprising of 1813*, New Haven: Yale University Press, 1976），72—77 页。
2 前引韩书瑞，83 页。
3 前引韩书瑞，93 页。
4 魏斐德著，《大门口的陌生人》（*Strangers at the Gate*, Berkeley: University of California Press, 1966），89 页。
5 简又文（Chien Yu-wen）著，《太平天国运动》（*The Taiping Revolutionary Movement*, New Haven: Yale University Press, 1973），93—94 页。
6 梅谷与张仲礼合著，《太平天国运动：历史与文献》共三卷（*The Taiping Movement: History and Documents*, 3 vols., Seattle: University of Washington Press,

1966-1971），卷二，314 页。

7 有关太平天国治下南京城的事件与社会态度的分析，转引自威瑟斯（John Withers）的博士论文《天京：太平天国统治下的南京（1853—1864）》(*The Heavenly Capital: Nanjing under the Taiping, 1853-1864*, Ph.D. diss., Yale University, 1983)。
8 前引梅谷与张仲礼，卷三，767 页。
9 前引梅谷与张仲礼，卷一，168、174 页。
10 马士著，《中华帝国的国际关系》，卷一，671—672 页。
11 前引马士，579 页。
12 裴宜理（Elizabeth Perry）著，《华北的叛乱者与革命者（1875—1945）》(*Rebels and Revolutionaries in North China, 1845-1945*, Stanford: Stanford University Press, 1980)，130 页。
13 邓嗣禹（Teng Ssu-yu）著，《捻军与其游击战（1851—1868）》(*The Nien and Their Guerrilla Warfare, 1851-1868*, Paris, 1961)，169 页。
14 朱文长（Chu Wen-djang）著，《中国西北的回民起义（1862—1878）：少数民族政策研究》(*The Moslem Rebellion in Northwest China, 1862-1878: A Study of Government Minority Policy*, The Hagure, 1966)，57、69 页。
15 前引朱文长，91—92 页，引自王柏心。

第九章 改革的中兴之治

1 摘引自谢正光（Andrew Cheng-kuang Hsieh）的博士论文《曾国藩——19 世纪的儒将》(*Tseng Kuo-fan, a Nineteenth Century Confucian General*, Ph. D. diss., Yale University, 1975)，23 页。
2 邓嗣禹与费正清合编，《中国对西方的回应：1839—1923 年文献概览》(*China's Response to the West: A Documentary Survey, 1839-1923*, Cambridge: Harvard University Press, 1954)，53—54 页。
3 前引邓嗣禹与费正清，62 页。
4 容闳著，《西学东渐记》(*My Life in China and America*, New York, 1909)，168 页。
5 芮玛丽（Mary Wright）著，《同治中兴：中国保守主义的最后抵抗（1862—1874）》(*The Last Stand of Chinese Conservatism:The T'ung-chih Restoration, 1862-1874*, Cambridge: Harvard University Press, 1957)，213 页。
6 坂野正高（Masataka Banno）著，《1858—1861 年的中国与西方：总理衙门的起源》(*China and the West, 1858-1861: The Origins of the Tsungli Yamen*, Cambridge: Harvard University Press, 1964)，228 页。
7 前引邓嗣禹与费正清，47—48 页。
8 马士著，《中华帝国的国际关系》，卷二，37 页。
9 前引马士，38 页。

10 徐中约著,《中国走进国际家庭:1858—1880 年的外交局面》(*China's Entrance into the Family of Nations: The Diplomatic Phase, 1858-1880*, Cambridge: Harvard University Press, 1960),132 页。

11 前引徐中约,133—134 页。

12 龙德威(Fred Drake)著,《中国绘制世界》(*China Charts the World*, Cambridge: Harvard University Press, 1975),159、164—165 页;有关华盛顿纪念碑的记载,见该书 187、245 页。

13 前引芮玛丽,252 页。

14 慕稼谷(G. E. Moule)著,《中国对欧洲物理科学的贡献》(The Obligation of China to Europe in the Matter of Physical Science),见《亚洲文会华北支部杂志》(*The Journal of the North China Branch of the Royal Asiatic Society*),1871 年第 7 期,150—151 页。

15 前引容闳,3—4 页。

16 布鲁纳(Katherine F. Bruner)、费正清、司马富(Richard Smith)合编的《在中国当官:赫德日记(1854—1863)》(*Entering China's Service: Robert Hart's Journals, 1854-1863*, Cambridge:Harvard University Press, 1986),230—232 页。

17 卫斐列(Frederick Wells Williams)著,《蒲安臣与中国派赴外国强权的第一个使团》(*Anson Burlingame and the First Chinese Mission to Foreign Powers*, New York, 1912),136—139 页。

18 韩德(Michael Hunt)著,《中美特殊关系的形成:1914 年前的美国与中国》(*The Making of a Special Relationship: The United States and China to 1914*, New York: Columbia University Press, 1983),92 页。

19 前引韩德,93 页,引自布莱恩(James G. Blaine)的话。

第十章 晚清的新动乱

1 马士著,《中华帝国的国际关系》,卷三,35 页。

2 周锡瑞著,《义和团运动的起源》(*The Origins of the Boxer Uprising*, Berkeley: University of California Press, 1987),299—300 页。

3 珀塞尔(Victor Purcell)著,《义和团运动:背景研究》(*The Boxer Uprising, A Background Study*, New York: Cambridge University Press, 1963),225 页。(略经修改)

4 邹容著,鲁斯特(John Lust)译,《革命军:1903 年中国民族主义的一本小册子》(*The Revolutionary Army: A Chinese Nationalist Tract of 1903*, The Hague, 1968),122 页。

5 前引邹容,126 页。

6 布鲁尔文件(W. H. Brewer Papers),耶鲁大学档案(Yale University Archives),1/6/185/18 卷。

7 贾士杰(Don Price)著,《俄国与中国革命的根源(1896—1911 年)》(*Russia and the Roots of the Chinese Revolutions, 1896-1911*, Cambridge: Harvard University Press,

1974），215 页。

第十一章　清朝的倾覆

1. 汤若杰（Roger Thompson）的博士论文《未来的视野，现今的实情：1911 年革命前夕的地方行政改革，选举政治与传统中国社会》（*Visions of the Future, Realities of the Day: Local Administrative Reform, Electoral Politics, and Traditional Chinese Society on the Eve of the 1911 Revolution*, Ph. D. diss., Yale University, 1985），45 页。
2. 前引汤若杰，111 页。
3. 唐日安（Ryan Dunch）的博士论文《虔诚、爱国、进步：福州的中国新角度与近代中国的发展（1857—1927）》（*Piety, Patriotism, Progress: Chinese Protestants in Fuzhou Society and the Making of Modern China ,1857-1927*, Ph. D. Diss., Yale University, 1997）。
4. 许内曼（Ralph Huenemann）著，《龙与铁马：中国的铁路经济（1876—1937）》（*The Dragon and the Iron Horse: The Economics of Railroads in China, 1876-1937*, Cambridge: Harvard University Press, 1984），79 页。
5. 史景迁著，《天安门》（*The Gate of Heavenly Peace*, New York, 1980），34 页。
6. 贾士杰著，《俄国与中国革命的根源（1896—1911 年）》，130 页。
7. 伯纳尔（Martin Bernal）著，《1907 年以前的中国社会主义思潮》（*Chinese Socialism to 1907*, Ithaca: Cornell University Press, 1976），37 页。
8. 前引伯纳尔，95 页。
9. 前引伯纳尔，117 页。
10. 冯兆基（Edmund Fung）著，《军事近代化与中国革命》（*The Military Dimension of the Chinese Revolution*, Vancouver: University of British Columbia Press, 1980），138 页。
11. 李剑农著，邓嗣禹与英格尔斯（Jeremy Ingalls）合译，《中国政治史（1840—1928）》（*The Political History of China, 1840-1928*, Princeton, N.J., 1956），260 页。
12. 前引李剑农，266—267 页。

第十二章　共和国的肇建

1. 李剑农著，邓嗣禹、英格尔斯合译，《中国政治史（1840—1928）》，268 页。
2. 同上。
3. 数据引自雷麦（C. F. Remer）的《外国在华投资》（*Foreign Investments in China*, New York, 1933），76 页。
4. 前引雷麦，430 页。
5. 詹姆斯·里德（James Reed）著，《传教士的心灵与美国的东亚政策（1911—1915）》（*The Missionary Mind and American East Asia Policy, 1911-1915*, Cambridge: Harvard

University Press, 1983），36—37 页。
6　西里尔·珀尔（Cyril Pearl）著，《北京的莫理循》(*Morrison of Peking*, Sydney, Australia, 1967)，289 页。
7　丁徐丽霞（Lee-hsia Hsu Ting）著，《近代中国政府对新闻的控制（1900—1949）》(*Government Control of the Press in Modern China, 1900-1949*, Cambridge: Harvard University Press, 1974)，13 页。
8　葛麟（Donald Gillin）著，《军阀：阎锡山在山西（1911—1949）》(*Warlord: Yen Hisshan in Shansi Province, 1911-1949*, Princeton: Princeton University Press, 1967)，63 页。
9　迈克·桑玛斯基（Michael Summerskill）著，《西线战场上的中国：第一次世界大战期间的英国华工》(*China on the Western Front: Britain's Chinese Work Force in the First World War*, London, 1982)，69 页。
10　前引桑玛斯基，166 页。
11　前引桑玛斯基，102 页。
12　周策纵著，《五四运动：现代中国的思想革命》(*The May Fourth Movement: Intellectual Revolution in Modern China*, Cambridge: Harvard University Press, 1960)，68 页。

第十三章　"便成了路"

1　本杰明·史华慈（Benjamin Schwartz）著，《寻求富强：严复和西方》(*In Search of Wealth and Power: Yen Fu and the West*, Cambridge: Harvard University Press, 1964)，45—46 页。
2　浦嘉珉（James Puesy）著，《中国与达尔文》(*China and Charles Darwin*, Cambridge: Harvard University Press, 1983)，101—103 页。
3　伯纳尔著，《1907 年以前的中国社会主义思潮》，100 页。关于国粹派的内容，可参见唐小兵所著的《全球空间与民族主义话语中的现代性》(*Global Space and the Nationalist Discourse of Modernity*, Stanford: Stanford University Press, 1996)。
4　前引浦嘉珉，435 页。
5　前引浦嘉珉，439 页。
6　林毓生著，《中国意识的危机：五四时期激烈的反传统主义》(*The Crisis of Chinese Consciousness: Radical Anti-traditionalism in the May Fourth Era*, Madison: University of Wisconsin Press, 1979)，59 页。
7　宣道华（Stuart Schram）著，《毛泽东的政治思想》(*The Political Thought of Mao Tse-tung*, New York, 1972)，157、158、160 页。
8　前引宣道华，163 页。
9　宣道华著，《毛泽东的权力之路》(*Mao's Road to Power*, 2 vols., Armonk, NY, 1992 and 1994)，第一卷《前马克思主义时期（1912—1920 年）》(*The Pre-Marxist Period*,

1912-1920);第二卷《国民革命与社会革命（1920 年 12 月—1927 年 6 月）》(*National Revolution and Social Revolution*, Dec.,1920-June, 1927)。引自第一卷，380 页。
10 宣道华著，《毛泽东的政治思想》，335—336 页。另见，威特克（Roxane Witke）的文章《五四运动时期的毛泽东、女性与自杀》(Mao Tse-tung Women and Suicide in the May Fourth Era)，载于《中国季刊》(*China Quarterly*)，1967 年第 31 期，142 页。
11 马思乐（Maurice Meisner）著，《李大钊与中国马克思主义的起源》(*Li Ta-chao and the Origins of Chinese Marxism*, Cambridge: Harvard University Fress, 1967)，64—65 页。
12 诺思（Robert North）著，《莫斯科与中国共产党人》(*Moscow and Chinese Communists*, Stanford: Stanford University Press)，45 页。
13 前引马思乐，144 页。
14 前引马思乐，80—81 页。
15 所列刊物见周策纵《五四运动：现代中国的思想革命》，179 页。
16 林张明晖（Julia C. Lin）著，《中国近代诗歌：导论》(*Modern Chinese Poetry: An Introduction*, Seattle: University of Washington Press, 1972)，209 页。
17 舒衡哲（Vera Schwarcz）著，《中国的启蒙运动：知识分子与五四遗产》(*The Chinese Enlightenment: Intellectuals and the Legacy of the May Fourth Movement of 1919*, Berkeley: University of California Press, 1986)，44 页。
18 前引书舒衡哲，48 页。
19 前引林毓生，76 页。
20 贾祖麟（Jerome Grieder）著，《胡适与中国的文艺复兴：中国革命中的自由主义（1917—1939）》(*Hu Shih and the Chinese Renaissance: Liberalism in the Chinese Revolution, 1917-1939*, Cambridge: Harvard University Press, 1970)，124 页。
21 罗素（Bertrand Russell）著，《罗素自传（1914—1944）》(*The Autobiography of Bertrand Russel*, 1914-1944, Boston, 1967)，183 页。
22 史景迁著，《天安门》，217 页。
23 鲁迅著，《选集》(*Selected Stories*, New York, 1977)，64 页（略经修改）。
24 前引史华慈，7 页。
25 前引诺思，58 页。
26 前引诺思，59 页。
27 前引诺思，61 页。
28 前引诺思，63 页。

第十四章 国共合作的破裂

1 尤丁（Xenia Eudin）、诺思著，《1920 至 1927 年的苏联与东方———次文献考察》(*Soviet Russia and the East, 1920-1927: A Documentary Survey*, Stanford, CA, 1957)，141 页。
2 费约翰（John Fitzgerald）著，《唤醒中国》(*Awakening China*, Stanford: Stanford

University Press, 1966），147—159 页

3 李斐工（Lee Feigon）著，《陈独秀：中国共产党的创始人》（*Chen Duxiu: Founder of the Chinese Communist Party*, Princeton: Princeton University Press, 1983），169 页；马思乐著，《李大钊与中国马克思主义的起源》，191、223 页。

4 韦慕庭（C. Martin Wilbur）著，《孙中山：壮志未酬的爱国者》（*Sun Yat-sen: Frustrated Patriot*, New York: Columbia University Press, 1967），178 页；雅各布斯（Dan Jacobs）著，《鲍罗廷：斯大林在中国的代理人》（*Borodin: Stalin's Man in China*, Cambridge: Harvard University Press, 1981），132 页。

5 前引费约翰，180—185 页。

6 史景迁著，《天安门》，197 页。

7 前引史景迁，207 页。

8 乔丹（Donald Jordan）著，《北伐：1926 至 1928 年中国的国民革命》（*The Northern Expedition: China's National Revolution of 1926-1928*, Honolulu: University of Hawaii Press, 1976），64 页（略经修改）。

9 前引乔丹，63 页。

10 前引乔丹，76 页。

11 麦考马克（Gavan McCormack）著，《张作霖在中国东北（1911—1928）：中国、日本与满人观念》（*Chang Tso-Lin in Northeast China, 1911-1928: China, Japan and the Manchurian Idea*, Stanford: Stanford University Press, 1977），210 页。

12 前引尤丁、诺思，292—294 页。

13 诺思著，《莫斯科与中国共产党人》，98 页（略有修改）。

14 宣道华著，《毛泽东的政治思想》，250—254 页。

15 霍夫海因兹（Roy Hofheinz）著，《破浪：1922—1928 年中国共产党的农民运动》（*The Broken Wave: the Chinese Communist Peasant Movement, 1922-1928*, Cambridge: Harvard University Press, 1977），47 页。

16 伊罗生（Harold Isaacs）著，《中国革命的悲剧》（*The Tragedy of the Chinese Revolution*, Stanford: Stanford University Press, 1961），236 页。

17 前引诺思，106 页。

18 史景迁著，《改变中国》（*To Change China*, Boston, 1969），204 页。

19 前引诺思，120 页。

第十五章 国民党当权

1 有关中山陵的内容请参见汪利平的文章，《创建国家象征：南京中山陵》（Creating a National Symbol: The Sun Yat-sen Memorial in Nanjing），载于《共和中国》（*Republican China*）1996 年第 2 期（总第 21 期），23—63 页。

2 杨格（Arthur N. Young）著，《中国国家建设的努力：财政与经济纪录（1927—

1937)》(*China's Nation-Building Effort, 1927-1937: The Financial and Economic Record*, Stanford: Hoover Institution Press, 1971), 38 页表 15-1。
3 凯茨 (George Kates) 著,《丰腴年代：旧中国的尾声》(*The Years That Were Fat: The Last of Old China*, Cambridge: MIT Press, 1967 reprint)。
4 伊罗生著,《草鞋：1918—1933 年的中国短篇故事》(*Straw Sandals: Chinese Short Stories*, 1918-1933, Cambridge: MIT Press, 1974), 169 页。
5 史景迁著,《天安门》, 215 页。
6 李文玺 (Michael Lestz) 与郑培凯合著,《1925—1938 年中国的法西斯主义：文献研究》(*Fascism in China, 1925-1938: A Documentary Study*), 未刊手稿, 311—314 页（许可引用）。
7 前引李文玺、郑培凯, 328、331、334—335 页。
8 前引李文玺、郑培凯, 368 页。
9 前引李文玺、郑培凯, 372—373 页。
10 前引李文玺、郑培凯, 240 页。
11 前引李文玺、郑培凯, 243、246 页。
12 高家龙 (Sherman Cochran)、谢正光及詹尼斯·科克伦 (Janis Cochran) 编译,《中国一日：1936 年 5 月 21》(*One Day in China, May 21, 1936*, New Haven: Yale University Press, 1983), 210—211、245 页。
13 侯继明 (Hou Chi-ming) 著,《外国在华投资和中国经济发展 (1840—1937)》(*Foreign Investment and Economic Development in China, 1840-1937*, Cambridge: Harvard University Press, 1965), 17 页表 4。
14 前引侯继明, 81 页表 18。
15 董霖 (William L. Tung) 著,《在美华人 (1820—1937)：一本编年资料》(*The Chinese in America, 1820-1973: A Chronology and Fact Book*, Dobbs Ferry, NY, 1974), 18—31 页。
16 见冈本俊平 (Okamoto Shumpei) 的文章《日本对中国民族主义的回应：内藤湖南眼中的 1920 年代中国》(*Japanese Response to Chinese Nationalism: Naito Konan's Image of China in the 1920s*), 收于陈福霖 (F. Gilbert Chan) 与埃佐尔德 (Thomas Etzold) 合编的《1920 年代的中国：民族主义与革命》(*China in 1920s: Nationalism and Revolution*, New York, 1976), 164、167 页。另见谭汝谦的文章《一位知识分子对西方干预的回应：内藤湖南的中华民国观》(*An Intellectual's Response to Western Intrusion: Naito Konan's view of Republican China*), 收于入江昭 (Akira Iriye) 所编的《中国人与日本人》(*The Chinese and Japanese*, Princeton: Princeton University Press, 1980), 172、175 页。
17 前引谭汝谦, 178 页。
18 克罗利 (James Crowley) 著,《日本寻求自主：国家安全与外交政策 (1930—1938)》(*Japan's Quest for Autonomy: National Security and Foreign Policy, 1930-1938*,

Princeton: Princeton University Press, 1966），155—156 页。
19 前克罗利，182—183 页。
20 莫利（James Morley）著，《中国泥潭：日本在亚洲大陆的扩张（1933—1941）》（*The China Quagmire: Japan's Expansion on the Asian Continent, 1933-1941*, New York: Columbia University Press, 1983），19 页。
21 前引克罗利，185—186 页。

第十六章　共产党挺过困境

1　章长基（J. K. Chang）著，《解放前中国的工业发展》（*Industrial Development in Pre-Communist China*, Edinburgh: Edinburgh University Press, 1963），103 页表 28。
2　修订自《中国年鉴（1936 年）》（*China Year Book, 1936*, Shanghai, 1936），322 页。
3　《中国年鉴（1936 年）》，321 页（合并表格）。
4　转引自瓦格纳（Augusta Wagner）翻译的《中国的劳动法》（*Labor Legislation in China*, Peking: Yenching University, 1938），47 页。甘博（Sidney D. Gamble）著，《中国家庭如何在北平生活：238 个中国家庭的所得和支出的研究》（*How Chinese Families Live in Peiping: A Study of the Income and Expenditure of 283 Chinese Families*, New York and London, 1933），第九章。
5　前引瓦格纳，50 页，引自报告的 99 页。
6　黄宗智著，《华北小农经济与社会变迁》，189 页。
7　杨懋春（Martin Yang）著，《中国的一个农村：山东省台头村》（*A Chinese Village: Taitou, Shantung Province*, New York: Columbia University Press, 1945; 1968 reprint），32 页。
8　前引黄宗智，综合 186 页表 11:1 及 188 页表 11:2，数据采自家庭 1、5、8、10 号。
9　宣道华著，《毛泽东的政治思想》，245—246 页。
10　《毛泽东选集（五卷）》（北京，1975 至 1977 年），卷一，123 页。
11　汤若杰（Roger Thompson）编译，《毛泽东：寻乌调查》（*Mao Zedong: Report from Xunwu*, Stanford: Stanford University, Press, 1991）。
12　前引汤若杰，寻乌县的统计表，116 页。
13　前引毛泽东，124 页。
14　前引毛泽东，45—46 页。另参见前引宣道华，258、337 页。
15　田弘茂（Tien Hung-mao）著，《国民党统治期间的政府与政治（1927—1937）》（*Government and Politics in Kuomintang China, 1927-1937*, Stanford: Stanford University Press, 1972），83 页。
16　柯伟林（William Kirby）著，《德国与中华民国》（*Germany and Republican China*, Stanford: Stanford University Press, 1984），111—119 页。
17　前引柯伟林，117 页。

18 杨炳章（Benjamin Yang）著，《遵义会议作为毛迈向权力的第一步：关于中国共产党历史研究的调查》（The Zunyi Conference as One Step in Mao's Rise to Power: A Survey of Historical Studies of the Chines Communist Party），载于《中国季刊》，1986年第106期，263—264页。

19 范力沛（Lyman van Slyke）著，《敌人与朋友：中国共产党史上的统一战线》（*Enemies and Friends: The United Front in Chinese Communist History*, Stanford: Stanford University Press, 1967），403—419页。

20 前引毛泽东，卷一，160页。

21 老舍著，《猫城记》（*Cat Country*），莱尔（William Lyell）译，Columbus: Ohio State University Press, 1970，268—269、280—271页。

22 吴天威（Wu Tien-wei）著，《西安事变：中国近代史的转折点》（*The Sian Incident: A Pivotal Point in Modern Chinese History*,Michigan, 1976），25—26页。

23 前引吴天威，92页。

第十七章　第二次世界大战

1 克罗利著，《日本寻求自主：1930—1938年的国家安全与外交政策》，316—317页。

2 前引克罗利，319页。

3 前引克罗利，331、335页。

4 前引克罗利，338—339页。

5 秦郁彦（Hata Ikuhiko）著，《卢沟桥事变》（The Marco Polo Bridge Incident），见莫利所编的《中国泥潭：日本在亚洲大陆的扩张（1933—1941）》，454页；另见前引克罗利，342—343页。

6 耿德华（Edward Gunn）著，《不受欢迎的缪斯：上海与北京的中国文学（1937—1945）》（*Unwelcome Muse: Chinese Literature in Shanghai and Peking, 1937-1945*, New York: Columbia University Press, 1980），53页。

7 易劳逸（Lioyd Eastman）著，《抗日战争期间国民党统治的中国（1937—1945）》（*Nationalist China during the Sino-Japanese War, 1937-1945*），见《剑桥中国史》，第十三卷第二部，559页。

8 刘馥著，《中国近代军事史（1924—1949）》（*A Military History of Modem China: 1924-1949*, Princeton: Princeton University Press, 1956），133页。

9 范力沛著，《敌人与朋友：中国共产党史上的统一战线》，92—93页。

10 诺思著，《莫斯科与中国共产党人》，185—187页。

11 转引自刘馥，145页。

12 前引范力沛，141—144页。

13 资料转引自范力沛，148页。

14 前引范力沛，113页。

15 杨格（Arthur Young）著，《中国与援手（1937—1945）》(*China and the Helping Hand, 1937-1945*, Cambridge: Harvard University Press, 1963)，114—115 页。

16 前引杨，435—437 页。

17 前引杨，114 页。

18 里尔登-安德森（James Reardon-Anderson）著，《延安与列强：中国共产党外交政策的根源（1944—1946）》(*Yenan and the Great Powers: The Origins of Chinese Communist Foreign Policy, 1944-1946*, New York: Columbia University Press, 1980)，12 页。

19 詹鹢（Chalmers Johnson）著，《农民民族主义与共产党的力量：革命中国的崛起（1937—1945）》(*Peasant Nationalism and Communist Power: The Emergence of Revolutionary China, 1937-1945*, Stanford: Stanford University Press, 1962)，86 页。

20 刘馥著，《中国近代军事史（1924—1949）》，209 页。

21 杨格著，《中国与援手（1937—1945）》，229 页。

22 杜博妮（Bonnie McDougall）著，《毛泽东在"延安文艺座谈会上的讲话"：1943 年讲话稿译评》(*Mao Zedong's "Talks at the Yan'an Conference on Literature and Art": A Translation of the 1943 Text with Commentary*, Ann Arbor: University of Michigan Press, 1980)，69—70 页。

23 吉尔凯（Langdon Gilkey）著，《山东集中营》(*Shantung Compound*, New York, 1966, 1975)，4 页。

24 克兰茨勒（David Kranzler）著，《日本人、纳粹与犹太人：上海的犹太难民社区（1938—1945）》(*Japanese, Nazis and Jews: The Jewish Refuge Community of Shanghai, 1938-1945*, New York: Yeshiva University Press, 1976)，489—502 页。

25 许芥昱（Hsu Kái-yu）编译，《20 世纪中国诗歌选》(*Twentieth Century Chinese Poetry: An Anthology*, Ithaca: Cornell University Press, 1970)，403 页。这首诗的作者是袁水拍。

26 白修德（Theodore White）、贾安娜（Annalee Jacoby）著，《中国的惊雷》(*Thunder out of China*, New York, 1946, 1961)，169 页。

27 摘引自陈永发所著的《制造革命：华东与华中的共产主义运动（1937—1945）》(*Making Revolution: The Communist Movement in Eastern and Central China, 1937-1945*, Berkeley: University of California Press, 1986)，133 页。

28 泰伟斯（Frederick Teiwes）、孙万国（Warren Sun）著，《从列宁主义者到魅力四射的党：中国共产党的领导更迭》(*From a Leninist to a Charismatic Party: The CCP's Changing Leadership*)，收录于赛奇和方德万合编的《中国共产主义革命研究新视角》(*New Perspectives on the Chinese Communist Revolution*)，339—387 页，尤其是 373—375 页。

第十八章　国民党的崩解

1 罗曼努斯（Charles Romanus）、桑德兰（Riley Sunderland）著，《中缅印告急》(*Time Runs Out in CBI*)，390、394 页。

2 美国国务院编,《美国与中国的关系（特别提及 1944 至 1949 年这一时期）》(*United States Relations With China, with Special Reference to the Period 1944-1949*, Washington D.C., 1949, Stanford: Stanford University Press, 1967), 606 页。
3 前引美国国务院, 653 页。
4 前引美国国务院, 671、683—685 页。
5 库克 (James A. Cook) 著,《侵入与新殖民主义 : 沈崇强奸案和 1946—1947 年间的反美学生运动》(Penetration and Neo-Colonialism: The Shen Chong Rape Case and the Anti-American Student Movement of 1946-47), 载于《共和中国》1996 年 11 月第 1 期（总第 22 期）, 65—97 页。
6 韩丁 (William Hinton) 著,《翻身 : 一个中国农村的革命纪实》(*Fanshen: A Documentary of Revolution in a Chinese Village*, New York, 1966), 137—138 页。（引文略作修改）
7 胡素珊 (Suzanne Pepper) 著,《中国的内战 : 1945—1949 年的政治斗争》(*Civil War in China: The Political Struggle, 1945-1949*, Berkeley: University of California Press, 1978), 177 页。
8 本段有关东北各事件的概述, 全部取材自梁思文 (Steven Levine)《胜利的铁砧 : 1945—1948 年中国东北的共产主义革命》(*Anvil of Victory: The Communist Revolution in Manchuria, 1945-1948*, New York: Columbia University Press, 1987)。鼠疫的资料见该书 148—150 页。东北地区处理早期鼠疫危机之类似议题的著作, 有内森 (Carl Nathan)《1910—1931 年中国东北的鼠疫防治与政治》(*Plague Prevention and Politics in Manchuria, 1910-1931*, Cambridge: Harvard University Press, 1967)。
9 前引美国国务院, 316 页。
10 易劳逸 (Lloyd Eastman) 著,《毁灭的种子 : 处于战争与革命中的国民党中国 (1937—1949)》(*Seeds of Destruction: Nationalist China in War and Revolution, 1937-1949*, Stanford: Stanford University Press, 1984), 174 页。
11 张嘉璈 (Chang Kia-ngau) 著,《恶性通货膨胀 : 中国在 1939—1950 年的经验》(*The Inflationary Spiral: The Experience in China, 1939-1950*, Cambridge: MIT Press, 1958), 356 页。
12 前引张嘉璈, 359 页。
13 前引易劳逸, 182 页。
14 沙桑 (Lionel Chassin) 著,《共产党征服中国 : 1945—1949 年的内战史》(*The Communist Conquest of China: A History of Civil War, 1945-1949*, Cambridge: Harvard University Press, 1965), 177 页。
15 包华德 (Howard Boorman) 编著,《民国名人传记辞典》(*Biographical Dictionary of Republic China*, New York: Columbia University Press, 1967-1971), 第一卷, 335 页。
16 薛尔顿 (Mark Selden) 著,《中华人民共和国 : 档案中的革命变迁史》(*The People's Republic of China: Documentary History of Revolutionary Change*, New York, 1979), 180 页。

延伸阅读书目

第一章 晚明

明代社会 卜正民（Timothy Brook）著,《纵乐的困惑：明代的商业与文化》（*The Confusions of Pleasure: Commerce and Culture in Ming China*, Berkeley: University of California Press, 1998）；柯律格（Craig Clunas）著,《长物：早期现代中国的物质文化与社会状况》（*Superfluous Things: Material Culture and Social Status in Early Modern China*, Urbana: University of Illinois Press, 1991）；柯律格著,《富饶之地：明代中国的园林文化》（*Fruitful Sites: Garden Culture in Ming Dynasty China*, London, 1996）；高彦颐（Dorothy Ko）著,《闺塾师：明末清初江南的才女文化》（*Teachers of the Inner Chambers: Women and Culture in Seventeenth-Century China*, Stanford: Stanford University Press, 1994）。

明代精英的生活和文化 狄百瑞（W. T. deBary）编,《明代思想中的自我与社会》（*Self and Society in Ming Thought*, New York: Columbia University Press, 1970）；吴承恩著, 余国藩（Anthony Yu）译,《西游记》四卷本（*Journey to the West*, Chicago: University of Chicago Press, 1977）；汤显祖著, 白芝（Cyril Birch）译,《牡丹亭》（*The Peony Pavilion*, Bloomington: Indiana University Press, 1980）；韩南（Patrick Hanan）著,《中国白话小说》（*Chinese Vernacular Story*, Cambridge: Harvard University Press, 1981）；史景迁（Jonathan Spence）著,《利玛窦的记忆宫殿》（*The Memory Palace of Matteo Ricci*, New York, 1984）；韩德琳（Joanna Handlin）著,《晚明思想中的行动》（*Action in Late Ming Thought*, Berkeley: University of California Press, 1983）；裴德生（Willard Peterson）著,《匏瓜：方以智与1630年代思想变迁的动力》（*Bitter Gourd: Fang I-Chih and the Impetus for Intellectual Change in the 1630s*, New Haven: Yale University Press, 1979）。

明人传记 傅路德（L. Carrington Goodrich）、房兆楹编，《明代名人传》两卷本（*Dictionary of Ming Biography*, 1368-1644, New York: Columbia University Press, 1976）；黄宗羲著，秦嘉懿（Julia Ching）编，《明儒学案》(*The Records of Ming Scholars*, Honolulu: Hawaii University Press, 1987）。

明代政府 贺凯（Charles Hucker）编，《明代政府》(*Chinese Government in Ming Times*, New York: Columbia University Press, 1969）；黄仁宇（Ray Huang）著，《万历十五年》(*1587, A Year of No Significance: The Ming Dynasty in Decline*, New Haven: Yale University, 1981）。

明代社会问题与叛乱 帕森斯（James Parsons）著，《明末的农民暴动》(*Peasant Rebellions of the Late Ming Dynasty*, Tuson: University of Arizona Press, 1970）；顾琳（Linda Grove）、唐立（Christian Daniels）编，《中国的国家与社会：日本视角下的明清社会经济史》(*State and Society in China: Japanese Perspectives on Ming-Qing Social and Economic History*, Tokyo: University of Tokyo Press, 1984）；牟复礼（Frederic Mote）、崔瑞德（Denis Twitchett）编，《剑桥中国史》第7卷《剑桥中国明代史》上卷（*The Cambridge History of China, vol.7: The Ming Dynasty, 1368-1644, Part 1.*, New York: Cambridge University Press, 1988）。

第二章 清朝的绥服

满人的征服与巩固 柯娇燕（Pamela Crossley）著，《满人》(*The Manchus*, Oxford: Blackwell, 1997）；魏斐德（Frederic Wakeman）著，《洪业：清朝开国史》两卷本（*The Great Enterprise: The Manchu Reconstruction of Imperial Order in Seventeenth-Century China*, Berkeley: University of California Press, 1985）；史景迁、魏而思（John Wills）编，《从明朝到清朝：17世纪中国的征服、地区与连续性》(*From Ming to Ch'ing: Conquest, Region and Continuity in Seventeenth-Century China*, New Haven: Yale University Press, 1979）；安熙龙（Robert Oxnam）著，《马上治天下：鳌拜摄政时代的政策》(*Ruling from Horseback: Manchu Politics in the Oboi Regency, 1661-1669*, Chicago: University of Chicago Press, 1975）。

明遗民 司徒琳（Lynn A. Struve）著，《来自明清巨变的声音：虎口下的中国》(*Voices from the Ming-Qing Cataclysm: China in Tigers' Jaws*, New Haven: Yale University Press, 1993）；司徒琳著，《南明史》(*The Southern Ming, 1644-1662*, New Haven: Yale

University Press, 1984）；邓尔麟（Jerry Dennerline）著，《嘉定忠臣：17世纪中国士大夫之统治与社会变迁》（*The Chia-ting Loyalists: Confucian Leadership and Social Change in Seventeenth-Century China*, New Haven: Yale University Press, 1981）；孙康宜著，《晚明诗人陈子龙：爱与忠的危机》（*Late Ming Poet Ch'en Tzu-lung：Crises of Love and Loyalism*, New Haven: Yale University Press, 1990）；王方宇、班宗华（Richard Barnhart）、朱迪思（Judith Smith）编，《荷园主人：八大山人的生平与艺术》（*Master of the Lotus Garden: The Life and Art of Bada Shanren 1626-1705*, New Haven: Yale University Press, 1990）。

清人传记 恒慕义（Arthur Hummel）编，《清代名人传略》（*Eminent Chinese of the Ch'ing Period*, Washington, D. C., 1943）。

社会与经济 黄宗智著，《华北的小农经济与社会变迁》（*The Peasant Economy and Social Change in North China*, Stanford: Stanford University Press, 1985）；贝蒂（Hilary Beattie）著，《中国的土地与氏族：明清两代安徽桐城县的一个研究》（*Land and Lineage in China: A study of T'ung-ch'eng County, Anhwei, in the Ming and Ch'ing Dynasties*, New York:Cambridge University Press, 1979）；宋应星著，任以都、孙守全译，《天工开物》（*T'ien-kung K'ai-wu: Chinese Technology in the Seventeenth Century*, University Park: Pennsylvania State University Press, 1966）。

第三章　康熙政权的巩固

统治者康熙 史景迁著，《康熙：重构一位中国皇帝的内心世界》（*Emperor of China: Self-Portrait of K'ang-Hsi*, New York, 1974）；吴秀良著，《中国的通讯交流和皇帝操纵：宫廷奏折制度的发展（1693—1735）》（*Communication and Imperial Control in China: Evolution of the Palace Memorial System, 1693-1735*, Cambridge: Harvard University Press, 1970）；吴秀良著，《权力之路：康熙和他的继承者（1661—1772）》（*Passage to Power: K'ang-hsi and His Heir Apparent, 1661-1772*, Cambridge: Harvard University Press, 1979）；凯思乐（Lawrence Kessler）著，《康熙与清政权的巩固（1661—1684）》（*K'ang-hsi and the Consolidation of Ch'ing Rule 1661-1684*, Chicago: University of Chicago Press, 1978）。

海上中国与外国列强 吴振强著，《贸易与社会：中国沿海的厦门网络（1683—1735）》（*Trade and Society: The Amoy Network on the China Coast, 1683-1735*,

Singapore: Singapore University Press, 1983）；邵式柏（John Robert Shepherd）著，《台湾边界的治理之道和政治经济学（1600—1800）》(*Statecraft and Political Economy on the Taiwan Frontier, 1600-1800*, Stanford: Stanford University Press, 1993）；郭适（Ralph Croizier）著，《国姓爷与民族主义：历史、神话与英雄》(*Koxinga and Chinese Nationalism: History, Myth, and the Hero*, Cambridge: Harvard University Press, 1977）；魏而思著，《公使与幻象：康熙时期的荷兰、葡萄牙公使（1666—1687）》(*Embassies and Illusions: Dutch and Portugueses's Envoys to K'ang-hsi, 1666-1687*, Cambridge: Harvard University Press, 1984）；麦斯基尔（Johanna Meskill）著,《中国的一个前卫家庭：雾峰林家（1729—1895）》(*A Chinese Pioneer Family:The Lins of Wu-feng, Taiwan, 1729-1895*, Princeton: Princeton University Press, 1979）。

文化与艺术 高居翰（James Cahill）著，《气势撼人：17世纪中国绘画中的自然与风格》(*The Compelling Image: Nature and Style in Seventeenth-Century Chinese Painting*, Cambridge: Harvard University Press, 1982）；罗郁正、舒威霖（William Schultz）编，《待麟集：清代诗词选》(*Waiting for the Unicorn: Poems and Lyrics of China's Last Dynasty, 1644-1911*, Bloomington: Indiana University Press, 1980）；魏爱莲（Ellen Widmer）著，《乌托邦的边缘：〈水浒后传〉与明代忠义文学》(*The Margins of Utopia: Shui-hu hou-chuan and the Literature of Ming Loyalism*, Cambridge: Harvard University Press, 1987）；宣立敦（Richard Strassberg）著，《孔尚任的世界：中国清初的一位文人》(*The World of K'ung Shang-Jen: A Man of Letters in Early Ch'ing China*, New York: Columbia University Press, 1983）；韩南著，《李渔的发明》(*The Invention of Li Yu*, Cambridge: Harvard University Press, 1988）；蔡九迪（Judith T. Zeitlin）著，《志怪史家：蒲松龄与中国古典传说》(*Historian of the Strange: Pu Songling and the Chinese Classical Tale*, Stanford: Stanford University Press, 1993）。

第四章 雍正的权威

18世纪社会结构 韩书瑞（Susan Naquin）、罗友枝（Evelyn Rawski）著，《18世纪的中国社会》(*Chinese Society in the Eighteenth Century*, New Haven: Yale University Press, 1987）；李中清（James Lee）、康文林（Cameron Campbell）著，《中国农村的命与运：辽宁的社会组织和群体行为（1774—1873）》(*Fate and Fortune in Rural China: Social Organization and Population Behavior in Liaoning, 1774-1873*, Cambridge: Cambridge University Press, 1997）；施坚雅（William Skinner）编，《中华帝国晚期的城市》(*The City in Late Imperial China*, Stanford: Stanford University Press,

1997）；伊懋可（Mark Elvin）著，《中国历史的模式》（*The Pattern of the Chinese Past*, Stanford: Stanford University Press, 1973）；易劳逸（Lloyd Eastman）著，《家庭、田地与祖先》（*Family, Fields, and Ancestors*, New York: Cambridge University Press, 1988）；何炳棣著，《明初以降人口及其相关问题》（*Studies on the Population of China, 1368-1953*, Cambridge: Harvard University Press, 1959）。

统治者雍正 曾小萍（Madeleine Zelin）著，《州县官的银两：18世纪中国的财政合理化改革》（*The Magistrate's Tæl: Rationalizing Fiscal Reform in Eighteenth Century Ch'ing China*, Berkeley: University of California Press, 1984）；白彬菊（Beatrice S. Bartlett）著，《君与臣：1723—1820清中期军机处的崛起》（*Monarchs and Ministers: The Grand Council in Mid-Ch'ing China, 1723-1820*, Berkeley: University of California Press, 1990）；黄培著，《运作中的独裁：雍正时期研究（1723—1735）》（*Autocracy at Work: A Study of Yung-cheng Period, 1723-1735*, Bloomington: Indiana University Press, 1974）。

乡村中国 濮德培（Peter Perdue）著，《耗尽土地：国家与湖南农民（1500—1850）》（*Exhausting the Earth, State and Peasant in Hunan, 1500-1850*, Cambridge: Harvard University Press, 1987）；罗友枝著，《农业变迁与华南的农民经济》（*Agricultural Change and the Peasant Economy of South China*, Cambridge: Harvard University Press, 1972）；萧公权著，《中国乡村：论19世纪的帝国控制》（*Rural China: Imperial Control in the Nineteenth Century*, Seattle: University of Washington Press, 1960）。

精英与官僚 瓦特（John Watt）著，《中华帝国晚期的地方官》（*The District Magistrate in Late Imperial China*, New York: Columbia University Press, 1972）；张仲礼著，《中国绅士：关于其在19世纪中国社会中作用的研究》（*The Chinese Gentry: Studies on Their Role in 19th-Century Chinese Society*, Seattle: University of Washington Press, 1955）；何炳棣著，《中华帝国的成功阶梯：社会流动的几个方面（1368—1911）》（*The Ladder of Success in Imperial China: Aspects of Social Mobility, 1368-1911*, New York: Columbia University Press, 1962）；墨子刻（Thomas Metzger）著，《清代官僚的内部组织：法律、规范及通讯方面》（*The Internal Organization of Ch'ing Bureaucracy: Legal, Normative, and Communication Aspects*, Cambridge: Harvard University Press, 1973）；瞿同祖著，《清代地方政府》（*Local Government in China under the Ch'ing*, Cambridge: Harvard University Press, 1962）。

第五章　中国社会与乾隆政权

哲学与历史　周启荣著,《中华帝国晚期儒家礼教的兴起:道德、经典、宗族话语》(*The Rise of Confucian Ritualism in Late Imperial China: Ethics, Classics, and Lineage Discourse*, Stanford: Stanford University Press, 1994);艾尔曼(Benjamin Elman)著,《从理学到朴学:中华帝国晚期思想与社会变化面面观》(*From Philosophy to Philology: Intellectual and Social Aspects of Change in Late Imperial China*, Cambridge: Harvard University Press, 1984);墨子刻著,《摆脱困境:新儒学与中国政治文化的演进》(*Escape From Predicament: Neo-Confucianism and China's Evolving Political Culture*, New York: Columbia University Press, 1977);倪德卫(David Nivison)著,《章学诚的生平与思想》(*The Life and Thought of Chang Hsueh-ch'eng*, Stanford: Stanford University Press, 1966);盖博坚(R. Kent Guy)著,《皇帝四宝:乾隆朝晚期的学者与国家》(*The Emperor's Four Treasures: Scholars and the State in the Late Ch'ien-lung Era*, Cambridge: Harvard University Press, 1987);成中英译,《戴震对原善的探索》(*Tai Chen's Enquiry into Goodness*, Honolulu, 1971);金安平、弗里曼(Mansfield Freeman)译,《超越理性和证明之上:戴震的〈孟子字义疏證〉》(*Beyond Reason and Proof: Tai Chen's Evidential Study of the Meaning of Terms in the Book of Mencius*, New Haven: Yale University Press, 1990)。

文化、女性与艺术　曼素恩(Susan Mann)著,《缀珍录:18 世纪及其前后的中国妇女》(*Precious Records: Women in China's Long Eighteenth Century*, Stanford: Stanford University Press, 1997);魏爱莲、孙康宜编,《中华帝国晚期的才女》(*Writing Women in Late Imperial China*, Stanford: Stanford University Press, 1997);马克林(Collin Mackerras)著,《京剧的兴起(1770—1870):满清戏剧的社会层面》(*The Rise of Peking Opera, 1770-1870: Social Aspects of the Theatre in Manchu China*, New York: Oxford University Press, 1972);韦利(Arthur Waley)著,《袁枚:18 世纪的一位中国诗人》(*Yuan Mei: Eighteenth Century Chinese Poet*, London, 1956);凯斯韦克(Maggie Keswick)著,《中国园林:历史、艺术与建筑》(*The Chinese Garden: History, Art and Architecture*, New York, 1978);曹雪芹著,霍克思(David Hawkes)、闵福德(John Minford)译,《红楼梦》五卷本(*The Story of the Stone*, New York, 1973-1982);赛斯尔·博德莱(Cecile Beurdele)、米歇尔·博德莱(Michel Beurdeley)著,《郎世宁:中国宫廷里的一位犹太画家》(*Giuseppe Castiglione: A Jesuit Painter at the Court of the Chinese Emperors*, Rutland, 1972);罗友枝著,《清朝的教育与大众文化水平》(*Education and Popular Literacy in Ch'ing China*, Ann Arbor: University of Michigan Press, 1979)。

异议　孔飞力著,《叫魂:1768年中国妖术大恐慌》(*Soulstealers: The Chinese Sorcery Scare of 1768*, Cambridge: Harvard University Press, 1990);罗博洛(Paul Ropp)著,《中国早期现代的异见:〈儒林外史〉与清代社会批评》(*Dissent in Early Modern China: Ju-lin Wai-shih and Chuing Social Criticism*, Ann Arbor: University of Michigan Press, 1981);韩书瑞著,《山东叛乱:1774年王伦起义》(*Shantung Rebellion: The Wang Lun Uprising of 1774*, New Haven: Yale University Press, 1981);吴敬梓著,杨宪益、戴乃迭译,《儒林外史》(Peking, 1957);穆黛安(Dian Murray)著,《华南沿岸的海盗(1790—1810)》(*Pirates of the South China Coast, 1790-1810*, Stanford: Stanford University Press, 1987)。

皇帝的世界　康无为(Harold Kahn)著,《皇帝眼中的君主制:乾隆朝的想象和现实》(*Monarchy in the Emperor's Eye: Image and Reality in the Ch'ien-lung Reign*, Cambridge: Harvard University Press, 1971);陶博(Preston Torbert)著,《清内务府:组织和基本功能研究(1662—1796)》(*The Ch'ing Imperial Household Department: A Study of Its Organization and Principal Functions, 1662-1796*, Cambridge: Harvard University Press, 1977)。

第六章　中国与18世纪的世界

应付外国人　费正清(John K. Fairbank)编,《中国的世界秩序:传统中国的外交关系》(*The Chinese World Order: Traditional China's Foreign Relations*, Cambridge: Harvard University Press, 1968);费正清编,《剑桥中国史》第10卷《剑桥中国晚清史》上卷(*The Cambridge History of China, vol.10: Late Ch'ing, 1800-1811*, Part 1, New York, 1978),傅礼初(Joseph Fletcher)关于内亚和西藏的文章;魏而思著,《胡椒、枪炮和谈判:荷兰东印度公司与中国(1662—1681)》(*Pepper, Guns, and Parleys:The Dutch East India Company and China, 1662-1681*,Cambridge: Harvard University Press, 1974);傅乐淑编,《1644—1820年中西关系资料编年》(*A Documentary Chronicle of Sino-Western Relations,1644-1820*, Tuscon: Arizona University Press, 1966);梅可鏘、梅洛娜(Lorna Holbrook Mui)著,《垄断的管理:英国东印度公司的茶叶贸易研究》(*The Management of Monopoly: A Study of the English East India Company's Conduct of Its Tea Trade, 1784-1833*, Vancouver: University of British Columbia Press, 1984)。

清律　黄宗智著,《中国的民法:清代的表达和实践》(*Civil Justice in China: Representation and Practice in the Qing*, Stanford: Stanford University Press, 1996);白

凯（Kathryn Bernhardt）、黄宗智编，《清代和民国的民法》（*Civil Law in Qing and Republican China*, Stanford: Stanford University Press, 1994）；孔杰荣（Jerome Cohen）、艾德华（Randle Edwards）、张富美编，《中国法律传统论文集》（*Essays on China's Legal Tradition*, Princeton: Princeton University Press, 1980）；卜德（Derk Bodde）、莫里斯（Clarence Morris）著，《中华帝国的法律，以190个清代案子为例》（*Law in Imperial China, Exemplified by 190 Ching Dynasty Cases*, Cambridge: Harvard University Press, 1967）；史景迁著，《王氏之死》（*The Death of Woman Wang*, New York, 1978）；西比尔（Sybille van der Sprenkle）著，《满清的法律机构》（*Legal Institutions in Manchu China*, London: University of London, 1962）。

西方的态度　史景迁著，《大汗之国：西方眼中的中国》（*The Ch'an's Great Continent: China in Western Minds*, New York, 1998）；马克林（Colin Mackerras）著，《中国在西方的形象》（*Western Images of China*, New York: Oxford University Press, 1989）；孟德卫（David Mungello）著，《奇异的国度：耶稣会适应政策及汉学的起源》（*Curious Land: Jesuit Accommodation and the Origins of Sinology*, Stuttgart, 1985）；修昂纳（Hugh Honour）著，《中国风：想象华夏》（*Chinoiserie: The Vision of Cathay*, New York, 1962）；魏若望（John Witek）著，《中国与欧洲的争议点：傅圣泽传（1665—1741）》（*Controversial Ideas in China and in Europe: A Biography of Jean-François Foucquet, S. J., 1665-1741*, Rome, 1982）；史景迁著，《胡若望的疑问》（*The Question of Hu*, New York, 1988）。

第七章　与西方世界的初次冲突

中国 19 世纪初的社会背景　《剑桥中国史》第 10 卷《剑桥中国晚清史》上卷，傅礼初的文章；《剑桥中国史》第 11 卷《剑桥中国晚清史》下卷，孔飞力、曼素珊的文章；魏斐德著，《大门口的陌生：1839—1861 年间华南的社会动乱》（*Strangers at the Gate: Social Disorder in South China, 1839-1861*, Berkeley: University of California Press, 1966）；艾尔曼（Benjamin Elman）著，《经学、政治和宗族：中华帝国晚期常州今文学派研究》（*Classicism, Politics, and Kinship: The Ch'ang-chou School of New Text Confucianism in Late Imperial China*, Berkeley: University of California Press, 1990）；李汝珍著，林太乙译，《镜花缘》（*Flowers in the Mirror*, Berkeley: University of California Press, 1965）。

林则徐研究　韦利（Arthur Waley）著，《中国人眼中的鸦片战争》（*The*

Opium War Through Chinese Eyes, London, 1958）；张馨保著，《林钦差与鸦片战争》(Commissioner Lin and the Opium War, Cambridge: Harvard University Press, 1964）。

军事、外交方面 费正清著，《中国沿岸的贸易与外交》(Trade and Diplomacy on the China Coast, Cambridge: Harvard University Press, 1953）；葛林博（Michael Greenberg）著，《英国贸易与中国的对外开放》(British Trade and the Opening of China, 1800-1842, New York: Cambridge University Press, 1951）；费伊（Peter Ward Fay）著，《鸦片战争（1840—1842）》(Opium War, 1840-1842, Chapel Hill: University of North Caroline Press, 1975）；葛雷汉（Gerald Graham）著，《中国舰队：战争与外交（1830—1860）》(The China Station: War and Diplomacy, 1830-1860, New York: Oxford University Press, 1978）；马士（Hosea Ballou Morse）著，《中华帝国的国际关系》三卷本（The International Relations Of The Chinese Empire, Shanghai amd London, 1910-1918）；邓嗣禹著，《张喜与南京条约》(Chang Hsi and the Treaty of Nanking, 1842, Chicago: University of Chicago Press, 1944）。

第八章　内部危机

宗派和秘密会社 王大为（David Ownby）著，《中国清代早中期的兄弟情和秘密会社：一项传统的形成》(Brotherhoods and Secret Societies in Early and Mid-Qing China: The Formation of a Tradition, Stanford: Stanford University Press, 1996）；田海（Barend J. Ter Haar）著，《中国宗教史上的白莲教教义》(The White Lotus Teachings in Chinese Religions History, Leiden: E. J. Brill, 1992）；穆黛安（Dian H. Murray）、秦宝琦著，《天地会的起源：传说与历史中的中国三合会》(The Origins of the Tiandihui: The Chinese Triads in Legend and History, Stanford: Stanford University Press, 1994）；欧大年（Daniel Overmyer）著，《民间佛教徒的宗教：传统中国晚期的异教派》(Folk Buddhist Religion: Dissenting Sects in Late Traditional China, Cambridge: Harvard University Press, 1976）；戴维斯（Fei-ling Davis）著，《中国的原始革命：19世纪晚期秘密会社研究》(Primitive Revolutions of China: A Study of Secret Societies of the Late Nineteenth Century, Honolulu: University of Hawaii Press, 1977）；韩书瑞著，《千年末世之乱：1813年的八卦教起义》(Millenarian Rebellion in China: Eight Trigrams Uprising of 1813, New Haven: Yale University Press, 1976）；谢诺（Jean Chesneaux）编，《中国的群众运动与秘密会社（1840—1950）》(Popular Movements and Secret Societies in China, 1840-1950, Stanford: Stanford University Press, 1972）。

太平天国　梅谷（Franz Michael）、张仲礼著，《太平天国运动：历史和档案》三卷本（*Taiping Rebellion: History and Documents*, Seattle: University of Washington Press, 1966-1971）；史景迁著，《中国的上帝之子：洪秀全的太平天国》（*God's Chinese Son: The Taiping Heavenly Kingdom of Hong Xiuquan*, New York: Norton, 1996）；简又文著，《太平天国运动》（*The Taiping Revolutionary Movement*, New Haven: Yale University Press, 1973）；科尔（James Cole）著，《人民与太平军的对抗：包立生的东安义军》（*The People Versus the Taipings: Bao Lisheng's 'Righteous Army of Dongan'*, Berkeley: University of California Press, 1981）；施友忠（Vincent Shih）著，《太平天国的意识形态：来源、阐释和影响》（*The Taiping Ideology, Its Sources, Interpretations, and Influences*, Seattle: University of Washington Press, 1967）；柯文南（C.A. Curwen）著，《太平天国起义：李秀成的供词》（*Taiping Rebel: The deposition of Li Hsiu-ch'eng*, New York: Cambridge University Press, 1977）。

太平天国与外国列强　司马富（Richard Smith）著，《雇佣兵与满大人：中国19世纪的常胜军》（*Mercenaries and Mandarins: The Ever-victorious Army in Nineteenth Century China*, Millwood, NY: KTO Press, 1978）；葛约翰（John Gregory）著，《大英帝国与太平天国》（*Great Britain and the Taipings*, London, 1969）；鲍德曼（Eugene Boardman）著，《基督教对太平天国意识形态的影响（1851—1864）》（*Christian Influence upon the Ideology of the Taiping Rebellion, 1851-1864*, Madison: University of Wisconsin Press, 1952）；瓦格纳（Rudolf Wagner）著，《天国美景再现：宗教在太平天国运动中的角色》（*Reenacting the Heavenly Vision: The Role of Religion in the Taiping Rebellion*, Berkeley: University of California Press, 1982）。

捻军与回民起义　邓嗣禹著，《捻军及其游击战（1851—1868）》（*The Nien Army and Their Guerrilla Warfare, 1851-1868*, Paris, 1961）；裴宜理（Elizabeth Perry）著，《华北的叛乱者与革命者（1845—1945）》（*Rebels and Revolutionaries in North China, 1845-1945*, Stanford: Stanford University Press, 1980）；朱文长著，《中国西北的回民起义（1862—1878）》（*The Moslem Rebellion in Northwest China, 1862-1878*, Seattle: University of Washington Press, 1954）。

第九章　改革的中兴之治

儒家的抵抗与复兴　芮玛丽（Mary Wright）著，《中国保守主义的最后抵抗：同治中兴（1862—1874）》（*Last Stand of Chinese Conservatism: The T'ng-Chih*

Restoration, 1862-1874, Stanford: Stanford University Press, 1957); 欧中坦(Jonathan Ocko)著,《中国的省级官僚制度改革:丁日昌主政下的江苏复兴》(*Bureaucratic Reform in Provincial China:Ting Jih-ch'ang in Restoration Kiangsu*, Cambridge: Harvard University Press, 1983); 斯皮克特(Stanley Spector)著,《李鸿章与淮军:19世纪中国地方主义研究》(*Li Hung-Chang and the Huai Army: A Study in Nineteenth-Century Chinese Regionalism*, Seattle: University of Washington Press, 1964); 孔飞力著,《中华帝国晚期的叛乱及其敌人:1796—1864年的军事化与社会结构》(*Rebellion and Its Enemies in Late Imperial China: Militarization and Social Structure, 1796-1864*, Cambridge: Harvard University Press, 1970)。

中国对西方的认识渐长 李欧娜(Jane Kate Leonard)著,《魏源及中国对海洋世界的再发现》(*Wei Yuan and China's Rediscovery of the Maritime World*, Cambridge: Harvard University Press, 1984); 龙德威(Fred Drake)著,《中国绘制世界:徐继畬和〈瀛寰志略〉》(*China Charts the World: Hsu Chi-yü and His Geography of 1848*, Cambridge: Harvard University Press, 1975); 坂野正高(Masataka Banno)著,《1858—1861年的中国与西方:总理衙门的起源》(*China and the West, 1858-1861: The Origins of the Tsungli Yamen*, Cambridge: Harvard University Press, 1964); 雷尔登-安德森(James Reardon-Anderson)著,《变化的学问:中国的化学(1840—1949)》(*The Study of Change: Chemistry in China, 1840-1949*, Cambridge: Cambridge University Press, 1991); 徐中约著,《中国走进国际家庭:1858—1880年的外交局面》(*China's Entrance into the Family of Nations: The Diplomatic Phase, 1858-1880*, Cambridge: Harvard University Press, 1960); 邓嗣禹、费正清著,《中国对西方的回应:1839—1923年文献概览》(*China's Response to the West: A Documentary Survey, 1839-1923*, Cambridge: Harvard University Press, 1954); 勒法格(Thomas La Fargue)著,《中国第一批幼童留美史(1872—1881)》(*China's First Hundred: Educational Mission Students in the United States, 1872-1881*, Reprint, Pullman: Washington State University Press, 1987); 柯文(Paul Cohen)著,《在传统与现代性之间:王韬与晚清改革》(*Between Tradition and Modernity: Wang T'ao and Reform in Late Ch'ing China*, Cambridge: Harvard University Press, 1974); 傅乐山(J.D. Frodsham)著,《中国首次出使西方:郭嵩焘、刘锡鸿和张德彝的日志》(*The First Chinese Embassy to the West: Journals of Kuo Sung-tao, Liu Hsi-hung and Chang Te-yi*, New York: Oxford University Press, 1974)。

传教士的冲击 裴士丹(Daniel H. Bays)编,《基督教在中国:18世纪至今》(*Christianity in China: From the Eighteenth Century to the Present*, Stanford: Stanford

University Press, 1996）；吉利克（Edward V.Gulick）著,《伯驾与中国的开放》（*Peter Parker and the Opening of China*, Cambridge: Harvard University Press, 1973）；柯文著,《中国与基督教：传教活动与中国排外主义的增长（1860—1870）》（*China and Christianity: The Missionary Movement and the Growth of Chinese Antiforeignism, 1860-1870*, Cambridge: Harvard University Press, 1963）；毕乃德（Knight Biggerstaff）著,《中国最早的现代官办学校》（*The Earliest Modern Government Schools in China*, Ithaca: Cornell University Press, 1961）；费正清编,《中美的传教事业》（*The Missionary Enterprise in China and America*, Cambridge: Harvard University Press, 1974）；白威淑珍（Susan Wilson Barnett）、费正清编,《基督教在中国：早期新教传教士的著述》（*Christianity in China: Early Protestant Missionary Writings*, Cambridge: Harvard University Press, 1985）；亨特（Jane Hunter）著,《优雅的福音：20世纪初的在华美国女传教士》（*The Gospel of Gentility: American Women Missionaries in Turn-of-the-Century China*, New Haven: Yale University Press, 1984）；小海亚特（Irwin Hyatt）著,《心来陈述：山东东部的三位传教士》（*Our Ordered Lives Confess: Three Nineteenth-Century Missionaries in East Shantung*, Cambridge: Harvard University Press, 1976）。

赫德 布鲁纳（Katherine F. Bruner）、费正清、司马富编,《在中国当官：赫德日记（1854—1863）》（*Entering China's Service: Robert Hart's Journals, 1854-1863*, Cambridge: Harvard University Press, 1986）；费正清、布鲁纳（Katherine F. Bruner）、马西森（Elizabeth MacLeod Matheson）编,《北京总税务司赫德书信集（1868—1907）》（*The I. G. in Peking: Letters of Robert Hart, Chinese Maritime Customs, 1868-1907*, Cambridge: Harvard University Press, 1975）。

19世纪的海外华人 施坚雅（G. William Skinner）著,《泰国华人社会：历史的分析》（*Chinese Society in Thailand: An Analytical History*, Ithaca: Cornell University Press, 1957）；容闳著,《西学东渐记》（*My Life in China and America*, New York, 1909）；颜清湟著,《出国华工与清朝官员：晚清时期中国对海外华人的保护（1851—1911）》（*Coolies And Mandarins: China's Protection Of Overseas Chinese During The Late Ch'ing Period (1851-1911)*, SIngapore: Singapore University Press, 1985）；艾力博（Robert Irick）著,《清朝的华工贸易政策》（*Ch'ing Policy Toward the Coolie Trade*, Taipei, 1982）；陈素贞著,《这片苦乐参半的土地：加利福尼亚州农业中的华人（1860—1910）》（*This Bittersweet Soil: The Chinese in California Agriculture, 1860-1910*, Berkeley: University of California Press, 1971）；萨克斯顿（Alexander Saxton）著,《不可或缺的敌人：加利福尼亚的劳工与排华运动》（*The Indispensable Enemy: Labor* and the Anti-Chinese Movement in California, Berkeley: University of California Press, 1971）；楼文（James Loewen）著，《密西西比的华人：黑白之间》(The Mississippi Chinese: Between Black and White, Cambridge: Harvard University Press, 1971）；斯图瓦特（Watt Stewart）著，《秘鲁华工史（1849—1874)》(Chinese Bondage in Peru, 1849-1874, Reprint, Westport, CT, 1970）。

第十章 晚清的新动乱

晚清自强 朱昌峻、刘广京著，《李鸿章评传：中国近代化的起始》(Li Hung-Chang and China's Early Modernization, Armonk, NY, 1994）；刘广京著，《英美航运势力在华的竞争（1862—1874)》(Anglo-American Steamship Rivalry in China, 1862-1874, Cambridge: Harvard University Press, 1962）；裴士丹著，《中国进入20世纪：张之洞与新时代的问题（1839—1895)》(China Enters the Twentieth Century: Chang Chih-tung and the Issues of a New Age, 1895-1909, Ann Arbor: University of Michigan Press, 1978）；阿耶斯（William Ayers）著，《张之洞与中国的教育改革》(Chang Chih-tung and Educational Reform in China, Cambridge: Harvard University Press, 1971）；费维恺（Albert Feuerwerker）著，《中国早期工业化：盛宣怀（1844—1916）和官督商办企业》(China's Early Industrialization: Sheng Hsuan-huai (1844-1916) and Mandarin Enterprise, Cambridge: Harvard University Press, 1958）。

经济发展 郝延平著，《19世纪中国的商业革命：中西商业资本主义的兴起》(The Commercial Revolution in Nineteenth-Century China: The Rise of Sino-Western Mercantile Capitalism, Berkeley: University of California Press, 1986）；陈锦江著，《清末现代企业与官商关系》(Merchants, Mandarins, and Modern Enterprise in Late Ch'ing China, Cambridge: Harvard University Press, 1977）；郝延平著，《19世纪中国的买办：东西方之间的桥梁》(Comprador in Nineteenth Century China: Bridge Between East and West, Cambridge: Harvard University Press, 1970）；墨菲（Rhoads Murphey）著，《通商口岸与中国的现代化：出了什么问题？》(The Treaty Ports and China's Modernization: What Went Wrong? Ann Arbor: University of Michigan Press, 1970）；戈德利（Michael Godley）著，《南洋的官办资本家：中国现代化进程中的海外华人企业（1839—1911)》(The Mandarin-Capitalists from Nanyang: Overseas Chinese Enterprise in the Modernisation of China 1893-1911, New York: Cambridge University Press, 1982）；朱昌峻著，《现代中国的改革者：张謇（1853—1926)》(Reformer in Modern China: Chang Chien, 1853-1926, New York: Columbia University Press, 1965）；

曼素恩著，《地方商人与中国的官僚体制（1750—1950）》（*Local Merchants and the Chinese Bureaucracy, 1750-1950*, Stanford: Stanford University Press, 1987）；罗威廉（William Rowe）著，《汉口（第 2 卷）：一座中国城市的冲突与社区》（*Hankow, vol.2: Commerce and Society in a Chinese City, 1796-1889*, Stanford: Stanford University Press, 1989）。

维新变法 季家珍（Joan Judge）著，《印刷与政治：〈时报〉与晚清中国的改革文化》（*Print and Politics: 'Shibao' and the Culture of Reform in Late Qing China*, Stanford: Stanford University Press, 1996）；邝兆江著，《百日维新的拼图：1898 年的个性、政治和观念》（*A Mosaic of the Hundred Days: Personalities, Politics, and Ideas of 1898*, Cambridge: Harvard University Press, 1984）；萧公权著，《近代中国与新世界：康有为变法与大同思想研究》（*A Modern China and a New World: K'ang Yu-wei, Reformer and Utopian, 1858-1927*, Seattle: University of Washington Press, 1975）。

民族主义崛起 易劳逸（Lloyd Eastman）著，《王座与满大人：中法战争期间（1880—1885）的中国政策制定》（*Throne and Mandarins: China's Search for a Policy during the Sino-French Controversy, 1880-1885*, Cambridge: Harvard University Press, 1967）；石约翰（John Schrecker）著，《帝国主义与中国的民族主义：山东的德国势力》（*Imperialism and Chinese Nationalism: Germany in Shantung*, Cambridge: Harvard University Press, 1971）；黄宗智著，《梁启超与现代中国的自由主义》（*Liang Ch'i-ch'ao and Modern Chinese Liberalism*, Seattle: University of Washington Press, 1972）；张灏著，《梁启超与中国思想的过渡（1890—1907）》（*Liang Ch'i-ch'ao and Intellectual Transition in China, 1890-1907*, Cambridge: Harvard University Press, 1971）；列文森（Joseph Levenson）著，《梁启超与现代中国的心灵》（*Liang Ch'i-Ch'ao and the Mind of Modern China*, Cambridge: Harvard University Press, 1953）；唐小兵著，《全球空间与民族主义话语中的现代性：梁启超的历史思想》（*Global Space and the Nationalist Discourse of Modernity: The Historical Thinking of Liang Qichao*, Stanford: Stanford University Press, 1996）；邹容著，拉斯特（John Lust）译，《革命军》（*The Revolutionary Army: a Chinese Revolutionary Tract of 1903*, The Hague, 1968）。

义和团 柯文著，《历史三调：作为事件、经历和神话的义和团》（*History in Three Keys: The Boxers as Event, Experience, and Myth*, New York: Columbia University Press, 1997）；布克（David Buke）著，《中国关于义和团运动的研究进展》（*Recent Chinese Studies of the Boxer Movement*, Armonk, NY, 1987）；周锡瑞著，《义和团运

动的起源》(*The Origins of the Boxer Uprising*, Berkeley: University of California Press, 1987)。

孙中山的早年　颜清湟著，《海外华人与辛亥革命，以新加坡和马来半岛为例》(*The Overseas Chinese and the 1911 Revolution, with Special Reference to Singapore and Malaya*, Kuala Lumper, 1976)；史扶邻 (Harold Schiffrin) 著，《孙中山与中国革命的起源》(*Sun Yat-sen and the Origins of the Chinese Revolution*, Berkeley: University of California Press, 1970)；黄宇和著，《爱国形象的起源：孙中山在伦敦（1896—1897）》(*The Origins of Heroic Image: Sun Yat-sen in London ,1896-1897*, New York: Oxford University Press, 1986)。

第十一章　清朝的倾覆

革命的中坚力量　史扶邻、卫藤沈吉编，《中国国民革命》(*China's Republican Revolution*, Tokyo, 1994)；芮玛丽编，《革命中的中国，第一阶段》(*China in Revolution, the First Phase*, New Haven,: Yale University Press, 1968)；鲍威尔 (Ralph Powell) 著，《中国军事力量的兴起（1895—1912）》(*The Rise of Chinese Military Power, 1895-1912*, Princeton: Princeton University Press, 1955)；许内曼 (Ralph Huenemann) 著，《龙与铁马：中国的铁路经济（1876—1937）》(*The Dragon and the Iron Horse: The Economics of Railroads in China, 1876-1937*, Cambridge: Harvard University Press, 1984)；汤若杰 (Roger Thompson) 著，《宪政改革中的地方议会（1898—1911）》(*China's Local Councils in the Age of Constitutional Reform, 1898-1911*, Harvard Council on East Asian Studies, Cambridge, MA, 1994)；麦金农 (Stephen Mackinnon) 著，《中国帝制晚期的权力与政治：袁世凯在北京、天津（1901—1908）》(*Power and Politics in Late Imperial China: Yuan Shi-Kai in Beijing and Tianjin, 1901-1908*, Berkeley: University of California Press, 1980)；李剑农著，邓嗣禹、英格尔斯 (Jeremy Ingalls) 译，《中国政治史（1840—1928）》(*The Political History of China, 1840-1928*, Princeton, NJ,1956)；冯兆基著，《军事近代化与中国革命》(*The Military Dimension of the Chinese Revolution*, Vancouver: University of British Columbia Press, 1980)。

革命中的地方和精英　闵斗基著，孔飞力、卜正民 (Timothy Brook) 编译，《国家政体与地方权力：中国帝制晚期的转变》(*National Polity and Local Power: The Transformation of Late Imperial China*, Harvard Council on East Asian Studies, Cambridge, MA, 1989)；路康乐 (Edward Rhoads) 著，《中国国民革命：以广东为

案例（1895—1913）》（*China's Republican Revolution: The Case of Kwangtung, 1895-1913*, Cambridge: Harvard University Press, 1975）；周锡瑞著，《改良与革命：辛亥革命在两湖》（*Reform and Revolution in China: The 1911 Revolution in Hunan and Hubei*, Berkeley: University of California Press, 1976）；冉玫烁（Mary Rankin）著，《中国早期革命：上海和浙江的激进知识分子》（*Early Chinese Revolutionaries: Radical Intellectuals in Shanghai and Chekiang, 1902-1911*, Cambridge: Harvard University Press, 1971）；冉玫烁著，《中国精英行动主义与政治转变，以浙江为例（1865—1911）》（*Elite Activism and Political Transformation in China, Zhejiang Province, 1865-1911*, Stanford: Stanford University Press, 1986）；戴福士（Roger Des Forges）著，《锡良与中国国民革命》（*Hsi-liang and the Chinese National Revolution*, New Haven,: Yale University Press, 1973）；萧邦齐（R. Keith Schoppa）著，《中国精英与政治转变：20世纪早期的浙江省》（*Chinese Elites and Political Change: Zheijang Province in the Early Twentieth Century*, Cambridge: Harvard University Press, 1982）；傅因彻（John Fincher）著，《中国的民主：地方、省级和国家政治中的自治运动（1905—1914）》（*Chinese Democracy: The Self-Government Movement in Local, Provincial and National Politics, 1905-1914*, Canberra, 1981）。

智识的转变 史华慈（Benjamin Schwartz）著，《寻求富强：严复与西方》（*In Search of Wealth and Power: Yen Fu and the West*, Cambridge: Harvard University Press, 1964）；高慕柯（Michael Gasster）著，《中国的知识分子与辛亥革命：现代中国激进主义的诞生》（*Chinese Intellectuals and the Revolution of 1911: The Birth of Modern Chinese Radicalism*, Seattle: University of Washington Press, 1969）；冯客（Frank Dikötter）著，《近代中国之种族观念》（*The Discourse of Race in Modern China*, London, 1992）；列文森著，《儒家中国及其现代命运》三卷本（*Confucian China and Its Modern Fate*, Berkeley: University of California Press, 1958-1964），及再版为《现代中国及其儒家历史》（*Modern China and Its Confucian Past*）；伯纳尔（Martin Bernal）著，《1907年以前的中国社会主义思潮》（*Chinese Socialism to 1907*, Ithaca: Cornell University Press, 1976）；贾士杰（Don Price）著，《俄国与中国革命的根源（1896—1911）》（*Russia and the Roots of the Chinese Revolution, 1896-1911*, Cambridge: Harvard University Press, 1974）；哈雷尔（Paula Harrell）著，《播下变革的种子：中国学生与日本老师（1895—1905）》（*Sowing the Seeds of Change: Chinese Students, Japanese Teachers, 1895-1905*, Stanford: Stanford University Press, 1992）；任达（Douglas R. Reynolds）著，《中国，1898—1912：新政革命与日本》（*China, 1898-1912: The Xinzheng Revolution and Japan*, Harvard Council on East Asian Studies, Cambridge, MA, 1993）。

第十二章 共和国的肇建

中华民国早期 刘吉祥（K. S. Liew）著，《为民主而奋斗：宋教仁与辛亥革命》(*Struggle for Democracy: Sung Chiao-jen and the 1911 Chinese Revolution*, Berkeley: University of California Press, 1971)；杨格（Ernest Young）著，《袁世凯的总统任期：中华民国早期的自由主义和独裁》(*The Presidency of Yuan Shih-k'ai: Liberalism and Dictatorship in Early Republican China*, Ann Arbor: University of Michigan Press, 1977)；于子桥著，《中华民国的党派政治：国民党（1912—1924）》(*Party Politics in Republican China: the Kuomintang, 1912-1924*, Berkeley: University of California Press, 1966)；傅礼门（Edward Friedman）著，《向革命倒退：中华革命党》(*Backward Toward Revolution: The Chinese Revolutionary Party*, Berkeley: University of California Press, 1974)；侯服五（Franklin Houn）著，《中国的中央政府（1912—1928）：制度研究》(*Central Government of China, 1912-1928: An Institutional Study*, Madison: University of Wisconsin Press, 1959)；韦慕庭（C. Martin Wilbur）著，《孙中山：壮志未酬的爱国者》(*Sun Yat-Sen, Frustrated Patriot*, New York: Columbia University Press, 1976)；黎安友（Andrew Nathan）著，《北京政治（1918—1923）：党派之争与宪政的失败》(*Peking Politics, 1918-1923: Factionalism and the Failure of Constitutionalism*, New York: Columbia University Press, 1976)。

军阀主义 马寇德（Edward A. McCord）著，《枪炮的权力：现代中国军阀的崛起》(*The Power of the Gun: The Emergence of Modern Chinese Warlordism*, Berkeley: University of California Press, 1993)；齐锡生著，《中国的军阀政治（1916—1928）》(*Warlord Politics in China, 1916-1928*, Stanford: Stanford University Press, 1976)；白鲁恂（Lucian Pye）著，《军阀政治：中华民国现代化中的冲突与结盟》(*Warlord Politics: Conflict and Coalition in the Modernization of Republican China*, New York, 1971)；戴安娜（Diana Lary）著，《军阀士兵：中国的普通士兵（1911—1937）》(*Warlord Soldiers: Chinese Common Soldiers, 1911-1937*, New York: Cambridge University Press, 1985)；柯白（Robert Kapp）著，《四川与中华民国：省区军事主义与中央权力（1911—1938）》(*Szechwan and the Chinese Republic: Provincial Militarism and Central Power, 1911-1938*, New Haven: Yale University Press, 1973)；葛麟（Donald Gillin）著，《军阀：阎锡山在山西（1911—1949）》(*Warlord: Yen Hsi-Shan in Shansi Province, 1911-1949*, Princeton: Princeton University Press, 1967)；薛立敦（James Sheridan）著，《中国军阀：冯玉祥的一生》(*Chinese Warlord: The Career of Feng Yü-Hsiang*, Stanford: Stanford University Press, 1966)；苏堂栋（Donald Sutton）著，《省区军事主义与中华民国：滇

军（1905—1925）》(*Provincial Militarism and the Chinese Republic: The Yunnan Army, 1905-1925*, Ann Arbor: University of Michigan Press, 1980)。

商业世界 高家龙（Sherman Cochran）著，《中国的大生意：烟草行业的中外竞争（1890—1930）》(*Big Business in China: Sino-Foreign Rivalry in the Cigarette Industry, 1890-1930*, Cambridge: Harvard University Press, 1980)；梅爱莲（Andrea Lee McElderry）著，《上海旧式银行（钱庄）1800—1935》(*Shanghai Old-Style Banks (Ch'ien-Chuang), 1800-1935*, Ann Arbor: University of Michigan Press, 1976)；艾兹赫德（S. A. M. Adshead）著，《中国盐业管理的现代化（1900—1920）》(*The Modernization of the Chinese Salt Administration, 1900-1920*, Cambridge: Harvard University Press, 1970)；费维恺（Albert Feuerwerker）著，《20世纪早期驻华外国机构》(*The Foreign Establishment in China in the Early Twentieth Century*, Ann Arbor: University of Michigan Press, 1976)；伊懋可、施坚雅编，《两个世界间的中国城市》(*The Chinese City Between Two Worlds*, Stanford: Stanford University Press, 1974)。

外国因素 珀尔（Cyril Pearl）著，《北京的莫理循》(*Morrison of Peking*, Sydney, Australia, 1967)；里德（James Reed）著，《传教士的心灵与美国的东亚政策（1911—1915）》(*The Missionary Mind and American East Asia Policy, 1911-1915*, Cambridge: Harvard University Press, 1983)；雷麦（C. F. Remer）著，《外国在华投资》(*Foreign Investments in China*, New York, 1933)；桑玛斯基（Michael Summerskill）著，《西线战场上的中国：第一次世界大战期间英国的华工》(*China on the Western Front: Britain's Chinese Work Force in the First World War*, London, 1982)。

第十三章 "便成了路"

五四运动综述 周纵策著，《五四运动：现代中国的思想革命》(*May Fourth Movement: Intellectual Revolution in Modern China*, Cambridge: Harvard University Press, 1960)；刘禾著，《跨语际实践：文学、民族文化与被译介的中国现代性（1900—1937）》(*Trans-lingual Practice: Literature, National Culture, and Translated Modernity-China, 1900-1937*, Stanford: Stanford University Press, 1995)；舒衡哲（Vera Schwarcz）著，《中国的启蒙运动：知识分子与五四遗产》(*The Chinese Enlightenment: Intellectuals and the Legacy of the May Fourth Movement of 1919*, Berkeley: University of California Press, 1986)；谷梅（Merle Goldman）编，《五四期间的中国现代文学》(*Modern Chinese Literature in the May Fourth Era*, Cambridge: Harvard University Press,

1977);浦嘉珉(James Pusey)著,《中国与达尔文》(*China and Charles Darwin*, Cambridge: Harvard University Press, 1983);林毓生著,《中国意识的危机:五四时期激烈的反传统主义》(*The Crisis of Chinese Consciousness: Radical Anti-traditionalism in the May Fourth Era*, Madison: University of Wisconsin Press, 1979)。

鲁迅 李欧梵著,《铁屋中的呐喊:鲁迅研究》(*Voices from the Iron House: A Study of Lu Xun*, Bloomington: Indiana University Press, 1987);李欧梵编,《鲁迅和他的遗产》(*Lu Xun and His Legacy*, Berkeley: University of California Press, 1985);赖威廉(William Lyell)著,《鲁迅的现实观》(*Lu Hsün's Vision of Reality*, Berkeley: University of California Press, 1976)。

共产党的成立 赛奇(Anthony Saich)著,《中国第一次统一战线的起源:马林的角色》两卷本(*The Origins of the First United Front in China: The Role of Sneevliet*, Leiden, 1991);林如莲(Marilyn Levine)著,《被发现的一代:1920年代欧洲的华人共产主义者》(*The Found Generation: Chinese Communists in Europe during the Twenties*, Seattle: University of Washington Press, 1993);叶文心著,《省道:中国共产主义的文化、空间与起源》(*Provincial Passages: Culture, Space, and the Origins of Chinese Communism*, Berkeley: University of California Press, 1996);柯临清(Christina Gilmartin)著,《危及中国革命:1920年代的激进女性、共产主义政策和群众运动》(*Engendering the Chinese Revolution: Radical Women, Communist Politics, and Mass Movements in the 1920s*, Berkeley: University of California Press, 1995);马思乐(Maurice Meisner)著,《李大钊与中国马克思主义的起源》(*Li Ta-Chao and the Origins of Chinese Marxism*, Cambridge: Harvard University Press, 1967);德里克(Arif Dirlik)著,《中国共产主义的起源》(*The Origins of Chinese Communism*, New York: Oxford University Press, 1989);诺斯(Robert North)著,《莫斯科与中国共产党人》(*Moscow and Chinese Communists*, Stanford: Stanford University Press, 1963);李斐工(Lee Feigon)著,《陈独秀:中国共产党的创始人》(*Chen Duxiu, Founder of the Chinese Communist Party*, Princeton: Princeton University Press, 1983);魏斐德著,《历史与意志:毛泽东思想的哲学透视》(*History and Will: Philosophical Perspectives of Mao Tse-Tung's Thought*, Berkeley: University of California Press, 1973)。

五四风云人物 贾祖麟(Jerome Grieder)著,《胡适与中国的文艺复兴:中国革命中的自由主义(1917—1937)》(*Hu Shih and the Chinese Renaissance, Liberalism in the Chinese Revolution, 1917-1937*, Cambridge: Harvard University Press, 1970);

费侠莉（Charlotte Furth）著,《丁文江, 科学与中国新文化》(*Ting Wen-chiang: Science and China's New Culture,* Cambridge: Harvard University Press, 1970); 沈怡（Joey Bonner）著,《王国维: 一位知识分子的传记》(*Wang Kuo-wei: An Intellectual Biography,* Cambridge: Harvard University Press, 1986); 芮效卫（David Roy）著,《早年郭沫若》(*Kuo Mo-jo, The Early Years,* Cambridge: Harvard University Press, 1971); 施耐德（Laurence Schneider）著,《顾颉刚与中国新史学: 民族主义与探索中国的其他传统》(*Ku Chieh-Kang and China's New History, Nationalism and the Quest for Alternative Traditions,* Berkeley: University of California Press, 1971); 戴维翰（William Duiker）著,《蔡元培, 现代中国的教育家》(*Ts'ai Yuan-p'ei, Educator of Modern China,* Philadelphia: University of Pennsylvania Press, 1977); 李欧梵著,《中国现代作家的浪漫一代》(*The Romantic Generation of Chinese Writers,* Cambridge: Harvard University Press, 1973)。

第十四章　国共合作的破裂

城市生活与劳工运动　裴宜理著,《上海罢工: 中国工人政治研究》(*Shanghai on Strike: The Politics of Chinese Labor,* Stanford: Stanford University Press, 1993); 谢诺（Jean Chesneaux）著, 莱特（H. M. Wright）译,《中国的劳工运动（1919—1927）》(*The Chinese Labor Movement, 1919-1927,* Stanford: Stanford University Press, 1968); 沙弗（Lynda Shaffer）著,《毛泽东与工人: 湖南劳工运动（1920—1923）》(*Mao and the Workers: The Hunan Labor Movement, 1920-1923,* Armonk, NY, 1982); 柯立德（Nicholas Clifford）著,《上海1925: 城市民族主义与外国特权的辩护》(*Shanghai, 1925: Urban Nationalism and the Defense of Foreign Privilege,* Ann Arbor: University of Michigan, 1979); 史大卫（David Strand）著,《北京的人力车夫: 1920年代的城市居民与政治》(*Rickshaw Beijing: City People and Politics in the 1920s,* Berkeley: University of California Press, 1989); 加勒特（Shirley Garrett）著,《中国城市的社会改革者: 中国的基督教青年会（1895—1926）》(*Social Reformers in Urban China: The Chinese Y.M.C.A., 1895-1926,* Cambridge: Harvard University Press, 1970); 马克林（Colin Mackerras）著,《现代中国剧院, 从1840年至今》(*The Chinese Theatre in Modern Times, From 1840 to the Present Day,* Amhert: University of Massachusetts Press, 1975); 林培瑞（E. Perry Link）著,《鸳鸯蝴蝶派: 20世纪早期中国城市的通俗小说》(*Mandarin Ducks and Butterflies: Popular Fiction in Early Twentieth-Century Chinese Cities,* Berkeley: University of California Press, 1981)。

农村中国与农民运动 费尔南多（Fernando Galbiati）著，《澎湃与海陆丰苏维埃》(*P'eng P'ai and the Hai-Lu-feng Soviet*, Stanford: Stanford University Press, 1985)；霍夫海因兹（Roy Hofheinz）著，《破浪：1922—1928 年中国共产党的农民运动》(*The Broken Wave: The Chinese Communist Peasant Movement, 1922-1928*, Cambridge: Harvard University Press, 1977)；麦克唐纳（Angus McDonald）著，《农村革命的城市起源：中国湖南省的精英与群众（1911—1927）》(*The Urban Origins of Rural Revolution: Elites and the Masses in Hunan Province, China, 1911-1927*, Berkeley: University of California Press, 1978)；马立博（Robert Marks）著，《华南的农村革命：农民与海丰县的历史创造（1570—1930）》(*Rural Revolution in South China: Peasants and the Making of History in Haifeng County, 1570-1930*, Madison: University of Wisconsin Press, 1984)；萧邦齐著，《湘湖：九个世纪中国人的生活》(*Xiang Lake: Nine Centuries of Chinese Life*, New Haven: Yale University Press, 1989)；贝思飞（Phil Billingsley）著，《民国时期的土匪》(*Bandits in Republican China*, Stanford: Stanford University Press, 1988)。

统一战线与北伐 费约翰（John Fitzgerald）著，《唤醒中国：国民革命中的政治、文化与阶级》(*Awakening China: Politics, Culture, and Class in the Nationalist Revolution*, Stanford: Stanford University Press, 1996)；乔丹（Donald Jordan）著，《北伐：1926—1928 年中国的国民革命》(*The Northern Expedition: China's National Revolution of 1926-1928*, Honolulu: University of Hawaii Press, 1976)；雅各布斯（Dan Jacobs）著，《鲍罗廷：斯大林在中国的代理人》(*Borodin: Stalin's Man in China*, Cambridge: Harvard University Press, 1981)；陈福霖、艾佐尔德（Thomas Etzold）编，《1920 年代的中国：民族主义与革命》(*China in the 1920s: Nationalism and Revolution*, New York, 1976)；伊罗生（Harold Issacs）著，《中国革命的悲剧》(*The Tragedy of the Chinese Revolution*, Stanford: Stanford University Press, 1961)；尤丁（Xenia Eudin）、诺思（Robert North）著，《罗易的赴华使命：1927 年的国共分裂》(*M. N. Roy's Mission to China: The Communist-Kuomintang Split of 1927*, Berkeley: University of California Press, 1963)；麦考马克（Gaven McCormack）著，《张作霖在中国东北（1911—1928）：中国、日本与满洲观念》(*Chang Tso-lin in Northeast China, 1911-1928: China, Japan and the Manchurian Idea*, Stanford: Stanford University Press, 1977)；托马斯（S. Bernard Thomas）著，《中国革命中的"无产阶级专政"与 1927 年的广东公社》(*"Proletarian Hegemony" in the Chinese Revolution and the Canton Commune of 1927*, Ann Arbor: University of Michigan, 1975)；《剑桥中国史》第 12 卷《剑桥中华民国史》上卷（*Cambridge History of China, vol.12: Republican China 1912-1949, Part 1*, New

York, 1983),陈志让、韦慕庭(C. Martin Wilbur)、白吉尔(Marie-Claire Begère)的文章;韦慕庭、夏连荫编,《关于中国共产主义、民族主义与苏联顾问的档案(1918—1949)》(*Documents on Communism, Nationalism, and Soviet Advisers in China, 1918-1927*, New York: Columbia University Press, 1956)。

传记合集 包华德(Howard Boorman)编,《民国名人传记辞典》四卷本(*Biographical Dictionary of Republican China*, New York: Columbia University Press, 1967),第5卷,克罗姆帕特(Janet Krompart),《人名索引》(1979);克莱因(Donald Klein)、克拉克(Anna Clark)编,《中国共产党名人传记辞典(1921—1965)》两卷本(*Biographic Dictionary of Chinese Communism, 1921-1965*, Cambridge: Harvard University Press, 1971)。

第十五章　国民党当权

国民党政府 田弘茂著,《国民党统治期间的政府和政治(1927—1937)》(*Government and Politics in Kuomintang China, 1927-1937*, Stanford: Stanford University Press, 1972);林振华(William Wei)著,《中国的反革命:江西苏维埃时期的民族主义者》(*Counterrevolution in China: The Nationalists in Jiangxi during the Soviet Period*, Ann Arbor: University of Michigan, 1985);易劳逸著,《流产的革命:1927—1937国民党统治下的中国》(*The Abortive Revolution: China Under Nationalist Rule, 1927-1937*, Cambridge: Harvard University Press, 1974);柯博文(Parks Coble)著,《上海资本家与国民政府:1927—1937》(*The Shanghai Capitalists and the Nationalist Government, 1927-1937*, Cambridge: Harvard University Press, 1986);傅士章(Joseph Fewsmith)著,《中华民国的党、国家与地方精英:上海的商人团体与政治(1890—1930)》(*Party, State and Local Elites in Republican China: Merchant Organizations and Politics in Shanghai, 1890-1930*, Honolulu: University of Hawaii Press, 1985);入江昭著,《帝国主义之后:追寻远东新秩序》(*After Imperialism: The Search for a New Order in the Far East*, Cambridge: Harvard University Press, 1965);钱端升著,《中国的政府与政治(1912—1949)》(*The Government and Politics of China, 1912-1949*, Stanford: Stanford University Press, 1970)。

民国上海 魏斐德著,《上海警察》(*Policing Shanghai*, Berkeley: University of California Press, 1995);魏斐德、叶文心编,《上海旅居者》(*Shanghai Sojourners*, Berkeley: Institute of East Asian Studies, 1992);马丁(Brian Martin)著,《上海青帮:

政治与有组织犯罪（1919—1937）》（*The Shanghai Green Gang: Politics and Organized Crime, 1919-1937*, Berkeley: University of California Press, 1996）；顾德曼（Bryna Goodman）著，《故里、故乡与祖国：上海的地区网络与身份》（*Native Place, City, and Nation: Regional Networks and Identities in Shanghai, 1853-1937*, Berkeley: University of California Press, 1995）；贺萧（Gail Hershatter）著，《危险的愉悦：20世纪上海的娼妓问题与现代性》（*Dangerous Pleasures: Prostitution and Modernity in Twentieth-Century Shanghai*, Berkeley: University of California Press, 1997）；安克强（Christian Henriot）著，《上海，1927—1937：市政权力、地区性和现代化》（*Shanghai, 1927-1937: Municipal Power, Locality, and Modernization*, Berkeley: University of California Press, 1993）；韩起澜（Emily Honig）著，《姐妹们与陌生人：上海棉纱厂女工（1919—1949）》（*Sisters and Strangers: Women in the Shanghai Cotton Mills, 1919-1949*, Stanford: Stanford University Press, 1986）。

国民党统治下的文化生活 费慰梅（Wilma Fairbank）著，《梁思成与林徽因：一对探索中国建筑史的伴侣》（*Liang and Lin: Partners in Exploring China's Architectural Past*, Philadelphia: University of Pennsylvania Press, 1994）；冯客（Frank Dikötter）著，《中国的性、文化与现代性》（*Sex, Culture and Modernity in China*, Honolulu: University of Hawaii Press, 1995）；陈立（Jay Leyda）著，《电影：中国电影与电影观众记录》（*Dianying, Electric Shadows: An Account of Films and Film Audience in China*, Cambridge: MIT Press, 1972）；何莫邪（Christoph Harbsmeier）著，《漫画家丰子恺：佛教面孔下的社会现实主义》（*The Cartoonist Feng Zikai: Social Realism with a Buddhist Face*, Oslo, 1984）；郭适（Ralph Croizier）著，《现代中国的艺术与革命：岭南画派（1906—1951）》（*Art and Revolution in Modern China: The Lingnan School of Painting, 1906-1951*, Berkeley: University of California Press, 1988）；尉迟酣（Holmes Welch）著，《中国佛教的复兴》（*The Buddhist Revival in China*, Cambridge: Harvard University Press, 1968）。

美国与中国 费正清著，《美国与中国》（*The United States and China*, Cambridge: Harvard University Press, 1948 and later eds）；伯格（Dorothy Borg）著，《美国政策与中国革命（1925—1928）》（*American Policy and the Chinese Revolution, 1925-1928*, New York: Columbia University Press, 1947）；伯格（Dorothy Borg）著，《美国与1933—1938年的远东危机》（*The United States and the Far Eastern Crisis of 1933-1938*, Cambridge: Harvard University Press, 1964）；康恩（Peter Conn）著，《赛珍珠：文化传记》（*Pearl S. Buck: A Cultural Biography*, Cambridge: Cambridge University

Press, 1996）；连熙著，《传教士的转变：美国在华新教传教活动中的自由主义（1907—1932）》（*The Conversion of Missionaries: Liberalism in American Protestant Missions in China, 1907-1932*, University Park: Pennsylvania State University Press, 1997）；汤姆森（James Thomson）著，《当中国面对西方：中华民国的美国改革家（1928—1937）》（*While China Faced West: American Reformers in Nationalist China, 1928-1937*, Cambridge: Harvard University Press, 1969）；韦斯特（Philip West）著，《燕京大学与中西关系（1916—1952）》（*Yenching University and Sino-Western Relations, 1916-1952*, Cambridge: Harvard University Press, 1976）；卢茨（Jessie Lutz）著，《中国与教会大学（1850—1950）》（*China and the Christian Colleges, 1850-1950*, Ithaca: Cornell University Press, 1971）；鲍尔斯（John Bowers）著，《中国宫殿里的西药：北京协和医学院（1917—1951）》（*Western Medicine in a Chinese Palace: Peking Union Medical Collage, 1917-1951*, Philadelphia: Josiah Macy Foundation, 1972）；布洛克（Mary Bullock）著，《从美国移植过来的产物：洛克菲勒基金会与北京协和医学院》（*An American Transplant: The Rockefeller Foundation and Peking Union Medical College*, Berkeley: University of California Press, 1980）；史特罗斯（Randall Stross）著，《顽固的泥土：中国土地上的美国农民（1898—1937）》（*The Stubborn Earth: American Agriculturalists on Chinese Soil, 1898-1937*, Berkeley: University of California Press, 1986）；莱曼（Stanford M. Lyman）著，《美籍华人》（*Chinese Americans*, New York, 1974）；萧振鹏著，《华人洗衣工：社交孤立研究》（*The Chinese Laundryman: A Study of Social Isolation*, New York: New York University Press, 1987）；于仁秋著，《拯救中国，拯救我们自己：纽约华人手洗工联盟》（*To Save China, To Save Ourselves: The Chinese Hand Laundry Alliance of New York*, Philadelphia: Temple University Press, 1992）。

日本与中国 柯博文（Parks M. Coble）著，《面对日本：中国政治与日本帝国主义（1931—1937）》（*Facing Japan: Chinese Politics and Japanese Imperialism, 1931-1937*, Harvard Council on East Asian Studies, Cambridge, MA, 1991）；入江昭编，《中国人与日本人：关于政治与文化交往的论文集》（*The Chinese and the Japanese: Essays in Political and Cultural Interactions*, Princeton: Princeton University Press, 1980）；莫利（James Morley）编，《中国泥潭：日本在亚洲大陆的扩张（1933—1941）》（*The China Quagmire: Japan's Expansion on the Asian Continent, 1933-1941*, New York: Columbia University Press, 1983）；傅佛果（Joshua Fogel）著，《政治与汉学：内藤湖南（1866—1934）》（*Politics and Sinology: The Case of Naitō Konan, 1866-1934*, Cambridge: Harvard University Press, 1984）；克劳利（James Crowley）著，《日本寻求自主：国家安全与外交政策（1930—1938）》（*Japan's Quest for Autonomy: National Security and

Foreign Policy, 1930-1938, Princeton: Princeton University Press, 1966）；伊武雄著，傅佛果译，《活在南满洲铁道沿线》（*Life Along the South Manchurian Railway*, Armonk, NY, 1988）。

德国与中国　柯伟林（William Kirby）著，《德国与中华民国》（*Germany and Republican China*, Princeton: Princeton University Press, 1984）；梁锡辉（Liang Hsi-huey）著，《中德关系：夹在中国与德国间的法肯豪森（1900—1941）》（*The Sino-German Connection: Alexander von Falkenhausen between China and Germany, 1900-1941*, Amsterdam, 1978）；马丁（Bernd Martin）编，《中国的德国顾问团》（*The German Advisory Group in China*, Düsseldorf, 1981）。

晚近的满人　柯娇燕（Pamela Kyle Crossley）著，《孤军：满人一家三代与清帝国的终结》（*Orphan Warriors: Three Manchu Generations and the End of the Qing World*, Princeton: Princeton University Press, 1989）；老舍著，科恩（Don Cohn）译，《正红旗下》（*Beneath the Red Banner (An Autobiographical Manchu Novel)*, Peking, 1982）；爱新觉罗·溥仪著，《我的前半生》（*From Emperor to Citizen* (The Ex-Emperor's Autobiography), 2vol., Peking, 1964）；李庭植著，《中国东北地区的革命斗争：中国共产主义与苏联利益（1922—1945）》（*Revolutionary Struggle in Manchuria: Chinese Communism and Soviet Interest,1922-1945*, Berkeley: University of California Press, 1983）。

第十六章　共产党挺过困境

农村中国与共产党的存活　毛泽东著，汤若杰（Roger Thompson）译，《寻乌调查》（*Mao Zedong: Report from Xunwu*, Stanford: Stanford University Press, 1990）；金一平著，《中国共产党政策：江西苏维埃》（*The Politics of Chinese Communism: Kiangsi Under the Soviets*, Berkeley: University of California Press, 1973）；史华慈著，《中国的共产主义与毛泽东的崛起》（*Chinese Communism and the Rise of Mao*, Cambridge: Harvard University Press, 1958）；宣道华（Stuart Schram）著，《毛泽东》（*Mao Tse-Tung*, Harmondsworth, 1966）；陈志让著，《毛泽东与中国革命》（*Mao and the Chinese Revolution*, New York: Oxford University Press, 1965）；萧作良著，《中国共产主义运动中的权力关系（1930—1934）：档案研究》（*Power Relations within the Chinese Communist Movement, 1930-1934: A Study of Documents*, Seattle: University of Washington Press, 1961）；桑顿（Richard Thornton）著，《共产国际与中国共产党

员（1928—1931）》(*The Comintern and the Chinese Communists, 1928-1931*, Seattle: University of Washington Press, 1969)。

对长征和西安事变的看法 托尼·赛奇（Tony Saich）、方德万（Hans van de Ven）编，《中国共产主义革命研究新视角》(*New Perspectives on the Chinese Revolution*, Armonk, NY, 1995)；班国瑞（Gregor Benton）著，《山火：红军在华南的三年战争（1934—1938）》(*Mountain Fires: The Red Army's Three-Year War in South China, 1934-1938*, Berkeley: University of California Press, 1992)；范力沛（Lyman Van Slyke）著，《敌人与朋友：中国共产党史上的统一战线》(*Enemies and Friends: The United Front in Chinese Communist History*, Stanford: Stanford University Press, 1967)；李德（Otto Braun）著，《中国的一位共产国际代表（1932—1939）》(*A Comintern Agent in China, 1932-1939*, Stanford: Stanford University Press, 1982)；张国焘著，《我的回忆：中国共产党的兴起（1921—1938）》两卷本 (*Autobiography: The Rise of Chinese Communist Party, 1921-1938*, Lawrence: University Press of Kansas, 1972)；斯诺（Edgar Snow）著，《西行漫记：红星照耀中国》(*Red Star over China*, New York, 1938)；易社强（John Israel）著，《中国学生的民族主义（1927—1937）》(*Student Nationalism in China, 1927-1937*, Stanford: Stanford University Press, 1966)；史沫特莱（Agnes Smedley）著，《伟大之路：朱德的生平与时代》(*The Great Road: The Life And Times Of Chu Teh*, New York, 1956)；威尔逊（Dick Wilson）著，《1935年长征：中国共产主义存亡之际》(*The Long March of 1935: The Epic of Chinese Communism's Survival*, New York, 1956)；吴天威著，《西安事变：中国近代史的转折点》(*The Sian Incident: A Pivotal Point in Modern Chinese History*, Michigan, 1976)；贝特兰（James Bertram）著，《发生在中国的第一幕：西安事变》(*First Act in China: The Story of the Sian Mutiny*, New York, 1938)。

维护儒家价值 艾恺（Guy Alitto）著，《最后的儒家：梁漱溟与中国现代化的两难》(*The Last Confucian: Liang Shu-ming and the Chinese Dilemma of Modernity*, Berkeley: University of California Press, 1979)；邓尔麟（Jerry Denerline）著，《钱穆与七房桥世界》(*Qian Mu and the World of Seven Mansions*, New Haven: Yale University Press, 1988)；陈毓贤著，《洪业传》(*A Latterday Confucian: Reminiscences of William Hung (1893-1980)*, Cambridge: Harvard University Press, 1987)；费侠莉（Charlotte Furth）编，《变化的限度：关于中华民国保守道路的论文集》(*The Limits of Change: Essays on Conservative Alternatives in Republican China*, Cambridge: Harvard University Press, 1976)。

1930 年代的作家 徐丁丽霞著,《近代中国出版业的政府管控》(*Government Control of the Press in Modern China*, 1900-1949, Cambridge: Harvard University Press, 1974);茅盾著,许孟雄译,《子夜》(*Midnight*, Peking, 1957);老舍著,詹姆斯(Jean James)译,《骆驼祥子》(*Rickshaw*, Honolulu: Hawaii University Press, 1979);卜立德(David Pollard)著,《一个中国人的文学观:周作人的文艺思想》(*A Chinese Look at Literature: The Literature Values of Chou Tso-jen in Relation to the Tradition*, Berkeley: University of California Press, 1973);毕克伟(Paul Pickowicz)著,《中国的马克思主义文学观:瞿秋白的影响》(*Marxist Literary Thought in China: The Influence of Ch'u Ch'iu-Pai*, Berkeley: University of California Press, 1981);白露(Tani Barlow)、鲍嘉礼(Gary Bjorge)著,《我,是女人:丁玲作品选》(*I Myself Am Woman: Selected Writings of Ding Ling*, Boston, 1989);梅仪慈著,《丁玲的小说:现代中国文学中的意识形态与叙述》(*Ding Ling's Fiction: Ideology and Narrative in Modern Chinese Literature*, Cambridge: Harvard University Press, 1982);夏济安著,《黑暗的闸门:中国左翼文学运动研究》(*The Gate of Darkness: Studies on the Leftist Literary Movement in China*, Seattle: University of Washington Press, 1968);金介甫(Jeffrey Kinkley)著,《沈从文传》(*The Odyssey of Shen Congwen*, Stanford: Stanford University Press, 1987);兰格(Olga Lang)著,《巴金及其作品:两次革命间的中国青年》(*Pa Chin and His Writings: Chinese Youth Between the Two Revolutions*, Cambridge: Harvard University Press, 1967);许芥昱著,《20 世纪中国诗歌选》(*Twentieth Century Chinese Poetry*, an Anthology, Ithaca: Cornell University Press, 1970);洪长泰著,《到民间去:中国知识分子与民间文学,1918—1937》(*Going to the People: Chinese Intellectuals and Folk Literature*, Cambridge: Harvard University Press, 1985)。

农民的国家 彭慕兰(Kenneth Pomeranz)著,《腹地的构建:华北内地的国家、社会和经济(1853—1937)》(*The Making of a Hinterland: State, Society, and Economy in Inland North China, 1853-1937*, Berkeley: University of California Press, 1993);戴瑞福(Ralph A. Thaxton)著,《社会栋梁:中国农民抗议与共产主义革命的政治源头》(*Salt of the Earth: The Political Origins of Peasant Protest and Communist Revolution in China*, Berkeley: University of California Press, 1997);杜赞奇(Prasenjit Duara)著,《文化、权力与国家:1900—1942 年的华北农村》(*Culture, Power, and the State: Rural North China, 1900-1942*, Stanford: Stanford University Press, 1988);马若孟(Ramon Myers),《中国农民经济:河北与山东的农业发展(1890—1949)》(*The Chinese Peasant Economy: Agricultural Development in Hopei and Shantung, 1890-1949*, Cambridge: Harvard University Press, 1970);费孝通著,《江村经济》(*Peasant*

Life in China, London, 1939); 托尼(R. H. Tawney)著,《中国的土地与劳力》(*Land and Labor in China*, London, 1932); 卜凯(John Lossing Buck)著,《中国的土地利用:168 个地方的 16786 个农场研究》三卷本(*Land Utilization in China: A Study of 16,786 Farms in 168 localities*, Shanghai and Chicago, 1937); 黄宗智著,《华北的小农经济与社会变迁》(*The Peasant Economy and Social Change in North China*, Stanford: Stanford University Press, 1985); 威尔莫特(W. E. Willmott)编,《中国社会的经济组织》(*Economic Organization in Chinese Society*, Stanford: Stanford University Press, 1972); 李丹(Daniel Little)著,《理解农民中国:社会科学角度下的个案研究》(*Understanding Peasant China: Case Studies in the Philosophy of Social Science*, New Haven: Yale University Press, 1989); 科大卫(David Faure)著,《解放前中国的农村经济:江苏与广东的贸易扩张和农民生计(1870—1937)》(*The Rural Economy of Pre-Liberation China: Trade Expansion and Peasant Livelihood in Jiangsu and Guangdong, 1870-1937*, New York: Oxford University Press, 1989)。

城市劳工 托马斯(S. Bernard Thomas)著,《劳工与中国革命:中国共产主义的阶级策略与矛盾(1928—1948)》(*Labor and the Chinese Revolution: Class Strategies and Contradictions of Chinese Communism, 1928-1948*, Ann Arbor: University of Michigan Press, 1983); 瓦格纳(Augusta Wagner)著,《中国的劳动法》(*Labor Legislation in China*, Peking: Yenching University, 1938); 韩起澜(Emily Honig)著,《姐妹们与陌生人:上海棉纱厂女工(1919—1949)》(*Sisters and Strangers: Women in the Shanghai Cotton Mills,1919-1949*, Stanford: Stanford University Press, 1986); 贺萧(Gail Hershatter)著,《天津工人(1900—1949)》(*The Workers of Tianjin, 1900-1949*, Stanford: Stanford University Press, 1986); 布克(David Buke)著,《中国的城市变化:山东济南的政治与发展(1890—1949)》(*Urban Change in China: Politics and Development in Tsinan, Shantung, 1890-1949*, Madison: University of Wisconsin Press, 1978)。

第十七章 第二次世界大战

中国战争的军事史 罗曼努斯(Charles Romanus)、桑德兰(Riley Sunderland)著,《二战中的美军:中滇印战场》,第 1 卷《史迪威出使中国》,第 2 卷《史迪威的指挥问题》,第 3 卷《中滇印战场的最后一刻》(*United States Army in World War II: China-Burma-India Theater*, vol. 1: *Stilwell's Mission to China*, vol. 2: *Stilwell's Command Problems*, vol. 3: *Time Runs Out in CBI*, Washington, D. C., 1953); 余茂春著,《美国

战略情报局在中国：冷战的序幕》(OSS in China: Prelude to Cold War, New Haven: Yale University Press, 1996); 刘馥著,《中国近代军事史（1924—1949）》(A Military History of Modern China: 1924-1949, Princeton: Princeton University Press, 1956); 索恩 (Christopher Thorne) 著,《气味相投的盟友：美国、英国与对日作战（1941—1945）》(Allies of a Kind: The United States, Britain, and the War against Japan, New York: Oxford University Press, 1978); 梅乐思 (Milton Miles) 著,《不一样的战争：二战期间美国海军与中国人的在华联合游击武装罕为人知的历史》(A Different Kind of War: The Little-Known Story of the Combined Guerrilla Forces Created in China by the U.S. Navy and the Chinese during World War II, New York, 1967); 史迪威 (Joseph Stilwell) 著, 白修德 (Theodore White) 编,《史迪威文件》(The Stilwell Papers, New York, 1948); 塔奇曼 (Barbara Tuchman) 著,《史迪威与美国在中国的经验》(Stilwell and the American Experience in China, 1911-1945, New York, 1970); 陈纳德 (Claire Lee Chennault) 著,《一位战士的轨迹》(Way of a Fighter, New York, 1949)。

重庆政府与政治 洪长泰著,《战争与通俗文化：近代中国的抵抗（1937—1945）》(War and Popular Culture: Resistance in Modern China, 1937-1945, Berkeley: University of California Press, 1994); 熊玠、梁思文 (Steven I. Levine) 编,《中国苦涩的胜利：抗日战争（1937—1945）》(China's Bitter Victory: War with Japan, 1937-1945, Armonk, NY, 1992); 易劳逸著,《毁灭的种子：战争与革命中的国民党中国（1937—1949）》(Seeds of Destruction: Nationalist China in War and Revolution, 1937-1949, Stanford: Stanford University Press, 1984); 齐锡生著,《战时的民族主义中国：军事挫败与政治崩溃（1937—1945）》(Nationalist China at War: Military Defeats and Political Collapse, 1937-1945, Ann Arbor: University of Michigan Press, 1982); 杨格 (Arthur Young) 著,《中国与援手（1938—1945）》(China and the Helping Hand, 1937-1945, Cambridge: Harvard University Press, 1963); 薛光前编,《中日战争期间的民族主义中国（1937—1945）》(Nationalist China During the Sino-Japanese War, 1937-1945, New York, 1977)。

日本对中国的占领 耿德华 (Edward Gunn) 著,《不受欢迎的缪斯：上海与北京的中国文学（1937—1945）》(Unwelcome Muse: Chinese Literature in Shanghai and Peking, 1937-1945, New York: Columbia University Press, 1980); 黎令勤著,《华北日军（1937—1941）：政治与经济控制上的问题》(The Japanese Army in North China, 1937-1941: Problems of Political and Economic Control, Tokyo: Oxford University Press, 1975); 库克斯 (Alvin Coox)、康罗伊 (Hilary Conroy) 编,《中国与日本：一战

以来对平衡的追求》(*China and Japan: A Search for Balance since World War I*, Santa Barbara, CA., 1978);波伊尔(John Boyle)著,《战时的中国与日本(1937—1945:通敌的政治)》(*China and Japan at War, 1937-1945: The Politics of Collaboration*, Stanford: Stanford University Press, 1972);邦克(Gerald Bunker)著,《和平阴谋:汪精卫与中日战争(1937—1941)》(*The Peace Conspiracy: Wang Ching-wei and the China War, 1937-1941*, Cambridge: Harvard University Press, 1972);克兰茨勒(David Kranzler)著,《日本人、纳粹与犹太人:上海的犹太难民社区(1938—1945)》(*Japanese, Nazis, and Jews: The Jewish Refugee Community of Shanghai, 1938-1945*, New York: Yeshiva University Press, 1976);吉尔凯(Langdon Gilkey)著,《山东集中营》(*Shantung Compound*, New York, 1966, 1975);司马伦(Martha Smalley)编,《目击南京大屠杀的美国传教士(1937—1938)》(*American Missionary Eyewitnesses to the Nanking Massacre, 1937-1938*, New Haven: Yale University Press, 1997);魏斐德著,《上海歹土:战时恐怖活动与城市犯罪(1937—1941)》(*The Shanghai Badlands: Wartime Terrorism and Urban Crime, 1937-1941*, Cambridge: Cambridge University Press, 1996)。

延安政府与政治 薛尔顿(Mark Selden)著,《革命中国的延安之路》(*The Yenan Way in Revolutionary China*, Cambridge: Harvard University Press, 1971); 片冈铁哉著,《中国的抵抗与革命:共产党员与第二次统一战线》(*Resistance and Revolution in China: The Communists and the Second United Front*, Berkeley: University of California Press, 1974);詹鹣(Chalmers Johnson)著,《农民民族主义与共产党的权力:革命中国的崛起(1937—1945)》(*Peasant Nationalism and Communist Power: The Emergence of Revolutionary China, 1937-1945*, Stanford: Stanford University Press, 1962);陈永发著,《制造革命:华东与华中的共产主义运动(1937—1945)》(*Making Revolution: The Communist Movement in Eastern and Central China, 1937-1945*, Berkeley: University of California Press, 1986);托马斯(S. Bernard Thomas)著,《冒险之季:斯诺在中国》(*Season of the High Adventure: Edgar Snow in China*, Berkeley: University of California Press, 1996);雷尔登-安德森(James Reardon-Anderson)著,《延安与列强:中国共产党外交政策的根源(1944—1946)》(*Yenan and the Great Powers: The Origins of Chinese Communist Foreign Policy, 1944-1946*, New York: Columbia University Press, 1980);杜博妮(Bonnie McDougall)著,《毛泽东的〈在延安文艺座谈会上的讲话〉:1943年文章的译文附评论》(*Mao Zedong's "Talks at the Yan'an Conference on Literature and Art": A Translation of the 1943 Text with Commentary*, Ann Arbor: University of Michigan Press, 1980);谢伟思(John Service)著,周锡瑞编,《在中国失掉的机会:美国前驻华外交官约翰·S.谢伟思第二次世界大战时期

的报告》(*Lost Chance in China: The World War II Despatches of John S. Service*, New York, 1974);包瑞德(David Barrett)著,《迪克西使团:1944年延安的美军观察组》(*Dixie Mission: The United States Army Observer Group in Yenas 1944*, Berkeley: University of California Press, 1970);舒马克(Kenneth Shewmaker)著,《美国人与中国共产党员(1927—1945)》(*Americans and Chinese Communists, 1927-1945: A Persuading Encounter*, Ithaca: Cornell University Press, 1971);怀利(Raymond F. Wylie)著,《毛主义的崛起:毛泽东、陈伯达及其对中国理论的探索(1935—1945)》(*The Emergence of Maoism: Mao Tse-tung Ch'en Po-ta, and the Search for Chinese Theory, 1935-1945*, Stanford: Stanford University Press, 1980)。

第十八章 国民党的崩解

内战中的共产党 梁思文(Steven Levine)著,《胜利的铁砧:1945—1948年中国东北的共产主义革命》(*Anvil of Victory: The Communist Revolution in Manchuria, 1945-1948*, New York: Columbia University Press, 1987);沙桑(Lionel Chassin)著,大里(Timothy Osato)、杰拉(Louis Gelas)译,《共产主义征服中国:内战历史(1945—1949)》(*The Communist Conquest of China: A History of the Civil War, 1945-1949*, Cambridge: Harvard University Press, 1965);韩丁(William Hinton)著,《翻身:中国一个村庄的革命纪实》(*Fanshen: A Documentary of Revolution in a Chinese Village*, New York, 1966)。

内战中的国民党 胡素珊(Suzanne Pepper)著,《中国的内战:1945—1949年的政治斗争》(*Civil War in China: The Political Struggle, 1945-1949*, Berkeley: University of California Press, 1978);张嘉璈著,《恶性通货膨胀:中国在1939—1950年的经验》(*The Inflationary Spiral: The Experience in China 1939-1950*, Cambridge: MIT Press, 1958);周舜莘著,《中国的通货膨胀(1937—1949)》(*The Chinese Inflation, 1937-1949*, New York: Columbia University Press, 1963);葛麟(Donald Gillin)、马若孟(Ramon Myers)编,《中国的最后机会:张嘉璈日记》(*Last Chance in China: The Diary of Chang Kia-ngau*, Stanford: Hoover Institution Press, 1989);葛超智(George Kerr)著,《被出卖的台湾》(*Formosa Betrayed*, Boston, 1965)。

美国政策 美国国务院著,《中美关系白皮书》(*United States Relations with China: With Special Reference to the Period 1944-1949*, Washington, D.C., 1949; rpt, Stanford: Stanford University Press, 1967);斯托克(William Stueck)著,《魏德迈使

华：冷战期间的美国政治和外交政策》(*The Wedemeyer Mission: American Politics and Foreign Policy during the Cold War*, Athens: University of Georgia Press, 1984)；梅(Ernest May) 著，《杜鲁门政府在中国 (1945—1949)》(*The Truman Administration in China, 1945-1949*, New York, 1975)；莱利(William Leary) 著，《危险任务：民航运输与中央情报局在亚洲的保密行动》(*Perilous Missions: Civil Air Transport and CIA Covert Operations in Asia*, Tuscaloosa: University of Alabama Press, 1984)；费慰梅(Wilma Fairbank) 著，《美国在中国的文化实验 (1942—1949)》(*America's Cultural Experiment in China, 1942-1949*, Washington D.C.: U.S. Department of State, 1976)；波格(Forrest Pogue) 著，《马歇尔：政客 (1945—1959)》(*George C. Marshall: Statesman, 1945-1959*, New York, 1987)；伯格(Dorothy Borg)、海因里希斯(Waldo Henrichs) 编，《不确定的年代：中美关系 (1947—1950)》(*Uncertain Years: Chinese-American Relations, 1947-1950*, New York: Columbia University Press, 1973)；唐耐心(Nancy Tucker) 著，《尘埃中的轨迹：中美关系与承认之争 (1949—1950)》(*Patterns in the Dust: Chinese-American Relations and the Recognition Controversy, 1949-1950*, New York: Columbia University Press, 1983)；邹谠著，《美国在中国的失败》(*America's Failure in China, 1941-1950*, Chicago: Chicago University Press, 1963)。

边疆地区 福布斯(Andrew Forbes) 著，《中国内亚地区的军阀与穆斯林：民国新疆政治史 (1911—1949)》(*Warlords and Muslims in Chinese Central Asia: A Political History of Republican Sinkiang 1911-1949*, New York: Cambridge University Press, 1986)；戈尔斯坦(Melvyn Goldstein) 著，《现代西藏的历史：喇嘛王国的覆灭》(*A History of Modern Tibet: The Demise of the Lamaist State*, Berkeley: University of California Press, 1989)。

内战的外国观察者 麦尔比(John Melby) 著，《天命，内战记录：1945—1949年的中国》(*The Mandate of Heaven, Record of a Civil War: China 1945-1949*, Toronto: University of Toronto Press, 1968)；卜德(Derk Bodde) 著，《北京日记 (1948—1949)：革命之年》(*Peking Diary, 1948-1949: A Year of Revolution*, New York, 1967)；鲍大可(A. Doak Barnett) 著，《共产主义降临的前夕》(*China on the Eve of Communist Takeover*, New York, 1963)；卡蒂埃—布列松(Henri Cartier-Bresson) 著，《从此中国到彼中国》(*From One China to the Other*, New York, 1958)。